陈明福　著

沧桑旅顺口

上

寄思玉题

旅顺口

人民文学出版社

图书在版编目（CIP）数据

沧桑旅顺口（上下）/陈明福著. —北京：人民文学出版社，
2010

ISBN 978-7-02-008006-9

Ⅰ.沧… Ⅱ.陈… Ⅲ.纪实文学–中国–当代 Ⅳ.I25

中国版本图书馆 CIP 数据核字（2010）第 051578 号

责任编辑：付艳霞
装帧设计：黄云香
责任印制：李　博

人民文学出版社出版
http://www.rw-cn.com
北京市朝内大街 166 号　邮编：100705
北京铭成印刷有限公司印刷　新华书店经销
字数 800 千字　开本 680×1000 毫米 1/16　印张 47.75　插页 24
2010 年 9 月北京第 1 版　2011 年 3 月第 3 次印刷
印数：7001–9000
ISBN 978-7-02-008006-9　定价 86.00 元（全两册）

如有印装质量问题，请与本社图书销售中心调换。电话：01065233595

旅顺口雄姿

从白玉山顶俯瞰旅顺口

旅顺东港进口处

旅顺港进口处外海

从黄金山观看老虎尾和西港

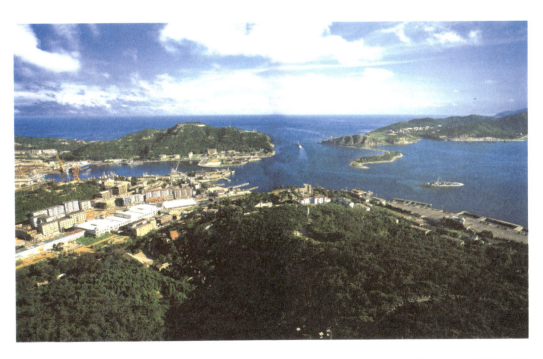

从黄金山观看旅顺东港

从老铁山俯瞰旅顺口西港

从老铁山俯瞰旅顺口外海

黄渤海不同的海水颜色

蛇岛上空海鸥与蝮蛇的生死搏斗

鸿胪井之遗迹

1893 年清政府在旅顺老铁山修建的灯塔

狮子口

旅顺后路关隘金州大和尚山雄姿

花园口刻碑

大连湾西炮台

金州副都统衙门

石门子战场遗址

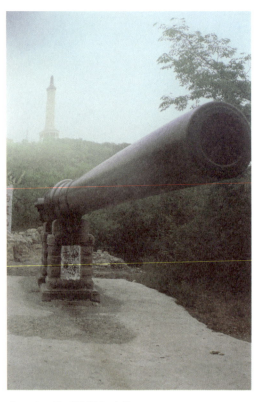

白玉山下陈列的甲午古炮

曲氏井

土城子阻击战遗址纪念碑

万忠墓纪念馆

作者在旅顺龙王塘樱花园

"关东军司令部"旧址

"肃亲王府"旧址

中日甲午战争前的旅顺口

中日甲午战争前的旅顺口和大坞

清军修建的南子弹库

1894 年 10 月 24 日日军在花园口登陆的情景

1894 年 11 月 6 日上午 9 时日军爬上金
州北门城墙

日军在旅顺大肆屠杀中国平民,并以此为荣

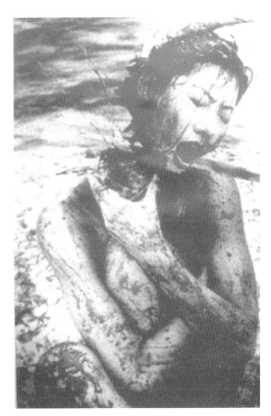

他们既然是人,本应也具人性——侵朝、侵华日军出发前与家人惜别(日本画)

面目清秀、惊恐万状、怀抱幼子的中国妇女被日本军官砍杀的一瞬间

凶残的日军将旅顺成了焦土血港

中国人被日军当枪靶练习射击

被日军砍杀的中国劳工

日军在旅顺进行了3天大屠杀之后，约2万中国人被杀害，日军抓来身体强壮者充当抬尸队，图为抬尸队在掩埋同胞的尸体

日军在旅顺街头见人就杀，此画为日本随军记者所绘

被日本士兵杀害的中国儿童尸体

日军在旅顺疯狂残杀的场面，此画为日本记者所绘

日本兵在抢掠中国人民财产中连一头小猪也不放过

为躲避日军大屠杀而四处逃亡的旅顺难民

徐邦道等率部在土城子阻击日军，击毙日军
11人，伤35人。图为日军抬伤员后撤情景

徐邦道像

活跃在辽东半岛南端的自发农民武装

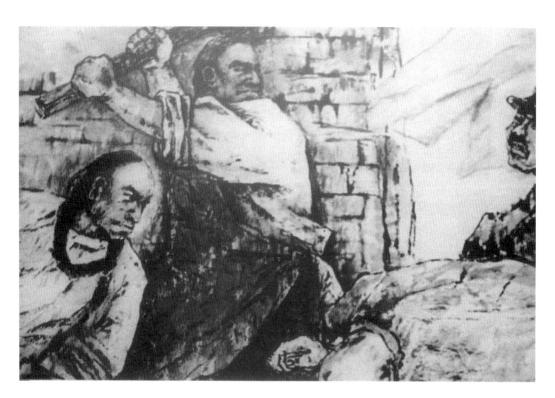

在反抗日军野蛮屠杀中,苑铁匠全家与侵略军作殊死搏斗

序

中共辽宁省委常委　大连市委书记　

大连市军旅作家陈明福的这部《沧桑旅顺口》，以军人特有的情感和军事学的思维，以厚重的历史感，翔实的史料，严谨的文风，细腻的笔法，真实再现了旅顺口一百多年的沧桑巨变，是作者奉献给社会的一个宝贵的文化成果和精神产品，是一部难得的好书。读了此书，那些逝去的岁月，又一一再现，在我的心中掀起层层波澜，既使我深受教育，又令我十分感动，作为一个土生土长的大连人，我更增加了建设更加富裕、文明、和谐大连的使命感和责任感。

旅顺口历史悠久。历史上曾先后称为"马石津"、"都里镇"、"狮子口"等，明朝初年，改名为"旅顺口"。19世纪中叶，两次鸦片战争的惨败震动了与世隔绝、固步自封的紫禁城。在李鸿章等部分"洋务派"的倡导、推动下，清政府开始注重海军和海防建设，经勘查，决定在旅顺建造船坞、炮台、码头、电报局等军事设施，使其成为新创建的北洋海军的重要基地。军港竣工后，旅顺口一时名播海外，被称为"东方第一要塞"、"世界五大军港之一"。

然而，在旧中国，旅顺口带给我们中华民族的不是骄傲和自豪，而是帝国列强的贪婪与争夺，是血与火的煎熬，是国家和民族的耻辱。1894年秋，中日甲午战争爆发。海战中，显赫一时的清朝北洋舰队惨遭重创。日军随后在旅顺口进行了疯狂的大屠杀，近2万无辜的人民惨遭涂炭。1895年4月签订《马关条约》，将辽东半岛和台湾割让给日本。俄德法"三国干涉还辽"，清政府交出3000万两白银赎辽费后，沙俄又依《旅大租地条约》，将旅大地区变成自己的租借地。1904——1905年，又爆发了日俄战争，两个强盗贪婪地为抢夺中国领土在旅顺口进行了一场恶战，旅顺口人民备受蹂躏和苦难。在随后的40年中，日本侵略者巧取豪夺，旅顺口人民所受的灾难笔墨难以尽书。

有人说，"一个旅顺口，半部近代史"。旅顺口记录了旧中国任人宰割、受人欺凌的斑斑血泪史。"旅顺口"三个字在旧中国一直像巨石一样压在中华民族仁人志士的心头。但哪里有压迫,哪里就有反抗。面对帝国主义的侵略和奴役,英勇的旅顺口人民,自始至终表现出大无畏的献身精神,给入侵者以沉重的打击。特别是在中国共产党的领导下,旅顺口人民的斗争伴随全国抗日战争而迎来了伟大的胜利。1945年8月15日,日本政府宣布无条件投降,8月22日,苏联红军进驻旅顺口,从此结束了日本帝国主义的血腥统治,旅顺口人民终于迎来了解放的曙光。后来,又经毛泽东主席、周恩来总理亲自去莫斯科与斯大林进行艰苦谈判,使旅顺口这个被闻一多老先生称之为"孤苦亡告"的"七子"之一,终于在1955年又重新回到祖国母亲的怀抱。

新中国成立以来,特别是改革开放30多年来,旅顺口与伟大的祖国一样发生了翻天覆地的变化。如今展现在我们面前的已是一个欣欣向荣、蒸蒸日上的新旅顺口:经济发展活力不断增强。2009年,全区实现地区生产总值150亿元,固定资产投资160亿元,财政一般预算收入13亿元;改革开放跃上新台阶。2009年11月21日,国务院、中央军委批准旅顺口区正式全面对外开放,开启了旅顺口全方位、宽领域、深层次参与国际经济交流与合作的时代之门。目前已有日本、韩国、法国、香港等二十多个国家和地区的外商在旅顺口区投资发展;先进文化建设更加繁荣。旅顺口凭借独特的人文资源,已经成为全国著名的爱国主义教育基地,以爱国主义为核心的民族精神在这里得到弘扬。科技、教育、卫生、体育等社会事业全面进步,大连医科大学、大连外国语学院、大连交通大学、辽宁对外经贸学院等区内高等院校极大增强了旅顺口的科技实力和人才实力;人民群众生活水平显著提高。城乡一体化发展加快推进,养老、医疗、失业保障基本做到了应保尽保。2009年,城市人均可支配收入18610元,农民人均纯收入14920元;国防要地的战略地位更加巩固,军政军民同呼吸、共命运、心连心,筑就了坚不可摧的海上钢铁长城。今天的旅顺口区正以全面对外开放为新起点,以率先建设科学发展示范区为新目标,全面抢抓辽宁沿海经济带开发开放的战略机遇,推动经济社会快速健康发展,努力成为辽宁对外开放的最前沿和大连乃至辽宁沿海经济带的增长极。

以史为鉴可以知兴替。列宁说,"不能忘记过去,忘记了过去就意味着背叛。"我很赞赏作者在《沧桑旅顺口》书中的一段精彩论述:

当流泪的河流上荡起情歌,当流血的土地上开满鲜花,当燃烧的沿海炮台渐渐成为斜阳衰草中的废墟,人们似乎已经有了遗忘昨天、遗忘苦难的理由,特别是沐浴在灿烂阳光下的年轻一代,不乏有人这样认为。

但是严肃的历史老人谆谆告诫我们：忘记昨天的人，必将虚度今天，失去明天。牢记昨天的苦难，抚摸身上的伤疤，才能珍惜今天的幸福，为更加美好的明天去奋斗。昨天，这部历史教科书绝对忘不得，更丢不得。

即将到来的2011年是辛亥革命爆发一百周年。甲午惨败、割地赔款、日俄恶战、国土沦丧是导致这场伟大革命的直接原因。正如同盟会的发起人之一、革命先驱陈天华在《猛回头》歌中所呐喊的那样："瓜分豆剖迫人来，同种沉沦剧可哀！太息神州今去矣，劝君猛省莫徘徊！"因此，《沧桑旅顺口》也是应时而出的研究中国百年屈辱史、觉醒史、激荡史、奋斗史的生动教材。

一个国家和民族，不善于学习和总结，缺乏理论指导，是难以崛起和成就大业的。从东方的直布罗陀，到焦土血港，从狼熊恶斗，到劫后新生，《沧桑旅顺口》让我们可以重拾那段饱含屈辱和血泪的记忆，重温旅顺口在社会主义新中国走过的光辉历程。一腔热血勤珍重，洒去犹能化碧涛。曾经的伤痛和苦难一去不返，但我们要永远铭记，只有国家强大，我们的民族才会赢得尊严；承载着新的期待与梦想的巨轮已经扬帆远航，我们必须砥砺奋进、携手同心，为建设更加秀美、和谐、繁荣的新旅顺、新大连而不懈奋斗！

目　　录

第三部　狼熊恶斗

引　言

　　刚喷吐出大股热气即结成条条冰凌的火车头,拖带着蜿蜒随行的长车,从满洲里出发后约一昼夜光景,恍如进入了远古的洪荒之境。

　　严冬的酷寒,淹没了熹微的晨光。车窗外一色苍白,天地冻绝。长林繁密,随着峰峦高低转折。强劲的朔风吹来,树海扬波,雪浪此起彼伏。尤其是那些长在风口上的树木,迎风面上冻结着厚厚的冰层,侧看像锋利的冰刀挂满了树丫。衰草都埋没在白雪里,偶然露出些头来,战栗颤抖。铁道两旁山石上的冰花,像玲珑别致的玉雕。火车已到了被称为"西伯利亚的明珠"、占据着世界淡水储量20%的贝加尔湖边了。

　　飞转的巨轮行进在铺于永久冻土层的钢轨上,毫无缓冲力,颠簸剧烈,更使单调且有规律的"咣当!咣当!"声特别刺耳。心事重重的周恩来总理,昨晚直到深夜才休息,天蒙蒙亮即起床。他两手握拳,做几下扩胸动作,又揉揉太阳穴,脸上虽带倦容,两眼仍富有神采。放眼望去,渺无际涯的贝加尔湖冰影映漾。

　　这是1950年1月,周恩来应毛泽东主席之召赴苏联,随身带着一大箱文件、档案和书籍,这些资料是为将要进行的中苏谈判准备的。与以往出访不同的是,他还带了一部厚实的小说,这是日理万机的他很少有的。按说,看小说是为了调剂精神,愉悦心情,不料他愈看心绪愈沉重,皱眉蹙额,面带愠色。然而这些细微的变化,哪怕最接近他的工作人员也未曾觉察出来。

　　无独有偶,这些天来,远在莫斯科郊外别墅的毛泽东,也是情绪激愤,烦躁不安。这是周恩来后来才听说的。

　　时隔八年多之后,即1958年7月22日,毛泽东与苏联驻中国大使尤金谈话时,重提了这段往事。

　　　"我第一次去莫斯科,斯大林、莫洛托夫、贝利亚就向我进攻。"

　　　"在莫斯科,科瓦廖夫、费德林当翻译。我发了脾气,拍了桌子。我说:我在这儿有三个任务:一、吃饭;二、睡觉;三、拉屎。"

"你们控制过旅顺、大连,后来走了。为什么控制?因为当时是国民党中国。后来你们走了,因为是共产党领导的中国了。"①

……

曾任周恩来军事秘书的雷英夫同志,在总理逝世后写下的回忆文章《音容宛在,恩诲犹蒙》②一文中写道:

记得还是在1950年冬天,抗美援朝战争正在紧张进行。我们日夜轮班,注视战局的发展变化。当时我担心敌人在辽东半岛登陆,便利用工作之余读读苏联名著、获斯大林奖的小说《旅顺口》,想从中得到一点在辽东半岛设防的启示。一天晚上,我见总理在办公桌前实在困得不行,抹了几次清凉油都不管用,就劝他休息,明天再办。他说:"不行,还有几件事必须今晚处理完,否则睡不成觉。"于是我又劝他出去散会儿步。

这个办法还真灵,总理一出办公室,月明星稀,寒风拂面,他顿时精神焕发。一边走一边问:"雷英夫,你最近在干什么?"

我说:"前方正利用麦克阿瑟骄傲自大的特点,故意示弱,主动后撤30公里,诱敌深入,准备聚歼敌人的主力。但不知麦克阿瑟肯不肯上钩?"

总理挥手打断了我的话。"我是问你在工作之外干些什么?至于诱敌深入的事,必会成功的。"

我马上报告:"我在看《旅顺口》。"

总理略感惊奇:"啊,你在看《旅顺口》?看了多久了?"

"半个多月了。"

"看完了吗?"

"没有,我看得慢。"

"为什么慢?"

"好多地名在地图上找不到,有时为一个地名要猜半天。"

总理一听,哈哈大笑:"对着地图看小说,军人作风,典型的军人作风嘛。你这样当然要花好多时间了,怪不得慢嘛。但是,小说中好多地方是虚构的,你怎能找到呢?你看到哪一段啦?"

① 参见《毛泽东外交文选》326、323页,中央文献出版社,1994年12月版。
② 参见《周恩来和他的秘书们》,中国广播出版社,1992年2月版。

听我说后,他又问:"感觉怎么样?"

我直通通地说:"不怎么样,不像外边吹的那么好。"

我发现总理似乎也看过这本小说,便问:"总理,你看过这本书吗?"

"我看过,是今年一月去莫斯科途中的火车上看的。"接着,他告诉我,对这本书的印象很坏,很多地方实在看不下去。第一,这本书宣扬的是沙俄侵略战争、掠夺战争的那一套。第二,这本书的主导思想完全违背了列宁的教导。旅顺口陷落时,列宁有篇文章讲得很清楚,说这是掠夺性反动性的战争。第三,书中极尽丑化中国人之能事,里面的中国人不是特务、奸商,就是妓女、骗子。把中国人写成这个样子,实在令人气愤。第四,书中宣扬的英雄马卡洛夫,不过是在沙俄腐败的军队中做了一点技术性的修补、改革。这个小军官比那些腐败透顶的将军们稍微好一点,可他对沙皇的反动制度和侵略政策是完全拥护的。这样的人有什么值得宣扬的?

总理这段议论,十分精辟。我在不知不觉中上了生动的一课,这课学的就是如何用马列主义的立场、观点、方法去分析文艺作品。没想到日理万机的周总理还有时间看小说,而且对《旅顺口》这部名噪一时的作品有这么深刻的分析。要知道那时候我们正实行"一边倒"的政策,中苏关系很密切,很多人对苏联的东西崇拜到盲目的程度啊。周总理仍能坚持实事求是,独立思考的马克思主义革命精神,对具体问题做具体分析,多么难能可贵!四十多年过去了,那次饶有意义的散步至今令我难以忘怀。

1956年3月8日,周恩来在北京中南海紫光阁同出席中国作家协会第二次理事会部分理事座谈时,又一次说到了《旅顺口》。

老作家马加在回忆文章①中写道:

周总理用炯炯有神的目光扫了大家,意味深长地问道:"你们看过苏联的《旅顺口》那部小说吗?"

"我们有许多同志看过这部小说。"我答。

"你们对《旅顺口》有什么看法?"

周总理又向大家提出了问题,态度认真严肃,仿佛进行一场严峻的考试。我是看过《旅顺口》这部小说的,因为它获得了斯大林奖金,我是出

_____

① 见《马加文集》第七集。

于好奇心和盲目性。读了之后，自己并不喜欢这本书，我却没有认真地想一想。

周总理皱了一下眉头，他说：

《旅顺口》这部小说，是宣传大国沙文主义，为沙皇侵略战争歌功颂德。书里的康特拉琴珂，根本不是英雄，他是沙俄侵略的工具。列宁在《中国的战争》里提到，欧洲资本家的魔掌伸向中国，侵略中国的旅顺口，他们都是侵略者。书里写的中国人没有一个是好的，这是对中国人民的歪曲。

周总理接着又谈到不久前来华访问的苏联第一书记赫鲁晓夫。他说：

你们知道，不久以前，赫鲁晓夫来中国进行一次访问，我们陪着他访问了旅顺口，参观了电岩炮台，他为了要表彰康特拉琴珂那些沙皇将军，提出在旅顺口修一座纪念塔。当时，我们直截了当地拒绝了他，旅顺口是中国的领土，不能给沙皇侵略者树碑立传。

我聆听了周总理的讲话，心情很久不能平静下来。是啊，"旅顺口是中国的领土，怎能给沙皇侵略者立传！"我们又是多么需要歌颂东北人民斗争的历史，这里有多少民族英雄，为着反帝斗争，贡献出自己的生命。

那天中午我们都留在紫光阁共进午餐，一共是两桌，周总理和一部分同志坐在一桌。陈毅同志和一部分同志坐在一桌。因为我在陈毅同志身边，他问起我到农村生活情况，接着非常爽直而又关心地对我说：

你应该写你自己熟悉的生活，要写那些重大的历史题材，你为什么不写呢？

兴许是应验了"象齿焚身"这句成语，凡是形胜险要之地，便多兵燹之祸，旅顺口就是如此。且不谈古代，近代以来，帝国主义列强为独霸该地大动干戈，反复争夺，致使它曾蒙受了甲午、日俄两次大战之灾，六次易手，这恐怕在世界战争史上，不是绝无仅有，也是极为罕见。这块土地，是苦难的旧中国的缩影，也是遭受帝国主义侵略、践踏、蹂躏、杀戮的典型。著名的爱国诗人闻一多先生曾在悲愤而犀利的《七子之歌》中，对旅顺大连的命运作如下比拟：

两个强邻将我们来回蹴踏，我们是暴徒脚下的两团烂泥。

这块土地的悲惨经历，折射出中华民族苦难、屈辱的命运。

正因为旅顺口具有特殊的历史地位和重要性，所以，在刚建国之初，毛泽东、周恩来等第一代的卓越的党和国家领导人，不索回旅顺口席不安寝，食不甘味！

如今，在旅顺口，不仅有全国独一无二的保存完好的战争遗迹，而且有多处由沙俄和日本统治时期留下的古建筑，以及为数不少的军事机构、商务机构和学校等文化设施。不过，这些都曾是日俄帝国主义者为它们的军事侵略、经济掠夺和文化渗透服务的，是我们应该时时抚摸的民族创伤的疤痕。

如果说，"建筑是凝固的音乐"，那么，在旅顺口，特别是在太阳沟一带，便能时刻聆听一部百余年历史的交响曲。其中，有怒吼的乐章，也有遗恨的吟鸣。

如果说，"遗迹是立体的史书"，那么，在旅顺口，特别在鸡冠山、望台、二龙山、203 高地等处，便能时刻阅读一部百余年沧桑的历史教科书。其中，有悲壮的篇章，也有惨痛的段落。

那里的每一块石头都会流泪哭泣；每一抔泥巴都有"恨血千年土中碧"①的经历。

史鉴使人明智，博物使人深沉。

客观地反映近代旅顺口两次战争的实情，还历史的本来面目，从深层面上揭示旅顺口沧桑巨变的根本原因，不仅有创作史、研究史上的价值，更有梳理历史、反思历史的教育价值。

19 世纪与 20 世纪之交，旅顺口留给我们的是莫大耻辱。

20 世纪与 21 世纪之交，我们油然而生的是中华民族伟大复兴的荣耀感。

放眼 21 世纪，历史赋予我们全国各民族和全军指战员的神圣的使命是如何加快建设和有效保卫我们的国家，实现繁荣、富裕、和谐、幸福的强国之梦的紧迫感。

旅顺口，一座露天历史博物馆，半部中国近代史。来到这块苦难、神奇、新生的土地上，驻足观看每一展室，凝神翻阅每一页书，阅读用血泪凝成的每一个字，静心谛听天然形胜、山河草木、战争遗迹、历史文物的沉默诉说——须知，这是不善言辞的历史老人"此时无声胜有声"的特有语言，都是那么沉重，那么悲愤，那么发人深省！

---

① 唐朝李贺诗句。

第一部　天造地设

第一章　"东方的直布罗陀"

公元 1859 年，初夏的一个清晨。

旅顺口外，海雾越来越浓重了，遮没了老铁山与黄金山夹口对峙的雄姿。渐渐地，阴郁的雾和灰蒙蒙的天融成了一体。一艘双桅兵船从东南方向通过渤海海峡，径直向旅顺港驶来。桅杆上那盏电灯突然透过迷雾射出了亮光，远远望去，活像是魔鬼闪烁着一只凶恶而诡谲的眼睛。

双桅兵船的驾驶台上，一个身体颀长、碧眼金发的军官手执一个长长的单筒望远镜，在不时地观察前方。他便是英国侵华海军司令何伯。他奉本国政府之命，在对中国再起的第二次鸦片战争中，要率船闯进大沽口，迫使清朝皇帝就范。为此，他先进旅顺口待机和补给，并想找个俄国人领航。因为他首次来此，航道和港口颇为生疏，所以一再嘱咐正在专心致志操船的船长，一定要测准方位，慢速前进，小心谨慎。

兵船终于如愿以偿地进入了这个未经系统建设的处女港。曾到过世界各国许多地方，考察过各大洲著名军港的何伯，以海军将领特有的眼光，被周围的一切深深地吸引住了，感到十分惊讶，他兴奋地说道：

　　"Oh! The Gibraltar of the East!"（"哦！这真是东方的直布罗陀！"）

直布罗陀位于直布罗陀海峡东北部，自 1704 年起，被英国占领，并建立了海空军基地。直布罗陀海峡，是大西洋通往地中海的唯一海上战略通道。何伯把旅顺口与直布罗陀相比，意思是说东方的旅顺口同西方的直布罗陀一样，具有

1860 年 6 月入侵大连地区的英军露营帐篷

重要的战略地位。

确实,旅顺口的奇、美、险、要,世所罕见。

1860 年 6 月英军在大连湾登陆的情景

一、旅顺口之奇

作为天然形胜的旅顺口及周围的山,奇特之处颇多,笔者择要概括为四句话:

一口锁两海,黄渤分界见;蛇岛世独有,候鸟作驿站。

所谓"一口锁两海",便从我站在老铁山之巅观黄、渤两海谈起。

海拔 465 米的老铁山顶峰我登临过多次,但正如鲁迅先生形容自己的故乡时所说,"要我记起他的美丽,说出他的佳处来,却又没有影像,没有言辞了。"为此,我于 2009 年 6 月 3 日,在老铁山观通站指导员高继伟的陪同下专程再登。

汽车沿着盘山公路斗折上行,开到了老铁山的腰部,登上 400 多个台阶,便到了顶峰。顿时觉得四周胜景,一览无余,衽席之下,辽东半岛南部的山陵、丘壑、城镇、村落、田野、港汊、河流、湖泊,还有波平浪静的渤海、黄海尽收眼底。

先往东北方向望,只见葱郁迤逦、萦青缭白,那是辽东半岛南端风貌。脚下是浓荫覆盖、摇飏葳蕤的老铁山自然保护区。目光前瞻,云蒸霞蔚处,是屹立海边、以白沙镶边,蓝缎作衬的黄金山和酷似虎蹲狮伏状的丘陵,还拖了一条倒竖"剪"动、刚劲有力的老虎尾巴。黄金山西南面是旅顺市区,各种建筑鳞次栉比,色彩明丽;黄金山下一条窄窄的进港水道被山体遮挡住视线,东港和西港宛如两个深靓湛蓝的内陆湖泊,纳光景而涵烟霏。再往前看,是辽东半岛南端蜿蜒曲折的海岸线,可见到半瓢形的塔河湾和葫芦状的小平岛。辽东

旅顺口进港水道

半岛的西南角突出处,即黄龙尾咀。正北方向苍茫的渤海湾内,隐隐约约可见一个黑点,那便是猪岛。

视线转到西面,渤海的海水与雾蒙蒙的天空浑成一体,偶见有行船将整块偌大无边的琉璃划破,留下一道白色痕迹。离半岛不远处有两个清晰可见的岛屿,它便是著名的蛇岛和海猫岛(鸟岛)。辽东半岛南端的西侧,是属渤海湾的沿岸。羊头洼新港正在大规模扩建施工中,港湾酷似巨鹰之喙。那里有旅顺经济开发区和烟大铁路轮渡站,一艘乳白色的铁路轮渡船,正载着一辆装满货物和旅客的列车,缓缓离开港口,如一只大甲虫在大草原上爬行,心无旁骛地直指海峡对面的烟台港。

伫立老铁山顶端南瞻,便是渤海海峡。在天气晴朗的时候,北、南城隍岛清晰可见,再远处的大钦岛和小钦岛也历历在目。往东南方远瞩,便是广阔无涯、烟波微茫的黄海。

登老铁山之巅观景,"远近高低各不同",特别是早、中、晚光线强弱有别,色调变化显著,真可谓"朝晖夕阴,气象万千"。加之一年四时,风云变幻,即使有生花妙笔,也难描绘其妖娆百态。

长期生活在旅顺口的诗人鸿翼,把旅顺口比作祖国地图上的"金鸡之喙":

　　　　它衔着

渤海与黄海

万顷碧浪

它衔着

军舰与白帆

一片繁忙

人说祸从口入

近代史上的屈辱

它曾经饱尝……

一口"跨"两海(两洋),或谓一口"通"两海(两洋),并不算奇特,这是大多数海峡港口的共性。比如说,南非的开普敦,也门的亚丁,韩国的釜山,智利的乌斯怀亚等。这些港口虽来往方便,商贸繁荣,但海面开阔,无险可扼,遇到战事,容易被敌方占领。但是"锁"两海(两洋)便不同了。

旅顺口,作为处于渤海海峡北端、渤海与黄海之间的要隘,控制黄、渤两海好比一把门锁,其地位只有直布罗陀可与相比。

那么,直布罗陀的战略地位及地理特征是怎样的呢?

举世闻名的直布罗陀位于西班牙所在的伊比利亚半岛的最南端,是欧洲大陆西南角上最突出的一个小小的半岛,所以也叫做"欧洲之角"。直布罗陀这座在古希腊时代被称作"海克力斯双柱"的古城堡,有许多动人的神话传说和著名的历史遗迹。

传说远古时,欧、亚两块大陆原是一个整体,穆萨山和直布罗陀悬岩也连在一起。大力神海克力斯在盛怒之下一掌劈开了横跨欧、亚大陆的石柱,从而形成了直布罗陀海峡。在丹吉尔城至今还有海克力斯岩洞。

地质学家们断言,大约在2.5亿年前的泛古陆时期,欧亚大陆和非洲大陆本来连在一起,古地中海是封闭的。大约在2亿年前,泛古陆沿着一些裂缝开始分裂,古地中海逐渐张开。于是,在大西洋与印度洋之间形成了一片广袤的水域。在此后漫长的地壳运动过程中,古地中海的东、西两端先后闭塞,这片水域随之干涸,变为一个孤立的内陆盆地。距今500多万年前,直布罗陀海峡又畅通,大西洋的水才又重新流入地中海,一直延续到现在。

从直布罗陀向西,到大西洋彼岸的特拉法尔加角,是伊比利亚半岛南端最突出的地带,它正好同摩洛哥最北端的阿勒米纳角和埃斯帕特尔角隔海相望,形成一条狭窄的水道,这就是著名的直布罗陀海峡。

直布罗陀海峡长约 65 公里,最宽处 43 公里,最狭处只有 14 公里。东深西浅,平均水深 375 米,东部海沟最深达 1181 米。南北两岸均为山地,岸壁陡峭,多海角。从地中海经过这条细小的咽喉,才能进入大西洋,因而这里具有极其重要的战略地位,被称作西方的"生命线"。直布罗陀半岛,扼守在海峡的东端,是控制整个海峡的重要据点,经过多年的建设,具有良好的港口设施。

直布罗陀海峡名称之源可以追溯到公元八世纪。公元 711 年,阿拉伯军队在摩洛哥站住脚之后挥戈过海,在安达卢西亚与西班牙军队进行了一场激战。两军对垒,战云翻滚,大有"黑云压城城欲摧,甲光向日金鳞开"之势。几经厮杀之后,离乡背井的阿拉伯人损兵折将,既无救兵支援,又无粮秣供应,处境维艰。面对严峻的形势,阿拉伯军队的统帅罗陀·努·扎耶德决心背水一战,他对尚存的将士们说,前面是咄咄逼人的敌军,后面是波涛滚滚的大海,要么战胜敌军夺取胜利,要么全军覆没葬身鱼腹,除此之外,别无抉择。他身先士卒,奋勇杀敌,全军将士,团结一致。经过殊死的搏斗,终于大获全胜。为了纪念这位将领,人们把丹吉尔周围的山命名为罗陀山。阿拉伯语中的"山"音译为"直布",故称为"直布罗陀",它所俯瞰的海峡便被称为直布罗陀海峡。

旅顺口的第二个奇观是黄、渤两海之间有一条清晰可见的分界线。

世界上的海与洋把全球相通联结,构成一体,全世界的水流入海洋,混成一体,分不清它从哪里流出、哪条江河汇入,或者说原是在什么海和什么洋的。正因为如此,世界上能明显见到海水分界线的极少。

但是,当我登临老铁山灯塔,海天苍茫,望无际涯;云连水气,风带潮声,眼前所见的景观使我感到惊讶不已。灯塔位于老铁山西北角,在一个海拔 86.7 米并伸入大海的山岬上。它呈圆柱形,高 14.2 米,1892 年由清政府海关请英国人主持建立,灯塔机构部件为法国制造。现仍为亚洲照度最强、能见距离最远的引航灯塔。该灯塔被国际航标协会认定为世界著名航标百塔之一。

这里是辽东半岛最南端的旅顺老铁山岬,人称"东北天涯海角"。风景区的"塔观双海",为大连市八景之一。

清廷建于 1892 年的老铁山灯塔

站在老铁山灯塔上,举目南望,左为黄海,右为渤海。黄渤两海的浪潮由海角两面涌来,在此汇聚,竟然形成一条清晰的水线,两水相会,泾渭分明,翻滚不息,蔚为壮观——这便是黄渤海自然分界线。站在这里,可见"黄海不黄,渤海不蓝"的奇特景观。在我国沿海,仅此一条清晰可见的两海分界线。据资料记载,之所以能有如此奇观,主要原因有两点:

　　其一,渤海是个半封闭的内海,平均深度较浅,河流注入较多,而黄海是个开阔的连通太平洋的外海,平均深度较深,且河流注入较少,所以两海的海水盐度、含泥沙量、质地、颜色等不同,因此,在两海相交的渤海海峡老铁山水道,分界线直接可见,这种现象在淡水和海水交汇的长江口也有类似情况,只不过它是江海交汇而不是两海相交而已。其二是还有特殊的海底地形地貌原因:黄海和渤海本是形成年代不同的两个海,两海之间分界处底部恰好有一条很深的地沟,黄渤两海的浪潮,由海角两边涌来,在这里交汇,结合部因深度骤变,形成一道清晰的水流,成了黄、渤海天然分界线。

　　渤海,古称沧海,是中国海区中最北的一个海区,也是我国最大的内海。渤海有三个海湾,北部的叫辽东湾,以秦皇岛至长兴岛一线为其南界,有辽河

黄渤海形成清晰的分界线

及大、小凌河入注;西部的叫渤海湾,以大清河口至黄河口一线为东界,有海河在这里入海;南部的叫莱州湾,以黄河口至龙口的埠矶角一线为其北界,有胶河、小清河流注。

渤海是一个长轴为东北——西南走向的半封闭大陆架浅海,三面环陆,胶、辽两半岛南北对峙,庙岛群岛纵向分布在海峡上,形成一道天然屏障。它位居我国最重要的政治经济区京津的前方,黄海的后方,战时对护卫京津、支援黄海战区有战略意义。

黄海东临朝鲜半岛,北接辽宁,西连渤海和山东、江苏海岸,南与东海为界。根据黄海水深及水文特点,适宜常规潜艇活动及使用各种水中武器。

辽东半岛北部纵深是我国重工业基地,山东半岛西部纵深是华北经济区,使黄海海区在海防上具有重要的军事意义。

黄海属我国的大陆岸线长约4000公里。濒海陆地可分为辽东半岛、山东半岛和苏北平原三部分。辽东半岛以长白山脉的分支——千山山脉为骨干,500米以下的丘陵自东北向西南延伸,是海岸方向通往内陆纵深的天然屏障,大规模机械化部队运动受到一定影响。丘陵地带多制高点,有利于组织防御。

黄海南部可经朝鲜海峡与日本海相通,它是俄罗斯太平洋舰队南下的捷径。目前,驻扎韩国的美军仍未撤出,从其军事基地仁川港到我国旅顺港约300海里,到威海港仅234海里,这给黄海海区的军事斗争形势增加了复杂性。

必须指出,海图上的黄渤海分界线与自然分界线略有不同,它是以老铁山灯塔与北隍城岛灯塔的连线为准,这是航海上的需要,使标志更准确和显明。

"蛇岛世独有,候鸟作驿站"。这两句话说起来就更奇了。笔者曾写过一部《海洋岛屿奇观》,其中便写了世界上的许多奇岛,有鸟岛、鼠岛、蜥蜴岛、螃蟹岛、巨龟岛等等。而蛇岛,除旅顺口外的小龙山岛之外,别的地方还未听说过。

蛇岛位于东经120°59′,北纬38°57′。原名礁腊,当地人称之为"蟒山岛"、"小龙

离旅顺口不远的渤海中的蛇岛

9

山岛"。岛的轮廓呈不规则的长方形，走向西北东南，长1500米，宽54米，面积0.8平方公里。岛的周围除东南有一小片卵石滩外，均为悬崖峭壁。地形西南高，东北低，主峰在西南角，海拔216.9米，呈单面山。由山脊斜向南、东、东北和西北割成扇状形冲沟，向地面缓倾，但崎岖不平。

蛇岛的气候属南温带湿润季风气候，由于受周围海洋的调节作用，具有海洋性气候的特点，气温日差较小，年平均气温10.5℃，平均相对湿度68%，年降水量600毫米。由于全岛除峭壁外多为植被所覆盖，降水流失量小，加之四周环海及南高北低的地形减少了单位面积的太阳辐射和地表的蒸发，故空气湿润，土层含水量较高。岛上植物生长茂盛，覆被率达70%以上。植物种类有65科206种，主要分为灌木状乔木群落、灌木植物群落和草本植物群落3个类型。春、夏、秋三个季节，岛上葱茏黛绿，绚丽多姿。岛上动物约有150多种，其中鸟类约47种。

要探秘蛇岛的"奇"，先要要从黄鹂柳莺的"美"写起。

这是令七仙女也羡慕不已的一对枝头情侣。造物主把它们打扮得仪态万方：娇小玲珑的体躯，披着一身油光闪亮的淡黄色的羽毛，胸间却呈洁白如雪；上喙灰褐，下喙深红，两只滴溜溜转的眼珠间有一绺深黄色的长眉。在动物学鸟类中它们的学名叫黄鹂柳莺。它们的越冬地在云南、贵州一带，繁殖地远在内蒙古东北部的扎兰屯、满洲里。

"暮春三月，江南草长，杂树生花，群莺乱飞。"当它们度过了一段最美好的生活、最活跃的时间后，本能促使它们不在南方久留与沉湎，启程北飞了。

越过福建、浙江这段路，是连绵不绝的丘陵地，到处有食可觅，有枝可依。特别是西湖边上这一排排由春风剪裁出新叶的翠柳，更令它们流连忘返，致使它们欢快悦耳的鸣叫，成了西湖的一景——"柳浪闻莺"。

逗留数日之后。时令已过四月，它们又开始了漫长而艰苦的行程。特别是当它们飞越黄海时，只凭嗉中为数不多的草籽充饥，真是筋疲力尽了。

它们看到了大海中一个绿色的小岛，于是就加速飞去，停落在一株刚抽嫩叶的栾树枝端。

"啾啾——"一只雌鸟还未整理羽毛，才发出两下叫声，突然，一段弯曲的树枝闪电般的伸直了，把它的头部咬住。黄莺稍有挣扎，大半个身子已被这段伪装的树枝吞了下去。雄鸟丧魂落魄地飞走了，离开这个可怕的境地，悲凄孤单地赶路。

这不是虚构渲染，更不是凭空想像，而是请教过鸟类专家和考察队员之后的忠实记录。这是在旅顺外海小龙山岛——蛇岛上经常发生的惨剧。

由于鸟类弄不清这个栖息之地为何如此危险的原因,同类和后代也无法吸取教训,忠告相传,所以千百万年以来,这种悲剧至今还在继续,而且将来也不会停止。

黄莺等过路候鸟,世世代代以不计其数的牺牲,换来了另一种动物的生息与繁荣,这便是这个奇岛上的蝮蛇。这种蛇是西伯利亚蝮蛇的一种,属爬行纲蝮蛇科(响尾蛇科),长 60 ~ 70 厘米,大者可达 94 厘米。蝮蛇头呈三角形,颈细,背灰褐色,两侧各有一行黑褐色的圆斑,腹灰褐,具黑白斑点,捕食鼠、鸟、蛙、蜥蜴。蛇岛的蝮蛇头和牙特大,毒性甚烈,1 克蛇毒液可毒死 1000 只兔子,3 万只鸽子,0.1 克可致人死亡。

长期以来,这个小岛被神秘的空气笼罩着,鲜为人知。一直到 1957 年 4 月,大连医学院教授、动物学家伍律为首的 12 人,对该岛作了一次全面考察之后,才拨开了它神秘的面纱。据 1982 年由北京、沈阳、大连等地动物学家组成的调查团清查,当时岛上存蛇 1 万条左右,每年产仔蛇近千余条。照这个增殖推理,现在岛上约有两万条以上的蝮蛇了。

盘踞着上万条蛇的一座小岛,在人们的想像中,必然是一踏上岛,映入眼帘的便是万头攒动的蛇群吧?其实远非如此。原来,这里的蝮蛇都非常善于伪装,不仅躯体的颜色和周围的环境酷似,连栖息的姿态也能模拟周围的物状。趴在岩石上,有如石头的裂缝,盘在树上酷似枯干虬枝,使人难于识别。只有经过一番仔细观察,才能发现遍地皆蛇的奇观。

岛上的蛇一般不袭击人,只要不触犯它,即使离它很近也无害。另外,蝮蛇的特点是,判断周围环境不仅靠眼睛,还靠眼鼻之间的一个特殊器官——颊窝。颊窝状如漏斗,是一个灵敏度极高的热测位器,能察觉摄氏 1% 度的温度变化,所以,即使在漆黑的夜晚,蝮蛇也能准确地搜索和捕捉动物。人、鸟、兽顺风靠近它,立刻被它察觉。响尾蛇式导弹,就是根据"仿生学"的原理,模拟蝮蛇的颊窝构造研制出来的,在军事上应用广泛。

蛇岛蝮蛇的活动规律很有趣,它的活动直接受岛上小型迁徙鸟类活动的影响,有明显的季节性变化。每年 4 月上、中旬,小型迁徙鸟开始到来,此时岛上蝮蛇开始出蛰,在石板或树枝上晒太阳。5 月,迁徙鸟开始大量路过,至蛇岛暂时停歇。这时岛上草尚不高,叶亦不茂,小鸟自由穿飞。蛇的数量也明显增多,有的树木枝干上可见数条,形成蛇在岛上第一个活动高潮。6、7 月(尤其是 7 月),岛上鸟类稀少,留鸟只有海鸥和雨燕,这时岛上蝮蛇同陆地蝮蛇恰恰相反,由于无食可捕,被迫夏蛰,多蜷曲于草丛或石下,活动处于低潮。秋季,岛上草木茂盛,8月下旬至10月上旬,小型迁徙鸟再度过此,最盛期为9月下旬至10月上旬,数量较春季为多。在此期间,岛上的蝮蛇大量采食,且有产仔和交配活动,形成为第二个活动高潮。蛇岛蝮蛇在活动高潮季节,每日随着小型迁徙鸟类的活动而活动,有晨、昏两个活动高潮。

蛇岛蝮蛇有定居的特性,就是说,岛上的蛇有永久性的栖息地和较固定的临时栖息地,而且被"流放"后还有返回"家乡"的特性。11月,小型迁徙鸟过境以后,蛇亦均隐栖于较深的天然岩洞蛰眠越冬。次年4月中旬陆续复苏出洞后,在50米以内的不远处选一临时栖息地,即固定的采食场所(多为树枝上),每天到此栖息待食。如将其捉获带到几百米以外的地方"流放",几日后该蛇仍可回至原地等待捕食。

从老铁山看渤海中的蛇岛与鸟岛

目前,岛上的蛙、鼠、蟾类已相当稀少,因为有蝮蛇这个强大的天敌的威胁,它们已很难生存。蝮蛇现在主要吞食鸟类。它们狙击鸟类的技巧令人叹为观止。无论在草丛、岩石或树枝上的蛇,觅食时,都把身躯折曲成"之"字形,三角形的头微抬冲着天空,保持一触即发的姿态趴在那里,一动不动地等待小鸟飞来。树上的蛇,有的尾部缠在树枝上,前半部弯曲似压缩的弹簧,腹部紧贴树枝。这种"守株待鸟"的方法有效且辛苦,需要特大的耐性。运气好的一天就可捕食 2 至 3 只小鸟,运气不好则要等几天甚至几个月。起早贪黑,一天两次爬上爬下,总到一个位置等待。嘴里不断地吐出舌头(信子)四处搜索,当探食感官——颊窝探得小鸟在其攻击范围之内时,突然弹伸头部将其咬住,其迅如箭,被咬小鸟中毒死亡,蛇便囫囵吞食。有时地面上两蛇争食一鸟,多为吞食头部者取胜。如互不松口,往往食头部者将对方同食物一并吞咽,咽到一定长度再吐出。

蛇岛蝮蛇耐饥力强,食量亦大,在有水情况下,一般可数月或年余不进食,有的竟长达 30 个月不食。个别幼体食量可接近甚至超过其体重,有的饱食后竟然不能爬动,在受到惊扰时为了逃避,不得不将最后吞食的动物吐出再慢慢爬走。

离蛇岛南 3 海里处,有一座鸟岛。该岛海拔 118.7 米,面积约 30 万平方米,有成千上万只的海鸥常年在这里栖息,因为这种海鸥的叫声像猫,故当地人称之为"海猫",这个岛也被叫做"海猫岛"。除了留岛海鸥,每年春季还有数万只黑尾鸥、白腰雨燕该岛上的岩壁上筑巢繁殖。每年 8、9 月,又有成群的鸾鸟、雁鸭聚集在海猫岛歇脚。

当人们乘船驶近或踏上海猫岛时,群鸟展翅飞翔,上下翻飞,遮天蔽日,竞相啼鸣,蔚为壮观。

鸟的王国与蛇的王国相邻,彼此之间又没有"签订条约",为何能和平相处?这是因为生物选择食物,要审视其对象的力量,对自己的威胁等,即有"知己知彼"的本能。海鸥一般以鱼类为食,鲜活的鱼比皮肤粗糙的蛇更好吃,且不必进行一番恶斗,冒自己被蛇咬死的风险,因此它们也不敢轻易去啄蛇为食。①

蛇岛上的蛇何以能长期繁衍下来,以至这里成为蛇的王国呢?专家认为,大致有以下几个原因:一是孤岛在茫茫大海中,人迹罕至,地理环境特殊。二是当地流传着对蛇岛的种种神奇传说,居民称蛇为"白龙",视若神明,不敢捕杀。三是春秋两季迁徙的候鸟多在岛上落脚,给蛇提供极为丰富的食物。这里的蛇又能适应环境,竟养成既冬眠又夏眠的习性。四是岛上草木丰茂,气候温润,天然岩缝和洞穴众多,宜于蛇的生存繁衍。

岛上的蝮蛇是我国宝贵的野生动物资源,它在医药和科学研究上具有重要价值。据蛇毒分离结果表明,蛇岛蝮蛇的蛇毒含有 16 种成分,比我国大陆

---

① 参见书前画页。

上的蝮蛇含毒成分还多。近 20 年来,科研工作者对蝮蛇的药用价值做了不断深入的研究。开始是利用蝮蛇制造蛇粉、蛇酒,进而发展到对蛇毒的研究应用。临床证明,蝮蛇的原毒对治疗胃、十二指肠溃疡以及妇女功能性子宫出血等疾病,均有很好的疗效。从蝮蛇原毒中分离提取出来的精氨酸酯酶,具有明显的抗癌、抗凝血作用。此外,在治疗血栓闭塞性脉管炎、大动脉炎、高凝血症等疾病方面,也都展现了良好的前景。目前,蛇毒已广泛运用于临床。旅顺口建立了占地面积 400 平方米的蛇园和专门用蛇毒治疗各种疾病的蛇岛医院。驻旅顺口海军 406 医院内四科的医务工作者运用蛇毒加高压氧治疗脑血栓后遗症获得显著疗效,为国内首创。

而"候鸟作驿站"说起来也是一大奇景。

鸟类迁徙路过老铁山在春秋两季,尤以秋季为多。每年九月中旬至十月中旬,如果你能到陈家村鸟栈去住几天,观赏一下云集的候鸟,那是人生难得的赏心乐事。

那里,可不是"两个黄鹂鸣翠柳,一行白鹭上青天",也不是"日暖众鸟皆嘤鸣","流莺百啭最高枝",而是千鸟比翼,万鸟竞翔,千姿百态,遮天蔽日,莺歌燕舞,鹂啼鹃鸣的"群鸟盛会"、"声闻于天"的热闹景观。

旅顺口最南部的老铁山西角,是辽东半岛最南端。山前黄渤二海汇合处,与相距 57.8 里的山东半岛蓬莱角隔海对峙,遥遥相望。每年秋季,来自西伯利亚、兴安岭、蒙古草原和我国东北的大批鸟类,迁徙时路过这里,或在这里停留数日,养精蓄锐,再漂洋过海,到南方越冬;春季返回。每年经老铁山迁徙的各种鸟类达几百万只,它们随着季节的变化而南北迁徙。

老铁山自古以来成为鸟的驿站,还因为具有特殊优越的地理条件。这一地区山峦起伏,沟谷纵横,间有部分台地和山注;沿海港湾连接,间以峭壁和滩涂,地貌复杂多样。自然植被覆盖率达 80%,其中森林覆盖率达 34% 以上。

老铁山鸟站,包括铁山镇和江西镇、双岛湾镇、旅顺农场的部分地区。由铁山镇盐滩村起,沿公路经中鸦鹛嘴、方家村、隋家村、张家村、山头村、西湖嘴村一线的西南,长约 25 公里,宽约 7 公里,面积约 170 平方公里。其中老铁山中心地带面积约 40 平方公里,这里丘陵连绵起伏,以黑松等植物为主的人工林苍翠茂密,覆被率较高;短小河沟,水库塘坝广布其间;滨岸海滩蜿蜒,湾口众多。这一优越的自然环境,为鸟类提供了良好的停歇、栖息场所。

从老铁山过路的鸟到底有多少种?在上世纪 80 年代前还是个未能彻底解开的谜。但从大连、北京、天津等地自然博物馆采到的标本和前人的资料看,已有 240 多种,约占我国鸟类总数的 1/4。《中日保护候鸟及其栖息环境协定》中,规定保护的 227 种鸟就有 90% 的种类经过这里。

20 世纪末期,鸟类学家经过周密的研究和考察,初步断定在老铁山共有鸟类 283 种,其中留鸟只有 23 种,占鸟类种数的 8.09%,绝大部分是候鸟。

在老铁山鸟的驿站歇脚或长居的飞客中,国家重点保护的一、二类珍禽有丹顶鹤、白鹤、黑鹳、天鹅、白枕鹤、秃鹫、鸳鸯等数十种。人们从池塘、盐田附近经过时,常可看到各种野鸭、鹬鸻在觅食,偶尔还有天鹅、白鹳、鸳鸯等在悠闲地散步。这些鸟或小胫细长,适于在浅水中涉行,归涉禽的家族;或足间有蹼,擅长在深水中游泳,属游禽类,人们通常称为水鸟。那上体布满金色斑点而得名的金鸻,是鸟类家族中的一个单项的冠军:它的祖先曾连飞 35 小时,从阿留申群岛直达 3200 公里外的夏威夷群岛,创下鸟类连续飞行的最高记录。

如果穿行在田野间,时常有小鸟在脚边草丛中飞起,在空中翻飞啁啾。边飞边捉虫的小燕子本领高强,俗称山燕子的针尾雨燕,飞行时速可达 250—300 公里,是鸟类的竞速冠军。称为沙百灵的窝兰歌声悦耳,不愧为来自"鸟中歌星"的家族。这里数量最多的是鹌鹑和黄懒子,有时飞累了掉下来竟像下雹子一样,人们可不费力地捡它几十只、上百只。黄懒子学名黄脚三趾鹑,形同小鸡,却属鹤形目,还是为数不多的一雌多雄生活的鸟种之一。雌鸟只会产卵,孵蛋育雏都要靠它的"丈夫"们。

到了山林间,能见到的小鸟就更多了。学名白喉矶鸫的虎皮翠服饰华贵,额后颈翅上翠蓝,背部、肩羽黑色,遍身珠光宝气。古名鹒鹒的黄鹂,身披金黄的羽毛,颈部等处点缀几道浓墨,丽而不俗;体态轻盈的绣眼雀,羽毛纯绿,眼边描了一道白圈,格外清秀可爱;灰红色的太平鸟,羽冠鲜丽,12 枚尾羽末端如点了金,故俗称"十二黄"。观赏鸟类除上述品种外,还有歌喉百啭、哨声动人的红点颏、蓝点颏,黄雀、金翅、三道眉。还有蜡嘴,不仅嗓音洪亮,而且善于腾飞穿云,博人宠爱。

到了老铁山深处的山冈上,便是猛禽的天下。中国的鹰科鸟,这里就有 20 多种,在国内是罕见的。鹰、隼、鸢、雕、鸮均有多种,数量也多。在其他地区罕见的鸢、蜂鹰,在这里有时成群结队,蔚为奇观。猛禽中最凶者当推雕。旅顺口产雕早就出名。清人所著《沈故》①中,就有"金州厅旅顺口一带有雕

---

① 卷一《取雕》篇。

厂数十座"的记载。该书对雕的种类也有描述:"其品种色黑者曰皂雕,黑而花者曰虎斑雕,其黑点如洒墨者曰芝麻雕。品之尤贵者曰海东青"。辽代皇帝喜春猎,常到鸭子河泺(今吉林月亮泡一带)用海东青擒天鹅,古曲《平沙落雁》即描写这一情景。辽帝向女真征贡海东青,成为女真抗辽的原因之一。古代取雕主要"供京师以备羽扇箭翎之用"。按《沈故》记载,当年旅顺口有"雕厂"数十座,从事捕雕。现在捕雕主要供给动物园展出。全国10多个城市动物园展出的雕,大多数是从老铁山鸟站捕获的。

上面已提到过的鸟岛"海猫岛",位于双岛湾镇董子村西约7.2公里处的渤海之中,海拔高度为118.7米,面积0.3平方公里。海猫岛气候适宜,雨量充足,灌木丛生,很少有敌害,使它成为海鸥的乐园。这里的海鸥求偶方式很奇特,先是雌海鸥主动向雄海鸥发出亲昵的求爱叫声,雄海鸥一旦被其"感动"而作出某种反应,雌海鸥立即向对方索要可口的食物作为彩礼,当他们组成"新家"时,还在"新房"前相互鞠躬两三次,以示"爱情"忠贞不渝。然后共同担负起哺育后代的义务繁衍下去。当有人踏上小岛时,群鸟突飞,遮天蔽日,成千上万只海鸥拍打着双翅,盘旋在你的头上轮流向下俯冲,甚至拉下粪便,直到把人赶走方罢休。

据记载,曾经发生过这样的一件事:一艘装载几十头小猪的船,行驶至海猫岛附近时被风浪刮翻了,其中有一头小猪命大,竟游到海猫岛的海滩,上了岸。对这突然来临的、其貌不扬的不速之客,海鸥先是惊奇,继而发怒,哇哇直叫,召唤同伴,商量处置之法。可能是某只头领发出指令:这不是"兔子上门——送肉来了"吗?立即对其进行轮番攻击,很快将小猪活活啄死,然后群鸥围着抢食,享受了一顿美味大餐。

到了8月,气候变凉,又有成群的鸢类、雁鸭类等远方客路过这里歇脚,好一鼓作气飞越渤海到山东半岛,此间海猫岛格外热闹。由于海猫岛对研究我国许多候鸟迁徙路线有重要价值,目前,该岛已引起有关部门重视。

根据老铁山地区的生态环境特点和鸟类的不同生活习性,鸟类学家将老铁山的鸟类分成四个生态类群。

(1)森林鸟类群:老铁山最高峰海拔465.5米,鸟类没有明显的垂直分布差异。该类群的鸟类体型较大,一般都只在森林中作短暂栖息。以肉食性的猛禽为该类群的代表,山斑鸠也是这一类群的常见的种类。

(2)低山灌丛鸟类群:老铁山的低山部分,农田周围,生长有紫穗槐、香椒子、酸枣等灌丛,以及各种果树。在该区域活动的鸟类多为雀形目的小型鸟类,多以植物种子、昆虫为食。常见的有各种鸡类,灰山椒鸟、红尾伯劳、鹟科的一些种类,大山雀、煤山雀等雀形目的鸟类,以及以小型鸟类为食的雀鹰、松雀鹰、燕隼、灰背隼等小型猛禽。山鹪鸽、三道眉草巫鹀、雉鸡等鸟类在此区域繁殖。

(3)农田居民点鸟类群:老铁山的农作物以玉米为主,还有谷子、小麦、大豆、葵花子等其他农作物。在这一区域活动的鸟类都是食谷性鸟类。农作物成熟季节,常见黄雀、金翅雀、黑尾蜡嘴雀、锡嘴雀、鹌鹑等鸟类在田地中觅食,雉鸡在春季常扒食刚刚播种的玉米。麻雀、家燕等鸟类,常在农舍的墙壁缝隙、房檐下作巢,喜鹊则在村庄周围的乔木上营巢。太平鸟冬季常集群在市区内的动物园、植物园等地,以龙柏、桧柏等裸子植物的种子为食。

(4)水域沼泽鸟类群:保护区内有大面积的盐田、海岸滩涂、河流、池塘。在盐田的养水池中生长着茂密的芦苇等水生植物。滩涂和盐田中有丰富的海滨无脊椎动物和浅水鱼类,为涉禽和游禽取食、栖息提供了良好的条件。黑尾鸥、银鸥、海鸥、黄嘴白鹭、白眉鸭、白腰雨燕、环颈鸻等鸟类是该类群的代表种。由银鸥和海鸥组成的上千只鸥群在旅顺港内越冬。

长期以来,老铁山地区居民捕鸟已成传统。基本上家家有网具,村村有猎枪,在候鸟迁徙的日子里,往往全家出动,山上林间,白日枪声此起彼伏,夜间灯光闪闪,数以几十万计的过往候鸟被当地群众猎获;所捕候鸟,或自食,或馈赠亲朋,或到集市出售。由于屡年群众性的狂捕滥杀,鸟类资源遭到严重破坏。1981年辽宁省政府在旅顺口成立蛇岛老铁山自然保护区管理处,配备专业技术人员管理境内的鸟类资源。他们广泛宣传,发动群众爱鸟护鸟:在保护区内的重点村设立义务护鸟员,在小学校组织小小义务护鸟队,形成了一支群众性的护鸟队伍。铁山中心小学的师生,不仅宣传爱鸟,护鸟,还为过往鸟类创造栖息条件,近几年他们做了上千个鸟巢挂到山间树上。经过大量工作,滥肆捕鸟现象基本煞住,至此,自然保护区又成了鸟儿自由飞翔的乐园。

得天地自然之神奇的旅顺口,有着如此天然形胜的海景和岛屿,有着如此蓬勃奇妙的动物群落。它经受历史的苦难和战争的浩劫,真是令人心疼。

二、旅顺口之美

旅顺口之美是与其"奇"紧密相关的,只是在奇之外,它还有很多人文之美。笔者大致将其概括为:

旅顺口的自然风光,除了观看奇特的黄海、渤海的自然分界线,还可与台湾的宜兰县一样,在春天看到海豹迁徙、春秋季一睹鲸鱼巡回。此外,还有铁山泉水、江西奇礁、双岛草马、北海大潮、龙塘灯塔,并称为"旅顺八大奇观"。更不待说幽静的太阳沟、俊秀的白玉山、状如狮口虎尾的军港,景色优美;四大海水浴场滩洁水净,细砂松软,浴客如云,嬉水冲浪,令人流连忘返。笔者特赋诗一首:

> 山海雄峻,登高一览收眼中。
>
> 建筑别致,高低错落围葱茏。
>
> 气候温润,珍稀植物竞欣荣。
>
> 人文深沉,悠久历史留遗踪。
>
> 景点独特,寓教于游兴致浓。
>
> 奇观众多,天然花园展新容。

与旅顺口门相对,屹立于旅顺港北岸的是白玉山。立于白玉山巅,整个旅顺口可以一目了然。黄金山、白银山、白玉山,老铁山,从东南,东面,北面、西南环绕着旅顺港,而正南面又有一条老虎尾似的半岛横卧在内外港之间。

旅顺口的西南面,是山高峰突,气势雄伟的老铁山。老铁山角是黄海与渤海的分界线。它从西南面护卫着旅顺港。老铁山迤东,便是旅顺口的天然屏障——老虎尾半岛,它从南面屏蔽旅顺口西港。老虎尾半岛东端有一条弯曲的砂嘴,横卧在西口门内,是一堵天然的防波堤。哪怕口外巨浪滔天,口内仅细浪轻涌,皆它的功劳。因其形状酷似虎尾,因以名其半岛。

老虎尾半岛的东端,隔着旅顺口通航道,便是黄金山。黄金山像一个永不疲倦的卫兵,守卫着旅顺口东岸。黄金山旧名"鸿胪岛"、"黄井岛"、"黄山"、"黄井山"。因为唐时朝廷曾派鸿胪卿崔忻前往东北册封渤海郡王大祚荣,为记此盛事,崔氏返回长安途中,于旅顺口黄金山下凿井两口,刻石一方,后世因此名之。清末始称黄金山。后文有详述。

由黄金山向东走数里,自海岸向北横一道峻岭,称做白银山。凡经旅顺南路去旅顺口,必经白银山隧道才能进入旅顺市区。白银山从东面屏蔽旅顺港。

近百年来,旅顺口因甲午战败、日本割占、"三国干涉还辽"、清廷赎取,后又经历帝俄租借、日帝侵占、中苏共管和新中国收回"六次易手"和四个不同的历史时期。帝俄和日帝占领期间,除建设学校和教堂之外,也建设了其他文化设施,如剧院、俱乐部、博物馆、医院等等,这些建筑都具有东西方风格汇集的特色。更因为旅顺口是个山地,树木繁多,花草遍地,各种建筑给人以高低错落、色彩互补的立体感觉。特别是旅顺口的海滨风光,真是如诗如画,美不胜收。市区清洁、雅致、秀丽、宁静的姿容与环境,令无数游人交口称赞:"这座城市就是一座美丽的大花园!"

值得一提的是旅顺口有一批造型独特、有长期保留和审美价值的近代建筑。如在旅顺口区列宁街 46 号的旅顺博物馆,是原沙俄陆军将校集合所,1905 年始建,后由日本关东州厅内务局工程课续建为南满物产资源博物馆,1918 年完工。地上 3 层,地下 1 层,砖混结构,建筑面积约 5000m²。建筑的主立面对称,中心突出,顶部有一圆形塔楼。入口处有方柱、圆柱;门窗种类繁多,立面也有较多变化。

还有原来的旅顺红十字医院,现为部队用房,建于 1900 年,在旅顺口区黄河路 107 号。2 层砖混结构,地下 1 层,建筑面积 7614m²,欧洲文艺复兴式。设计思考周密,建筑物退离道路较远,院内树茂花繁,环境幽静,建筑物墙面整洁,无繁琐装饰。

原关东都督府博物馆

在旅顺口区解放桥旁的旅顺火车站,是 1900 年由俄国人设计建成的。全木结构,房高17.21 米(塔楼顶)。沙俄在侵占旅大的同时,取得了中东铁路与南满洲支线的修筑与经营权。1903 年南满铁路全线通车,作为该线路最西南端终点的旅顺火车站也正式使用。

这栋建筑从建造年代来看,可以说是旅大地区最早的近代建筑之一。由于采用木结构及特有的装饰手法,形成了它独特的风格,就是在沙俄占

古老的俄式建筑旅顺火车站

原关东都督府高等及地方法院

原清朝肃亲王府

原日本旅顺大和宾馆

原旅顺宾馆（1906年改为关东都督府）

领时间较长的东北地区,此类建筑也并不多见。加之,全木结构的建筑在其他地区保存完好的为数更少,因此,对研究早期俄式木构建筑来说,它的历史价值是重要的。

位于旅顺口区黄河北一巷33号的原关东都督府高等及地方法院,现在是旅顺口区医院。此建筑竣工于1907年9月,设计单位是日本关东都督府民政部土木课前田松韵,是由沙俄营房改建为法院的。

建筑年代更为久远的清朝肃亲王府,位于旅顺口区新华大街9号,是旅顺口比较古老的住宅建筑,竣工年月不详,现为部队用房。

旅顺口文化街30号的原颇有名气的日本大和宾馆,为沙俄占领时始建,砖石结构,1907年8月,南满洲铁路公司改建为宾馆,1908年3月竣工。现为部队招待所。

位于白玉山腰的现旅顺基地第一招待所,俄"关东省总督"阿列克赛耶夫所建,后来成为俄旅顺要塞陆防司令官邸和圣地会馆,今完整保存当年的原样。苏联阿·斯捷潘诺夫的长篇历史小说《旅顺口》开篇,就是描写当日本海军堵塞旅顺港口时,正逢俄太平洋舰队司令斯达尔克夫人玛丽娅·依万诺夫娜的名辰,海军军人便在豪华的官邸舞厅开跳舞会以示庆祝。

此外,有特色的建筑还甚多,如沙俄时建的普希金小学,原旅顺市役所,原旅顺中学校等,这些建筑,现在仍保持着原貌。

原旅顺要塞司令部

旅顺口气候属暖温带湿润季风气候区。其特点是:春季温暖,秋季凉爽,夏无酷暑,冬无严寒,一年四季比较分明。气候宜动植物生长、人类居住。

海滨性气候,使旅顺口这块古老的土地上曾经是森林密布,野兽成群,繁衍着品种众多、千奇百怪的动植物。这里曾流传着"棍打獐鹿瓢舀鱼,野鸡飞到砂锅里"的谚语,这并非是一种艺术夸张,而是这里古代生态的真实写照。

几千年前,正是由于这里有良好的自然气候条件,丰富的野果野谷和鸟兽鱼虾,我们的祖先才能在旅顺口得以生存,并使之受到开发。

原普希金小学

旅顺口植物,据已经查到的资料统计,维管束植物有137科,144属,828种(包括变种及变型)。由于自然、历史、社会多方面因素的综合影响,使得旅顺口植物区系既有其古老性,又有其过渡性和特殊性。就整个植物区系组成看,华北植物区系的成分占主导地位。但由于周边区域如长白植物区系,日本植物区系及华中、华南植物区系的侵入,从而成为一个多种植物区系的交汇场所。

原旅顺市役所

由于开发较早,旅顺口的原始植被已被破坏。从自然条件的变化和现有的自然次生植物及人工植被的差异看:旅顺口的植物与千山大致相同,但针叶代表在千山为油松、黑松,而旅顺口则为赤松、黑松。在旅顺口,北温带典型的科广有分布,如禾本科、蔷薇科、菊科、豆科、百合科、石竹科、杨柳科等。另外。旅顺口生长着尚受冰期时代影响而残留的华中植物种类,如盐肤木、海州常山、野葛、刺楸等。

在被俄日帝国主义侵占47年间，从境外移入或携带来一些植物种子在这里繁殖，如合欢、荷花王兰、星玉兰、雪松、紫荆、毛泡桐、悬玲木等。

坐落在太阳沟、园龄近百年的旅顺植物园，荟萃了旅顺观赏花木140余种4300多株的精品。其中尤以紫杉、雪松、红桶栎、黄金材、毛黄槐等独具特色。更值得一提的是光叶榉、二球悬玲木、欧洲大叶椴、无刺槐等名木古树，使旅顺植物园在整个东北地区名声大振。

旅顺植物园内的龙柏

至于在胜利塔周围、太阳沟风景区的龙柏，更是别具一格。它形似一簇簇火焰，因而又叫火焰柏。龙柏一年四季常青，充满生机活力。1981年被大连市定为市树。

槐树，是旅顺口市区和风景区最多的树木之一，每逢春末夏初槐树开花时节，花气浓郁，蜂忙蝶舞，清风送香，沁人心脾。为此，大连市每年有个"赏槐节"，吸引着众多的海内外的游客前来观光，已经连续举办了二十多届。更有全国各地的蜂农，带箱携蜂，不畏路遥，行程千里以上，赶到大连和旅顺，在山地放养蜜蜂，酿造清香可口的槐花蜜。

在龙王塘水库管理处园内，建有闻名遐迩的樱花园。这里亭阁掩映，曲径通幽，流水潺潺，暗香浮动。每临樱花开放时节，在园林内，在山坡上，一排排怒放的樱花，似一团团锦簇，如一片片绯云。至于在旅顺南路两旁天然地生长在山谷中的迎红杜鹃，照白杜鹃，开放之时，已成为旅顺之春的一条绝妙风景线。

对于这片每年春天游人如织的景观，长期戍守旅顺的军旅诗人徐国权，以独特的视角来看年年花开花落的美景，抒发了"美中有哀"、"不忘痛史"的深切感受，他做诗道：

旅顺樱花岛国来，倭刀起处血沾苔。
年年岁岁花开落，难忘万忠墓内哀。

繁茂的植物王国是旅顺口野生动物生长的有利条件。旅顺口陆生兽类主要有食肉目的狐、貉、黄鼬、狗獾和豹猫(山狸子),兔形目有蒙古兔,翼手目有萨氏蝙蝠和须鼠耳蝠,食虫目有刺猬等。近几年也有少量的狼出现。至于海洋珍稀动物,那更是不胜枚举了。

旅顺口历史悠久,人文景观众多,除本书第二章将要详细介绍郭家村古人类遗址、汉代牧羊城、羊头洼港、唐代鸿胪井和刻石等之外,还有巨石文化——石棚、营城子汉代壁画。至于清代以来,经历的甲午战争和日俄战争留下的战争遗迹之多、保留之完整,在全国首屈一指,故有"露天博物馆"之称。

三、旅顺口之险

旅顺口的重要军事地位,是随着中外一些有识之士的高度评价,在战争实践中所发挥的作用,以及军事设施的逐渐完善而受世人瞩目。

早在清朝道光(1821～1850)、咸丰(1851～1860)年间,我国著名学者魏源对旅顺口的战略地位就有重要论述:

> 旅顺口渤海数千里门户,中间通舟仅数十里,两舨扼之,可以断其出入之路,泰西人构患天津必先守旅顺口。

光绪初年(1875),江苏学者华世芳,称登(州)旅(顺)为中国海防"天造地设之门户",其海面不及二百里,可以避风,可以汲水,南北联络稳便,"中国之形势实无有逾此者"。

如前所述,在第二次鸦片战争期间,英国侵华海军司令何伯到过旅顺港后惊叹不已,称它是"东方的直布罗陀",说明有识见和眼光的人,对旅顺口的险要"所见略同"。

光绪初年总理衙门创议筹办海防,李鸿章受命督办北洋海防事宜。其下属袁保龄乃献是事权、定经制、建军府、简船械、筹用费、广储人才六策,深得李赏识。光绪七年(1881)李鸿章调任他为"办理北洋海防营务诸差",他奉命遍历北洋各海口实地勘察。他周历了大沽、大连湾、烟台、登州、威海、旅顺口后,认为:

> 旅顺为北洋第一险隘,可战可守,前有老铁山与南北城隍岛最近,然亦有四十余里之海面,若水师得力,此两山炮台水雷足以助势,敌舟无敢

轻过。

通计北洋形势:铁舰不能在大沽口,大沽口是天生奇险亦非必巨舰驻守;大连港口门太阔,是水战操场,未易言守;庙岛两面受敌;登州船不能进口;烟台一片平坦,形势最劣;芝罘岛、威海各足自守而无藏铁舰驻大枝水师之地。……环观无以易旅顺者。①

北洋内部对在旅顺建港坞是有争议的,李鸿章原来比较倾向在大连湾建港坞。袁保龄则认为:

大连湾亦水师习战之区,周环数十里而非可言守。……论者谓西国水师建闸择地,其要有六:水深不冻,往来无阻,一也;山列屏障,可辟飓风,二也;路连腹地,易运粮粮,三也;近山多石,可修船坞,四也;口滨大洋,便于操练,五也;地出海中,以扼要害,六也。合此六要者,海北则旅顺口,海南则威海卫耳。两地相去海程二百数十里,扼渤海之冲,而联水陆之气,此固天所以限南北也。②

李鸿章的幕僚们也认为不宜在大连湾建港坞,建议改在旅顺口,李遂接受。于是于光绪十年二月二十三日(1884 年 9 月 12 日)上《遵呈海防图说折》:

臣查北洋沿海地段绵长,要隘极多,现在择要屯兵处所,南起烟台,北迄山海关、营口、旅顺口等处,延袤几三千里,断难处处周密。而中间以旅顺口为首冲,大沽、北塘及山海关内外为要冲,尤关系畿疆要害。臣历年次第经营,规模粗具,虽未能创设大枝水师,纵横海上,以扼渤海门户;而督饬陆军坚筑台垒,精习后膛枪炮,以为凭岸固守之计,竭我兵力、饷力,以萃聚于此三四处。设敌国大队水陆来犯,不敢谓有把握,当可力与支持。请将布置形势为皇太后、皇上详晰陈之。

旅顺口地处海外,为驻泊水师口岸,濒临大洋,冈岭阻复,形势极险。炮台高距山顶,筑造精坚,上有巨炮可击来船,其近山要路数处,多设行营炮垒,并于口内密布水雷,沿岸多设地雷。派四川提督宋庆统毅军等十一营驻守,已革江西南赣镇总兵王永胜带护军营八哨协守台垒,天津镇总兵丁汝昌,带蚊船两号、快船两号,并道员刘含芳带鱼雷艇弁兵,与宋庆等表

① 《阁学公集书札》第 2 卷,第 12 页。
② 《阁学公集议》,第 30—34 页。

里依护。如敌船游弋外海。可相机伺便阻击,冀以牵制其北攻津沽,且藉卫奉省门户。①

很快,朝廷颁发了《著李鸿章等妥筹烟台旅顺防务谕》:

谕军机大臣等:延煦、祁世长奏,遵查山东筹办海防情形,呈递图说。据称:"烟台北对旅顺,海面至此一束,若能两岸同心,扼此要隘,则津沽得有锁钥。其防守之法,应如何测浅深,审沙线,备船炮,设水师,招募精习海战之人,必有出奇制胜之策"等语。该处为海防要地,必须经营布置,以扼要冲,以杜敌船北犯之路。著李鸿章、庆裕、陈士杰将所奏各节会同悉心妥筹,奏明办理。原奏着钞给阅看。②

1911 年由上海科学书局印行的《中外各国海军全志》"险要类",是这样介绍旅顺口的:

旅顺者,据乎辽东半岛之南端,为渤海海峡之门户。地势雄壮,蓄水颇深,可泊巨舰。四围高山迥抱,口门形如半玦。港有二澳,东西并峙,为北洋海军根据地。创设以后,定为军港,设港渠,筑炮台,极力经营,厥功告竣。其坚固实为中国首屈一指。凡军舰尽泊于东澳,船坞亦在于此。

"地形者,兵之助也。"这是孙子在兵法《地形》篇中的名言。克劳塞维茨在《战争论》中还特别指出了"地形应该在一定程度上同军队的特点和编成相适应。"随着现代战争武器装备和战略战术的发展,地理位置的价值和作用必然也在发生变化。

从现代战争来看,旅顺港虽有某些缺陷和不足,但至今仍不失为我国北方重要的海防要塞。现将我国航海机构最新出版的中国港口、锚地图集中,对旅顺港的具体情况介绍如下:

旅顺港位于辽东半岛南端,为我国北方不冻港之一。地处黄、渤海要冲京津之门户,与庙鸟群岛及登州头共扼渤海海峡咽喉,构成我国首都和辽东地区的天然屏障,地位十分重要,历为军事要港和基地。

该港港湾设备完善,助航标志齐全,进出便利,可供各种舰船在港内系泊避风:该港分有内港和外港,内港又分为东港和西港,东港系艇队驻泊的人工港池。略呈方形.长约 3 链,宽 1.8 链。水深 5~8 米,四周为石砌岸壁码头。

---

① 转引自《清末海军史料》第229—230 页。
② 《光绪朝东华录》,转引自《清末海军史料》第231—232 页。

东港入口很窄(75米),舰艇出入须准确掌握转向时机。西港区水域范围广阔,水深大都在6米左右,码头附近最大水深7~8米。老虎尾码头区设备良好,供潜艇使用。

老虎尾水道,为该港唯一的进出口水道,有完善的助航设备。

由远方驶近旅顺港时,老铁山(465.6米)及白玉塔很远即可看到,故可用这两个目标来识港口。

外港锚地位于港口西侧,水深适中处(除禁锚区)均可抛锚。泥底,锚抓力较好,且水域广阔。其西侧可避北、西北、西风,东侧可避北、西北、东北风,但吹东南风时涌浪较大,且近岸1~3链内有礁石,锚泊或移位时须注意。

内港锚地位于西港区内,自老虎尾浅滩北端与西港浅滩浮标连线以南水域,可泊2艘中型舰艇,水深均在6.4米以上,稀泥底,锚抓力较差。

旅顺口进出航道,口窄水深,两侧高山夹对,形势十分险要,扼旅顺港之咽喉。然而,口宽仅160米,水深9米以上,易被封锁。因背靠辽东半岛,若侧后受威胁时,则有被孤立之险。

旅顺是辽东半岛的海军基地,以它为核心的驻泊体系还包括羊头湾、小平岛港、大连港、大窑湾、小窑湾,以及长山列岛间的诸锚地。该驻泊体位处东北前哨,渤海海峡北翼,是我舰船在黄海北部活动的重要依托。

1964年,笔者从大连海校毕业,上我国第一支驱逐舰部队不久,随舰第一次进旅顺口。从进口到进港,军舰破浪,白练抛海,峭壁迎面,险礁掠过,确有惊心动魄之感。靠上东港油库码头之后,又于次日乘兴登临白玉、黄金二山之顶,鸟瞰旅顺港全景,心情激动,从军事干部角度在日记中曾写下一首赞美旅顺口的诗,虽不懂音律,稍嫌稚嫩,亦不妨抄录如下:

> 黄金老铁作屏障,
> 巉岩壁立千仞岗。
> 一条水道进内港,
> 靠山深水泊巨艨。
> 炮台雄踞制高点,
> 碧波之下惊雷藏。
> 背后丘陵多峭拔,
> 金州雄关易设防。

四、旅顺口之要

旅顺口之要可概括为四句话：

> 京津门户，渤海咽喉；
>
> 南北通道，出海母港。

前面三句明白易懂。第四句话的含义是：辽东半岛有诸多小港湾和口岸，但大连、旅顺是个具有"母港"性质的中心港口，可以远达世界各地的港口。全面开放后，必将成为东北亚航运中心，南北联系的交通纽带，前景无限广阔。

旅顺口之要，在清朝的二百多年中，是逐步加深认识的。这从旅顺口的设防及其任务变化可见一斑。据《清史稿》载：

> 东北三省沿海各口岸，以金州、旅顺口为尤要。清初即有水师之。……奉天旅顺口，于顺治初年设水师营，以山东赶缯船十艘隶之，始编营汛。康熙十五年，设水师协领二人，佐领二人，防御四人，骁骑校八人，水兵五百人。五十三年，由浙江、福建二省船厂造大战船六艘，由海道至奉省，驻防海口。

清道光十七年十月二十九日，清政府为查禁海船在奉天各海口暗销烟土，对海船一经停泊海口，备当严密防范，设法稽查，断不准所带烟土觊便上岸，以免根本重地，渐染吸毒之风。

清道光十八年六月二日，谕盛京将军晓谕居民禁吸鸦片。吸食鸦片者，限一年内断绝烟瘾，如一年后仍食，为不法之乱民，俱罪以死论。

十月二十四日，命奉天将军耆英严防海口稽查，断不准海船带鸦片上岸。

清道光十九年一月一日，谕军机大臣：闽广海船因天津查拿鸦片甚严，不能卸货，已有123只，虑其前赴奉天海口销售，咨明奉天将军一体访捕。金州之上皮子窝、和尚岛、岫岩之大孤山（今庄河）等处海口，为山东、江浙、闽广各省海船停泊之所，明易货物，暗销烟土。倘敢意存讳饰，朕唯该将军是问。

五月，奉天将军耆英率官员赴盖、复、金各州海口搜验，明察暗访，严拿烟贩。

据统计，自1839年6月开始的一年间，奉天海口前后计查获烟土2400余两，拿获烟贩共40余名。

清光绪二年,清政府于旅顺水师营设水师提督。明令:奉天洋面来往商船令其先赴旅顺水师营挂号,点验人数、姓名、年貌、箕斗相等,在原票内粘贴年月日.验过印花。如无旅顺水师营印花,各海口不准入口卸货。

光绪七年十一月二十五日,为修旅顺港李鸿章首次来旅顺视察。在视察中,发现老水师营停在旅顺口内的艇船破旧不堪,无法使用。回津后,于十二月一日,即向朝廷呈报了"请裁金州艇船片"。

首先,奏明了水师营艇船不堪用的状况:臣前往旅顺口,见有水师艇船数只,均搁沙滩,并无帆樯炮们,糟朽多年,未曾出海。此项师船行海笨滞,本不堪用,旗营弁兵疲弱,久废操演,有名无实,于义何取?

接着,奏明裁撤理由:"旅顺濒临辽海,诚为紧要口岸。今臣即派提督丁汝昌统领快船炮船驻扎该处,随时出海梭巡,足壮声威。若留此废坏无用水师,不独将弁所轻视,即轮船内教习洋人见之,无不窃笑。近年来内外臣工,多建议裁撤沿海各种笨船,抵养轮船费……臣目击旅顺口原设题职,实属虚糜无益。"

最后,提出了对裁撤水师的处理意见:"其搁置沙滩之废船,即交丁汝昌察情形,或酌留为练船,装存军火之用,或量与折变。至旅顺口巡海防务,嗣后即责成驻泊该处之兵轮船兼顾,不至贻误。所有原定驾船之旗营弁兵,仍令照营陆巡路防。"[①]李鸿章的这一奏报得到了允准。

清朝在旅顺口设置的水师营,始于1644年,至1881年裁汰,历时237年。

由设置水师营主要是为了稽查鸦片走私,到作为驻泊舰船"巡海防务",再到作为重要军港基地,反映了对旅顺口之要的认识过程。

旅顺口之要,又可以更为准确地表述为:

一、这是一块具有重大国际战略意义的海陆要冲之地。

旅顺口,地处远东中心位置,东可钳制朝鲜半岛和山东半岛,直出太平洋;北可进军满蒙和亚欧大陆,海路直达日本海和海参崴;西可封锁渤海湾,直捣京津和中国腹地;南可经黄、东、南三海,直下东南亚广大海域和地区。几代沙皇梦寐以求在东方寻找不冻港和新的出海口,西方列强从卑鄙的自身利益出发,也竭力怂恿沙俄东扩,使"祸水东引";日本为实现其狂妄的大陆政策,进而称霸世界,视旅顺口为必须夺得的口中之饴和掌中之宝;于是旅顺口成了引

---

① 《李文忠公奏稿》第12卷,第15—16页。

发国际矛盾冲突的焦点,也成了帝国主义在中国划分势力范围而拼命争夺的桥头堡。

二、这是一块举世瞩目的历代兵家必争之地。

旅顺口,在古代只是个荒凉的小村落,港域面积仅有0.13平方公里,地界不过30平方公里,然而在这个小小的地方曾发生过数十次战争。且不论三国争雄时诸侯在此大战,晋、隋、唐多次经此向高句丽用兵,辽、金、元、明在此干戈不息,努尔哈赤派重兵两度攻城……到了近代之后,自1894年以来的半个世纪中,它经历了中日甲午战争、日俄战争和苏联红军对日作战等三次战争。特别是日俄战争,为争夺旅顺口双方出动数十万大军,厮杀222天,死伤十几万人。

三、这是一块渗透着民族血泪的多灾多难之地。

旅顺口自"尼布楚条约"后最早"失养于祖国,受虐于异类",与澳门、香港、台湾、威海卫、广州湾、九龙一样离开母亲的怀抱,成为"孤苦亡告,眷怀祖国"的"七子"之一。

如今,在旅顺万忠墓纪念馆的大门口,镌刻着:

1894.11.21——24

一座骇人听闻的城,一座尸骨堆山的城。

一座鲜血成河的城,一座战争洗劫的城。

四、这是一块与国家主权和尊严、民族兴衰与安危息息相关的神圣之地。

1894年,中日甲午战争之后,旅顺口被日本割去。后因俄法德反对日本独占而归还中国。1897年被沙俄强租,成为俄国太平洋舰队基地。之后,日本战胜俄国,在无清政府代表参加的情况下,签订了《朴次茅斯条约》,把中国东北瓜分了。以长春为界,以北归俄国,以南归日本。以旅顺港为核心的俄国旅大租借地"转租"给了日本。第二次世界大战中,作为对德、意、日轴心国作战的同盟国之一的中国,在战胜德、意、日法西斯之后,即使不能分享其他胜利成果,起码应该保障恢复东北的领土主权。但是,在雅尔塔会议上,苏、美、英三国首脑又背着中国国民党政府做秘密交易,苏联出兵打败日本之后,日俄在中国东北的侵略权益全部给苏联。正因为如此,直到中华人民共和国成立后,那里还飘扬着苏联的国旗。

第二章　古老文明的历史遗迹

五、从"旅途平顺"说起

人都有一个名字,文人学士之家对起名更有讲究。世俗中名字虽较随便,但也各有寓意。起个"富贵"、"顺发"等雅名,是贫穷、坎坷的前辈对后代的希冀;唤之"铁蛋"、"狗剩"等"贱名",是为免灾免难、"成活率高"的寄托。

如前所述,"羊头洼"、"木羊城"等地名也类似,常有特定内涵或历史渊源。那么,为什么称作"旅顺"、"大连"呢?为什么在上世纪80年代之前称作"旅大市",而不叫"大旅市"呢?

一处地名之来历,实为民俗学、语言学等诸多方面的因素构成。有的是因其地为某姓某族之聚居地,有的则是自然形状恰似地之形貌,还有的则以其地、山、水、林、田、屋等显著特征名之,也有的则因当地的历史沿革或民间传说而得名等……

旅顺最早的名字叫做"将军山"(《中国历史地图集》第一册,1974年版,第7页)。"将军山"是老铁山主峰西北面的一个山峰。战国时期将军山下曾是我们祖先的一个集居地。汉朝时,在牧羊城周围的居民就更多了,而牧羊城是这里沿海的一座重镇。汉武帝时派船东来,曾停泊于将军山下。秦汉以前,"将军山"便成了旅顺这个地方的名字。

后来,汉朝初年于辽东郡设十八县,其中的沓氏县,就设治于现在金州区一带,旅顺在沓氏辖区内。而那时的旅顺口则称做"沓渚"或"沓津",即沓氏县境内的一座港口。《奉天通志》卷52称:

> 东沓县,盖因汉沓氏故地,改称东沓;而沓渚则其境内滨海之地,当于今旅顺大连一带求之。

三国争雄时,南方的孙吴与辽东的公孙氏频繁往来。孙吴军航海到辽东,这里是重要登陆港口。不过到晋代,旅顺口已不称做沓渚或沓津,而改称马石津了。因为那时的沓氏县已并为北丰县了。沓渚改称马石津，是因为那时的老铁山早期叫做马石山，海口位其旁，故称马石津。据有的史学家考证，马石山系为乌石山之误写。

金毓黻所撰写的《东北通史》上有这样的记载：

> 今旅顺口有老铁山……，又称马石山，贾耽所记"……至马石山东之都里镇"是也。马石津即马石山之津口，今称旅顺口，愚谓马乌二字形似，马石山应作乌石山，今老铁山，其色焦黑，因以得名，故亦称乌石。①

古代称铁矿石为乌石，而老铁山里确实藏有铁矿石，称做乌石山是名实相符的。因为乌鸦的乌和牛马的马，字形很相似，把乌误写为马也就不足怪了。于是便把乌石山习惯地叫成马石山了。

老铁山不仅有铁矿石，还有沙金。到19世纪末，在老铁山淘沙金的人也不少。光绪七年（1881），道员马建忠到旅顺勘查港口，曾写一篇《勘旅顺记》。其中有四月二日至老铁山东麓目睹淘金情况：

> 闻其近地有以淘金为业者，因呼一乡人导往。行二里许，则见高岗平地，土堆垒垒如蚁蛭，导者曰："此金沙也，遍山皆是。"问曰："日淘几何？"曰："无多，强度日耳。数年前有拾十数两重一块者已改业他徙矣。今则夏间于老铁山石礁下水底取沙，往往有拾至五、六两一块者，然或逐波没，或葬鱼腹，利虽大命为重也。"②

东晋咸和九年（334），朝廷派御史王齐、谒者徐孟册封辽东的慕容氏为镇军大将军、平州刺史、大单于、辽东公，渡海东来，"船下马石津"，就是指现在的旅顺口。

隋唐之际，这里即称马石津，亦称"都里海口"，也有的史书上写作"涂里浦"。因设镇于口上，名叫都里镇。

今日的旅顺口，白玉山下，西港边上，冲着进港的海道，有一头昂首而立、威武雄壮的雄狮铜雕，这有何寓意？为何不立一匹骏马或是一只猛虎，而是一头狮子？

原来，辽、金、元代，根据港口形势险要，如雄狮踞滩，故称做"狮子口"。狮子口这个名字，一直沿用到明朝初年。

---

① 《社会科学战线》，1980年版，第105页。
② 转引自中国史学会主编《洋务运动》（3），上海人民出版社，1961年版，第409页。

明朝洪武四年(1371),朝廷派马云、叶旺督兵收复辽东。马、叶两将领兵从山东出发,乘船渡海至"狮子口登陆,驻兵金州"。以金州为根据地逐渐北上,收复辽东。后来,为纪念安全抵达辽东半岛上这个海上交通重镇,取"旅途平顺"之意,改称"狮子口"为"旅顺口"。

据《明实录》记载,当时巡按山东监察御史李纯,在言辽东边卫"利病四事"的奏章,就有这样的记述:

> 禁辽东军士携家属,潜从登州府运船及旅顺等口渡船,越海逃回原籍。①

可见当时已经普遍地用"旅顺口"这个名字。

明朝先后在旅顺口修筑两座城池:一座叫北城,一座叫南城。明洪武四年(1371年),都指挥使马云、叶旺曾用木栅立了一座北城。当时正在用兵征战,无暇大兴土木,所以用栅栏围了一座城,显然是临时性的。

明洪武二十年(1387)于旅顺口设中左所。到明永乐元年(1403),设都司官备御于旅顺城。

明永乐十年(1412),都指挥徐刚改木栅北城为砖城。城周长一里二百八十步,池深一丈二尺,阔二丈。城门有二:南曰靖海,北曰威武②。

明末熹宗天启五年(1625),清太祖努尔哈赤于一月十四日派兵曾攻打过旅顺城,"尽杀其兵(按:指明朝旅顺守兵)毁城而回"③。

从那次毁城之后,又复修。北城毁于日俄战争。

当年徐刚在改筑北城为砖城的同时,还修筑了一座南城。南城周长一里三百步,池深一丈二尺,阔二丈五尺,门二:"南通津,北仁和。登州卫海运军需至此。"④这座南城距北城并不甚远。当时整个辽东军需、饷银、布棉,先运存于旅顺口,然后转运辽东各地。今向阳街东、旅顺大狱右侧百余米处,有一个叫元宝坊的地方。当时该处曾建军饷库房,后人将元宝房改称为元宝坊。由此可以想见当时海运之盛。

清军攻占旅顺时,曾与明军发生数次激战。清初,旅顺口驻兵仅百余名。到清康熙五十二年(1713)始议建水师营于旅顺口。水师营定员为五百人,分

---

① 载于《奉天通志》卷13,第8页。
② 北城址位于今旅顺"万忠墓"南面不远的地方。
③ 《奉天通志》卷25,第1页。
④ 《奉天通志》卷87,第18页。

左右两哨,调拨十艘战舰,防守鸭绿江口到山海关海域一线。经过两年筹备,于康熙五十四年(1715)水师营建成。

光绪六年(1880),朝廷令裁水师营,用海军舰队取而代之。并开始修筑旅顺口东西海岸炮台,造旅顺船坞,建海军提督署。旅顺口遂成为北洋海军的一个重要基地,曾名盛一时。还在1860年(第二次鸦片战争期间),指挥炮艇"阿尔及林"号的英国海军军官威廉·阿瑟上尉曾闯进旅顺口,认为旅顺口较大连湾优越,应优先利用。后来,英国便以阿瑟的名字命名旅顺口,称之为"阿瑟港"①,其侵略野心,昭然若揭。

清末光绪八年,朝廷调四川提督宋庆移兵镇守旅顺,当地人都称他宋老帅。

宋庆(1820—1902),字祝三,山东蓬莱宋家庄人,行伍出身。脸长方,肤微黑,须"口"状,声洪亮,性勇豪,行刚毅,是个典型的山东汉子。1853年(咸丰三年)赴安徽驻防,擢参将。1861年镇压太平军和捻军有功,晋升总兵,赐"毅勇巴图鲁"勇号。1964年(同治三年)授南阳镇总兵。1868年授湖南提督,驻兵潼关。1882年(光绪八年)率毅军移屯北洋重镇旅顺口。宋庆的官邸就修筑在原北城基础上。

讲到与旅顺紧密相连的大连,人们不禁好奇:为何外来者总说大连人说话"带有海蛎子味"?是盛产海蛎子、吃海蛎子多之故还是另有原因?有多少人知道大连曾叫"大蛎"?"大连"这个地名是怎么演变而来的?……说清这些问题,便要回顾历史。大连是个具有悠久文明史的地方,以城市论,它又是个只有百余年发展史的年轻城市。

殷商时代,辽东属青州,而西周时,辽东归幽州。战国末年至秦代,正式设辽东郡,大连属其管辖区。

宋庆,清北洋帮办大臣

汉初,沓氏县(今金县、大连、旅顺一带地方)属辽东郡所辖十八县之一。汉献帝初平元年(190),公孙度割据辽东,自立为辽东侯平州牧。其间,北海朱虚的邴原避乱辽东,"止于三山"②,即大连湾外的三山岛。这是大连见于史

---

① 有的书上称"亚瑟港"。

② 《三国志·魏书》《邴原传》卷11,1959年中华书局版,第350页。

33

籍最早的称呼。

唐初,这里称"三山浦"。《新唐书·高丽传》:"诏陕州刺史孙伏伽,莱州刺史李道裕,储粮械于三山浦,乌湖岛。"唐中期改称"青泥浦"。唐德宗贞元十七年(801),当朝名相贾耽在《道里记》中曾记载:

> 登州东北海行……北渡乌湖海至马石山东之都里镇(今之旅顺)三百里。东傍海壖过青泥浦。

青泥浦,即后来的青泥洼,如今的大连。

杜甫有两句诗:"云帆转辽海,粳稻来东吴",是形容南方千帆竞发,多如白云,运稻米到辽东一带的海运盛况,大连湾一带自然也不例外。

明清以来始称青泥洼,而海口则称青泥海口,亦有仍称"三山海口",或金州海口的。据《山中闻见录》记载,明末熹宗天启四年(1624)十月,守备张盘自复州"退屯旅顺、三山海口"①。

据《清实录》载,咸丰十年(1860)五月,盛京将军玉明在奏折中,就曾用"查探金州海口详情,洋人火轮船先后驶至金州海口"的字样。

光绪五年(1879)十月二十八日,直隶总督李鸿章奏称:

> 即留镇北,镇南,镇东、镇西四船在津沽,……并令时常出洋赴东、奉交界之大连湾与沿海口岸驻泊逡巡,以壮声威。②

这是较早见之于我国官方文字里的"大连湾"称呼。从那以后,个别奏折或史籍中虽还有"大连湾"、"搭连湾"、"褡裢湾"等不同写法,但后来便都趋于写成"大连湾"了。

但据日人浅野虎三郎编写的《大连市史》记载:

> 大连湾称呼,见之于文献的,是以1860年英人约翰·瓦特测量的《英国海图》为最早。

1860年,英国"沙普琳"号商船船长(实际上是间谍船)哈恩特到这里测量海湾时,据当地群众说,这一带叫做"大连湾"。该书还提到,约翰.瓦特在制海图时,还参考了二百多年前(明万历年间)到中国来传教的柴伊斯脱的古地图,说明万历时中国人中间就已有"大连湾"的称呼。总之,"大连湾"的称

---

① 《奉天通志》卷24,第27页。
② 《洋务运动》(2),上海人民出版社,1961年版,第423页。

呼,民间称之于前,官方用之于后,是有根据的说法。至于民间的称呼最早是否起于明万历年间,尚有待于考证。

关于为什么叫"大连湾"?说法较多,诸如:因形似褡裢,故名之;山东往东北销售褡裢多路经此地,因而得名;原名"大蛎湾",在后人语言传接中遂改称大连湾;满语"达连"(海的意思)的译音;连诸小湾为一大湾,等等。在19世纪60年代以前,已有"三山海口"、"金州海口","青泥洼口"等称呼。

"大连",顾名思义,是将小的连缀成大的,即将小的港湾连成大的港湾。

大连市区原是一个只有几十户人家的渔村,位于青泥洼附近。自鸦片战争以后,清廷逐渐认识到大连湾在军事上的重要性,遂沿大连湾海岸相继筑炮台、修栈桥铁码头、筑兵营,发达海运,固守海防。为了使称呼准确无误,把诸小海湾与大海湾加以区别,就十分必要了。

> 大连湾内的小海湾共有五个:其一曰青泥洼,其二曰潮水套,其三曰河套,其四曰江涯套,其五曰大箇口(大孤山湾)。大连湾是指东起鲇鱼尾西至大鹏嘴之间的海湾而言。①

原来的称呼"青泥洼口",与大连湾内的"青泥洼"又易混淆,而"金州海口"既可以使人理解为大连湾,也可以理解为金州辖区内的其他海口。所以,连李鸿章的奏折中也不得不有"金州海口即大连湾"的字样,以示区别。早已流行于民间的"大连湾"称呼,所以能取代以前长期流传的三种称呼,就是因为这个称呼更准确。

"大连湾原名大蛎湾",这一说法有文献可查的。百余年前清朝官员周馥有一首诗,写到大连湾:②

> 我自茹荼苦,人思食蛎甘。
>
> 彻桑当雨未,求艾恰年三。
>
> 势已龙头踞,威防虎视眈。
>
> 长城新壁垒,几度路曾谙?

周馥在"人思食蛎甘"一句后的原注中,明确提及"大连湾原名大蛎湾"。

---

① 《奉天通志》第162卷。
② 周馥(1837—1921)字玉山,他在光绪十七年五月(1891年6月)曾陪同李鸿章从天津来旅顺及大连湾检阅海军。这是北洋海军正式成军(1888年)后的第一次校阅活动。周馥曾赋诗《随北洋大臣阅海军归途成六律》记述此次活动。

周馥作为主持旅顺、大连湾海防建设的官员,曾多次亲临大连湾其地,对"大连湾"名称之来历,当耳熟能详。因此,"大连湾原名大蛎湾"之说,恐非其个人随意之杜撰。

另一文献依据,是现藏于旅顺日俄监狱旧址博物馆碑林室的一块碑——《徐公香圃纪念碑记》。碑立于1934年。是为西岗华商公议副会长徐瑞兰(字香圃)立的纪念碑。碑文撰书者为当时寓居大连的社会名流谢廷麒。谢廷麒原籍陕西,光绪初生于福建闽南,擅长诗词书画与医学。上个世纪30年代谢氏由沪来连,开办寿民药房。这位当时的大连文化名人所撰书的碑记开篇即:

> 斯为当年大蛎湾西一寥落荒村耳。今则闾阎扑地,楼榭连云,遂成繁盛之西岗区域。

这段碑文从一个侧面证明,直到上个世纪30年代,大连人都知道:如今的大连湾,就是"当年大蛎湾"。

大连市得名于大连湾,也是不容置疑的。大连市最早兴建于大连湾镇一带,后来才逐渐移筑于今东、西青泥洼渔村基础上。

1898年,沙俄强行租借旅大,着手进行大连港的建设和与之相应的市政建设。次年7月31日,沙皇政府把青泥洼一带命名为"达里尼"(Далъний,意距离彼得堡"遥远的"地方)。"达里尼"正是利用"大连"的谐音与俄语的"遥远的"一词相符。1902年,大连已建成面积为4.25平方公里拥有4万多人口的初具规模的小城市。日俄战争后日本辽东守备军司令命令废除"达里尼",自1905年2月11起,改称"大连市"。日本殖民者把大连市逐渐建筑成为殖民地城市。

1945年8月解放后,经过半个多世纪的改造和建设,大连才成为一个以机械、化工、轻纺工业为骨干的,门类比较齐全的社会主义工业城市和新型港口;特别是改革开放以来,大连的发展突飞猛进,正在向建成东北亚航运中心、现代化国际性城市的宏伟目标迈进。

旅顺和大连紧密相连,相距不过三四十公里。

近代以来,旅顺口的名声远远超过大连,因此,这一地区通称为旅大市。20世纪70年代以来,大连作为优越的对外开放的商港,建设步伐较快,而旅顺因是军港,只能做到局部开放,且受地域狭小的限制,大连的名声和地位逐渐超过了旅顺。出于对外开放、发展经济的需要,1981 年 2 月 9 日,国务院批准将旅大市改名为大连市,3 月 5 日正式挂牌,旅顺作为大连市所辖的一个区,称为旅顺口区。

六、旅顺口的地貌变迁

旅顺口的险要形胜,是地球在频繁的沧桑巨变中,大自然以鬼斧神工和移山填海的伟力造就的奇迹。

据地质资料记载,旅顺口属于辽东台背斜中的瓦房店复向斜南面的一个背斜区,属中朝古陆的一部分。在前寒武纪,即太古代(地质年代第一代)和元古代(地质年代第二代),原与山东半岛的鲁东台背斜部分连在一起,同属中朝古陆的一部分。这块古陆一直是以上升为主,古陆的古老岩层构成了本区地质地貌的基础。

到了古生代(地质年代第三个代)寒武纪(古生代第一个纪),从辽东半岛到辽阳、本溪以及华北、山东的大部地区,由于遭受海侵,除了露出水面的几处孤岛以外,其余部分都被淹没在一片茫茫的大海之中。如今可以看到的层状岩石,如砂岩、粘板岩、石灰石等,都是由泥沙或碳酸盐类物质沉积海底而成的,这就是这里曾经是海底的证据。

中奥陶纪(古生代第二个纪)末期,辽东半岛、山东半岛以及现在的渤海湾、渤海海峡和黄海的一部分,又都隆起成为陆地。但是,到中石炭纪(古生代的第五个纪)——中二叠纪(古生代的第六个纪),本地区和华北、东北和朝鲜同时又有颤动式的海侵,这些地区形成了海陆交替的现象。

从中生代(地质年代第四个代)三叠纪(中生代第一个纪)到侏罗纪(中生代第二个纪),本地区又有隆起现象,造成了许多地面高低不平的形态。

从侏罗纪到白垩纪(中生代的第六个纪),本地区与中国东部各地一样,发生了强烈的燕山运动(这次地壳运动,河北燕山最为强烈,故称燕山运动)。经过这次造山运动,使原来东西向的古老山地形成了东北、西南的褶皱断裂山地。这就形成了旅顺口今天的雏形。

自中生代末到第三纪(地质年代第五个代——新生代的第一个纪)初,原来燕山运动所隆起的山地,受到强烈的剥蚀,已被剥平达到准平原化。接着,约在二千万年前到七百万年前之间,又遭到最后一次大的造山运动,即阿尔卑斯、喜马拉雅运动的影响,使已被夷平了的燕山运动所隆起的山地,又沿着原来的构造线复活上升,发生了强烈的断层作用,造成许多大断裂,并造成"胶辽古陆"的大部地区下陷。

海水侵入"胶辽古陆"下沉的地区,把辽东半岛和山东半岛分开,形成了今天的渤海湾和旅顺口的轮廓。

旅顺口周围的蛇岛等岛屿,就是在燕山运动和喜马拉雅运动中,受大断裂的强大压力而被挤起来的几块巨大的岩石,周围被海水淹没,与大陆分开成为几个孤岛。

自第四纪(新生代第二个纪)以来,新的构造运动和全球性的气候变化,冰期与间冰期交替,引起了冰川的消长,使海陆产生相对升降位移。

据资料记载:旅顺龙王塘沿公路1.5公里连续分布有古海蚀穴,穴口上缘高出现今海面10米以上,这就是由间冰期高海面形成的。蛇岛六条悬冲沟,在超出海面20—30米的沟口和在海拔160米的悬崖上都有被海水拍打过的海蚀现象,说明当时的蛇岛最高点不过海拔60米左右(现在是216.9米),面积不到现在的五分之一。这都反映了古海岸线的构造变位,海水逐渐后退,陆地在上升。地质学工作者据贝壳绝对年龄推算,在全新世期间上升速率为0.82—0.65毫米/年。这除了地壳在不断运动外,还因地球气候变暖,南北极冰层逐渐融化,使海平面逐渐升高。

约距今一万年前,气候突然转暖,冰雪消融,黄海海水迅猛侵进,融灌渤海,重新淹没了老铁山角至蓬莱角陆桥,仅庙岛列岛残留海面。这时的旅顺为海岛状态。此后,海水从侵进的地区后退,到了5000年以前,旅顺成为半岛,沿海海岸与今日景态相近。

由于地质内外动力的作用,旅顺口的地貌具有以下特征:陆地属于辽东半岛低山丘陵的一部分,多山地丘陵,少平原低地;石灰岩地层出露较多,分布广泛,滨海岩溶地貌比较发达;由于升降运动频繁,成层分异明显;海岸曲折,港湾众多,海岸地貌千姿百态复杂多样。

辽东半岛最南端

七、老铁山下的渔猎耕牧

西下的夕阳,似乎在金色的彩霞中滚动,然后渐渐地沉入渤海的海天线。当暗红色的火球只剩下一抹朱黄色的残曛时,绝壁陡起的老铁山尽带紫绛色,尔后慢慢变成了紫褐色。

这是铁山脚下一个不大的绿树环绕的村落,居民多姓郭,故称郭家村。各家各户的房屋都是半地穴式的,住得比现代人分散,但鸡犬之声相闻。山坡之下,有几只羊在悠闲地吃草,时而发出"咩咩"的叫声。杂树繁茂之地,偶尔能见獐鹿跳跃的影子。草丛中,野兔毫无顾忌地在啃嚼嫩草。村的东面,有一口水井,旁边堆有几垛秸秆。平旷之处,分畦列亩,种着谷子苞米。山岭下靠村南有一条小河,向西曲折流去注入渤海湾。

村民们有的在放牧,有的在田间劳作。

一个站在茅屋门口的少女,抬眼往远处一望,惊喜地说:"娘,爹赶海回来了!"

少女清脆的话音刚落,一位皮肤黧黑、身体瘦削的中年男子,拖着疲惫的身躯,肩扛网具从海边往家门走来。

这是一舍半地穴式、圆形的、状如一顶大伞的茅屋,用木头作骨架支撑,门朝南。火灶砌在屋内正中。屋外堆放着垒得高高的一垛木柴。

一位中年妇女在门口左侧的空地上补网,她说道:"给你爹熬点谷子稀饭,再加点放在铺下坛子里的苞米。"

"我知道。已开始烧啦,等会儿我还要加点从将军山采来的野菜,让爹尝尝新鲜。"少女放下手中的木柴,雀跃到父亲跟前,接过鱼篓。

"爹,你打到了什么鱼? 拣到了什么好吃好玩的海物啦?"

"有,有,你看,有几条大黑鱼和黄鱼,还拣到了僧帽牡蛎、红螺和扁玉螺。"

"那太好了,螺壳我都要。"

"我还拣了一袋海草,剁一剁去喂猪吧!"

"嗯!"

……

不幸的是,少女走出门不久,一幕悲剧发生了。由于烧柴太长,着到了外面,引起了火灾。瞬间,火头窜上屋顶,整个茅屋成了一堆熊熊大火。那天,正刮着五六级东南风,火势迅速蔓延,殃及与他们稍靠近的邻家。因为没有足够的水和救火工具,惊恐万状的村民四散逃命,蒙受了一场突如其来的火毁家园的劫难。

约五千之后,考古工作者在发掘此处遗址时,发现了一个家庭火灾后的遗物:在一层木炭和灰土下面,有渔猎和农耕工具,有陶罐等生活用品,还有为数不少的螺壳。更令人惊异的是仍保留着一篓炭化的小米……

考古学家认为:由于当时的房屋低矮,木质结构,火灶位置以及草柴作为主要燃料等原因,所以经常发生火灾,这是导致家庭甚至村庄毁灭的重要祸根。

五千多年前的旅顺地区,特别是依山傍海的郭家村和与其邻近的尹家村、刘家村,林木茂密,水源充足,獐鹿成群,海产丰富,可以进行渔猎、农耕。优越的自然条件为古人提供了生存发展的环境。

郭家村新石器时代遗址,位于辽宁省大连市旅顺口区铁山镇郭家村的北岭上。解放前,原关东厅博物馆曾在此收集过出土文物。解放后,旅顺博物馆在该遗址采集到石、骨、牙、蚌、角器以及玉锛、精美的蛋壳黑陶片等遗物。

郭家村遗址石斧、石铲、陶刀、石刀、蚌刀、蚌镰、磨盘、石杵等工具,表明了当时社会的农业情况;大量猪骨和雕塑艺术品陶猪,反映了家畜饲养业的发展,这是与农业能提供一定粮食饲料相连的;郭家村遗址堆积较厚,房址遗迹层层叠压,可见那些先民已经长期定居,这也与以农业生产为主要生活来源分不开的。遗址中出土的编织席篓内盛炭化谷子,说明当时的主要农作物是粟。遗址中出土很多的狩猎工具,如射击用的石镞、骨镞、蚌镞、牙镞;投掷用的石球、砍砸器;刺杀用的骨矛、石矛;刮割用的刮削器、牙器等。还有很多渔业工具如捕鱼用的大型石网坠、钓鱼用的骨钓针等。另外还有大量动物如斑鹿、兔、豹、熊、狼、野猪、野猫、貉、獾、獐、麝、狍、鼠和鸟类、水产蚌类螺、蛤、牡蛎及各种鱼的骨壳出土。在遗址上层又发现了鲸鱼第一颈椎骨等。这些说明,渔猎在当时经济中也有很大比重。

郭家村上下层出土的生产工具,虽然在质料的选择,制作的技术、器物种类等方面有一定的变化,但从这些生产工具的主要功用上可以看出,当时社会经济结构基本是相同的,都是既有农业又有手工业,既有畜牧又有渔猎,具有多种经济特点,因此,这些遗物都为研究郭家村遗址当时的社会经济情况,提供了可靠的证据。

郭家村遗址中出土了仿舟形陶器和大型石网坠、石碇:这种陶器在长海县广鹿岛吴家村遗址中也曾见过;这种石器是远海捕捞和交通运输所不可缺少的。联系到浙江嘉兴马家浜新石器时代遗址中也发现了木桨,足以证明当时已有了较大船只以适应海洋渔业和辽东半岛、山东半岛与东南沿海经济文化往来的需要。

遗址所出各种类型的石器、火候较高胎质较细的薄如蛋壳的黑陶,大量的陶纺轮、骨针、骨锥等,说明了造器制陶有了一定水平,纺织缝纫有了很大发展。这种手工业发展程度,反映可能有了一定专业人员从事手工业,农业和手工业已有了一定社会分工。

遗址中出土了很多骨笄和各种石、玉、贝、牙、陶等质料的珠、坠、环,还发现各种陶环、扣状器,以及雕塑艺术品等。这是当时有了一定原始装饰艺术的实证。特别是束发的插笄、佩带的环佩等,是中华民族祖先所特有的装饰用具,它充分说明,我们中华民族祖先早在生产劳作的同时,也萌发了审美、爱美意识,并且有了艺术的创造,为我们留下了珍贵的历史文物。

经中国社会科学院考古研究所试验室碳14测定与树轮校正的数据,证明郭家村下层文化约五千年左右,郭家村上层文化约四千余年。

郭家村遗址是四至五千年以前的原始社会遗址。经调查,旅顺口区大潘家遗址、柏岚子遗址、双岛湾遗址等都与郭家上层文化相同,也都是四至五千年前的原始社会遗址。

郭家村遗址地处辽东半岛的最前端,隔海与山东半岛相望。研究郭家村遗址的文化性质,不仅对研究旅大地区原始文化发展系列有益,对进一步研究辽东半岛和山东半岛,东北地区和中原地区的原始文化关系,也将是个重要突破点。

八、"木羊城"思古

大海,真是个诡谲多变的怪物。清晨,渤海海峡还是一片伟丽宁静、碧蓝无边、反射着太阳光彩的海,到了下午,突然,灰暗色的云片从天空上疾驰而过,伴随着狂风的呼啸声,满眼都是黄色的浊浪。长列的森然可怖的浪头从庙岛列岛方向一个接着一个的翻滚出来,咆哮着一直扑奔到老铁山脚下,撞击礁岸,发出砰然轰响,激起雪浪千堆。

风云突变惊吓了老铁山下靠渔猎生活的先民。全村的男女老少都惶恐不安地出来了,在海边眺望和跪拜,祈求海神,保佑出海的亲人平安归来。凄惨的哭喊声虽然悲怆，可是天不怜悯。看来，十几个出海打鱼之青壮年都葬身鱼腹了。

两天之后，有个叫郭二保的水性特好的男子，抱着一块残破的船板，泅回了岸上。大家在询问他是怎么翻船、他的伙伴们下落的同时，特别提到是否抛扔了猪羊？

他说："装载太重，猪羊刚抛下去船便翻了……"

原来，自古以来，老铁山角都是水深流急，每遇风浪，渔民就杀猪宰羊，抛入海中，以祭海神，求海龙王保佑平安。但当时船小，久飘海上，经常遇到海浪，就需要在船上载许多猪羊，这就必然增大船行的风险；更因为抛了猪羊，仍旧翻船，龙王既贪吃猪羊，又无慈悲之心，不禁令人深深失望。

大海是渔民的生活资料重要来源，不能因为怕风浪而不出海打鱼。过了一段时间，鱼汛季节来临，酋长又要组织村民捕捞了。但是村里的猪羊已很少，个别人家养的也是小猪小羊，且舍不得献出来。无奈之下，有人出了个主意："能否刻几头木猪、木羊来代替？"

大伙七嘴八舌，年轻人说："这是好主意，装载轻便，本钱不大。"

年长者说："以木头猪羊诳了龙王爷，恐怕不好吧？"

"我们抛了多少头活的猪羊，仍然死了许多人，用木猪木羊作祭又何妨？"

……

酋长沉思了一会儿，开口说："看来只好如此了，没有那么多的活猪活羊啊！再说，打不到鱼，又常翻船，陪上猪羊，得不偿失，就这么办吧！"

于是，此后出海的船便装了木羊木猪。

但是，又产生了新的矛盾，每次制作木猪木羊需要许多大的木料，不仅难找，且刻制费工。这样便逐渐改为刻几个木羊头来代之，对海神祭祈的"规格"和"待遇"越来越低了。

抛到海上的木羊头，如同现代人抛密封的漂流瓶一样，能长久地漂在海上，龙王并没有"收下"吃掉，可能觉得味道不如往昔的活猪羊、鲜美的海珍品，不屑一顾，扔回岸边。

一天，风暴过后，海边漂来了三个木羊头，第二天突然变成了三个小岛，形成了三面屏海的海湾，堪称良港。

以后遇到风浪，来往船只便驶入港内避风，"羊头洼"由此得名，当地人又叫"三羊头"。

这些神话传说是在人力不能胜天的情况下的产物。还因为此"洼"久已成为渔船避风浪的福地,给船民以安全之感,于是,"羊头洼"的传说遂代代流传,长盛不衰。

在离羊头洼不远的老铁山西北麓,即今旅顺口刘家屯以东的丘陵上,有个木羊城,又称牧羊城。

据《奉天通志》记载:

汉代牧羊城遗址,今旅顺口区铁山镇

牧羊城,城(指距金州城)西南一百五十里,周围二百五十步,门一。

城为长方形,东西宽约82米,南北长约133米,周长430米。与文献记载的250步(当时每步为5尺),基本相符。北壁有一个宽约12米的缺口,当为城门所在。这座古城,今仅剩下城基的残迹。城基系用石头砌成,城墙则用土夯筑,隆起地面约2米,西壁最高处约有3米左右。原来的城墙显然是比较高的。城内出土遗物种类较多。最下层出土的有新石器时代的石器、陶器等。有战国时代的文物,诸如铜镞、铸铜斧范、明刀钱、明字圆钱、一化钱等。汉代的文物有铜镞、铜带钩、铁镢、铁刀、板瓦,及"河阳令印"、"武库中丞"封泥等。封泥相当于现代的火漆印,用于保密性质的信件。

牧羊城附近的刁家村、尹家村、于家村等处分布有大量汉代贝墓和砖墓。在城南的大坞崖发现有汉代水井、铁镢和战国时代的墓葬等。从出土的文物看,这里在新石器时代就是居民的聚居地,城系战国后期的建筑,而到汉代处于繁荣时期,东汉后期就废弃了。

从城的规模和形式看,这当属一座海防城。城西距海湾羊头洼并不很远。当时羊头洼是沟通辽东半岛和山东半岛的一个重要港口。

又因附近有羊头洼等良港,牧羊城临山构筑,居高临下,既不受水患之害,又得易守难攻之地势,且水陆交通亦很方便。这便是牧羊城所以成为古代居民聚居地和重要海防城堡的原因。

九、鸿胪井刻石被窃

1908年初秋的一天,时近傍晚,旅顺东港黄金山下突然警备森严,不准行人往来。一队日本工兵乘着汽车,携带挖掘机械来到了黄金山麓。他们跳下车后,支起电灯,利用夜幕的掩护,神秘而紧张地经过二个多小时的忙碌,将一个很重的物件蒙上红绸布,小心地用几条军棉被包扎好,然后装上卡车,一溜烟地开走。

东港的油库码头,停着一艘"西海丸"运输船,士兵们七手八脚地将此物吊进船舱里,用大股麻绳捆绑、固定好。一切安排定当,指挥完成这一任务的池田大佐,才如释重负地长长舒了一口气,汗淋淋、笑眯眯地向走向轮船会客厅,向早已等待他的日本镇守府司令长官富冈定恭中将报告:

"长官,一切都按你的指示办理,这个石刻物,现在归我们大日本帝国所有了。"

"好啊,你为天皇和大日本帝国立了一功,来,饮一杯酒!"富冈定恭端起酒杯,与池田碰杯相庆,脸上露出踌躇满志的神态。

"长官,你动众兴师,弄这么一块石头有什么用?"池田乘着酒兴大胆发问。

"你的不懂!本人早年研究过考古,对文物有点眼光。这可是件稀世之宝呀,黄金不换!越到将来,越显得贵重。"富冈定恭得意洋洋地说。

"长官将此物运回国内后放置在私家花园里吗?"

"不不不,我岂能这么自私,它是国家之宝,理应献给国家,我将建议珍藏于宫内省怀天府内。"……

富冈定恭窃走的是什么东西?它有什么历史意义和特殊价值?说起来话便长了。

原来,旅顺口东岸的黄金山下,有唐代遗井两口、刻石一方。因为井地位于黄金山麓,当地人便称这井为"金井"。黄金山过去称黄山,黄山下的井称"黄井",亦有称黄金山为"黄井岛"的。由"黄井"逐渐读成"黄金",山便成了"黄金山",井便称作"金井"。

关于"金井",民间流传着一个有趣的传说:金井里曾用铁索链锁着一个大妖怪。多少年过去了,没有人敢打开这把大锁。锁一旦被打开,井里锁着的大妖怪便会窜出来,那时旅顺口就不会安宁。又传说:日本侵略者占据这里后,曾把铁锁打开,用轮船往外拽铁索链,竟使黄金山上的石头纷纷滚落,便慌忙把铁索放回金井里,将井口锁住。这个传说里包含着人民群众渴望安宁的理想和愿望,但毕竟不是事实。

那么,"金井"到底是怎么一回事呢?这井系唐代崔忻所凿,井里并没有什么大妖怪，更没有什么大铁锁链，因为崔忻的官职是鸿胪卿，即朝廷里掌管接待各族宾客的官职，便把这井称作"鸿胪井"。崔忻为什么要到黄金山下凿井呢？

原来是崔忻受唐朝委派到渤海郡去完成册封使命后之所为。

公元 698 年（唐圣历元年），我国东北边疆的靺鞨族首领大祚荣，在上京（今黑龙江宁安县东京城）筑都建立震国，后改名为渤海国，使用汉文，按唐制管理国家。705 年（唐神龙元年），唐中宗派御史张行岌去招抚，大荣祚即归附。713 年（唐开元元年），唐玄宗派中郎将、鸿胪卿崔忻再次出使渤海国，加强与其友好关系。

关于唐朝与渤海国的密切关系，中唐诗人温庭筠曾写下《送渤海王子归本国》一诗可作佐证：

疆理虽重海，车书本一家。

盛勋归旧国，佳句在中华。

定界分秋涨，开帆到曙霞。

九门风月好，回首是天涯。

诗中首联中的"疆理"，指渤海国的地理疆域。古以车同轨、书同文表示文物制定划一，天下统一。"本一家"反映了渤海国是唐王朝的属国，文物制度皆师于唐，且十分亲切。颔联两句，表明渤海王子出使唐朝为密切两国关系建立了勋业，载誉而归，同时他又是一位有成就的诗人，留下了佳作佳句，得到了名诗人温庭筠的赞许。颈联中的"定界"，指唐与渤海国以水为界。《新唐书·渤海传》："自鸭绿江口舟行百余里，用小舫溯流东北三十里至泊汋口（今辽宁丹东蒲石河口），得渤海之境。"开帆，指渤海王子由水路返国。曙霞，早晨的霞光，借指渤海国神州、上京一带地域。结尾中的"九门"，泛指京城，此处指长安。

崔忻从唐朝都城出发到山东登州乘船从海上经过都里镇（今旅顺口），再从都里镇乘船到鸭绿江口，然后溯江而上至渤海都城，与渤海王子的归程是同一条路。

唐开元二年（714 年）五月，崔忻在完成册封使命后，按原路返回长安，途经都里镇时，为纪念这次册封盛事，于黄金山下凿井两口、刻石一块，永为记验。这是按照唐朝的惯例，朝廷命官持节册封，均要留实物证验，或立碑纪事或建阁（亭）叙要。当时凿的两口井，一在黄金山北麓，至今遗迹尚存，刻石原

被日本殖民当局偷运到
国内收藏的鸿胪井刻石

来就在这口井旁；一在黄金山南麓，后来已被沙俄军队占领旅大时在黄金山上修筑军事工事所破坏，已无迹可寻。

原刻石史称"其大如驼"。拓片刻石高一市尺六寸，宽一市尺一寸九分。石上镌刻正书三行，计二十九个字：

> 敕持节宣劳靺鞨使
> 鸿胪卿崔忻井两口永为
> 记验开元二年五月十八日

鸿胪井和刻石在黄金山麓经历了一千一百多年的悠久岁月，不曾被人重视，直到清末光绪乙未（1895年）冬，才被清山东登莱青兵备道福建贵池人刘含芳所重视。

光绪六年以后，刘含芳以后候道员身份与按察使周馥到旅顺口督建北洋海军船坞、训练水雷营。

光绪十六年（1890年）由李鸿章推荐龚照玛到旅顺任营务处长，刘含芳遂调任山东登莱青兵备道。

光绪二十一年（1895年）冬，由于三国干涉还辽，清军接受旅大，刘含芳随宋庆复来旅顺口。这时他倍加重视鸿胪井和刻石，修一石亭将刻石覆盖，又在刻石文字左侧添刻小字五行记之。这五行小字的原文是：

> 此石在金州旅顺海口黄金山阴，其大如驼，开元二年至今一千一百八十二年，其井已湮，其石尚存。
>
> 光绪乙未冬，前任山东登莱青兵备道贵池刘含芳作石亭覆之，并记。

此碑在日俄战争时埋入土中。1904年日俄战争后，1905年日军占领旅顺口。1908年，碑被日本海军士兵发现，日本镇守府司令长官中将富冈定恭见此珍宝，立即下令将此刻石劫走，用船运往日本，藏于宫内省怀天府，至今尚未归还。日本人为了掩盖强盗行径，于1911年12月在水井的原址附近立了一个碑，碑的正面刻有"鸿胪卿之遗迹"，背面刻有碑文："唐开元二年。鸿胪卿崔忻，奉朝命使北靺鞨过途旅顺，凿井两口以纪念。唐开元距今实一千三百有余年，余莅任于此地。亲考查崔公事绩，恐湮没遗迹，树石刻字以俟后世尔云。明治四十四年十二月，海军将从二位勋一等功四级男爵富冈定恭志。"富冈定恭对盗走石碑讳莫如深,只字不提,立一块水泥碑用含糊其辞的话代之。

东北唐朝以前的《高句丽好大王碑》、《毋丘俭丸都纪功碑》、《义州万佛堂后魏造像记》三刻石,历来为世人所艳称者,仅次于这三石刻的便是旅顺黄金山下唐代鸿胪井刻石了。其书法遒劲刚健,可供欣赏。但更重要的是,鸿胪井及其刻石,不仅证明旅顺口在唐朝时就是中原与东北的海上交通要道,而且是唐王朝与渤海郡亲密关系的信物。遗憾的是,人们已无法见到这一珍贵的文物了,只能从旅顺历史博物馆里见到这一刻石的拓片。

日本盗窃旅顺的我国珍贵文物远不止此。1908年,满洲调查部岛村教三郎、小林伴生到南山里考古挖掘,劫走一些石冢、贝砖墓中的珍贵文物。1909年,鸟居龙藏等人在牧羊城掘取许多陶器和古钱饰器。1914—1915年,关东都督府吉田进学士、旅顺红十字病院木内屋学士及满铁社员岛村等人以学术考察为名,大肆掠走老铁山一带新石器时代的积石墓和汉墓中的重要文物。1928年9月,日本东亚考古学会组织大批人员来旅顺盗掘牧羊城、尹家村石墓、烧土墓等,掠走了从青铜器时代到西汉王莽时期的石器、陶器、铜器、铁器和各种货币等大量的无价之宝。

第三章　北洋海军的重要基地

十、旅顺口建港修坞

一代枭雄曹操在慷慨悲凉的诗篇《短歌行》中道："月明星稀,乌鹊南飞。绕树三匝,何枝可依?"陶渊明的《归去来辞》中有一句"云无心以出岫,鸟倦飞而知还";李白的词作《菩萨蛮》写了"玉阶空伫立,宿鸟归飞急"。三位大诗人的三首名作中都表达了相似的意境:鸟不能久飞于天上,天黑了,倦了,便要找树枝停歇,要归巢休息。假如没有树枝可停,尤其是没有窝可栖,在天空中盘桓不止,此鸟岂不哀哉!北洋海军建设初期,便遇到了有"鸟"无"窝"的尴尬,并受到了洋人的讽讥。

军舰无坞,犹如鸟无巢。有人更形象地认为,坞对于军舰,若良马必须有厩,病兵必须有医院治疗。且不说军舰处在水下部位的推进器检修、底部渗漏等必须上坞,定期的清理船底附着物,打船底防污漆,这些直接与舰艇战斗力相关的装备保养项目都必须在坞中进行。

船底长各种附着水生物是司空见惯的。除了常见的海蛎子等之外,还有管状的海蛸海肠、扇状的海贝海虹、草状的海苔海菜等动植物。它们繁殖力极强,生长极为迅速,如果不及时上坞清理,会严重影响舰艇航速。上世纪六十年代就曾发生过的一件值得永远记取教训的事。

据海防前哨雷达站报告:有几艘通常被称作"特务艇"的可疑船只闯入我领海,海军某护卫艇大队奉命追击。照理说,护卫艇的航速高于"特务艇",撵上它是没有问题的。艇队到了这个海区,望见这些可疑之艇,编队指挥员下令加快航速将其截住押回基地,"特务艇"也开足马力往外海逃窜。但是当护卫艇大队指挥员下达高速航行的命令后,艇队的速度并不见快,相反,与"特务艇"的距离渐渐远了。

太阳西沉,暝色苍茫,轻雾弥漫,海天朦胧,在"特务艇"即将远逝消失的瞬间,突然一束灯光划破了灰暗的海空,"嚓嚓嚓嚓"如鬼眨眼一样。

"怎么回事?"艇队指挥员问信号兵。

"是可疑船只发来灯光信号。"信号兵答。

"发来信号干吗?它讲了什么?"

"只有两个字:再见!"

"什么?再见?!"编队指挥员气得七窍生烟,无奈地下令返回。

……

这个信号对我们的嘲笑和讽刺十分强烈:"再见!"不仅讲礼貌,很客气,更意味着下次还要再来,"后会有期"……

护卫艇编队回到基地后,研究战艇速度大减的原因。主机、副机的转速与功率等都没有问题,操纵系统也正常,但上坞后一检查,因艇底涂刷的涂料质量差,竟长了半尺多厚的海生物,使艇速骤减了近三分之一。因此,不仅眼睁睁地看着可疑船只溜走了,还受到了嘲弄。此事惊动了中南海,海军受命立即展开技术会战,坚决攻克舰艇防污涂料难关!海军帆缆涂料研究室应运而生。

欲引来凤凰,必须庭有梧桐,让其在树上筑巢;买千金之马,必须同时建厩,这是普通的常识,包括李鸿章等人在内的晚清海军的决策者和高级参谋们,是能想到这点的。

由于北洋海军舰船数量增多,单舰吨位增大,对于驻泊之港和修船之坞倍感急需。

光绪朝初期,我国虽在福州、上海、广州、大沽有船坞四座,但是,没有一座可修"定远"、"镇远"铁甲舰之坞。

据《清末海军史料》记载,福州船坞为泥坞,属福州船厂,位于马尾山下的中岐,同治六年(1867)9~10月修,坞长30丈(96米),宽15丈(48米),仅能修进1500吨以下之船。

上海船坞系泥坞,属江南制造局,同治六年(1867)夏修,建于高昌庙附近。坞长325英尺(99米),只能修理小型木壳兵船,无力修理大型舰船。

广州黄埔石船坞,为英人创建。光绪二年(1876),由我国商家购买。一坞分内外两区。内区长272英尺(82.9米),宽66英尺(20.1米),深20英尺(6米)。外区长363英尺(110.6米),宽72英尺(21.9米),深21英尺(6.4米)。分之可为两坞,合之仍为一坞。容量8500吨,可修5000吨之船。购买时,订约25年后始准修舰艇。至光绪26年(1900),约限才满。这样,该坞既无能力,又不准修理铁甲现。

大沽船坞,光绪六年(1881),建于大沽海神庙之东北,坞长320尺(102.4米),宽92尺(29.4米),深20尺(6.4米)。海神庙西北尚有西坞一所。迤西复有乙、丙、丁三坞。三坞尺寸略小于东坞。乙坞长305尺(97.6米),宽80尺(25.6米),深17尺(5.4米);丙坞长300尺(96米),宽83尺(25.6米),深26尺(54米);丁坞长300尺(96米),宽83尺(26.6米),深14尺(4.5米)。大沽海船坞建造费用总计约银40余万两。大沽船坞只能修950吨以下舰船。

北洋海军的主力舰"定远"、"镇远"号铁甲舰,长298.5尺(95.5米),宽64尺(20.4米),吃水19.6尺(6.3米),排水量均在7300吨以上。而福州、上海、黄埔和大沽船坞的修理能力都在5000吨以下,因此,均不能修理"镇远"、"定远"舰。

早在同治十三年,福州将军文煜等人,就向朝廷建议购买铁甲舰,但因没有可以修理铁甲舰之坞,迟迟未向外国订购。李鸿章自光绪元年(1875年)奉旨督办北洋海防以后,常为此事焦虑,从光绪三年(1877年)至光绪六年(1881年)的4年中,先后与福建船政大臣吴赞诚、黎兆堂、两江总督兼南洋大臣沈葆桢、上海制造局道员郑藻如、出使德国大臣李凤苞等军政要员,多次函商买铁甲舰及其修理船坞之事。

综观函稿内容,其意有四:

(1)在尚未解决修理船坞之前,不能订购铁甲船。

铁甲船为海防不可缺少之物,……无论船样稍旧,价值非廉,现无修船之坞与带之人,何敢贸然定购。①

(2)对铁甲船保卫中国整个海疆的作用,存有疑虑。

铁甲船本应定购,唯南北洋面万余里,一旦有警,仅得一二船,恐不足以往来扼剿,或有失利,该船不能进口(修理),必先为敌所攫,转贻笑于天下。即仅以铁甲船扼大沽海面,以他船附之,亦虑立脚不稳,进退失据。②

(3)沈葆桢曾提议缩小铁甲船的尺寸,以能进福州、上海船坞修理。

至善定缩小其尺寸,以就闽沪之坞。铁甲至小者,吃水必一丈六七尺

---

① 《李文忠公朋僚函稿卷》,第19页。
② 同上,第31页。

以上,沪坞固不能进,闽坞也未能容。①

沈葆桢的话也没有错,买进大船,沪、闽之坞不能进和容,只能买小一点,但此种权宜之计,必将贻误海防建设。

(4)既然家里没有大窝,就不要引进火鸡,更不要买鸵鸟了。这是李鸿章早期的想法。

> 另建船坞,则需巨款,为购一船,创建一坞,既无指项,亦觉不值。②

总之,就加强海防来讲,购买铁甲船是必要的。但何时订购,购买什么样的铁甲船,则取决于修船之坞。因此,修船之坞,就成了制约购买铁甲舰的关键问题。

经过几年的反复议论,至光绪六年(1880年),在旅顺开工建港修坞的同时,清政府向德国订购了"定远"、"镇远"号铁甲舰。由此可见,李鸿章在这个问题上,是经过长时间考虑,反复协商,慎重决定的。

许多有识之士,著文论证在何地建坞更妥。李龙光曾撰《中国择地建造船坞论》,载《皇朝经世文三编》,其开头曰:

> 尝考西国船坞,厥有三种:有修船之坞,则筑坞水滨,而建活门以通水,船入其中,即闭闸而戽竭其水,以便修葺船底,此坞之建于岸者也;有泊船之坞,则于海滨筑堤,以御风浪,船入其中,无潮水涨落之高低,以便起落货物,此坞之建于水者也;有藏船之坞,则专为海军养船之澳。盖兵舰常年行海,易为海水锈蚀而坏,故收藏于坞,上建大栅,以终蔽风日,复吸水令乾,而置船于架上,时加油漆,有事则放船出洋;无事则收船入澳。则兵船能耐久常,多得一半之用,此坞之水陆并用者也。

> 各国海军,无不以船坞为重务,而中国则知其制度者鲜矣。然使有船无坞,则修理即难,而藏船亦复不易。彼铁甲等船费逾百万,何可无一修葺藏储之地?譬如千金之马,而吝惜造厩之费,则良马易生瘯蠡之疾,此经费所不当惜者也。

> 顾造坞非难,而择地最难,非将沿海沿江岛屿、港汊遍为履勘,殊难得其实在情形。即以大沽、旅顺船坞言之,大沽河道不深,铁甲兵船易于搁浅,只能容小轮;旅顺与烟台、威海卫遥遥相对,为北洋紧要门户,形势天

---

① 《李文忠公奏稿》10,第31页。
② 《李文忠公奏稿》,第19卷,第20页。

然，规模颇大。近年由法人德威尼承包，计价银三十五万两，船坞大小各一，其大坞已经华人开凿过半，小坞亦借山势凿成，故工价大省。①

由于订购了铁甲舰，建港修坞之事，势在必行。但对建港位置问题，清朝政府内主张不一，众说纷纭。当时任福建巡抚的丁日昌主张建在大连湾或温州，福州船政大臣黎兆堂主张借用广州的黄埔船坞，出使德国大臣李凤苞则主张建在烟台。需要特别指出的是，起决定作用的李鸿章，曾在一段时间内，他所瞩目的海军基地是大连湾而不是旅顺口。请看他的函稿：

> 大连湾距奉天金州三十里，系属海叉并非海口，实扼北洋形胜，最宜湾泊多船。许道铃曾带蚊船四只前往巡察，谓可凤得势。明春如选慕洋弁得人，拟派大员带现有蚊船、轮船常往驻泊操练，以待后年铁甲舰购到，渐可合成一小队，为北洋一小结构耳。②

说到这里，顺便指出一点：

李鸿章

笔者不止一次的看到有人在书中称李鸿章为"中华名将"和"军事家"似不靠谱，评价过高，吹捧肉麻。他是晚清时期名重一时、权倾朝野的大臣，工于心计、精于权术的政客倒是不容置疑，而把他说成是运筹帷幄、决胜千里的名将、军事家，暂且不论并无大的战例和战绩，单就选定北洋海军基地的地点来看，不论从地舆常识还是直观感受而言，大连是个四通八达的好商港，旅顺则是个易守难攻、形胜险峻的军港，这是凡夫俗子如我辈也能明眼判别的。再从战争实践来看，若是按李鸿章的初衷，则甲午之战、日俄旅顺之战，日军便不费吹灰之力了。联系到李鸿章谓琉球乃是"孤悬于海外的一个黑子"，不惜让日本占领；新疆是不毛之地，弃之"与肢体无伤"等等庸碌之眼光，低俗之识见，祸国之言论，如此吹嘘，实在是高帽廉价，李戴张冠，滥竽充数，贻笑大方。

---

① 转引自张侠等编《清末海军史料》，第297—298页，海洋出版社，1982年5月第1版。
② 《李文忠公译署函稿》，第9卷，第8页。

值得赞许的一点是,李鸿章没有固执己见,一意孤行。光绪六年(1880),李鸿章选派英弁葛雷孙及哥嘉等率蚊船至大连湾勘测。这次勘测的结果,改变了李鸿章拟在大连湾建港的主张,而把建港的地点改在了旅顺口:

> 金州之大连湾,可泊兵船多只……选派英弁葛雷孙、哥嘉带蚊船前往相度。以大连湾口过宽,非有大支水陆军相为依护,不易立足。目前仅蚊船四只,明年再添碰快船二只,船数无多,只可先择著名险要旅顺口屯扎,以扼北洋门户。①

> 旅顺形势,“实居北洋险要,距登州各岛一百八十里,距烟台二百五十里,皆在此对岸,洋面至此一束,为奉直两省海防之关键。”“口内四山围拱,沙水横亘,是建港坞理想之地。”②

从而坚定了旅顺建港坞的决策,正式向朝廷上报了建设规划。

决定在旅顺建港修坞之后,其间由于爆发了中法甲申之战,耽误了工程进度,致使铁甲舰“定远”、“镇远”购来后几年仍不能进坞。1886年8月7日,因铁甲舰需要入坞上油修理,李鸿章命令丁汝昌带领“定远”、“镇远”、“济远”、“威远”四船开往长崎。

李鸿章把自己的主力军舰驶往日本,自有他的考虑。客观上,“定远”等舰回国后,旅顺军港和船厂大坞还未竣工,北洋舰队要定期检修,只有两个地方可去——香港和日本。李鸿章选择去日本,其醉翁之意明摆着,他要炫耀一下大清国的海军威力,让日本人自惭形秽,吓得缩进脖子。今天看来这显然是没有一点军事家头脑和眼光的战略失策。

“定远”、“镇远”第一次到达日本之后,确实引起了巨大的震动。日本军政要人络绎不绝前来参观。当时,日本虽有不少新舰,但与这两艘铁甲舰比起来,无论从吨位上还是从火力上都稍逊一等。12英寸(305毫米)巨炮的炮口令许多日本人惊叹和咋舌,“畏如虎豹”。

长崎人对欧美军舰早已司空见惯,但来自中国的铁甲巨舰却是首次目睹。码头上挤满了看热闹的人群。望着龙旗高扬、威风凛凛的巨舰,市民中夹杂着惊叹、羡慕、愤懑等复杂情绪,议论纷纷,情绪激昂。

日本人普遍认为清国舰队是前来示威的,这些敌对情绪,伴随着日本朝野

---

① 《李文忠公译署函稿》,第11卷,第14页。
② 《李文忠公全书》,奏稿,四十二,第18页。

长期宣传的军国主义思想,最终酿成一场著名的骚乱事件。不日"长崎事件"即告发生。

1886年8月13日,星期五,中国水兵上岸购物,因一点小事而与日警发生殴斗,结果造成日警一人重伤,水兵一人轻伤后果。

关于双方发生斗殴的原因,各方的报道颇为不一。中国方面,根据《申报》记者发自长崎的消息,说是由于日本警察向中国水手找麻烦而起,谓:"十三日若干名水兵上岸购物,在岸上遇上一名日本警察,毫无理由地命令他们停止。中国水兵被污辱,因之斗殴遂起。"但据《长崎快报》的报道,是由于中国水兵嫖妓并向警察行凶而起。谓:"有一群带有醉意的水兵前往长崎一家妓馆寻乐,因而发生纠纷。馆主前往警察局报告,一日警至,已顺利将纠纷平静。但因中国水兵不服,不久乃有六人前往派出所论理,非常激动,大吵大闹,引起冲突。日警一人旋被刺伤,而肇事的水兵也被拘捕。其他水兵则皆逃逸"。此事的详细过程此处不赘,有兴趣者可参看笔者的《海疆英魂》"失策的访日"一节中的"长崎血案"。

俗话说,强龙斗不过地头蛇,何况,中国水兵绝非强龙,充其量是条蜥蜴而已,日方也绝非地头蛇,而是凶恶的霸王龙。

十一、鱼龙混杂的建港洋员

鸦片战争以来,洋人的黄漆棍、狼牙棒多次狠击了戴着红顶翎官帽的大清君臣,终于使他们清醒了不少,不再坚信《皇朝文献通考》中说的:"中土居大地之中,瀛海西环,其缘边滨海而居者,是谓之裔,裔之谓言边也。"

与此同时,也改变了梁启超所说的"雄主之野心,欲搏怀柔远人,万国来同虚誉,聊以自娱"的心理,甚至连"天朝""四夷"的说法都不多见了,这不能不说是个巨大的进步。中外对李鸿章的评价甚多,以下的说法被多数人认可:

> 在近代中国初期的政治人物中,论及与西方军事、外交人员接触最多的,实应首推李鸿章。凭借他早期便在与中外通商的"十里洋场"上海,丰富的经历,特别是他个人卓越的才具,灵活多变的手腕,使他在自强运动时期,成为精通洋务的第一号人物。

自从李鸿章出任直隶总督、兼任北洋大臣,并奉命督办北洋海防,统领北洋海军开始,至甲午战争这段时期,不论陆海军学校的创设,陆海军的训练,以及船厂炮局的建立,军港船坞的兴建,炮台要塞的修筑,乃至开矿、筑路、电线架设等,再加以对外的各种订约与交涉,乃至战和大都需要他协商或处理,真可谓任重事繁,备为辛劳,如非精心力果,遭大投艰,断难胜任。是以此时的北洋,不仅是当时自强运动中的一个洋务中心,同时也是北京总理衙门的外府,自然也使他成为全国督抚的领袖。因此,外国人将他视为"中国的伊藤博文","东方的俾斯麦",甚至还有人说他是"中国的无冕之王"。

需要指出的是,以外国人对他的这些称呼上,可见他在政权机构和洋务工作中地位之重要,而其实际的能力和作为,特别是对国家利益的维护与忠贞等方面,是不能与俾斯麦和伊藤博文相提并论的。不然,中国即使不能成为强盛的德国和日本,也不至于签订那么多丧权辱国的条约了。

李鸿章领导下的如此诸多重大的国防军事等现代化的事业,固然需采购大量西方国家先进的机械设备。但更重要的便是聘用大批的国外学者专家和技术人员,前来中国指导及协助,以便进行科技转移。这也是工业落后国家走向现代化所必须走的一条捷径。

李鸿章聘用洋员的通道约有以下数条:一是由中国驻外公使向当地政府提出请求,而由当地政府代为物色,并准其为中国服务。一般而论,为了表示对华的友谊,并照顾自身的利益,大多乐于为助。如英籍北洋海军总查琅威理,即是经由英政府之应允。二是由国际友人介绍,如德国炮台专家汉纳根之成为李鸿章的幕僚,即是经由德籍天津税务司德璀琳的引进;英籍北洋海军总教习葛雷森等,即系经由英籍总税务司赫德的介绍。三是临时聘用人员,如英籍工程师马格里原在常胜军服务,后经李鸿章聘入江宁制造局担任指导。四是外国公司之经由工程投标,而获得中国之承包权。该公司人员为中国服务者,如法国总工程师德威尼之于旅顺港的修建,即是一例。其他尚有一部分外国专家为了某种关系而志愿为中国服务者,如英国工程师金达之于开采煤矿即系如此。

通过委托他人、间接聘用洋员的方式,出现良莠并存、鱼龙混杂的情况就在所难免了。他们的实际能力如何,以及是否用其所长等,便很难对路和如意了。君不见,当今聘请外籍体育运动教练,选择外籍足球、篮球选手加盟,虽经中国有关当事者和专家亲自考察、再三遴选之后,还有那么多"水货"呢!

研究甲午战争的著名专家、旅居加拿大的台湾学者王家俭先生,有一本名为《洋员与北洋海防建设》的专著,他在自序中说:

> 李鸿章之聘用大批洋员从事国防与军事的近代化,基本上可谓渊源

于中国传统的儒学教育之士大夫所具有的"通权达变"、"借法自强"的一种理念。而借法自强的实践方式,实际上也是一种国际间的合作与互利。

为了围绕主题,并限于篇幅,这里不涉及洋员在各个方面的建树与贡献,着重谈谈在旅顺建港中应聘的主要洋员功过是非。

建设旅顺港参与最早、出力颇多且成就卓著者,首推德人汉纳根。

设计和主持修建旅顺多座炮台的汉纳根

汉纳根,德国赫森人,出身于有名望的军人世家,数代均以名将著称。他的父亲曾任纳兹市的市长,并曾先后参加毛奇将军所指挥的对奥萨杜瓦的战役(1866年)及对法色当战役(1870年),皆有卓越的贡献。汉纳根之父与精通战略战术的克劳塞维茨、马蒙及福伊等,都以长于军事科学著称,他们对于汉纳根的成长具有很大的影响。

汉纳根毕业于一所陆军士官学校,后在炮兵服务,专心于炮台及防御工事的研究,在德国曾任陆军炮兵上尉(后升少校)。在光绪五年(1879年),经其岳父——天津海关总税务司英国人德璀琳推荐来华,充当李鸿章的军事顾问,后来又衔李鸿章之命,设计并修建了八座炮台,对于旅顺炮台的工程贡献很大。炮台的大炮多数是德国克虏伯兵工厂的产品,汉纳根实际上是克虏伯财团的代理人。

旅顺建港之初,李鸿章即派遣汉纳根赴旅顺作实地勘察,计划修筑黄金山炮台。其后又决定将炮台工程与建港工程同时进行。尤其是在中法战争时期,谣传法军可能北上袭击,炮台修筑的工程更是不遗余力地加快进度。除了

旅顺最大的黄金山炮台

黄金山炮台之外,复于旅顺口的东西两岸,又择要赶筑炮台多处。于五年之内所完成的炮台共有十座,用款二十七万六千三百余两白银。其中位于口岸以东者有四座,以西者有六座,大小各炮六十余尊,形成北洋海防上的一座坚强要塞。兹将此十座炮台略述于下:

1、黄金山炮台:黄金山位于旅顺口的东岸,襟山带海,形势天险。该

座炮台于光绪七年（1881年）即已开始动工兴修，至光绪九年（1883年）五月大体完成，十月间正式试炮，共有德国克虏伯厂所制的不同口径大炮16尊。先后用去款项十八万六千余两。该座炮台的工程颇为浩大，曾经屡次修改加倍，可谓是旅顺港炮台之中最大者。

旅顺崂峄嘴炮台

2、崂峄嘴炮台：崂峄嘴原名老驴嘴，位于旅顺澳之东面外围。自白玉山后，峰势起伏蜿蜒奔赴海滨。到海近处，两峰直峙，前高后低，前峰临海，一面石壁峭立，下临洪涛。峰巅周围约50余丈，距海面约37丈有余，筑炮台于上，临海处陡峭，以防敌船由此登岸袭击后路。该台于光绪十年（1884年）开始兴修，由汉纳根设计，光绪十一年（1885年）竣工。初置中口径炮3尊，其后改换特大口径长炮4尊，中口径长炮2尊，小炮4尊。用款约三万五千余两。

旅顺崂峄嘴副炮台

3、老虎尾（低土）炮台：位于旅顺口的西岸，与黄金山相对。该台于光绪十年三月十九日（1884年4月14日）开工，一切计划均由汉纳根主持，至同年五月八日（6月1日）竣工，为时仅四十余日。有特大径长炮2尊。该项工程共计用银约有五千三百余两。

旅顺老虎尾炮台

4、威远炮台：位于旅顺口的西岸，老虎尾西南小山之上，为北洋水帅提督丁汝昌命管驾"威远"练船都司方伯谦所修的小土炮台。光绪十年闰五月二十二日（1884年7月14日）开工，至八月初八日（9月26日）全炮台竣工，计用款三千四百余两。

5、蛮子营炮台:该台为汉纳根负责修建,介于西岸威远炮台及馒头山炮台之间,用银约六千三百余两。其台仿老虎尾炮台为德式,原用"镇海"轮上的炮6尊,后因其炮过小,不能及远,而改换为中口径炮。

6、母猪礁(或名摸珠礁)炮台:位于东岸黄金山炮台之下,介于黄金山与崂峰嘴之间,地势平旷,为控制口门的要地。该台与蛮子营炮台均建成于光绪十一年,用费约为二万余两。有大口径炮2尊,中口径长炮2尊,小口径边炮4尊。

7、馒头山炮台:馒头山位于口西,其地高出海面约五十丈,为西岸次高之山。置炮其上,西北击双岛、羊头洼两口,断敌窥视西澳之路,南可击敌船攻黄金山炮台。该座炮台也是由汉纳根负责设计,仿老虎尾炮台之低式。置有特大口径大炮3尊,中口径边炮4尊。该座炮台与崂峰嘴炮台同为旅顺防卫炮台之重镇,用费约三万两。

8、田鸡炮台:该炮台位于东岸黄金山炮台之旁,光绪十一年正月动工,至七月初十日竣工,共用银一千七百五十余两,有大炮盘2座,小炮房6座,后膛田鸡炮6尊。

9、团山炮台:该座炮台位于西澳的西南,地势平坦,深水近岸。丁汝昌曾用接泥船架大炮于其上,其靠近海滩处则布置鱼雷。

10、田家屯炮台:为土炮台一座。

在这十座炮台之中,除了少数属于次要或较小者由他人负责修筑之外,其中最主要的六座都全由汉纳根亲自监督修造,诸如炮台、营房、药库等,皆仿效西法,而且不畏烦难,悉心指导。炮台高低相间,大小林立,炮位多则六七座,少则一二座,上下左右均为兼顾,俨然交织成一张严密的防御火网,可以全方位地对敌方的进攻加以封锁。正因为汉纳根的专业精心设计,方使得旅顺港的防御固若金汤。李鸿章于巡关之后,大为满意。

汉纳根对于旅顺炮台工程的贡献,不但为中国人所欣赏,同时也引起外报记者的注意。如在1887年11月9日的天津英文版《中国时报》上,便对汉纳根修筑黄金山大炮台有详细的报道。且指出汉纳根对于筑台三案,曾与当时来华访问的前常胜军将领戈登在一起讨论过,其后并为李鸿章所接受。

1880年汉纳根被派往旅顺时,身边只带了五名士兵和一个会说德语的官员作为翻译,其他还带有若干的银两,以备生活之需。那时候,旅顺还是一个荒岛,相当的偏僻,与外界隔离而陷于孤立无援,在物力、人力、还有工具都极端缺乏的情境之下,汉纳根还是排除万难,设法招募了一批石匠、砖瓦匠与劳工，并设法由国外购进大量的混凝土，再从山东运来数船的花岗石，就这样展开了这项工程。首先，他将工人组织起来，加以严密的分工，并指派工头监督施工。同时，他还亲自教导那些工人如何操作现代化的工具，如何挖掘隧道，如何开凿石块等各项技术性的工作。刚开始时，几乎所有的工人都认为这项现代化的工程是个苦差使，而纷纷要求离开。可是由于工资优厚而且可按时发薪，工作虽苦但却公正而合理，因之在不久之后，他又重新募集到各式各样的劳工多达四五千人，继续施工。在他精心策划和坚韧不拔的领导之下，夜以继日，艰苦不辍，遂得以顺利完成基础的工程。接着，他又着手修建道路，以便运载巨大的石块到山顶。不久，一座既美观又坚固的多角形炮台终于完成。此外，他还在炮台周围建有沟壕、围墙、兵营、堡垒、火药库等设施。为了应付战时的安全，他又修建了一道厚达40米的掩体，覆盖于炮台之前。最后，在安装大炮的宽广平台上，安装的皆是25厘米口径的克虏伯大炮。由于没有起重机及剪脚起重机，当那几尊笨重的大炮从港口运送到山顶时，只得靠着数百名经过特别训练的工人，利用绳索及滚木等传统的工具与方法，方得大功告成。①

由这篇文章可以看出，旅顺之能成为坚强的堡垒，其间的经过又是何等的曲折与艰辛。在中法战争时，法国海军提督孤拔之所以不敢轻举妄动北犯，与汉纳根所付出的心血和贡献密不可分。

汉纳根除了设计、修建旅顺口炮台外，还有天津大沽口炮台、大连湾炮台、威海刘公岛炮台等，无不经由其手。炮台式样的新颖，设计的巧妙，建筑的坚固，性能的优越，都堪称当时的一流。因而深得李鸿章的满意，并一再地为之奏奖，不是赐以中国的官衔，就是赐以宝星奖章，其器重之深，亦可见一斑。

大连湾和尚岛中炮台

①　王家俭《洋员与北洋海防建设》，第129—130页，天津古籍出版社，2004年9月。

十二、建坞功臣袁保龄

早春二月，淮南的大地冰雪化冻，草木复苏，但天宇尚呈灰色，仍觉春寒料峭。

这些天来，安徽省庐州府合肥县磨店乡（现属肥东县）李氏宗族没有欢声笑语，沉浸在悲痛的气氛之中。原来，不久前，李太夫人归天了。李太夫人"秉性淑慎，教子义方"，堪称封建式的贤妻良母。她生六男二女，"尺布寸缕，拮据经营"，克服经济上的种种困难，让诸子发奋读书，沿着"学而优则仕"的道路走下去，个个出类拔萃，尤以二子鸿章官位显赫，出人头地，光宗耀祖。如今，老夫人乘鹤西去，二子鸿章与其兄弟们都来奔丧。鸿章以丁母忧辞职回籍，直隶总督调由两广总督张树声署理。本来，可以暂不问政事，清静一段时间，但形势复杂，时局艰难，使他忧心忡忡，焦虑烦恼，不得不过问某些重要事务。

光绪八年（1882），这年的二月，朝鲜内乱，鉴于日本对朝鲜野心，以及法国侵略越南日急，李鸿章虽然在籍，但对旅顺建港的工程仍十分牵挂。该工程进展缓慢，漏洞百出，最为令他揪心。

李鸿章派赴旅顺经营此一工程的人员，前后有三次。第一次是在光绪六年（1880）之冬，奉命前往者为县令陆尔发、德员汉纳根。陆氏原在北洋办理洋务，但对工程却是外行。他此行主要的目的是帮汉纳根修筑黄金山炮台。

第二次是在光绪七年（1881），时值于英所购的两艘快船抵华，李鸿章前往大沽验收，顺道前往旅顺勘查，决定在经费许可的范围之内，按年将旅顺的工程加以扩大。因此乃调回陆尔发，改命他的亲信、海防营务处道员黄瑞兰前往旅顺，设立海防营务处工程局，主持炮台及拦水坝的工程。不料，黄氏贪鄙无厌，慵懒无能，根本不解工程，任用私人，随意挥霍。而且与德员汉纳根无法合作，以致工程难以进展。这使李鸿章很恼火，也没法再袒护他。虽然，此次他来奔丧前，黄氏派专人送来一大笔慰问礼金，但是这点钱财，岂能抵消其渎职及其耽误旅顺工程的难逃罪责！

晨起，李鸿章连已成习惯的铁观音早茶也无心饮用，便磨墨提笔致函张树声。提出将任性乖张的黄瑞兰自旅顺撤回，另委深明旅顺形势的营务处道员袁保龄前往。

袁保龄（1841—1889），字子久，一字陆龛，河南项城人。幼读经史，胸怀伟略,同治元年21岁中举人,是咸丰、同治年间钦差大臣漕运总督袁甲三的次子,也是袁世凯的叔父。同治二年,随父到皖北围剿太平军。同治五年(1866)25岁,进京任内阁中书,侍读13年。他对于洋务颇有认识,在海防问题上也非常留意,乃献是事权、定经制、建军府、简船械、筹用费、广储人才六策,深得李赏识。光绪七年,被李鸿章调赴直隶,委办海防营务处。至于旅顺口在海防上的重要性,他的认识尤为深刻。在他奉命遍历北洋各口实地勘查后,认为大沽、大连、烟台、登州、威海卫诸口都有缺点,唯有旅顺最优。

> 通筹形势无以易旅顺者,跨金州半岛突出大洋,水深不冻,山列障屏,口门五十余丈,口内两澳,四山围拱,形胜天然,诚海军之澳区也。于此浚浅滩,展口门,创建船坞,分筑炮台,广造库厂,设外防于大连湾,屯坚垒于南关岭,与威海卫各岛遥为声援,远驭朝鲜,近蔽辽沈,实足握东亚海权,匪第北洋要塞也。①

他看出旅顺有"六大优点",并提出:

> 以此六项优点,若再举数百万之经费,经营海之北的旅顺以及海之南的威海,筑堤浚澳、建船坞、营炮台、设武库,数年之后,规模大备,对于中国海防助益颇大。

他的这份考察报告,对李鸿章启发很大,使其对选旅顺口建军港和大坞更加坚信不疑。正因为袁氏对旅顺口的看法眼光独具,认识深刻,所以李鸿章决定立即调其去负责此项工程。

袁保龄自光绪八年(1882)九月赴旅顺总办北洋旅顺营务处工程局,至光绪十三年(1887)十一月,旅

阁学公集

---

① 《阁学公集》。

顺船坞交由法国公司包办。前后五年多,旅顺建港的诸多重大工程均在他的手中完成。由于工程浩大,事务繁杂,不论在人事、经费与工程技术等方面,他都曾遇到无数的困难。最后由于他的定见与魄力,还有对于工作的一片赤诚之心,方得一一克服。

袁保龄到旅顺接管了工程局的工作之后,感到责任重大,而又无可用之人,于是请李鸿章派刘含芳和他一起会办。首先整顿原工程局人员,进行严格考察,从中选用了一些确有真才实学,踏实肯干的人作为助手。他先把王仁宝提为坝澳工程提调,把牛昶晒提为军库工程提调,继而任用谢子龄办理出纳,熟悉河工修守机宜的柴同保和通晓工务的潘煜为澳工委员,对李竟成等精明干练之人也都委以重任。尽斥庸碌之辈,裁汰近四百人,每月节省币金千余两,使整个工程局的气象焕然一新。

袁保龄还注意同驻军搞好关系,对毅军统帅宋庆、淮军总兵王永胜及庆军将领吴兆有,他都以诚相待,使得双方在工作中很协调,工程上也得到驻军的大力相助;开挖引河工程就是由毅军协助完成的。旅顺行政上归金州管辖,袁又极力与地方官搞好关系。但金州副都统及金州厅海防同知等仍事无大小都要过问,动辄掣肘,这使袁大伤脑筋。

在袁保龄的任期之内所进行的工程有:引水工程、海门工程、机器厂工程、仓库房工程、碎石码头工程、碎石马路与小铁路工程、拦水坝工程、旅顺电报局工程、旅顺水雷营工程、旅顺鱼雷营工程、水陆医院工程、船澳及泊岸工程,以及旅顺炮台工程等,合计共有13项之多。虽然还有少数高难度者有待继续施工,但绝大部分的工程均能如期完成,其成果可谓相当丰硕。

在工程进行之中,袁保龄除了一部分参酌中国传统的河工经验,诸如土方、石方、筑坝、堆埝、镶埽等方法之外,还向德国进口一些机械,如抽水机、起重机、挖泥船,并聘用一批外国的专门技术人员、顾问等襄助,因之乃使得工程能够顺利地进行。

这一批外籍技术人员,因多系天津税务司德璀琳推荐,故除少数几位是英、美人士外,绝大多数都是德籍人士。美籍人士只有满宜士一人,原在大沽水雷营任教习。光绪九年(1883),调至旅顺水雷营为教习。英籍人士琅威理时任北洋海军总查,临时参与担任工程顾问。德籍人士则有十六人。汉纳根为炮台专家和工程顾问。勒威为水泥船管轮之洋匠,自大沽口调至旅顺,兼充汉纳根的助手。瑞乃尔为炮术教习,自山东调至旅顺服务。额德茂为炮台教练。哲宁为台澳工程专家。施密士为旅顺鱼雷营教习。刁勒为浮重船工匠。

丁治、士本格二人为导海挖泥船管轮。核粗为导海副管轮。为而得也为导海副管轮。司荣巴、格温、瓦尔脱、康喇脱四人为道海轮水手。舒尔次（又译许尔滋）为德璀琳所推荐的德国工程师。善威为德国土木工程师,任旅顺船澳工程局帮办。①

袁保龄以一位工程局的总办应付如此之多的洋员实在不容易。一是因为洋员大多夸伪成习,骄慢难制,常视华员为落伍,操纵驾驭甚为困难。二因洋员动辄以专家自居,每每拘于西国的成法,而不考虑中国实际的环境,以致华员常须与之斗智争胜,力加辩论。三因洋员所订计划庞大,用费过多,而非中国财力所能负荷。

袁保龄控制管理之法,便是力持宽大容忍,于大处坚持原则,小事则力求将就。与洋员均订立合同,订定年月期限,规定彼等必须随时留工,听候差遣。无论派做何事、派赴何处,均当遵办。如不得力,立予斥退。倘有不遵调遣,甚至酗酒滋事,有任性妄为等情节者,除于斥退之日起截止其薪水,并不再另发给回国的川资。②

在这批外籍专家与技术人员之中,以汉纳根算是最为优秀的一位。此人十分敬业,且个性较为圆融,好与其共事,因而他几乎可以说是袁保龄的高级工程顾问,不仅各地的炮台多经由他的设计而完成,即使开山、挖河、筑路、导海等工程,也常由他策划与监督,如上节所述,其对旅顺的建港,功实不可没。

第二期所要进行的最主要工程,便是船池与船坞的修建。这两项工程实际上从光绪八年袁保龄到旅顺之后,即已着手经营。不过,由于种种错综复杂的原因以及若干工程及技术方面的问题无法获得解决,以致迟迟未能顺利进行,最后,还是必须借助于西方的先进经验与技术。起初是沿用德国工程师善威帮办,继而将全部工程交由一家法国的辛迪加（即联合企业组织）包办,于光绪十六年（1890）完成。

旅顺口内有东西两澳,东澳长约 400 米,宽约 270 米,水深 36 至 42 米。而西澳的面积则比东澳约宽 3 倍,但是水位较浅,最多不过 30 米,无法容纳大型的军舰。

东澳的面积较小,易于着办。袁保龄在周览地形之后,决定先从东澳着

---

① 参见王家俭《旅顺建港始末》,《中国近代海军史论集》载,台北文史哲出版社 1884 年版,第 109 页。

② 参见丁振铎编《项城袁氏家集》,阁学公公牍卷九,天津清芬阁 1911 年刊,第 25 页。

手,开为船池船坞,以便北洋军舰可以停泊修理。计划既定,工作也随即展开,于是于光绪九年四月正式动工。项目有:

一是验土性。经委员黄建藩及洋员汉纳根测试多次,发现深者425米,浅者324米以下,一概为全石。作为坞基,不仅省费用而且坚实。

二是备工具。开挖船澳必须先将积水吸出,工程方能进行。故特命人分别在上海及德国等地购置大型吸水机器,以备工需。

三是招夫。由内地募得工人二千五百余人,辽东等本地有三千余人,合约五六千人。

四是筑埝坝。为防山水下泄,特于东南北三面挑土筑拦水埝坝数道,并于东南对面沟一带开浚引河一条,藉使山水引流入海,而免向澳中汇注。在修筑大坝时,已逾不惑之年的袁保龄不顾冰雪严寒亲临现场,监督民工洋匠日夜赶修,经过40个昼夜的紧张施工,筑成拦海大坝,为船坞工程打下了基础。

五是定大小。关于船澳大小的问题,曾经一度发生争议。袁保龄等初拟的工程费为34800万两之多,后以筹款困难、经费拮据,李鸿章乃饬刘含芳与袁保龄等再议,结果刘含芳乃提出一个"九十丈方池"之说,将澳身缩小,改为长与宽均为90丈,可容两铁舰之回旋;这样可以省经费10万左右,袁氏表示赞成。惟海军方面却坚持异议,认为面积过小,日后将不敷使用。其中以英籍海军总查琅威理的反对最烈。经过数度磋商,最后琅氏方才勉强同意。经北洋水师提督丁汝昌建议,宽度不变,长度增加30丈。平心而论,琅威理之议自然是较有远见,因为国防建设乃是一国的百年大计,绝不能为了节省一点费用而只为眼前着想。

六是船坞位置的选定。按照袁保龄原来的计划,在新筑大坝之东260丈处的水师营旧坞,唯以费用太多,李鸿章乃饬令津海关道周馥改估,并会同美国水师官某定议,移建船坞于水师营旧官厅的东南山之凹,可是这次的修改计划并未成为定局。后虽经英人琅威理的勘查,也未成为决策。最后始决定在东澳的边上,以抛物线所不及之处(从黄金山顶飞过的炮弹不会落到船坞),择地先修建船坞一座,以期铁舰来华时能有停泊之所。

光绪十年(1884),李鸿章检阅旅顺口时,对旅顺炮台营垒和大坞建设倍加赞赏。光绪十二年,醇亲王奕譞(光绪帝之父)亲阅旅顺,以"海防布置合宜,保龄尤为得力"奏请朝廷对袁嘉奖。

尽管船池与船坞的工程各方都在大力地推动与准备,然而它的进行却不是那么顺利。在施工时产生了诸多的问题，如拦潮的大坝不稳固，经常蛰陷漏水，不得不在其东边再筑一条石备坝。最大的问题还在于，旅顺船澳之东为大海潮汐灌注之区，澳东与澳南各处几乎全是黑色稀泥。因之已砌妥的泊岸难敌数十丈稀泥之力，经常随着坍土下泄，石工尽坏，耗费时日与公帑。

最后不得已，乃由天津海关税务司德璀琳推荐德籍工程师善威赴旅顺，作为工程局的帮办，本来期望能在他的协助下，解决此一工程上的症结。未料善威到来，非但问题未能解决，反而还另外制造了许多新的难题。

首先，对建造大坝的建筑材料是用砖，还是用石头的问题发生了激烈的争议。

善威提出用砖，袁保龄很惊愕，立即表示反对。

善威理直气壮地说："你们中国人不懂，这是拟仿德国最大的军港溪耳船坞的做法，一律以砖修建。溪耳军港大坝用泥砖，效果很好，我们有专门制砖的机械。"

袁保龄与其争执不下，便茶饭无心，他甚至连做梦也在琢磨这个问题。石与砖成分不同，性质不同，石较砖坚固是普通常识，用砖自然不如用石。须知，船坞长久泡在海水中，且要承受几千吨重的压力，一般的石料还不行呢！

袁保龄虽没有读过西方的关于地球形成、地质历史等西方最新自然科学的书，但凭他的知识储备和分析推理，能够想像，石头是在经极高的温度、悠久的年代形成的，岂是以泥作原料、在短时间内窑中烧制的砖可与其相比！他询问了英、法等国专家，他们也持相同意见。

袁保龄将此事报告李鸿章，李便电令中国驻德公使，通过德国溪耳船厂总办，索取有关建船坞的资料作为参考，并请中国使馆人员将其译成中文。

袁保龄又请教英、法专家，研究德国建坞用砖的原因。英、法专家说："德国因出石较少，故石贵而砖省；中国恰恰与德国相反，不可以将德国的情况套用至中国。再者，窑的情况与地质土性因地区而有所不同，在旅顺能否成砖，是否坚固，还难以确定。"袁保龄听后觉得很有道理，用石作坞的决心更为坚定了。

虽然多方多次争论，善威却依然坚持如故。

袁保龄深感其人食古不化，但也无可奈何。因为善威是旅顺工程局的帮办，船澳船坞的一切工程都是由他设计与主持，对他的意见不能不尊重。

办事周密而沉稳的袁保龄一面千方百计地继续了解德国溪耳大坝的实况，一面于旅顺附近的新盘设立大小窑厂两座，并将关平所出的缸砖与善威所烧的泥砖作比较。为此,这个问题延宕了很久都不能解决。①

1886年3月,袁保龄向曾见过溪耳船坞的水师总兵"定远"舰管带刘步蟾了解情况。原来溪耳船坞的关键部位都是用石砌成的,只因为德国石价太贵,不得已才用了一部分砖,而并非砖胜于石。

为了争取时间,袁保龄果断地做出两条决定:一是速派专员前往山东石岛,采办石料,趁夏秋南风之季运石来旅顺,以解决旅顺本地石质较脆的难题;二是将所造之砖供各泊岸及建大厂房之用。

第二件争论和扯皮的事是工程费用的问题。

根据善威初步的估计,认为旅顺澳坞、泊岸、闸坝、厂库各工费是130万两。后经李鸿章饬令保龄等人切实研究,渐次驳减。后善威始允减去不到五千两。袁保龄心中时常矛盾。一方面认为或许是西人所要求工程极稳,器物也必求极精,欧洲各国彼此争胜,久而成风俗,是他们的习尚使然;一方面考虑到旅顺的工大、费巨、事难,无法与过去及西方相比拟。故既不能专效西人的一味铺张,也不能遇事拘泥,最后得不到成效。于是只能决定宽筹慎用,步步稳进。

第三件挠头的事是完工日期迟迟无法敲定。

自光绪十二年二月间,李鸿章即饬令保龄向善威询问其明确完工日期,并告以不准迟误三年完成之限。可是善威却一再借故推托,直到这年的六月间尚杳无下文,袁保龄屡次派人催促,都如石沉大海,得不到答复。袁保龄对善威的能力不得不加以怀疑,于是特上书向李鸿章报告,指出:

> 善威之为人,才具太短,极琐细事亦负不了,更无论大者远者。即如船坞全工之图,估时近一年,严催婉促,终未交呈。近与商定购买机器合同,顾畏极多。言语反复无定,多不能自全其说。微窥其际,于机器甚属外行,故欲随事向各厂要图以自掩……其才只可参酌谋议,万不能独立任此巨工。②

第四件事是订购机器的纠纷。

善威来华后,认为旅顺船坞各工需用的机器很多,于是于光绪十一年(1885)十月要求带银亲赴外洋采购。袁保龄就此事与其荐主德璀琳商议时,

---

① 参见《项城袁氏家集》阁学公公牍卷七,第28—30页。
② 《项城袁氏家集》阁学公书札录遗,第16—17页。

德璀琳却不同意，认为派人往购，不如专托洋行。接着他推荐上海英国怡和洋行，由行商密克承揽。由于双方的意见有着很大的距离，往返交涉颇费时日。德、英、法三国人士之间遂为包揽旅顺工程的问题展开了一场激烈的竞争。最后由于袁保龄及周馥对于德璀琳和善威的不满，于光绪十二年九月间采取联合行动，说服李鸿章，将旅顺船坞工程从德国人手中收回，交由法国人包办。

中法旅工合同签订时，旅顺工程局总办袁保龄此时已患重病，不能主持工程局工作，李鸿章派津海关道周馥到旅顺，与德威尼办理移交事务。

袁保龄患病之后，在给友人《致高勉之》的信中，谈及了这次谈判的艰苦过程和他的发病原因：

> 九月间来津勾当公事，因洋员（指善威）太不得力，与周运司筹度，另易能者。竭二十昼夜之力，笔秃唇焦，幸得就绪，即节公帑十七万余金。

> 税务司德璀琳者，性最贪狡，百计干预。旅役，荐德人善威为工员，两年无尺寸效，犹以华员掣肘为辞，荧惑长官之听。龄再三争之不可得，无日不怄气，此病根所由来也。①

由此可见，袁保龄在旅顺总办工程局期间，所遭遇的极大困难和苦恼。

袁保龄病倒后，由于没能及时治疗而病情加重。后来有所好转，手足灵动，精神大有转机。他在病中感赋一律：

> 岁晚芳华歇，秋高雁影稀。

> 贞松寒不改，病鹤倦难飞。

> 一气天人近，抗心贤圣希。

> 愿闻提命切，方寸懔危微。

袁保龄不幸于光绪十五年七月二十日（1889 年 8 月 16 日）病故，终年 48 岁。他中年早故，实属在旅顺建港工程中累气交加所致。旅顺港的创建成功，他的功劳，永不可没。对此，李鸿章为其请恤：

> 旅顺口工程，该员出力最多，其功实未可泯。②

袁保龄在旅顺四五年，忠于职守，秉公办事，修炮台、建工厂、造码头、固大坝。同时在督办港坞工程中，坚持民族大义，维护国家利益，节约了大量的开

---

① 《阁学公集书札》卷四，第 49—50 页。

② 《阁学公集》卷首，第 2—3 页。

支。其间,袁保龄还为旅顺当地群众做了不少好事。他主持公道,公正合理地处理前工程局与土地业主在用地上的争议,如数付还前任拖欠百姓的钱款。此外,他还在当地推广植桑树,教民养蚕和纺织,兴办学堂,促进了旅顺的经济发展和民众开化。

病逝后,清政府以积劳成病故例优恤,授资政大夫、晋封光禄大夫,赠内阁学士。光绪帝谕赐祭文,生前事迹以"行状"形式,入"国史列传"。

研究了旅顺口建港和建坞的这段历史,以及袁保龄在建港中的业绩,令人浮想联翩,感慨不已。

依笔者之见,善威是个才具太短、徒有虚名、能力低下、食古不化、死板教条、固执己见,根本不能担当大任的平庸之辈,用袁保龄的报告中的话来说是"其才只可参酌谋议,万不能独立任此巨工"。只凭德璀琳的推荐,便把这样大的工程交给他,"那是你的错"。

"你的错"中"你"指谁?不是别人,是派人、用人的决策者李二先生也。

李二先生在旅顺的工程加以扩大之际,第二次"改命海防营务处道员黄瑞兰前往旅顺,设立海防营务处工程局,主持炮台及拦水坝的工程"造成什么样的后果,已有前述,不再赘言。如果说对善威无法亲自考察,是信任他"远来和尚会念经",那么,黄瑞兰不是你眼皮底下的人吗?你不了解吗?为什么重用这种人,以致误了大事?须知,黄瑞兰之流,是巴不得能负责大工程,这可是大肥缺呀,只要拿到了工程项目,那就将财源滚滚,什么都有了。在中国,黄瑞兰之流后继有人,且不断涌现,这是国家之不幸,民族之悲哀。不然,为何有大堤崩溃、大桥断裂、大楼倒塌等屡见不鲜的劣质工程、豆腐渣工程之新闻?

李二先生也不是用人皆错都是过,他第三次派袁保龄去主持旅顺工程,则是量才录用,知人善任。袁保龄为旅顺港口和大坞建设,高度负责,坚持质量第一,完全是为国计民生、国防大业着想,为此他鞠躬尽瘁,耗尽心血,英年早逝,以身殉职,真可谓是国家的精英、民族的脊梁,功在千秋,利在后代,怎么能不令人肃然起敬呢?!

写到这里,笔者动情地建议,旅顺船厂的大坞旁,应立个袁保龄的像,至少刻块碑。当然,如果不塑像、不立碑,屹立一个多世纪的巍峨大坞,以及气势雄伟的整个旅顺港,便是他不朽的丰碑。

我们的国家和民族,如果有更多的袁保龄式的人物,振兴中华、强国之梦必将变为现实。

十三、旅顺大坞建成

《旅顺工程合同》由中、法于光绪十二年九月二十二日(1886 年 11 月 7 日)在天津签字。中国方面的代表为津海关道周馥,法国的代表为法国卞迪加的总工程师德威尼。接着,周氏即偕同德威尼于二十四日乘坐利源轮前往旅顺办理移交。而德籍工程师善威等也于不久后辞退。至此,

北洋舰队定远、镇远在旅顺港南北码头停靠

袁保龄所经办的工程转移到法国人之手。

中法战争虽在此一年前结束,但越南的通商及划界问题尚未完全解决。此时中国竟然将巨大的国防重要工程,从一向对之友好的德国人手中收回,而交予不久前尚为敌国的法国人办理,颇使人暗中怀疑中法之间可能存在某种政治协议。其实,这是袁保龄行动的结果。

善威的种种行迹于工程毫无助益,焦急之下,袁保龄前往天津求助周馥。二人一起说服李鸿章,李鸿章方由周馥出面招集洋商举行投标。结果,有的投标 131 万,但却没有任何担保;有的愿意承担此项工程,却不愿提出工程费用的总数以及完工的日期,同时也不愿在完工以后予以担保。只有法国公司不仅开价最低,而且也愿意担保,可见其能得标并非偶然,也无其他政治因素。

至于中法旅顺工程的合同,其原始文件现今已无法得见。不过,根据李鸿章的奏报,可知其内容包含以下几项:(1)工程范围:计有大石坞一座、修理铁甲船等工厂设备,各类厂房、库房及办公处所,以及铁道、起重码头、自来水等工程。(2)工程费用:总计全部工程费 125 万两。(3)完成日期:规定自签约之日起,依西历计算于 30 个月内完工。(4)担保:规定由上海法兰西银行及法国驻华领事林桩保证,并规定验收后一年之内,由德威尼与该银行照料修理,期满之后再继续保固十年。如因工程不善而有损坏,则责成

该银行赔偿。（5）监工：当工程进行时，中、法两国得派员监督，借以符合章程规定。中国方面，因袁保龄卧病，而由周馥出任监督，后周氏升调，改由刘含芳继任。

法国方面，初为德威尼，德威尼返国，改为总工程师吉礼丰监工。其后工程大抵都依据合同进行，不过由于工程的需要又增建大石坝一条及铁码头一座，以致增银 142,500 两，扣除北洋先拨之 20,000 余两，合计工程用银 1,315,420 两，同时完工日期也因之延后了 6 个月，恰为 3 年之数。

此次工程法国得标，自会引起英、德两国的失望与不快，其中尤以德国为甚。故当合同刚定之时，不仅德璀琳怨谤形于辞色，在报纸上大放厥词，想要引起中国朝廷议论与震撼，甚至德国驻华大使巴兰德也以遣撤德员而向总署提出抗议。幸亏李鸿章持以定力，丝毫不为其所动，风波方成过去。

不过，法国虽然击败了英、德对手而承揽了旅顺的工程，但因订约之时已是秋冬之季，而且工程人员尚未来华，机器物料也不齐全，一时无法立即开工。直到次年三月，法国的工程人员及机器设备才先后陆续抵达。经过一番准备，工程才得以开始启动。不料，由于种种问题，使得工程进行并不顺利。首先遭遇最大的困难，便是闸坝漏水过多，虽然用数架吸水机日夜抽取，仍有积水未退，直到四月间从欧洲运来一架大型抽水机，积水方逐渐减少。其次是泊岸石坝问题，曾经因淤积太厚、土质松软而突然倒塌数丈，后以大排桩之法始得修复。此外，还发生过意外的事件：一次是瘟疫流行。一时染病者甚多，以致人人自危，纷纷离工他去，后经法国医师设法医治、隔离，疫情方获得控制；另一次是房屋倒塌。由于连日阴雨不断，宿舍屋顶塌落，德威尼及其他几位法国工程师都不同程度地受伤，经过一段时间的治疗，方一一恢复。除此之外，最令德威尼烦恼的还是那些外来的批评与攻击。在当时的《北华捷报》及英国人办的英文版《中国时报》上有关于旅顺工程的报道，几乎经常可以看到。他们对之不是冷嘲，就是热讽。虽经德威尼一再地投书说明、辩驳、反击，都无法予以阻止。其实法国在这一工程上并未获得丰厚的利润，因为法国公司的投标本来就不高，加上工程过程中发生若干意想不到的困难，所费不赀，结果颇有所亏累。李鸿章在与醇亲王的电文中曾经提到："德威尼坞工赔钱亦系实情。"

光绪十六年（1890 年）九月，旅顺工程终于完成。李鸿章派北洋海军提督丁汝昌、直隶按察使周馥、津海关道刘汝翼等会同前往验收。丁等一行于九月廿三日（11 月 5 日）抵达旅顺，然后由监工洋员吉礼丰开具法文工程清单，经督办旅顺坞澳工程候补道刘含芳译成华文后,逐项查验,至二十七日方才验收完毕。

该坞之成,不仅北洋海军官兵因为舰艇有所归宿,可以停泊修理而大为欢欣鼓舞,就李鸿章个人而言,也以十年苦心经营,从此可免"有鸟无笼"之讥而深感快慰。在法国方面,他们也同样的为着旅顺工程能如期完成而深感庆幸。在旅顺工程即将完成的前夕,一位法国记者特于《中国时报》上发表了一篇专题报道,除了夸称法国的工程人员如何在技术与财务双重的困难之下准时将工程完成以外,还骄傲地宣称是法国人赢得其敌对者的一次真正胜利,同时也粉碎了嫉妒者的预言。接着,这位记者还更进一步地预测,法国人所创造的奇迹将会对法国在华的工商业发生一种深远的影响。一旦其他的工程,诸如海港、铁路、开矿等机会来临时,法国人定能与其他国家立于同等的地位,争取中国政府的考虑。

旅顺建港经费,各估不一。有人估计一百六十万两,有人估计数千万两,均与实际数字相差甚远。依据旅顺建港的资料计算,陆尔发任内两万五千两;黄瑞兰任内大约七万五千两;袁保龄任内六十五万两;法国人包办期间,用银一百三十多万两。共计二百多万两。另据"清史稿卷"记载,旅顺建港工程,共用银二百余万两。与旅顺建港资料相一致。这个数字,不包括北洋在旅顺设防中使用的大炮和机械等物所用银两在内。①

还有一个已考证清楚、应令读者,特别是历史学家关注的史实,这就是:旅顺原计划要建两个坞,即除了大坞之外,还有黄金山下开挖进去建第二坞。因慈禧太后修建"三海"工程急需用钱,挪用了"海军经费",就是原先在旅顺港建第二坞的这笔钱。后人慨叹"昆明换渤海",略嫌笼统,准确且具体地说,应该是"昆明换船坞"或"昆明换军港"。光绪十二年(1886),通过奕譞、李鸿章挪用旅顺建港经费 30 万两,补充供慈禧游玩的"三海"工程,并从光绪十五年(1889)起,决定每年从海军经费中挪用 30 万两白银修颐和园。这样看来,加起来达上百万两,这个数字是很庞大的,几乎接近旅顺整个港坞工程的一半费用。老佛爷挪用了旅顺修港建坞的这一大笔钱,她多少心里还是发虚的,假定旅顺工程因此"黄"了,后果不是很严重吗?何况这本来就是一桩要向她报告进展情况的大事。李鸿章在接到丁汝昌、周馥、刘含芳等关于旅顺工程完工验收的报告后,立即向慈禧上奏折并附一幅旅顺澳港的刺绣全图。慈禧用朱笔

---

① 参见袁保龄《阁学公集》卷 10;《清史稿》第 136 卷,第 4015 页。

批示了“知道了”三个字。慈禧朱批和刺绣旅顺港澳的全图原件现存于国家第一历史档案馆。

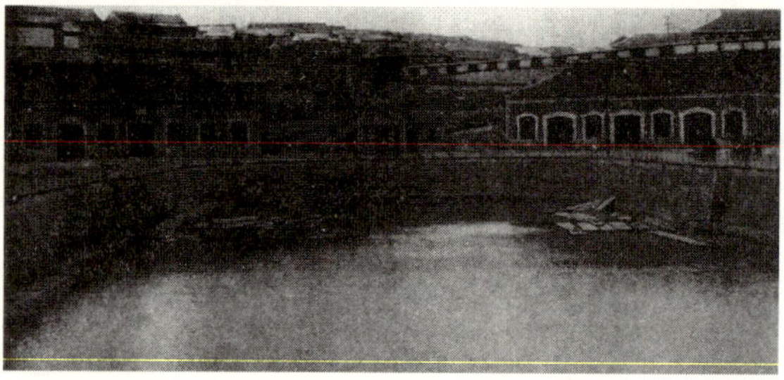

旅顺大坞

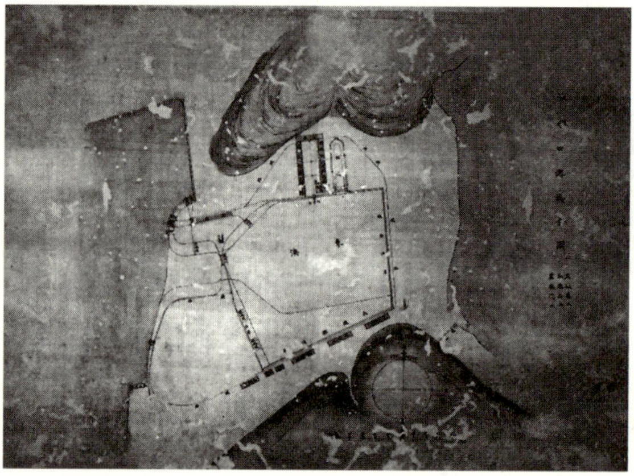

慈禧看过的旅顺港澳全图

旅顺的建港，在中国海军与国防建设方面是一桩大事。工程刚一开始，一些中外人士就非常注意。他们或者亲临现场参观，或者于私人以及公开场合加以议论。赞赏者固然不少，非议者也颇不乏其人。

在外籍人士之中，法国人士大抵采取赞赏的态度。法国工程师德威尼与吉沙尔一致认为旅顺天然的地势，用作水师口岸不可多得。

英国方面对于旅顺建港之事一直都在密切地注意。在他们看来，作为一个大舰队的海军司令部，旅顺要比威海或青岛逊色得多。一则因为该处缺乏足够的空间容纳一支庞大的舰队，再则由于水势过浅而不适于巨舰的停泊。欲加以疏浚，势必消耗大量的金钱，其所费不赀。

其后的甲午中日之战，日军由金州登陆以拊旅顺之背，致使该港不守，其实从某种程度上印证了英国人的见地。

总之，在旅顺建设军港、作为海军基地无疑是正确和必要的，因为这样可与威海共扼渤海海峡和京津门户。在实践中旅顺港和船厂、大坞也起到了应有的作用。

大坞建成后，进坞修理的第一艘舰是福州船政局马尾船厂制造的我国第一艘铁壳军舰“平远”号。该舰 1889 年建成使用，舰长 65 米，宽 13.31 米，排水量 2100 吨。随后，北洋舰队的 7300 余吨级的“定远”、“镇远”及大小各船都入大坞进行舰体的刮锈、油漆、修理更换各种机器部件等。小石船坞，主要是修理鱼雷艇及驳船等小型船只。

十四、配套工程

旅顺军港东西两澳挖通、码头建好、大坞竣工、周围和纵深炮台雄踞等都是主体工程。清朝所建的旅顺港,完全是用人工开挖出来的。大体经历了两个时期三个阶段:第一阶段为光绪九年三月至九月,共出土 20 万余立方丈;第二阶段为光绪十年二月至光绪十二年九月,共出土 15 万余立方丈。以上为第一个时期,共出土 355,200 立方丈。法国人承包至竣工验收,是第三阶段,为第二个时期,出土 25 万立方丈。两个时期共出土 605,200 立方丈,合 19,753,728 立方米。

港建是个大工程。但要能停泊军舰、正式使用,还有一系列配套工程。

其一是自来水工程。

水是生命之源。在偌大的军港,不仅官兵日常用水量大,更要保证舰船补给,因此,不解决用水问题则等于死港。

旅顺港近旁无淡水水源。经勘测,在北纬 38 度 50 分,东经 121 度 15 分有一淡水源,于是光绪五年开始引泉入港的工程。

李鸿章说的"山泉",系指旅顺最早的自来水之源"龙引泉"。据日本资料记载:

> 光绪五年(1879),于旅顺北十里,布设内径 6 英寸(152.4 毫米)铁管 6080 米,至港岸。一日供水量为 1700 吨。[①]

又据《旅顺自来水公司史志》记载:

> 龙引泉位于北纬 38 度 50 分,东经 121 度 15 分。1879 年开工修建,至 1890 年 11 月建成。有龙引泉隧洞一座,高 2.12 米,宽 0.76 米,长 728米;铺设铸铁管道一条,径 165 毫米,长 6180 米;储水库、净水库各一座;水源井 18 眼,水泵 18 台;铺设市内水管道 1335 米。工程投资银 36537两。每日供水 1500 立方米,可供 2 万军民用水。

龙引泉水场内松柏参天,花草娇艳,刺槐成荫,果树成片,环境幽美。现今,龙引泉原址仍有石碑一座。碑高约 150 厘米,宽约 50 厘米,厚约 18 厘米。

---

① 日本《关东局施政三十年史·旅顺水道》。

可惜的是,此碑已残破不堪,虽经复原,但碑文已无法辨认。

现将《旅顺自来水公司史志》记载的碑文,抄录于后:

龙引泉碑文

钦命二品衔署理天津海关监督兼海防兵备道

钦命镇守奉天金州等处地方副都统

钦命二品衔直隶按察司按察使

钦加升衔署理奉天金州海防清军府

龙引泉

勒碑晓谕垂久事。案照旅顺口为北洋重镇,历年奉旨筹办炮台、船坞,驻设海军、陆师合营局兵匠,筹设各机器厂、水雷营、船池及来往兵船,日需食用淡水甚多。附近一带连年开井数十口,非水味带咸,即泉水不旺。因勘得旅顺口北十里地名八里庄,有泉数眼,汇成方塘,土人呼为龙眼泉,其水甚旺,历旱不涸,但分其半足供口岸水陆营局食用需要。应于上建屋数楹,雇本地土人看守,以免牲畜作践。池外暗埋铁管穴山穿垅,迤逦以达澳坞四周及临海码头,至黄金山下、水雷营等处;另分一管,添做池塘,专供该处旗民食用、灌溉等。该处所有居民无水食用,恳求立碑存记等语,本司道等业据情详请。

钦差大臣督办北洋海军直隶爵阁督部堂李立案并咨本副都统及本厅均照该旗民所请立文情应会同勒碑晓谕,以便军而垂久远为此示,仰该处旗民人等一体遵照特示。

右　　　　仰

光绪十四年五月

告　　　示

碑立　　八里庄龙引泉上

与龙引泉引水工程配套的还有黄金山北麓的贮水池和水房。它是一座掘开式的地下水池,由混凝土灌注而成。地面有一座44米的水房,由青砖砌筑而成。粗略估计可贮水500吨左右。贮水池距二区码头约250米。

旅顺港使用自来水的时间,由何时算起的问题,说法不一。建造自来水工程是在光绪一年(1879),是中国最早的,比英商在上海光绪七年九月(1881 年 10月)创办自来水公司还早二年。但是由于开始时与大坞工程一起承包给德国人,工程一再拖延,最终转包给法国人才得以完成,"龙引泉"工程直到1890 年 1 月 9日验收完毕。故实际使用自来水的时间应由此算起,或是再提早于龙引泉立碑

清朝建筑在黄金山北麓的贮水池水房

时间即光绪十四年五月(1888 年 6 月)算起。如果这样,则稍晚于英商在上海实际使用自来水。

近些年来,由于区域地下水源超容量抽取,致使龙引泉日渐枯竭,有关部门正在对恢复龙引泉水源进行可行性研究,拯救水源。在保护好水源地自然环境和人文景物的前提下,可以将龙引泉辟为景点,作为鸡冠山景区的一处幽静之地。

其二是引河工程。

旅顺口澳之东马家屯一带,地势低下,一向为山水汇集之地。为宣泄积水南下入海,不致西流入澳,光绪八年冬,在澳东南之对面沟开挖引河,宋庆毅军一千余人参加施工。第二年六月竣工。引河全长近 400 米,宽 50 米,高近 2米。

其三是海门挖浅工程。

海门(即海口)位于黄金山与老虎尾之间,宽约 165 米,落潮时水浅,巨舰不能入口。为此,计划开挖一条长 100 米,宽 40 米,深约 6 米的南航道。

其四是老虎尾灯塔工程。

旅顺港进口水道狭窄,两岸有岩礁和浅滩,为了在夜间和雨雪、雾霾天气,准确引导舰船进港,为保障舰船航行安全,光绪十三年在旅顺进港左侧、老虎尾山岬的高地上,修建灯塔一座,看灯塔屋 3 间。

其五是南子弹库工程。

从黄金山炮台往下走,沿着山径小路到摸珠礁海岩,那里有一座保存相当

南子弹库的西库

南子弹库的龙盘库

南子弹库通道

完整的半地穴式弹药储存库，建筑规模庞大，是清政府经营北洋水师时与17座海岸炮台同时修筑的配套工程——南子弹库。

南子弹库朝向正北，主体库房东西长55米，南北23米，库房面积1200平方米，整个占地面积13770平方米。正门"南子弹库"、两侧门"虎踞"、"龙盘"这几个大字，传说为李鸿章亲笔所写。南子弹库主体两侧分设对称的"东子弹库"和"西子弹库"，主体库存放弹头，两子库存放炸药和发射药。弹药库储量1200吨左右，所存的弹药达14种类型。据说甲午海战北洋水师"济远"号舰兵王国成操炮打日本海军旗舰"吉野"号的一枚哑弹，即被后世称为决定中国近代史命运的关键一弹，即出自南子弹库。

其六是建造洋办公楼工程。

旅顺建港来了那么多洋员，都是高价聘来的"专家"，辈分属"大爷"，派头是"少爷"，待遇是高官，"侍候"他们较难，旅顺原有的破破烂烂平房，人家能办公和住宿吗？所以必须按他们的要求盖洋楼。

李鸿章在"洋人代建旅顺坞澳各工折"中称，法商在包建旅顺港工程期间，建有"洋式办公房三座，包定银二万五千两"。李鸿章所称的"洋式办公房"，就是法国施工人员的住房。

经查证，这三座洋式办公房，坐落在旅顺港湾街45号院内。这三座洋房的修建时间，根据法商承建旅顺港工程时间推算，应在1886年10月至1887年5月间。

旅顺港自 1890 年建成至 1955 年完全回归祖国的 65 年中,五易其主,这三座洋房的主人,亦随之变更。但有一点没有变,即一直为海军所用。现在,这三座洋房的框架,基本上仍保存着法式建筑的模样。外表局部略有改动,防雨的顶盖用料更换了;有一座的前出廊被封闭,改做了房间。洋房的内部结构改动较大。

清朝北洋海军公所使用的三座洋房之第二座外景

其七是碎石码头工程。

光绪十年五月,上海所运由德国购买的两门 240 毫米巨炮即将来旅,因轮船不能靠岸,远泊中流,起卸不便,乃建一碎石码头。码头长 11.1 丈,宽 2.6 丈,高 8 尺。后又拟修建深水码头一座,唯以所费不赀而从缓。

1906—1914 年日本人拍摄的第一栋洋房外景

其八是碎石马路与小铁路工程。

旅顺周围 200 余里,码头、库房、火药库、营房、炮台等星罗棋布。为便于联络和运送物资,工程局在各炮台之间铺设了碎石马路。值得一提的是在通往崂律咀炮台的路上,特别建筑了一段小铁路,铁轨是上海吴淞路拆除下来的,这是东北地区最早出现的一条小铁路。

其九是小型机器修理厂工程。

光绪八年十月,在澳南建小型机器修理厂一座;分由大沽船坞、天津机器局及上海制造局调匠役前来服务。自此,旅顺一些机器无需运至天津及上海修理。

其十是库房工程。

该工程光绪十年全部竣工,计有白玉山军械总库两座,委员司事办公所住房库一所,引信库、装药库、煤厂、米仓、帆库等各一所。

其十一是组装 60 吨起重船。

为适应建港工程的需要,光绪十年五月,由驻德公使李凤苞经手购买的大型起重船的主要部件运抵旅顺。依据上述部件,由旅顺口工程局负责组装合拢。

1886年建立的旅顺鱼雷营

旅顺鱼雷营栈桥

其十二是旅顺水雷营与鱼雷营工程。

光绪十年成立水雷营，并建有水雷学堂，聘美国人满宣士为教习。鱼雷营是从威海鱼雷营调拨一部组成的。

其十三是水陆医院工程。

该院为汉纳根负责创办，名为"旅顺水陆弁兵医院"。

其十四是旅顺电报局工程。

光绪十年五月，袁保龄以旅顺距津畿三千里地，文报递送缓慢为由，禀请李鸿章将电报由山海关接至营口、金州、旅顺。李批准，十一月津旅电报接通，次年正月旅顺设立电报分局。

其十五是旅顺船坞工厂安装电灯。

为了监视海潮、拦海大坝渗漏情况和夜晚抢修大坝，工程局从外国购进发电机和蒸汽锅炉，在黄金山坡设置了临时电线杆和电灯。光绪十一年二月二十日（1885年4月5日），汉纳根督同电灯洋教习组织安装了发电机，即"升火试机"，电灯随之发亮，周围民工从来未看到过电灯（当时称电光灯或日光灯）都纷纷驻足观看。这是工厂第一盏电灯，也是东北地区用电最早的厂家。

为夜间厂区照明，旅顺船坞工厂在港坞及各石、库、码头等地设置大小电灯49座，以便夜间做工之用，这是我国北方绝无仅有的。电灯架是用角钢铆接的，部分电灯架一直保留到上世纪60年代。

工厂设有电灯厂，是工厂区一个车间，不仅仅是修理电灯，还修船用蒸汽机带动的发电机和配电装置。

第二部　焦土血港

第四章　战略要地　东邻垂涎

十五、"侵略有理"的"理论"根源

纵观世界历史，一个民族要振兴、国家能崛起，需具备诸多必要条件，笔者在这里不作全面研究，只觉得有两条不可或缺：其一是明羞知耻，发愤图强；其二是总结经验，吸取教训。这两条中，第一条更为重要，没有它便谈不上第二条。阿Q不论是挨了假洋鬼子的哭丧棒，还是赵太爷的大竹杠，"回到土谷祠，放倒头睡着了"，第二天便忘得一干二净，当然谈不上去总结和吸取教训，这是鲁迅先生"哀其不幸，怒其不争"的重要原因。

英国工业革命之后，西方各国经略海洋的步伐大幅度加快。奉行闭关锁国的中国、日本等东方诸国大大落后了，因此，遭到了几乎相同的命运。在中国经历两次鸦片战争，割地赔款、丧权辱国的同一时期，日本也遭到了西方的侵略与凌辱。1853年7月8日，美国派遣时任东印度舰队司令的海军准将马修·佩里，统领"黑色舰队"闯入日本江户。

舰队抛锚时发出的"轧隆隆"的轰响，打破了日本港口亘古以来的宁静。美国舰队司令下达命令，士兵们迅速转动大炮，将巨大的黑洞洞的炮口直指江户城。

于是，在江户这个城市所有的街道上，战马驰骋，武士吆喝，妇孺哭喊，交通阻塞，陷入一片混乱之中。日本人开始想用划桨的护卫艇围住佩里的舰队，这无异于螳臂当车，蚍蜉撼树，美国海军官兵，在甲板上喝着香槟，笑看"小人国"的蠢举。

佩里是"来者不善"，早已带来了准备好的文书，以炮轰相威胁，强迫日本开放港口，让美舰停泊，享受最惠国待遇。1858年，美国又迫使日本人接受了《日美友好通商条约》，规定日本要开放神奈川、长崎、新泻、兵库等四港及江户、大阪两市。接着，俄、法、英等国又先后"照章办理"，与日本签订了类似的条约。明治天皇即位后，虽多次提出修改这些不平等条约，欧美各国不是置若罔闻,就是笑而不答。

看着自己的国土上迎风飘扬的外国国旗和趾高气扬、为非作歹的西方人,日本国民空洒一腔泪水。

日本国的命运虽比悲惨的大清国好一点,但是大清国的今天,便是日本国的明天,日本天皇和当政的有识之士,清楚地看到了国家落后和民族危机。他们既研究自己被欺的原因,更吸取中国挨打的教训。

与中国在近代早有龚自珍、林则徐、魏源等眼光宏远的巨子关注海洋和海权一样,日本有识见者不仅将在中国未受重视的魏源巨著——《海国图志》翻译过去,如获至宝,而且自己也有类似的著作问世。

德川幕府末年,日本海防论的先驱是林子平。他著《海国兵谈》一书,倡导:

> 开锁国,放禁海,发展海防。
>
> 海国必须拥有相称的武备。……为御敌于国门之外,需依仗海战。此即海防战略之独特之处。①

日本著名思想家横井小楠,在其《国是三论》中总结了世界各国的经验教训后认为:

> 中国面临大海,文物制度久已发达,人民所需无一而足……因此,上至朝廷,下至百姓,有自傲自大之风,不愿主动求市场与知识于海外,终于沦落到受他国侵略的地步;欧洲面积小,物产寡,故必须求助他国。为此,欧洲各国自然努力发展航海力量……尤其英国乃欧洲西部一隅之孤岛,因此,更重视发展航海事业,扩大殖民地以实现国家之富强;俄国领土虽然辽阔,但港口只有黑海之亚速夫、白海之奥涅加,菠萝的海之塔林及里加,以及东北隅之堪察加,且各港口皆不利于海运。因此,很不适宜远航和经营面向大海之殖民地……所以,俄国积极向印度洋开辟航线,企图雄飞于全世界……俄国又进攻土耳其,欲开辟一条从地中海通往大西洋的航线……同时,俄国还与清朝签订瑷珲条约,租借黑龙江地方,开辟符拉迪沃斯托克港,打开通向日本的航线,企图实现从朝鲜湾南下太平洋的夙愿。

---

① 转引自南开大学日本研究中心杜小军《近代日本的海权意识》,发表于《日本研究论集·2002》。

为此，日本必须大力发展海军，振奋日本固有之勇猛之气，团结巩固全国人心，制定军制，宣扬国威，那就丝毫不用惧怕外国。不仅如此，而且还可以不时航行世界各国，以我国义勇精神仲裁各国争端。①

如果说，林子平和横井小楠谈的还是海权意识，而且发展海军之后"就丝毫不用惧怕外国"，还有一定的合理性的话，那么接下去的言论——幕末时期日本学者吉田松阴提出的建设扩张性海军发展的主张，就转化成"侵略有理"论了，完全背离了国家和民族自卫的范畴。他指出：

日本与欧美列强的不平等条约既已经订立，日方就不能背约，日本今后应当征服易取的朝鲜、满洲和中国，一旦军舰大炮稍微充实，便可开拓虾夷，夺取堪察加、鄂霍次克海，晓谕琉球，使之会同朝觐，责难朝鲜，使之纳币进贡，割南满之地，收台湾、吕宋诸岛，甚至占领整个中国。②

1868 年，日本明治维新伊始，天皇即宣布：

日本要开拓万里波涛，布国威于海外。

1868 年 10 月 25 日，天皇在检阅海军前，指示军务官说：奠定海陆军发展的基础已成为"当务之急"。1870 年 5 月 4 日，应天皇的要求，兵部省提交了一份由三部分组成的堪称创立日本海军基本理论的建议书。其中第一份文件写到：

近期世界形势剧变，国际交往频繁，口头高唱公平协商，实则各怀私心，甚至吞并邻国据而有之，开辟良港，使之成为贸易的门户；广泛使用蒸汽船，相隔遥远亦能自由往来，五洲已近若比邻。

皇国是一个被分割成数岛的独立于海中的岛国。如不认真发展海军，将无法巩固国防。当今各国竞相发展海军，我国则十分落后。因此，他国对我国殊为轻视，出言不逊，甚至干出不法之事。若我国拥有数百艘军舰，常备精兵数万，那么他国便会对我敬畏起来，哪里还敢有今日所为。③

基于上述认识，该建议书的第二部分断定日本需要一支装备精良的海军，

① 转引自杜小军《近代日本的海权意识》，《日本研究论集·2002》。
② 同上。
③ 参见外山三郎前揭书，第 19—21 页，转引起自杜小军《近代日本的海权意识》。

且要超过英国。接着指出俄国正在对日本构成威胁。日本应在二十年计划期内装备海军大小军舰 200 艘，常备人员 25999 人。可以说日本发展海军，在自卫的同时，也是为了与英、俄等列强争霸，以谋取海外利益，其侵略性、进攻型的海军发展战略已经形成。

十六、"八纮一宇"的大陆政策

以武力侵占中国，是日本在明治维新后数十年间一贯的战略目标之一。

而日本侵略扩张的野心，或者说，这个民族的侵略性，可以追溯到更早的年代，从文化基因上寻找原因。

《古事记》中记载有日本诸岛的来历，颇具浪漫色彩。创世神伊耶那岐神（伊壮诺尊）和伊子美那神（伊美冉尊）兄妹，奉天神之命去创造那个"漂浮的国土"。二神产于天之浮桥上，用天神赐予他们的天之琼矛将海水搅动，把矛提起，从矛上滴下的水滴积累成了一个一个的岛，就这样开始了饶有兴味的"国土生产过程"……

神国的传说本是一种天真烂漫的想像。然而明治维新的统治者们借此大力宣传神国思想，将之编入国定教科书，对国民进行灌输，狂热鼓吹大和民族比任何民族的历史都悠长古远，比任何民族都更加伟大优越。与此同时，竭力把天皇神化，杜撰"君权神授"。因为，神造的国土，当然得由神的子孙来统治。为此，史书称日本天皇是"太阳神"的后裔，开始有天地时，天皇已经居于中央；公元前 660 年的首任天皇是"太阳神"的"火残王子"，为此自称"日之丸"、"神国"。两位创世神"生国土既毕，更生诸神"。诸神中最著名的是统治天国的天照大神，统治大海的月读命，统治人世的速须男命。神武天皇被后来的统治者奉为日本的开国之君，说他是两千六百多年前，由神变成人，受上天的旨意来统治日本的。其后的历代天皇，都是他的子孙，都有着天照大神的血统，是"现人神"，拥有至高无上的权威。继而鼓吹日本为天神所保佑。生活其中的日本人，也是"天之子孙"，是世界上最优秀的种族，理应统治世界，这就是军国主义发动对外侵略的"理论"根据。当然，在文化基因之外，日本国内的现实是促成侵略思想发酵的温床。由于明治维新新政的推行，原有的封建社会关系被打破，日本国内出现了一定程度的动荡和不安，为了转移国内矛盾，日本政府内部出现了对外侵略扩充的主张。

日本人还进而设想新的国际秩序叫"八纮一字"。这是日本神道论的重要内容。所谓"八纮一字",就是"征服世界的四面八方",置诸一个屋顶之下。也就是要全世界都成为一个大民族,一个大国家,并由日本天皇统治。他们谎称这是神武天皇的旨意。这种狂妄野心,随着甲午战争的得手而急剧地膨胀起来。

其实,日本侵华的思想渊源久远。至今,在大坂公园仍以提剑武士雕像供奉的丰臣秀吉(1536—1598),早在1577年,即萌发了"平定中国"的思想,声称要亲自:

> 率军进入朝鲜,席卷明朝四百余州,以为皇国之版图。①

丰臣秀吉从奴婢仆人到日本首相,史无二例。他从1592年开始,先后两次大规模派兵入侵朝鲜,一时的军事胜利使他得意忘形,竟然扬言:

> 要占领北京,迁都于此,恭请天皇行幸明都。②

进入江户时代后,并河天民(1679—1718)著《开疆录》,提出:

> 大日本国之威光,应及于唐土、朝鲜、琉球、南蛮诸国。……更增加扩大,则可变成了大大日本国也。③

佐藤信渊(1769—1850)著《宇内混同秘策》,狂妄地宣称:

> 日本是天地间最初成立之国,为世界各国之根本,因此日本号令世界各国实乃"天理"。但是,"日本之开辟异邦,必先肇始自吞并中国。……中国既入版图,其他西域、暹罗、印度诸国,侏离鴃舌,衣冠诡异之徒,渐慕德畏威,必稽颡匍匐,隶为臣仆",最终"合并世界各国"。④

他还主张日本天皇亲征中国:

> 取南京应天府,定为假皇宫。⑤

年轻而狂妄的吉田松阴还提出了所谓"补偿"论:

① 日本参谋本部编:《日清战史》,村田书店,1978年,朝鲜战役,第11页。
② 参见水野明:《日本侵略中国思想的验证》,戚其章、王如绘主编《甲午战争与近代中国和世界》,人民出版社,1995年,第270—271页。
③ 《甲午战争与近代中国和世界》,第271页。
④ 井上清:《日本帝国主义的形成》,人民出版社,1984年,第2—4页。
⑤ 《甲午战争与近代中国和世界》,第272页。

日本明治天皇睦仁

开国之后失之于欧美之物，必偿还于近邻，养蓄国力，割据易取之朝鲜、满洲和中国。①

1868年明治天皇登基伊始，以发表"御笔信"的形式，把用武力"开拓万里波涛，布国威于四方"作为基本国策。日本政府亦搬出天皇诏书中"八纮一宇"之说，把"统一世界为一个国家，以天皇意志为天下人的意志"，作为立国之本。

1869年，日本派员赴美、英、法、德、俄等国考察军制及兵器，在此基础上，于1871年开始实行中央集权，建设陆军、海军，强化军队，推行军国主义。

与明治天皇"八纮一宇"之说相呼应，副岛种臣和佐佐友房等人又提出了"兴亚"论和福泽谕吉的"脱亚论"。

当时，日本社会的思想流派较多，对国家应取何种政体议论不一，或宣传法国思想家卢梭的《民约论》，强调民主主义；或标榜帝政主义，主张天皇亲政论。佐佐友房则提出：

以水户学的"皇道精神"为根本，"奠定皇室中心的国是，向创立钦定宪法迈进"。②

他的对外思想，见其《东亚经纶》，认为日本有志之士必须将眼光转向国外，实行海外扩张，"以护持皇室于无穷，宣扬国威于八表"③。其要图是"经略大陆"。后来他担任济黉校长时，专设汉语一科，其目的即在于此。

其实，《东亚经纶》所表述的基本思想，并非佐佐友房的独创，而是来自副岛种臣（1828—1905）的观点。说起副岛这个人，身世和来历极不寻常。其先祖为东汉灵帝刘宏的曾孙，曹氏称帝后避祸东渡日本，居住枝吉，因以枝吉为姓。副岛是佐贺藩儒枝吉种彰的次子，乳名龙种，通称二郎，号沧海。少时出嗣副岛利忠家，故以副岛为姓。其父枝吉种彰曾任藩校弘道馆教谕40年之

---

① 吉田常吉等校注：《日本思想大系》，岩波书店，1978年，第54卷，第193页。
② 平山岩彦、绪方二三、深水清、河部野利恭合撰：《我们的回忆录》。
③ 《对支回顾录》，下册，第355页。

久,大力宣扬皇国精神,主张君臣主从大义名分截然有别。曾作《日本天子一君、主从非君臣论》。其兄枝吉经种承袭乃父的思想又有所发展,其尊王贱霸之大义名分论,成为水户学尊王贱霸主义的主要来源。

当时,许多"勤皇家"都出于他的门下。如大木乔任(曾任参议、司法卿)、大隈重信(曾任大藏卿)、江藤新平(曾任左院副议长、司法卿)等皆是。副岛深受其父兄思想的影响,很早即与尊王攘夷派相结交。1871 年就任明治政府的外务卿后,便策划改琉球为日本藩属,以作为吞并琉球的第一步。1873 年,他乘舰来华互换《中日修好条规》,途中赋诗云:

> 风声鼓涛涛声奔,火轮一帮舰旗翻。
> 圣言切至在臣耳,保护海南新建疆。①

"保护海南新建疆"一句,既流露出即将吞并琉球之意,又表明此次使华也是为日本侵略台湾做外交准备。不仅如此,副岛还是侵略中国内地的积极鼓吹者。他在《大陆进出意见》中指出:

> 日本四面环海,若以海军进攻,则易攻难守。若甘处岛国之境,则永远难免国防之危机,故在大陆获得领土实属必要。如欲在大陆获得领土,由于地理位置的关系,不能不首先染指中国与朝鲜。……今日欲将朝鲜占领,中国决不会袖手旁观,则我势必依靠武力决战以获得朝鲜,此外别无他途。此非师出无名,依靠战争使国家强盛,系确保国家独立之道,亦系对君主尽忠之道,故必须认为此乃国家之正理。中国若将朝鲜作为属邦,则对保全我之独立不利,故为消除此一不利而诉诸战争,乃符合国际公法所谓"均势"之含义,应当视为正当的权利。②

可见,佐佐友房的《东亚经纶》不过是副岛种臣《大陆进出意见》的翻版而已。

福泽谕吉(1834—1901)被称为"日本近代第一位军国主义理论家",他的《脱亚论》更成为日本明治政府赶超西方、摆脱亚洲,极力主张对亚洲邻国进行侵略、指导国家对外扩张方略的论著。他在书中描绘中国优越的自然地理条件,鼓吹将中国攫取为日本的疆土:

> 支那是天兴的富国,大河直达四境,有舟楫之便,金银铜铁,矿脉历

---

① 《对支回顾录》,下册,第 102 页。
② 平山岩彦等:《我们的回忆录》,《东亚先觉志士记传》,上卷,第 88—89 页。

然,沃野千里,谓东方田园。

明治维新后,当1873年春"征韩"问题之争达到白热化时,参议江藤新平(1834—1874)除与西乡隆盛、副岛种臣、后藤象二郎、板垣退助等一起力主"征韩论"外,他还走得更远,公然提出"瓜分中国"论。

江藤新平抛出一篇《支那南北两分论》,主张联合俄国将中国瓜分掉:

> 日韩纠纷"给我用武于大陆之良机,因此宜先与俄国联手,收取朝鲜,进而将中国分为两部:北部让给俄国;南部归我所有。以十年为期,在中国内地敷设铁路,待经营就绪,即驱逐俄国,请圣天子迁都北京,从而完成我等二次维新之大业"。①

翌年,江藤策划叛乱,兵败被捕入狱,不久被处死。他在狱中赋诗曰:

> 欲扫胡尘盛本邦,一朝蹉跌卧幽窗。
> 可怜半夜潇潇雨,残梦犹迷鸭绿江。②

死到临头,还念念不忘侵略中国和朝鲜,残梦"迷恋"在鸭绿江两岸,真是冥顽之至!

日本近五百年来,一直鼓吹对外侵略和扩张。在这个方面,他们为"代有才人出"而大肆吹嘘。荒尾精就是备受日本朝野推崇,被称之为"东方问题兴亚大策之中枢人物"、"东方志士中之泰山北斗"的一员。以鼓吹"绝对主义天皇制论"而闻名的日本浪人组织玄洋社头目头山满,曾誉其为"西乡隆盛以后之一大人杰",甚至夸之为"每五百年才降世的伟人"③。

荒尾精论军阶并不高,最终也不过是一个陆军大尉,之所以能够成为日本享誉一时的风云人物,必有其不同凡响之处。

荒尾精是日本名古屋藩士荒尾义济的长男,于1858年生于尾州琵琶岛。其父原姓福田,名善十郎,后过继给同藩荒尾家,改名义济。荒尾精乳名一太郎,后名义行,又改名精,号耕云,到晚年专以东方斋为号。其父于明治维新后归还食禄,举家迁至东京,经营小本杂货生意,然入不敷出,生计艰难。1873年,荒尾年届16岁,为住在同区的鹿儿岛人、时任东京麴町警察署警部的菅井

① 黑龙会编:《东亚先觉志士记传》,原书房,1933年,下卷,第577—578页。
② 王振坤、张颖《日特祸华史——日本帝国主义侵华谋略谍报活动史实》群众出版社,1987年,第170页。
③ 黑龙会编:《东亚先觉志士记传》,原书房,1933年,上卷,第413页。

诚美所抚育。菅井将荒尾送入麴町的私立学校学习汉学、英语、数学等课程。当时,"征韩论"在日本兴起。"征韩论"的实质,是以中国为主要侵略目标的海外扩张论。如久留米藩士佐田白茅《建白书》所说:

> 全皇国为一大城,则若虾夷、吕宋、台湾、满清、朝鲜,皆皇国之屏藩也。①

时任外务大丞的柳原前光说得更清楚:

> 皇国乃是绝海之一大孤岛,此后纵令拥有相应之兵备,而保周围环海之大地于万世始终,与各国并立,弘张国威,乃最大难事。②

1877年,西南战争爆发,西乡隆盛败亡,这激发了荒尾精辍学从军的决心,借此学习军事并研究中国问题,以备他日赴华之需。

1878年,荒尾精考入陆军教导团炮兵科。翌年,荒尾精从教导团毕业,派到大阪镇台任陆军军曹。1880年,又被选拔进入陆军士官学校步兵科学习。1882年,从士官学校毕业,授陆军少尉。

是年,朝鲜发生壬午兵变,日本驻朝公使花房义质逃回日本。荒尾精大受刺激,认为这是日本的耻辱,亟欲西渡中国,以便有所作为。于是,他去拜谒陆军卿大山岩,陈述自己前往中国的志向。

大山问:"目前一般俊杰都争先留学欧美,足下为何急欲到落后的中国去?"

荒尾精答道:"正因为大家都醉心于留学欧美,对中国不屑一顾,所以才想去中国。"

大山又问:"足下去中国的目的何在?"

荒尾精笑着回答:"取得而统治它,以便振兴东亚。"③

此时,荒尾精的"兴亚"思想已经初步形成了。

荒尾精的"兴亚"思想,可以说与副岛种臣、佐佐友房一脉相承。他一面用《宇内统一论》宣扬皇国精神,一面用《兴亚策》鼓吹侵华。《宇内统一论》与《兴亚策》,二者互为表里,相辅相成。荒尾在《宇内统一论》中极力赞美日本的"万世一系",宣称:

---

① 王芸生:《六十年来中国与日本》,三联书店,1979年,第117页。
② 日本外务省:《日本外交文书》,东京,1938年,第3卷,第3149页。
③ 参见井上雅二:《巨人荒尾精》,左久良书房,1910年,第12页。

在宇宙内只有我国拥有万世一系的皇室,我国所以具有完美的国体,乃是上天之意,也是上天特别眷顾我国,故完成一统六合,奄有四海之宏猷远谟,是为上天赋给我国的天职。

在《兴亚策》中则提出:

日本应"内振纲纪,外宣威信,使宇内万邦永久瞻仰日本皇祖皇宗之懿德",以"挽回东亚之颓势,重振东亚之声威"。并强调:日本一旦将中国掌握手中,"以其财力,养一百二十万以上之精兵,配备百艘以上的坚舰而绰绰有余,若再将日本的尚武精神与中国的尚文风气相融合,并行不悖,相辅而进,则东洋文明必将发扬于宇内,宣示亚洲之雄风于四海。①

对此,宫崎滔天称之为:

"占领中国主义。"②

"占领中国"不是个别人随便说说,也不是"一家之言",在日本已上升成为一种"系统的理论和主张",并被执政、当权者接受,成为基本国策了。就从宫崎滔天自己供认的"占领中国"已成"主义",我们便可找到近一百多年来,日本为何多次侵略中国、妄图占领、征服、吞并中国,在中国犯下了"滔天"罪行的深根厚源。

1883年,荒尾精被分派到熊本步兵第十三联队任职。在此期间,他仍念念不忘前去中国。曾驰书任职东京的朋友强调:

中国距日本仅一衣带水,然身似笼中之鸟,无法展翅高飞,徒然对四百余州魂牵梦萦。呜呼!吾离京已历两度春秋,东亚大局日非,何日宿志得伸?宁愿决然弃官乘槎而去!

为了实现赴华而预做准备,特拜任职于熊本镇台的日本第一批留华学生御幡雅文为师,学习汉语。据他的传记作者称,他刻苦研习,"夙夜勤勉",两年间"未有一夜废其既定规矩"③。当时,他写给挚友花田仲之助陆军中佐一首七律,题曰《寄花田仲之助诗》:

告君千古英雄士,遇得盘根错节来。

---

① 《东亚先觉志士记传》,上卷,第364—365、361—362页。
② (宫崎滔天:《三十三年之梦》,平凡社,1967年,第41页。
③ 《对支回顾录》,下册,第464页。

> 冯翊功成登麟阁,班超名遂入云台。
>
> 艰难经历皆如此,辛苦遭逢岂啻哉?
>
> 请见前园梅一朵,坚冰凌得复能开。①

这实际上是他的一首自励诗。荒尾精为在侵华战争中大显身手,刻苦学习汉语,并且已达到一定的水平,但歪诗中"冯翊"并无其人,应为东汉冯异,是常识性的错误,露出了他只喝过"半瓶子醋"的破绽。

冯异是东汉光武帝刘秀最倚重的将领之一,是个功劳卓著的谋臣猛将,但却非常的谦虚退让。战争期间,别的将领们都坐在一起绘形绘色地描述自己的战绩,"异常独屏树下",静坐沉思。因此,"军中号曰'大树将军'。"②光武帝刘秀有《劳冯异诏》:

> 赤眉破平,士吏劳苦。始虽垂翅回谿(溪),终能奋翼渑池。可谓"失之东隅,收之桑榆。"方论功赏,以答大勋。

看来,此时荒尾精对中国的这些古代文献并没有读过,抑是道听途说,一知半解,不然,何以连人名都弄错呢!

两年后,荒尾精被调到参谋本部中国课任职。他利用职务之便,阅读有关中国的典籍、舆图及各种机密文件,并广交志同道合者。参谋次长川上操六对他特别赏识和器重。他在发动对中国的侵略战争前所做的大量谍报工作,后文还要详述。

由上述可知,几百年来,在日本国内,鼓吹侵华者衣钵相承,代不乏人,其流毒极其深远。与此相配合的是,极力鼓吹"武士道"精神,为发动罪恶的侵略战争张目。

日本列岛上,最多的花是樱花。鲁迅先生在《藤野先生》一文中,开头便描写了樱花:"东京也无非是这样。上野的樱花烂漫的时节,望去确也像绯红的轻云。"另一位中国作家倪贻德在散文《樱花》中写道:"东京一隅,樱花产生最多的,以上野和飞鸟山最为著名,那儿种植着万千的樱木,花开的时候,远望过去,就像一片淡红色的花之海";"樱花是随处都繁生着的,在神社的门前,在冷假的街道旁,都有她的芳踪丽影,淡红而带有微绿的花朵,迎着春风,在向着路人轻颦浅笑。"

---

① 《对支回顾录》,下册,第 464 页。

② 《后汉书》,第 17 卷,《冯异传》。

日本人以樱花为国花。日本推崇和赞美樱花，如同中国推崇和赞美牡丹和梅花一样，无可非议。问题是他们为了宣扬军国主义，推行穷兵黩武，竟将樱花与士兵牵强附会地联在一起。在流行的格言中，就有"花中樱为王，人中兵为贵"之说。不仅如此，他们还挖空心思，进行不合逻辑的演绎和发挥：

"当樱花灿烂夺目的盛开之日，便是它凋谢零落之时；武士也是如此，当他亡命沙场之时，也正是他人生最光荣的结局。"这样一来，他们就把对樱花的赞美，变成对士兵的赞美，进而对"死亡的赞美"。

历史上，日本曾长期炫耀"武士道"精神。这是他们从虾夷人（日本土著）那里传承的习性，一种好义轻生的"鲤鱼精神"。他们说，"鲤鱼是争斗最惨烈、最持久的一种鱼类，而且一旦被捉住，能坦然面对屠刀"。

武士制度的重要组成部分为闻名于世的"切腹"，这是最残忍的自杀方法。"切腹"在日本古代战场上发生得较多；武士犯罪，被赐"切腹"也是一种通例。这也是日军官兵在侵华战场上，舍生忘死的原因之一。他们认为"有勇气把握自己的生命，便能把握别人的生命"，所以他们能做得出任何残酷的暴行。

与日本天皇制定和推行"大陆政策"相配合，1888 年，日本首相山县有朋提出了"利益线"理论，将琉球群岛、台湾一带作为日本的利益线，朝鲜是日本利益线的焦点。1890 年进一步提出：国家独立自卫之道，第一是守卫主权线，第二是保护利益线。

鼓吹日本侵华的《太阳》杂志封面

当时，世界其他地区，日本还去不了，未划利益线。保卫利益线就要找敌人，主要敌人当然是中国。

欧洲各国不存在入侵日本的可能性，而中国是日本吞并台湾、朝鲜的主要障碍。

写到这里，笔者顺便指出：日本的"大陆政策"和"利益线"等作为"基本国策"根深蒂固，至今，某些右翼分子仍继续鼓噪。

二次世界大战期间，日本长出大胃口，要灭亡全中国，征服亚洲各国，征服世界，连美国也要招惹一下。这时的日本利益线又扩大了，整个太平洋都是日本的利益范围,所以打了太平洋战争。日本战败了,美国兵进入日本,骄傲的日本不得不受辱于美国。一边受辱,一边又骄傲,这就是日本人。

日本的经济发展起来了,马六甲海峡成为日本的生命线,利益线又扩大了,于是又提出保卫1200海里利益线的目标。将中国固有领土钓鱼岛处心积虑想据为己有,与韩国也争夺岛屿,还有东海的划界问题等,都是"利益线"在支配。

利益线理论是日本人的长期对外扩张理论之一。从19世纪到现在,日本的所谓利益线大体分为西北太平洋区域的主权线、海上利益线,全球范围的海上利益线,是不断变化的。现在,与19世纪末类似,日本的海军又发展起来了,现在日本有九九舰队,舰艇都是性能极好的,还有2万多吨的小型航空母舰,有20艘潜艇。日本的舰队在亚洲是最强的,是仅次于美俄的强大海军。现在他们不敢招惹美国,目标还是首先对准中国,不让中国人进入海洋,妄图死死卡住岛链线的"脖子",继续在梦想征服和灭亡中国。日本人的历史梦又轮回了。

十七、"谍报谋略"

在写这一章之前,笔者想提及在中日文化交流史上占有重要地位的两个人物,一是中国的鉴真法师,二是日本的阿倍仲麻吕。众所周知,鉴真法师为了去东土传戒弘法,历经磨难,曾接连五次东渡失败。后来双目失明,以六十六岁高龄东渡成功。他在中日文化交流方面做出了杰出的贡献,他带去了建筑技术,还带去了许多珍宝。据说现在招提寺内鼓楼中供奉的金龟舍利塔里面的舍利子,就是鉴真带去的。鉴真还是位造诣很深的汉医,曾在日本为朝野治病医痛。他鉴定药物,一嗅便知,配方为伍,药到病除。故此,他成为日本所尊重的少数名医之一。日本东大寺、西大寺沿用已久的常用药"奇效丸"、"丰心丹"等,就是鉴真法师传的方子。今天,日本的医药研制很先进,实是源于鉴真的传入。盲圣鉴真一生为中日文化交流而献身,死后亦被东海两岸的人民视为两国人民友好的典范。如今,鉴真法师的干漆坐像还被视为日本的"国宝"。

阿倍仲麻吕是留学中国唐朝的日本人。在本国他就曾学习《春秋》、《尚书》、《礼记》等典籍,到中国后在大学,除了研习典籍外,还学做诗赋。他热爱中国文化,他改姓名叫"朝衡"(或晁衡)。从开元十六年开始,阿倍仲麻吕正式参加了唐朝政府工作,长达四十年之久。期间,与大诗人李白,王维、储广羲等相交甚笃,并将他们的诗作传到日本。他在担任唐政府官职以及和中国文人交游的过程中,逐渐成为中日两国友谊的桥梁。他虽是唐朝官员,实际执行的却是日本大使的任务。每当日本"遣唐使"到达长安,他都主动协助使团,与唐政府接洽有关事务。

笔者之所以阐述鉴真东渡传播中华文化,以及日本留学人员阿倍仲麻吕(晁衡)悉心研究中国古籍,来往于日中之间担任友好使者的史实,特别是鉴真骨埋日本,晁衡葬于中国,并非"闲笔"。因为这是一衣带水的两国人民传统友好的见证,堪称永载史册的佳话和"使人明智"的"史鉴"。

令人深深惋惜和感叹不已的是,到了近代,日本派来中国"留学"的人,竟是一批又一批竭尽罪恶勾当的间谍。

1868 年日本明治政府将对外扩张视为基本国策之后,其侵略矛头首先是指向中国。它在整饬军备的同时,开始向中国派遣间谍,并在中国内地设立间谍机构,从事情报搜集工作,为发动对华侵略战争做准备。事实证明,在其后日本发动的甲午侵华战争中,谍报活动起了重大的作用。时人指出:

> (日本)孜孜侦探,其遣间谍至我国者,或察政务之设施,或考江山之形胜,无不了如指掌。①

> 况敌散布间谍于中国不知凡几,偶或漏泄,则尽知我军情,先发以制我,致倭人招招争先,而我则处处落后。②

大量间谍的渗透活动,成为日本获得甲午之役胜利的重要原因之一。日本情报人士甚至曾洋洋得意地夸称:

> 正是借助于谍报工作,日本才能"在二十七八年之役(甲午战争),运筹帷幄之中,决胜千里之外"③。

日本明治政府之所以急欲向中国内地派遣间谍,也是由于当时国内兴起的"征韩论"所促成的。所谓"征韩论",并不是以朝鲜为日本的唯一侵略目

---

① 中国近代史资料续编:《中日战争》,中华书局,1996 年,第 12 册,第 307 页。
② 孔广德辑:《普天忠愤录》,1895 年石印本,卷 7,第 18 页。
③ 德富猪一郎:《陆军大将川上操六》,第 112 页,日本第一公论社,1942 年。

标,而是将对外扩张的大陆政策进一步具体化,或者说以此作为向中国内地乃至周边地区扩张的手段或突破口。久留米藩士佐田白茅在上日本政府的《建白书》中曾直言不讳地指出了这一点:

> 伐朝鲜者,富国强兵之策……不惟一举屠朝鲜,大练我兵制,又大辉皇威于海外。

他将日本比作一座大城,中国、朝鲜乃至东南亚都是"皇国之屏藩也"。

> 虾夷业已从事开拓,满清可交,朝鲜可伐,吕宋、台湾可唾手而得矣。①

这就再清楚不过了:"征韩"不过是侵略中国内地的一个步骤。所谓"征韩论",其实质就是"侵略大陆论"。当时的外务大丞柳原前光说得更野心毕露:

> 朝鲜国为北连满洲,西连鞑清之地,使之绥服,实为保全皇国之基础,将来经略进取万国之本。②

早在"征韩论"兴起不久的 1870 年,时任参议的大久保利通已经感到,要想让日后的海外扩张顺利进行,情报搜集工作应该先行一步。很快,这就在日本政府内部成为共识。1871 年 7 月,日本兵部省始设陆军参谋局。这就是日本参谋本部的前身。陆军参谋局的任务,在参与军事机要密谋之外,还要掌管谍报工作。此后,日本派出谍报和管理谍报的机构越来越大,分工越来越细。西方人士了解了具体的史料之后,曾为之"叹为观止"。

先"征韩"后"征大陆"是日本政界人士的共识,但又分为激征派与缓征派。激征派要求立即出征,缓征派认为要做周密准备,现在时机尚未成熟,故"不可不详审缓急步骤"。

但是,日本中央情报机构设置之初,还缺少能够胜任外派间谍的人才。这是当时急需解决的问题。于是,大久保利通先于 1870 年将后来曾任驻俄公使的同乡联邦德国二郎送入大学,以备日后赴俄搜集情报之需;又于 1871 年与西乡隆盛商定,派遣第一批官派留学生赴华,为日后培养熟悉中国问题的情报人员。这一批派往中国的日本留学生,共有九名,他们是福岛九成、成富清风、

---

① 王芸生:《六十年来中国与日本》,三联书店,1979 年,第 1 卷,第 117—118 页。
② 日本外务省编:《日本外交文书》,1938 年卷 3,第 149 页。

永野遵、儿玉利国、吉田清贯、黑冈季备、小牧昌业、池田道辉、田中纲常,年龄都在30岁上下,或为现役军官,或有相当的汉学基础,或熟悉他国语言,或有一定的从政经验,到中国来的一年多时间主要是学习会话的时文。

九个公派留学中国的学生,在出发前,接受了大久保利通的一番训话:"你们是肩负天皇赋予的神圣使命前往中国学习的,将来要担当大任。中国是个曾有五千年文明史的民族,对我们大和民族也有过启迪和帮助,但是到了近代大大落伍了,所以天皇陛下定下了'脱亚入欧'的基本国策。现在的中国人,只配当我们大日本帝国的卑下奴仆、顺从臣民,大陆的这片广袤土地将来都是我们大和民族的一部分,你们是大日本帝国开拓疆土的先驱,望诸君为天皇效忠,奋发努力,大有作为!"

日本派遣这批人的主要目的是用速成的办法培养针对中国的情报人员,为下一步发兵侵台做准备。在这些人当中,后来大都参加了1873年—1874年间对台湾的侦探和作战行动。

原本国与国之间互派留学生,是取长补短、促进文化交流、国际交往和共同繁荣的必由之路,是值得推广并长期实行的。但这种有利于人类文明发展的盛事,决不能沾染邪恶,渗透卑鄙,背离公理,泯灭良心。

试想,如果中国派出去到日本留学或游历的人,包括鲁迅、郭沫若等学术巨子,都是为了窃取日本情报,为侵略战争准备,怀着占领日本土地、杀戮和奴役日本人民的罪恶目的,那么,包括藤野先生在内的热心教诲、培养中国学子的先生们,对中国学生怀着善良感情、并为他们提供过各种帮助的日本人民,将作何感想?

这批日本留华学生虽然后来不少从事谍报工作,但究竟不是正式派到中国的间谍。

近代日本正式派遣间谍来华,是在1872年夏。明治政府参议西乡隆盛与外务卿副岛种臣和参议板垣退助商议,应派得力人员赴朝鲜和中国东北,以侦察两地的政治、军备、财政、地理形势及风土人情。当时,除决定派陆军中佐北村重赖、陆军少佐别府晋介为实地视察员赴朝调查外,又决定派近卫陆军少佐池上四郎到与朝鲜一江之隔的中国东北来活动,刺探情报。这样,池上便成为近代日本遣华间谍之第一人。

西乡隆盛特别选中了池上四郎,是有缘由的。池上是萨摩人,乃西乡的同乡后辈。1868年,西乡等发动"王政复古"政变,成立了明治政权。西乡作为武力讨幕派领袖,功勋卓著;池上身列其直属的萨藩队,也得以叙功。翌年,池上回鹿儿岛,任常备队教佐。到 1871 年,朝廷征召萨藩兵,池上率一队上京,晋升近卫陆军少佐。池上有才干,通兵术,驭兵甚严,性格刚毅,处事果决,在军中威信素著,故此受到西乡的特别信赖。

与此同时,西乡隆盛还为池上四郎配备了两名助手,即陆军大尉武市熊吉和外务权中录彭城中平。武市曾从大队司令板垣退助参加征讨奥羽越列藩同盟之役,立有战功。因西乡、板垣时倡"大陆经纶"论,知武市为坚定的"征韩论"者,故将其转升为外务省出仕。在西乡和板垣看来,有武市与池上结伴而行,有助于保证任务的完成。至于彭城中平的情况,则与他们两个有所不同。他出身于长崎的一个通事家庭,精通汉语会话,故为外务省所录用。这次大陆之行,他的主要任务就是为池上和武市当翻译。

西乡隆盛很重视这次大陆探查活动,亲自向池上四郎布置任务,并为保障他的安全起见,将他转为外务省十等出仕。池上一行三人,于 1872 年 8 月 8 日从东京出发,先到上海,又经烟台乘客轮北上,于 9 月 28 日抵达营口。他们皆化装为商人,池上还变名易姓,对外自称池清刘和,以避免引起当地官府的注意和猜疑。他们以营口为据点,以奉天为中心,奔波于盛京省各地之间,分地理、政治、兵备、财政、产业、气候、交通、物价、风俗等项目进行详细调查,甚至对辽河何时封冻和解冰的情况也都做了记录。1873 年 8 月,池上回到东京,向西乡隆盛及副岛种臣提交了一份《满洲视察复命书》。内称:

> 如今清国发生回乱,蔓延甘肃全省,陕甘总督左宗棠正督军征讨,甚难平定。至满洲兵备,盛京将军屡次上奏,势非整顿不可,将常备兵集中训练,施以调教。奈积弊久生,士气腐败,兵士怯懦,常备军殆成虚名。况朝廷纲纪废弛,贿赂公行,商民怨嗟,皆属实情。如此下去,不出数载,清国势将土崩瓦解,可谓明矣。我国欲解决朝鲜问题,此为最好之机会也。①

西乡读了池上的报告之后,更加坚定了"征韩"的信心。

应当说,此时日本首次派间谍来华搜集情报,还只是为了准备"征韩"而采取的一种临时措施。池上四郎作为日本遣谍来华之第一人,也算是完成了既定的任务。然而,政局变幻无常。日本国内"征韩论"之争的结果是激征派

---

① 《东亚先觉志士记传》上卷,第 40—41 页。

失败,西乡隆盛被迫下野,因而"征韩"问题也就被暂时地搁置起来。

在日本政府内部,"征韩论"之争这场风波刚刚平息下来,"征台论"又喧嚣起来。这是日本国内盛行已久的"海外扩张论"或"大陆雄飞论"的应有之义。何时闹"征韩",何时闹"征台",这就要看时机了。

1871年12月,琉球国太平山岛船只在台湾海域陡遇飓风,小船被风倾覆,船民除淹死者外,有数十人凫水上岸。其中,有十几人被台湾居民救助脱险,后由中国官府妥为安置并护送回国。其他人因闯入当地土著人村庄而遇害。1872年夏,消息传到日本,立刻在政界掀起一股"征台"的浊浪。

鹿儿岛县参事大山纲良主动请命,上书要求允准"担任讨伐之责":

> 伏愿仰赖皇威,兴问罪之师,使其畏服。故谨恳乞借给军舰,直指彼巢窟,歼其渠魁,上伸皇威于海外,下慰岛民之冤魂。

但是,当时"征韩论"之争尚处于相持不下之际,又提出"征台"问题,日本政府因"朝议未臻成熟,议论纷纷,以为确定生蕃是否属于清国版图,实为先决问题"[①]。

可见,日本当政者已经将侵略的目光扫向台湾,只是需要寻找一个出兵的借口而已。

日本为发动进攻台湾之役,曾进行过几年的准备。首先从外交上试探清政府官员的立场,接着派遣间谍到台湾侦察地形,测绘地图,打探藩界情况和地方军事布置,为日本用兵策略的制定提供了重要的依据,日人自称"实率多赖其力"。这些日谍实际上起了日本"征台"先遣队的作用。到了1873年底,征韩急进派下野之后,朝野对峙激烈,日本国内相继发生了"神风连之乱"、"秋月之乱""左贺之乱"等,时局动荡。为了安抚激进派,稳定时局,日本政府决定出兵台湾。但是,当时日本准备不足,再加上英、俄、意、西等国对日本出兵台湾的异议,就连一贯支持日本的美国也对其施加外交压力,因此日本这次出兵台湾纯属军事冒险,既未达到预定的军事目的,在战略上陷入了被动,又加上运输困难,病饿交加,疾病蔓延,死者达到六百人之多,减员约六分之一。为日本侵台大卖力气的水野遵,面对死者的累累坟墓,内心受到极大的震撼,不禁发出了这样的哀鸣:

> 白沙黄草埋枯骨,戍鼓无声月色空。

_____

① 东亚同文会编:《对华回忆录》,商务印书馆,1959年,第38页。

曾向故山归不得,孤坟夜夜哭秋风。①

当然,外忧总是源于内患。清政府对日本的出兵行动缺乏警惕,而且当时国贫力弱,海防空虚,因而虽在台湾积极布防,但考虑到国内的现状,依然愿意在优势兵力下"息事宁人"。中日双方先后进行了多次谈判,最终,软弱的清政府同意对遇害者予以抚恤,并准给日本在台修路,建房等费用,共耗费五十万两银子。历史证明,清政府的这次让步,后果极其严重。对日本来说,这次征台虽未获全功,但摸清了清廷的底,为后来大规模"征清"打下了基础,同时也进一步刺激了日本称霸亚洲及西方列强侵略中国的野心。

如果说日本派间谍去中国东北和台湾,都是为了特定的目的而临时派遣的,那么,紧接着,随着日本陆军的东亚政策——"瞄准中国,伺机战而胜之"的确立,便开始有计划地派遣现役军官到大陆,进行全面的系统侦察。并对所派军官下达甲、乙、丙三号训令,以便按任务不同进行分工。这三号训令是:

1874年,侵占台湾的日军

甲号:政体、法令及民心向背;中枢大臣的威望及其品行;官员职务分工及其员数;言语、风俗、人情;财政收支及国库情况;人才有无状况;对外国的交往、待遇及所订条约;两税法及所有田租诸税;满人与汉人之种种权利差别。

乙号:海陆军的兵制及队伍编成;兵士管理与训练;各级兵队员数;枪炮制造及弹药之优劣;统兵大员有几人及士气涨落;军舰数量及其马力、吨数;战略战法及现今是否尚用李、戚兵法(按:指李靖和戚继光)。

丙号:山岳高低走向、河海深浅、地理形势及城郭要冲之地;经纬度与地学上之位置;各地暑寒风雨气候情况;动植物产品与当地人之食物、岀

---

① 《对支回顾录》,下卷,第59页。

秣及薪炭;户数及人口概计;市街状况及各地盛衰变化;各种矿山;田亩等级;地方病及当地人之预防办法;运河及水利;马匹是否有其他可用食料或可替代之负重牲畜。①

这三号训令,简直包括了中国政治、军事情势及人文地理等方方面面,其详尽周全简直令人发指。对中国内地进行作战准备的狼子野心也可一目了然。

1874年,曾留学德国学习军事的陆军军官桂太郎少佐,负责管理对外谍报工作,他向陆军卿山县有朋写了一封建议信:

> 如欲改革陆军兵制,虽邀聘欧洲合适之教师固有必要,然选派我邦有为之士赴欧更为重要。且其人选如属寻常书生,探究彼政府内部诸情恐多困难,宜遣具备适当资格并有相当经验之武官,令其搜集各种情况进行分析对比,再加以探讨研究,以获得我陆军改革之所需资料。为达到此目的,宜实行武官制度,先向欧美各国之我驻外公使馆派遣武官;对清国亦照此办理。②

山县有朋采纳了桂太郎的建议。1875年3月,桂太郎毛遂自荐,因陆军少佐重返德国,担任驻该国公使馆的武官。与此同时,陆军大佐福原和胜被派往中国,担任驻北京公使馆武官,其随员有陆军中尉古川宣誉等。不久,年前奉命归国的岛弘毅和向郁又被派回北京,亦归福原和胜武官节制。桂太郎和福原和胜离开东京赴任前,山县有朋下达了一份《驻外武官工作守则》,内称:

> 凡陆军参谋部军官在公使馆任职,平素既须认真以此体现天皇陛下与驻在国君主友好交往之信义,同时应谨言慎行,万不可有损于本邦国格及公使名誉,言谈举止不可粗鲁。尤其是身为武官者,更要安分守己,廉洁奉公;一言一行须考虑到我陆军名誉,不可放任。在调查驻在国情况时,与其军事制度、战术相比,更应注重了解其军事地理及军队之政治态度,并按以往在参谋科学习之方法,进行实地试验。……若本大臣下令需要特别报告时,武官应勤勉尽职,悉察其详委。若事关武器问题,或更新装备,应将众说异议统统报回,不可遗漏。③

---

① 《对支回顾录》,下卷,第115—116页。
② 《对支回顾录》,下卷,第213页。
③ 铃木健二《神秘的使者——武官》,第4—5页。

按这份工作守则的制定,是想从文字上体现外交一元化的原则,即"外交是天皇的大权,由外务省统管,所以尽管武官是军人,也必须听命于公使指挥"。

武官制度的确立,使日本对华谋略谍报活动进入了一个新的时期。以此为转机,日本间谍的对华调查工作迅速打开了局面。福原和胜作为首任驻华武官,到职后即依照《驻外武官工作守则》的要求抓紧工作,其随员也都积极行动起来。以1877、1878两年而论,其活动的范围已有相当的规模。如长濑兼正的甘肃、山西调查,历时五个月,撰有《纪行日志》;大原里贤的陕西、四川调查,历访西安、成都、重庆等重要都会,经三峡之险,历时七十多天,撰成《陕川经历记》。这些调查报告填补了以往间谍报告的空白。

不久,桂太郎以陆军中佐就参谋本部管西部之职,上任伊始就确立了对华正式谍报活动的新制度。从1879年起,制定三年规划,总经费定为八万日元,作为所派日谍在中国内地行动的侦察费。根据新的规定,遣华日谍要定期进行内地侦察,并多设常驻日谍据点。同时,从青年军官中选拔"俊才"派往中国,每三年选取派一批,共计十八名。同年秋,桂太郎决定亲自到大陆进行实地观察。他变装微服潜入中国,从华南到华北,并重点对天津、北京进行调查,起草了对华作战方策——《邻邦兵备略》。

坐落在福州城里的庐山轩照相馆,在日本情报机构内部叫做"福州组",被日本大陆浪人称之为对中国进行谋略谍报活动的"先驱"。上海昆山路上的"东洋学馆",更成了日本间谍的麇集之地。他们当时趾高气扬、得意忘形,一副建功立业的嘴脸:

> 日本有为青年济济一堂,各怀气吞支那四百余州的豪情,龙吟虎啸而唤起风云骤起于大陆。
>
> 清国政府已经腐败透顶,将其颠覆则若摧枯拉朽,而吾辈七人足矣。
>
> 英雄豪杰之士登高一呼,则天下如响斯应。清国真乃英雄成大业之地也。①

日本在中国建立的间谍机构最著名,活动最频繁的要数乐善堂商号及其支店了。

日本人在中国广开招牌是"乐善堂"的商号,多么美妙动听的名字啊!它

---

① 《东亚先觉志士记传》上卷,第318—319页。

兼经营与中国的老字号"同仁堂"等药店同样的项目,还有文化方面的内容。从文字表面看,日本人乐为中国的劳苦大众行善造福、布恩施泽。谁能想到,这竟是个策划阴谋、制造罪恶的场所,间谍蹁跹的魔窟!

1886年春天,"兴亚大策中枢人物"荒尾精奉日本参谋本部之命来华执行特殊使命。他到上海后首先拜访了闻名已久的乐善堂主人岸田吟香,请求指点迷津。岸田听了荒尾精的陈述,大为赞赏,答应全力给予帮助。于是,荒尾精便由上海溯江而上,抵达湖北汉口,靠岸田从上海提供的药品、书籍等货物,在汉水岸边开起了一家乐善堂支店。

荒尾精本是日本派驻中国内地的谍报武官,所设乐善堂汉口支店实际上是日本参谋本部的一个间谍机构,之所以选址于汉口,是考虑到那里四通八达,便于开展活动这个重要条件。

荒尾精从此便"大显身手",招纳了日本大批浪人,研定了周密的制度和计划。因中国幅员辽阔,为使这帮人有落脚处和开展活动的据点,荒尾精决定将乐善堂汉口支店作为本部,另在其他适当地方设立若干支部。其主要有:湖南支部,四川支部、北京支部、天津支部和上海支部。

荒尾精特别重视各支部的工作,认为支部工作成效如何,直接关系到"兴亚"事业的成败。他在给宗方小太郎的一封亲笔指示信中指出:

> 对于我党事业务必热心奋励,无论任事何处皆属相同。愿我兄善体此意,尽速订定建立基础之方案。若有所踌躇贻误时日,则将使我党遭遇不幸亦未可知也。强烈之事业,其关系诚属广泛,小之有关日本,大之有关世界。故宜自觉其责任之重大,百折不挠,小心胆大,巧装俗态,以避内外人之疑。若受有嫌疑,则不便殊多也。各事言不尽意,至嘱至嘱!①

此信虽主要突出设置北京支部的意义,但同时也暗含着在中国内地分设若干支部的野心。在汉口乐善堂设立后的最初两三年内,对支部的建设始终是其工作的重点。为此,荒尾精作为堂长,煞费苦心,对每个支部的侦察目标、活动范围及方法等都提出了明确的要求。此后,荒尾精又感到对设置天津支部的规划还太粗略,又做了新的重要补充,并提出了新的要求。

此外,还有日本设在上海的"日清贸易研究所",名字是研究"贸易",表面

---

① 见《宗方小太郎与中日甲午战争》。

上是为了培养中日贸易的人才,而实际上是着眼于培养具有多方面才能的间谍人员。正由于此,日清贸易研究所的办学方向曾引起许多学生的怀疑,以致对前途产生茫然之感。办学方向有名无实,办学经费又拮据,使日清贸易研究所矛盾百出。

当时,在日本议会里,党争激烈,政府被迫削减预算,原来计划拨给日清贸易研究所的 10000 元补贴被取消了。1890 年年底,消息传到上海,在学校内部引起巨大的震动,人心为之浮动。荒尾精在日本获悉后,十分重视,给全体学生写了一封长信,予以劝勉与鼓励:

> 凡人欲为非常之事,必有非常之决心。如我之商会诚乃古今未有之大事业,岂能保其前途未有困难? 然无论遭遇何等困难,变节易志之行为断不足取。……诸君其勉之。

> 呜呼! 燕雀安知鸿鹄之志哉? 诸君今日为实业家之模范,为扫除积弊之创业家,为兴复亚洲之志士,为开创日本富强之俊杰,岂肯与区区燕雀为伍乎? 诸君当谨志勿忘![1]

需要指出的是,荒尾精在此信中,表面上是说"我之商会"是培养"实业家",实际上在字里行间都透出了其阴险目的:如"非常之事"(贸易极为普通、平常,算什么"非常"?)"乃古今未有之大事业"(一个区区商会算什么古今未有之大事业?)把真心实意来学习贸易之学生比作"燕雀","安知鸿鹄之志哉?"(所谓"鸿鹄之志"便是吞并中国,独霸亚洲,征服世界,稍有点良知、善心之青年安能知野心如此广大之阴谋家心怀的鬼胎、罪恶的计划?)搞点贸易之人,怎么忽然要成为"兴复亚洲之志士","为开创日本富强之俊杰"? 如果细加琢磨,麒麟皮下的四只马脚统统露出来了。

本来,日清贸易研究所学生的思想就很混乱。所招收的学生,有的是为寻找生活出路而来,有的甚至是逃避兵役而来,其成分相当复杂。有一部分学生对课程设置不满,又见学校经费不继,认为上当受骗,公开闹腾起来。荒尾精的长信虽不乏鼓励安抚之辞。但仍无法平息事态。后来,荒尾精不得不亲自急忙兼程赶回上海,安抚学生,而对不听劝谕的 30 名学生则勒令其退学。这批学生仍住在上海不走,纷纷在报纸上撰文攻击日清贸易研究所,引起在校学生的气愤,以致演出了一场械斗的武剧。

---

① 《东亚先觉志士记传》,上卷,第 407—408 页。

为接受这次学潮的教训,荒尾精勒令闹事学生退学后,着手裁减冗员,改革教务,并重视在校学生的精神教育。当了解到学生鸟居赫雄擅长文笔时,便鼓励他创作校歌。歌词云:

> 日本少年向中国远航,
> 一百五十人弦诵一堂。
> 若问吾辈何所思?
> 将见东亚万里无云乾坤朗。

荒尾精命学生朝夕朗诵吟咏,以坚定其大陆雄飞之心。此后,学校生活逐步走上正轨。

到1893年6月,经过三年的刻意经营,日清贸易研究所有89名学生修业期满。这时,日本参谋次长川上操六来中国考察,亲自参加了该校的毕业典礼,使学生受到鼓舞。当时这批毕业生被称作是"东亚经纶之先驱者"。他们一面轮流到瀛华广懋馆实习,一面分赴中国各地,从事军事侦探。此举曾引起上海地方当局的注意,并曾向两江总督刘坤一报告:

> 倭人在沪向设有日清[贸易]研究所,约七八十人,5月以前陆续散去,闻多改作华装及僧服者,分赴北京、津、烟、江、浙、蜀、鄂、闽、台各处,芜湖尤多。①

及至甲午战争爆发,日清贸易研究所的这批学生,除奉命继续潜伏者外,余皆由日清商品陈列所监督御幡雅文带领回国待命。至此,日清贸易研究所也就结束了它不可告人的使命。

随后,荒尾精和根津一向日本大本营建议,希望批准汉口乐善堂成员及上海日清贸易研究所师生参加军队,以展其长。大本营立即采纳了他们的意见。据统计,当时有汉口乐善堂成员19名和日清贸易研究所师生72名,陆续到广岛大本营所在地报到。在这91人当中,或充军事间谍,或当军队通译,或参加前敌作战和后勤运输,或为参谋本部出谋划策。

在日本为侵华将谋略谍报活动进行多年,掌握了大量情报之后,罪恶的大规模的侵华战争便越来越迫近了。

---

① 中国近代史资料丛刊:《中日战争》,第5册,第7页。

十八、《清国征讨方略》出笼

他的身材、仪表具有普通日本人的特征:矮小的个子,精干的形象,不爱留发,剃个光头,却蓄着两撇浓黑的八字须,一对小眼睛炯炯有神,不苟言笑,表情冷峻,神态严肃,令人望而生畏。虽其貌不扬,城府却深不可测。

他的名字本无特殊含义。按中文音译,是条不起眼的、甚至"次于"小川小河的涓涓细流,但没想到他却能兴风作浪,掀起狂澜,荡决堤坝,吞噬生灵,甚至欲淹没东方的整个赤县神州。

他从军之初,是个下级军官少尉。但因对中国的间谍、情报工作做得出色,并多次向日本天皇和参谋本部进言献策而破格提拔,青云直上,因"功"升为大将,胸间挂满各种勋章。

他的名字叫小川又次。

小川又次1848年生于小仓藩。1871年(明治四年)为陆军少尉,西南战争时以大尉身份驻扎熊本。1880年,受日本参谋本部派遣,率领十余名军事间谍赴中国,在各地进行秘密调查。日本参谋本部管西局,掌管朝鲜及中国沿海的地理政治、军事等谍报,它

小川又次

根据小川又次等所提供的材料,编纂了《邻邦兵备志略》一书,专门议论分析了中国军备,并特别强调了一个政治观点:

> 财政困难不能成为反对扩充军备的理由,因为强兵为富国之本,而不是富国为强兵之本。

日军参谋本部长山县有朋将之呈送天皇睦仁,并将之作为日本制定"征清"方策的依据和参考。

中法战争后,日本为加强发动对华侵略战争的准备工作,在积极扩军备战的同时,大力推行军制改革,日本参谋本部则聘请德国陆军少校梅克尔担任顾问。

梅克尔曾进德国陆军大学学习,参加过普法战争,又先后任德国参谋本部部员和陆军大学军事学教官,是一位既富有军事理论素养又具有战争实践经验的军官。他受聘来日本后,在日本陆军大学讲授军事学,并向参谋本部提出

军制改革建议,为日本确立德式军制起了重要作用。尤其值得注意的是,梅克尔在日本陆军大学执教期间,除讲授军事学之外,还特别传授了谋略谍报活动技术。据英国著名谍报史作家唐纳德·麦考米克称:

> 在军事谍报战线上,日本人大大得力于梅克尔少校的帮助。1885年,这个少校曾率领一个德国军事代表团访问东京。梅克尔是原普鲁士陆军参谋长、著名军事战略家赫尔穆特·冯·莫尔特克伯爵的学生,他向日本人不厌其烦反复陈述自己的看法,即日本在军事谍报方面手段不多,组织不强,需要整顿。①

梅克尔的工作产生了效果,并得到了当时任日本陆军大学校长儿玉源太郎的充分肯定。

从这时起,日本的谍报工作方针发生了转折性的变化,即从以往单纯或主要为军事作战服务提升到服从于国家政略或战略需要的高度。

1886年3月,根据设置陆海军统一军令掌管机关的敕令,参谋本部下设陆军部和海军部,小川以陆军大佐任陆军部第二局局长。第二局除承担原来管西局的职责外,还负责制定陆军的作战计划。小川莅职后,再次潜入中国进行广泛调查。他归国后,于1887年2月写出了著名的《清国征讨方略》。据小川自称:

> 此前,为研究谋清国之方略,又次两次秘密去清国,视察形势概况,并吸取驻清国之日本军官意见,以决希望之方略。②

《清国征讨方略》包括两个部分,即《趣旨》和《进攻方略》。

《趣旨》首先强调政略与战略的相互依存关系,认为:"战略同所谓政略并存,关系密切,几乎间不容发。"继而从国家政略的高度,提出应改变守势战略而采取进攻战略:"谋清国,须先详知彼我政略与实力,做与之相应之准备。养成忠勇果敢精神,经常取进取之术略,定岿然不动之国是,实乃维持和平之根本,伸张国威之基础。"

小川强烈反对,"动辄曰:我国乃东洋一小国,财源不富裕,于今日以强邻为敌,取进取计划,乃危道;宜厚信义,避干戈,研究富国之道。"再次阐述了在《邻邦兵备志略》一书中提出的政治观点:越是财政困难越要备战用兵,"强兵

---

① 理查德·迪肯《日谍秘史》,世界知识出版社,1984年,第37页。

② 《清国征讨方略》译文见《抗日战争研究》1995年第1期,第207—218页。

为富国之本"。只有加强战备,"有迅速进取计划,始能鼓舞士气,始能伸张国威,始能富国"。

小川竭力鼓吹采取"进取计划"和进攻手段:

> 于今日优胜劣败、弱肉强食之时,万一不取进取计划,让一步,取单纯防御方略,外则日益招来觎觊,内则士气日益衰败。国家兴亡之所系,岂有甚于此者。何况邻邦清国正忍怨以待时机,欧洲强国之舰船出没于咫尺之间,欲使欲望得逞。此乃视察清国形势倍感之所在。自今年起,在未来五年即完成准备,若有时机到来,则攻击之。

这是小川又次《清国征讨方略》的主旨所在。

他两次奉命到中国调查后形成的基本方略思想,就是从1887年起,以五年为期,抓紧扩军备战,到1892年时便可伺机发动大规模侵华战争了。

小川又次的基本方略思想,并非毫无依傍,而是对日本传统的"大陆经略"思想的承袭和发展。即以日本军方而论,早在1880年,参谋本部长山县有朋即提出,为了准备对中国作战,扩军备战是当务之急。主张以军备和对外侵略为国家的最高目的,"政府所宜孜孜于此者也",并谓一切政策都服从这一目的。[1]

小川的方略思想与此一脉相承,而其阐述更加具体可行,故受到日本当局的极大重视。这从日本陆军的军费开支增长情况便看得很清楚。70年代末,日本陆军年度经费不超过700万日元,数目已不算很小。进入80年代,山县发表"强兵为富国之本"说之后,陆军经费猛增过1000万日元,长期维持在1100万日元左右。小川提出《清国征讨方略》后,情况又为之一变,当年陆军经费立即增至1240万日元。其后逐年有所增加。若将海军经费也统计在内,1890年日本军费为2045万日元,占国家预算的30%;1892年日本军费为3450万日元,占国家预算的41%。

《进取方略》系《清国征讨方略》的主体部分,乃是小川又次根据两次来华调查所得,具体地阐述采取进攻方略的理由和方法的。

其中包括三篇:第一篇是《彼我形势》;第二篇是《作战计划》;第三篇是《善后》。

《彼我形势》主要从形势的分析,说明采取进攻方略的必要性。此篇一开

---

① 参见井上清、铃木正四:《日本近代史》,商务印书馆,1959年,上册,100—101页。

头便开门见山地提出：

> 若欲维护我帝国独立，伸张国威，进而巍立于万国之间，保持安宁，则不可不分割清国，使之成为数个小邦国。此由彼我形势可知。

他认为，应该看到世界形势的巨大变化，"舰船、兵械已非昔日可比。当时视为远洋隔壤，现在近在比邻"，若西方列强"欲选择侵犯之所在"，而日本"地形狭长，首尾难以策应"，必处于不利的境地。为今之计，莫若仿效英国对待印度的做法。

> 我们看英国之于印度形势如何，一目了然。英国若欲保持富强，全靠此印度。我国谋取支那之地，以之为辅助防御物，或以之为印度；则可。

小川认为，这样做是有充分的理由的：日本于1874年发兵侵台，又于1884年在朝鲜策动甲申政变，"清人胸中深有所感"，故"于彼我之间更有终究不能两立之一大形势"，两国迟早难免一战。此其一。

"清国虽老衰腐朽，仍乃一世界大国，自尊，傲慢成风，自称中国。发生一事件，内心实畏惧，表面却伪装成豪壮不挠之态。因此常以虚张声势为惯用外交策略，屡屡酿成同外国纠葛，又屡屡招致失败。"可见其外强中干，色厉内荏，不足为惧。此其二。

对付中国，此正其时，莫要错过良机。试看中国"近来陆海两军已渐有讲究改良之趋势。清国优柔，显然不能一举成强国。但是，只要努力不懈，理应达到此境界。……清国自尊傲慢，若实力达此程度，即便无关邻国，亦欲玩弄实力，何况作为曾经使彼遭到失败之小国——日本"。"由当前形势看来，二十年后可能稍有完备，若其实力稍有完备，彼对我国之感情如何，实堪忧虑。"对日本来说，果真如此，则后果不堪设想。此其三。

据此，作者断言：

> "清国终非唇齿相依之国，论战略者不可不十分注意于此，而现今又乃最需注意之时机。因此，乘彼尚幼稚，断其四肢，伤其身体，使之不能活动，我国始能保持安宁，亚洲大势始得以维持。"否则"动辄视清国为强国，自先以宽仁让步，不思进取。万一计从此出，只能徒增彼之觊觎，进一步招来外国蔑视，日益损害我国民秉性，并将至不可挽回之势。当今宜研究进取计划，乘机伸张国威，定岿然不动之国是，此乃最大急务。"盖"自古以殖产为先，取自屈退守政略，尚未有成强国者，且招外侮，危独立，无

大于此者"。

根据以上对中日形势的分析,小川又次充分肯定了明治初期日本的对外侵略扩张政策:

> 自明治维新之初,常研究进攻方略,先讨台湾,干涉朝鲜,处分琉球,以此断然决心同清国交战。此国是实应继续执行。

继而强调指出:

> 而今清国人民,只知有中国,不知有外国,因袭自尊傲慢旧习,疏于天下形势。无知愚昧之人民,多不知爱国为何物。

> 呜呼!缺乏忠君爱国精神之国家,又有财政困窘,可谓弊端已登峰造极。

> 对如此国家,动辄以宽仁相让,实非国家之良策。且今日乃豺狼世界,完全不能以道理、信义交往。最紧要者,莫过于研究断然进取方略,谋求国运隆盛。

这段话里,其如豺狼虎豹般的凶残面目早已毕露,把"完全不能以道理、信义交往"作为国家"良策",要谋求"国运隆盛",必须灭亡中国。《作战计划》提出一旦对中国开战,日军总的作战目标和要求是:

> 若欲使清国于阵头乞降,须先以我国海军击败清国海军,攻占北京,擒获清帝。自不待论,此乃最佳手段。而欲奏其功,则须于进攻北京之同时,阻击来援京畿之敌兵,以此为紧要者。

为达此目的,日本应派出远征军八个师团,其中常备师团六个,后备师团两个。全部远征军分南北两部:北部六个师团;南部两个师团。其部署如下:

在中国北部,"在海军掩护下,把五个常备师团与一个后备师团运至直隶湾,于山海关至滦河口之间登陆,夺取昌黎县、滦州、永平府(今卢龙县)。将兵站、医院设于永平府,以之为根据地。利用滦河同海军联系,并保持同本国交通。占领永平府后,立即命一个常备师团进发,经开平,占领唐山,利用铁路于唐山建立坚固根据地。然后攻克芦台,不断运动,做欲攻入天津之佯态,以牵制天津兵北上,保护我军背后安全。""一个后备师团同各部同时登陆,攻占山海关后,坚守山海关,断东三省之援兵,并注意铁门关(今河北迁安县西北)方向,以使我军无后顾之忧。"在主攻方向上,集中四个常备师团。"以两个常备师团,经滦州、开平、丰台(今天津市宁河县西北之东丰台)、宝坻县、香河县,进入通州。此二师团左方乃天津,须对天津方向保持战略。在行进间,须不断对通热河道路及北京北方保持战备,采取防止清帝逃脱,阻止援兵之措施。……占领通州后,以通州为临时根据地,努力把地方物资集中于此,并立即围攻北京。""关于围攻北京之部署,应以两个师团据于通州地方,其他两个师团据于燕山地方,围东西北三面。东西两面虚张声势,以东北角为主攻点。"

在中国南部,"以一个常备师团与一个后备师团,同海军一起进入扬子江,先克吴淞,据之,切断上海及长江沿岸各地交通;然后水陆合力,攻克江阴、镇江、扬州、南京、九江、安庆、武昌、荆州、长沙、宜昌等沿岸要冲,于扬州、武昌各设师团本部;占领镇江、南京、安庆、荆州,于南京拥立明朝后裔。据长江,使长江以南之兵不得北上,对长江以北之地骚扰威胁其背后,亦使之北上,且集中地方物资,以图持久之计,使进攻北京之兵专心致力于进攻。"继而对怀疑此项部署者做出解答:"向长江沿岸派出两个师团,或许有过少之虑。实则不然,两个师团足以控制长江沿岸。此二师团一旦攻占南京,实有击败十八省四十万敌人之功效。南京乃清国重地,明朝旧都,故人民有南京存亡即十八省存亡之感。……我军得南京后,立即拥立明朝后裔,建都于此。此后必有人来拊,从而抗击清兵者大增。能抗我军者,不过北京附近六七万兵。克日制胜,使之结城下之盟,达我目的,绝非难事。"

《善后》是陈述战后处置中国的计划。认为发动侵华战争是为了"绝欧洲觊觎,伸张我国国威于天下,兴隆东洋之命运",所以只有"制定最有利于我国之计划",才算达到了此次战争的目的。因为"清国虽困弊衰败,但仍是亚洲大国。东洋命运关系清国兴亡甚多。若万一清国成为他国蚕食对象,我国命运亦不可料。莫如为使欧洲不致侵入,我国先主动制定统辖清国之方略"。

所谓"统辖清国之方略",实际上是一个分割中国的计划。小川又次提出,围攻北京之后,迫使清政府签订城下之盟,将中国本土分割为六块:

(一)自山海关至西长城以南,直隶、山西两省之地,河南省之黄河北岸,山东全省,江苏省之黄河故道、宝应湖、镇江府、太湖,浙江省之杭州府、绍兴府、宁波府东北之地,及盛京盖州以南之旅顺半岛、山东登州府管辖之地、浙江舟山群岛、澎湖群岛、台湾全岛。

扬子江沿岸左右十里(按:1 日里等于 3.9 公里,10 日里等于 39 公里,长江两岸左右各 10 里,则总跨度近 80 公里)之地等"六要冲",皆划归日本版图。

（二）东三省及内兴安岭山脉以东、长城以北之地，分给清朝，使之独立于满洲，成为"满洲国"。

（三）在中国本部割扬子江以南之地，迎明朝后裔，建立王国，并使之成为日本的保护国，以"镇抚民心"。

（四）扬子江以北，黄河以南，再建一王国，拥立关羽后裔或寻求其他名人为王，使之成为日本的属国。

（五）西藏、青海及天山南麓，立达赖喇嘛，由日本监视之。

（六）内外蒙古、甘肃省、准噶尔，选其酋长或人杰为各部之长，亦由日本监视之。

在提出"六块"论之后，小川又次又对两个问题加以特别的说明：

其一，即将长城以南，直隶、山西两省，河南省黄河以北，山东全省，江苏之黄河故道以南包括宝应湖、镇江府、太湖之地，及浙江省杭州、绍兴、宁波三府等中国本土之广袤地域，划归日本所有，为何又强调"于缔结战胜条约时，无论于任何情况下"，一定要把"六要冲"划入日本版图呢？其中，"扬子江沿岸左右十里之地"之重要性自不待言。至于其他"要冲"的重要价值，小川依次指出：

> 旅顺半岛乃渤海之门户，便于控制清国北部，并与对马相对，便于控制朝鲜；更有大连湾、旅顺口二良港，最便于舰船停泊。俄罗斯之东进政策乃乘时机合并满洲，以大连湾为舰队根据地，蹂躏东洋之方略。万一俄国先占旅顺半岛，东洋形势可想而知。……于我国，现今乃最有利时机，必先占领之。

> 登州半岛有芝罘、威海卫二良港，同大连湾、旅顺口相对，乃扼渤海必需之地，且是平时南北通商船只必由之地，贸易利益不少。就清国而言，失旅顺、登州二半岛，则不能于渤海以巨舰护卫京畿，而只能以小军舰于大沽口内做河内防御……今后，清国海军再不足虑。

> 舟山群岛乃清国中部要冲，扼扬子江口，控制福建、浙江。一旦有事，便于彼尚未备先击压之。舟山若为外国所有，则不利于我国。台湾和澎湖岛乃清国重地，常令世界各国流涎不已。其为要冲并富饶之地。故我国必当占此二岛，于台湾设重镇；除常备军外，当另训练生蛮，编成一种军队；利用鸡笼之煤炭，于澎湖岛设一镇守府，以控制清国中南各省，并作为他日向南洋发展之根据地。

其二，针对对此策持怀疑者之发问："我国乘机占有大版图，虽系好事，但对清国虎视眈眈之白人岂有袖手旁观，放任我国为所欲为之理？白人必群起插入日清两国之间，竭力妨碍我国。俄、英、法、德诸国乘机占据清国之部分土地，易如反掌。若事到此等地步，有何良策？"小川又次则颇不以为然。

根据他的分析："分割清国，占有其一部，有并非无名暴举之理。清朝自满洲来，夺取明朝之中国，而今日立于世界却不努力把中国引向开明，故应使之退回其本土——满洲，在中国使故主明朝再兴，统辖其土地。但将全部土地给予明朝，于东亚之权衡与安宁，绝非上策。因察其未来，等于又造出一个有实力之新清国。"莫如再建一王国，使为日本属国，"于属国拥立其民族被尊为武圣之关羽后裔，或寻求其他名人封之于王位。……并于西藏、内外蒙古、准噶尔封立之达赖喇嘛及各酋长施政中，给人民以幸福，或尽监视之责，权衡得平，安宁得保，谁能一味视我国为土地掠夺者？"即使退一步说，"若白人欲乘机夺取清国部分土地，则应仔细审其地形，对于我无害之地，不闻不问。毕竟白人得寸地我得丈地，白人占小部我占大部"。

由此可见《清国征讨方略》既是一个分割中国的计划，更是一个灭亡中国的计划。其用意是要建议日本政府对中国采取先发制人的手段，两路分兵进攻中国，通过迫使清政府订立城下之盟，而将中国任意分割，置于万劫不复之境地。

日本学者所说的话是有道理的：

> 日本的主力部队在直隶平原登陆作战的方针，似其后被长期执行。……看来，小川又次的《方略》在甲午战争前的日本陆军中很有影响。[1]

直到甲午战争爆发前夕，日本大本营制定的作战方针，即日本海军如能取得制海权，则陆军主力将从渤海湾登陆，进行直隶平原作战。其后，日本侵华第一军司令官陆军大将山县有朋向大本营提出《征清三策》，其第一策亦主张从海路至山海关附近登陆，建立根据地，以进行直隶作战。所有这些，不难从中看出《清国征讨方略》对日本军界的长期影响。

日本参谋本部对小川又次的《清国征讨方略》极为重视，因为其对华"作战构想"完全符合参谋本部酝酿已久的日后进行中国内地作战的基本思路。

---

① 山本四郎：《1887年日本小川又次＜清国征讨方略＞介绍》，《抗日战争研究》1995年第1期，第207页。

但由于未来的中国内地作战需要陆海军的协同,所以参谋本部又命海军部掌管海军出师的第二局和掌管外国谍报工作的第三局就此问题组织讨论。这次讨论的结果如何,因未看到有关史料,也未读到涉及此事的记载,故难窥其中底细。

1995 年,日本同台经济恳话会发行了一部通观近代战争的六卷本《近代日本战争史》①,其第一编收有田中宏的《日清两国对立和开战的轨迹》一文,曾提到日本参谋本部海军部有六份对清"作战构想",但仅提到了标题,却没有论述其内容,看来是在有意识的掩盖历史真相。

那么,日本参谋本部的这六份对清"作战构想",究竟是藏在哪里呢? 又是怎样被发现的呢?

事情的经过是这样:1993 年秋,为了迎接甲午战争 100 周年的到来,以日本早稻田大学教授大畑笃四郎为委员长的"日清战争与东亚世界的变化"国际学术讨论会执行委员会在东京成立。日本奈良女子大学教授中塚明和专修大学法学部教授大谷正,为精心进行学术准备,到日本全国各地图书馆展开有关"日清战争"史料的调查。他们通过摸底了解到,福岛县立图书馆藏书极其丰富,仅其中的"佐藤(传吉)文库"所藏就一万三千多册,涉及"日清战史"者有不少是第一次被发现的珍贵史料,称得上这次调查的重大收获。

中塚明从中发现了日本参谋本部未刊的《日清战史》草案四十二册,上盖"参谋本部文库"蓝色印章,可知这些稿本是从"参谋本部文库"流出而被"佐藤文库"收藏的。在此期间,他还有一个重要发现,就是找到了秘藏达百年之久的六份海军部"征清"方策。它们是:

(一)《征清方策》,参谋本部第二局第一科科员、代理科长、海军少佐樱井规矩之左右作于 1887 年 12 月 30 日;

(二)《对策》,参谋本部第二局第三科科长、海军少佐岛崎好忠作于1887 年 12 月;

(三)《对策》,参谋本部第二局第二科科员、海军大尉三浦重乡作,无日期;

(四)无题,参谋本部第三局第一科科员、海军大尉日高正雄作于1887 年 12 月 30 日;

(五)《阐述对策意见》,参谋本部第三局第一科科员、海军大尉佐佐

---

① 奥村房夫主编:《日本近代战争史》,纪伊国屋书店,1995 年。

木广胜作于1887年12月28日；

（六）《对策》，"浪速"舰舰长海军大佐矶边包义作于1888年4月20日。

中塚明教授认为："上面六个文件除一件没有日期以外，其余有四件起草日期集中在1887年12月。这一事实值得注意，联想到前面提到的小川又次的《清国征讨方略》是作于1887年2月，可知早在1887年，参谋本部就预测到和中国的交战，并有组织地讨论过作战构想。"①这一推测是不错的。

从海军部提出的六份《征清方策》看，尽管其内容不尽相同，但总的作战目标与小川又次的《清国征讨方略》并无二致，都是以最终攻占北京为要着，不过从海军作战的角度考虑，所承担的任务有所不同罢了。所以，这六份《征清方策》着重讨论的有以下几个问题：

第一，谋取何地为海军之前进根据地。主要有三种建议：

（一）金州半岛。樱井规矩之左右提出："我前锋部队总队任务在于击溃敌之北洋舰以及（攻占）旅顺军港，以大连湾以西即金州半岛为我军进攻北京之第一根据地。"何以必破旅顺为先着？因为"查清国北部之地貌，山东省之突角与盛京省之岬角相互突出，其间许多岛屿星罗棋布，似成天然之渤海门户。加之，旅顺、威海及芝罘三港成鼎足之势，且将坚舰巨船加以伪装，以防不备之变，岂不更严？故若欲令我舰船游之于渤海中，如不先击破此门户，则不能攻克"。如此，方可"与北洋舰队决斗，将其击溃，以开拓进攻北京之要道"。

（二）威海卫。岛崎好忠认为，先占领威海卫最为有利。因为"北洋舰队如封锁、防守直隶湾之咽喉要港，而我甲、乙舰队则支援、协作，以对付北洋舰队，并将其击沉，进而先占领山东省之要地，而后掩护陆军部队登陆，最后将舰队根据地设在威海卫，侵入直隶湾，轰击沿岸炮台及其他要地，以援助陆军部队进攻北京"。

（三）芝罘。日高正雄则主张先占领芝罘："舰队令通报舰探知敌舰之所在，侦察山东省沿海之要地，趁黑夜袭击敌之舰队，将其击毁。炮击山东半岛之诸要港，占领芝罘，以此为舰队之根据地，封锁旅顺港，在海上打开运输船之通路，使陆军诸部队得以登陆。"

第二，如何打败北洋舰队？

岛崎好忠预想，届时日本舰队"已在大东湾（今朝鲜黄海南道西海岸）集

---

① 中塚明：《日清战争前的日本对清战争准备》，《抗日战争研究》，1997年2期，第7页。

合,彼不断往来,终于大举联结,其目的似在于将我舰队击溃于渤海之外,不得接近要港。我若不轰沉此舰队,则不能侵入渤海,以逼我意。而派往各处之侦察船已逐次归来,复命探索之状况。由此,我司令长官认为,要在彼等联合之前,将敌舰队诱至旅顺港以外,以一战决优劣"。

三浦重乡之思路与此不同,预想:因"庙岛海峡不曾设防","大舰队定庙岛海峡为我作战之地,击退原有之敌舰,占领其地,以诱出彼之北洋舰队,一战之下挫敌之前锋,最后完成占领。……经此地之战斗,大抵击破北洋舰队"。

日高正雄则预想,两国舰队决战可在旅顺与威海之间的黄海上进行,一旦侦知"北洋舰队将从旅顺港出发,朝威海卫航来",便"立即整顿队形,徐徐前进",准备迎击。俟"射击距离已近,先由我方开炮,彼方亦应战,彼我炮火交替,而得以相互通过。此时,我舰队毫无狼狈之色,整顿预先约定之阵形。见敌舰队之阵形已错杂,而突进急击之……

还有矶边包义,基于"(清国)舰数虽多于我,但(舰炮)口径上不能(与我)比数之多少;若多方相比,假设可视为具有同等势力"的分析,提出制定一个"彼亡四分之三,使清国之北洋五军舰沉没"的"大胜方略"。

此前,小川又次在《清国征讨方略》中提出建造大军舰 12 舰等扩充海军力量之建议,他在这里也发出了同样的吁请。

第三,选择何处为陆军进攻北京之上陆地点。从原则上说,都认为在确定进攻北京之登陆地点时,应选择"尽可能接近主攻点(北京)之处",但又要考虑到该处是否具备适于登陆的各种条件,故难免见解不同。在这六份《征清方策》中,提出了多种可供选择的方案,其中有代表性的方案是四种:

(一)直隶之抚宁县石角地方

樱井规矩之左右认为:"若已在金州半岛达到目的,则应渡海到直隶省抚宁县登陆,作为进攻北京之策源,"故"选定此处为最适之登陆地点"。

三浦重乡也有同见,进一步提出建议:"大舰队封锁旅顺港及白河,且攻击山海关近海,占领抚宁县石角附近之一山脉,以令陆军各部队登陆。"

(二)胶州湾

岛崎好忠不同意在直隶湾内实行登陆,而主张"陆军先遣兵在舰队之掩护下,占领山东省胶州湾,以待各镇台兵之到达。作为横断山东省,长驱深入攻打北京之目的,而选定此地"。

(三)大连湾

佐木广胜认为:"直隶省之海岸大多又远又浅,不便于舰队靠近,加之不得不穿过敌舰队之防御线直隶海峡。辽东湾虽然并非无便于上陆之地,但此在直隶海峡之内,似可以直隶湾外防御不完备之大连湾为上陆之最佳地点。"

(四)山海关

矶边包义认为:"陆海夹击,攻陷山海关,若暂且以此为根据地,反而会减少困难,节省船路之时日,迅速向北京进军。采用自山海关沿万里长城山脉之路线,避开新城、天津等要害,迅速从北京背后万寿山方面攻城。"

以上六种"征清"方策的提出者,尽管其建议的内容偶有参差之处,方法亦各有侧重,但在急欲发动以占领北京为目的的大规模侵华战争这一根本问题上,却是完全相同的。

这一节,笔者都是对历史资料的实录,没有任何修饰与加工。但是,相信稍有历史知识的中国人,都会感到怵目惊心的。

法国军事理论家圣鞠斯特在《剑与笔》一书中指出:"世界霸权乃人类灾祸之源。"古代大军事家孙膑强调:"故义者,兵之首也。"《吕氏春秋》中说:"兵苟义,攻伐亦可,救守亦可。兵不义,攻伐不可,救守不可。"这就明确地把战争区分为正义与非正义的两种不同性质。"利土地,欲利货,谓之贪兵,兵贪者死!"(《诸葛孔明异传》卷之三,《兵戎》)"兵非道德仁义者,虽伯(霸)有天下,君子不取。"

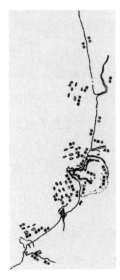

櫻井制定《征清方案》,关捷根据此方案绘图译制

近些年来,甲午战争"偶发"说在日本开始盛行起来,有些日本论者否认日本早就推行准备侵略朝鲜和中国的大陆政策。通过解读日本陆海的多份"征清"方策,可以清楚地看出,日本之发动甲午侵华战争,决不能归结为偶然性的原因,而是经过了长期的精心策划,完全是蓄谋已久的。

还是听听怀有正义感和良心的日本教授中塚明先生所说的话吧:

日本从政府到军队,预先就设想了和中国交战的时机,并做了尽可能地准备,在这种情况下才断然出兵的,而且日中间的交战,至少从1887年开始,具体的作战计划已经被构想出来了。

中塚明还对櫻井规矩之左右的《征清方策》进行了个案研究,从而得出结论:

116

从日清战争的实际作战过程也能看出,樱井的《征清方策》绝不仅仅是凭空描绘的作战构想,在以后,它被具体化并运用于日清战争的实践之中。①

① 中塚明:《甲午战争前的日本对清战争准备》,《抗日战争研究》1997年2期,第8—9页。

第五章　甲午之战

十九、清廷出兵朝鲜

中国明朝有个著名的"东林党"，朝鲜则有个"东学教"。为了避免太浓的宗派色彩，便自命为"东学道"。称"教"也好，改"道"也罢，宗旨是一样的，即后来盛行于朝鲜民间的天道教、侍天教的前身。所谓"东学"，就是"东方之学"，是与当时叫做"西学"的天主教相对抗的。如果单纯提倡和研究"东学"，那是一种"道义"信仰和文人团体，并无大碍。问题是"东学"的秀才们秘密结社，与"政治"挂钩，广传"道"义，信徒日众，特别是以目不识丁的农民为主，这便引起了统治者的恐慌。1864年4月15日，庆尚道观察使徐宪淳判教主崔济愚以妖道惑民之罪，处以死刑。

朝鲜东学道教主崔时亨

崔济愚虽死，但东学道并未被镇压下去。在他被捕之前，已将秘法授予门下高徒崔时亨，使崔成了第二世道主。1893年3月，崔时亨召开八道道众，决定呈递陈情书，上疏于国王，陈述东学道教义及教祖之冤案。

朝王以其上疏违制，不予接受，而下旨曰："尔等各归其家，各安其业，则依愿施行。"

东学道徒伏阙上疏虽未达到预期目的，却造成了极大的影响。史称道徒"来汉数十人，请韩政府尽逐各国官民，只留华人。"与中国稍后的义和团逐洋人有点类似。

4月初，时任"总理朝鲜通商事务"的三品官袁世凯致电李鸿章，亦称：

东学邪教，联名诉请韩王，尽逐洋人。迭

有揭帖榜文,沿西人门多端诟骂,称将逐杀。在汉洋人均大恐。日人多携刀昼行,尤骚讹。

朝鲜政府对东学道徒采取了欺骗手段,令其解散后又分别加以逮捕,迫害有增无减。于是,教徒和民众由激愤情绪转化为公开的暴乱。不久,震撼半岛的东学党起义在全罗道古阜郡爆发了。

日本政府一直注视着朝鲜局势的发展,等待出兵朝鲜的时机,寻找制造挑起战端的借口。朝鲜的"东学道"起义之后,日本政府似乎看到了和中国开战的机会已经到来,很快就确定了挑起和中国作战的具体思路。即,趁清政府派兵帮助朝鲜助剿"东学道"起义的时候,日本也出兵朝鲜,从而挑起中日冲突,发起对中国的战争。

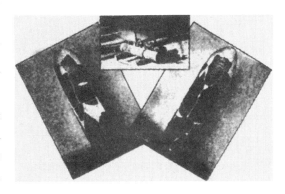

东学道使用的火炮弹

在东学道起义军迅速发展的时候,日本报纸争相报道。如《东京日日新闻》和《时事新报》从东学道一开始起义,就对起义军的性质、目的、盘踞的据点等逐项报道。一些扩张主义者更趁机大造舆论,促使政府出兵。

1894年4月上旬,日本参谋部次长川上操六就派驻朝鲜使馆武官陆军炮兵大尉渡边铁太郎,到接近起义军的地方釜山搜集情报。其后,又以参谋总长的名义派陆军炮兵少佐伊知地幸介到釜山,继续进行调查。5月,他又指使玄洋社头目平冈浩太郎组织"天佑使"先遣队,到朝鲜去扩大事态,制造日本出兵的机会。

其实早在1892年朝鲜"东学道"起义之前,日本就密切关注着朝鲜"东学道"的一举一动。1894年"东学道"起义之后,在釜山的玄洋社的成员就设法打入"东学道"内部,打探"东学道"所有行动的内情,并设法做一些工作,希望使"东学道"的行为朝着有利于日本的目标发展。为了更好地使其行动和日本政府一致,在釜山和东京的玄洋社成员秘密策划,决定派一个侦察队先行赴朝,大队人马随后实施"发火任务",即寻找机会挑起日清战端。

最后,在日本的六人和在釜山的十一人组成了"天佑侠徒",田中侍郎被推举为侠长。这十七人决定亲自去"东学道"起义军的大本营——淳昌郡,以帮助东学道为名,企图使朝鲜农民斗争的锋芒转向袁世凯所代表的清政府势力,为日本的挑衅政策服务。

在出发之前他们就起草了《天佑侠檄文》,在檄文中他们称朝鲜当局对人民实施暴政,而庇护朝鲜当局实施暴政的是中国使臣袁世凯,让起义军的斗争矛头转向清政府。出乎他们意料的是,起义军却把袁世凯称为"袁大人",把清政府称为"天朝上国"。

"天佑侠徒"派田中、铃木、武田商人在晚间就和起义军首领全琫准进行了会谈。全琫准对于日本陆续派兵来朝鲜心存顾虑,害怕日本吞并朝鲜,因此拒绝了"天佑侠徒"的建议。"天佑侠徒"的阴谋遭到了失败。

5月30日,参谋总部接到了从朝鲜釜山侦察回来的伊知地幸介少佐的报告。于是,川上操六以总参谋长的名义向伊藤博文提出建议:

> 东学道匪势甚为猖獗,韩兵无力镇压,目下趋势必向清国请求援兵,清国政府亦必至允纳此种要求。如欲保护在韩臣民,维持帝国权势,我亦有出兵之必要。①

与此同时,日本方面还秘密进行战争准备,成立运输通讯部。任命参谋本部第一局长陆军步兵大佐寺内正毅为主任,下属组员多名,专门掌管战争爆发后的输送陆军事务。

1894年5月30日,日本外相陆奥宗光和正在国内休假的驻朝鲜公使大鸟圭介进行了会见,商讨朝鲜形势。

次日,两人又深入进行极其秘密的会谈。

陆奥宗光:"大鸟兄,你在朝鲜多年,一切情况了如指掌,就当前的局势发展前景问题,请你继续谈谈高见。"

大鸟圭介:"朝鲜农民军击败政府一事,对日本是极为可喜的好时机,日本应利用这一时机,引诱清国出兵。"

陆奥宗光:"你认为清国出兵可能性多大?"

大鸟圭介:"韩既无力镇压起义军,在关系政权存亡之际,必然会求助清国,清国亦无拒绝之理。"

陆奥宗光:"要是清国拒绝呢?下一步棋怎么走?"

---

① [日]田保桥洁:《甲午战前日本挑战史》,中译本,第68页。

大鸟圭介："清国不出兵,则我国出兵,将韩变为大日本的属国——这是他们不甘心的,所以,棋局的主动权在我们手里。"

陆奥宗光："但清国也不敢贸然出兵呀!"

大鸟圭介："这就需要投放诱饵、布设陷阱了。"

大鸟接着说,"可以先向清国表态,我国不会干涉,令其放心出兵。开弓没有回头箭,清国只要出兵了,那就一切好办了,由我们主宰,让我们找到了开战的借口。"

陆奥宗光："出兵朝鲜,中国便于日本,如何才能取得主动?"

大鸟圭介："从天津到仁川需两天两夜,而日本军队从门司出发到仁川则需四天四夜,如果不早作充分准备,将会使中国在朝鲜问题上抢得先机。"

陆奥宗光进一步向大鸟询问了出兵规模及手续问题。

形势按照日本已预料到的方向发展。起义军势如破竹,5 月 31 日全罗道首府全州攻克,京城为之震动。朝王急派首相闵泳骏向袁世凯求助:"方今全州失守,若了朝鲜之兵,难以抵乱敌。且人才难得其人。望大人特念。"

朝鲜国王李熙之闵妃

袁世凯十分爽快地回答道:"朝鲜有危,吾岂不悉心护之乎? 若有难亡之端,吾当担当矣。"

6 月 1 日,廷臣会议讨论借兵是否会引起第三国出兵的问题。

闵泳骏、赵秉稷禀:"都城二十里内,贼犯之前,各国兵不得下陆,二法所载。今日清兵前来,其他外兵不得擅入。"

朝王:"若日本称邻谊,出兵来助,以何对之?"

闵泳骏:"此亦袁世凯必有涂抹之策,不必烦圣虑。"

朝王:"日前袁氏之言,不无俄兵见机称助之意,引则何以答之尔?"

清政府驻朝鲜总理通商交涉大臣袁世凯

闵泳骏:"自有所答之道。"

至此,朝王才下定借兵的决心,对诸大臣说:"此论(指不借兵的主张)固好矣,来头事未可料,诸大臣之论亦宜请援云。清馆照会促送可也。"

同一天,袁世凯向李鸿章报告说:

京兵败,械被夺,韩各军均破胆。昨今商派京及平壤兵两千人,分往堵剿。王以"兵少不能加派,且不可恃"为词,议求华遣兵代剿。韩归华保护,其内乱不能自了,求为代戡,自为上国体面,未便固却。顷已嘱"如必须华兵,可由政府具文来,即代转电请宪核办"等语。

按照《天津条约》,中国向朝鲜派兵,日本也可以借口出兵。对于这一点,袁世凯不是不知道。朝王之所以迟迟不敢请援者,也为如此。

可是袁世凯却自作聪明,他相信,即使日本以护卫使馆为名,有出兵之举,也不过派遣百余名士兵而已,不致引起难以了结的纠葛。

其实,早在5月上旬,当袁世凯派"平远"舰帮助朝鲜运兵时,日本即非常关注中国士兵是否登陆。5月29日,日本外务大臣陆奥宗光又密令杉村濬:密切注意朝鲜政府与中国使节之间的关系,是否已向中国求援。

到6月1日,杉村濬已探知朝王决定借兵,但不知中国态度如何。于是急遣书记生郑永邦访问袁世凯,以"询匪情"为名试探袁的真实意图,并引诱袁入其设下的陷阱:

郑:"匪久扰,大损商务,诸多可虑。韩人必不能了,愈久愈难办,贵政府何不速代韩戡?"

"韩廷亦有此请,我政府冀其习战自强,尚未核准。"

袁世凯接着问道:"乙酉如约我派兵,应由何处知照?"

郑闻此话,喜不自禁,立即以巧言回答:"由总署、北洋均可,我政府必无他意。"

袁世凯听了郑永邦的"必无他意"的口头保证,更加相信日本顶多"不过借保护使馆为名,调兵百余名来汉",绝不会出什么大事的。所以,他才那么自信地给李鸿章打了请兵的电报。

清政府就这样错误地估计了形势,要轻率地派兵了。

6月2日,伊藤博文在官邸召开内阁会议,伊藤内阁陷于危机之中。因为5月31日,日本众议员围绕行政管理和节减经费开支问题弹劾内阁,伊藤博文所处的地位是,要么实行内阁总辞职,要么解散议会。正在内阁阁员们对是否解散议会激烈争论的时候,陆奥接到了杉村濬的急电,报告朝鲜政府已向袁世凯提出中国出兵的请求。

杉村的急电给正处于困境的政府提供了把国内矛盾转向国外的绝好时机。

陆奥宗光如获至宝,在会上提出:如果中国确有向朝鲜派遣军队的事实,不问其用任何名义,我国也必须向朝鲜派遣相当的军队,以备不测,并维持中日两国在朝鲜的均势。[①]

日本在战前召开大本营御前会议

同时陆奥宗光立即派人请炽仁亲王和参谋次长川上操六参加会议,并对出兵朝鲜问题做出了秘密决议。伊藤博文随即携带这项秘密决议进宫,奏请明治天皇批准,并得到了明治天皇认可。

当天夜里,陆奥宗光和林董及川上操六研究了有关出兵朝鲜的军事、外交的具体问题。讨论中一致认为,此次出兵应以"保护"公使馆和侨民为借口。川上操六认为,这次日本出兵必定要与清兵发生对抗。据他分析,中国向朝鲜派出的军队不会超过 5000 人,而日本要想在和清军的较量中居于上风,一定要派出一个由 6000 至 7000 人组成的混成旅团,这些兵力如果在汉城及其附近取得胜利,清政府便会求和。即使清政府不求和,进一步增加兵力的话,日本就要增派一个师团的兵力,在平壤打败南下的清军,到那时清政府肯定会求和。因此,日本政府应先派遣一个混成旅团,并做好派遣一个师团的准备。川上操六的意见与陆奥的意见完全一致,这更加坚定了陆奥"诉诸武力的决心"。

6 月 3 日,朝鲜政府为剿灭"东学道"起义军,向中国政府发出了请兵的正式"呈文"。

6 月 4 日,李鸿章决定向朝鲜派兵,并得到了光绪皇帝的同意。从 6 月 6 日下午 6 时起,中国军队共计 2456 人,分三批奔赴朝鲜,到 6 月 25 日全部到达牙山。

6 月 4 日当天,袁世凯派人通知杉村濬,朝鲜政府已经正式提出请求派遣

---

① 陆奥宗光著、伊舍石译:《蹇蹇录》,北京商务印书馆 1963 年版,第 9 页。

援兵。杉村濬立即将此事电告给日本政府。电文如下：

> 袁氏派其书记官通知我，昨夜朝鲜政府已就请求援兵一事发出公文。本官请该书记官转告袁氏：对于贵国出兵朝鲜，建议清国政府能根据天津条约履行适当的手续。据我推测，援兵可能有一千五百名左右，即将由威海卫派来。对此，我政府是否也要立即出兵。[1]

在同一天，杉村濬还把韩国向清国请求援兵之事，用电报通知给日本驻韩国的各领事以及驻北京的日本代理公使。同时，日本驻中国临时公使小村寿太郎也将情况报告到外务省。

在接到杉村濬和小村寿太郎的电报之后，6月4日的当天，陆奥就命令回国休假的大鸟圭介乘军舰"八重山"号回朝鲜。大鸟圭介临出发之前，陆奥又特别的详尽的指示，把挑起战端的任务完全交给了他。

川上操六

6月5日，杉村濬又把郑书记生去袁世凯处探得有1200名士兵，从山海关出发的消息电告给东京。就在这一天，日本根据《战时大本营条例》，正式成立了大本营。这个条例规定，大本营是天皇亲自主持下的战时最高统帅机构，有关战争的统帅权事宜不受任何国家机关的限制。天皇的战时军令大权，仅由作为天皇幕僚长的参谋总长辅佐。大本营的成员全是陆海军的高级将领，没有一名文职官员，即使内阁首相也不能出席大本营会议，无权参与作战计划的制定和作战指挥的实施。战时大本营的建立充分说明了日本发动侵略战争的决心。当时，大本营的核心人物是川上操六。

当时，日本决定向朝鲜派出的只有一个混成旅团的兵力，从指挥上说，并没有必要设立如此庞大的大本营。日本这样做足以表明当时的日本政府已经下决心要和中国开战了。

同一天，明治天皇批准向朝鲜派出一个混成旅团，并向驻广岛的第五师团

---

[1]　杉村濬著《明治二十七八年在韩苦心录》，《中日战争》丛刊续编，第7册，第4—5页。

下达了扩充兵员的旨令。当天的半夜 11 点 30 分,杉村濬接到陆奥宗光的电报:

> 大鸟公使六月五日午后一时乘"八重山"舰从横须贺起锚去仁川,有三百名水兵和二十名警察作为警卫随行。但水兵出发一事,在新的训令到达之前不得公开。①

日本出兵朝鲜必须得有理由,关于这一点日本早就做好了准备。6 月 5 日,陆奥致函日本内阁总理大臣伊藤博文,将编好的出兵朝鲜理由交由伊藤博文请求日本阁议批准。信函称:此次向朝鲜国派遣兵员,系根据明治十八年缔结之天津条约第三款。考虑事先行文知照清政府之必要,由在北京之小村临时代理公使照会清国总理衙门,其文如下:

伊藤博文

今接我国政府之训令,遵照明治十八年四月十八日两国缔结之条约,须向贵亲王大臣知照如下事项:

> 朝鲜国如有重大变乱事件,帝国有向该国派遣兵员之必要,因此,帝国政府理应向该国派遣兵员。②

这一理由显然强词夺理。但却得到了日本阁僚的赞同,当天伊藤博文就将批准文书交给了陆奥。批准书称:"关于向朝鲜国派遣兵员向清国总理衙门照会之事,业如所请,经上奏批准裁可。"

6 月 6 日,清政府驻日大使汪凤藻照会陆奥宗光,告知中国政府应朝鲜政府之请求,按照"我朝保护属邦旧例",令派直隶提督叶志超"选带劲旅,星驰朝鲜全罗、忠靖一带,相机堵剿……一俟事竣,仍即撤回,不再留防"。继令太原总兵聂士成统领马步军 910 人,为前锋。

照会发出的当天,日本方面立即有所反应。汪凤藻急电李鸿章,告知日本政府令其驻朝鲜公使大鸟圭介"带捕二十名立赴韩,并添调一舰护商"。

根据陆奥宗光的指示,6 月 6 日,杉村濬向朝鲜外务督办赵秉稷和袁世凯

① 杉村濬著《明治二十七八年在韩苦心录》,《中日战争》丛刊续编,第 7 册,第 5 页。
② 《日本外交文书》508,《中日战争》丛刊续编,第 9 册,第 190 页。

通报大鸟公使已经从日本出发回朝鲜。同时"透露了作为护卫率来警察二十名,但对水兵同来一事秘而不宣"。①

对于日本派兵一事,袁世凯十分担心。

6月7日,袁世凯致电李鸿章:"大鸟来,虑生事。"

李鸿章复电则说:"大鸟不喜多事。"认为,他带巡捕二十来名,似无"动兵意",坚信日本"必无他意"不会借机寻衅。

这一复电是缺乏深谋远虑的李鸿章愚蠢的主观臆断,可见他对日本多年来谋划"征清"一无所知。

6月8日,袁世凯派人询问杉村濬:"日派兵何事"?

杉村濬答,日兵照日韩壬午约(指光绪八年韩日《济物浦条约》)来护使馆,"无他意"。

6月9日,总理衙门照会日本称:

> 查中国因朝鲜之请,派兵助剿,系保护属邦成例。且专剿内地土匪,事定即回。现在仁川、釜山各口情形安堵,通商之地,暂住兵轮,以资保护而已。贵国派兵,专为保护使署及商民,自无需多派。且非朝鲜所请,断不可进入朝鲜内地,致人惊异。更虑中日兵队相遇,言语不通,军礼各异,或致生事。即希贵署大臣电达贵国政府为要。②

6月10日,袁世凯电告李鸿章说日本公使大鸟不听韩国劝阻,已经带了很多兵来汉城,和李鸿章商议让"济远"舰的管带方伯谦也派兵进入汉城,与日本相抗衡。李鸿章复电说:

> 汉城平安无事而日独调兵,各使当有公论,我宜处以镇静,若各调兵做声势,徒自扰也。③

在这一电文中,李鸿章仍然对日本蓄意挑起的战端毫无觉察和警惕,竟把希望寄托在"各国公论"上,可谓迂腐至极!

12日,日本复照总理衙门称:

> 此次我国派兵朝鲜,是凭《济物浦条约》而为之,遵照《天津条约》办理在案。其应几多调派,我政府不得不自行定度。其应如何行动,非所掣肘。

① 《中日战争》丛刊续编,第7册,第5页。
② 王芸生:《六十年来中国与日本》,三联书店1980年版,卷2,第29页。
③ 《李鸿章全集》,电稿,第2册,第694页。

这一照会充分暴露了日本的险恶居心，就是说，我既然可以派兵保护使馆与侨民，至于派多少及"应如何行动"，你们管不着，不受你们"掣肘"。

当中国派兵之先，丁汝昌先期遣"济远"舰率领"扬威"舰驶至仁川口时，与"平远"舰合为一小队，以观形势。当时，日本运兵船络绎而至，"大和"、"筑紫"、"赤城"三舰亦泊仁川口，并泊汽艇探测牙山湾，显然居心叵测。

到了6月15日，日本运兵船由吉野舰护船，先后进入仁川港。16日，全队登陆。大岛义昌将旅团司令部设在了仁川的水津旅馆。到16日，日本海军共出动了"松岛"、"吉野"、"千代田"、"八重山"、"筑紫"、"大和"、"高雄"、"赤城"八只舰艇，而中国仅有"济远"、"扬威"、"平远"三只舰艇，日本海军力量远远凌驾于中国海军之上，军事上已经占有绝对的优势。

一时间，在朝鲜就有了中国和日本两国军队。那么，中日两国当时出兵朝鲜的性质怎样呢？

首先，我们分析一下中国出兵的性质。

在1894年之前，中国与朝鲜长期维持一种宗藩关系。早在秦汉时期，朝鲜半岛北部的古国就"附属"中国。清朝皇太极在位时，数次出征朝鲜，并于1637年与朝鲜建立了"宗藩"关系。清朝顺治入关、取代明朝及一统天下之后，与朝鲜维持宗藩关系达二百年之久。1884年日本支持的朝鲜开化党发动政变，清朝直接出动军队平息暴动与政变之后，清朝政府主要从自身和朝鲜安全考虑，同时为便于加强控制，警惕日本、俄国蚕食朝鲜，还是采取了强化宗藩关系的政策，并派袁世凯长期驻扎朝鲜，加以具体实施。

由于有了这种宗藩关系，所以当朝鲜国内发生农民起义的时候，朝鲜政府首先想到的是求助中国的清政府帮助剿灭起义军。

清军是在朝鲜政府的请求下才进入朝鲜的，对于这一点不论日本，还是朝鲜都是承认的。当时日本的报纸还进行了不同程度的报道。日本的《时事新报》报道说：

> 东学道蜂起，旷日已久，但朝鲜政府力量弱小，不能将其讨平，今日已无路可走，遂向清政府请求援兵，清政府立即允诺。①

朝鲜外务督办赵秉稷在照会驻韩各国使节时也说："中国军是被请求帮助平定叛乱的。"由此可见，清军进入朝鲜是被朝鲜政府邀请来的，帮助朝鲜

---

① 关捷译：《日本报纸记载的中日战争史料》，《中日战争》丛刊续编，第7册，第195页。

政府剿灭起义军的,而且清军决定在任务完成之后就立即撤回国内,决不在朝鲜留防,这更加清楚地表明了清政府没有侵略朝鲜的任何意图。

其次,我们再看一看日本出兵的性质。

日军进入朝鲜,事先朝鲜政府一点也不知道。6月7日,日本外务省才决定让杉村濬将日本准备出兵朝鲜一事告知朝鲜政府。

朝鲜政府得知日本将要派军队进入朝鲜之后,多次派人阻止日本的行为,朝鲜政府还曾多次提出抗议,并敦促其撤兵。但是,屡次遭到日本的拒绝。

日本政府此次强调出兵的理由是《济物浦条约》第五款和《天津条约》第三款,其实这作为日本出兵的依据是站不住脚的。1882年8月30日,朝日签订的《济物浦条约》第五款规定:"日本公使馆,置兵若干,备警事。……若朝鲜国兵民守律,一年之后,日本公使……不妨撤兵。"可见,日军护卫日本使馆是暂时性措施,并且规定日本护卫兵在韩的时间是一年,也就是到1883年8月,日本就应遵循条约的规定从朝鲜撤出护卫兵。但日本并没有这么做,相反却在事隔十几年之后以此为借口出兵朝鲜,严重违背了条约的规定。

日本还以1885年4月18日和中国签订的《天津条约》为"依据"。其实,《天津条约》中只说"将来朝鲜若有变乱重大事件,中、日两国或一国要派兵,应先相行文知照,及其事定,仍即撤回,不再留防"。它根本没有规定,一方出兵朝鲜,另一方也要出兵朝鲜。对于这一点日本自己也明白,当英国在其调停活动中指责日本无视《天津条约》时,陆奥宗光对英国也曾承认,《天津条约》只规定了出兵时必须先互相照会,和其他并无任何直接的关系。可见,日本硬要把"应相互行文知照"理解为中国出兵,日本也要出兵,就是在为其出兵朝鲜寻找的借口。

日本出兵朝鲜,不仅没有得到朝鲜政府的邀请,而且屡次遭到朝鲜方面的抗议和阻止。就像朝鲜外务督办赵秉稷在照会驻韩各国使节时说的:

> 中国军是被请求帮助平定叛乱的,日本军不是被招请,而是不顾朝鲜政府的抗议而来的……我谨向各国代表及其政府提出,在日本与朝鲜和平相处的时候,朝鲜境内保留这样多的日本武装军队是不合乎国际法的。国王指示我,请求对具体情况完全了解的各国代表们,依据条约出面作友谊的调停,使现在的情况获得和平的解决。①

---

① 《中日战争》丛刊,第7册,第430页。

由此可见,日本出兵朝鲜,不仅出兵的两个依据站不住脚,而且是在被朝鲜政府拒绝之后强行登陆的。因此,日本出兵朝鲜是一种侵略行为。

6月10日,大鸟准备率兵入京。朝鲜政府赶忙又派外务协办李容植迎到汉江左右,不准日本士兵进入汉城,并力劝日本军队返回。经过激烈的争论,大鸟公使拒绝了朝鲜的要求,在当日的午后6点钟左右,强行带领护卫的海军士兵420名和野战炮4门进入京城。

11日,赵秉稷会见大鸟公使,抗议日兵入京,并要求日本速撤兵。大鸟断然予以拒绝。

6月12日,朝鲜政府指出,农民军已经和政府签订了《全州条约》,叛乱已经平定,日本干涉的口实已经不复存在,应当立即撤兵。但是日本不仅不撤兵,反而加派了在韩的兵力,有一千多人很快在仁川登陆。与此同时,日本国内还在继续动员增兵朝鲜。

6月26日,朝鲜国王接见大鸟公使,在与大鸟公使会谈时,朝鲜国王表示,自从日本兵进入朝鲜以来,朝鲜百姓忐忑不安,提出希望日本尽早撤兵。

可见,从日本军队进入朝鲜的过程来看,朝鲜政府对于日军的到来是不欢迎的。在和日本的几次交涉中,朝鲜方面的态度十分强硬,拒绝日军进入朝鲜。但结果都因朝鲜实力衰弱,不能用强有力的手段阻止日本的行动,致使其在外交上节节败退。

接下来,是中日两国关于"撤兵"的频繁交涉。但在这场交涉中,由于清政府内部意见不同,有主和与主战两派之争。朝中意见不一,难以对朝鲜问题制定出正确的方针,因此,交涉的结果只能使日本赢得了动员和部署兵力的时间。

中国出兵朝鲜之后,"东学道"起义军已经和朝鲜政府签订了《全州条约》,中国军队也就没有必要再和"东学道"起义军打仗,这样他们只好暂住牙山听候清政府的命令。

朝鲜政府于6月13日致函袁世凯,请求中国撤兵,以解除日方的借口。函云:

> 前因南道土匪猖獗,愿请天兵前来代剿;乃该匪闻知此情,已即落胆,先后逃窜者甚多。此皆仰仗天威暨中堂声援之所致也。……日本以天兵来剿,忌疑多端,日前突发五六百兵,驻我都下,屡向外署驳论阻止,终不听从,意似必须天兵撤回,始肯同撤。传闻仍有数千兵,继来于后。幸值该匪已除,冀可解祸,即恳贵总理迅即电禀中堂,酌量援救,非敝邦所敢渎

请也。如荷始终庇护,望即施行,情急势迫,企望维殷云云。①

令人匪夷所思的是:在朝鲜政府恳请清军撤兵之后,自身腐朽、自顾不暇的清廷竟不虑国际纠纷拖延之弊,在此事上优柔寡断。聂士成抵全州已是7月5日,东学党起义军退出全州已20天。10日,聂士成回牙山,向叶志超报告全州事件业已处理完毕,并建议速请李鸿章"派轮接队内渡,免启衅端"。叶志超则犹豫不决。当晚,聂士成致电李鸿章,报告"前敌招抚情形,并请撤队内渡"。其禀文有云:

> 我军本奉命平韩乱,非与倭争雄也。倭乘间以水陆大队压韩,据险寻衅,蓄谋已久。又敌众我寡,地利人和均落后着,与战,正堕彼术中。今匪乱已平,正可趁此接队内渡,免资口实。……否则,倭将先发制我,衅端一启,大局可危。②

聂士成,这位被日本人誉为"计划战略常以勇敢见称"的将领,为什么主张退却呢? 这是因为"兵无常势",而要逐步地在军事上变被动为主动,只有采取兵法上所说的"避实就虚之计"。这是一种积极的战略退却。如果聂士成的意见被采纳,则中国不仅在军事上可改变不利处境,而且在政治及外交方面也将居于主动的地位。对于日本发动侵略战争的计划,必然是一个沉重的打击。

然而,李鸿章复电:"暂静守勿动。"

英人赫德对局势洞若观火,对李鸿章的举动予以嘲笑:

> 日本是根本没有什么正义可言的,除非借口代别人打抱不平而自己捡便宜也可以算作正义。正义完全在中国方面。我不信单靠正义可以成事,正像我相信单靠拿一根筷子不能吃饭那样,我们必须要有第二只筷子——实力。但是,中国人却以为自己有充分的正义,并且希望能够以它来制服日本的铁拳,这想法未免太天真了。③

李鸿章错过了在朝鲜迅速撤兵的时机。当日本大量增兵,战争一触即发之时,方开始匆匆运兵增援牙山。李鸿章但恐海路危险,决定租用外国船,由清政府承担保险。即如果"至朝鲜海口遇险失事,中国允许赔偿船价",而损

---

① 《李文忠公全书·电稿》卷十五,第40页。
② 《东征日记》,见《中日战争》六,第8页。
③ 《赫德给金登干的信》,见《中国海关与中日战争》,第78页。

失的武器装备则"由中国自行认赔"。在这样苛刻的条件下,租赁了"爱仁"、"飞鲸"、"高升"三艘外国船。

当三船载兵赴朝之际,日本军方早已得到了情报。"高升"号起碇的当天,日本大本营即下达了袭击中国护航舰的命令。

7月19日,日本大本营便向联合舰队司令官伊东祐亨发出了如下的命令:"贵司令官当率领联合舰队,控制朝鲜西岸海面,在丰岛或安眠岛附近的方便地区,占领临时根据地。"同时,日本政府还通过英国驻日本公使楚恩迟转告清政府:如果中国派兵增援驻朝军队,应视为对日本表示敌意行动,"即作要杀倭人论"。

22日,大鸟圭介向朝鲜政府发出照会,要求朝鲜政府"饬令清军退出境外",并限定24日为期,"倘延不示复,则本使自有所决意行事"。这实际上就是最后通牒。

当时,海军大臣西乡从道提出质询:"若于此最后通牒后遇中国舰队,或中国增派军队,在外交上有没有什么问题?"

陆奥宗光果断地回答:"作为外交上的顺序,没有什么问题。"

这就赋予了日本海军袭击北洋舰队的行动自由。

朝鲜政府早在6月13日就请求清政府撤兵,可是清政府不仅未撤兵,还继续增兵。

第一步棋已是大错特错了,但还可挽回失着。聂士成提出"撤队内渡"的建议时,正是清军实行战略退却的大好时机,而这样的时机稍纵即逝,一

西乡从道

去不返。叶志超和李鸿章皆未能采纳此建议并付诸实行,真是聚九州之铁难以铸成之大错!

清国军队已经乖乖地"听令",循着日本统帅部指引的路线,盲人骑瞎马般的前行,全部地跌入了早已设下的陷阱。日本在窃喜之余,则要一步步地收拾落入陷阱的猎物,品尝胜利的果实。

于是,就有了按日本统帅部拨动的如意算盘,接连发生的下列事件:

1894年7月25日,日本联合舰队在丰岛海面对中国军舰及运兵船发动突然袭击;日本陆军在朝鲜全面进攻,清军一溃千里,9月14日平壤陷落;

9月17日，日本联合舰队寻机在黄海与北洋海军决战；清军被逐出朝鲜后，日军打过鸭绿江，进入中国本土作战；10月23日开始，日本第二军于辽东花园口登陆；

11月21日，日军向旅顺口发动总攻，以极小的伤亡占领后，进行了骇人听闻、惨无人道的血腥大屠杀；

12月14日，日本海军军令部部长桦山资纪传令于伊东祐亨，命联合舰队协同第二军攻占威海卫，并运送第二军在山东半岛登陆；

1895年2月17日，日本联合舰队驶入威海港，北洋海军全军覆没。

二十、清廷避战求和、消极防御

甲午战争以清廷彻底失败而告终。一百多年来，不乏对失败原因从各个层面上进行探讨与总结，有的从宏观着眼，有的于微观入手；有的是总括的，有的有所侧重，如果加以归纳，有数十条之多。诸如：政治制度腐败，掌军统帅昏聩；海防思想落后，海权意识淡薄；日军知己知彼，清军闭目塞听；实施消极防御，战略战术错误；武器装备较差，官兵素质不高；军事训练不严，作风纪律松弛；庸将畏敌如虎，临阵脱逃降敌；后勤保障不力，舰艇严重失修；战前准备不足，接敌队形呆板；遇敌应战仓促，临阵措置失当；主帅过早受伤，战场指挥拙劣；学堂育人孱弱，生员巾帼气重；海陆不能协同，遭敌各个击破；北洋一隅之力，迎敌举国之军；军队"私属"流弊，躲避与敌拼争；港口建设漏弊，配套设施不全；岸防配置失衡，防御体系瓦解等等，不一而足。

笔者认为，政治腐败、最高指挥官低能，战略上的消极防御是其失败的总根源。

战略是对军事斗争全局的筹划和指导，"一着不慎，全盘皆输"，其重要性和决定性不言而喻。政治腐败、最高指挥官低能显而易见。今着重分析战略错误祸及战争全局。

著名军事战略家、海权理论的首创者马汉认为：

> 如果战略错了，那么，将军在战场上的才能、士兵的勇敢、辉煌的胜利，都将失去它的作用，尽管在战略正确的情况下它们能起决定性的作用。①

---

① 马汉《大战略》。

战略防御的基本原则是实行积极防御，反对消极防御。只有积极防御才能实现敌我力量的消长，转换全局的形势，打破敌人进攻，并为自己转入战略进攻创造条件。

大军事家毛泽东在《中国革命战争的战略问题》中说：

> 积极防御，又叫攻势防御。消极防御，又叫专守防御，又叫单纯防御，消极防御实际上是假防御，只有积极防御才是真防御，才是为了反攻和进攻的防御。据我所知，任何一本有价值的军事书，任何一个比较聪明的军事家，而且无论古今中外，无论战略战术，没有不反对消极防御的。只有最愚蠢的人，或者最狂妄的人，才捧了消极防御当法宝。然而世上偏有这样的人，做出这样的事。这是战争中的过失，是保守主义在军事上的表现，我们应坚决地反对它。①

在甲午战争中，无论是陆战和海战，清廷军权的掌握者、战争全局的指导者、错误战略的实际执行者李鸿章，奉行的是消极防御。这是被大量文献、诸多言行、战争实践证明了的客观事实，是永远也翻不了的铁案。

消极防御必然导致战争失败，这也是古今中外军事史上的定律。

消极防御在海上斗争中又集中体现在"并不算败"的一次战斗之后便一蹶不振，轻易放弃战争全局胜败的关键——制海权。

清政府自己在一败涂地、全军覆灭后还头绪茫然，推卸责任，寻找各种借口，而敌人在大获全胜后沾沾自喜，于彼岸洞若观火地帮助你总结惨败的根本原因。

日本的战略家认为，远离本土进行陆海协同的任何作战，必须牢牢地控制制海权。1894 年 7 月 17 日日本大本营所拟定的三条作战方针："第一，若海战获胜，夺得制海权，陆军则长驱直入，进攻北京；第二，如海战胜败未决，则陆军进攻平壤，海军则持朝鲜海峡的制海权；第三，若日本舰队大败，则陆军全部由朝鲜撤退，而以海军防守沿海。"②日本军方把制海权的控制，作为战争能否取胜的中心环节，加以强调。

川崎三郎在《日清战史》③中说：

---

① 《毛泽东选集》第 1 卷，第 198—199 页。
② 藤村道生：《日清战争》第 83—84 页。
③ 第 7 编，上，第 1 章，第 19 页。

海军政略之要,在于占有制海权。而占有制海权,则在于能否采取攻势运动。清国舰队在作战伊始,就未采取攻势运动,而采取绝对的守势运动,此乃清国之失算。

这个重大的战略问题,李鸿章根本没有认识到。正因为如此,在战争爆发前既未能有效地控制制海权,丰岛海战后,又主动放弃了黄海东域和朝鲜海峡的制海权。致使朝鲜战事失去海上的支援和配合,在朝鲜进剿的计划破灭,日军占领朝鲜。黄海海战以后,黄海制海权全部丧失,使日本无所顾忌,长驱直入辽东。后期,本可以在海岸要塞炮火掩护下,游弋近海,协助陆军作海岸防御的,可是,他命北洋海军龟缩港内,蛰居威海卫,从而进一步放弃了渤海和近海海湾的制海权,导制威海卫丧失,北洋舰队全军覆没。

从日本在朝鲜挑衅到丰岛海战爆发,经过了近两个月的踌躇和争论。1894 年 8 月 1 日光绪皇帝对日宣战的诏书正式出台:

倭人渝盟肇衅,无理已极,势难再于姑容。著李鸿章严饬派出各军,迅速进剿,厚集雄师陆续进发,以拯韩民于涂炭。并着沿江、沿海各将军、督抚及统兵大臣,整饬戎行,遇有倭人轮船驶入各口,即行迎头痛击,悉数歼除,毋得稍有退缩,至于罪戾。①

上谕要求清军实施陆海配合,有攻有守,攻防结合的战略,即人们通常所说的“海守陆攻”战略方针。这一战略,从当时的情况出发,没有什么不当。有人说,“进攻是积极的,防御是消极的,这是公式”。此论显然是错误的,更不能称其为“公式”。因为防御有积极防御和消极防御之分,我们反对的是消极防御,从来不否定积极防御。

关键的问题在于:清廷在实际上执行“海守”和“陆攻”的战略了吗?

先看,怎么才叫“海守”?

“守”是个多义字,《汉语大词典》的第一条解释是:守卫,防守,把守;戍守疆域土地。那么,“海守”是何含义? 它应守卫、把守海上的疆域国土,即守护蓝色领土、交通线、港口、海岸等,不让敌人行动自由。要达到这一目的,必须要千方百计、锲而不舍地争夺“制海权”,哪怕是局部海域的制海权也好,因为丧失了制海权,便压根儿谈不上“海守”。

北洋海军成军之初,军舰的命名煞费苦心,巡洋舰以上的战舰名字都带

---

① 《上谕》《清光绪朝中日交涉史料》卷 16,第 2—3 页。

"远"字,这主要是李鸿章的文才展露,旨意昭然。如铁甲战列舰"定远"、"镇远",巡洋舰"致远"、"经远"、"来远"、"靖远"、"济远"、"平远"等。但是,这些带"远"字号的大舰,在实际作用中名与实极不相符,反差强烈,成了莫大的讽刺。吨位稍小一点的巡洋舰,名字也颇好听和令人鼓舞,如"扬威"、"超勇"等,可惜在实战中既未能"扬威",也未显"超勇"。特别是黄海大战之后,这些军舰不是沉没,便是株守军港,龟缩锚地,停靠码头,任日本小鱼雷艇潜入内港施放鱼雷,疯狂攻击。

曾威名显赫、远东第一的北洋舰队既未"定"远和"镇"远,也未"平"远和"济"远,是将士们畏敌如虎、不敢与日本联合舰队交锋吗? 不是,他们曾多次要求主动出击。

丁汝昌根据光绪帝的战略方针,代表北洋官兵,要求率舰援朝,先发制敌。李鸿章不许,以为"日本并未与我开衅,何必请战",责备丁汝昌"不自量力"。丰岛海战前,丁汝昌再次要求率舰队继发接应,又被李鸿章制止,使丰岛海战惨败。当日本舰队多次窥伺威海,李鸿章却下令,北洋海军须"持重防守,决不许滥进,袭击日本舰队"①,并画地为牢,把北洋禁锢于山东成山角至鸭绿江口一隅,不准舰队巡海制敌。"汝善在威海守汝数只船勿失,余非汝事也"(《中日战争》一,第67页)。当平壤失守,清军被日本逐出朝鲜,黄海大战结束后,李鸿章完全改变了光绪帝的"海守陆攻"战略,奉行了"避战保船"这一彻底的消极防御战略,"海守"更成空言。

再者,清廷是否进行了"陆攻"?

且不说李鸿章派往朝鲜之陆军,主将叶志超弃守牙山,逃奔平壤;聂士成在成欢驿率部接战后也迅速后撤,最终都是一溃千里。在国内,陆军也是分散配置,无进攻之力。在旅大地区,辽东半岛正面的沿海地区,西起老铁山,东至鸭绿江口,整个地形前低后高,是组织抗登陆作战的良好地区。但当日军攻占平壤进逼鸭绿江时,李鸿章不了解日本大本营的战略意图,错误地判断了日军的主攻方向,加之奉天是清王朝故都,以致陆续把长期守备旅大的兵力调赴鸭绿江前线,而又募集新兵以填防,兵力明显不足。在山东半岛,清廷在战略上重京津而轻山东。山东巡抚李秉衡致电总署,详陈威海军情,谓以现有兵力,"实有顾此失彼,难以周密之势"。陆军有限的兵力也是附炮台以守,缺乏纵深部署。如辽东半岛的金州地处半岛蜂腰,防旅顺后路的咽喉,本应重点布

① 川崎三郎:《日清战史》第7编,上,第1章,第21页。

防,却兵单力薄。

回顾甲午战争的全过程,从朝鲜到中国本土,陆军几乎没有一次像样的进攻,甚至少有强有力的抵抗,更没有取得过一次大捷,所以"陆攻"战略成了虚言妄说。

由此可见,对只在诏书中提出、从未实战执行的"海守陆攻"战略,研究一番也可以,但一而再再而三进行"是否正确"的评论,似乎有"纸上谈兵"、书生论剑之嫌,既缺乏深入的理论探究意义,也甚少现实的借鉴警戒作用。

有人认为:"'保船制敌'之策确有一定的合理性,不可全盘否定。它不是消极防御,而是在保持近海制海权的前提下的防御作战。"

毛泽东说:"战争的基本要求是:消灭敌人;其另一要求是:保存自己。保存自己的目的,在于消灭敌人;而消灭敌人,又是保存自己的最有效手段。"(《论持久战》)

"保存自己"是人与武器装备的结合,因为在战争中人是决定因素,武器装备是重要因素;人与武器装备,人与地比较起来,人是第一位的。正如军事家刘伯承所说:"战争的胜负,决定于主力之保存或丧失。存人失地,地仍可得;存地失人,必将人地皆失。"①

"船"仅是海战的一种武器装备而已,不包括人与地;"制敌"并不等同于"消灭敌人","制"充其量是"制约",绝非"制服",更不是"消灭"。

因而,笔者认为:"保船制敌"这句话,严格来说,不正确也不合逻辑,是经不起推敲、站不住脚的,因为它完全不同于"保存自己,消灭敌人"的战争基本原则。

退一步讲,且不论"保船"的内涵太狭,"制敌"的目标不高,就"保船制敌"这句话来论,按照毛泽东的这段名言的逻辑,我们来研究"保船"与"制敌"之间应有的、内在的辩证关系:

怎么才能有效地"保船"? 最根本的办法,便是消灭敌人的船。敌人的船存在,且很强大,随时随地会向你进攻,那么,你的船就可能随时随地被消灭,永远"保"不住。这就是说:只有制敌,才能保船;保船的目的,在于制敌。

要取得战争的胜利,"是要付出代价的,有时是极大的代价。部分的暂时的牺牲(不保存),是为了全体的永久的保存。"②船(舰)是武器,是工具,它部

---

① 《刘伯承军事文选》。
② 毛泽东《论持久战》。

分的暂时的牺牲(不保存),是为了战争全局的胜利,怎么能为了保船而保船,将工具、手段与根本目的颠倒呢?

在日军登陆荣成湾前后,清廷和李鸿章接连向北洋舰队下达的一系列指令,都是围绕着一个核心:即"海军战舰必须设法保全。"①

可能有人会代李鸿章叫苦:我的"家当"少,"本钱"缺,故"未敢轻于一掷"(李语)。"轻于一掷"当然是不对的,那么,待什么时机你"重于一掷"、"孤注一掷"了?

我们不是主张不要保船,但保船之后干什么?是为了在关键时刻作一拼搏,即最后"摊牌"、"亮剑";而李鸿章的战略却不是这样,他把这些船,看作个人的政治资本,故绝对舍不得为了国家和民族的根本利益用到战场上去与敌人争锋,他煞费苦心地要保存下来的武器装备——船,并没有寻机歼敌,发挥威力与作用,而是把它"藏"起来,"躲"起来,以"不用"的"绝招"来"保住"它,想借此吓唬人,继续画他的纸虎。

所以说,"保船制敌"是一句自欺欺人且冠冕堂皇的话。将"保船"放在首位了,还怎么"制敌"。反之,要"保船"就要"避战",不避战就觉得不能有效地保船。

总括起来一句话:把保船放在第一位,完全是消极防御,是极其错误的战略。消极防御,错误战略,还谈得上什么"制敌"吗?

现在再来研究一下:北洋海军在什么海域保持了"近海制海权",并进行了"防御作战"?

有人在甲午战争研讨会的文章中竟然说:

"将北洋舰队用于为运兵船护航,铸成大错。致使北洋舰队过早地与日本联合舰队遭遇,损失惨重,令日本摧毁北洋舰队,派兵在山东半岛和辽东半岛登陆的阴谋得逞。"

这段话简直令笔者瞠目结舌!

朝鲜战场在进行陆上决战,中国必须增兵,而增兵必须运兵。照这么说,应该都像"高升"号这样,任凭日舰拦截和击沉,让上千陆军用步枪去对付日本军舰,北洋舰队应该不出去为运兵船护航,作"壁上观"。连护航都不敢,主张放弃,还谈得上什么"海守"和"制敌"?

该文作者还说:"若非北洋舰队早在战争一开始就在黄海与日本联合舰

---

① 《中日战争》丛刊,第3册,第338页。

队交锋,损失惨重的话,日军绝对不敢让其运兵船大摇大摆地在黄海海域横向航渡,运送部队在花园口登陆和荣成湾登陆。"

这种不从客观实际出发,一厢情愿的假定,真是令人哑然失笑,无话可说。

作者不去想想,既然日本统帅部多年前便精心策划了这场战争,它在运送登陆部队前必定要寻机与北洋舰队交锋,将其打败,夺取制海权。如意算盘操在人手,清军一直是被动的。

日本的间谍遍布中国,对一切形势了如指掌,北洋舰队的一举一动,全在人家掌握之中,不与日本联合舰队"遭遇",你躲得开吗?

当日本为配合进攻平壤,对威海进行袭扰时,李鸿章非但不给以迎头痛击,相反,令北洋舰队回防。认为我军"只八船为可用,北洋千里,全资屏蔽,实未敢轻于一掷",提出:

> 惟不必定与拚击,但令游弋渤海内外,作猛虎在山之势,倭尚畏我铁舰,不敢轻与争锋。①

一位英雄,一员大将,若横刀立马,与强大的对手搏斗中倒下,是壮烈而光荣的;然而若让自己"束手",任被草芥之徒、无名小卒挥刀放箭致死,是何等的悲苦且窝囊!

且看川崎三郎对黄海大战中北洋舰队主力舰的记载:

> "定远"对"配备大口径炮之最新式诸巡洋舰毫不畏惧","陷于厄境,犹能与合围之敌舰抵抗。"起火后,"甲板上各种设施全部毁坏,但无一人畏战避逃。"②

"定远"、"镇远"在战局急转直下的关头,仍然巍然屹立,力挽狂澜。对此英国斐利曼特中将评论说:日本舰队之所以"不能全扫灭华军者,则有以巍巍铁甲船两大艘也"。

可悲可叹的是,黄海大战大显威力之巨舰,此后令其蛰伏军港,"镇远"在进威海港时触礁受伤;蚊子般的日本鱼雷艇潜入威海港,中了上百发炮弹而不沉的"定远"中雷受创。"猛虎"落得无异于"洞鼠"的下场,几只蚊子便能咬死它。

为了讽刺李鸿章振振有词的"避战保船"是为了造成"猛虎在山之势",笔

---

① 《中日战争》三,第23、72页。
② 《日清战史》第7编上,第3章,第70页。

者不揣冒昧,编了一则寓言,题为《洞虎之哀》:

一个"爆炸性"新闻在深邃幽林中传开:昔日曾称霸远东一时的吊睛白额大虫与邻山一头入侵领地的凶猛大虫经过一番恶斗之后,虽受轻微创伤,却生胆怯之心。它定下一个绝对错误的致败战略:匿洞不出,企图以"猛虎在山"之势,威慑同类和百兽。同类欣欣然,视其"瓮中鳖";百兽闻此讯,皆奔走相告,有的惊喜不已,有的心有余悸。

有诗曾描写过此大虫昔日威势:"南山虎,蹲踞山巅大如牡。眼光射日夜不眠,威势扬风喜亦怒。"(清·刘文培)"双睛晱晱射惊电,耸尻竖尾如竿枪。咆哮踯地地欲裂,百兽走匿山魈藏。"(清·金志章)

山魈多年来闻虎啸便退避藏匿,自慰曰:"惹不起,躲得起。"今日不仅暗中窃喜,且在谋划出一口郁积多年的"鸟气"。但它不想直接去惹是生非,便怂恿野猪曰:"君不闻山大王成洞主矣?"

野猪曰:"得闻。"

山魈继而煽动:"君之家族祖祖辈辈被其视作口中之饴,真可谓苦大仇深,今何不乘机报复?"

野猪曰:"君不见,瘦驼大过马,伤虎镇熊罴,我辈岂敢存此痴心妄想?"

山魈曰:"君差矣!君未知唐人张藉有诗乎?"

野猪答:"未闻,望不吝赐教。"

山魈慨然朗诵:"山南山北树冥冥,猛虎白日绕林行。向晚一身当道食,山中麋鹿尽无声。"接着道,"那是指其出洞'白日绕林行'时的威风,离开自己称王称霸的深山老林,便有'虎落平川被犬欺'之说,今是洞虎,不可同日而语,已自置死地,任尔嚣张跋扈,寻衅挑战,彼不敢再搏斗,何惧之有?"

野猪思忖再三,觉得言之有理,次日约几头雄猪前去虎洞外观察动静。洞虎窥见野猪出现,并不出洞猎杀。野猪胆气渐壮,愈靠愈近,以嘴拱土挡其门,洞虎仍无动于衷。次日领头之野猪出谋曰:"反正大虫不敢出,侪辈可在其洞前屙屎!"群猪齐响应,胆小者,屙完便奔,胆大者,近洞屙之,洞虎虽怒却无奈。

山魈竖起大拇指夸野猪胆大且聪明,干得漂亮,对狐狸曰:"昔日尔等假虎之威,今日如何?"

狐狸曰:"虎确信吾'天帝使我长百兽',昔日是虎假吾威,吾昂然在前,虎恂恂随之,百兽实畏吾而走也,如今再不予其假吾威矣,故屡遭辱!"

野猪欺洞虎,狐狸吹大牛被好事之兽上了网,百兽无不弹冠相庆。豹猫与黄鼬本与山大虫不存仇隙,更无宿怨,一是大虫难以逮住它们,即便捉住,也不够塞牙缝。真可谓"失势众叛亲离,墙倒众人齐推",豹猫谓黄鼬曰:"落水之狗理该痛打,尔等应发挥特异功能,让山大王闻够香气!"

黄鼬笑曰:吾身上之臭腺本作驱敌自卫,今破例便让洞虎享用!乘天黑,一队黄鼬便由狐狸引路,在虎洞前齐放臭屁,刚好借风吹进洞中,熏得洞虎几度昏厥,奄奄一息。

天明,邻山大虫前来捉"鳖",不费吹灰之力,便将洞虎命送西天。

笔者以上说的是不敢出战的北洋海军成了可悲的"洞虎"、"洞鼠",这并没有过甚贬损。因为毕竟还是活的虎或鼠嘛!实际上,曾威名显赫的这支海军,是李鸿章精心裱糊的纸虎,这是在战后他自己承认的。在北洋海军全军覆没之后,他才说了一段实话:

我办了一辈子的事,练兵也,海军也,都是纸糊的老虎,何尝能实在放手办理?不过勉强涂饰,虚有其表,不揭破或可敷衍一时。如一破屋,由裱糊匠东补西贴,居然成一净室。虽明知纸片糊裱,然究竟决不定里面是何等。即有小小风雨,打成几个窟窿,随时补葺,亦可支吾应付。乃必欲爽手扯破,又未预备何种修葺材料,何种改造方式,自然真相败露不可收拾。①

孙子曰:"兵者,国之大事,死生之地,存亡之道,不可不察也。"身为海陆军统帅的李鸿章,手握重兵,号令三军,一直在"糊纸虎"以骗人、自慰,把国家和民族的前途命运当作儿戏,虽然有出于"无奈"的成分,岂可推卸历史罪责?

二十一、"人言船坚不如疾,有器无人终委敌"

黄遵宪的诗作《东沟行》记叙了大东沟海战的全过程,深刻地揭露了清王朝的腐败与落后。此诗的结尾"人言船坚不如疾,有器无人终委敌"二句,从人与武器两个方面都不如敌,来总结战争的重要败因,呼唤改革,立足甚高。

---

① 李鸿章语,吴永口述《庚子西狩丛谈》,第107页,岳麓书社,1985年。

恩格斯曾经指出:"现代的军舰不仅是大工业的产物,而且同时还是现代大工业的缩影,是一个浮在水上的工厂——的确,主要是浪费大量金钱的工厂。"正因为如此,一切新技术设备往往最先、最集中地应用到军舰上,"这种贵重的军舰甚至还在下水以前就已经过时,因而贬值了",更新换代非常之快。

北洋海军成军后,受户部停购船械决定的影响,竟停滞十年,仅增加一艘国产巡洋舰"平远"号,装备的购置和维修陷于停顿。参加这次黄海大战,中国北洋舰队与日本联合舰队的装备状况如下:

	北洋舰队	日本联合舰队
主力舰只	10 艘	12 艘
总排水量	31366 吨	39288 吨
大口径炮	52 门	46 门
机关炮	108 门	53 门
鱼雷发射管	26 个	36 个
速射炮	无	177 门
装甲厚度	较厚	一般
主机总功率	46200 马力	73108 马力
平均实际航速	10.8 节	17.9 节
平均舰龄	9.8 年	6.58 年

从装备的主要十项指标看,日方占有优势的有主力舰只、总排水量、鱼雷发射管、速射炮、主机总功率、平均实际航速、平均舰龄七项,北洋舰队占有优势的有大口径炮、机关炮和装甲三项。

怪不得英国远东舰队司令斐利特尔中将评论说:

是役也,无论吨位、员兵、舰速,或速射炮、新式舰,实以日本舰队为优。[①]

在实际作战过程中,日本联合舰队航速高达近十八节,速度最慢的"浪速"号也有十五节,反观北洋舰队,本来平均舰速与日本联合舰队差了一大截,又将快速、慢速舰混合编队,以平均十节的速度,恍如老牛拉着破车,与迅捷飙忽的铁骑战车周旋;日方的速射炮是一百五十五座,而中方为零。这种速

---

① 《海事》第 10 卷,第 1 期,第 41 页。

射炮以每分钟八到十发的射速轰击中国军舰,充分发扬了火力优势。反观北洋舰队,只是在大口火炮和机关炮数量上占优。机关炮火力弱,仅可用来对付小型船只,在大规模海战中用处不大。大口径火炮破坏力强,但发射速度慢,每分钟仅一发,且炮弹质量差,所携带的穿甲弹多,爆炸弹少,许多炮弹击穿日舰装甲和舱室,却没有发生爆炸,对其破坏十分有限。

特别需要指出的是,日本联合舰队不仅在炮械方面优于北洋海军,在射击技术上也有明显的优势。日舰队火炮虽只三倍于北洋舰队,但黄海海战炮火命中率却比北洋舰队高出九倍以上,如日舰平均中弹 11.17 发,而北洋各舰平均中弹 107.71 发。

为使读者对海战中军舰性能优劣有个比较形象、直观的理解,不妨举点实例。

两个拳手对垒,一个动作迟钝,好出重拳,命中率低;一个捷如闪电,快速出拳,频频击中,结果会怎样?

老虎与群狼一般互不相侵,狼畏兽中之王的威严,虎亦惧群狼的轮番攻击。假定独虎与狼群搏斗,即使狼被虎咬死几头,但虎终将寡不敌众,遭前赴后继的群狼围攻受伤、致死。

军舰的战斗力,要考虑武器装备与航速的统一,在武器装备相差不大的情况下,速度快的肯定占优势,能取得海战的胜利。因为它可以快速接敌,发起进攻;又可以迅速撤离,摆脱追击。速度快、机动性好的舰艇,又能使敌方发射的炮弹、导弹命中率大大降低。

黄海大战时,正因为日本联合舰队的速度优于北洋舰队,使其得操主动权;反之,北洋舰队因速力低小,不易转变战阵对敌争取优势,陷于兵法之大忌。日舰队司令伊东祐亨自述他在此役采取的战术时说:

> 是时余引导之军攻其右,且绕出于其后,盖恃全军之快船也。是以瞬息间,"超勇"即受火焚。又以快船不能受重弹,故诱丁提督座船以船首向我,我则婉转引避,而快船业已攻其后。

从这几句话,就可知日舰战术的巧妙,全靠最新式巡洋舰速力胜于北洋舰队以收功的。故《字林西报》评论说:

> 鸭绿江之战,非日舰大于华舰也,然而胜焉者,则华舰之速率不逮日也。日舰具有飞行绝迹之技,乃能自立地步,我之炮可以击人,人之炮不能击我,其胜也宜哉!

火炮的发射率与火炮口径,两者比较起来,也是发射率更重要。不然,为何自第二次世界大战后,大炮巨舰退出了海战舞台,代之以发射率极高的中小口径火炮。

船坚虽好,但说到底,如果光是被动挨打,再"坚"的船也要千疮百孔、直至沉没的。而船"疾",既可追击,也可撤离,主动灵活,进退自如。

这些,都是黄遵宪的诗句中"人言船坚不如疾"的道理。

关于北洋海军官兵的素质,历来有不同的看法。多数学者和军事家认为素质较差,但也有认为素质是较好的。对于这个问题,必须明确两个前提:其一是找什么样的"参照物";其二是好与差要做具体的辩证分析,好中有差,差中有好,不可一概而论。

如果北洋海军官兵的素质,与晚清时期提只鸟笼、带支烟枪、游手好闲、出入妓院的八旗、绿营的官兵相比,或是与后期也腐败变质了的淮军比较,显然是要高得多。这不仅是因为北洋海军的指挥官,大多是经过福州船政学堂的教育培养,并到英国留过学,有较高的技术战术素养,且多数人都有强烈的报效国家、英勇拼杀的思想基础。

北洋海军确实拥有一批优秀海军军官。在参加中日甲午海战的总兵、副将、参将共九名主要将领中,除方伯谦逃跑被正法外,四人壮烈牺牲,一人拒降自尽,幸存三人也表现不俗。尤其是"致远"舰管带邓世昌"首先陷阵,奋不顾身,与船俱没,忠勇为全军之冠"。"经远"管带林永升参战时,就去掉舰内船舱木梯,将舰旗悬于桅顶"以示誓死奋勇督战"。当一艘日舰受伤偏斜时,他"鼓轮追之,欲击使沉,"不幸被日舰环攻,头部中弹殉国。"超勇"、"扬威"中弹起火后,管带林履中还督率官兵"放炮击敌"。舰只沉没时,林与"扬威"管带黄建勋浮沉海面,别人"抛长绳救援之,均不就以死"。"来远"管带邱宝仁在军舰中炮起火而火势"炎炎直上,屡救不息"时,独奋神威,率众扑灭大火,将船驶回旅顺。"中西各人见其伤势沉重,而竟安然返旅,无不大奇之"。"定远"管带刘步蟾留英归国后,与"镇远"管带林泰曾共同写出《西洋兵船炮台操法大略》的条陈,主张中国发展海军"最上之策,非拥铁甲等船自成数军决胜海上,不足臻以战为守之妙"。他深知"日本增修武备,以为我患",晋见李鸿章,请求"按年添购如定、镇者两舰;以防不虞",时人评论道:"盖其忧国之深,忠性激昂,流露于言词之间而不自觉也。"

在威海卫海战中,"定远"弹药打光后,刘步蟾下令炸沉座舰,自杀殉国,做到了"船亡与亡,志节懔然"。船政第一期毕业生、著名思想家严复回顾道:

军中将校,大率非同砚席,即吾生徒,甲申法越、甲午日韩之二役,海军学生为国死绥者殆半。

北洋海军的士兵,绝非随意招来的"兵痞",也不是乌合之众,大多是经过挑选的沿海地区的渔民或农民,且受过副提督衔北洋海军总查、英人琅威理的系统训练。《北洋海军章程招考学学生则例》中明文规定:凡加入北洋海军者,"须身家清白,身无废疾,耳目聪明,口齿清爽,文字清顺",并须"觅具保人"。特别是经丰岛海战、遭日本舰队偷袭后,官兵义愤填膺,复仇心切,士气高昂,绝大多数人都视死如归,这些都应予以充分肯定。

但是,战场上是没有亚军的。军队官兵素质的高低、战斗力的强弱,必须与敌人相比较,在"强强对话"中见高低、论输赢。不然,自我安慰"素质很高",不仅夜郎自大,愚蠢可笑,而且是自欺欺人,十分有害。

应该客观地实事求是地承认,在人员素质方面,日本海军官兵的素质和教育训练水平普遍高于清军,战术思想也更先进。特别是日本政府在战前果断撤换主张防御的海军军令部长中牟田仓之助,代之以主张积极争夺制海权的桦山资纪,并将分散于各海防区的主力舰集中起来,成立联合舰队,在后来的海上较量中保持了较强的优势。

先从北洋海军军官培养来看,就有严重教训。

首先,军官初级培训中没有重视先进的海军军事思想和海战战术的教育训练。船政学堂培养驾驶船舶的高级船员的三类英文学校,第一类学习"理论航行",课程有数学、天文与航行理论以及地理。第二类实际航行学校,设在出海的教练船"扬武"号上,学习"一个船长所必需的理论知识和实践知识",包括航海技术、射击技术与指挥。第三类工程学校培养高级轮机人员,学习数学、机械图说、船用机关的操纵规则等。以上各校均没有把海军军事思想和海战战术列为主要课程。

《严几道年谱》所记船政学堂课程(1867—1871)亦无此类课程。出洋留学、实习的诸学生,主要学习"行船理法"、"炮垒军火","水雷电气"诸学,仅有少数人学习了"行军布阵及一切战法",但也未学到西方近代先进的军事思想。

从黄海海战中各舰作战的实际情况看,在一定程度上运用了海战战术,但通观全战,各舰缺乏集火射击给敌舰以毁灭性打击的战术意识,敌舰虽多艘中弹但未沉一艘,自己反而陷入日舰腹背攻击的境地,连失五舰,加之逃亡的两舰,造成败局。虽然这是在失去舰队统一指挥之下而形成的,但不能不与各舰指挥官的战术思想和指挥能力的高低密切相关。

相比之下,日本海军高级军官在战略战术思想方面的教育训练较为成功。日本海军于1887年在东京设立了海军大学校,规定"兵学校、水雷部、驾驶学校等毕业之学生可入大学高等科学习,学期为两年",初步建立了军官分级培训制度。

甲午战争前夕任海军军令部长的桦山资纪虽由陆军转为海军,但他主张把日本海军力量全部集中起来,组成一支联合舰队,采取攻势方针,对中国海军发动主动进攻,消灭中国海军有生力量,夺取制海权。

日本联合舰队司令伊东祐亨也能遵照其大本营"作战大方针",积极要求与中国海军进行主力决战,以夺取制海权。日第一游击队司令坪井航三曾留学美国,他率领的"吉野"等四艘快速巡洋舰发挥其速度快、装备强的优势,对日军胜利起了重要作用。

有一句常在文艺作品中出现的、大家耳熟能详的话:"决战岂止在战场!"在战场的决战前,军校教育、军官气质培养等方面早就开始在"较量"了,谁在这方面占优,则必定在战场上显示出来。

福州船政学堂本是近代新型军事学校,是培养未来舰艇指挥官的,但从课程安排来看与普通航海学校无大区别。诸如国家的军事战略、军事理论、海军理论等均未列入课程,连兵法、军史一类知识亦未见组织学习,至于培养海洋意识、增强海权观念就更谈不上。特别是在封建官僚的管理下毫无生气,一些陈规陋习大大束缚了学员的积极性。

外国教官只负责课堂讲授,其余时间由封建官僚管理。几十人在教室大声朗诵,或是由官员到堂督促学生默写。

学堂把学生管理得很死板,把学生唱歌、绘画视为异端,要坚决予以制止。学员到"扬武"舰实习,而管理学员的是一个腐败无能的官僚,对蒸汽船毫无所知,一个英文字也不会,平时很少到船上来,来船后往往躲在舱里烧香念佛。学生出洋留学上英国军舰实习,经批准暂穿英国海军服装,但必须保留辫子,这大概就是"中体西学"的象征。从以上可以看出,船政学堂存在着引进学习近代先进的科学技术与封建落后的管理制度之间的矛盾,这就不能不影响教育质量。

而此时的日本自1868年明治维新后开始走上资本主义道路,在海军创建时期积极引进西方国家先进科技的同时引进西方的海军学术和管理制度。在1870年即提出创立海军的基本理论,要"辉皇威于四海",当时确定头号假想敌国是俄国,到 1882 年又将清国作为第一假想敌国,同时让海军进行有针对性的备战。

中日双方比较,不难看出差距。船政学堂在培训目标方面也有很大的片面性。创办船政学堂的原意是培养能抵御外侮的人才,但后学堂只强调培养驾驶方面人才,误认为只要懂驾驶就能当"船主",能当"船主"就能当管带。其实只懂驾驶离当"船主"管带的要求相去甚远。毫无疑问,作为管带首先要精通航海业务,但只懂航海业务并不是一个合格的管带。作为近代军舰的管带要学习舰上各部门的知识,诸如枪炮、鱼水雷、帆缆、信号、管轮等知识,更重要的是要学会带兵、会训练、懂战术,而这一切在驾驶班课程中基本不涉及,有时只在练船中简单操作一下,有的只有到外国留学时"另延教习指授枪炮水雷等法"才补上这一课,但真正有机会出国留学的毕竟是少数。

尤其值得注意的是船政学堂不重视军人素质的培养,整个学堂没有军营气氛,甚至连学员服装也未见统一。据寿尔记 1871—1876 年海军练舰"扬武"号学员实习情况称:

> 他们不喜欢体力劳动,因为怕弄脏手指。这些海军志愿者的服装并非航海样式,而是和其他国人完全相同,甚至连丑陋的绒鞋也相同。有时候他们奉命爬上桅顶,体态难看得可怜。[1]

此种情况到后来办天津水师学堂时才稍有改变,增加了许多船政学堂所没有开设的课程,同时注意到培养学生的军人姿态及锻炼体质,"授予枪俾齐步伐,树立桅俾习升降,娴其技艺、即以练其筋力。"[2]这才稍稍有了点军事学堂的气氛。船政学堂存在的这些弊端,无疑会对学员产生不良影响。

军事训练是军队提高战斗力的主要手段与途径,"仗怎么打,兵怎么练",一切为了在最严酷的实战检验中过得硬,这原是基本的军事常识和必须遵循的原则,凡是带兵打仗之人,无不知晓。

饱读经书、满腹经纶的北洋海军最高指挥官李鸿章,应该是熟知的,但是实际带兵、练兵又是如何呢?遗憾的是,他好大喜功,热衷于弄虚作假,做表面文章。请看在北洋海军成军后,他四次威风凛凛巡视海防、海军以及实弹演习

---

① 《中国近代学学制史料》,第 449 页。

② 同上,第 505 页。

的情形：

第一次是 1884 年 6 月，他在威海卫看过鱼雷操演后向朝廷奏报说："员弁、兵匠齐力操作，射放有准，驾驶雷艇快捷如风，洵为制敌利器。"①

第二次是 1886 年 5 月，他陪同醇亲王奕譞巡阅北洋海防，在旅顺观看鱼雷艇操阵。鱼雷艇"先以空雷射靶，见鱼雷入水，直射如箭，水面惟见白纹一线而已。射靶毕，以装棉药之鱼雷攻旧广艇，一轰而成齑粉。西人谓，水战攻木船者莫如铁甲，攻铁甲者莫如鱼雷，信然"。尤其令他们赞叹的是，鱼雷理法被西人视为不传之秘，官兵操练五年，如今竟已"能服习利用此武艺中之最难者"②。

第三次是 1891 年 5 月，李鸿章对北洋海军进行成军后的第一次校阅，在大连湾于夜间观看鱼雷艇"试演泰西袭营阵法"，白天调集七艘战舰和六艘大鱼雷艇演放鱼雷，结果"均能中靶"③。

第四次是甲午战争前夕的 1894 年 5 月，李在校阅北洋海军后说：鱼雷艇在大连湾夜演袭营阵法，"攻守多方，备极奇奥"；在威海卫铁码头雷桥试验鱼雷，"娴熟有准"。北洋七舰和广东二舰在大连青泥洼演放鱼雷，亦"均能命中破的"④。

对于鱼雷的性能、施放以及鱼雷艇的攻击运动等，一般读者很难知晓，因为这类武器专业性太强，许多人甚至没有见过此武器，只是在电影《甲午风云》和前几年播放的《走向共和》中，有过施放鱼雷的一瞬间，而那些都只是用道具做出来的效果，所以对李鸿章所夸的北洋海军演放鱼雷糊弄人的伎俩也看不出破绽。刚巧，笔者是这个领域的专家——1958 年至 1963 年，海军大连舰艇学院鱼水雷系本科甲种计划（高中毕业入学）毕业生，在中国最早的驱逐舰 103 舰（现停在山东乳山口供参观）当过五年鱼水雷部门长，并亲自指挥施放过鱼雷。

谁都知道，军舰的吨位和炮的口径越大，装甲越厚，速度越快，此舰便越厉害。发展的结果，便出现了近六七万吨级、炮的口径达 460 毫米、钢板厚达尺余的巨型战列舰——无畏舰（如德国的"俾斯麦"号和日本的"大和"号）。称"无畏"，顾名思义就是"巨无霸"，什么也不怕，打不沉它，中了炮弹、炸弹，不

① 《李文忠公全书》奏稿，卷 50。
② 《醇亲王巡阅北洋海防日记》，《北洋海军资料汇编》下册，第 676 页。
③ 李鸿章：《巡阅海军事竣折》，《李文忠公全书》奏稿，卷 72。
④ 《巡阅海军事竣折》，《李文忠公全书》奏稿，卷 78。

过是替它敲敲铁锈而已。

"盾"这么坚咋办？于是便出现了新的"矛"，即水中武器——鱼雷，像鱼一样会游动的"雷"，也可说是初期的"水中导弹"。此种会快速游动的雷，其结构通常由前段(雷头)、中段(雷身)、后段(后舱与雷尾)构成。前段装有炸药(通常都是二、三百公斤重的烈性炸药)和引爆系统；中段装有燃料或电池，以及导引控制系统；后段装有发动机、推进器、舵和舵机等，用以推动鱼雷航行。鱼雷发射后便在水中直航，遇敌舰则撞击引爆。由于炸药量大且在水中爆炸(水团冲击力比空气大三倍)，攻击点又是在水下，故破坏力极大，一般几千吨的驱逐舰被击中一条便致命，巡洋舰被击中二条便报销，航空母舰被击中七八条便沉没。这便是李鸿章说它"为制敌利器"，"攻铁甲者莫如鱼雷"。

但这种武器也有缺点。它"命中公算"颇低。靠敌舰太近了，则遭敌炮火攻击，引爆自己的危险性极大("致远"舰沉没便是此因)，太远了呢？很难打中。因为根据敌我运动情况，要抢占发射阵位，选择有效的发射角，最好是鱼雷与敌舰双向运动后击敌正横，若是舰首或舰尾迎雷，几乎不可能打中，发射角不当，命中率大大降低。由于以蒸汽瓦斯作动力的鱼雷速度不是太快，航行时水上冒气泡——如李鸿章说的"水面唯见白纹一线"，既然可见"白纹一线"，敌舰便可迅速转向躲避。再是鱼雷要根据敌舰吃水"设定深度"，若敌舰吃水是 6 米，则定深 3 米为宜，这就是鱼雷难打吃水浅的小型舰艇的原因。还有一点，鱼雷在水中不可能笔直航行，它上下有波动、左右有偏差，犹如一个喝得烂醉的大汉摇摇晃晃，踉跄前行，不过现在性能有所改进，这就容易造成鱼雷从敌舰前后方或舰底穿过。鱼雷武器操作很复杂，为防止出爆炸事故，鱼雷发射前要打开好几道"保险"，有专门的水下引爆装置，入水后根据定深才能进入工作，故鱼雷攻击很繁琐，口令很多，准备时间长，部署很严密，不是想发射便可发射，不经过严格训练，掌握复杂技术，完全是聋子的耳朵——摆设。

李鸿章说的"鱼雷理法被西人视为不传之秘，官兵操练五年，如今竟已能服习利用此武艺中之最难者"，显然夸大其词，也不能因此得出北洋海军鱼雷官兵已训练有素的结论。

事实上，李鸿章每次校阅都要事先通知受阅部队，校阅内容和程序也逐渐固定化，甚至还专门制定了《海军大阅章程》。例如鱼雷艇在校阅过程的活动即规定为：李鸿章赴旅顺校阅之日，六艘大鱼雷艇接至老铁山海面，俟座船到时各艇鸣炮三响，然后驶回海口外黄金山前排列，鼓号迎接；校阅正式开始后，鱼雷艇按预定程序操演阵法和打靶,此项校阅遂告结束。[1]

这与其说是阅操,倒不如说是一场精心准备的表演。如此校阅,场面虽极壮观,却根本不能如实反映平时的训练情况。北洋海军军官于甲午战争后披露:

> 我军无事之秋,多尚虚文,未尝讲求战事。在防操练,不过故事虚行……平日操演炮靶、雷靶,惟船动而靶不动,兵勇练惯,及临敌时命中自难。[2]

这是"来远"巡洋舰的鱼雷大副张哲溁所揭露的北洋海军平时在训练中虚与敷衍,根本不能用于实战的内情。当事者身在其中,早已习以为常,外人、外行又无从窥破内幕,其弊端也只有在实战中才能彻底暴露出来。

就在李鸿章最后一次校阅北洋海军后不久,一场由日本挑起的中日战争突然爆发。这是一场海军制胜的战争,北洋舰队注定要搏战整个日本海军,北洋海军的鱼雷兵力也将面临最严峻的考验。

搞花架子,把军事训练当作"表演"和"演戏",在实战中自受惩罚,贻害无穷,必定是:自掘坟墓自己埋,自酿苦酒自己饮。李鸿章种的是比黄连苦千百倍的"苦瓜"、收的是决战惨败的"恶果",令中华民族子孙万代难消心头之痛!

在黄海大战中,日本联合舰队没有施放过鱼雷,也没有使用过鱼雷艇。这本来对北洋海军实施鱼雷攻击和使用鱼雷艇,正是大显身手的时机。但实际情况又是如何呢?虽出动了多艘鱼雷艇,且施放了23条鱼雷,结果一条未中!这不是给李鸿章吹嘘的"均能中靶","攻守多方,备极奇奥","娴熟有准","均能命中破的"等无耻谰言一记最响亮的耳光吗!

请看日本方面记载的黄海海战时实况的史料:

> 下午1时14分,"定远"铁甲舰与一艘巡洋舰(按:"来远"或"经远")对日舰"比睿"形成左右夹攻之势,在予以猛烈炮击的同时,那艘巡洋舰在只距"比睿"右舷400米处实施鱼雷攻击,结果鱼雷竟在舰后方七米处通过而未命中,已受重伤的"比睿"号免于难。[3]

---

① 参见《清末海军史料》,第509、511页。
② 张哲溁呈文,《盛宣怀档案资料选辑》之三《甲午中日战争》下册,上海人民出版社1982年版,第398页。
③ 《廿七八年海战史》上卷,第179页,东京水交社,1905年版;转引自《中日战争》丛刊续编,第8册,第80页,中华书局1994年版。

下午2时40分左右，"左一"、"福龙"二艇向已受伤的日军代作巡洋舰"西京丸"进攻，但"左一"号因遭到"西京丸"炮击而驶避。"福龙"号在相距400米时发动攻击，鱼雷紧贴"西京丸"左舷掠过，未中。

"福龙"继续追近至40米再发一枚鱼雷，此时"西京丸"已躲避不及，乘坐该舰的日本海军军令部长桦山资纪惊呼："我事毕矣！"

桦山资纪闭上眼睛，他不想亲眼见到必中无疑的鱼雷爆炸的可怕下场！

桦山资纪的眼睛闭了好一会，却没有丝毫动静，他终于睁开眼睛，说了一句"阿弥陀佛！"

原来，鱼雷竟从舰下深水处穿过，使"西京丸"安然无恙，侥幸逃过了一场劫难。

随后，并未受伤的"左一"、"福龙"二艇先后撤离战场。下午5时45分，日本舰队见天色渐暗，唯恐遭到鱼雷艇的袭击，遂集队撤走。①

实际上，北洋海军的"右二"、"左三"号鱼雷艇始终没有参战。"福龙"、"左一"二艇也根本无意重返战场袭击日舰。直至接到收队信号，它们才纷纷露面，随大队返航旅顺。此战，日舰一艘未沉，北洋海军却遭受了被击沉击毁四艘巡洋舰的重创。

同样的武器装备，掌握在不同人的手里，便发挥了不同的作用，这便是"人的因素"、"人的素质"最有说服力的证明和比较。

10月24日，日本第二军在海军联合舰队的护送下至辽东半岛东侧的花园口登陆，行动持续了半个多月。这正是北洋舰队鱼雷艇队歼敌的最好时机，如能及时出击，必将重创日军登陆部队。可惜，鱼雷艇没有做出任何反应，致使日军顺利地完成了登陆。

11月7日，日军不战而下大连，旅顺已危在旦夕。13日，丁汝昌奉命率六舰自大沽回防旅顺，但次日晚又令其匆匆撤往威海。北洋海军的鱼雷艇不予出击，鱼雷艇在敌人手里是厉害的武器，在自己手里还不如烧火棍！

尤其令人费解的是，现有的十余艘鱼雷艇尚未用好，丁汝昌回到威海后又提出调广东四艘鱼雷艇来北洋助战的请求。李鸿章就此与广东方面协商，得到的答复是：粤省鱼雷艇仅两艘可出海，惟储煤量不敷远行之用，现北风当令

---

① 转引自《中日战争》丛刊续编，第8页。

亦恐不能前往，又虑日舰途中拦截，故"此举应作罢论"①。

现在再来看看日本人是如何使用鱼雷艇队的。1895 年 1 月 20 日，日本"山东作战军"开始在山东半岛荣成湾登陆，最终形成了对威海卫和北洋舰队的合围之势。日本海军为了减少正面进攻的损失，决定采用鱼雷艇偷袭。

2 月 5 日凌晨，日军十艘鱼雷艇在夜幕下潜入威海港内，其中 9 号艇被发现后仍冒险突进，并在中炮碎裂前发射一条鱼雷，将北洋海军铁甲舰"定远"号击成重伤。

6 日凌晨，日军五艘鱼雷艇再次偷袭，又将巡洋舰"来远"、练船"威远"和差船"宝筏"击沉。这两次偷袭日军仅以损失两艇的微小代价取得了击伤击沉四艘舰船的战果，极大地削弱了北洋海军的抵抗能力。

顺便指出，日军的鱼雷艇官兵，在出发前都做了"有去无回"的准备。士气的高低，勇怯的对比，技术的差距不是再清楚不过了！

军队的管理是提高战斗力的重要手段，平时严格要求，纪律严明，战时必定会显出过硬的本领。《史记》中"周亚夫军细柳"的故事，历来为人们所津津乐道。汉文帝至军营竟"不得入"，皇帝持诏将军："吾欲入劳军。"亚夫乃传言开壁门。壁门士吏谓从属车骑曰："将军约，军中不得驱驰。"于是天子乃按辔徐行。至营，将军亚夫持兵揖曰："介胄之士不拜，请以军礼见。"天子为之动容。使人称谢："皇帝敬劳将军。"成礼而去。

北洋海军成军不久，在聘请英人琅威理任副提督和总查之后，琅氏按英国皇家海军的训练办法和要求，对军事训练和舰艇管理极为严格，曾有过很好的势头与成果。比方说：从管带到舰员必须坚守岗位，放假时人员按比例外出；无论是白天还是晚上，不时到舰上检查，要是谁无故缺席要纪律处分；舰艇一举一动按条令办事，绝对不准酗酒和赌博；每天、每周的操演都按章程，特别是夜间常拉战斗警报。这一着，开始引起散漫惯了的北洋官兵们很多埋怨和反感。

但久而久之，习惯成了自然。这样的舰队，训练有素，战斗力当然在逐渐提高。

然而好景不长。1890 年 3 月 6 日，其时北洋海军赴南洋度冬，船泊香港。丁汝昌率领"镇远"等四舰巡逻海南岛，让琅威理留港照顾并修理其他各舰。不意，当丁离开后，其提督旗立刻为其部属所卸下。

---

① 参见《李鸿章全集》电稿，第 3 册，第 169、181 页，上海人民出版社，1987 年版。

琅威理患有严重的眼疾。3月6日上午,他巡行在甲板上,用那迷离的病眼察看舰上的一切。突然,他抬头发现"定远"舰上挂的是黑、绿、红三色总兵旗。于是他用英语大声呵斥管旗的水兵:"你为什么挂错旗?"

管旗的水兵连比带划才说明:"这是奉刘总兵之命。"

于是,琅威理找到刘步蟾,要求纠正这一错误。想不到刘步蟾轻蔑地说:"丁提督不在,鄙人就是最高指挥官,自然升鄙人的总兵旗。"

琅威理说:"丁大人不在,不是还有我在吗?"

刘步蟾笑笑,道:"您在,那又如何?"

琅威理说:"我是副提督,丁大人不在,我在,仍应升提督旗。"

刘步蟾说:"我只知道北洋海军中丁大人是提督,此外,还有谁?"

此话激怒了琅威理:"刘大人,那你说我是什么?"

刘步蟾毫不退让:"你是总查大人!"

此时,琅威理才明白,原来在北洋海军官兵眼里,他并不是真正的提督。平时水师上下所谓"琅军门"、"琅副将"不过是尊称而已,就连醇亲王、李中堂的"丁琅两提督",也不过是虚言假名罢了。他只不过是受雇于大清国的普通"洋员"。

一向心高气傲的琅威理吼叫着表达愤怒。

此时,刘步蟾故意装得心平气和,他用调侃的语调对怒气冲冲的琅威理说:

"I am terribbly sorry about that!"(我对此非常抱歉!)

琅威理因中国曾赏提督衔,且时人每谓"军中有两提督",故亦以提督自命。认为提督旗乃彼与丁汝昌所共用,争之不得,于是电北洋大臣李鸿章请示。原以为李鸿章会支持他,不意李鸿章并不直接答复。仅复电林泰曾及刘步蟾等。

李氏的态度,使琅氏深觉羞辱。俟南巡北返,琅威理至天津面谒李鸿章,表示如无实权,工作将无法继续。而李鸿章却仍坚持前说,认为琅氏没有辞职的理由。本来,"升旗事件"发生之后,琅威理曾先后致书其海军部长汉密尔顿、英国驻华公使华尔申及英国驻华舰队司令沙尔曼,表示其决心辞职之意。见李鸿章不得其直,立即提出辞呈,而李鸿章遂加以接受。

关于琅威理辞职一事,最后起作用的当然是李鸿章。今查《李文忠公全书》在《电稿》卷十二里,有两封电文。其中一封是光绪十六年七月初八日巳刻《复伦敦薛使》电:

琅威理要请放实缺提督，未允，即自辞退。向不能受此要挟，外部等或未深知，望转达，似与邦交无涉。

琅威理正当合理的要求，是"要挟"吗？愤愤不平的琅威理辞职，立即引起了中外报界的关注。天津的英文报《中国时报》消息比较灵通，第一时间刊出琅威理辞职的新闻，谓："琅威理已于本月十五日(4月28日)辞去其中国舰队合督之职，并已于同时为总督所接受，预料以后将不会再有英国军官步趋琅氏之后尘。"接着，该报于9月6日及10月18日发表两篇短评，对于琅威理辞职之事有所论列。他们以为：琅威理二次受聘来华之时，曾向李鸿章表示，要他做事，必须要使他有权，否则，他将无法执行任务。其后，在实际上也可证明琅与丁汝昌提督居于同等的地位，并与丁负责联合指挥的职务。"举凡军官的汇报以及一切命令都须由他二人联合审阅和发布。不料，事经数年，不仅为一骗局，亦为一大侮辱。"

《中国时报》谓"升旗事件"绝非偶然，下级军官早有预谋。"而且无疑地，琅虽有中国皇帝赐以荣誉的提督之衔，但他并非服务于中国政府，而不过为一总督的奴仆。"

同时，上海的《北华捷报》对此事也大加报道。除了发布新闻之外，曾先后发表三次冗长的社论，对中国有所批评和攻击。第一篇是在7月4日，言词最为激烈。首先他们认为中国人之逼迫琅威理去职，乃是一种过河拆桥的行为。外国人以其辛劳与忠诚，所换得的乃是忘恩负义；外国军官除非愿同中国的军官同流合污，否则即会遭受妒忌、阴谋与排挤。毫无疑问，自从琅威理来华，北洋海军方才大有起色。

此后，还有许多外国人投书，都对琅威理表示同情，对中国当局，尤其是对李鸿章的背信弃义表示谴责。

琅威理辞职所产生的影响，至少有以下三个方面：

一是中英邦交大为受损。英政府一面不允中国水电学堂教习罗觉斯延期，命令彼于期满之后立即返国；一面将天津水师学堂管轮教习霍尔克及副教习希耳顺等全部由中国撤走。此外，中国留英学生也被拒绝。

二是北洋海军风气日坏。姚锡光于其《东方兵事纪略》中曾慨乎言之：

琅威理督操甚严，军官多闽人，颇恶之。右翼总兵刘步蟾与有违言，不相能，乃以计逐琅威理。提督丁汝昌本陆将，且淮人，孤寄于群闽人之上，遂为闽党所制，威令不行。琅威理去后，操练尽弛，自左右总兵以下争

153

挈眷陆居，军士去船以嬉。每北洋封冻，海军岁例巡南洋，率淫赌于香港、上海。识者早忧之！

这段话并不难懂，请读者逐字逐句细细琢磨。经李鸿章支持和批准，将琅威理用计逐走后究竟带来什么影响，略述几点：

"操练尽弛"，过了整整四五年后再打黄海大战，后果如何？

"自左右总兵以下争挈眷陆居，军士去船以嬉"，这样的舰队还有多少战斗力？

过去，无论中外，从舰长（管带）到舰员都要吃住在舰上，放假外出按比例（留舰者开得动舰艇，能投入战斗），参照英国皇家海军的规章制定的《北洋海军章程》，明确规定："总兵以下各官，皆终年住舰，不建衙，不建公馆。"并规定不得酗酒聚赌、宿娼，违者严惩。

而今情况如何？如姚锡光所述，琅威理走后，北洋海军就将这些章程、规定当作废纸了。

根据可查阅到的史料记载，提督丁汝昌、管带方伯谦都在刘公岛购置房产出租，生意兴隆。特别是方伯谦，很会经营，在他亲撰的《益堂年谱》中详细地记载了何年何月在什么地方盖房子，写了满满的一本。他还为房屋出租之事，与丁汝昌产生过较大的矛盾；管带中只有邓世昌与萨镇冰是一以贯之地坚守在舰的。

邓世昌的家属一直在广州老家，一次因世昌有疾妻子前来照料，在陆上临时安个家。但邓世昌很少回家，平时与一条宠物"太阳犬"相伴，出海回来便放"太阳犬"去报信。

萨镇冰更绝，妻子得知他患病，千里迢迢从福州赶来看他，当时甲午战事已起，萨镇冰对妻子前来予以怒斥："这是什么时候？你来干什么？快回去！"他竟绝情地下令抽掉跳板，不让妻子上舰会面。

妻子伤心地哭泣着回家，不久郁郁而终。

萨镇冰事后深感对不起妻子，终身未再娶。

"每北洋封冻，海军岁例巡南洋，率淫赌于香港、上海。"这种腐败状况，要是琅威理在任，能允许吗？他们敢吗？怪不得要千方百计将其逼走！香港、上海当时都是有名的花花世界，北洋官兵们真是到了极乐之地，在那里昼夜欢娱，流连忘返了。顺带指出一点，北洋海军舰员赌博成风，在旗舰"定远"的甲板上公开聚赌，管带刘步蟾视而不见，不予过问。

据李锡亭撰《清末海军见闻录》载：

海军军官生活大都奢华，嫖赌是寻常事。刘公岛上赌馆、烟馆林立，妓院有七十多家。

更有甚者，在黄海大战之后，兵困威海，危在旦夕的时刻，北洋海军的管带们竟然夜不归舰，上岸嫖娼。

呜呼！一支中国人用大笔血汗钱建立起来的近代舰队，就落到了这样的状况，还指望他们有什么战斗力呢？

三是北洋海军失去了一位真懂海军的总指挥，这在以后发生的黄海大战中后果尽显。

当时北洋海军军官普遍缺乏抗击日本海军的信心，他们认为北洋海军根本不是日本海军的对手，因而士气不高，甚至胆怯畏战。"经远"舰驾驶二副陈京莹在战前写给父亲的信中说："海战只操三成之权，盖日本战舰较多，中国只有北洋数舰可供海战，而南洋及各省差船，不特无操练，且船如玻璃也。"所以舰队官兵的普遍心态是"明知时势，且想马江前车，均战战兢兢"。①

据驻朝电报官员洪熙报告："船中将领到此，皆战栗惶恐，动辄泣下。"因此，"中国海军万不足临大敌，言之可痛"。②

甲午中日海战直接关系到国家、民族以及个人的生死存亡，在这个关头，多数北洋军官和广大士兵英勇抗敌，为后人景仰。而少数军官平时军纪涣散，在关键时刻临阵退缩，影响士气，危害全局。如丰岛海战，护航军舰指挥官方伯谦在日舰吉野即将追及时，惊骇万状，竟无耻下令挂白旗，接着又挂起日本旗。爱国士兵王国成、李仕茂协力发尾炮重创吉野后，方又置"操江"、"高升"轮于不顾，开足马力，匆匆奔逃。在黄海海战中，他无意作战，只想逃避炮火，在"致远"沉没后，他下令转舵逃跑，慌乱中误撞"扬威"。嗣后，"广甲"管带吴敬荣也援例逃跑，加之"超勇"、"扬威"、"致远"、"经远"先后沉没，使北洋舰队战斗力大减，由优势转为劣势。在威海保卫战的最后关头，先是鱼雷艇管带王平率艇十艘、汽船两艘冲出西口逃跑，嗣后，少数贪生怕死的将领与洋员马格禄、浩威等密谋投降，拒不执行丁汝昌沉船的命令。

一些士兵、水手竟持刀威胁丁汝昌，要其接受日本海军的劝降。丁自杀殉国后，又盗用丁的名义向日军乞降。北洋海军官兵的这种政治素质的弱点及其表现，尽管不是丰岛和黄海大战、威海卫保卫战失败的根本原因，但至少是

---

① 《中国甲午战争博物馆刊》2002年第1期，第27页。
② 盛宣怀档案资料选辑之三《甲午中日战争》，下册，第21页。

加速失败的一个重要因素,最终葬送了中国最强大的一支近代化海军舰队。

笔者多年来研究晚清的海军、海防史和人物,对李鸿章从不满到憎恨,绝不是偶然的,这是因为李鸿章做出了一起又一起危害国家和民族根本利益的事,激起我一次又一次强烈义愤所积累起来的思想情感。

出使俄国,落入圈套,接受三百万卢布(实际只拿到一百万)的贿赂后,乖乖的签订中俄密约,出卖旅顺大连和中长铁路;认为琉球是"孤悬海外的一个黑子",任凭日本侵占;极力反对塞防,主张放弃新疆这个"不毛之地",说是"于肢体无伤";以欺骗、愚弄的政客手腕待人处事,将十分尽职尽责,愿意为中国海军献身的琅威理"气走"辞职,致使北洋舰队军纪败坏,战斗力直线下降;多年来花巨款制造"纸虎"甲午战争中消极防御,避战保船,指挥无能,导致全军覆灭……尽管现在的史学界、文学界,对李鸿章的历史地位、所作所为有了各种各样的"理解"和"再评价",但笔者作为一个军人还是无法接受其历史"合理性"。

二十二、日军花园口登陆

积极防御的战略家,知己知彼,全局在胸,兵力分配和布局合理,哪些地域让敌进来,甚至诱敌深入,消耗其有生力量,哪些地段重点防守,寸土必争,决不放弃,无论退与守,每一步走的是"好棋";而实行消极防御者,没有统筹部署,处处等待挨打,对手进逼一着,便招架一下,胸中无全局,用兵不照应,被动应付,疲于奔命,把战争棋局搅得如一团乱麻,他指挥的部队如一群没头苍蝇,且看清军在中日甲午战争中实行消极防御的具体过程:

本来,应该"御敌于国门之外",在朝鲜战场顶住,可是一溃千里,将战火烧到国境线。

为了阻止日军过江,清廷命令宋庆帮办北洋军务,由旅顺驰赴九连城一带,督率前敌各军合力严守鸭绿江西岸。将退过江的叶志超、卫汝贵所部交聂士成指挥。

鸭绿江防线由提督宋庆率步骑兵七十余营,共约两万四千人守卫,有各种炮八十五门。鸭绿江是一道天然防线,且敌人从朝鲜过江的兵力是有限的,清军凭借有利地势,完全可以有所作为。但是,清代晚期的军队完全腐败了,这在日军突破鸭绿江防线时,表现得十分明显。

1894年10月24日,日军第一军开始进攻。由于清军严防九连城江面,日军以一部兵力在义州佯攻,暗地命令第三师团佐藤大佐率领一个支队,从鸭绿江上游水口镇涉水渡江,向依克唐阿防区安平河口、鼓楼子一带发起攻击,企图攻击九连城侧后。

日军仅放了一排枪,清军就丢下炮台和大炮溃逃。

日军不费吹灰之力就占领了安平河口,而后即向虎山方向进犯。当天上午,日军英山少佐率领一个支队沿鸭绿江西犯,在安东对岸的麻田浦,炮击安东,佯攻清军。

当晚,日军驻义州大队,在虎山附近江面架设浮桥三座,清军未发现。

次日凌晨,日军第一军主力乘大雾渡过鸭绿江。宋庆急调苇子构、栗子园、九连城清军阻击,曾一度使日军先头部队受阻,后续部队无法通过浮桥。战至上午九时左右,清军溃逃。唯有聂士成仍坚守虎山与日军激战。日军集中兵力攻虎山。聂士成部因寡不敌众,不久退往河西。宋庆也于当夜率部退守凤凰城。

10月24日,日军攻占九连城。此后,日军分路向纵深发展进攻。东路日军攻陷苏甸、长甸,并向宽甸进犯。中路日军向凤凰城方向进犯。

宋庆认为凤凰城难于防守,于10月29日主动撤退,日军第五师团第十旅于第二天进占凤凰城。西路日军第三师团第五旅占领安东后,日军向大东沟、大孤山、岫岩方向进犯,清将丰升阿、聂桂林率部退却,日军于11月19日占领岫岩。至此,日军完全突破了鸭绿江防线。

转过头来,让我们再来看看掌握战略主动权的敌方统帅部,有怎样的调兵遣将和周密部署,这当然与敌方的主要将领在军事学、战略学等方面多次赴欧深造的经历有关。

日本第一军以第五、第三两个师团编成,山县大将为其司令官。计划是:第一军在朝鲜内地取陆路前进,经平壤、义州,席卷九连城、凤凰城后,欲先攻克奉天府,拔取清国王的旧都。但是,中国疆域辽阔,人口众多,即使攻占其一部分国土,也不易使其皇帝面缚请降。于是须另一军直接攻打其首都——北京,迫使对方签订城下之盟。

大山岩(1842—1916年),日本鹿儿岛人。幼名岩次郎,又称弥助(亦作弥介),后改为岩,号赫山。出身藩士家庭。年轻时到江户学习炮术。曾参加1868年明治维新时的戊辰战争。1869年赴欧洲考察军事。1870年再次赴欧考察,并到法国留学,专攻军事。1874年归国后晋升陆军少将兼陆军少辅及陆军省第一局长。1878年参加西南战争,任旅团司令官,战后因功晋升陆军

日军第二军司令、旅顺大屠杀的指挥官大山岩

中将,兼内务大臣,后任文部大臣。1883 年为改革日本军制再到欧洲考察军事。1885 年任陆军大臣,1890 年任陆军大将。大山岩是个狂热的扩张主义者,一直主张对中国进行军事侵略。1894 年夏中日甲午战争爆发前,大山岩就同时为日本首相的伊藤博文、时为日本参谋本部次长的川上操六等人一起制订了准备分两期同清军作战以侵略中国的"作战大方针"。

这个"大方针"规定:第一期日军要驱逐清军出朝鲜,扶植朝鲜"独立",夺取制海权;第二期日军要在中国直隶地区同清军主力作战,彻底打败中国。

1894 年 9 月 26 日,大山岩出任第二军司令官,"受命率领第一师团之部队出发"。

大山岩的直接下属山地元治中将是个得力的"干将",狂热的"战将"。在刚刚组织征清军的时候,山地中将就请求第一批到朝鲜去。

长期以来,山地中将自叹"髀肉复生",急切等待出征;接到出师命令以后,安排家属返回家乡,并将爱马献给宫内省(按:宫内省是日本负责处理皇室事务的官厅)。他以马革裹尸的决心在芝红叶馆举行诀别宴会,招待部下军官。

那天,芝红叶馆的宴会规格很高,凡是日本的名酒、名菜都上了,但气氛肃穆,与会者个个神情严峻。山地中将举起酒杯向其部下训话:

"诸位将领,本人渴望为天皇陛下效忠已久矣,今日能受命出师,遂了平生之愿。虽然借天皇之神威,率貔貅之师,肯定马到成功,捷报频传。作为军人,就要随时准备献身,故已安排好了后事,献出了坐骑,与亲人作了诀别!"

山地中将带着悲壮的话激发了在场的将领士气,纷纷表示不攻克北京城决不返回日本。

在其部下中,第一旅团长陆军少将乃木希典,第二旅团长陆军少将西宽二郎,参谋长陆军大佐大寺安纯等,都是在帝国陆军中以剽悍骁勇、神机妙算而闻名的人,统帅他们的又是陆军中具有最高门第爵位的大山大将。

虽然包括山地在内的将领们尚不知其部队指向何处,但全国上下无不认定他们必将取得惊人的功名,对其行踪无不刮目相看。

9月22日,第一师团之部队从东京青山练兵场乘军用列车,昼夜进发数日,9月27日全部到达广岛。

此前,征用船只把长谷川少将率领的第六师团之部队(熊本部队)自小仓送到仁川,准备返航后运送第一军。因此,第一军在广岛停留二十天,等待征用船只归来。

10月14日,临出发前,天皇睦仁在广岛大本营设宴款待出征将校数十人,赐给大山岩大将骏马一匹,名刀一口,以示鼓励。

10月16日,大本营发出第一师团自宇品港乘船出发的命令。

据载,"此日,天气小晴,拂晓,各部队从广岛出发,剑佩锵然,开赴宇品,队伍整齐,步武肃肃,络绎不断"。时正值日本第七次帝国会议在广岛召开之际,贵族院和众议院的议员们皆到会,于是,"在广岛的文武百官皆到宇品港送行","在码头上,三十余艘轮船冒着煤烟","海军和陆军的乐队分别在水上和陆上奏出嘹亮的军乐。各舰船都披上了盛装,祝贺我军(按:指日军)远征之行。沿途各家各户,门口皆悬挂国旗。送行的人们皆站在岸上送行,其情景既威武雄壮又兴高采烈。"①

各部队列队于海岸上,依次乘船。大山岩大将乘长门丸,山地中将、大寺参谋长等乘"横滨丸",其他军官皆按部署乘船。午前10时30分首先起航的是"横滨丸"、"长门丸","名古屋丸"继之。出发时,打乱战斗序列,分三批出航,每批又分两天。第二批出航是17日和18日,第三批出航是19和20日。各舰船皆以朝鲜大同江口为目的地。

据《日清战争实记》记载:自10月19日起,日舰陆续到达日军的临时根据地朝鲜大同江渔隐洞。驶抵大同江后,日军"又多次派出侦察舰窥探清军动静","并测量了大连湾至鸭绿江口的海岸",反复研究和权衡最有利的登陆地点。日海军"探知旅顺港、大连湾一带,敌军防御甚为严密,而海洋岛以北,金州东南,适于登陆,而且有敌军尚未布防之地区。海军把这个情况通报给第二军,第二军以第一旅团之部队为先锋,立即准备在金州半岛登陆。"

在选择旅顺后路的登陆地点问题上,日本第二军内部有三种意见:

第一种,是从大连湾以东的大窑口登陆。提出此意见的主要是一批日清贸易研究所的毕业生,如大木熊雄、大川爱次郎、别府真吉、藤崎秀等。他们根

---

① 戚其章主编《中日战争》第8册,第89页,中华书局,1994年版。

据多次对辽东半岛南海岸的侦察,提出建议:"先取大连湾附近之大窑口,再进而攻略大和尚山石门村,占领金州,以绝旅顺后路。"①

第二种,是从庄河县以南的花园口登陆。这是日本海军方面的观点。日本海军曾多次派遣舰只、特别是八重山舰,测量从大连湾到鸭绿江口的辽东半岛东海岸,认为花园口是最适宜的登陆地点。②

第三种,是从花园口西南海岸的貔子窝登陆。这是日本陆军方面的意见。因为貔子窝距金州较近,陆军登陆后既可以减少渡过几条深水河流的困难,又便于展开军事攻击,所以陆军方面对此意见颇为坚持。

就贯彻大本营的作战方针必先夺取金州而言,无论海军还是陆军的方案都是符合要求的。主要的问题在于,哪一个方案更为有利一些。经过一整天的激烈争论,最后统一了认识,即采取海军提出的花园口登陆的建议。

日军在花园口登陆地

花园口,位于今大连的县级市庄河市明阳镇花园口村。港口南向,面临黄海。南与长海县长山群岛隔海相望,背后三面为丘陵地带。西南距大连湾约一百公里,距金州约八十公里,距庄河市区约四十多公里,是辽东半岛一个极普通的小港口。港口入口处有两块突出壮观的礁石,形似龙虾扼守港口,人称"虾老石"。港口近岸处礁石嶙峋,峻峭壁立。港口近海滩为泥沙底面,浅而平坦,涨潮时水深约三米,便于登陆,地理位置十分险要。传说很久以前,这里因遍生艳丽诱人的花草,把海口点缀得犹如一座花园而得名。但也有人说,很久以前这里生长的不是诱人的花草,而是桃树和野玫瑰。由于桃树和野玫瑰生长过于繁茂而形成了"自然园林",才叫花园口。

事实上,花园口闻名于世,并不是因为这里风景优美,而是因为这里自古

---

① 《中国近代史资料丛刊续编:《中日战争》,中华书局,1993年,第6册,124页。
② 桥本海关:《清日战争实记》,出版年不详,卷8,277页。

以来就与战争联系在一起。据说唐兵征战辽东就是在这里登陆的。明朝以后,倭寇泛滥,这里又成为防倭的重要据点。但等到历史的车轮转到19世纪90年代中期,善良的花园口人民做梦也没有想到的是,这里竟会成为甲午战争日军疯狂侵华的滩头阵地。

1894年10月23日上午,经过充分准备的日军第二军第一师团分乘十六艘运输船,在日本联合舰队十六艘军舰掩护下,分成四队由朝鲜大洞江渔隐洞向花园口扑来。24日凌晨,日本联合舰队先于运输船到达花园口。舰队本队和第一、二游击队除第一游击队"秋津洲"、"浪速"二舰驶向威海卫、旅顺方向监视北洋舰队行动外,其余全部停泊在花园口附近的海面上,防止北洋舰队袭击;本队附属舰"八重山",第三游击队"筑紫"、"大岛"、"乌海"及"西京丸"、"相模丸"六舰协助陆军登陆。6时25分第一师团第一批运兵船驶抵花园口。

在陆军登陆前,伊东祐亨下令联合舰队本队千代田首先派出海军陆战队一小队由花园口北面登陆,侦察清军防守情况。侦察发现这里没有清军防守。于是日军第二军开始放心大胆地大规模登陆了。不久,日军第二批、第三批登陆部队相继到达。10月25日,大山岩在其僚属的簇拥下乘坐"长门丸"等三艘运输船在日舰护送下前呼后拥地也在花园口登陆。

1894年10月24日,日军的运输船到达花园口

由于清军事先没有设防,日军在花园口宽约一百五十米的地段上陆时,未见中国军队的影子。日军搭建浮码头运送大炮、战马登岸,由于工具有限,加之受潮汐影响,上陆进展缓慢,

日军从花园口登陆情形

侵略大连的第二军司令部各团队长合影

第一天仅有八个步兵大队、一个炮兵大队上陆，在花园口附近建立了八公里正面的登陆场。

金州、大连清军获悉日军登陆后，未采取任何措施。日军进犯貔子窝时，仅遭到以高武为首的武装农民的袭击，也未遇清军抵抗。等到11月1日，日本陆军已在花园口全部登陆完毕。

自10月24日至11月6日，日军在花园口登陆人员两万四千多名，战马两千七百多匹及其大批辎重武器。在日军长达十四天的登陆活动中，清军陆军竟"无过问者"(已闻，却无抵御)，眼睁睁地看着日军在

设于貔子窝的日军第一师团司令部

花园口从容不迫地登陆，休整。清军腐败、昏聩、麻木不仁竟到了这种程度！

日随军摄影记者龟井兹明记载了日军登陆过程。他写道：

花园口天然地势如一大湾形，潮流的落差甚大，潮差达十五英尺。退潮时，泥泞达七八公里，小船也不能驶进。是日幸为大潮，本船虽在距岸约六千米处抛锚，小船得以很容易靠岸。于是乘满潮之机，午前5点，各船一齐卸下小艇，开始登陆。第一师团的一连(按：连即中队)连长川崎寅三(步兵大尉)率领连队首先登陆。代替陆战队警备，继而第十五团及第二团上陆警戒四方。其登陆的情形为小船三四只(一只载兵约四五十人)各载满军人，用汽艇拖拉，其次马匹及行李登陆，故海面数里之内充满舰船舢艇，其势压海，然而由于纪律严明，毫无杂乱。当此时各军舰，远远靠近金州近海，以防敌舰来袭。登陆点有炮舰一艘，敞开炮门随时警戒。小船靠岸的地方，为大石块的岩壁，必须攀登才能上去。唯有使马匹

上陆甚为不便,兵士们脱掉衣服,光着身子跳进水中,牵着缰绳拉上陆地,远涉将近两公里,毫无畏惧之色。岸上是平坦的阡陌农田,无一树遮眼,为一望千里的旷野。在农田里设横滨、名古屋、宗谷等各船名的标牌,作为登陆后放置行李的临时场地。据说至今日黄昏,登陆之军队有海军千代田陆战兵一排(先于陆军登上花园口西北的丘陵以备不虞,使登陆的陆军无后顾之忧先登的是第一团,其次是第五团,继之为第二团。但二、三、四连根据情况未登陆),依次为第一野战病院,卫生队的一半,工兵连以及兵营本部(这是为了架桥,所以在登陆大部队前先登陆)。①

日军登陆期间,还捕获了清军小汽艇一只和北洋舰队运送木材的木帆船"十七八只"。小汽艇被捕获时,"其乘员皆狼狈跳海。也许潮流太急,捕获时不见一尸"。木帆船"皆满载巨大的木材,木材好像是为了修缮在大孤山海面战中损坏的军舰而运往旅顺口的,因为木材都——印有定远、来远的印记,小汽艇是为拖拉木船的"(同上,第32页)。

还有一则历史事实,即日军登陆后还威逼中国民夫组成马车运输队。

高桥谦作为日军兵站监部附、翻译官,跟随第二军从花园口上岸。当日军经金州、亮甲店进犯普兰店时,气温已经下降到零下十二摄氏度,路面结冰,给军需运输造成很大困难。但由于采纳了高桥谦的建议,运输问题得到解决。后来,高桥谦对此回忆道:

当时,普兰店以北的路面冻得像铁一样,深陷的车辙像利剑一般坚立着。所以,我军运送辎重的小车频频破损,难以使用。在普兰店兵部,粮秣堆积如山。我向根岸司令官建议,雇用当地中国老百姓的马车,并很快贴出告示,说明每天付银二两。第二天便雇到三十辆中国马车,将其分成三个班,每班都派有我军士兵作为统领。十辆马车的运输能力相当于我军的一个运输纵队,而其费用还不到后者的二十分之一。

可不久后,这些马车夫却受到当地抗日组织的警告与惩戒而洗手不干,高桥谦奉命忙率日军搜捕,在转角房、车子沟、陈家屯等地,逮捕并枪杀陈德金、孔吉戈等抗日武装领袖,保证了日军的运输。

日本人高桥谦的这段回忆和后来发生的事值得深思和鉴戒。当时的中国老百姓精神太麻木,竟为了两个臭钱变成了侵略者利用的工具。但可喜的是,我们终还有觉醒的人士。尽管反抗者被残酷地镇压,可他们那种勇敢不畏死

---

① [日]龟井兹明著、高永学等译:《血证——甲午战争亲历记》,第32、33页。

的精神却是我们民族精神的重要组成部分,令后人景仰。

上世纪 60 年代初,著名戏剧家田汉曾来花园口村访问,当地村民王际衡(已故,曾目睹日军登陆者)向他述说着:

> 那年九月二十六日(10 月 24 日),天蒙蒙亮,我们看到数十艘汽艇和小舢板,运载着数百名杀气腾腾的日本鬼子登陆。看到这一情景,乡亲们惊恐不安,慌忙四处逃奔。吴屯、久隆兴等地的居民只剩下吴振东家中年逾古稀的老母未出走,其余全部拖儿带女逃到庄河城山、长岭一带的山区避难。距花园口村十多华里的钟屯、小刘店等地的居民也闻讯纷纷北逃。

因清军在南部沿海边防根本没有防范,所以,大批日军在花园口如入无人之境,顺利地将炮马辎重搬运登岸。其先头部队还得意忘形地把日本国旗插在花园口村墩台山顶,以壮侵略军威。

日军登陆后为所欲为,肆无忌惮,行为极其野蛮。王际衡老人记忆犹新,悲愤地说:

> 日军从花园口登陆的当天,我们就逃到城山。等到春节临近,返回家乡时,久隆兴前后街共 14 间草房被烧,剩下的是一堆堆不堪入目的废墟。
>
> 宋屯的房屋也被日军烧掉,有的居民家中的衣箱衣柜及其桌椅板凳被当作柴火焚毁,其他贵重物品也被抢掠一空。那时正值寒冬腊月,人们被逼得无家可归,饥寒交迫,走投无路。
>
> 花园口村盖子头,有座天后宫,祭祀着海神娘娘,登陆的日军钻进庙里把海神娘娘的头割下来取乐,然后把它扔进海里。碰巧在这天夜里,停在花园口村对面近海处的日舰中一艘着火,一艘搁浅。

庄河市政协的于志龙先生于 1987 年秋到花园口村采访时,其中一座被烧毁的草房砖墙遗迹仍在,他到现场观看了日军当年留下的这一侵华罪证。

于志龙先生在采访中,人们对日舰着火沉没原因

日本第二军骑兵在花园口牧营

说法不一,当地父老曾这样传闻:我爱国同胞激于民族仇恨,携带炸药,趁漆黑夜晚,乘小舢板舍身摸进敌舰进行爆破,使其船体着火。另一艘日舰于惊慌失措中起航搁浅。当地还流传着一种带有迷信色彩的传说:日军践踏了天后宫庙,并割了海神娘娘的头,触犯了海神娘娘。于是,海神娘娘当晚燃起一团神火,抛向日舰,报仇雪恨。他根据采访得来的素材,写成《甲午战争在庄河》一文,被收录在《甲午旅大文献》中。

据花园口村老一辈留下的传闻说,日舰着火的那天晚上,西北风刮得很大。着火的日舰被滚滚的浓烟笼罩着,舰上熊熊的火焰随着西北风刮起十几丈高的火舌,照得海水一片火红。少数躲避在山上的乡亲们,借着火光隐约可以看到日舰上的兵马被烧得乱成一团,有的烧死在舰上,有的挣扎跳海溺水而死;时而听到舰上的弹药发出一连串轰隆隆的爆炸声。事后,人们发现许多被烧死的兵马尸体随着海水飘到海岸。日军用类似豆面的东西做的假炮,也被海水推上了近滩。后来,乡亲们还把沉舰上的铜钟拆下来,挂在天后宫庙院内当撞钟用,直至1931年"九一八"事变,日军重新践踏花园口,才把这顶铜钟取走。

日军占领朝鲜半岛之后,陆军主力部队必然要入侵中国本土,这是可想而知的。

据记载,早在日军在花园口登陆前,李鸿章就已经知道了日军要在辽东半岛或其他地方登陆的消息。9月28日,即日军登陆前二十多天,李鸿章就致电清军驻旅顺各将领及北洋提督丁汝昌说注意日军登陆一事。电报说:

> 各国探报,均称日派大队分路北犯,尤注意金州各岛左右。欲窜旅后路,毁我船坞,实在意中。各炮台须昼夜分班瞭望严守。……师船速修,择其可用者,常派出口外,靠山巡查,略张声势。雷艇应向小平岛及附近

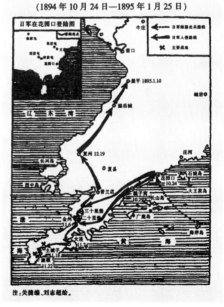

日军第二军进犯辽东半岛及激战地点示意图

165

旅口各处逡巡。切勿违误。①

10月2日，李鸿章再电丁汝昌、龚照玙：

> 闻禹廷伤病未愈，甚念。汉纳根、马船主（按：即马吉芬）及管轮洋人皆谓定镇择要修理，如炮台等其木板舱房各件可缓，则数日便能出海。此二船暂往来威、旅间，日运兵必不敢深入，关系北洋全局甚大。日决意以兵船护送陆兵二万，或旅顺左右各岛，或山海关一带，上岸滋扰。②

10月4日，李鸿章再电丁汝昌、龚照玙：

> 东边电，日兵马步昨已至义州。不日直奉必有大警。定、镇、靖、平、丙六船，必须漏夜修竣，早日出海游弋，使彼知我船尚能行驶，其运兵船或不敢放胆横行。不必与彼寻战。彼亦虑我蹑其后。

对于北洋舰队躲在威海仍不出巡一事，李鸿章在电报中提出质问：

> 现船全数伏匿，将欲何为？用兵虚虚实实，汝等当善体此意。③

10月9日李鸿章再电龚照玙、丁汝昌说：

> 旅湾相为犄角，有警时互相援应为盼。水师六船何日出巡？须来往湾旅之间，俾彼大队运船稍在牵制。④

10月13日，李鸿章再电丁汝昌，让丁汝昌"力疾上船"，"订期出海"。电报说：

> 订期出海，力疾上船慰甚。日船内驶，我海军出巡威湾旅一带，彼或稍有避忌。勿先自馁。⑤

在甲午战争中，究竟是李鸿章消极防御，避战保船，不准出击，还是丁汝昌贪生怕死，龟缩威海，一再"抗命"？多年来，都有学者专家引用不同的论据，作出截然相反的结论。从这几则电报来看，确实是李鸿章一再催促丁汝昌早日出海巡航，而丁汝昌似乎态度不积极，一再拖延，故有人谓消极避战的罪责主要是丁汝昌，并非李鸿章让舰队龟缩威海卫军港，最后

---

① 《寄旅顺黄张姜程各统将并丁提督》，《李鸿章全集》，电稿，卷18，第1页。
② 《寄旅顺丁提督龚道》，《李鸿章全集》，电稿，卷18，第2页。
③ 《寄旅顺丁提督龚道》，《李鸿章全集》，电稿，卷18，第4页。
④ 《寄旅顺丁提督龚道》，《李鸿章全集》，电稿，卷18，第7页。
⑤ 同上，第8页。

导致全军覆灭。

笔者在本章第一节已经引用过了丁汝昌根据光绪帝的战略方针,代表北洋官兵,要求率舰援朝,先发制敌,李鸿章不许,以为"日本并未与我开衅,何必请战",责备丁汝昌"不自量力"。丰岛海战前,丁汝昌再次要求率舰队继发接应,又被李鸿章制止。当日本舰队多次窥伺威海,李鸿章却下令,北洋舰队须"持重防守,决不许滥进,袭击日本舰队"①。

日军在花园口登陆前,即从9月28日至10月13日这半月时间内,李鸿章确实多次电示丁汝昌率舰巡航,而丁汝昌迟迟未有行动。故有人据此便断定丁是罪魁,李是主战,这样看问题太简单化了,也对舰艇"能走能打"的必备条件不甚了解。

丁汝昌在丰岛海战前确是积极请战,李不许,并加训斥。但在黄海大战后,丁自己受伤未愈,主力舰多艘沉没,幸存的都受伤需大修理(军舰小修一般也要个把月,"大战"后才半个月),官兵士气低落,包括像在黄海大战中率"来远"舰英勇奋战的管带邱宝仁,也斗志衰退,精神颓废,觉得人生如梦,不如及时行乐,丢下战舰和官兵,夜不归舰,抓紧时间、忙里偷闲去逛妓女院……可以想像,丁汝昌手下的管带早些时候的战斗意志和求战精神,即非丧失殆尽,也是减了大半;再者,舰艇的各个系统是非常精密和复杂的,出海巡航,特别是打仗要具备很多条件,绝非下个命令就能出去。更何况,李鸿章在电报中明确指示,只要求舰船"尚能行驶"使日舰队"虑我蹑其后",不必"与彼寻战"。

黄海大战发生在9月17日,多艘军舰受创很重,当时修理条件很有限,在十来天时间内要修好很难,关键问题不解决,便不能有效地发挥武器装备的作用,被敌舰当"靶船",外行者再急也无用,所以也不能武断地认为丁汝昌故意消极避战。笔者虽然未看到当时各主力舰受创部位及修理过程的详细资料,但凭在舰艇部队工作十八年的经历,郑重其事地提出来,让史学家们予以考虑和注意。须知,直至日军在花园口登陆时,在旅顺大坞内正在日夜抢修的"定远"、"来远"两舰,为修复"炮台等其木板舱房",还在让小木帆船运送木材,惜被日军俘获。

窃以为,像丁汝昌这样的人,经历了无数次战场搏杀,真可谓寄身锋刃,出生入死,"怕死"对他来说,恐怕有主观臆想。不怕死了,或者说已把生死置之

---

① 川崎三郎:《日清战史》第7编,上,第1章,第21页。

度外了,那么,到底怎么样的死法"合算"？服毒自尽窝囊而死,显然不如决死战场,对于一个领兵打仗的军人而言,这是不言自明的道理。

不然,在旅顺口危急之时,丁汝昌为何又亲到天津请求率全舰队全力援救,要与日本舰队决战？但此时李鸿章斥责说:"汝善在威海守汝数只船勿失,余非汝事也。"①

还有一点必须充分注意,李鸿章指示的舰队出巡,是有严格限制的条件:即画地为牢,北洋舰队禁锢于旅顺与山东成山角,即渤海湾门户一隅,不准舰队远出巡海制敌,也不必"与彼寻战"。在他看来,只要军舰能出海了,便达到了"猛虎在山"、"猛虎犹存"的战略目的了,至于日军在花园口登陆,辽东半岛和旅顺口吃紧,这些都不必去多管闲事,枉费心机。这也是表现得清楚明白的。

在甲午的历史文献中,诸将与盛宣怀的往来电文颇多,盛也有许多对作战方面的指示。在整个甲午战争中,盛宣怀身兼津海关道、轮船招商局督办、中国电报局总办和总理后路转运事宜四个职务,协助直接指挥甲午战争的北洋大臣、直隶总督李鸿章办理外交、军事、运输、通讯等工作,是李鸿章办理战争后勤、外交事宜的主要助手。

盛宣怀的这一特殊身份是否够得上"副统帅"的角色,笔者未敢轻言,但至少是举足轻重的人物。

1894年10月26日,旅顺电津院营务处报告:"庆军探马称:在魏子窝东北地名洋花园(即花园口),亲见倭船三十六只,带小划船百余只,在彼处上岸扎营,约有三万人。"

10月27日,姜桂题、程允和致盛宣怀函:"敝部两军,共止三千余人,既须分守长墙,分守炮台,留守营垒,已觉兵分力弱……唯有禀恳中堂再添拨五六营来旅,以两营镇扎毅军空垒,其余分布现空西面之羊头洼,东面之黄泥川等处。"②

驻守旅顺的姜桂题、程允和两将,以两军分守的范围,要求增兵,尚属实情,显然是"兵力太单,不敷防御"。

28日,盛宣怀复电龚照屿、徐邦道:"各路吃紧,无人可调,如自己添募,又无枪械。"

①　《中日战争》一,第67页。
②　《盛档·甲午中日战争》下。

10月29日,徐邦道致电盛宣怀:"准弟在湾赶紧添招步队一营,帮同守应,值此军情紧要,多添一兵,多得一兵之用,始终成全。"盛宣怀当天即回复"徐统领:顷已禀帅允添招一营",转达李鸿章同意添招一营的指示。

赵怀业电告盛宣怀:"顷连都护马队营总探报:'三十日辰刻,实有洋匪五六百人进至皮口街,船上之匪趁潮蜂拥而来。该营总以众寡不敌,退扎廿余里'等情。湾防万分紧要,敝处所请枪、炮、子弹、饷等,乞催解来。"

对此,盛宣怀给驻金州、旅顺诸将赵怀业、徐邦道、姜桂题等去电:"寇五六百至皮口,船匪趁潮拥上。与其坐待大队来攻,何不选锋,乘其未定攻击之。"(同上)

此指示,是要求众将集中兵力,主动出击,歼灭入侵之敌,显然是正确的。

不久,清廷旨寄盛京将军裕禄:"金州后路已有贼踪,情况紧急。程之伟赴旅顺之军,约抵盖平,恐前路已为贼阻,着即留金州,会同连顺、徐邦道、赵怀业合力防剿;其旅顺各口,李鸿章迅筹布置。"①

清廷之旨,再次命众将"合力防剿",并催促李鸿章"其旅顺各口"要"迅筹布置"。

连顺、赵怀业、徐邦道又联名致盛宣怀,告以本应带队出击貔子窝一带倭匪,但"该处距防壹百五十里之遥,且兵力不足,寡不敌众,只好尽力分扼各营来路要口,抽调不开,实深焦急。若再延,不设法抵御兜剿,该匪久必生变。"请求采取紧急措施,并提出建议:

貔子窝至洋花园(花园口)共长九十里,现在所据地方尚不甚大,其余一面多山,一面临海。如果飞调十数营,星速进攻皮子窝一路,其洋花园(花园口)一路再得奉、盛等军赶往夹攻,再多拨兵轮于沿海一带援应,可期一仗成功。……诚如傅相来谕,大连湾不保,旅顺更危。尚不结实抵御,万一该匪窜至金州,则各营均恐难守。

显然,三人的联名告急和提出的建议,其作战指导思想很明确:

即必须采取紧急措施,保住大连湾,失湾必失旅。

但遗憾的是,李鸿章复电赵怀业等:

倭匪尚未过皮(貔)子窝而南,汝等只各守营盘,来路多设地雷埋伏,并无守城之责。旅顺兵单,同一吃紧,岂能分拨过湾?可谓糊涂胆小!②

---

① 《清季外交史料》二。
② 《寄大连湾赵统领等》,《李文忠公全集》,电稿,卷18。

这一指示,造成了极其严重的恶果,并为赵怀业见死不救、弃守大连湾提供了借口。

但从 10 月 30 日李鸿章致枢垣的电文中,又可见李鸿章对"各路吃紧,无兵可调"的焦虑。"日人久注意大连湾,旅顺后路,数年经营,财力兵力俱殚。北洋兵分力单,旅顺仅庆军六营分守东西各炮台,宋庆八营驻守后路,嗣宋庆远出,调姜桂题、程允和六营替防,又令庆军东西岸各添募一营,姜程亦各添募一营,合之不过八千人,诸将来电,仍以后路口隘分歧,不敷分守。大连湾又为旅顺后路握要之所,互为犄角。……调赵怀业新募六营替防,又调徐邦道马队一营及新募步队四营前往协守。顷以兵单,又令徐邦道添募一营,合之亦不过五千七百人。新募之卒,能守而不能战。今日人大股既向皮(貔)子窝内窜,距金州、大连湾百余里,两处势均岌岌……殊深焦急。"①

将士的素质,李鸿章十分清楚,而且新兵能守而不能战。但前此"各守营盘"等指示,确系作战指导思想的失误。

在盛宣怀的档案史料《盛档·甲午中日战争》上中,还有一则令中华民族子孙汗颜和感叹的事,盛指示前线将领:

> 洋员云,我兵号褂补子适居中心,为倭人枪靶子,无不中,望接仗时,将号褂反穿。

清军兵士服装十分惹眼,正中心一个斗大的"勇"字,还加了一个圈,说明了在军服设计上的愚蠢,还是洋人提醒才作出"号褂反穿"的具体指示,但仍然在历史上留下笑柄。

一支军队的战斗力,在人与武器装备两个方面,有诸多具体的内容组成。服饰式样、衣帽穿戴,举止行动,精神面貌等都反映了官兵的素质。国庆六十周年大阅兵,我陆海空三军将士穿的都是崭新而得体的新式军服,威武雄壮,令世人啧啧称赞。

---

① 《清季外交史料》二。

第六章　金州争夺战

二十三、金州的设防遣将

金州,地处辽东半岛南端,雄踞大黑山西麓,横亘金州地峡之北;西濒金州湾,东临大连湾,是辽东半岛连接东北腹地与大连、旅顺的咽喉要地;金州城位于辽东半岛蜂腰部最狭处,战略地位十分重要,故史称"雄镇",自古以来就是兵家必争之地。

据记载,早在魏晋时代,辽东太守公孙渊就在这里诱杀东吴购马使者五六百人。隋唐时期,隋将来护儿率师渡海征高丽,就曾破卑沙城(今大黑山城)高丽军,"斩首千余级"。唐将张亮率舟师自山东东莱(今山东掖县)渡海,袭卑沙城,"获男女八千口"。

等到明清时代,这里更是战事不断。明初倭寇袭扰金州,"其来若奔狼,去若惊鸟",抢掠财物、屠戮生灵,这里成为防倭的重要据点。

1375 年,据守在辽西一带的元将纳哈尔还率兵三万,突袭金州,大战数日,终因无力攻克而被迫撤退。

17 世纪初,明朝国势日衰,后金势力乘机崛起,双方为争夺金州几进几出,后金州为后金所据。等到近代,随着外患的不断加

金州大黑山上的卑沙城

金州城

清代金州城永安门

深,特别是随着清政府在旅顺、大连一带先后布防,金州作为旅顺军港的后路,军事意义也就更加重要了。

在谈到金州地理位置的重要时,近人姚锡光在《东方兵事纪略》一书中曾这样说:

> 其地自金州斜伸入海,形如卷心荷叶卧波,金州角则荷蒂也;从金州向西南,愈趋愈狭,至南关岭而极,中宽不过六里(按:金州最窄处是废盐场至大连湾,应为近5公里),有若荷茎,为旅顺后路要隘。逾南关岭而西南,则地势渐张,亘西南而东北,作三角形,山海依倚,磴道回旋,乃天然形胜。①

日人在其所编的《日清战争实记》中也这样写道:

> 金州为辽东半岛的雄镇,东依大和尚山之险,南临大连湾炮台,是去旅顺口的第一要害。先拔之则可破大连,大连湾陷则旅顺无援,旅顺落于我手,即可长驱直攻直隶。

> 对金州的攻击,是我军前进道路上的第一关门,其胜负关系颇大,敌军的防备亦森严至极。敌军在沿大和尚山右麓突起的巨岩丘陵上构筑了两个堡垒,以扼金州大道。两垒之间六七町,由此距金州城仅里余。由垒上俯视,沿金州大道所来之人马,皆在双目之下可见。加之道路盘桓曲折,路上岩石磊砢,真可谓难攻易守之天险要地。②

金州城内北大街

日军大本营对金州的战略地位知之深切,将攻克金州视为战争全局中的关键之着。

他们认为:

> 如果攻克西面的金州厅,则可扎住旅顺半岛的口袋,敌军将不战自溃。如果攻占了

---

① 《中日战争》丛刊,第1册,第34页。
② 《日清战争实记选译》,《中日战争》丛刊续编,第8册,第105页。

旅顺港,在陆上则可长驱直取牛庄、辽阳,由海路可顺势攻打大沽、北塘和山海关。第二军的大飞跃将从这里开始。

10月21日,伊东祐亨在旗舰"桥立"号上主持了陆海军参谋联席会议。会上,首先明确了讨论问题的一个前提,就是必须执行的大本营所规定的辽东半岛作战方针:

欲扼制直隶省,先据金州半岛;欲占有旅顺口,不可不先取金州城。①

从引用日本军方的言论中,可以看出,他们真是抬举和高看了清廷的决策者的军事识见和谋略水准。"敌军的防备亦森严至极",完全是事前的估计,与实际情况根本不相符合,事后竟使他们颇觉意外,暗中窃喜。如此险要的战略要地,以及与其相邻的大连湾,甲午战争前清政府设防极其薄弱,不仅兵少械乏,而且委派庸将把守,真是令人不可思议!

金州城门

甲午战争时期金州城内西大街

据记载,甲午战争爆发时,金州只有步兵一营、骑兵两哨,由营官荣安带领,遥受盛京将军裕禄节制;城内旗兵仅洋枪队二百人,抬枪队一百人而已,真是战不能战,守不能守,摆摆样子也纵不成队,横不成列。更为严重的是,日军早已在眼皮底下登陆,金州方面竟毫不知情。10月26日,当哨长黄兴武等人捕获到日探钟崎三郎时,才知日军已在花园口登陆并准备进攻金州,直到这时,金州的副都统连顺才感到问题的严重。

连顺,清满洲旗人(一说蒙古镶黄旗人),1888年任金州副都统直到1894

①　桥本海关:《清日战争实记》,卷8,279页。

年11月因金州失守被革职。有关连顺的资料很少,到目前为止,仅发现一块《连公政德碑》。该碑记载,连顺任职期间是个好官,能"培元气,涤贪风,以身倡之";对农功"不失其时,不荒其业","不难人所短,不弃人所长","上下一体,宛然有家人父子之谊";对"市井无赖、游惰奸民","严为究治","凡事先之以公忠,而私心臆见勿得",致使"两署有和衷共济之休",客车驻境"休睦联欢","孝悌各安其事,以享太平"。故深得金(州)、复(州)各界人士爱戴。正因为这样,1890年,"金、复旗民商人等"才为他立了这块《连公德政碑》,粗略地记叙了他在任职期间的主要政绩。但对他的军事才干、统兵打仗未见只字片语。这更令人感叹不已!

政之得失,在于用人。用人的关键又在量才录用,知人善任。骐骥行千里,犁田不如牛;但一旦上了战场,它便"所向无空阔,真堪托死生"(杜甫《房兵曹胡马》)。汉文帝时,任命善于治民的汲黯去当河北太守,汲黯年老又有病在身,文帝仍然执意派他去,凭借他的威信,允他躺在床上治理就行。刘邦的《大风歌》中有句"安得猛士兮守四方",守险要关隘之地,必派良将猛士,才能确保一方安宁,这是起码的常识。不然,古人何以留下诸如"但使龙城飞将在,不教胡马度阴山"(王昌龄《出塞》)以及"李牧今不在,边人饲豺虎"(李白《古风》)等名句?

以连顺的才干,完全可以到内地某个地方,当个有政绩的好官,但让其在战略要地金州任职,完全是用人不当。

那么与金州紧密相连、唇齿相依的大连湾的守将是何许人也?

赵怀业,又名怀益,字少山,号小川。安徽合肥人,是李鸿章的老乡,淮军提督刘盛林的内弟。早年从刘铭传镇压捻军起义,后累迁至总兵。甲午战争爆发后,奉命防守大连湾。时大连湾赵怀业有步兵六营,且多新式枪炮。甲午战争之后,老百姓给赵怀业起的外号是"赵不打",他不仅对金州拒不发救兵,而且一枪不放,便丢弃汉纳根精心构筑的大连湾诸炮台,逃跑得比兔子还快。后文还要详述。

选址旅顺为北洋舰队军港,为建大坞耗费了那么多白花花的银子,苦心经营,构筑炮台,而对旅顺后路的战略要地金州,竟如此马虎设防,竟这样遣将用人,怎么不令中华民族子孙后代悲情哨叹……

二十四、旅顺后路的日谍活动

10 月 22 日,日本第二军司令官大山岩大将发布以下命令:(一)以花园口为登陆地点;(二)工兵做登陆后沿途河流渡河的准备;(三)派遣间谍侦察南北各路敌情,以确定登陆后的进军路线。

在此关键时刻,派出哪些人担任前路侦探呢?对此,日本参谋本部早有准备。这些准备就是日清贸易研究所的毕业生。

日清风云告急时,根津一提出要求:"日清之战迫在眉睫,此战系以自诩富强之清帝国为敌手,不容乐观。所幸诸君通晓华语,又多少熟悉中国事,所以希望诸君暗察敌军军情及其他内情,为皇国效力。"我等皆无异议,当即从命,决定开始行动。当时研究所蓄发辫者有十几人,我也在其中,化装为中国人从事军事侦察是极为方便的。于是,我等同仁,或在长江方面,或去天津,或赴烟台,各自分头侦察敌情。……战事愈益逼近,继续滞留上海确实危险,于是我等在日侨遣返之后,乘三井船离开该地,先在长崎上岸,然后赴广岛大本营报到。[①]

但日军对清军在辽南地区的布防情况不很清楚,不敢贸然登陆作战,故日本第二军司令部决定首先派遣间谍分别前往旅顺、金州、普兰店、复州城一带进行秘密侦察。

为配合此次行动,参谋本部召见山崎羔三郎、藤崎秀、钟崎三郎、猪田正吉、大熊鹏、向野坚一六人,命其随军出发。

时任大本营幕僚长的陆军大将有栖川炽仁亲王亲自接见六人,谆谆嘱托,予以鼓励。

随后,山崎一行即乘"横滨丸"出发。10 月 21 日,日舰"高千穗"号驶临庄河花园口附近海面侦察时,一名水兵发现了一只正在捕鱼的中国渔船,日舰即去劫持,将四名中国渔民抓来,强行扒下他们外衣,抢下烟袋,让山崎等人换装,以便登陆后的潜伏活动。

10 月 23 日拂晓,日本运兵船陆续抵达花园口海面。

临行前,第二军司令官大山岩、第一师团长山地元治亲自接见了这六位间谍,山地元治对他们激励道:"诸位誓把生命奉献给国家,义勇奉公,为君国好

---

① 　向野坚一:《回忆日清战役》,油印本,藏大连市图书馆。

自为之！"

参谋长步兵大佐大寺安纯也对他们嘱咐："此行诸君责任重大，既受命务望完成此项任务。"并命令：大熊鹏、猪田正吉往大孤山方向；由于山崎年长，而且精通中国话，去旅顺要塞；钟崎三郎、藤崎秀侦察金州城及其附近，以及位于柳树屯的和尚岛炮台；向野坚一探查普兰店、复州方面的战备情况。

这样多的长官都来为他们送行，六个间谍禁不住激情澎湃，眼眶里涌动着亮晶晶的泪珠。他们齐刷刷地跪在地上，向日本方向磕头，嘴里念叨着，"我们誓死完成任务，誓死效忠天皇陛下。"

大山岩脸上露出满意的表情，他赶紧走过去扶起大家，和颜悦色地说，"好。只要诸君有这份决心，没有干不成的事。"

10月24日凌晨1时左右，乘着海面上朦胧的雾气，山崎、钟崎、猪田乘第一艘小艇；藤崎、向野、大熊乘第二艘小艇在花园口登陆。

山崎等六名间谍登陆后，扮成中国商人模样。因怕一起行动易被引起怀疑，他们决定立即按原计划分头到预定地点。

其实，这片纯净的土地早就被日本人玷污过。自1872年西乡隆盛派间谍首次踏上这里后，到1890年在辽宁营口建立了固定情报据点。日本人对这里的山山水水也早就勘查过了。执行这项任务的还有石川伍一。他受井上敏夫领导，负责调查中国黄海沿岸可供军队登陆的地段。曾随同井上敏夫乘坐小火轮从烟台出发，经长山岛、庙岛、砣矶岛、城隍岛、小平岛等处，观看旅顺炮台，然后前往貔子窝、大孤山，甚至到了朝鲜大同江、平壤、仁川口等地侦察，然后经威海卫返回烟台。"所走洋面，均用千斤砣试水深浅，每处相距约一百多里不等。"随后，石川伍一与井上再次乘船经渤海湾，进旅顺口、和尚岛、威海卫等要塞，窥探炮台军事重地。

镇守金州的副都统连顺和正定总兵徐邦道获悉日军已从花园口登陆后，认为金州一带必是日谍活动区域，必须制定反间谍措施，打击日谍。他们在派遣巡逻队四处搜捕的同时，特制对中国商人发给红色通行证，无证者即为日谍，"不容赦立即处死"的方针。

当时，金州城乡遍贴防奸布告："倭寇奸细，潜入甚多，来往严视，捕拿重赏。"[1]并具体规定了赏格，捕获一名日谍送官赏银五百两。

于是，一场无形的间谍与反间谍的激烈战斗开始了。

---

[1] 《中日战争》，第6册，225页。

最先得知日军动向的是驻貔子窝的清军捷胜营马队营官荣安。貔子窝离花园口不远。24日午前8时，当地渔民前来报告，说在花园口附近发现日船三十多艘，荣安顿觉形势危急，立即派哨长黄兴武率马队驰赴花园口一带巡查。

山崎羔三郎、钟崎三郎、藤崎秀三人从花园口分手后，尽管伪装巧妙，却未携带通行证，不能不受到怀疑。

当时，凡乘摆渡过河都要呈验通行证，"无证者不但不准过河，而且要送衙门盘问"。

日本间谍钟崎三郎、三崎羔三郎、藤崎秀

钟崎三郎，急匆匆地往金州方向赶来。到中午时分，他已经到了碧流河西岸渡口，望着湍急的河流，他心慌慌不知如何渡过去。就在这时，从右边跑出一彪人马。钟崎三郎一看是清兵，便有几分紧张。领头的不是别人，正是黄兴武。黄兴武几乎同时也看到了钟崎三郎。

两人对视半晌，黄兴武觉得这个人有几分怪异，就上前盘问："你是想渡河吗？"

钟崎三郎做贼心虚，但他努力镇定自己，尽量随意地回答，"是的。"

黄兴武："你有通行证吗？"

钟崎三郎："没有。"

"你为什么没有通行证？"

钟崎三郎："长官还没有发给我们。"

黄兴武从他的答话中发现了疑点，进一步问他，"你从哪里来？"

钟崎三郎有些迟疑，一时没想起该怎么回答。当然，绝不能说是从日本来，那么附近有些什么地方呢，一时却又说不出。

就在他犹豫之际，黄兴武已经看出几分破绽。他发现此人尽管中国话讲得不差，但却不是本地口音，可又是一身本地渔民打扮，显得不伦不类。

黄兴武正想再问，钟崎答话了，"我是从花园口来的。"

黄兴武一听，便再问道，"啊，从花园口来。那里有日本人吗？"

钟崎三郎闻听此言，心想，他肯定是试探我，便答道，"没有。哪里会有日本人呢。日本人不是离我们还挺远的吗？"

此时,黄兴武已经完全肯定此人的可疑身份,他向清军骑兵示意,顿时,骑兵将钟崎三郎团团围住。钟崎三郎虽也是个老牌间谍,经过风浪,但真刀真枪的场面还是第一次亲历。

黄兴武大吼一声,"老实交代,你到底是什么人?"

钟崎三郎心里清楚,无论如何也不能暴露自己日本人的身份,不然将死路一条。因此,他仍顽抗地答道,"我当然是中国人,还能是什么人?⋯⋯"

黄兴武早已看出钟崎三郎内心的空虚,便吩咐手下的人,"少跟他哆嗦,先给我抓回营部再说。"几个清兵将他抱上马背,直朝貔子窝飞奔而去。

回到貔子窝,黄兴武立即押着钟崎三郎去见荣安,"报告,抓到一个日本奸细。"

荣安亲自审问钟崎。钟崎开始死活不承认是日本人,最后实在瞒不住,才勉强承认。再追问,方道出奸细身份。这样一步步地逼问,一点点地攻心,荣安总算知道了日军已经陆续从大同江渔隐洞出发,在花园口登陆。

军情十万火急。翌日一早,荣安正欲派人将日军登陆情况及钟崎三郎一起送往金州,巡逻人员又从貔子窝抓到一名日本间谍,他便是山崎羔三郎。

原来,山崎羔三郎趁日暮黄昏之际,跟在熟悉地形的中国人之后,避开摆渡场,从别处偷渡碧流河,窜入貔子窝,投宿小店,第二天一大早就外出活动。他那副与众不同的神态,"温文谦恭"的做派,特别是在他上厕所后,有人发现了当地罕见的白手纸,引起了人们的极大怀疑,火速报告荣安,当即予以拘捕。

藤崎秀从花园口窜入貔子窝,夜宿旅店,早晨匆匆离开,混在逃难人群中向金州奔去。当大股逃难人群步入曲官屯,日军在花园口登陆和捕获日奸的消息顿时在全屯传播开,使这个偏僻静谧的小村庄异常紧张起来。人们慌忙抢收场院上的庄稼,包裹衣服、用具,驱赶自家散养的家畜家禽。整个曲家屯的大人小孩和外来逃难群众无不恐慌紧张,可是藤崎秀的神色却与众不同,细心的农民怀疑他的身份,立即把他交给路过的荣安骑兵巡逻队。

被拘捕的三人先后被押往副都统衙门审问。10月31日,山崎、钟崎和藤崎皆押至金州西门外刑场,处以斩刑。因三人姓氏中都有一个"崎"字,故日人将三人合称为"三崎"。

日军攻占金州后,于1895年2月7日,从三人受刑处附近挖出遗骸,部分送交国内遗族,一部分葬于崔家屯的丘陵上,各建墓碑,还将该丘陵称为"三崎山"。"三崎"墓碑毁于"文革"期间。

山崎羔三郎(1864—1894年),日本福冈县鞍手郡山口村人。曾先后入鞍手学校藩元馆、福冈中学校等校学习,后入东京学习。因与荒尾精一次偶然相遇,深为荒尾精的"东方政策"所折服,遂决定东渡中国。1888年9月30日,因得到同县平冈浩太郎的资助,与其他几名"同志"共赴上海。先在上海学习南京官话,后到汉口乐善堂投奔荒尾精。不久因头发长长,汉语也熟练多了,便一人深入到中国内地搜集情报。先后到过云南、贵州等地。其间化名常致诚,字子羔,穿中国服装,讲汉话,或化装成卖药商人,或化装为医生,或化装成占卜者,"风餐露宿",备尝艰辛。同年12月末返回汉口。次年1月初,又到广东、广西等地进行侦察。同年6月返回上海。不久,荒尾精在上海创办的特务机构日清贸易研究所成立,山崎不仅加入了这个机构,而且还担任了一个重要职务——庶务。1891年,因日清贸易研究所经费紧张,返回日本募捐。1893年6月返回中国。次年夏,偶然在

日军将金州北门外埋葬被处死的三间谍的山,易名为三崎山

日军为处死的三个间谍竖立的石碑

报纸上看到朝鲜东学道起义和中、日两国向朝鲜派兵的消息,便只身一人混入中国运兵船抵朝鲜牙山。到牙山后,始终在中国驻牙山兵营一带活动,侦察清军防御、装备、附近河流、地貌等情况。在日军向牙山清军进攻中,山崎的情报起了很大作用。不久,日军向朝鲜首都汉城进军,山崎羔三郎则或为日军作翻译,或侦察清军情况,或作为日军向导,或为日军征发物品、审问清军俘虏等,表现相当活跃。

随着日本不断向朝鲜增兵北侵,他又先后为日本第九师团和第五师团从事侦察活动,直到平壤战役后奉调回国。向野坚一在给山崎的兄长白水敦的信中极力称赞其弟曰:

令弟山崎氏报国之志深,最早深入牙山敌营。此次参加金州半岛之战,尤负最艰巨之任务,舍身侦察金州、旅顺。既奏大功又当大任,真九州

男子之忠心光照东方,为后世之鉴。①

因为山崎深入牙山清军驻地侦察而建立了"大功",故回到日本广岛后受到明治天皇的破格召见;这次登陆花园口,又被分派去担任最为艰巨的侦察旅顺要塞的"大任"。

钟崎三郎(1869—1894)日本福冈人,也是经荒尾精游说后,投入日清贸易研究所的。他曾化装成卖药商人,往来于山东、直隶之间,频频刺探情报。接着又来到旅顺,与日本海军大尉泷川具和一起秘密测量渤海道,为日军在渤海湾一带登陆提供情报。不久又到天津,与石川伍一一起刺探情报。后因石川伍一被捕,钟崎三郎向山海关转移。沿途还仔细侦察了清军布防情况。当时日本大本营关于山海关的情况知之甚少,当钟崎三郎回国后将所刺探的情报交给大本营时,大本营高兴至极,天皇睦仁破格召见钟崎三郎、山崎羔三郎和宗方小太郎,并赐给酒宴茶果之类。

藤崎秀(1872—1894),日本鹿儿岛人。经荒尾精游说后,决心跟着他到中国去"闯"出一番新天下。他常对人说:"我在贸易研究所学的课程归根到底都是荒尾精先生赐给的,禽兽尚知报恩,何况人呢!"他就这样担任了第二军第一师团陆军翻译官。

笔者不厌其烦地介绍"三崎"的经历,就是为了引起读者深思:

近几百年来,日本有许多人竭力鼓吹扩张侵略的政策,狂热推行军国主义,神化天皇和日本国史,为武力征服中国、朝鲜以至东亚和全世界制造舆论,毒害了许多日本青年,使他们心甘情愿地为天皇效忠、卖命,成为被驱使、送葬的牺牲品,"三崎"等日本间谍便是典型例子。日本至今仍然不乏这样的人。但是,"八纮一宇"的大陆政策也好,大和民族优越论也好,鼓吹"大东亚共荣圈"也好,提倡武士道精神也好,种种侵略扩张理论并非是皆得人心,且不能永远欺骗人。"日清贸易研究所"实际上不研究"贸易",而是研究如何当间谍,曾引起了许多学生的不满,闹了学潮,说明日本青年并非都是"铁板一块"。特别是当侵略扩张作为国策,制造的罪恶,酿成的苦果已成为事实和历史时,有头脑的人岂能继续盲目追随?

"三崎"等人学会了讲中国话,日本人是与中国人一样的黄皮肤、黑头发,他们又是经过训练的"变色龙",能经商、卖药、行医和占卜,在一百多年前,混在愚昧落后的中国人中间,在中国各地乱窜,要识别他们的真面目,确实难哉

---

① 中国近代史资料丛刊续编:《中日战争》,第6册,224页。

矣!

令人不可思议的是,山崎羔三郎竟然能一人混入中国的运兵船一起去朝鲜牙山,而后,始终在中国驻牙山兵营一带活动,给日军提供大量重要的军事情报,李鸿章麾下的晚清中国军队腐朽、黑暗、昏聩、混乱、涣散、松弛竟然到了这种地步,真可谓是世界军事史上丑陋至极的奇闻,这样的军队还指望他们能干什么?

再说猪田正吉和大熊鹏。

猪田正吉(1869—1895),福冈人。毕业于久留米明善中学校,与大熊鹏有同窗之谊。毕业后曾任小学教师,因不满现职,不久又赴大阪谋事。适荒尾精在上海创办日清贸易研究所,便于1890年9月航渡上海进入该校。毕业后到日清商品陈列所实习。甲午战争爆发后,便以该所职员的身份为掩护,专门刺探上海附近清军调动和军舰进出的情报。1894年8月,奉调回国,担任陆军翻译官。

大熊鹏(1871—1895年),幼名常太郎,后改名鹏,福冈人。1890年3月,从久留米明善中学校毕业。同年9月,进入上海日清贸易研究所。1893年6月毕业,被派到日清商品陈列所实习。甲午战争后,奉命薙发华服潜伏上海,"冒生死,探敌情,向国内报告,供大本营参考"[1]回国后也被任命为陆军翻译官。

猪田正吉和大熊鹏二人,先后离开花园口后,不久即下落不明,生不见人,死不见尸。他们的失踪成了一个谜,引起不少的猜测,但多认为性命难保。如向野坚一在他的《从军日记》中附有一封书信,内称:

> 猪田正吉氏去向大孤山方向,尚未有任何消息。大孤山归岫岩管辖,金州城内毫无材料,生死不明。然……恐保不住性命,大熊鹏氏亦同猪田氏,情况大致同上。[2]

此时离他们花园口登陆的时间已有两个多月,仍然毫无音讯,所以推测他们必定是死了。战后,日本政府将他们两个人也按"烈士"待遇,记其功。叙勋八等,赐白色桐叶章。

在日本京都若王寺中还树了一块"征清殉难烈士碑",碑文系根津一撰,

---

① 《东亚先觉志士记传》,下卷,147页。
② 中国近代史资料丛刊续编:《中日战争》,第6册,225页。

荒尾精书写。碑文称：

> 此九士者,真东洋之志士也。尝有见国家之前途,孤剑独行,奋跋涉禹域者数年,具尝艰难,而详通其国情焉。征清役,慨然自起,有大所决,或体大本营之意,或衔上将之命,变服深入敌地,不幸觉遂毙于苦节矣。[1]

所谓"九烈士",除已知被清政府处死的石川伍一、福原林平、楠内友次郎、藤岛武彦、山崎羔三郎、钟崎三郎、藤崎秀七人外,还有猪田正吉、大熊鹏的名字。

其实,猪田和大熊鹏二人的失踪,确实是一个谜。许多迹象表明,猪田和大熊绝不是死于清军之手,而且死得也比较晚,根本谈不上"毙于苦节"。

日本黑龙会于1933年出版《东亚先觉志士记传》一书,根据多方搜集到的材料,推测猪田正吉和大熊鹏是被宋庆的毅军捕获。

1895年3月田庄台大战前夕,日军通过收买汉奸的办法探悉,宋庆幕下有两名日本青年人,甚受宋庆"宠遇"。当时,日军方面断定,这两人必是猪田和大熊,一度想将其救出而不果。及战争打响,日军对清军采取包围之势,清军损失惨重,宋庆等脱围而出,估计在如此猛烈的炮火下猪田和大熊很难逃生。战斗结束后,日军试图找到猪田、大熊的尸体,也未发现任何线索。[2]

以上所述,对其详加考察,便可发现其中有一定的真实成分。

据清朝档案记载,1894年11月宋庆率部回救金州时,曾拿获一名日本人,自称叫富冈竹之助。宋庆致恭亲王电称：

> 适探兵由复州界拿获倭人富冈竹之助一名,供称"系书记。倭二军,一军司令官山县有朋,二军司令官大山岩,共约三万,合趋金州。又有第三军已发,亦欲由花园口登岸,云向奉天府,由彼仍向西进,金州之兵亦尚往北方"等语。今大高岭已交战,似所供非虚,但是否即第三军已到,尚未探实。[3]

对甲午战争有精深研究并编著丰硕的辽宁师范大学历史系郭铁桩教授,他认为：

> 这个"富冈竹之助"可能就是猪田正吉的化名。其理由是："据查日

---

[1] 《东亚先觉志士记传》,上卷,500页。
[2] 参见《东亚先觉志士记传》,上卷,490—491页。
[3] 中国近代史资料丛刊:《中日战争》,上海人民出版社,2000年,第3册,208—209页。

本第二军在花园口登陆后至金旅之战前后,除在花园口登陆时派出六名间谍外,未再派出其他间谍。此时日军第一军正在辽东、辽中一带作战,似也不可能向金旅一带派遣间谍。故这名自称叫富冈竹之助的日军间谍很可能就是猪田正吉。"①

研究甲午战争的公认权威戚其章先生认为:

> 其实,还可以再加上两条理由:一是此人的情况与日方的调查材料基本相符;二是此人的化名颇有意思,猪田为福冈人,即以其籍贯之汉读谐音"富冈"为姓,又以其姓氏"猪"字之汉读谐音"竹"和"助",连成"竹之助"为名。可见"富冈竹之助"为猪田正吉之化名当属无疑。

猪田正吉被毅军俘获后,供称自己在日军里担任书记,只是一个文员,因而没有被当作军事间谍来处理。宋庆完全相信了猪田的供词。更为重要的是,猪田表示了归顺之意,故被宋庆收在帐下,随毅军同日军作战。据战后宋庆给李鸿章的咨文称:

> 查去岁十月内毅军探马在复州境内擒获日本书记富冈竹之助一名,随带在营。该俘求为剃发,改换华装。于本年二月十三日内田庄台退兵时,被倭炮击毙,尸身不全,混于乱军中掩埋,无可辨认。②

由此可知,猪田自愿归顺毅军后,还随同毅军与日军作战达数月之久,是在1895年3月9日毅军从田庄台撤退时被日军炮火击毙的。日本政府在尚不明其生死和表现的情况下,为推行其对外侵略扩张政策的需要,竟为其叙功授勋,赏给廉价的"烈士"荣名,真令人感到可笑复可悲!

尽管猪田在"日清贸易研究所"受过多年培训,对其灌输了那么多侵略中国的思想,但是他在被俘后,不仅没有死硬到底,而且反戈"归顺"。日军将他们的"叛徒"称为"烈士",授予"功勋",是历史老人对他们无情的嘲弄。

至于大熊鹏的下落,直到十年后终于有了初步结果。大熊鹏的知己朋友有叫水谷彬者,曾撰写过一篇《大熊鹏君之足迹》,可资参证。③ 据作者称,1904年日俄战争时,作为陆军翻译官在海城军政署任职,一年后又被派往牛庄军政分署工作。1905年3月,应当地牛马税捐局长田心斋之召赴宴,席间

---

① 郭铁桩:《恨海——甲午大连之战》,中央民族大学出版社,1997年,130页,注3。
② 《清季中日韩关系史料》,台北,1972年,卷7,4389页。
③ 按:该文作者水谷彬后来长期住在中国,在旅顺某校任教二十余年。

结识了旗人武弁文林。

交谈之间，文林自称，甲午战争时曾隶左宝贵奉军某营，平壤之役身受两处枪伤，回国伤愈后驻扎于庄河青堆子守备。一天，在营房附近发现一个身穿中国衣服的青年，举动异样，来回徘徊，似在查点炮数多少。担任警卫的清兵生疑，将其揪至营内，彼默然不作回答。营官认为此人必系南方人，躲避战火回乡，迷路到此，命令将其释放。这个清兵仍不甘心，搜查身上，发现内穿青色条纹衬衣，带有识别铜牌，并搜出笔记本，上面记录某处火炮几座等等，系日本间谍无疑。适在此时，探骑来报，日本军队已经在花园口登陆。营官决定将该日探留置营中。文林还详细地描述了其人的身材及相貌特征，问水谷是否知道此人，水谷听后大喜，说："这正是吾友大熊鹏君！十年之秘密，今日终于真相大白了。"

那么，大熊鹏的最终下落如何？根据文林所述情况可知，营官对大熊特别厚遇，始终留在自己身边加以保护。其后该营退至岫岩，又退到海城草子峪。直到《马关条约》签订后，中日两国交换俘虏，始将大熊送往奉天。临行前，大熊因文林与之经常接近，携酒一瓶来饯别，并题诗一首云：

> 河汉洗兵器，乾坤日月新。
>
> 赠君一坛酒，请醉太平春。

从这首诗看，他被俘虏后受到良好的待遇，不禁心存感激，表示对和平到来的欣庆心情。当水谷彬问到大熊何以最终不归时，文林称："那时这一带流行瘟疫，他确系被送往奉天，或许染上瘟疫死于途中。"

文林的说法是否可信呢？回答应该是肯定的。据清朝档案记载，中日两国战后交换俘虏，中方将日俘十一名交给日方，其中有奉军俘获者，却无大熊鹏的名字。但这并不是清军各部所获日本俘虏的全部，已经"正法"、"因伤身毙"或"病毙"者当然不计在内了。①

当时正赶上传染病流行，日俘在解送途中饮食不洁，感染的可能性极大。如锦州所看养的两名日俘，本拟解至天津交给日方，却行至直隶境内先后患痢疾身亡。所以，文林说大熊病死于解送途中是十分可信的。

由此看来，猪田正吉、大熊鹏失踪之谜既已解开，便可知他们的结局与山崎羔三郎等是不一样的，不能等同视之。猪田被俘后情愿归顺，并参加了对日

---

① 《清季中日韩关系史料》，卷7，4410页。

本侵略者的作战,大熊也有悔罪之意,企盼中日两国和平友好,这说明他们良知未泯,与那些死心塌地的侵略分子是有区别的。

在花园口登陆的六名日本间谍中,唯一的侥幸生还者就是向野坚一了。

向野坚一(1868—1931),日本福冈县人。曾先后就读于明善义塾及县立修猷馆。1890年9月,进入上海日清贸易研究所。1893年7月,被分派到日清商品陈列所实习。1894年4月,奉命调查长江流域各通商口岸。同年8月,中日两国宣战,又被调回上海,专门侦察中国军队调动及军舰行踪等情报。直到9月上旬,因潜伏上海活动危险,奉调回国到广岛大本营报到。随即被任命为第一师团陆军翻译官,执行特殊任务。

向野坚一此次所接受的任务是侦察复州及普兰店清军的设防情况。他化装成中国商人,离开花园口独自向目的地进发。此时,已经登陆的日军先头部队到处乱捉中国百姓,充当搬运军用物资的民夫。他是中国人打扮,"也被日本兵抓住,不容分说同中国人一起当作民夫从事搬运,因身边都是中国人,虽身负特别使命也不能大声说明自己是日本人,最后只好借口解手,离开民夫队伍,对日本兵告知身份,故被放走"。

如果说这次的事纯属误会,那么,随之而来的一场遭遇却让他差点儿过不了关。

10月25日,向野坚一渡过碧流河,行至王家屯附近,突然受到村民的盘问。向野在《从军日记》中对此事作了详细的记载。

当向野正要通过一村落时,有一群人将他堵住了,厉声问道:"你是什么人?从哪里来,到哪里去?"

老练的向野从容不迫地答称:"我是福建省福州府番船浦人,名叫吴文卿,本年6月在大孤山港做生意,倭兵来袭,所以我准备由皮子口(貔子窝)坐船去烟台,经上海回籍。然后问路而去。"

因为向野答得很可信,所以问话的不再盘问,放他走了。但他们立即觉得不该放过此人,故又有跑上来喊他回去。向野觉得跑也跑不掉,只好勉强随当地老百姓回到前村,接受再次盘问。

向野仍以上述言语再三答复,老百姓不依:"他可能是朝鲜人、日本的奸细!"

有个带头的说:"检查一下他身上带的东西。"

在向野携带的物品中,竟有一块磁铁,于是追问道:"你带着这个东西干什么?肯定的奸细!"但这些老百姓其实不清楚此物可作指南针用。

向野穷于应付，忽然急中生智，说："我的职业是开杂货店，常贩卖此类物件，怎么以此怀疑是奸细呢。"

"你有没有地图？把地图交出来！"

"这一带我做买卖来过多次，很熟悉，要地图干什么？我没有地图。"

盘问的人们不再怀疑他的身份，放行。

向野才走不远，又有一群人追来，把他拖回去，从头到脚检查又检查，不放过每一个物件，并不断催促他交出地图。

向野咬紧牙关说："我绝对没有。"

老百姓不听，最后又拖到前一村落，对他进行赤身检查。向野在《从军日记》中写道：

> 从复州到普兰店之间的重要地名，我用铅笔记在中国小说的一页上，藏在袜底。怕被他们发现，在过小河时，故意使鞋掉在水里，穿袜子的脚落在水里，穿鞋摩擦，果然赤身检查的时候，纸片字迹全消，幸免他们责问。土人中有懂官话的说这不是高丽人，是中国人。但其中有六七个恶汉说：不，是高丽人，化装成中国人。有人打我，有的绊我，终不肯饶，将我的东西和小刀首先夺去。最后用一条绳子把我捆绑起来。遗憾！我终于被土人所捕获。由三个人监视把我押往皮子窝兵营。
>
> 这时接近午后七时，天黑得离三四个人的距离就不辨五指。两个监视者只顾谈话稍落于后，只有一人拿绳。
>
> 我告诉他："我实在是福建省福州人，家中有父母二老，今蒙冤被捕押送，如我回不去，父母最后只有饿死。你们如可怜我的实情肯释放，我死也不忘大老爷的恩德。"
>
> 我边说边哭，最后跪拜叩头哀求。
>
> 我突然灵机一动，又说："我有小块银子，送给老爷，请放了我。"
>
> 押送我的人还未应答，我即把腰里一块银子塞给他。与此同时，我带着绳子拿出全部力量，不顾爬山趟水，以北斗星为准，向西拼命跑去。
>
> 天运未尽，此夜是阴历九月二十八日，天上没有月亮，离一人间隔就伸手不见五指。……再回头看，随着"跑了"的喊声，只见数十个点点灯光追来。
>
> 邻近各村落群犬吠叫。我见光即跑，有人处即避之。逃进大田地里，脚为高粱茬子所绊，鞋脱袜破已在所不顾。其困难真是一言难尽！后来登上丘陵，回头看来追的火点渐少。于是在这里暂作休息，捡石磨断绳

子,这才重为自由人了。①

向野坚一逃脱后,按预定计划往正西行,于10月28日来到复州东门外,见城门并无清兵把守,便进到城里。他先"在东西南北四条街徘徊,一边注意城内清兵活动情况。往返奔走多时,只见骑兵一人、步兵三四人而已"。心中有些纳闷,随后了解到,"原来复州城兵员有五百多,五六天前调往金州"。于是,他又仔细地观察复州城的形势及作为目标的标志:"复州城为方形,开东、西、南三门。东北方有复州河绕之。东西南北半里(此为日里,1日里等于3924米)内外处是丘陵地带。城墙高两丈(1日丈等于3.03米)有余,厚四间(一间等于1.818米)多。市街东、西、南、北(四街),其中东、南为繁华大街。城中心有关帝庙。水质清澈,适作饮料。城北附近村落多树木。土地肥沃,多菜类,有麦。南北城外有石砌的塔,作目标足矣。"

结束在复州的侦察后,向野坚一转向南行,于10月30日来到普兰店,发现此处"住户二十余家",但地理位置十分重要。因为它"位于复州和金州的中心,既是金州通往盖平的道路,又是通往皮(貔)子口的道路,实是要地"。问题是复州地位的重要并未引起清军将领的重视,此处根本"没有兵营和军事设施,只不过是一个荒凉村落"。

本来,到此时为止,向野坚一已经完成了预定的侦察任务,但在复州、普兰店侦察活动的顺利使他产生了探查金州的想法。第二天,即10月31日,他决心进金州城一探。《从军日记》里记道:

> 早起由宿处出发。见金州和复州不同,旌旗在城墙上飘扬,其气势令人震惊。走约一里多,将到北门,我想城门一定有兵值班,暂止步察看情况。只见清晨城郊很多农民挑蔬和鱼类,穿梭往来。我趁机混入人群,冒死大胆进入北门,城门里果然有兵员十余人,正吃着地瓜,无任何人过问,意外得以平安入城,暗自庆幸。

> 随即进饭店……此饭店是一小店,出入都是士兵,三三五五围桌饮酒吃面,不断交谈。我侧耳细听。最后,付一百五十文饭钱离去。先察看南门外兵营的位置和状况,又去西门、东门看炮数。在街上徘徊看兵种,有铭字淮军、怀字淮军、正勇以及爵阁督堂亲军、炮队、马队等。树上树旌旗,声势颇为盛大。午后二时左右,有人乘马车,有二十多骑兵护随从东

---

① 中国近代史资料丛刊续编:《中日战争》,第6册,197—198页。

门外回来。想此人或许是赵怀益(业)……到了大和尚山麓的石门子,见骑兵往来,内心怀着被他们识破的恐惧心情通过。又走五六丁(1丁等于109米),遇见三四十个清兵,见道上挖有二尺见方形坑穴数十个,山上树有旗帜,周围拉上绳子。兵员往来奔走,都携带铁锹和铁镐。这里肯定是布雷区。①

经过这一整天的侦察,向野不但探清了金州城的虚实情况,而且还意外地发现清军在石门子修建防御工事。

离开金州后,向野坚一急于回到第一师团司令部。11月3日,他终于见到了师团长山地元治和参谋长大寺安纯,这才展开地图,就自复州经普兰店进入金州所目睹的事物及所探听到的一切情况,一一作了报告。报告的要点是:

> 对于清军严密加防的貔子窝大道,以一队兵予以牵制,将师团主力部署于完全不设防的复州大道,然后从金州西北方向施以攻击,一举占领之。②

山地对向野的报告非常重视。这样,向野报告便成为日军第一师团制订进攻金旅作战计划的基础。因为金州一失,旅顺后路完全暴露无遗,其最后的陷落也就指日可待了。

在花园口登陆的六日谍中,惟向野坚一一人功成返营,确实侥幸,看似偶然,实则包含着若干必然性的因素。如清军将领颟顸无知、官兵敌情观念薄弱、对各军之营哨缺乏严格管理等等,处处都给向野提供了可乘之机。更要指出的是,中国人民的热情好客和富有同情心成为日本间谍可钻的空子。

一个人要生活,最基本的条件是解决衣、食、住、行。六个日本间谍上岸以后,"衣"的问题基本解决了,这便是他们扒下了中国渔民的衣服披在身上,虽然单薄一点,但毕竟俨然成了一个中国的老百姓;"行"呢? 他们的两条腿跑得飞快,各个角落里都能"钻";问题最大的是"食"与"住"。

"食",那时还没有发明"压缩饼干",且这种东西即便有,也会因"舶来货"而暴露身份,一句话,"食"要就地解决,向中国老百姓要;"住"呢,也不能露宿,要找旅店或中国人的家。

以向野为例:他执行此次侦察任务,历时一周有余,除遇到各种危险外,最

①　中国近代史资料丛刊续编:《中日战争》,第6册,203、204页。
②　向野坚一:《回忆日清战役》。

难熬是两个字："饥"和"寒"。他有几天不敢投店找饭吃，只好乞食。即使贫家小户，见其可怜，也必给他食物。他在《从军日记》就多次写到"进一小户人家，有二女一子，求食"，"进入山间一家乞食，一老妇给我一碗小米粥和一块玉米饼子"等。

更有一次经历，他遇到大雨，浑身湿透，无处求宿，冷得发抖，只好倚庙门而眠。一老者看见，恐其受病，请到家中，不仅烧炕让他取暖烘衣，还招待饭菜并为他准备了第二天上路的干粮。①

日谍的经历很容易让人想到著名的"农夫与蛇"的故事。毛泽东在《将革命进行到底》一文中引用道："一个农夫在冬天看见一条蛇冻僵着。很可怜它，便拿来放在自己的胸口上。那蛇受了暖气就苏醒了，等到它回复了它的天性，便把它的恩人咬了一口，使他受了致命的伤。农夫临死的时候说：我怜惜恶人，应该受这个恶报！"

中国如果有伊索这样的智者，编个新寓言的题目可以是《农夫与间谍》，不仅不会逊色于《农夫与蛇》，而且比农夫的教训深刻一万倍！蛇只咬死农夫本人，而僵卧快冻死的日本间谍则比蛇厉害一万倍。给他温暖和食物，救活他他便返回日本大本营，为攻占金州、大连湾和旅顺提供重要情报，并亲自作向导，杀戮千千万万的中国人，给中国人民造成巨大的灾难，这就不单是"咬死"供他食宿的老妇和老者一家了。

须知，在中日已经开战的特定时期，竟毫无敌情观念和警惕性，此种愚昧已不等同"善良"了。因为他们做的事，客观上是帮了敌人的大忙，成了侵略者大规模屠杀同胞的帮凶！

但愿"史鉴使人明智"，中华民族子孙后代能认真反思，永志不忘。

再看另两则真实的史料。

光绪二十年（1894）二月，金州重修西门外玉皇庙，副都统连顺派田裕为监工。田裕世居城内，素习木工，在副都统衙门内当差。他在监修玉皇庙中，发现一杂役不会说当地话，初以为是南方人，后又发现他到处乱窜，探听金州城情况，田裕怀疑他别有用心。于是将他叫来询问："你叫什么名字？为什么到处乱窜？"

此人拒不回答。田裕大怒，将他打了一顿。

此人怀恨在心，在探听到田裕家地址之后，便离开了金州城。

---

① 参见中国近代史资料丛刊续编：《中日战争》，第 6 册，199、201 页。

甲午战争爆发后,日军于11月6日攻陷金州城。这时有人看到那一杂役身着日本军装,带领日本士兵直奔田裕家,将在家之人全部杀害。人们这才知道那杂役原来是日军间谍。

郑永昌,日本间谍化名,真名为神尾光臣,日本陆军少将,1893年5月郑曾陪同川上操六侦察天津。1894年10月24日随日第二军在花园口登陆。

登陆后,郑永昌奉命化装寻觅向导,在今新金县泡子乡一带,他打听到刘雨田熟悉金旅一带地理,便前去拉拢。

刘雨田又名龟山、何文泉、龟山松太郎,外号刘秧子。刘受过教育,有反清复明思想。郑永昌在了解这一情况后,便诡称自己为郑成功后人。

刘雨田因慕日本强盛,遂投入日籍。郑极力劝说刘为日军效力,并保证战争结束后,保送其赴日留学,刘遂为日军当向导。

11月6日日军攻陷金州城后,刘腰系军刀,同其父备车十辆,满载货物入城献礼。

日人有诗云:"辕门献礼表归顺,明代遗民刘雨田。"外国记者拍照叹为奇事。

甲午战争结束后,清廷缉捕汉奸,刘逃到日本读书,入日籍。毕业后教习日军华语。日俄战争时,刘又为日军当向导,在金州猴儿石登陆。日俄战争之后,东北重入日本之手,刘则在"关东州"任职。1945年9月,日本投降后,逃亡沈阳、西安等地,1951年被旅大人民政府处决。

中日甲午金旅战役,日军获胜,清兵战败绝非偶然。在其诸多复杂原因中,日本的间谍活动是一个不可忽视的重要因素。尽管清军对日谍严加防备,格杀勿论,但终因日谍诡秘善变,无法一网打尽,致使日谍猖獗,搜获重要情报,造成巨大危害。

首先,日谍提供的情报,保证了日军登陆作战计划的顺利实行。钟崎羔三郎等人在1893年进行的所谓"一年实地研究",为日军参谋本部制定登陆计划提供了重要参考,使日本军界排除种种分歧,最终确定花园口为登陆点,使登陆得以顺利进行。

其次,日谍根据实地侦察,提出了切实有效的建议,使日军能够迅速攻占辽东半岛。日本第二军在进犯金旅时,多次采取迂回包抄后路的战术,屡见其效。而这一战术的具体实施方案,就是根据日谍提供的情报来制定的。藤崎秀、宗方小太郎等日谍商议提出先取大连湾附近之大窑湾,后攻大和尚山及石门子,再占金州,以绝旅顺后路的作战方案。日军在攻击旅顺小案山、大案山、椅子山炮台时,采取了迂回其西侧的抄袭战术而占之。日谍这些迂回包抄方案原则上被采纳,只是作了具体修改,而从实战经过来看,也基本如此。

再次,日谍熟知地形,亲自作向导,从而加速了作战进程,减少了日军伤亡。日军攻占金州、大连湾,向野坚一立下"奇功"。他提供了金州城清军布防及石门子清军布雷等重要情报,并考察了这一带地形情况,使第一师团长山地元治马上变更作战计划,派遣一个联队作为牵制队,攻金州右翼;而山地亲率师团由向野作向导,绕过石门子雷区,经金州北之三十里堡从金州之背面攻击金州城,左右夹击,最终占领金州重镇,继而攻占大连湾。

总之,日谍活动是日本侵华战争之先导,在战争中起到了重要作用。正如日人德猪一郎所夸耀"在二十八年之役(按:指甲午战争),运筹帷幄之中,决胜于千里之外"。[①]

可见,日谍活动涉猎领域之广,层次之深,可谓无孔不入。因此,研究中日甲午战争金旅之役,不可忽视日谍活动这一重要环节。

二十五、石门子阻击战

四川涪州(今涪陵)是个山清水秀之地,以出产优质榨菜著名。清朝末年,那里的徐家出了个膂力过人、精习刀枪的武童。他常以祠堂门前的石狮作为练武的工具,每当他奋力举起、轻轻放落,接着又一而再,再而三地练习举重时,常常围满了观看的人,无不叹服。这个天生的壮汉和武夫,便是远近闻名的徐邦道。

徐邦道(1827—1895),字见农(一作剑农)。咸丰五年(1855)投效湖北军营,后从楚军参加镇压太平天国起义。九年(1859)以功晋参将,后还本籍筹防,同治元年(1862)迁副将。明年,奉檄驰援陕西汉中,赐号"冠勇巴图鲁"。旋坐汉中失守,褫职。嗣从副将杨鼎勋援苏、浙、闽,以功开释处分。同治六年(1867),随淮军刘铭传镇压东捻军,复官。同治七年打败张宗禹西捻军于沧州

爱国将领徐邦道

---

① 《中倭战守始末记》,第3卷,第24页。

减河桥口。更勇号鉴僧额巴图鲁,擢总兵,署江苏徐州镇。光绪四年(1878),特旨擢提督。六年,调驻天津军粮城,补授正定镇总兵。

1894年8月甲午战争爆发,在日军步步紧逼的危急形势下,消极避战,寄希望于外国"调停"的清政府,不得不慌忙筹备军事,调兵遣将。此时,徐邦道年近六旬,精力虽不及当年,但雄风不减,日寇的侵略行径,激起他的满腔怒火。

徐邦道奉命率部赴朝鲜义州平壤一带布防。及至天津,两次接李鸿章电,就地募兵转赴大连湾防守。因为原旅顺守将宋庆赴防九连城,李鸿章别令姜桂题守旅顺,檄徐邦道助之。

10月12日,徐邦道率仓促编练成军的四营部队由天津起航,次日所属马队到达旅顺,10月24日到达大连湾。

驻守大连湾的原为提督刘盛休所部铭军。平壤战役前,刘奉命率所部四千余人离湾赴鸭绿江北岸九连城与宋庆诸军会合,接应平壤各军;故先后调赵怀业怀字军六营,徐邦道拱卫军三营及马队二营、炮队一营接防。其军队素质及装备均不能适应战斗需要,徐邦道对此十分清楚。为此,他在同赵怀业等筹谋军机的同时,迭次电恳时任中国电报局总办等职的盛宣怀续发兵员和军火,但均未能如愿。这些不利情况,无疑为徐邦道扼守湾防增加了重重困难。

十月下旬日军兵分两路向中国进犯。山县有朋友第一军入辽东腹地;大山岩的第二军于10月24日在花园口登陆,寇锋南指金州。

金州是旅大陆防要地,金州失守 大连湾也将难保。依前所述,徐邦道至湾之日,正是日寇于花园口登陆之时。徐从日军间谍的供词中得知了日军于花园口登陆的消息。日军进攻方向明确无疑,金州万分危急,时金州副都统连顺仅有清军一营三哨,众寡悬殊。为此,连顺曾先后电请李鸿章、盛京将军裕禄等迅速派兵援金,但无结果,徐邦道得知此事,"虑及金州若失,旅顺孤悬难以久守;旅顺若失,京津门户洞开,后果难测。"因此,他从战争的全局出发,立即致电盛宣怀等,"拟求再添一营……帮同守应"。他望眼欲穿地苦等,但增援之兵如泥牛入海。"驻旅顺凡六统领,新旧三十余营,莫之应。"①

在日军重兵压境而增援无望的情况下,徐邦道大义凛然,忠烈尽显,不顾兵寡势单,毅然率军进至金州。

10月29日,日军占领了貔子窝,形势更加危急。徐邦道本拟派步队三四

---

① 姚锡光《东方兵事记略》。

哨,马队一哨前往貔子窝袭击日军。但由于山路太远,兵力不足,而未能实行。随后徐会同连顺,来到大连湾,与赵怀业共商守金之策。

徐邦道首先侃侃而言:"小川兄,大敌在前,国难当头,本应分兵把口,各尽其责。怎奈登陆的倭寇达三万余众,金湾两处防军只有十二营兵力,过于单薄,恐难挡住倭寇的进犯。金州与大连湾、旅顺唇齿相依,一旦金州失守,大连湾便门户洞开,旅顺也便岌岌可危。见农与副都统以为只有全力守住金州前沿,才是上策,故恳请小川兄以大局为重,拨兵相助。"

赵怀业道:"中堂电命吾守湾,并无守城之责,且兵力自顾不暇,抽队实难应允。"

连顺不善言辞,只得重复徐邦道已陈明的厉害,请求赵怀业协力出兵。

赵怀业不仅固执己见,甚至认为不应派兵去主动拒敌,谓:"我奉中堂令守炮台,不与后路战事;汝辈欲往鼻子窝(按:即貔子窝)拒敌,须请令方可。"①

徐邦道再次"固请于怀业",赵怀业冷言应对,说道:"徐军门如此往来奔波于旅、金、湾之间,辛苦异常,此种以大局为重的精神,令小川佩服得五体投地。不过并非小川不顾大局,所以不能分勇给徐大人,一是确实兵力不足,二是中堂大人有电令在此。"赵怀业说到这里,便拿出了一纸电文交给了徐邦道:"请徐大人过目,这是小川刚收到的电令。"

徐邦道接过电文,见上面写道:

寄大连湾赵怀业等:

倭匪尚未貔子窝而南,汝等只各守营盘,来路多设地雷埋伏,并无守城之责;旅顺兵单,同一吃紧,岂能分拨过湾,可谓糊涂胆小。鸿。

徐邦道没有想到李鸿章竟会发来这样的电文,气愤至极,他决心不再与赵啰嗦,率本部迎敌,敢挫其锋。而连顺见状,顿时手足无措,他竟然失声"至于跪泣"。

赵怀业见连顺长跪不起,便勉强应允,派营官周鼎臣率二百人帮同守金。

阅读这段真实的史料,令人感叹不已!

徐邦道是位兼有文韬武略的铮铮铁汉,从来不示弱于人。对赵怀业这种东西根本不放在眼里,为什么现在这样耐住性子,苦口婆心相劝求助?而老实

---

① 参见姚锡光《东方兵事记略》。《中日战争》丛刊,第 1 册,第 37 页。

的副都统连顺竟在赵的面前"跪泣"？……这是因为赵怀业手里掌握着李鸿章交给他的更多的兵力和武器装备，有调兵遣将的军权，还有李鸿章发给他的混账透顶的电报指示。

徐邦道完全可以"自扫门前雪"，按其统兵的力量尽力为之，不必主动提出去保卫金州，确保旅顺后路。但他从战略的高度，全局的统筹出发，"虑及金州若失，旅顺孤悬难以久守；旅顺若失，京津门户洞开，后果难测"，为了抗击日军取得胜利，完全摒弃了个人的得失和尊严，这一举动，是其爱国主义精神的集中体现，也为其民族英雄的形象增添了光彩的一笔。连顺也不是为了个人保命，而是为了"国之大事""存亡之道"而对赵怀业"跪泣"。

徐邦道与连顺一起求赵怀业分兵相助，赵只增派了区区二百人，如杯水车薪。尽管如此，他还是立即亲临金州前方，经过勘查，选定石门子附近山头为狙击阵地。

石门子位于金州城东约十里，为貔子窝至金州的必经之路。东依大黑山，东北临近台山，可控敌军正面进攻要路；北有狍子山可阻截敌军侧攻路线。

徐军在石门子夹道两侧山顶上分筑炮台，每垒有炮四尊。徐并亲自督饬各营弁勇，日夜挖掘战壕，砌筑墙垒。

徐邦道誓死抗敌的决心和勇气，为将士所敬佩，也深深地感动了当地的人民群众，金州人民自发组织起来，支援徐邦道抗击日军。1971年，据金县二十里堡钟家屯八十四岁的老人钟振士和钟振一回忆：

> 当地群众支持徐邦道抗击敌人。夏家房身的夏、阎、韩等家，为了帮助军队早日设好炮阵，把自家的耕牛和驴全牵出来，套在战马旁协助清军往台山上运大炮。不少没有牲口的农民和士兵一起向山上推大炮，个个累得满头大汗。许多农民，像关运发等，都曾向在山上严守阵地的清军送饭送水。农民关

石门子阻击战示意图
(1894年11月5—6日)

注：关捷据钟有江绘、大连市政协编《大连文史资料》第4辑第20页图改制。

石门子阻击战示意图

运起,自己虽然不会做饭,但由于爱国心切,不忍心士兵挨饿,自己主动到阵地做饭。即使清军在败退时,也有不少农民把生死置之度外,冒着枪林弹雨给

石门子阻击战遗址

清军作向导协助快速撤退。如,钟家屯西沟的钟振富、钟振祥兄弟,为了解救一名即将被日军包围的负伤清军营官,冒着生命危险,把栓在他家的一匹战马送上台山,交给营官骑,并亲自协助营官从响水寺沟突围出去。

金州南街马家炉的年过花甲的铁匠马忠信,领着自己的徒弟和全城的铁匠,光着膀子,连夜站在炉旁为清兵赶制大砍刀,在每把砍刀淬火时,老师傅都是亲自打锤。①

造好的"大砍刀,一部分送往前线,一部分用来武装城内的青壮年。城内10多家烧饼铺,通宵达旦烧制大烧饼,委派年轻人肩挑车拉送到前沿阵地,犒劳正在与敌人搏斗的官兵"。②

金州人民的爱国热情给徐邦道拱卫军以极大鼓舞。

徐邦道在率部昼夜不停地构筑工事的同时,还派遣骑兵前往貔子窝侦察敌情,并骚扰日寇,延缓敌人的进犯,以争取时间使阵地构筑更坚固。

11月2日,担任前锋侦察的骑兵与日军接触交火。次日又在官(夏)家店毙敌数十人。4日,战斗规模逐渐扩大,徐军"毙倭酋二乌",营官黄玉堂焚歼逃匿于村舍的"溃贼二百余名"。③

石门子阻击战中徐邦道使用过的山炮

---

① 参见《金州博物馆藏曹肇鹏等1971年调查笔录原件》,张本义等主编,《甲午旅大文献》,第69页。

② 《金县志》,大连出版社,1989年版,第584页。

③ 《甲午战争中的徐邦道》大连文史资料第四辑,第45页。

在金州钟家山牺牲的拱卫军士兵

此日,日军步兵少佐斋藤德明率日军自貔子窝出发,作为前导,一面侦察清军情况,"一面修整道路"。

11月3日,日军第一师团约二万余人,从貔子窝向金州进发。其先遣部队在此前一天开拔,3日晚已达亮甲店的苍家屯。是日,其师团到达洼子店。

4日午前,徐军巡逻兵回报,在衣家店(亮甲店西二十里)发现了日军。徐军右营出动两哨到夏家沟迎击。其右哨队长童福霖带四个分队绕至大黑山东麓监视。

日军到刘家店后"遥见敌(清)军骑兵约五十名,手提黄色军旗,与步兵约二百名一起前来",日军立即进行枪击。清军马上应战。双方激战不久,清军"支持不住,遗弃马料和毛瑟枪弹逃去",日军占领刘家店。这是日军自花园口登陆以来双方的第一次交战,也是金州之战的开始。这天,斋藤还派日骑兵少尉山口毅夫率一队骑兵去复州大道,侦察清军情形。山口率骑兵在五十里堡与三十里堡之间,割断清军通信电线两处,"且探知到复州大道近路"。割线途中,日军偶遇清骑兵一名,将其捕回审讯,并搜出"书信数十封"。

据龟井兹明日记记载:此人名叫王清福,被日军捕获后,因头撞"石岩"自杀受伤,得日军斋藤德明救治后,"非常感激,全部吐出实情"。后人又传王清福撞石墙而死,陈云浩特为他写了《光绪甲午中日之战金州副都统幕府王书翰使死事甚烈作长歌纪之》,孙宝田写了《金州副都统王君死难记》一文。究竟龟井兹明记载的是事实还是虚构,未有别的旁证资料,读者可以自行分析判断之。

是日下午,斋藤德明还派骑兵少尉小崎正满率骑兵九人,前往大黑山进行侦察。小崎带人到大黑山山腰时,因"岩石嵯峨,根本无法骑马攀登",只好"自带一等军曹神永千代吉一人,遥遥指向山巅而攀登",其余人则留在半山腰等待。就在这时,五六十清军骑兵"从徐家山炮台方向"向留在半山腰的日军发起"突然袭击",日军仓促应战,但清军骑兵因害怕日"骑兵激烈射击都逃得无影无踪"。接着另一群清兵又从山下向日军冲杀过来。这时日军"子弹已尽,囊中不剩颗粒,想举动向山顶又因险峻不便攀登,仓促之间"只好"一齐挥舞军刀呐喊并瞥闯入"清军群中。清军被迫让开一条血路,日军狼狈逃回刘家店。①

这一仗给骄横日军以教训,使其先头部队是夜龟缩在刘家店,不敢继续前进。

5日,日军集结于金州城东二十余里的刘家店一带,兵分三路,欲攻取金州。

8时,日军一个中队步兵和一个分队骑兵,从刘家店出来搜索,刚走到关家店后山,就被徐军发现。徐军从台山、钟家屯大道和韩家屯南山三个方向给予猛击,迫使日军退回。

十一时,日军第一师团长山地元治率领大队人马赶到刘家店。得知其先头部队受挫,也有所畏惧。

山地元治得到间谍向野坚一提供的石门布防严密和清军布雷等重要情报后,更不敢采纳第一旅团长乃木希典拟出的正面进攻的方案,而是采取迂回战术,避开石门子防线,将主力调到右翼,企图从十三里台子打开缺口,进攻金州城。

是日中午,山地亲督右翼步兵旅团、炮兵联队、工兵大队各一,从衣家店出发向西北,到达三十里堡(今三十里村),再折而向南,沿金复大道绕行四五十里,夜驻干河子(今二十里村)。他另将步兵第一旅团第一联队(含三个大队),交给旅团长乃木率领,作为左翼,从刘家店向西进发,以掩护其主力部队前进。又把该旅团的第十五联队和另一些骑、炮、工兵交给联队长河野通好掌管,占据刘家店,扼制石门子方面的徐军。

是日偏午,徐军前哨的五十名骑兵在韩家屯南山上,发现东方的二台后西坡有日军朝西来,便给予猛烈射击。不料另一大批日军从北方刘半沟爬了上来,形成对徐军夹击之势。敌众我寡,徐军改用诱敌深入战术,沿韩家屯南岭西撤。当撤到徐军防御阵地狍子山附近时,这五十骑绕过山弯,突然不见了,把尾追的日军抛在玉山附近,全部暴露在徐军炮火有效射程内。

狍子山主峰,海拔二百四十多米,是方圆十里内的制高点。北有两个次峰,可扼西、北、东三方向。徐军在山上布置山炮十门,步兵一营,由左营之官林志才指挥。当看到尾追的日军已进入射击圈时,他便下令开火,日军一片片倒下。战斗持续到下午两点半,日军见正面无法攻克,便调第五、六两中队,绕到狍子山西侧十三里台子东大山上,企图侧攻。但徐军居高临下,对日军这一

---

① 龟井兹明著、高永学等译:《血证——甲午战争亲历记》,第65—67页。

企图早已清楚,便把周鼎臣带来的二哨怀字军,连同三门大炮调上来,布在十三里台南岗(在狍子山西三里外,正好是日军五、六中队背后),形成夹击之势,使日军侧攻失败。

正面进攻的日军,向徐部阵地发起攻击。徐邦道率领清兵奋力反击,以未竣台垒凭险据守,并在深沟丛树中设置疑兵,同其侄徐国祥分守阵地,鏖战多时,日军未能越过阵地一步。

徐军以一营兵力阻击日军一个联队(兵力约为1:10),直到日落。当天夜里,为防敌偷袭,徐军官兵全部在阵地上露营。

当台山战斗打响后,乃木希典指挥第一联队向狍子山发起进攻。他首先调用主力将守御在十三里台子南岗的两哨怀字军击败,然后从西、北两侧强攻狍子山。徐军炮火异常激烈,日军久攻不下,不得不把预备队全部调上去,从东侧配合进攻。这时徐军虽处在敌三面围攻之中,仍坚持奋战,虽伤亡很重,但阵地仍屹立无恙。

6日拂晓,徐军发现日军从刘家店、狍子山北方和干河子方面分头袭来。徐军立即猛烈回击,最先打响的是台山阵地。

台山位于石门子北四里,高百米左右,西连丘岗通狍子山,扼金貔大道之险。有明代之烽火台。徐军在山上修筑墙垒,布置八门山炮和一营兵防守,为后营中路。

徐军右营布防在大黑山西北麓的背阴寨与阁条沟一带,西与台山遥遥相对。

是役,日军为夺此阵地,调用步、炮、骑、工兵约五六千人,十倍于台山上徐军的兵力,分兵两路,晨3点半陆续从刘家店出发。其一路沿大道西进;一路沿大黑山北穿越山谷,进至核桃沟。晨6时日军向台山发起进攻。先以两个中队佯攻,继又增加两个中队,终将所有兵力都使用上去。以步兵第一大队担任主攻;第二、三大队和炮、工兵队,则从核桃沟西南山和夏家沟南山,向台山射击。

徐军对此毫不畏惧,予敌以大量杀伤,打退敌人一次次的进攻,并利用敌军退回的间隙,抓紧修补胸墙。营官传令嘉奖,兵士勇气倍增。

此刻,右路的徐军从背阴寨的西岭撤下来,加强台山防守。日军则集中火力专攻台山阵地。几次爬上台山向胸墙冲击,被打退后复又麇集上来。最后战到6时40分,徐军因弹药不继,一个个跳出胸墙用刀矛和敌人搏斗。

老炮手牟道良素称骁勇,激战中他"右腿受伤,血流如注,却不顾性命,夺枪杀敌","终因右腿流血过多,昏迷于血泊中而死"。

激战中,日军两发炮弹落于清军第一营垒中,清军始有退意,第一堡垒失陷。原来日军"左翼支队的炮兵第六连,暗夜迷路,试着在高地发射四发巨弹。不知弹着点在何处,继续前进。其中两发碰巧击中"清军第一堡垒。接着第二堡垒又被日军攻破。

就在第二堡垒被攻破之际,清军不屈,一清军还在冒死"向地雷导火线上"点火,结果被日军砍死。

晨6时,山地元治率日军自乾河子出发,经过十三里台子,向南岗发动进攻。南岗只有清军两哨,无力抵御日大队人马进攻,"周鼎臣带兵迎战,腿受枪伤"。

与此同时,山地元治也指挥日军由西、北两侧向狍子山发动进攻。林志才指挥清军奋勇抵抗,战斗"异常激烈"。狍子山清军在日军三面包围之下,"兵力逐渐减少",战斗力逐渐减弱。指挥战斗的营官林志才见状,知狍子山难守,为保存有生力量,下令退却,将部队退至三里庄子与各营会合,狍子山失守。

日军又集中优势兵力与炮火猛攻台山,终于将其占领。指挥战斗的清军营官见台山阵地失守,恐再坚持下去有遭歼灭的危险,遂下令撤离。石门子防线全被突破。

"总兵徐邦道渴望一夜,不见赵怀业援兵,又无音信。晨起炮声隆隆,感到大势已去,于是命副官烧掉重要卷宗,准备迁营奔向金州大道,途中又命骑队在三里庄子等候各队退下后带至苏家屯候令。"①

徐邦道是在清军伤亡严重,援兵屡催不至,敌我众寡悬殊的情况下,不得不含恨撤离,收集残卒,走保旅顺。

日军对附近居民肆意屠杀。以搜捕徐军官兵为借口,逐户搜查,稍有不顺眼者即杀。钟家屯西沟钟宏基刚开大门就被枪杀。

据(金州博物馆藏曹肇鹏等1971年调查记录)记载:清军在石门子战斗中,由于兵力不足,武器不足,虽有很大伤亡,但日军也绝不是不费吹灰劲,轻而易举地夺下两座炮台的。日军为了夸大他们的战功,曾报道说,日军在十一月五、六两日的战斗中,一名战死的没有,仅有大野步兵中尉以下十余名士兵负了轻伤。这真是谎言。孙长发老人曾目睹日军在关家店西南山和西岭,一次就焚烧过三

---

① 孙宝田:《中日甲午战争》,《旅大文献征存》,第3卷,手抄本。

四十名战死的日军尸体。在落风沟西南的石家沟也烧过日军的尸体。

二十六、金州失守

石门子阻击战失败后,日军集中力量向金州发动进攻。

金州城地处金州地峡北部,东依肖金山,西濒金州湾,南屏金州南山,北接北大河。南距大连湾十三公里,西南距大连市三十四公里、距旅顺六十七公里。是东北腹地通往大连、旅顺的必经之路。

明代金州瓮城

金州城墙

金州城东西宽七百多米,南北长九百多米。在辽金时代原为一座土城,明时改用方砖重砌,后经明清两代多次维修十分坚固。据记载,甲午战争时金州城墙高六米,宽五米,女墙高两米,顶宽四米。城墙有角台四处,分设四门,东门称春和门,西门称宁海门,南门称承恩门,北门称永安门。各门之上都有城楼;门外还有瓮城,城外建有护城河,深五米,宽十五米,整个城墙雄伟壮观,故素称"辽东雄镇",历来为辽东半岛南部府、州、县治所在地和政治、经济、军事、文化中心。

日军进攻前的金州城池虽十分坚固,但防守力量却十分薄弱:仅有金州副都统连顺所辖捷胜营步队一营,马队二哨,共七百余人;城墙上东、北、西北三面只有十三门大炮,并在城外埋设一些地雷。仅此而已。日方材料记载的谓城内有清军"约一千四、五百名"①,是高估了清军的实际人数。

① 《日清战争实记选译》,《中日战争》丛刊续编,第 8 册,第 117 页。

为夺取金州城，日军以其步兵第二旅团作主力，配属炮兵一个联队及两个中队，工兵一个大队，从干河子出发，由北路进攻；又以其步兵第一旅团，配以炮兵一个大队及一个中队，工兵、骑兵各一个中队，在突破石门子防线后，从东路进攻。两路兵力是城内守军的二三十倍，而且又配以数十门重炮、野战炮。

日军总攻金州城清军阵地

11月6日晨，石门子战场的炮声传来，守城清兵立即擦枪架炮，严阵以待。8时，突破石门子防线的日军一个步兵联队、两个炮兵中队来到金州城外虎头山上和西崔家屯高地，准备向金州城发动进攻。清军一营官指挥部属一面炮击日军，一面组织步兵四百名、骑兵一百名从东、西、北三门冲杀出去，准备乘日军立足未稳，给日军以沉重打击。但日军势大，清军这点兵力远不是对手，出城清军又发现日军北路的后续部队和东路的先头部队，分别从北、东北、东三个方向突奔前来，形成三面包围，清兵只得退回。

日军炮轰金州城

不久，日军已在虎头山、西崔家屯一带高地安好大炮，日军本队也在金州城东北一公里外的三里庄安好大炮。8时32分，日军开始向金州城猛轰。

占领金州台山阵地的日本第二军第一师团

日军"野炮二十四门、山炮十二门，总计三十六门"，"全部将炮口并排对准金州城东北角，众炮齐发。其响声有如万雷炸开，天柱摧，地维折，山河为之震动，子弹如雨，炮烟满天，光景甚为凄惨。"[1]

---

① 龟井兹明著、高永学等译：《血证——甲午战争亲历记》，第78—79页。

9时,日军在大炮掩护下步兵逼近城垣,"并将城墙浇灌面用炮轰塌"。清军也集中火力向冲上前来的敌军猛射。冲近城边的日军有的被地雷炸死炸伤。

10时10分,日军又发起一次强攻,一群日军攻到北城墙下,欲向上攀登,仍被清军猛烈火力击退。

于是日军又调工兵连续炸开永安门瓮门和内门,日军冲进城内。刚炸开瓮城第一道门时,一批急于争功的日军冲进,清军抓住机会予以迎头痛击。但日军继续发起强攻,又将第二道城门炸开,这才得以冲进城来。与此同时,一队日军在步兵少尉吉田次郎率领下,"逼近城之西隅","赤脚用手抓住砖缝攀登上高丈余的城墙","跃入城内"(同上)。

还有一小队日兵,从被炮弹炸塌的城西北角缺口处冲了进来,两股汇在一起,肆逞凶狂,逢人便杀。北城墙上的一哨守军见此情景,无不义愤填膺,立即挥刀冲入敌群搏战。

11时许,进城日军从里面打开了东城门,把东路日军放了进来,至此,金州城失守。

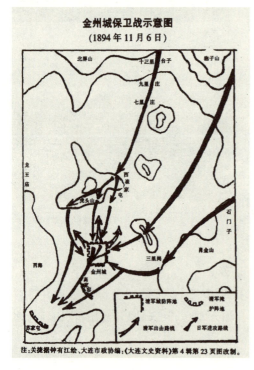

金州保卫战示意图

清军担负掩护部队撤退的官兵,除十四名伤员被俘外,余皆壮烈牺牲。退出城的清军,队伍亦较完整。他们在南门外高家窑、城西苏家屯和后关村(当时称南关岭)等地,给尾追的日军以有力还击。下午1点40分,清军向旅顺撤退。

龟井兹明在文中道:日军追击清军"炮声、枪声隆隆不断。城郊与城内一样,有兵士、市民的尸体和死狗、死猪,以及遗弃的敌(清)军军服、刺刀等。"

中午,大连湾的和尚岛炮台和其东岸的徐家山炮台守军,闻知金州城失陷,曾不断发炮向金州城轰击,给日军以威慑。但因守将赵怀业畏敌先逃,士兵无主,亦于是夜退走。

日军虽然比较顺利地攻占了金州，但也付出了一定的代价。据向野坚一从军日记载：此战日军十三人被打死，一人受伤；而龟井兹明记载，金州之战，日军共伤亡十九人，"其中死亡两名，伤员名中军官一名，下士一名，兵卒十七名。"①

日军除缴获清军遗弃的大量枪枝弹药及其他军用物资外，还俘虏清军十六人，其中"步兵十四人，骑兵一人，炮兵一人"。

对于金州城的占领，日本《国会新闻》特派记者当时发出的内部报告中说：

第二军于本月六日开始进攻金州。在金州前面的三生山脉上，有敌军三千人，以三十门火炮进行防御，颇为严密。我军佯装将力量集中于此，却悄悄地从小路进攻。敌军从高大的胸墙后面开枪，使我军处于困境。我军工兵前进，以炸药炸开一个缺口，步兵由缺口冲锋而入，敌军为之溃散，金州被我军全部占领。当夜，第一旅团步兵第一联队不停息地向和尚岛炮台追击，步兵第十五联队向徐家山炮台追击。在金州城里看到内容为敌军请求旅顺支援的电文，但旅顺难以派出援兵，要金州报告李鸿章。②

金州保卫战中牺牲的清军士兵

侵入金州之日军

日军占领后的金州城内西大街

---

① 《血证——甲午战争亲历记》，第83页。
② 译自第十编《中日战争》第八册，第105页。

日军捕杀我同胞

日军攻占金州后，烧杀抢掠，无恶不作，给金州人民带来极大灾难。"遇有难民，不分男女老幼，枪击刀砍，直杀至西门外始止。"①

日军在金州城逐户搜查，搜出男人则捆绑成串，驱赶到城外为其排除地雷；搜出妇女，便行奸污与杀戮。当日西城垣下曲氏家中姑嫂妯娌七人，为免受侮辱，怀抱三个幼儿，全部投井殉节。

更骇人听闻的是，日寇在城内东街刘家炉盘了一口大锅，把抓来的四十七人绑成一串，逐个杀头往锅里放血，一连杀了三十多人，以此来取乐。

曲氏井

"你们中国人都是猪，今天大日本皇军要对这群猪集体屠宰，一只只的往锅里放血！"一个日军少佐，一边指挥逐个杀中国人，一边狞笑着说。

铁匠刘世宦，居住圣庙街路西，父子四人全被绑起来，迫令出城为其踏探地雷。其次子刘玉珍拒不去，当场被杀。其女与孙女，亦皆不甘受辱，投井而死。

东街木匠田裕，是年春监修玉皇庙时打了一名"小工"一掌，后知这"小工"原来是日探化装来的，城陷日，田裕竟被这"小工"杀了全家。

南门外高家窑佣工赵永，为卫护东家妇女免受奸污，也惨遭杀害。前关村薛安仁行路中无辜被击毙。西街永盛庆经理毕永庆，被捆绑驱赶至南门外时，亲眼看见被绑中有数人被刀刺死，而毕侥幸逃回。

日军侵入后关屯后，抓住前关屯薛安仁，盘问其是否逃兵，嗅其衣服上有无弹药味。薛安仁因言语不通，以笔写"商人"二字获释，行数十步，因惧而急驰，"被日军举枪击毙"。

城南三道沟村塾师阎世开，不甘为日寇作向导，怒斥日寇罪恶的侵略行径，竟

① 孙宝田：《中日甲午战争》，《旅大文献征存》，第3卷，手抄本。

被敌人剖腹摘心肝而死,其状惨不忍睹。其壮烈事迹在第九章43节另有详述。

日军在进城后所犯下的罪行,真是罄竹难书,令人发指。

20世纪50—70年代,旅顺、金州博物馆以及辽宁大学、辽宁师范大学、吉林大学的历史系师生社会调查时,搜集大量口碑资料,多为揭露日军的罪行。而反映金州情况的主要是1971年调查时的口碑资料,摘录其中几则。

79岁的老人田育生回忆说:

> 小日本第一次进金州城时,到家家户户挤房子住。在我家也住了日本鬼子。我母亲得了病,他们硬说是传染病,便把我母亲活活用高粱秸子洒上火油给烧死了!当时谁不让烧就打谁。那时我母亲才二十多岁。我奶奶想我母亲便哭,把眼睛哭瞎了!

95岁的老人刘占鳌回忆说:

> 金州城被攻破后,老百姓纷纷外逃。男人还好办,因为当时的女人大部分是小脚,跑不了,只好投井上吊,要不就被日本兵强奸。也有的是被家里人在逃离前夕扔到井里去的。当时城里的井里都是女人的尸体。如城东北角的韩家井,尸体把井都填满了。西家曲氏一家投井的事,后人给记下来了,所以能流传到现在。其实像老曲家这样惨的还有。当时,大街上被日本人杀的尸体到处都是,特别是东街到都统衙门前的影壁四周,尸体堆成堆。家住城隍庙正门前的张玉恩,月子里的老婆被日本兵强奸后,把肚子大开膛,把孩子穿在刺刀上在大街上挑着玩。当时,街坊邻居亲眼见到。真凶残!
>
> 在东门口,日本兵一进城,见到一些四五岁、五六岁的孩子,一脚一个活活踹死。
>
> 有一次,几百难民往回走,被日本兵三面围起往海里赶。但,西海滩平,淹不死人,都被用枪从后面打死。清兵被杀的也相当多。主要是在日本攻城、宋庆打金州和从旅顺经过西门外往北撤退的过程中死的最多。战后,在西海头象征性地埋了几个大坟丘子,西海头的尸骨遍地。宋老帅曾在现在龙五庙的钓鱼台附近立过一块木碑,碑文是一首诗。我记得是:"遥望金州疮痍满,倭贼杀戮勇三千。英灵永垂铭千古,龙岛南边埋骨丘。"落款是"光绪二十二年宋庆立"。①

---

① 《甲午见闻录》,张本义等主编:《甲午旅大文献》,第66—73页。

金州与相邻的大连湾失守，朝野震惊。11月8日，李鸿章急电宋庆所部毅军火速回援金州、旅顺。宋即率精锐十营南下。该部于甲午战前驻防旅顺，甲午战起奉调前往凤凰城一带堵截日军，此刻正从凤凰城大高岭撤向海城、盖州。

18日，行至普兰店北快马厂，又会合刘盛休所部铭军。该部前驻大连湾，9月奉调至鸭绿江，亦奉命回师，程之伟所部大同军（该部亦奉命前来支援金州，此刻尚滞留在复州），合计二十几个营在宋庆的统一指挥下，向南进发。

19日，先头部队进至龙口河，击退日军侦察队。同日，还派游兵至亮甲店、沙家屯一带，袭击日军留守的兵站和通信所。俘其守备官兵，截断貔子窝通往金州的电话线。迫使金州以东的各日军兵站全部撤逃，通信联络中断。

清军在金州湾头袭击日军守备队

20日，宋庆兵分两路，一路从三十里堡沿金复大道南进；一路从三十里堡向西南，经梅家屯、大莲泡，沿西海岸前进。是夜两路军马分抵二十里堡、十三里台子、大魏家屯、东田房身、后石灰窑子一带，构筑工事，准备攻城。沿途居民见清军回来，无不箪食壶浆，夹道欢迎。这给宋庆士兵以极大鼓舞。

留守金州城的日军大佐、步兵第十五联队队长河野通好，一面频频向正在进攻旅顺的第二军司令官大山岩告急，一面调兵遣将，进行迎战准备。

21日，宋庆派遣铭军分统龚元友率三营为左翼，沿金复大道，跨过十三里台子南岗，毅军分统马玉昆率四营为右翼，沿西海岸进西石门子，同时反攻金州城。龚元友亲率其左队，首先击溃守御在单家洼子西南山上的日军大中大尉的一个小队，夺取了日军的前哨阵地。继而向南，占据了阎家楼和三里岗子东南山头，控制住制高点，从日军的左侧，猛攻其第二大队第五中队的阵地，使敌遭受很大损失，日方承认："这一仗包括将校在内我军负伤六十余名。"

在铭军的火力威逼下，迫使守御在东石门子和三里岗子西北山头上的日军狼狈不堪地败了下去。见此，铭军乘胜紧追不舍。眼看快追到城壕边时，河野通好调上来的支援部队赶来，把铭军挡了回去。

是役，清军由于是远道轻装而来，没带重炮。而日军坐城防守，枪炮皆备，其从城头上发射的炮弹,对铭军威胁很大。在众多官兵受损的情况下,火力渐弱,午后三时,铭军左队退出阵地北去。

入夜,宋庆闻知旅顺已陷敌手,日军又从旅顺派其步兵第一旅团长乃木率兵赶回金州助战,知金州难夺;又虑日军从岫岩赶来截其后路,遂不得不放弃反攻金州的打算,率兵向盖州退去,金州战事结束。

二十七、大连湾弃守

当徐邦道正在金州奋战时,有一个清军将领正在大连湾码头紧张忙碌。码头上堆放着杂七杂八的东西,一群勇丁正在搬运行李什物上船。

为欺骗视听,大山岩在金州树立"清国军人战亡碑"

这位将领在亲自指挥,他大声吆喝道:"喂,动作快一点,先搬贵重的箱子上船!"

"大人,后舱已装满了,这些硬件还要吗?"一位勇丁头目向他请示。

"怎么不要,你不看看这是檀香木做的吗?"将领训斥道。

这位在"大连湾码头自督勇丁运行李什物渡海作逃计"的将领,便是李鸿章的亲信加老乡赵怀业。当时,守卫大连湾的是赵怀业怀字六营和徐邦道拱卫军共有五千人。

大连湾炮台坚固,军储丰厚,"勇丁配执兵枪以外有海岸行营两种炮凡一百二十余尊,大小炮弹二百四十余万,数千颗自沪局运至行营的快炮封尚未启,华厂自制枪并德国枪数十杆、枪弹数千颗及马匹帐诸式军储所蓄甚厚"。

尽管如此,以这些兵力来抗击日军压境的重兵,还是太悬殊。故连顺、赵怀业、徐邦道迭次报告和请求速派队伍增援。盛宣怀2日复电并传达了李鸿章的指示:

甲午战争前的大连湾柳树屯

今晚卫秩秋五营赴旅,此外实无人可调。……尊处分守各营,兵力散而不聚,恐难挡大敌。帅意旅重于湾,南关岭有险可守,倘湾不得手,须带炮队暂南关岭,以保旅顺为要。

放弃大连湾保旅顺,说明李鸿章作战指导思想已经毫无章法了。不守住大连湾,谈何保旅顺!在金州形势日渐危急之时,清廷的总指挥已束手无策,李鸿章只是让盛宣怀转嘱驻守金旅诸将:

必须多设地雷,坚手(守),勿轻与战。倭寇来路,速即安置地雷、碰雷、炸药。

在大连湾停泊的日本军舰

不积极采取措施,调集优势兵力,主动出击迎战,而是幻想用地雷等阻止日军的进攻,反映了清廷作战总指挥的指导思想已是不知所措了。

不过,盛宣怀传达李鸿章一系列指示,有一个人则心领神会,暗中叫好。此人便是赵怀业。他正以此为托词,行保命之道。

在大敌当前,万分危难之际,赵怀业以李鸿章的"各守营盘"、"兵力皆单"为借口,一味拖延,见死不救,贻误战机。

如今,按照"帅意","倘湾不得手"则可退,"带炮队退守南关岭"也不行呀,敌人来得太快,南关岭无法守,故炮队也不带了,干脆"一步到位"退到旅顺去。旅顺若保不住,则继续逃,一点也没有"怀业"、"怀土"之心。他理由充足:这么做,都是遵照"帅意"嘛!

11月6日,在日军攻破了金州春和门(东门)时,"赵怀业带队始至,甫及城门,闻警复退,该队已不战而溃,贼即乘势抢入城,遂被陷"。

"而大连湾等处炮台,亦因金州被陷,尽皆让出"。赵怀业贪生怕死,不放一枪一炮,连夜逃往旅顺,弃守大连湾,将宝贵的中华国土拱手相送,为此,老百姓给他起了个外号,叫"赵不打"。时人无不愤恨与叹惋,有诗写道:"文官三只手,武官四只脚。"便是斥责赵怀业这一类民族败类的。

不难想像,有了像赵怀业这样的将领,日军得以很快占领大连湾,并马上对这一地区发号施令,成立了"金州城内占领地行政厅",任命荒川巳次为行政厅知事,还公布包括十条内容的《金州厅行政规则》,堂而皇之地实行起对中国领土的殖民统治。

日军没费一枪一弹便占领了和尚岛炮台

大连湾是怎么被占领的?姚锡光的《东方兵事纪略》中写道:

> 我海疆炮台,大连湾式最新,炮亦最利,创建于戊子,竣工于癸巳,以屏蔽南关岭,为旅顺口后路锁钥。

日军强迫中国人为其搬运粮食

> 初十日黎明,倭兵分三路攻大连湾,我守台诸营先一日多逃之;是日,余兵遥放数排枪,怀业遽奔旅顺。十一日,倭海军至大连湾,将攻夺,而见炮台已立黑衣倭兵、无复中兵旌旗矣。

再来看看日方记载的有关资料。由日本河村直撰文的《大连湾占领记》是这样写的:

> 7日拂晓,天空如洗,旌旗飘扬。和尚岛及大蓝山方面两分队按部署秘密行军,逼近敌炮台后便立刻开了火,然而这两座炮台都是按西洋最新技术建造而成,因此坚固无比,可以说是大清国赖以雄踞一方的法宝。尽管我军进攻猛烈,可谁都清楚要想攻破并非易事,于是大家发誓决不生还。没曾想炮台大部分守兵听说金州失陷后便乘夜色而逃,残兵没发几炮看到大军压境便也弃台而遁,大蓝山炮台就这样不战而获。战斗打响后,我军所到之处,敌兵无一能支,和尚岛炮台也不战而获。正午 12 时,

大连湾已全部为我军占领,捷报频频传来。此时海面上停泊的15艘帝国军舰一字排开,帝国国旗在东风中上下飘卷似在庆贺胜利。大连湾的炮台都是采用西洋最新技术建造而成,不能说不坚固,而且炮台上还配备24cm大口径及20cm小口径火炮各两门,大口径设置中央,小口径安放两翼,而且都能自动旋转发射。炮筒内虽已填好弹药,可尚未及发射守敌就已逃窜,其狼狈之态在意料之外。野口大尉说,若让我军一中队守此炮台,便可阻敌一个师团。文明时代的利器到了这些只知"三十六计走为上"的大清国士兵手中和废物无异。

在向旅顺方向挺进的途中,第二旅团第二联队所属第一大队轻取了大连湾中的老龙岛炮台;同时徐家山炮台也被第二中队唾手而得。这两座炮台各配备有四门德国造新式火炮,只是口径比和尚岛炮台的连射炮略小。我军占领这些炮台后立即各派一中队士兵防守。

同一天黎明,工兵第一中队在向和尚岛挺进途中,始终没见一个敌影。随后他们占领了火药库和水雷营,找到了清兵的水雷部署图,参谋神尾少佐带走了有关重要文件。清兵的水雷布置已无秘密可言,打捞上来的水雷变成了我军的武器。

我军不费吹灰之力连克金州、大连两城,回顾这两城的守卫,防御也并非空虚。根据缴获的文件及俘虏之言,防守金州及大连的敌兵总计六千六百多人。

在金州以及大连湾捕获的物品:步枪621挺,其中有德国式目前实用的70毛瑟英式延比鲁连发枪若干;大炮总计129门,机关卡特林6门,金陵局兵器制造所制大炮尚未使用过的若干,海岸炮德国式克虏伯炮非常多;兵营、炮兵弹药库蓄藏的弹药总计:步枪弹药33814300箱,大炮弹药2468271个;其他物资不计其数……

广岛大本营海军副官向海军省有一则报告,内称:

伊藤海军次官:

自七日至八日午前,我陆军攻击大连湾,敌军全部弃守,向旅顺口方向逃走。八日午后,大连湾全部被我军占领。我军舰队破坏敷设于大连湾内的水雷,九日午后,我军舰队及鱼雷艇全部安全停泊于大连湾。各炮台的敌军哨兵,在战斗刚刚开始的时候逃走,我军未与炮台作战。运输船队陆续进入大连湾。

大本营海军副官黑井大尉

日本联合舰队舰队司令伊东中将,告知大连湾被第二军攻克的电报曰:

第二军原定于六日或七日开始进攻金州和大连湾。六日晨先派第四游击队进入湾内,没有一个炮台进行炮击。于是,联合舰队本队等也进入三山岛内侧。这时见炮台上似已树起我国国旗,而炮口朝天,似已全部被我军占领。我立即命令小汽艇和鱼雷艇靠近陆岸,进行观察,终于确认我军已经占领炮台。于是立即派一名参谋登陆。

伊东联合舰队司令长官　十一月七日于大连湾

第一师团司令部参谋野口坤之大尉谈攻克金州和大连湾的情况时说:

大连湾的炮台,皆在兵不血刃的情况下被我军占领了。时值正午十二时。炮台皆以西洋现代构筑法构筑(德国人汉纳根设计),垒壁坚牢,内部装饰、火炮、弹药无不完备。这样无比坚固的炮台,又有精锐的火炮,敌军却没有用之进行任何强硬防御就逃跑了,其怯懦情形,实在惊人。

若我军一个炮兵中队据守于此,即使有一个师团进攻,也无所畏惧。而如今,对于清军来说,有文明之利器亦无用哉? 无用哉!

大连湾炮台具有如此坚固的结构,在当日的进攻中,我军曾准备付出数百人的生命,不料我军连一名轻伤也没有,只打了一、二发炮弹就把它占领了。

日本大本营海军大臣副官饭田大尉在报告缴获清军水雷营的武器装备时发报曰:

伊藤海军次官:

我军在大连湾水雷营缴获了完整的发火装置和水雷布设略图,于是我舰进行了安全处置。我舰队可能于本日进入大连湾。水雷可望全部被我军掌握。

上面引用了较多的日本各个层次的军官所写的报告等第一手资料,目的是从敌人的记述中来看当时的真实情况,以引起我们中华民族子孙的深思与警戒:当年清军不作任何抵抗,便放弃险要的阵地、坚固的炮台、精锐的大炮,以及大量的水雷和布设图,让日军兵不血刃便占领原来准备付出重大代价的大连湾,并获得数不清的军械与战略物资……

在昨天曾让敌人轻易得手、我们蒙受莫大耻辱的地方,我们该不该作为永志不忘的伤痛,让世世代代的人去抚摸和凭吊?

当流泪的河流上荡起情歌,当流血的土地上开满鲜花,当燃烧的沿海炮台渐渐成为斜阳衰草中的废墟,人们似乎已经有了遗忘昨天、遗忘苦难的理由。特别是沐浴在灿烂阳光下的年轻一代,不乏有人这样认为。

但是严肃的历史老人谆谆告诫我们:忘记昨天的人必将虚度今天,失去明天。牢记昨天的苦难,抚摸身上的伤疤,才能珍惜今天的幸福,为更加美丽的明天去奋斗。"昨天"这部历史教科书绝对忘不得,更丢不得。

不忘昨天历史的有心人也大有人在。旅顺博物馆的朱金枝,不辞辛劳,收集各种历史资料,并亲自寻访大连湾六座炮台的遗址,写成了一篇文章:

> 黄山炮台在今甘井子区海茂村大石油七厂后山,配有15、21公分加农炮各2门。原址今已不见,现存为日、苏炮台。
>
> 老龙头炮台在今五二三厂院内,配有24公分加农炮2门,遗址尚存。和尚岛3座炮台位于老龙头炮台东北。东炮台有15分加农炮4门、8公分野炮8门、4公分野炮4门,中炮台有9、15、21公分加农炮各2门。炮台在日俄战争中被破坏,残址尚在。中炮台规模可观,遗址隐约可见。
>
> 炮台前门宽约5米,高4、5米,内部东西长70米,南北宽27米,前门中部两个土坑较大,可能是21公分加农炮炮台,前方直指大连湾口。东炮台遗址保存较完整,只是原整体建筑面貌全非。
>
> 徐家山炮台位于大和尚山南,解放前已拆毁,遗址隐约可见。
>
> 当时在和尚岛炮台西面还设有水雷营(现大连湾渔港),修有栈桥,鱼雷艇9艘,水兵200多人。营正门石刻:"光绪庚寅水雷营刘铭传"。

残破的历史遗迹的记录背后,是对历史教训的警示与铭记。而任何一种历史的形成,都带有偶然必然的风云际会,都是多重因素的叠加。就在大连湾弃守时,慈禧则正在庆祝六十大寿。

富贵人家过生日,一般都是年年不断,但逢五逢十更隆重些。"人生七十古来稀",那么,五十大寿、六十大寿是最重要的。慈禧过五十大寿时,恰逢与法国人打仗。虽然左宗棠"烈士暮年,壮心不已"挂帅出征,打了胜仗,但为了及早结束战事,她授意签订了"不败而败"的条约,遭到许多人非议!

"六十大寿时一定要更隆重、气派一点",慈禧心里早就这样想了,大臣、公王和身边的奴才们都善于揣摩她的意愿,心领神会,多年前便开始准备了,包括挪用海军经费大修颐和园,以备万寿庆典之用。为此,凡出紫金城内大路及西郊到颐和园,沿路每五步还置一景点,托彩亭彩棚、种花、奏乐、演剧等等,数以万计的人都得为此服务,不敢怠慢。天下人更得准备寿礼,以作贡献。

大连湾失守时慈禧太后正在庆祝六十大寿

10月18日,朝廷正式下令王公大臣及外省督抚大官进献"6旬万寿贡品",于10月23日呈献。

但日本人偏偏在此时发动了甲午战争!

王公大臣、文武百官,特别是最受宠信、手握重权、炙手可热的李鸿章等都不敢在慈禧六十大寿时破坏她的"雅兴";可日本人却不买账,他们正按照自己制定的战略计划,步步进逼,用大炮当作礼炮,用中国人的鲜血当作"彩礼",还准备进军直隶,把慈禧的宝座搬到东京博物馆去展览呢!

唉!中国的地方大得很,日本人从朝鲜那边打过来,路还远着呢!枪炮声又听不到,管它呢!六十寿庆人生只有一次,过去了是不能弥补的,至于战事嘛,过去、现在、将来都有,打到什么程度、出现什么结果,随它去,让李鸿章去摆弄吧!

心更宽、体发福、头添白、肤起皱的慈禧这样一想便释怀了,沉浸在寿高福广的祈愿里。

清廷的最高实际统治者对这场战争没有心思顾及,这正好帮了日本人的大忙,他们巴不得如此,趁此越发加紧对中国的全部侵占。

事有凑巧,11月7日,那拉氏的寿辰这一天,日军攻下大连湾和大连。

光绪帝师、军机大臣翁同龢有日记写道:

11月6日军机处得知"旅湾万紧";

11月7日"大连告警";

11月8日"电报猝至,金州已失"……

同一日,又接李鸿章电"南关岭已失,徐邦道败退,旅顺仅半月之粮"的告急电,而此时的慈禧却正和王公贵族们兴致犹酣地"入座听戏"。

一边是侵略者的炮船,国土尽失,民生涂炭,一边是国家的统治者的寿诞欢宴,歌舞升平。延续数千年的封建王朝腐朽、黑暗到此程度,可谓"气数已尽",国运坏到了极点。为了拯救国家、民族危亡和亿万生灵,一场伟大的革命运动正在酝酿中。

第七章　旅顺口陷落

二十八、土城子之战

徐邦道经过昨天下午和一夜的急行军,天亮后才经过三涧堡,又走了一个多小时才到达水师营。他在二儿子国厚和卫兵们的护卫下并没有在水师营停留,直奔南小桥而来,身后跟着极度疲劳和饥饿的队伍,稀稀拉拉地行走在大道上。他用马鞭指了指龙河西岸的一片开阔地,对二儿子国厚说:"前面是毅军的演武厅,我们就到那里去,歇息一会儿,让各营弁兵赶上来。"

马、步、炮队各营哨的弁勇们陆续进入演武厅。拉炮的车和伤兵走得最慢。伤兵们有拄着拐杖的,有人搀扶的,有驮在马背上的,个个步履艰难。徐邦道跳下马来,走过去安慰他们,问他们的伤情,并告诉他们,等进入旅顺市区后,将立即与军人医院联系,使他们尽快得到治疗。

伤员们对总兵的关怀爱护都很感动。

在炮车后面又出现了一些兵勇,他们大多数人都背着一个大包袱,把枪作拐杖挂地而行。这使徐邦道感到奇怪,他脸色骤变,对二儿子国厚说:"查一下他们是哪个营哨的,叫他们立即来见我!"

国厚前去查问,发现这帮人没有拐到演武厅来,而是往旅顺市街的方向走去。国厚叫住了他们,并带来几个人,禀报道:"父亲,这些弁员是铭军的散兵游勇,他们说,赵提督已进入旅顺市街了,他们去那里找自己的宿营地。"

徐邦道厉声问道:"你们背的包袱里装着什么东西? 是从哪里来的?"

"捡来的。"一个营勇低声嘟噜一句。

"捡来的? 哪里去捡,肯定是抢来的。"国厚气愤地说。

"大伙都在这么干,说是我们捡了比留给鬼子兵强。"

"看你们'捡'了什么东西? 把包袱打开看看!"徐邦道命令道。

卫兵将弁勇的包袱打开,只听得哗啦啦的声响,里面有铜钱、银手镯、银耳环、银酒杯、银腊台,还有小孩的长命锁,女人穿的内衣等,即使还不能开个杂货铺,摆个"地摊"绰绰有余。

"见了日本鬼子撒腿便跑,糟害百姓却各显本领,你们算啥东西,军法岂能容得?"

铭军的弁勇吓得脸孔变色,慌忙跪在地上,捣蒜般磕头,苦苦哀求:"请大人息怒,小人再也不敢了。"

徐邦道想到他们是赵怀业的部下,不便直接予以处罚,便让他们说出自己的名字和所属营哨,将抢来之物,一一作了登记。这些人见徐邦道未扣留他们,便鼠窜而去,自然不敢再要所抢之物。

"这些东西怎么处理?"国厚递上登记清单后问。

徐邦道将清单揣入怀中,答道:"收集起来保管好,留作证据。"他看到此时两千余名官兵、辎重、车辆都涌进了演武厅,乱糟糟的,继续对国厚说,"我到水陆营务处去一趟。你留在这里,速筹米面蔬菜,督促立灶做饭,我快去快回。"

徐邦道跨上坐骑,只令一队人马和亲兵跟随,沿着老城南面沙石路面跑了片刻,便来到旅顺口水陆营务处。亲兵下马走到公署门前,对门值说:"请通报一声,拱卫军总兵徐大人亲来拜见龚大人。"

门值瞟了徐邦道一眼,漫不经心地拖长声音说:"龚大人今晨天未亮便携带亲眷,搭乘'文济'轮去烟台了。"

徐邦道听到了门卫的话,便问道:"龚大人到烟台去干什么了?"

门值道:"小人不知详情,听说是去求救兵和催军粮。"

龚照玙以道员任旅顺前敌营务处兼船坞工程总办,代北洋大臣节度,"尽护诸将,实际隐帅旅顺"。既然他早已远走高飞,徐邦道不再问什么,转身一挥手:"走,去北洋海军提督行辕。"

亲兵策马在前面引路,让北洋海军提督门值入报。待徐邦道到后,门值回告:"丁大人请徐大人进去。"

徐邦道下马,整理了一下衣冠,在门值的引导下大步进入行辕大门。

北洋海军提督丁汝昌已出迎在正厅门口,说:"见农来了,快请进!"然后迈进正厅,分宾主坐下。

上茶之后,丁汝昌问:"见农什么时候到达旅顺的?"

"刚刚率部抵达。"徐邦道说:"金州战事失利,徐某是败军之将啊!"

"见农作战勇猛,军中谁人不晓? 金州失守,岂能归咎于你?"丁汝昌安慰了徐邦道之后,不无感叹地说道:"驻防金州和大连湾马、步、炮诸营也有六千余众,虽不能完全挫败日军,但也不至于这么快就将金州城和大连湾诸炮台都丢给日本人呀!"

"丁军门可能对实情有所不知,实际抵御进犯日军的不足三千人,且多数是新募的营勇,确实难以抵挡万余名猖狂进攻的日军。加之赵怀业按兵不动,坐视金州被日军占领,又将这些重要炮台放弃,岂能不败!"徐邦道说到这里,悲愤交集,长叹一声道:"徐某位卑兵少,虽力经血战,终无回天之力啊!"

"赵怀业也太不像话了!"丁汝昌听到徐邦道的这一番话,也很气愤。

俗话说:"说到曹操,曹操便到。"丁汝昌和徐邦道正交谈间,亲兵杨发进来禀报:"老爷!铭军提督赵大人求见。"

丁汝昌与徐邦道对视一下,都颇感意外和惊诧,徐邦道的表情流露出愤恨和鄙视。

丁汝昌似乎在征询徐邦道的意见,搭讪地说"既然来了,总不能拒之门外吧。"

徐邦道站起来说:"丁军门,见农告辞了。"

"你别走,在此一起会晤也无妨。"丁汝昌摆手让他坐下。

亲兵杨发走出厅外,引赵怀业入见。赵向丁汝昌一揖,说"铭军提督赵某向丁军门请安!"这时他才发现,徐邦道也在坐,显得颇为尴尬,勉强装出笑脸道:"不知徐大人在座,小川来得不是时候。"

"赵大人,你说错了,来得正是时候,徐某欲寻大人还不知去哪里找呢!"徐邦道毫不客气地说。丁汝昌见徐邦道火气十足,便有意岔开话题,转向赵怀业道:"赵大人是什么时候来到旅顺的?"

"刚到旅顺,便来拜见丁军门。"赵怀业答。

"大连湾的炮台怎么样了?"丁汝昌问。

"卑职离开时还在。"

"赵大人的职责是守卫大连湾炮台,怎么能弃炮台来旅顺呢? 一旦中堂大人追究,赵大人何言以对?"

"金州城能据险防守,金州一失,大连湾炮台怎能抵挡日军陆海攻击,为了保存实力,便率部退守旅顺。"

徐邦道早已气得咬牙切齿,他"呸!"一声,道道:"你既然知道金州重要,可是连顺苦苦求你,却只派出区区二百人敷衍塞责,按兵不动,坐视金州丢失,放弃炮台逃跑又是保存实力,真是无耻之尤!"

赵怀业也不示弱,他反唇相讥道:"打仗要审时度势,量力而行,你不是也放弃了石门子阵地了吗？"

徐邦道说："约好由你率铭军步队往援周鼎臣部夺回十三里台子阵地，可你根本不履行诺言，来到金州城外没放一枪一炮便撤来旅顺，还纵容官兵在沿途抢掠百姓财物，你能推卸这些罪责吗？"徐邦道拿出铭军兵勇抢掠的财物清单继续道，"赵大人请看，这是铭军部下亲自画押的证词，赃物都留在拱卫军那里。"

赵怀业向那张画押的纸上瞟了一眼，只好说："少数营勇违纪现象在兵荒马乱中在所难免，果有其事，严加处罚就是了。"

徐、赵两统领当面争辩至此，一切昭然若揭。丁汝昌道："依禹廷之见，赵提督擅离中堂大人苦心经营多年的大连湾炮台，使其轻易落入敌手，其责非轻。"丁汝昌看了赵怀业一眼，赵怀业低下了头，"金、湾成败得失，功过是非，朝廷必严加考察究问，定会有公论。当前最为要紧的，是诸统领如何不计前嫌，同心协力固守旅顺口，此乃立功赎罪的机会，不知两位大人以为如何？"

"丁军门所言甚是。"徐邦道赞同丁汝昌提督的意见，赵怀业则点头表示同意。

"旅顺口现有姜、张、黄、卫四统领，再加上小川的铭军和见农的拱卫军，总数有一万五千余众，如能同心协力，日军也未必能轻易得手。"丁汝昌继续侃侃而谈，"关键是谁来统帅或协调驻旅诸部？如果协调不好，诸统领各怀心事，兵马再多也会成乌合之众。"

"会办水陆营务处的龚照玙不在旅顺口，由谁来主持协商？"徐邦道问。

"对此，中堂大人尚无明确饬令。"丁汝昌接着叹了一口气，用难以启齿的语调说，"只可惜丁某也不能与诸位同济时难了。"

"此话怎讲？"徐邦道颇感不解，惊愕地问。

"中堂大人有令，禹廷今晚将率六舰四艇离旅去威海卫。"

"在旅顺危急关头，北洋舰队离旅而去，必将引起旅顺口军民恐慌，于防御十分不利。"徐邦道忧心忡忡地说。

"中堂大人有密电在此，禹廷只能奉命行事呀！"丁汝昌似乎为了安慰徐邦道，补充了一句，"禹廷到威后即电禀中堂大人，请速定旅顺口诸军统帅之职。"

徐邦道极为灰心和失望，知道再讲也无用，便起身告辞，赵怀业也乘机离开。

徐邦道的坐骑离开金旅大道向北驰去，直到一处营房前停下来。这里是姜桂题的行辕。亲兵先行通报了徐邦道的到来。

徐邦道与姜桂题是老相识，徐的突然出现使姜感到意外。寒暄之后，便入正题。

徐邦道简述了石门子御敌和金、湾之失的经过,诉说了他的部队到旅顺后连食宿都无着落的困境,恳请姜大人代为做主。

"龚大人在这样紧要关头离开旅顺去烟台干什么?"姜桂题吃惊地问。

"据说是去'搬兵催粮'了。"徐邦道鄙夷地说。

"既然如此,翰卿也不便推托,只好越俎代庖了。"姜桂题沉思了一下说,"近一个月以来,调入旅顺口的驻防军剧增,营房早已不敷分配,依翰卿之见,可否暂扎于黄营北面的山坳里,那里是明朝时的教场沟。借用百姓一些闲房,再搭一些临时行帐,算作一种应急措施,待龚大人回来后再做调整如何?"

徐邦道想姜桂题如此安排,已颇费心思并作照顾了,甚为感激地说:"既然提督如此提议,就照办吧。与黄仕林营毗邻,缺少什么东西向黄军门部借用亦方便些。"

徐邦道匆匆离开姜桂题的行辕,回到毅军演武厅,然后带领部队到教场沟安营扎寨,并即令国厚到军人病院联系医药,给伤员治疗。

日军占领金州和大连湾之后,下一个目标当然便是旅顺口。

土城子位于旅顺北部,距旅顺口约十公里,金(州)旅(顺)大道北道通过这里。大道两旁,丘陵起伏,便于埋伏,是个阻击日军入侵的好地方。1894 年 11 月的旅顺口保卫战首先是由土城子阻击战打响的。

1894 年 11 月 7 日,日第二军在占领大连湾后开始积极为进攻旅顺做准备。第一师团在大连湾休整的同时,又派出大量骑兵千方百计地"搜索敌情,搜索通旅顺的各条道路"。下面是日军某骑兵中尉的书信:

> 到十三日夜间为止,我军对于金州至旅顺的道路做了普遍的侦察,制作了不完整的金州以南旅顺半岛的略图。这是我军制定作战计划的基础。我军最后决定分两路前进。特别应该指出的是,左路纵队的行军道路是我骑兵大队经过许多困难的搜索以后才发现的道路(按:指旅顺南路)。在侦察左路纵队(即旅顺南路)的行军道路时,我骑兵已前进到距旅顺仅二里的莺哥石。后来又前进到营城子。在侦察旅顺附近的地形时,我们曾经一起进入炮台下面的水师营。①

与这个骑兵中尉信中说的情形相仿,11 月 15 日,日军又派出两支部队对旅顺进行侦察。一支是骑兵第一大队长秋山好古率骑兵大队,另一支是步兵

---

① 《中日战争》丛刊续编,第 8 册,第 138 页。

第二旅团长西宽二郎率领的部分步兵，前往旅顺一带侦察旅顺后路炮台。

当秋山好古率领的骑兵大队和两个步兵中队，前往土城子一带进行侦察时，与清军步兵二百人、骑兵五十人遭遇。双方发生战斗，清军不支，被迫后退，日军直追到水师营以北高地。清军据守水师营进行射击，不久清军逃走。于是，日骑兵大队和步兵进入水师营。

这个骑兵中尉的书信中继续写道："水师营距旅顺炮台仅一里；有许多炮台在此水师营的周围。在进入水师营以前，敌军炮台没有发射一发炮弹。"清军见日军进入水师营，便在"炮台上和兵营里都挂上白旗"。日军进入水师营后，立即"对附近地形进行了充分的侦察，绘制了略图"。清军见日军进入水师营马上向日军开炮，"直径十二厘米的炮弹落在"日军"集结地的附近"。

从中可以看出，清军在炮台上和兵营里挂上白旗，并非投降，而是诱敌之计。接着，"出其不意的炮击和爆炸声"，使日军"大吃一惊"。清军"炮击非常猛烈，如同雷雨一般"。日军被迫后撤，清军见日军撤退，马上出动步兵两千人，骑兵五百人，……尾随日军后撤行进，来到水师营以北时，清军停止追击。

日军于午后8时返回营城子。16日和17日两天，日军又派出侦察人员侦察旅顺炮台西面道路。

尽管日军在攻占大连湾时兵不血刃，但他们知道攻占旅顺就没有那么容易了。于是，他们运用了《孙子兵法》中"不战而屈人之兵，善之善者也"的策略。在对旅顺进行侦查同时，向清军进行劝降。

11月14日，日军通过清军俘虏向旅顺驻军送去两封劝降信。

第一封的信封上写着"在旅顺拱卫营统领徐大人台启"。

黄姜程张军门麾下：

久仰大名，未得接见，常以为遗憾，弟向龚观察以使馆武员在燕京数年，往来津沽之间，亲与其驻在诸统领交吐露胸襟。常以厚两国军队之交情为心，今者不幸相见于兵马之间，亦无可奈何也。顷者我军一举拔金州。将督其众进逼旅顺。阁下所统率兵数不多，且概系新募。以如是之兵当我训练素熟戎器精锐之大众，假令以阁下之智勇督战，胜败之数盖可知也。向者贵国之师一败牙山，二败平壤，三败鸭绿江，乃至海战未曾获一利。是岂非天运乎？大势所归，可概见矣。当此时阁下固守无援之地，徒困无辜苍生盖非良策也。我军固以仁义动，苟敌我者虽歼灭而不假惜，至一旦弃兵器投我则毫不窘迫之。其将卒皆各从其官级礼遇之，无敢加不敬。

阁下幸信我言而自处之计，则不独阁下之幸，抑亦贵国臣民之幸也。

弟虽未亲与阁下相见,已与阁下之诸知友相识。情义不能默默,因敢布腹心,阁下裁之。顺请

时安。

另一封是写给"连都护、赵徐军门麾下",内容大同小异。两信都附有名帖神尾光臣。

据龟井兹明记载:"这封信到没到清将之手不得而知,可是在攻陷旅顺之后,送给徐某的劝降信,在旅顺衙门内发现。"

橄榄枝与大棒通常都是交替使用的。挥动了两下橄榄枝之后,立即挥舞大棒。

1894年11月17日,日军在经过充分准备后,分三路进犯旅顺:由秋山好古少佐率骑兵一个大队和一个中队为搜索队;由益满邦介中佐率步兵十四联队及骑兵、炮兵、工兵各一个中队为左翼纵队,从金州出发经辛寨子、黄泥川、龙头进攻旅顺东北清军二龙山、东鸡冠山防线;由山地元治中将指挥第一师团及第十二混成旅团为右翼纵队,从金州经南关岭、牧城驿等地进攻旅顺西北椅子山、大小案子山一线。

日军第一师团向旅顺进犯

当时驻守旅顺的清军有亲兵三营、庆字军五营、马队一哨、桂字军五营、和字军四营,共一万一千多人。金州之役后,由金州大连湾败退到旅顺的有拱卫军、怀字军约三千六百多人,捷胜营数百人,旅顺守军合计约一万五千多人。

大敌当前,却在旅顺出现了"有将无帅"的局面。为此,11日,张光前致函报告盛宣怀:"光前与黄、程、卫诸君誓以死守,又恐不能和衷,致误大事,现已公奉姜君翰卿为总统,一切听其调度,同心协力,或者可以支持大局也……今早九点钟诸君子会同姜公誓师于大校场。"①战将公推姜桂题为旅顺守卫战总指挥。姜深知在这个时

---

① 《盛档·甲午中日战争》下。

候、干这等差使是冒风险、担罪责,但诸将苦心相劝,他便当仁不让,只能以国事为重。

在日军气势汹汹杀向旅顺口时,以姜桂题为主帅的清军,兵分三路迎敌;程允和率和字军中路迎敌,在土城子以南许家窑一带高地布防;徐邦道率拱卫军迎敌东路,在曹家村、周家一带布防;姜桂题率桂字军迎敌于西路,在韩家村、傅家甸一带布防。

18日晨,秋山好古率搜索骑兵由三十里堡首先出发,西宽二郎率第二路继后。这样日军第一路在前,前卫在后,经营城子、双台沟向旅顺进军。上午8时,第一路搜索部队抵达土城子。在土城子一带,秋山发现清军马步二百余人已经占领土城子南方高地。与此同时,秋山发现清军兵力还在不断增加。到8时40分时,已增加到五六百人了。

日军第一师团到达土城子附近高地

原来早在日军进犯旅顺之际,拱卫军总兵徐邦道就已决定在日军进攻旅顺的必经道路上组织阻击。早在11月15日拂晓,徐邦

日军在山坡后躲避清军炮火

道就曾率拱卫军开往土城子进行伏击,结果在土城子南侧与日军搜索队相遇。徐邦道指挥部下英勇出击,打退日军搜索部队,初战告捷。但因粮草缺乏,"其步卒非回旅顺不能一饱",不得已,只好退回旅顺。17日,徐邦道说服姜桂题、程允和等人率各部清军共计三千余人,再往土城子主动出击。

18日午前七时左右,日军搜索骑兵队第二中队为前卫,由营城子出发,到达三涧堡后,被土城子南方高地上程允和部队发现。秋山少佐立即将前卫派往土城子警戒,命令搜索队向三涧堡东侧散开,向清军射击。程指挥六百名清军还击,并向日军猛扑过去,并准备抢先占领双台沟西南高地有利地形。

秋山意识到这个高地若被清军占领,对日军向前推进十分不利,于是,准备集中兵力反扑,即令前卫部队撤退,掩护警戒散兵线右侧。

这时程允和不断向前沿阵地增兵,其部队已到达土城子以西地带与姜桂题部队形成钩状,把日军包围起来。

清军从距日军"约有一千米距离的山顶,堂堂正正吹着军号,擎着赤黄色的旗帜",向日军发起进攻。清军"展开后人数甚多,从西山步兵约七百、骑兵二百,从前面步兵约一千多,从左边步兵约五百、炮(可能是山炮)五门,骑兵五十,各高举旗帜前进,恰如云霞一般"[①],双方发生激战。

激战刚一开始,日军中队长浅敏靖就被清军从马上击伤在地。激战不久,秋山因无力抵挡,不得不率日军突出重围,向北逃去。清军紧追不舍。但追出不远,日军丸井正亚少佐带领的日本援军即已赶到。

原来,在这之前先已到达营城子的丸井,率日军第三联队,于18日晨7时从营城子出发向旅顺进军,8时抵达双台沟(土城子东北约9公里)。

丸井到双台沟不久,即接到秋山的求援报告。丸井急派步兵第三中队前往增援。

这时在东北方周家村附近,徐邦道指挥的拱卫军从东北沟方向逼向日军第三中队左侧,日军见势不利,便向许家窑方向突围。不料第三中队刚至长岭子(双台沟西南约4公里),从周家村方向赶来的徐邦道所部五十名骑兵已截住日军退路,将敌军马队割成数段,使敌陷入重重包围之中。敌派步兵援救亦陷入重围。丸井见状,又急派第二、第四两个中队增援。双方在长岭子又进行了一场激战。战至近中午,清军在长岭子南二公里东南高地上驾起两门大炮向日军猛轰。日方的史料是这样记述的:

> 这个中队奋力苦战,有的士兵被敌弹击倒,但救护担架兵不继,于是负伤而不能立起的兵士,勇敢地自刎,以免受敌军羞辱。有的兵士,子弹贯穿腹部,犹挥刀作战,在敌人尚未靠近之瞬间,突然割断自己的喉咙死去。……敌大军如云,我军人少势单,虽顽强奋战,但寡不敌众,自不待言。[②]

---

① [日]龟井兹明著《血证——甲午战争亲历记》,第124—125页。

② 《中日战争》丛刊续编,第8册,第122页。

激战进行到 11 时以后,日军因无力再战不得不向营城子方向撤退。关于清军追击的情况,龟井兹明在日记中记载道:

> 日军撤退后,清军"敲鼓鸣锣高举大旗追来,可是我军停,他们也停;我军进,他们就退,得到了甚为安全的退却。如果他们也像我军一样穷追不舍决一死战,那么今日之战,我们将损失大半也未可知。"①

就这样,清军一直追到双台沟始止。

关于这次激战,日方有比较详细的记载。日军浅川敏靖大尉在谈到此次战斗时说:

> 土城子战斗实出意外。开始我们并没有想进攻敌人。……土城子距旅顺约三(日)里余。在这里有新旧两条道路。我军需要发现一条通向敌军左侧的小路,不料在土城子以南的山顶上发现了若干敌军。根据过去的经验,敌军一看到我军,就会立即争先恐后地逃跑。但是,此日敌军不仅一步也不后退,而且有要前进的迹象。

清军在土城子与日军相遇,非但没有"争先恐后地逃跑",而且"不仅一步也不后退,而且有要前进的迹象",完全出乎所"料","实出意外",这不能不使骄横且轻敌的日军也有所顾忌和担忧。

> 这时敌军大约有步兵三四百名,骑兵四五十名。不久,敌军在距我军一千米的山头上吹响了军号,发动进攻。无奈敌军占据了最便于进攻的位置,无论防守,无论作战,我军都处于不利地位。在不得已的情况下,我带领的前卫中队向土城子西北撤退。……

浅川敏靖大尉带领的前卫中队首先"向土城子西北撤退",他又策马去对骑兵大队长说"必须撤退",但大队长不同意,才在"处于非常危险的情况下"勉强应战,并被击伤。从接下去他的回忆来看,如果不是日军的一个增援中队返回,将遭到围歼的下场。日军步兵连背包都扔掉了,所以谓"这是一次最激烈的战斗"。

> 满洲骑兵约七八名来到距我三十米的地方,不断向我狙击。满洲骑兵下马,把缰绳搭在马颈上,双手持枪前进;他们虽有一口钝刀,但看来不想使用,只是拼命地射击。如前所述,这是一次最激烈的战斗,我军步兵

---

① 《血证——甲午战争亲历记》,第 131 页。

都扔掉背包，实行轻装，努力奋战。①

日军军曹川崎三郎在日记中也记载了浅川敏靖大尉受伤以及亘治助被击毙的情形：

> 我们中队前进到土城子村落，侦察敌情。敌人举着红白、红蓝旗帜，潮水般地涌来。我们中队立即射击，敌军反击。战斗数小时，炮声如万雷齐鸣，子弹如雨点般地纷飞，硝烟弥漫，笼罩着原野，几乎不能识别敌我。此时，我们分队的亘治助被敌弹击毙。我本想取下一件他身边携带的东西作为遗物带走，但是敌军从左右和正面三个方向逼来，包围了我们中队，战斗十分激烈，终于没有来得及取回亘的遗物。

徐邦道的拱卫军在土城子阻击战中有进无退，气势如虹，使日军苦苦支撑，不仅使数名指挥官殒命，而且险些成"袋中之鼠"，这是日军自与清军交战以来未曾遇到过的狼狈形状：

> 第三小队仍在最前线进行防御。敌军据守河堤，敌弹如雨。他们的旗手举着蓝色旗子，距我们只有二三十米了，其势难敌。中队长不得不下达了撤退的命令。我们一面撤退，一面抵挡敌军。四面都是敌人，敌弹像倾盆大雨一般。我军苦战之情形，实在难以形容。我们分队的大森多吉被击毙，中岛安太郎、阿久津舍吉、铃木善二郎、田边口（原文如此——引者）等负伤。②

日军某骑兵中尉在书信中回忆了他受包围后"进退维谷"、差一点被"活捉"的情景：

> 当我为返回徒步战斗队而再次通过森林时，森林已经被敌军占领。我在这时遇到了世上从未有过的困难。敌军步兵把我围住，几乎抓住了我的缰绳。当时，敌人大概是想活捉我。步兵中尉中万德次在这时战死。我军步兵伤亡约四十人。由此可以想像这次战斗多么激烈。③

土城子阻击战是自日军在花园口登陆以来清军取得的一次较大胜利。这次胜利给日军以迎头痛击。

---

① 《日清战争实记选译》，《中日战争》丛刊续编，第8册，第134—135页。
② 《日清战争实记选译》，《中日战争》丛刊续编，第8册，第135页。
③ 《中日战争》丛刊续编，第8册，第140页。

这次阻击战，根据日方公布的死伤数字是：日军死亡计有步兵第一大队第三中队小队长中万德次以下官兵十二人，负伤步兵中尉三谷仲之助、骑兵大尉浅川敏靖以下三十二人，死伤共计四十四人，另有两人死伤不明。

戚其章《甲午战争史》第 228 页作"共死十二人，伤四十三人，全计五十五人"。

《向野坚一从军日记》记载：日军"死伤四十八名"。

这次胜利打击了日军的嚣张气焰，粉碎了日军不可战胜的神话。事

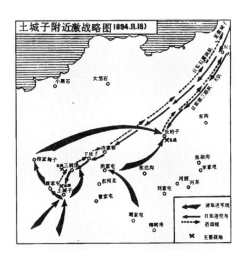

土城子阻击战示意图

实证明，如果清军指挥得当，配合得当，敢于抵抗，善于抵抗，给日军以更大一些的打击是可能的。

但是，尽管三军将士奋勇拼杀，而留守旅顺的守将坐守城池，谁也不肯支援和接应。前线士兵终日鏖战，不得一饱，天气寒冷，最后只得弃险退守回旅顺。三军将士凯旋而归时，夜色已深，土城子百姓听说清军打了胜仗，个个奔走相告，一些百姓准备了开水、干粮慰问三军将士。

对于土城子阻击战，长期以来一些史书写到此役，都引用姚锡光著的《东方兵事纪略》，把土城子阻击战说成"只有徐邦道率残卒在土城子阻击"。潘茂忠和赵静雪两位同志经过研究考证，认为这种说法与史实不尽相符，姜桂题在土城子阻击战中的作用不可抹杀。

由于清政府以妥协退让、消极防御战略方针作为主导，土城子之战的局部胜利已无法改变最终的失败命运。

土城子之战清军虽然取得胜利，但也暴露了清军的一些落后性。其中最主要的落后性就是对日军没有来得及搬走的尸体处理失当，亦可能有虐尸情况。英国海员艾伦说亲眼见到有日军"两具尸体倒挂在练兵场附近一棵大樟树（注：旅顺没有樟树，此处不知是记载有误，抑是翻译或印刷有误）的树枝上。"并据此认为：旅顺大屠杀"是中国人自己招来的，"因为中国人虐尸事件使日军"气疯了"①，结果出现了旅顺大屠杀事件。

---

① ［英］詹姆斯艾伦著、邓俊秉等译：《在龙旗下》，《中日战争》丛刊续编，第 6 册，第 390 页。

应该指出的是：艾伦的这个观点是完全错误的。即使土城子之战后确实出现虐尸事件，但这是个孤立的事件、偶发事件，与日本的旅顺大屠杀没有必然的因果关系。日军之所以进行旅顺大屠杀，是因为日军在土城子之战和旅顺之战中受到较大打击，深层次的原因则是日军视中国人为劣等民族，怀有极深的偏见，并企图以残酷的杀戮手段彻底征服中国。后文还要详述。

徐邦道统领的拱卫军，除了在几次与日军恶战中表现了坚强的战斗力、给骄横的敌军以痛击外，在零星的遭遇战中的表现也可歌可泣，侦察兵马金宝便是一例。

马金宝是徐邦道属下的侦察兵，甲午战争爆发时从天津来金州。清光绪二十年（1894）十一月，他在保卫金州的战争中奋勇杀敌，身负重伤。金州失陷后，徐邦道率残部向旅顺方向转移时，马由于伤势较重而掉队。

马金宝为了追赶大部队，忍着伤痛，很艰难地向旅顺走去。行至土城子南许家窑村，被日军搜索队发现。他机警地隐蔽起来。敌人从三面包围，步步逼近。马以毛瑟枪瞄准射击，连毙三人。之后与敌肉搏，夺刀厮杀，终于寡不敌众，受伤流血过多，举刀不起，被害。马虽被杀，但傲然挺立，死而不仆，雄姿威武，使敌人不敢靠近。

事后，地方百姓准备安葬其遗体，只见他仍是执刀依大树而立，见者感动得无不泣不成声。人们按民间习俗烧纸、拈香，隆重悼念。并树碑于墓前："徐统领部下侦察兵马金宝。"

二十九、旅顺口保卫战

土城子之战结束后，日军第二军继续向旅顺推进。11月19日晨4时，日军兵分两路自营城子一带出发。当天日军各路部队进入指定地点，其中右翼纵队进据贾家山、徐家窑、小火石山北一带宿营；左翼纵队进至岔沟、盘道一带宿营。

20日下午，大山岩在李家屯西北高地召集各将校各参谋官开军事会议。大山岩在会上向日军发出"训令"，布置各部的作战任务。

土城子之战结束后，徐邦道、姜桂题、程允和等人因清军连续作战近六个小时，"饥饿甚，无接应"，不得不退回旅顺。

20日，忠肝义胆、始终积极应战的徐邦道见日军已逼近旅顺，情况危急，决定再次主动出击，并邀请卫汝成派人参加。当天下午两点钟，徐邦道率清军分两路向石嘴子一带进袭，一路三千余人，自水师营以西的盘龙山进发；另一路两千余人，由大道进发。这是具有很大决心和勇气的作战行动。

　　不久两路清军接近石嘴子并从三面包围了日军步兵第二联队长伊濑知好成大佐部队驻扎的石嘴子以南地方。但由于清军行动已被日军发现，日军早有准备，清军行动受阻。日军第二联队在高地架起野炮和山炮，居高临下，猛轰处在山谷里的清军，加之不久日军第一师团本队及混成第十二旅团又赶来增援，清军处于更加不利的地位。但清军依然顽强奋战。与此同时，"松树山、二龙山、鸡冠山的各炮台"也一齐向日军阵地开炮。清军一直战斗到日落西山，暮色苍茫，徐邦道才下令收兵，退回旅顺。这一仗日军被击伤三人，清军"部卒死者百余人。"[1]

　　清军退却后，日军因不明底细，未敢追赶，只是严加戒备。这是旅顺战役中清军对日军主动发动的第三次进攻。尽管在这次进攻中许多清军英勇奋战，并给日军以一定的打击，但敌强我弱的局面已是无法挽回的了。

　　日军随军摄影记者龟井兹明，在随军日记里比较详细地记载了这次战斗的过程：

日军炮击旅顺市区

　　……听说昨天晚上敌间谍到我军兵营窥探，卫兵击毙其中三人俘二人，正好我来到此处看见了敌尸和俘虏。正午进到一贫家，其床下贮藏了许多番薯，一行皆大欢喜，或煮或烤，吃完把剩下的驮在驴背上准备运回宿舍。

　　继而兵士们进来搜出一头这家养的牛，立即被打死宰杀。我们在院子里烧开水，吃完午饭，其连长步兵大尉庄司平三郎氏以下兵卒都给他们照了相，士兵大喜把刚才杀的牛送了一大块给我们。（日军记者供认了他们是怎样抢掠中国老百姓的财物的。）

_____

① 姚锡光：《东方兵事纪略》，《中日战争》丛刊，第1册，第40页。

登临高岗,此岗屹立于旅顺后山正面,于脚下可俯瞰水师营,到他们陆上防御的主要的椅子山、二龙山各炮台只在眉睫之间。用望远镜一看,在堡垒及西方高地上树立数面旗帜,数千敌兵犹如云霞升起,飘扬着青黄赤黑各色旗帜数百面。敌军想包围我右纵队的二团占领的高岗,分三面进攻,骑兵领先威仪堂堂袭来,其势有六千余人。

　　(在日军眼中,清军严阵以待,各色旗帜飘扬,可见徐邦道所率部队之威严,故龟井兹明用了"犹如云霞升起"和"威仪堂堂袭来"等字句。)

　　敌军于下午1点刚过的时候从松树山、二龙山、鸡冠山及椅子山、黄金山的各炮台频频向我发射野炮及重炮进行挑战,我军不轻易迎战,到两点左右我山炮定好方位才开始炮击。我军刚一迎战,敌军更加猛烈还击。炮声震天动地,硝烟弥漫遮天蔽日。炮弹雨点般掠过我军头上,轰然一声飞到后方几百米的农田或者岗下。

　　我军全都子弹上膛,枪口对准敌人,半身露出头,半身在山背,等待下达号令。可是敌军毫无惧色也边射击继续前进。到了距我山头六七百米的地方停止前进,开始射击。当时敌军的机枪在换梭子,耽误很长时间,这么好的武器,不能很好利用,而且子弹都高高地从头上掠过,一发也没击中。

　　(清军主动挑战,而日军"不轻易迎战",当日军还击后,清军"毫无惧色也边射击继续"。可惜清军的"机枪在换梭子,耽误很长时间",射击技术也很差,这与徐邦道所带之军是临时招募、仓促上阵、未经基本的军事训练有关。)

　　是时敌之右翼阵地队形俨然不乱,在阵前有五面大旗飘扬,赤衣白马的骑兵在前把守,青白红衣的步兵列队在后边,在约两千米的距离频频向我开枪射击。然而其子弹都在中途落下,无一达到我阵地。①

　　(在日军发动猛烈攻击面前,清军队形未乱,仍向日军射击,这是难能可贵的。)

　　左边的松树山、二龙山、鸡冠山的各炮台一齐向我野战炮阵地开炮,椅子山、黄金山两炮台也声援之,为此天地震动硝烟笼罩山河,其光景甚

---

① 在甲午战争无论是海战和陆战的关键时刻,清军多次出现发射的炮弹不会爆炸——里面装的是泥沙。李鸿章麾下掌管军械、弹药之人竟敢如此胆大妄为,祸国殃民,其腐败黑暗可见一斑,这样的军队岂能打赢战争?

为惨烈。有一发炮弹仅在距我野战炮前八九米的地方落下,幸亏又扬起一阵泥沙并未爆炸,因而一个负伤的也没有。

旅顺口战役示意图

21日晨6时,日军按计划对案子山炮台发起进攻,旅顺口保卫战打响了。自晨6时战斗打响至傍晚结束,整个战役大体可分为两个阶段。即上午6时至上午10时50分为第一阶段,上午11时20分至傍晚为第二阶段。

第一阶段的战斗。自上午6时第一阶段战斗打响后,整个战斗分别在椅子山、二龙山、鸡冠山三处先后打响。

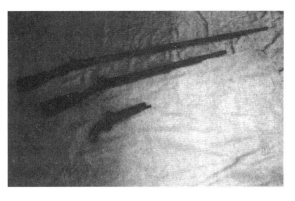

清军使用的枪枝

(一)椅子山、案子山之战

椅子山炮台"因为它特别高大,占领这个炮台以后,可从其背后俯视其他炮台",故椅子山炮台成为日军的进攻重点。日军首先用重炮向椅子山炮台猛烈轰炸,清军程允和部和东侧松树山炮台也向日军还击,黄金山炮台也用二十四厘米远距离大炮向日军轰击。此时战斗最激烈,两军炮声隆隆,震天撼地,真可谓"大有天崩地裂之势",日军进攻受挫。但清军的炮弹多掠空而过,不能命中,而日军炮弹命中率颇高。

不久,日军步兵在炮火掩护下向椅子山堡垒冲锋。当日军接近距炮台三千米时,程允和指挥部队用各种火力猛烈射击,子弹像雨点一样射向日军,日军不得不被迫停止正面冲锋,退到案子山西面的石板桥、西太阳沟一带,把队伍隐蔽于案子山低炮台西侧的死角地带。接着,日军重新进行部署并再次集

日军占领清军椅子山炮台

中大炮数十门对椅子山各炮台清军进行"交叉轰击",日军步兵向椅子山两侧迂回前进。

6时25分,日军步兵部队逼近炮台近百米处。6时30分,日军"逼近炮台。双方枪剑相交",清军"投下大石头,又掉转枪口上下射击,敌我双方混战在一起。"

经过一个多小时的混战和肉搏,双方互有伤亡。后因敌军火力猛增,堡垒守军孤立无援,阵地相继失陷。

(二)松树山、二龙山之战

案子山失陷后,日军全力攻击松树山。8时45分,日军首先用炮火猛烈轰击清军,清军也发炮还击,一时间双方"炮声如万雷齐鸣,硝烟弥漫天地,咫尺不辨","战斗极为激烈,又特别雄壮"。接着日步兵开始进攻,日军"第三大队是先锋,第二大队继之,工兵小队又继之,总预备队在最后。"

在日军进攻下,清军终于抵挡不住,松树山炮台失守,防守松树山炮台的清军被迫向二龙山撤退。就在日军逼近炮台,"攀登上垒壁的一刹那,天崩地裂一声巨响,濛濛浊云弥漫六合"。原来清军在逃走之前,"在弹药库点燃了地雷",地雷爆炸引发了弹药库爆炸,结果出现"天崩地裂一声巨响,濛濛浊云弥漫六合"的局面。

松树山炮台失守后,日军集中兵力猛攻二龙山炮台。守台清军在姜桂题指挥下,用克虏伯炮、格林炮向进攻炮台的日军进行猛烈轰击,并用步枪射击,"炮弹如暴风骤雨般地飞来","发出隆隆的爆炸声,似万雷齐鸣"。日军被"冲开两次","但两次都立即合拢了"。当日军进至距炮台三百米处,清军拉响地雷,"轰隆一声巨响,天地为之震撼,濛濛的黑烟弥漫于天地之间"。但由于清军"慌慌张张没掌握准确的距离",日军"将士只是一时被浓烟包围,无一死伤"。"这样的爆炸,前后五次,远的距(日军)部队十五间,近的只有一间半"。日军"将士的服装也为之变成灰色的了"(同上)。但日军"置之不顾",继续前进,终于逼近炮台。姜桂题见日军势大,清军无力抵抗,不得不率队而走。10时30分,二龙山炮台失守。

日军长谷川少将指挥混成旅团向二龙山阵地进犯。日军第二中队蚁附攀登。清军居高临下,俯射来敌,多次打退日军冲锋。日军指挥官督逼日军喋血越尸,其先头敢死队踏响清军地雷多处,死伤多人。清守军用速射炮射击,双方激战四个小时。日军不断增兵,清军不见外援,在众寡悬殊下,中午11点半,清军撤离这块阵地。

(三)东鸡冠山之战

就在松树山、二龙山战斗打响不久,东鸡冠山战斗也已打响。

防守东鸡冠山的是徐邦道率领的拱卫军。为了狠狠打击日军的进攻,徐邦道带领部队进行了认真的战斗准备,将各炮台堡垒不断加高加固。当21日上午8时50分日军向炮台发动进攻之时,徐邦道指挥拱卫军顽强抗敌,"诸炮台连发速射炮,纷纷簇簇,如骤雨不绝,日前卫队颇苦之。"9时50分,双方激战正酣之际,正在指挥作战的日军第十四联队第一大队长花冈正贞少佐中弹毙命。日军"因无野炮攻击尤感困难。"①

不久二龙山等炮台失守后,日军山地元治中将调来其他步、炮各队增援,日军火力骤然增强。拱卫军"腹背受敌",前后不能相顾,不得不退出东鸡冠山炮台。

不久,大坡山、小坡山炮台及蟠桃山临时炮台亦相继失陷。至此,清军旅顺口后路防线的东西部防线全线崩溃。

就在日军陆军对旅顺口总攻打响之际,日军联合舰队也从海上炮击旅顺口,配合陆军进攻旅顺。日军联合舰队十一艘军舰、十艘鱼雷艇已全部出动,自大连湾开往旅顺口海岸大炮射程之外,"横排一字陈于旅顺海面包我东西各炮台之外,而距岸甚远,盖以眩我将士耳目,牵我兵力,俾得专注陆路尽力来攻"②。等旅顺后路炮台被日军全部攻克后,日联合舰队即派水雷艇驶近旅顺海岸,用速射炮猛烈轰击从陆路退往海岸的清军士兵,截击企图突围的清军舰只。

当椅子山、案子山等炮台先后失守消息传进旅顺口内时,驻守在白玉山北侧元宝房的卫汝成、赵怀业、龚照玙等人惊慌失措,"即向东行",率先由海路逃跑。逃走时恰值"舟小风浪作,四日始达烟台。"抵烟台后,卫

---

① 《日方记载的中日战史》,《中日战争》丛刊,第1册,第256页。
② 姚锡光:《东方兵事纪略》,《中日战争》丛刊,第1册,第40页。

汝成"易装作船户遁。"龚照玙"匿不登岸,惟使人于东海关道刘含芳处乞羊裘御寒,旋附轮至大沽。"①

驻守在白玉山的卫汝成部队,因主将逃跑,无人指挥,军心大乱,也纷纷向海岸炮台逃去。一些爱国官兵义愤填膺,挺身而出,连连发炮向日军射击,但终因大势已去,不得不在稍作抵抗后也向海岸炮台退去。日军不费吹灰之力就占领了白玉山炮台。这样等到 10 时 50 分,旅顺后路所有炮台已全被日军占领。旅顺保卫战第一阶段的战斗就这样结束了。

旅顺保卫战第一阶段的战事结束后,11 时 28 分,日军第二军司令官大山岩在旅顺水师营北方高地军部发布作战命令,命令日军除留少数兵力守卫旅顺后路各炮台外,其他部队则以全力向旅顺口市区及旅顺口海岸炮台推进。其中第一师团本队进攻旅顺口市区;混成第十二旅团进攻旅顺口市区东北,防止清军由东路逃跑;搜索骑兵队负责监视旅顺西面,警戒日军右翼。从当时旅顺布防情况来看,对日军进攻旅顺口市区和海岸炮台构成威胁最大的是旅顺口东岸黄金山炮台。该炮台本台配有大小火炮九门,其中有二十四厘米远距离新式克虏伯重炮三门;副台配有火炮八门,共计十七门。这些大炮"皆可旋转三百六十度,有八面射击之便"。

为了消除进攻市区的这一障碍,日军决定集中兵力进攻黄金山炮台。日军第一师团长山地元治将进攻黄金山的任务交给步兵第二联队。步兵第二联队长伊濑知好成大佐接受命令后立即率队向黄金山炮台前进。

防守黄金山炮台的是总兵黄仕林,有守军一千六百余人。但黄仕林为人庸鄙,贪生怕死,他见旅顺后路已经失守,日军开始向市区发动进攻,早已吓慌了手脚,不等日军来攻,率先换上便服由崂峄嘴海岸炮台乘船逃走。黄仕林逃走后,为掩人耳目"尚请人代电报战状。"②逃至中途,舟倾落水,几被淹死,后被轮船救出得生。

黄仕林逃走后,驻守黄金山炮台的兵勇们人心更加惶惶,但部分爱国清军还是进行了一定的抵抗。他们居高临下,对进犯日军"猛烈瞰射",一直坚持到傍晚 4 时许,才被迫放弃炮台,退出黄金山。黄金山炮台失守后,"其口东摸珠礁、老律嘴两海岸炮台及口西之各海岸炮台,均骇而奔"③日军不费吹灰

① 曹和济:《津门奉使纪闻》,《中日战争》丛刊,第 1 册,第 156 页。
② 曹和济:《津门奉使纪闻》,《中日战争》丛刊,第 1 册,第 156 页。
③ 姚锡光:《东方兵事纪略》,《中日战争》丛刊,第 1 册,第 41 页。

之力又先后占领了崂崅嘴炮台、东人字墙和摸珠礁炮台。

据龟井兹明记载,占领了馒头山炮台的日军,还制造了一桩血腥的事件。

日军攻攻克了馒头山,占领了炮台,士兵们发狂地欢呼。

中队长津田大尉命令在炮台上插上日本军旗。

通信员惶恐地说:"报告长官,因出发时太急了,忘了带上军旗。"

"混蛋!怎么连军旗都不随身带上呢!"津田厉声责备道。

通信员低头不语,打算接受处罚。

津田说:"去问问医官,有没有带白布?"

片刻,通信员拿来了一块包扎伤员伤口用的白布。

津田立即命令兵士:"用斩杀的敌兵鲜血染成日章旗!"

两名士兵遵命,用刀乱砍刚死不久的清兵的尸体,将其还未完全凝固的鲜血,"染成一面日章旗",然后"高高挂在炮台之上"。

旅顺口东岸的海岸炮台就这样全部失陷了。

旅顺后路和旅顺口海岸东岸炮台失守后,由于日军没有向西海岸炮台发动进攻,所以总兵张光前"依然"率领清军坚守在西海岸各炮台上。这天夜里,阴云密布,风雪大作。西路清军和旅顺后路及东岸各炮台清军汇合在一起,在徐邦道、张光前、姜桂题、程允和等人带领下,乘茫茫黑夜撤离西海岸各炮台,突围北上,连夜奔南关岭,过金州达四十里堡,与前来反击金州的宋庆诸军会合。

闻(徐)邦道由旅顺冲出时,被敌兵包围,邦道在马上以足踢倒数人,拔刀砍之,敌兵惊散,得以冲出。①

清军突围,因前有金州日兵堵截,后有旅顺日兵追杀,故死伤极为惨重。"旅顺以北,金州之间尸骨遍地堆满大道","数不胜数"。在"金州湾头即北平山麓约四公里多的中间,在怪石林立的岩壁之下遗存(被溺死的清军)的尸体恰如铺了一层石头一般"。日人估计:"在旅顺战死的清兵和这些逃跑而在途中被击杀的合计至少达八千多人。

另据龟井兹明记载,这些清军"尸体全都光的,只有一片白布挡住下身,衣服被贪得无厌的当地人偷偷剥光。据说是拿回去洗干净血迹,补好破绽,或者自己穿,或者拿到市上去卖了换钱。"龟井感慨万千地说道:"呜呼!同胞骨肉相残,其残酷无情以至如此,简直与禽兽无异。"

---

① 孙宝田:《中日甲午战争》,《旅大文献征存》,第 3 卷,手抄本。

甲午中日战争中,日军的一些将领,甚至下级军官以及新闻记者写下的回忆资料可谓汗牛充栋。在这些见闻和回忆资料中不乏对日军的渲染和虚构,对中国人的鄙视与丑化。但是笔者对龟井兹明看见到的这一情景的记载,却不怀疑其真实性。

　　从甲午战争中发生的一些事情来看,确实是值得子孙后代深刻反思和引以为戒的。

　　如前所述,中国的老百姓对伪装日谍的仁厚,使其绝处逢生,获得重要情报,进而疯狂残杀中国人。假若这种事还出于愚昧无知,毫无敌情观念和警惕性的话,那么,日军在花园口登陆后,出钱组织了中国农民的运输队(当然有一定的强迫成分),解决了日军后勤运输的难题,以及在旅顺保卫战中,当地人将清军尸体的衣服剥去,完全是丧失了起码的良知和人性,麻木不仁到令人哀叹与悲愤的地步了。当然,这与帝国主义一次又一次疯狂侵略中国、残酷奴役中国人民,致使他们饥寒交迫、生计艰难有直接关系,不然,怎么会去扒战死清兵身上的衣服呢?

　　22日清晨,日军开始向西海岸各炮台发起进攻,由于清军早已逃跑,故日军轻而易举,于9时30分左右先后占领西海岸各炮台。这样,旅顺保卫战最终以日军的胜利而告终。

　　李鸿章苦心经营旅顺"凡十有六年,靡巨金数千万,船坞、炮台、军储冠北洋,乃不能一日守。门户洞开,竟以资敌。自是畿甸震惊,陪都撼扰,而复、盖以南遂遍罹锋镝已。"(姚锡光:《东方兵事纪略》)是役旅顺口海陆炮台大小二十余座,大小火炮一百四十余门。以及水雷营、鱼雷营、船坞等各种军事设施和弹药、粮饷等各种物资,"价值相当于六亿数万元"①全部成为日军战利品。

　　日军虽然攻占旅顺,但也付出了一定的代价。据日军自己统计:日军死40人,伤241人,死伤失踪合计280多人据《中国近代通史》第三卷第398页上记述,"旅顺一役,日军死666人,伤353人,失踪7人。"。

　　关于旅顺失守的具体情况,李鸿章有一个详细报告,内容都是参战退下来的人员提供的。他当然不会忘记为自己辩护,理由是:旅顺失守的主要原因在于被抄后路,这是他无能为力的。

---

　　① 《中日战争》丛刊续编,第8册,第130页。

三十、口头下达屠城密令

日本侵略军占领旅顺口之后,兽性大发,滥杀平民,制造了震惊世界的旅顺大屠杀惨案。大屠杀从 11 月 21 日至 25 日,持续了五天,共屠杀无辜群众约两万人。

由于多种原因,我们无从查到有关这场大屠杀的密令档案原件。至于大屠杀密令究竟是如何下达的,又是谁直接签字下达的,都有待于进一步挖掘。也正因为如此,日本方面从制造大屠杀之日起,到一百多年后的今天,也始终讳莫如深,不承认上级军官下达了大屠杀令,甚至根本不承认在旅顺制造的大屠杀惨案。

但是,不管日本政府和有关军事当局如何狡辩,或者如何否认,旅顺口约两万名被屠杀的平民血流成河,尸体累累,满城腥风血雨的铁的事实是永远抹杀不掉的。从战后发现的日军回忆录及有关战争期间记载大屠杀事实的文献和屠杀的规模看,这次大屠杀根本不是日本侵略军中个别士兵的所谓"违纪"行为,而是由攻城主将、日军第一师团长山地元治亲自下令并为日本第二军司令官大山岩大将所同意和批准进行的一次有预谋、有计划、有组织的大规模屠城暴行。

关于日本军事当局一手制造的旅顺大屠杀惨案,日本军事间谍向野坚一在《从军日记》中的记载是最真实、也是最有说服力的证据。

向野坚一是深得大山岩、山地元治等将帅器重的日军间谍之一。同时向野坚一也是日军派遣的六名间谍中唯一侥幸逃脱生还的,他随日军攻占了大连、旅顺等地。在 11 月 19 日的日记中他这样记述:

> 我军由营成子向旅顺进攻时,军官下达了"见敌兵一人不留"的命令。所以当我军步兵第三联队士兵路过民家,见有两个乡人,遂进去击杀之,鲜血四溅,溢于庭院。师团长(山地元治)见此景……表示"今后非不得

旅顺大屠杀的直接指挥者山地元治

235

已,不要对外讲。"①

向野坚一还在1924年9月23日金州民政署纪念日谍三崎(即山崎羔三廊、钟崎三郎、钟崎秀在甲午战争时,被金州副都统连顺派兵捕获,并在金州西门外被处决)被处死的谈话中透露:

> 在旅顺,山地将军说"抓住非战斗人员也要杀掉"……山地将军下达了……"除妇女老幼外全部消灭掉"的命令,因此旅顺实在是惨而又惨,造成了旅顺城内恰似血流成河之感。②

此外,据与大山岩大将同乡、生于鹿儿岛武士之家的十八岁便参加了侵略中国甲午战争的第一师团第二旅团第一大队士兵小野次郎回忆,山地元治也确实下达了大屠杀密令。小野次郎在回忆他第一次杀人时说:

> 11月20日晚上,大山岩大将下达了进攻旅顺的命令。我们旅又是主力部队(即旅团长西宽二郎少将,第一大队长秋山好古大佐)攻占了椅子山炮台后,师团长山地元治中将下达了命令:"除妇女老幼外旅顺口的男人都格杀勿论。"③

从以上这些日军自供可以看出:

旅顺大屠杀惨案的制造者毫无疑问是亲自发布过大屠杀密令的日军师团长山地元治中将,是他部署的一次有组织、有计划的行动。

很明显,这样一次大规模的屠杀,如果不是日军依照战场指挥官的命令或得到更高层次的第二军司令官大山岩大将乃至日本政府、天皇的同意和批准,不但不合常理,而且也根本不可能发生。

众所周知,明令士兵违反战争法和人道原则,大肆屠杀无辜平民的暴行,是永远见不得人的。因而,大屠杀的密令口头下达,而不见诸文字,是符合那帮杀人狂的逻辑的,也是他们惯用的伎俩。从这个意义上说,有关日军发布大屠杀密令的档案原件是否有无,都不能抹杀掉日军进行的有计划、有组织、有预谋的骇人听闻的旅顺大屠杀,更不能掩盖日军最高指挥官曾经发布了大屠杀密令的事实。

如果深入研究分析山地元治萌生屠城的动机,不难发现还与他的"幕僚"

---

① [日]向野坚一:《从军日记》,1932年油印本,大连图书馆藏。
② [日]向野坚一:《三崎山追记》,1932年油印本,大连图书馆藏。
③ 转引自木森著《旅顺大屠杀》,第126页,警官教育出版社,1993。

有关。特别是给他直接出主意的"参谋长"大寺安纯陆军少将，是个狂妄的暴徒、杀人不眨眼的刽子手。有见地的学者根据有关资料分析认为，是大寺安纯首先主张疯狂报复，格杀勿论，以泄在旅顺攻坚战中他自己中弹受伤、日军付出一定代价，并可能还有"虐尸"（尽管是个案）之恨。

1894年11月21日，旅顺保卫战开始。清将徐邦道率拱卫军驻守东鸡冠山，以众多堡垒为依托，抵御日军的进攻，并进行小规模反击。午后，根据山地元治的命令，大寺安纯率部迂回攻占旅顺侧后的堡垒，随即突入城内。大寺安纯十分高兴，在旅团长乃木希典的陪同下，快步登上高地向城内瞭望。突然一颗子弹飞来，不偏不倚地打穿了他的右手掌心，断了两根骨头，鲜血如注，涌流不止。

大寺安纯是武士的后代，自幼受过"武士道"的教育和残酷的"切腹"训练，是不怕任何痛苦和折磨的。儿时，大寺十分喜欢自杀训练，每次"切腹"的动作，都特别认真，多次取得"切腹"训练比赛的第一名。他在参加鹿儿岛小武士"切腹"比赛时，由于用力过猛，木质的匕首刺进左腹部，但他面无惧色，拔出匕首，握着滴着鲜血的匕首，继续把全套动作完成。为此，他博得了全场人的热烈鼓掌，那时他才十岁。

安政天皇得知此事后，下诏书赐封大寺为"英雄小武士"，御赐给他一把镶有皇家银质菊花标志的短剑，这是他终生引以为荣的。现在，手上的一点轻伤算得了什么呢！只是从此他不能再用右手挥舞手枪和战刀了。右手致残，毕竟是清军造成的，对此他怀着咬牙切齿的仇恨。

日军第一师团进入旅顺后，大寺安纯向山地元治建议：

"师团长，为了给在旅顺口战役中死难的将士报仇，为了彻底征服劣等的支那民族，我建议把全城洗劫一空！"

山地元治听后沉思片刻，默默地点点头，眼神中露出凶光。

在大屠杀期间，大寺安纯为了用左手练习枪法和刀法，命令士兵把抓来的市民，扒光衣服，捆绑在树上，作为靶子，供他枪击和刀砍。有时他心血来潮，对当作靶子的活人，不予捆绑，以便他四处追杀，寻欢作乐，嘴里还不停地喊着：

"跑啊，跑啊，看看你跑得快，还是我的战刀砍得快！"

"跑呀，跑呀，看看你跑得快，还是我的枪子儿飞得快！"

"跑啊，要是能躲过我的枪子和战刀，就饶你一命！"

围观的日军官兵每看到大寺安纯打一枪或砍一刀，都会拼命地鼓掌，狂笑、欢呼……

山地元治也鼓励他说："参谋长的枪法、刀法进步得很快嘛！"，

大寺安纯得意地说："要是没有这些活靶子，我哪有这么大的练习精神呢？"

他刚刚改用左手，枪法、刀法很不准，许多活人都被他连续枪击，刀砍多次，才惨死在他面前。几乎每一具尸体，都血肉模糊，惨不忍睹。几天时间里，仅他一人就枪杀、刀斩近百人，远远超过下级官兵毙死平民的数目。

这场空前残酷的大屠杀开始后，横尸遍地，血流成河，又使大寺安纯产生了另一个念头："看来，低贱的支那人还不能立即斩尽杀绝……"于是他下令除挑选36名身强力壮的男青年，暂时留下做掩埋尸体的苦力，挂上"此人不杀"的牌子，其余市民不分男女老幼全部杀死。四天三夜中，日军屠杀无辜平民两万余人。

刽子手大寺安纯在二十年前曾逃过一次劫难，侥幸活命，使他能够继续作恶，制造旅顺大屠杀惨剧。

大寺安纯，日本鹿儿岛人。日本陆军预备士官学校毕业。早在1874年2月，日本政府通过了《台湾番地处分要略》，成为日本侵略台湾的纲领性文件。5月7日，日本借口"牡丹社事件"派遣三千六百余人的"征台队"，入侵中国台湾。大寺安纯随西乡从道中将参加了侵略中国台湾的作战，担任大队长（营长）。征台队在侵入牡丹社时，大寺安纯登上一座毛竹搭起的瞭望台，指挥作战，被当地一名神箭手发现。

当神箭手瞄准大寺安纯后背射箭的瞬间，大寺安纯恰巧转身，箭没有射中他的后背，只斩断他右手的一截中指。当时在场的一名日军参谋说："大队长大难不死，必有后福！"

大寺安纯于1877年参加了日本国内的西南战争。1885年5月9日，任步兵第三联队（团）的联队长。1888年11月16日，晋升为步兵大佐（相当于上校）。1889年9月2日，任第二师团参谋长。1894年10月24日，大寺安纯作为第一师团参谋长，与大山岩、山地元治等将帅一起，率部入侵中国东北，直接指挥攻占金州和旅顺口。

旅顺口被攻占后，日军大本营按其战略部署，于1895年1月上旬，组建"山东作战军"，大山岩大将任司令长官，大寺安纯被至第六师团步兵第十一旅团任旅团长。

30日，日军对威海卫南岸炮台发起总攻。经激战，大寺旅团攻占威海卫

南炮台。2月9日,大寺安纯少将欣喜若狂,登上摩天岭主炮台,率领全旅团官兵狂热地欢呼胜利。

清军将领丁汝昌不甘就此失败,决心再给日军一次沉重打击。于是命令所属北洋舰队分为两队,从两翼向摩天岭主炮台方向疾驶。他亲自指挥"靖远"号巡洋舰前甲板主炮,迅即瞄准,六艘炮舰一个齐射,炮弹全部命中目标,摩天岭主炮台上爆炸点连成一片,顿时火光冲天,硝烟弥漫,主炮台完全消失在烟雾之中。

正巧有一发炮弹落在大寺安纯的身边,炮弹爆炸,弹片四射,几十块弹片飞向大寺安纯的胸腹部,他的躯干被炸得稀烂,五脏六腑四处飞溅,甚至连脸上得意的笑容都没有来得及收敛,就当场毙命。

两难不死,终有恶报。大寺安纯是首个被中国军队击毙的日军陆军少将军官。

三十一、旅顺大屠杀

在日本国内,旅顺陷落的消息使那个所谓"日本的伏尔泰"福泽喻吉狂喜不已,他带着他的学生奔上街头,挽手游行,为他所谓的"文明对野蛮的战争"高叫:

> 文明与野蛮如同雪与炭,
> 实无长久融合之希望。
> 迟早要降一场血雨,
> 雨后天空才能晴朗。
> 正当如此思虑之时,
> 惩罚野蛮的时机到来,
> 文明军队所向无敌,
> 旗头直指陆地大海。

日军占领旅顺,正是隆冬季节。一个多月来,日本兵已经完全被战争这个魔鬼异化,他们人性尽丧,成为变态的一群战争机器。旅顺,由于它是北洋海军的军事重镇,曾几何时是那样神秘,日本人觊觎已久,垂涎欲滴。那些神出鬼没的间谍们曾经穿梭其间,伺机窥探其内幕,必夺之而后快。

如今这块肥肉赤裸裸地呈现在面前,这些贪婪已极的战争狂徒心想,这就是我们梦想了多年的地方,为了这块土地,这个城市,我们受了多少罪,吃过多少苦。原来不过如此嘛。日本人站在旅顺的街头,顶着呼啸的风,心态顿失平衡,那个埋藏心底的魔鬼跳跃而出。"给我杀!给我血洗旅顺!"日本人狂叫着,群魔乱舞。一时间,东洋大刀,洋枪洋炮,一齐高举,无论男女老少,是中国人就杀。那个被血腥唤起的东西,必须要用血腥喂养。

在日本国内和侵华军队中都在狂喊:"文明与野蛮如同雪与炭","文明军队"在"惩罚野蛮"。卑鄙的谎言、欺骗的宣传不能蒙混严肃的历史老人。英国历史学家、哲学家卡莱尔说过:"历史是蒸馏了传说的作品。"法国作家、思想家伏尔泰认为:"历史不过是犯罪和灾难的记录而已。"被称为"民族魂"的鲁迅先生说:"自有历史以来,中国人是一向被同族和异族屠戮,奴隶,敲掠,压迫下来的,非人类所能忍受的楚毒,也都身受过,每一考查,真教人觉得不象活在人间。"让我们来看看被当时的美国报纸称为"披着文明的外衣,实是具野蛮筋骨之怪兽"的日本国,在中国进行的"犯罪和灾难的记录"的真实的历史。

中华民族子孙后代决不能有对国难的麻木,耻辱的健忘,而是应该刻骨铭心,永志不忘,发愤图强,振兴中华,决不让如此的惨剧在我们的国土上重演。

1894年11月21日,日本侵略军占领旅顺口清军半月形的陆防阵地后,

日本随军记者当年画下的
日军冲进旅顺市区时的情景

又向市区和海岸炮台发起进攻。清军统领徐邦道等陆续退至市区。午后近6时,枪声稍息。是日先雨后雪,风雪交加。日军进入旅顺市区后蓄意进行了一场惨绝人寰的大屠杀。大屠杀首先从旅顺东部开始,挨户搜杀,并逐步向西部推进,其状惨不忍睹:有的婴儿衔着妈妈的奶头死去,有的爷爷奶奶搂着孙子孙女死在一起。破腹的,掉头的,炕上地下,屋里屋外,旮旮旯旯,到处都是死尸。有的孩子死在柜箱里,有的蹲在便所里也被刺死。至于双目失明的,双腿失灵的,病倒卧床的,更是无一幸免于难。

旅顺市区内,从教场沟(现五十五中学东部,因原为清军毅军分统马玉昆之练兵场而得名)河两岸,到四十八间房(现得胜街南端路

东）以及通天街（现海岸街）一带居民，还有和顺戏班的演员，天后宫、太极观、火神庙、三官庙的和尚、道士，惨遭杀害尤多。商店的店员全部死在吊铺上，尸体横倚竖倒，好不凄惨。日本人把我无辜百姓赶到两处河湾，一处为现4810 工厂东部荷花湾，一处为兆麟桥一带，枪杀屠戮，使河湾成为一片血泊。

随军记者画的日军在挨户屠杀

日军在旅顺市区杀完后，又杀到郊区，反复搜索，反复屠杀，等杀到最后，一个旅顺口仅逃出六七百人。① 日军杀人，妇孺不饶，男人被枪杀、刀劈、火烧、水淹，女人则被强奸、凌辱之后杀死，残暴的日军终于把旅顺口变成了一座空城，死城，血城。

日军在旅顺口屠杀现场

凡在旅顺的外国人士，都目睹了日军残杀平民、奸淫残杀妇女、残杀儿童、残杀俘虏的暴行，中外人士，包括参与大屠杀的日军的许多详细记述，及直接受害者的亲属证言，从大屠杀中得以逃脱幸免于难的平民的愤怒控诉，以及大屠杀时在旅顺采访的外国记者的报道，特别是参与屠杀的日军的自供，都一桩桩用白纸黑字记载在案。

所以，这是永远也否认不了的、用遍地鲜血写在苦难的旅顺土地上的、铁一般的事实。

让我们分门别类的将有关历史文献原文转录如下：

（一）李鸿章的奏报

对于日本侵略者在旅顺制造骇人听闻的大屠杀暴行，时任北洋大臣的李鸿章，在1894 年12 月3 日给朝廷的奏折中，就已经把从旅顺口逃出的清军口中得知日兵占领旅顺后大加杀戮的暴行奏报朝廷，电文中指出：

---

①　转引自木森著：《旅顺大屠杀》，第126 页，警官教育出版社，1993 年版。

倭自二十四日(公历 21 日)赴旅后,杀伤兵民甚多。二十八日(公历 25 日)自双岛、小平岛逃来弁兵、匠十人,今早供称,二十四日夜,倭自小平岛西老龙头另股上岸万人。目下大队皆扎水师旗营,住账房。二十六日(公历 23 日)又复搜山,后面长墙以内及水师营,大加杀戮。墙外各村庄,如有军衣军器者皆杀。逃跑者杀。其送鸡、猪者不杀。①

12 月 5 日,李鸿章又向朝廷转奏了刘含芳电报日军在旅顺残暴烧杀抢掠的暴行:据从旅顺后城逃出的张万祥称:

贼马步实有万余人,商民被杀甚多。南省新旧街船坞局皆未烧。二十五、六(日)搜山后,炮杀兵民男女更多。民间牛、羊、鸡、猪收罗殆尽。②

(二)日本通信特派员的披露、日军士兵记录和日本国内的报道

残暴的日军从 21 日开始的所谓大扫荡,实质就是疯狂的大屠杀。当日本记者在日军施暴后走上旅顺街头时,他们亲眼所见呈现在眼前的是一派萧瑟的凄惨景象。死尸堆积如山,血流成河,此情此景,个别尚有人性者也喘不过气来。不太宽阔的旅顺市区里,除了死尸还是死尸,被惨杀的停止抵抗的清军、无辜的平民和妇女儿童的血流染红旅顺市区。尽管日本政府和军方实行严格的新闻管制,但是面对眼前的情景,记者们纷纷报道,清楚地记录下日军残暴屠杀犯下的滔天罪行。

特派员相岛勘次郎在报道中,详细记载日军屠杀后惨不忍睹的现状以及被无辜杀死者的身姿。他写道:

22 日一早,寒风袭人。进入旅顺市内而被击毙的敌兵(按:应为放下武器、停止抵抗的清军和旅顺市民),不计其数,尸体堆积如山。有的俯伏在壕沟里还在呻吟,有的则横尸街头;有的被刺刀刺死在藏身的房内;有的则手握刀剑依石阶倒下;有的半个身子悬在石阶上;有的则仰天倒下死不瞑目;有的半倚着箱柜;有的则倒卧在门槛上;有的死在后院;有的被刀劈于门前。多么悲惨的一幅全景立体画! 真是腥风袭肌肤,凄怆寒筋骨。③

当时在日本国内的其他各报也对旅顺市区的屠杀作了报道。各报的特派

---

① 戚其章主编《中日战争》丛刊续编,第 1 册,第 657—658 页,中华书局,1989 年版。
② 《中日战争》丛刊续编,第 1 册,第 662 页。
③ [日]相岛勘次郎:《从军记》,载 1894 年 12 月 1 日《大阪每日新闻》。

员你来我往纷纷前往旅顺采访、写报道。介绍旅顺市区屠杀后街头情形的文章反复出现在报端。在日军占领旅顺之后,记者们归新设立的民政支厅管理,但是他们的采访报道情况与此相比并没有变化。值得注意的是,今天我们从当年日本各大报纸的报道仍能清楚地了解 11 月 22 日的大屠杀情形。日本特派员以笔名枕戈生写的《旅顺杂报》中记载:

> 旅顺市内真正是尸山血河,战骨累累。①

日本特派员崛井卯之助写的《征清从军记》中记载:

> 敌兵往往试图抵抗,以至结局惨不忍睹者众(按:这是为屠杀平民进行掩盖,事实上是日军进入旅顺城后,清军再未作有组织的抵抗)。其尸堆积成山,其血流淌成河。街头巷尾,所到之处无不是敌之死尸。眼下,此地生存之清人已为数极少。②

日本特派员甲秀辅《第二军从军杂记》中记载:

> 旅顺街头,所到之处尸陈遍地。有的身首异处;有的则被砍去半个脑袋;有的脑浆溢出;有的则肠肚外露;有的眼球迸出;还有的被砍去胳膊或被炸碎腿骨而倒毙在黏稠的血滩中。见之,令人毛骨悚然。若使翠帐红闺中的贵妇少女见之,则会当场骇死也未可知。③

日本特派员于 1894 年 12 月 8 日,以笔名铁严生写的《征行录》中记载:

> 死尸狼藉满街巷,但见敌人(按:实是平民)或五六人或十余人头挨着头倒毙成一排,若从旁经过则腥气扑鼻。……吾未闻阿修罗之城,然则,如此凄惨之情状非想像所及。

不仅日本记者发回国内的通讯中对日军大屠杀后的状况作了报道,目睹此情此景的士兵也有人提笔做了记录。上等兵伊东连之助是在 22 日傍晚进入旅顺的。翌年 1 月 9 日,经他确认之后报纸上刊登了他写给友人的信:

> 我认为,旅顺口战斗中敌兵的实际死亡人数要比报纸上报道的多(按:把残杀了无辜的老百姓都当作歼灭"敌兵")。田野里、山中、河海上,死尸累累、腥风刺鼻。旅顺街头的实际情形是,一时之间,街道上堆满

---

① [日]1894 年 12 月 2 日《国民新闻》。
② [日]1894 年 12 月 2 日《时事新报》。
③ [日]1894 年 12 月 7 日《东京日日新闻》。

了敌兵的尸体,行人须在死人堆中穿行。①

1896年,伊东的友人将他的来信汇总成册,题为《征清奇谈从军见闻录》付梓印刷。其中有这样的记述:

吾等于22日薄暮时分至旅顺,其时尸积如山。市区内外,尸横遍地,腥风刺鼻。碧血滑靴行路难,不得已踏尸而行。清兵狼狈不堪,投海溺死者(按:实际为日军残杀在海中的平民)不计其数。谓之血流漂杵,实乃言之妙极。

下面这段记述引自于报纸上连载之第二联队第四中队的一名二等军曹写给其父亲的信:

一边是造船所等气派非凡的建筑物,而另一边则是堆积在街头巷尾的尸山,真是痛快之极至也。②

22日上午9时,高柳直所在联队集合于毅字军操练场待命,数小时之后接到命令向旅顺市内进发。高柳直在其《从军实记》中,也记述了市内的惨状:

市街上,所到之处敌兵累累死尸横卧街头;室内也必有二三具敌尸,家具散乱;民心疑惧。其腥风惨状不由让人联想到爱新觉罗之末世,顿起怜悯之念。下午3时,进驻宿营地。营房原为当地民宅,共有十余户人家。余等将死尸收集起来虚以埋之,权当作大扫除。死尸达百余具,由此推知敌人死者之众。

在23日进入旅顺的一名士官发回日本的信中清楚地记载:

市内到处都是日本兵,除了死尸之外看不到支那人,这里的支那人几乎灭绝了。③

日本的《国民新闻》从11月9日开始,不定期地连载了题为《军人日记》的文章。这是一位叫山中重太郎的军夫随时随地写下的报道。他在署有当天日期的一篇通讯中,开头写下了只有亲历战争的人才能写下的话:

---

① [日]1895年1月23日《国民新闻》转载。
② 12月6日《邮便报知新闻》转载。
③ [日]1894年12月27日《中央新闻》)(按:这个士官的记述倒是没有粉饰与掩盖。

"我不得不叹息,只能向祖国传回极其粗浅庸俗的哗众取宠的战争通讯。"文章最后总结说:"这一天,我目睹了许多凄惨无比的敌尸,11月23日夜。"

军夫山中重太郎的日记中用了"凄惨无比"四个字,并且是"许多",这"许多"凄惨无比的尸体,实际并非被称为"敌"的清兵,而是无辜平民。须知极大部分清兵都长了四条腿,早就逃光了,哪里还有"许多"人让日军来杀?

日军随军法律顾问有贺长雄于22日上午10时先于司令部进入市内,颇感震惊。他在《日清战役国际法论》一书中记述道:

从北城门进去有一条路,一直通向市中心叫做天后宫的寺庙,道路两侧民房栉比,然而房屋内外无处不是尸体。尤其是马路上,尸横遍地,若不踏尸穿行实难通过。从市中心的天后宫向东一拐是道台衙门和海军衙门,这是两座并排而立的宏伟建筑物,其前面是船坞的入口处。船坞前面有一广场,沿着广场有一条东西走向的长街,与这条长街成直角向南排列着三条街,分别叫东街、中街、南街。所有这些街道上都堆满了尸体。毫无疑问,若市内尸体总数为二千,则其中的五百人为非战斗人员。欲游渡海湾向西逃走的人,则受到了来自山丘上的射击,故而水中也有很多尸体。①

"法律顾问"多少还尊重点客观事实,承认了杀的不少是"非战斗人员"、"欲渡海向西逃走"的平民百姓。

随日军记者以漫画反映日军在旅顺烧杀、抢掠情景的作品很多,试举数种:

《我军进入旅顺市区》,系久保田金仙(金仙)作。原载久保田父

日本随军记者画下的旅顺百姓被屠杀惨状

---

① [日]有贺长雄:《日清战役国际法论》,第108—109页,忠爱社1896年版。

日军烧杀抢掠的情景

子的《日清战斗画报》,该画报共十一卷,反映日军挑起战争直到结束的场景。该画左下角注明:此画是以浅井魁一的一幅照片为素材所绘。① 《旅顺市街之伏尸》也表现出日军在旅顺屠杀后的惨状。②

日本作家井上晴树所著《旅顺虐杀事件》一书,选用了许多日本随军记者绘制的日军在旅顺屠杀、抢掠的漫画。如该书第151页的《旅顺市街战》画中写道:"山地将军的士兵杀入旅顺,唯见敌人行尸走肉,血流遍地。"另一幅《陷落时的旅顺街头》,表现的是日军杀入旅顺后,逼迫清军溃退的情景。《战后旅顺市街实景》,反映的是1894年11月21日日军屠杀旅顺平民后街道情景。图中旅顺平民的尸体、藤椅、席子、鞋等遍地,远处拴着马匹,日军和文职人员后来,反映了日军的凶残性。

《旅顺市街伏尸图》和《战后的旅顺市街》均为日军在旅顺屠杀平民后,日本国内报纸上所载。这两幅画是为了向日本人民炫耀日军的"文明业绩",恰恰暴露了日军在旅顺的大屠杀实情,在历史上留下了罪证。

上面是在旅顺的部分日方人员所目睹的屠杀现状,虽然他们对日军占领旅顺表达出了所谓"胜利者"的心态,甚至在记述中大谈了消灭了所谓"敌兵",却不敢承认大规模屠杀的是平民这一事实。尽管如此,从他们的记述中还是能够清楚地看到旅顺居民被日军屠杀的凄惨情景。

甲午战争期间日本国内新闻媒体大肆宣扬"皇军胜利","杀人光荣",许多报纸上在刊载商业广告时也插上日军残暴屠杀中国人的图画。这同龟井兹明等随军记者在大连地区所拍的日军杀、烧、抢、掠的照片是一致的。如"丁子油"的插图是手持大刀的日军追杀中国人;"日本乃誉"的插图是日军刺杀中国人;一种"烟草"的插图是刺刀上穿了四个人头;"胜利品肥皂"的插图是一日军左手用刺刀刺入中国人的身体,右肩上的枪挑着数个人头的发辫,右脚

---

① [日]久保田金仙:《日清战斗漫画》,第六篇。1895年大仓保五郎刊。
② 佚名所绘,载《日本》报,第1924号,1894年12月8日。

还踩着中国人。① 以日军屠杀中国人作为广告,无非是为了吸引日本国民购买物品,同时也暴露了日本是以杀人为荣耀的。

(三)西方记者的报道和外交官员的报告

一些西方目睹旅顺大屠杀的记者也都以不同方式进行了报道。

《世界报》是美国著名报人普利策经营的最成功的一家报纸。记者詹姆斯·克里曼从旅顺发回国内的一篇通讯,便是比较详尽记叙旅顺大屠杀真相的报道之一。他出生于加拿大,进入报社后,以名人专访,如对托尔斯泰、罗马教皇利奥十三世等的专访,而闻名报界。他的文章以文字简洁、风格优美、客观主义与适度描写相结合而获得好评。

克里曼 1894 年成为《世界报》战时特派员随日军行动到了中日甲午战争前线,他是与日本友善的外国记者,亲眼目睹了"旅顺大屠杀事件,写下了长篇报道",并于 1894 年 12 月 20 日在纽约的《世界报》,以两个整版的篇幅刊登出来。克里曼的报道中有吹捧欧美列强,美化日军,污蔑中国军民的言论,同时通讯中还是真实地记录了日军在旅顺的大屠杀暴行,是日军大屠杀的铁证。为了保持克里曼通讯的真实、完整,充分揭露日军屠杀暴行,笔者特把报道原文引用,对有关克里曼对中国军民的污蔑词句未做处理。

克利尔曼关于旅顺大屠杀的报道

他写道:

> 街道被尸体阻塞了。在旅顺港能够找到的居民几乎全被屠杀了,日军屠杀手无寸铁、没有抵抗能力居民的行动一天天地延续着,直到街道被残缺不全的尸体阻塞为止。到目前为止,当我正在写这篇报道时还能听到枪声。
>
> ……

---

① 参见井上晴树:《旅顺虐杀事件》,筑摩书房 1995 年版,第 191 页。

在从金州出发到旅顺港前发生的战斗故事在大屠杀的丑恶事实面前已变得毫无意义。这里我把有关的事情讲的稍多一些吧。

当日本军队潮水般涌进旅顺港时，他们发现他们被打死的同伴的头颅被割去鼻子、耳朵后用绳索吊了起来。在主要街道那个粗糙的拱形门上吊着日军血淋淋的头颅，于是大屠杀便开始了。被激怒的日军士兵杀死了他们所遇见的每一个人。

作为一名目击者我敢肯定地说，那些可怜的旅顺港人民没有任何要抵抗入侵者的企图。日本人现在声称子弹从窗户和门向外射出，事实上，这个说法是彻头彻尾的谎言。没有任何活捉俘虏的迹象。

我看见一个男人跪在日军面前乞讨怜悯，结果被用刺刀刺倒在地，头也被用刀砍了下来。另外一个中国男人畏缩地躲在角落里，一小队士兵用枪弹将其打得粉碎。

一个老人跪在街中心，结果几乎被砍成两半。

一个可怜的人在房顶被击中，另一人从房顶跌落到街心，后背被捅了十几刀。

在我下面是一座医院，飘扬着红十字旗，但日军士兵向从门内出来的乎无寸铁的人们射击。一个商人戴着皮帽，跪在地上，举着双手求饶，日军士兵向他射击，他两手捂在脸上。第二天当我再看到他的尸体时，已经被砍得无法辨认了。……

看见人们在角落里躲躲藏藏像被追赶的猎物一样，或跪在地上无用处地求饶，是令人心碎的。

整个第二天，大屠杀仍在继续着，数以百计的人被杀死，仅仅在一条街上就有 227 具尸体，至少有 40 个人是被捆绑在后面射杀的。①

另一位英国海员詹姆斯·艾仑在他的回忆录《在龙旗下——甲午战争亲历记》)（原译为《旅顺落难记》）中极详细地记述了他目睹的悲惨的一幕：

我立的地方极高，望那池塘约离我 1 丈 5 尺，只见那池塘岸边，立满了日本兵，赶着一群逃难人逼向池塘里去，弄得逃难人，挤满了一池。只见在水里攒头搅动，忽沉忽没，那日本人远的放洋枪打，近的拿洋枪上的刀刺。那水里断头的，腰斩的，穿胸的，破腹的，搅做一团。池塘里的水，

---

① 詹姆斯·克里曼：《旅顺大屠杀》，见［美］1894 年 12 月 20 日《世界报》。

搅得通红一片。只见日本兵在岸上欢笑狂喊,快活的了不得,似乎把残杀当作作乐的事。那池塘里活的人,还在死尸上扒来扒去,满身的血污……内中一个女人,抱着一个小孩子,浮出水面,向着日本兵凄惨的哀求。将近岸边,那日本兵就把枪刺来搠,竟当心搠了个对穿。第二下就搠这小孩子,只见洋枪刺搠,小孩子就搠在那枪头上,只见他竖起枪来,摇了几摇,当作玩耍的东西。这个小孩约只有两岁,那女人伏在地上,尚未搠死,用了将断的气力,要想起来看这孩子的意思,刚要起来,翻身便倒。日本人就照屠戮别人的法子,也把这女人斩成几段。

……一路走来,无非是死尸垫地。经过一处,看见十来个日本兵,捉了许多逃难人,把那辫子打了一个总结,他便慢慢地把作枪靶子打。有时斩下一只手,有时割下一只耳,有时剁下一只脚,有时砍下一个头,好像惨杀一个,他便快活一分。我所见的无论男女老少,竟没有饶放过一个。①

英国驻烟台领事阿林格致欧格讷私函中转述斐里曼特短笺中的话:

他肯定旅顺港没有伤员,因为日本人是见人就杀。……泰勒大夫在该城那条主要街道上,200 码内就见到了 70 具尸体,船坞内更是尸堆如山,他在旅顺港时,日本人射杀了一些中国人。照他的话说,"想起来就令人恶心,但在第一天过后,确实有一场残酷的屠杀。"②

英国驻日本临时代理公使楚恩迟给外交大臣金伯利的密函中这样描述:

《标准报》兼《黑白报》记者维利尔斯先生说,……"使我感到极其震惊、痛心和惊愕的是以后 3 天里所发生的事。日军表现出了毫无必要的残忍,……在旅顺犯下如此野蛮的暴行。"《泰晤士报》记者柯文说:"在后来的 4 天里,我没有见到任何抵抗。日军摧毁了整个城市,实际上是见到男人就杀。我曾见到成群的中国战俘被反绑双手,开胸剖腹,大卸八块。许多人还被焚尸灭迹。"

以上这些私函和内部报告中所引述目击者的叙述,尽管对事件的认识程度和角度有所差别,但都不否认日军在旅顺进行了一场野蛮的屠杀。

(四)幸存的中国人的控诉

对于日军大肆屠杀旅顺平民的暴行,曾亲自采访过幸存的收尸、抬尸者鲍

---

① 张本义、吴青云主编《甲午旅大文献》第 97 页。
② 《中日战争》上,第 462 页。

绍武的孙宝田（1903～1991，大连市金州区人，专门从事大连地方史研究者）在他编写的《旅大文献征存》一书中记述说：

　　　　日军在旅顺，"不论士农工商，男女老幼，沿户搜杀，甚至医院之医师、护士、病人亦皆刃之，破腹穿胸，血流成渠。"①

　　大屠杀时正值风雪交加，大街小巷响遍了枪声、炮声、杀声和嚎哭声，各处挤满了逃难的人群。日军挨门挨户进行搜查，逢人便杀。

　　也石在《旅大人民的血泪仇》文章中也揭露了日军残杀平民毁尸灭迹的暴行：

徐长英（前者）控诉日军残杀中国平民的罪行

旅顺大屠杀的幸存者对日军大屠杀的控诉材料

　　　　日本兵闯进旅顺，杀得最凶的时候，孙玉金全家老少都逃到艾子口。此时后面就一下围上来四五个日本兵，恶狠狠地将他们的祖父按倒绑缚起来，七手八脚地把他拖带拉拽到一条沟边，将肚子用刺刀戳开，掏出血淋淋的肠子观看着，并狰狞地狂笑。日本兵就这样，在旅顺口连杀了数天，马路、通衢到处都是鲜血，通天街和四十八间房两条街道，几乎完全被尸体塞满了。②

　　鲍绍武是在日军屠杀时因被抓去掩埋收尸、抬尸

　　①　孙宝田：《旅大文献征存》第3卷，手抄本。
　　②　也石：《旅顺人民的血泪仇》，1951年4月7日《旅大人民日报》。

才得以幸存者之一,当时住在旅顺口太阳沟,全家9口人,除他以外,全部被日军残杀,后来在收尸、抬尸时,亲眼目睹了同胞被屠杀的惨状。他于1963年接受林基永采访时叙述了日军疯狂屠杀的暴行:

> 光绪二十一年二月(1895年3月),天气渐渐暖和,许多被害者的尸体还没有掩埋,有的尸体都开始腐烂了。日本鬼子怕引起传染病,就抓了八九十人去抬尸体,我也是被抓进抬尸队的。我们在收尸时,亲眼看到了同胞们被害的惨状。在上沟一家店铺里,被鬼子刺死的账房先生还伏在账桌前。更惨的是有一家炕上躺着一位母亲和四五个孩子的尸体,大的八九岁,小的才几个月,还在母亲怀中吃奶就被鬼子捅死了。许多人都死在自己家门口,他们都是在开门时被鬼子杀死的。死者大多数是老年人和妇女儿童。①

日军大屠杀中的幸存者苏万君,当时是个八岁的孩子,因日军占领旅顺时他正躲在附近赵家沟村姑姑家里,幸免于难,不料几天后,他姑夫却被日军用绳子绑起来带走了。为此,姑姑让他与另外一个孩子一起到旅顺口街头去看姑夫的死活,他亲眼目睹了日军残杀无辜百姓的罪行。

苏万君是日军旅顺大屠杀的见证人

1977年,91岁的苏万君接受周祥令采访时,他用亲身经历愤怒地控诉了日军的暴行:

> 甲午战争时我八岁,日本人打进旅顺那天,我和一个小孩跑到小南山草地里趴着,看见大医院前(今旅顺海军后勤部门前),日本兵把抓到的许多人用绳子背手绑着,十几个人连成一串,拉到水泡子边上,用刀砍一个往水里推一个。不一会又牵来一群人,只见刀一闪一闪,一群人就没有了。住刀(即停止杀人)后,我们俩到西大街(现得胜街),看见大坞北面

① 《旅顺口文史资料》第2辑,第3—4页,1994年10月印刷。

机器磨房里尸体躺了一地，到处都是血。在一个小铺里，看见人都倒在地上。我走进几处住家，看见老的、小的都被日本兵砍死在炕上、地下。还看见一个小孩在炕上躺着，不知是怎么死的。我当时光着脚，回家一看脚底都沾满了鲜血。

当时日本兵见人就杀，死的大都是老百姓。万忠墓里埋的骨灰，就是那时被杀者的尸体后来火化的。旅顺百姓气愤地说："赵（怀业）不打，姜（桂题）不辣，黄（仕林）宋（庆）各营吹喇叭，鬼子进来好顿杀。"①

家住在旅顺黄金山下的李长发，是从日军屠刀下侥幸乘船逃脱掉的幸存者。1964 年他 76 岁，在接受孙厚淳采访时叙述说：

我家当时住在黄金山下，日军打进旅顺口。晚上一群日本兵闯进俺西院一个空房子里，当时正好有二三十个山东人由街里逃到这里避难，日军进去乱砍乱杀半个多钟头，房内传出一片惨叫声。我父亲听人说，把门窗打开可以免遭杀戮。于是赶紧把大门、房门都打开，全家人都躲在炕上。日本兵在西院杀完，就到俺院里站了一会，看到门大开，认为全跑了，就没进屋。当晚我们全家和西院死里逃生的两人一起，乘藏在草丛里的一只小船逃出虎口。②

胡崇真老人在 1964 年接受了孙厚淳采访时已经 85 岁，他清楚地记得日军"大队人马开过来，逢人就杀，将旅顺街内的买卖人全部杀了"。

大屠杀后，他到旅顺口，"看见大医院南的东菜市，尸体堆满街，车不能行。双岛曲家村被杀 100 多人，一户老李家被杀 3 口。另一家 9 口人全被杀。"③

金纯泰④家住在旅顺城西墙外，是中日交战中心地区。大屠杀时才刚出生 40 天，被母亲抱在怀里躲在磨房后，才得以幸免。后来母亲告诉他，日军连在他家居住靠卖豆芽菜为生的 70 岁老人也不放过。

泥河子 87 岁的王世令老人说，他家当时有十间草房被鬼子放火烧掉。他

① 《旅顺口文史资料》第 2 辑，第 4 ~ 5 页，1994 年印刷。
② 《甲午闻见录》，见《甲午旅大文献》，第 77 页，大连出版社，1998 年。
③ 《旅顺口文史资料》第 2 辑，第 7 页，1994 年印刷。
④ 金纯泰（1894—1972），大连解放后曾任旅顺市教育局长、旅顺市副市长等职。1948 年倡议重修万忠墓，并撰写碑文，警醒群众勿忘国耻。

两个叔叔与鬼子搏斗,也死于敌人屠刀之下。

蒋家瞎婆独身老人,是他祖父的姐姐。邻居告诉她:"东洋鬼子来杀人,快躲躲吧!"瞎婆不理,以为鬼子根本不杀盲人。鬼子闯进她家,一见瞎婆,立刻刺死,狗出来咬也被打死。南山冈鞋匠孙瘫子,是鸦户嘴人,日军闯进旅顺口,他的伙伴都逃走了,他无法,只好藏在席子里,被日军拖出来刺死。大榆树下老张家大人都逃走,慌乱中把三岁婴儿丢在家中,哑哑哀哭。鬼子闻声闯进屋里,举起孩子摔死地上。①

袁明广老人在1975年接受周祥令采访时叙述了姨奶奶家九口人被日军屠杀的惨状:

> 我姨奶奶家姓李,住在黄金山。甲午战争那年,日本侵略军闯进旅顺到处搜杀,我姨妈家十口人被杀了九口。姨奶奶趁混乱时躲在窗外一口空缸里,总算死里逃生。②

90岁的曲传海老人在1974年也控诉了日军残杀旅顺北海沙仓村平民的罪行:

> 我十岁那年赶上甲午战争。我姥姥家在北海沙仓村,那天上午日本兵闯进她家,把我姥爷和两个舅舅杀害了。我姨夫住在水师营,因躲日本兵跑到姥姥家住也同时被杀害了。当时村里还有很多老百姓遇难。③

1964年,82岁的潘长春老人接受孙厚淳采访时叙述说:

> 甲午战争那年,日本兵打到三里桥,我们逃难到太阳沟西山上,日本兵发现我们几个人后便开枪,我哥哥中弹死了。清军撤退后,日本兵在赵家村抓到四个人说是清兵,捆绑起来,然后令四个人躺着,摆成"井"字形,中间放上木柴,点火把人烧死。④

居住在旅顺石灰窑村的徐长英,甲午战争时年仅八岁,他的父亲就是躲藏在石灰窑村北山上被日军发现后开枪打死的,1974年在接受周详令采访时控诉道:

> 旧历十月二十五日(22日)吃过早饭,日本兵开始大屠杀,从大潮口

---

① 参见《旅顺口文史资料》第2辑,第8页。
② 《旅顺口文史资料》第2辑,第7页。
③ 《甲午闻见录》,见《甲午旅大文献》,第80页。
④ 《甲午闻见录》,见《甲午旅大文献》,第80页。

到石灰窑东岗,一阵工夫日本兵杀死三十来个中国老百姓,其中就有我父亲徐英利。那时我们全家被撵到北海住了一个星期,我嫂子刚生孩子才九天,由于惊吓得病死去。在北海的七天中没东西吃,我到海边拣块被海潮打上岸的豆饼带回来,全家人就啃这块豆饼才活了命。当时被害得家破人亡不止我们一家!冯家屯有个冯传声,他家被害得更惨。二十五日那天他父亲到西海边被日本兵看见开枪打死,他妈抱着不满两岁的弟弟,领着十八岁的姐姐到西海边去找,被日本兵看见,把娘仨一块打死了。①

吴道德在 1974 年接受周祥令采访时回忆说:

日本兵进旅顺口见人就杀。我父亲吴福来当时正在旅顺街里积肥,也被日本兵杀害了。事后我母亲到旅顺街里找我父亲,只见满街到处都是尸体,有的都已变形,好歹在一具尸体上找到了父亲的兜,才认出是我父亲,他身上被捅了好几刀。②

王宏照老人 1951 年在接受采访时控诉:

十月二十四日(11 月 21 日),我叔伯二哥和本家叔伯爷爷叫王志昌的瓦匠,分头藏在挖好的洞子里。日本兵到处搜查,刺刀正好一下子探到我二哥他们藏的洞子里,不管三七二十一把两个人拖到水师营南门外,用刺刀活活刺死,然后一脚踢到沟里。

有一天,日本兵用刺刀逼着我们抬着四具死尸往旅顺送。我到旅顺一看,家家户户都敞着门,里面横七竖八的人,有的掉了头,有的横在柜台上,有的被大开膛,肠子在外面一大堆,鲜血喷的满墙都是,尸体把街道都铺满了。当时旅顺的老百姓,没有逃走的,都死在鬼子屠刀下。③

在日本国内战争狂人叫嚣"文明与野蛮……实无长久融合之希望",声称要"文明征服野蛮"。请看"文明"的日军在旅顺是怎样"征服野蛮"的:

旅顺的天后宫,是个佛教圣地。大屠杀进行时,"金光教主鲍世昌同信徒们跪在佛堂前,捧经吟诵,祈祷慈佛保佑。日军破门而入,见经卷有'戒杀'两字,愈触其凶杀之气,将鲍世昌及十几名信徒赶到白玉山南麓,一阵枪响把佛

---

①　《甲午闻见录》,见《甲午旅大文献》,第 81 页。
②　同上,第 79 页。
③　《旅顺口文史资料》第 2 辑,第 14—15 页,1994 年 10 月印刷。

门弟子全打死。"①残杀平民,他们是改装的清军相诬蔑,那么,教主与诵经的信徒何罪?天后宫的教徒们也未能幸免,残暴的日军将圣洁的殿堂也变成了屠杀场。

日军占领旅顺后,在进行疯狂大屠杀的同时,对妇女进行了灭绝人性的淫暴,不管是十几岁的少女还是白发老妪,甚至是孕妇,日军都不放过,许多妇女被施暴后又遭杀害。有的被践踏致死,有的在奸杀后还要恣意侮辱。

日军还对妇女儿童施尽各种各样残酷的屠杀手段。有的将妇女及小孩剥去衣服,绑在树上冻死,或放在河沟的冰上,上面压着大石头。有的将妇女及儿童的四肢钉在墙上钉死,或把他们的头碰在石头上碰死。还有的日军将被抓的人,围在一间屋子里,用棉花煤油辣椒焚烧。其残暴狂虐程度,前所未闻。许多耳闻目睹日军暴行的中外人士,无不切齿痛恨,称其为"兽类集团"。

有关日军淫暴妇女、残杀儿童的暴行,由于日军采取了奸淫后又残杀的残暴手段,又加上施暴者对此丑行极力隐瞒等诸多原因,使很多暴行难以彻底大白于天下。但是,仅从我们研究者目前所发现的有关日军奸淫妇女、残杀儿童暴行的史料中,足见日军是何等凶残。

> 第一旅团第一大队的几个日本兵,将三个漂亮的青年女子抓回军营,这三名女子三天竟遭300多名日军的轮奸,两名少佐也参加了轮奸,直至三名姑娘被奸致死。第一大队的军营和第一旅团长乃木希典少将的指挥所相隔不到200米,乃木竟任军士们大施淫暴。②

奸淫成性的日军,竟公然在宗教神圣的场所——静乐庵里白日宣淫。

> 静乐庵距天后宫很近,主持素真与4个尼徒妙修、妙空和慧音、慧灵"也被扒光衣服奸淫后,割乳房、挖眼睛,最后还被烧死、捅死,实在令人发指。"③

许多年后,一名日军的随军记者谈起当时占领旅顺后日军奸淫妇女和残暴屠杀的罪行时都认为:"我不敢相信那些手执刀枪的家伙,竟是我的同胞,那不是人,那是一群野兽,是一群恶魔。"④

---

① 《旅顺口文史资料》第2辑,第8页。
② 木森:《旅顺大屠杀》,第87-88页,警官教育出版社,1993年出版。
③ 戴玉堂:《旅顺大屠杀》,见中国中日关系史学会编《中日关系史研究》,1997年第2期,第60页。
④ 转引自木森《旅顺大屠杀》,第86页,警官教育出版社,1993年出版。

大屠杀中的幸存者王宏照老人1951年也揭露说,日军烧杀奸淫,无恶不作:

> 隔我们村不远的火石岭村赵永发家有个18岁的姑娘,被日本兵撵得跑到陈明义家里。陈家也有个18岁的姑娘,为了不被鬼子糟蹋,两人哭着用绳子搭在梁柁上,一头一个吊死了……家家户户都敞着门,里面横七竖八地倒着尸体,有的掉了头,有的被大开膛。肠子流在外面一大堆,鲜血喷得满墙都是。日本兵烧杀抢掠之外还奸淫妇女,有的妇女被奸后杀害……在一家钱庄,柜台上的木栅栏上面插着好几个人头,一个小孩子被钉在墙上,那情景真是惨不忍睹。①

日军在制造集体屠杀的惨案中,都是连同妇女、儿童一起枪杀的。"旅顺荷花湾(今4810厂东面。该湾现已干涸,部分地区已成为4810厂厂区,下同)是日军当年大批集体屠杀旅顺人民的现场之一。当时,大批的旅顺人民被日寇捆绑着赶进水湾内。日寇站在岸上将他们当做活靶子射击,多少手无寸铁的同胞就惨死在日军的枪弹之下。一些尚未死亡的同胞浮到岸边时,又被惨无人道的日本鬼子用刺刀活活挑死。鲜血染红了整个荷花湾。日寇就这样一批批地杀人直到尸体填平荷花湾。其状之惨,令人不忍目睹。"②

三十二、旅顺口洗劫

日军占领旅顺后,在大肆进行屠杀、奸淫的同时,还犯下了大肆抢劫和破坏的罪行。日军所到之处,十室九空,不论百姓房屋或店铺,还是金银钱财、细软之物,均洗劫而去,不能带走的就破坏或焚烧掉。日军杀人后,还要抢走妇女儿童身上的镯子、长命锁等金银首饰。为了抢耳环,日军竟凶残的用军刀把妇女的耳朵割开。致使妇女儿童的尸首都血肉模糊,有的被剁做数段。

日军的抢劫破坏范围极广,由旅顺街内到郊外。1951年78岁的王宏照老人接受采访时控诉道:

---

① 《旅顺口文献资料》第2辑,第15页。
② 《大连文史资料》第4辑,第84页,1988年9月印刷。

有的日本兵想吃烤牛肉,就到老百姓家抬一口柜子,砍破一头,把牛装在里面,点上火就烧。全村的猪、鸡、鸭都被这群强盗抢得一干二净。①

1964年81岁的王振云接受孙厚淳采访时控诉说:"日本(军)占领了水师营,群众都逃走了,留下的都是老弱病残,但也被杀了不少,连俺家的房屋也被鬼子给烧了。"(同上)

1974年92岁的刘永生老人在接受采访时也控诉了日军烧掉他家房子8间的罪行:

甲午战争时我十二岁,日本兵进旅顺时,全家逃到大龙王塘姥姥家。第二年开春回家,看见俺刘家沟三户人家十一间房只剩下三间。②

1974年88岁的旅顺鸦户嘴村于天替老人在接受孙厚淳采访时说:

老于家有一头牛一匹马,放在地里吃草,日本兵看见后,逼老于家人把牛拉回来杀吃,他不听,日本兵就把他打死了。③

日军占领旅顺后,进行了大肆劫掠。"将旅顺清军的武器装备抢掠一空,派民夫送到金州。大者用轮船运回日本。日军各持地钻,凡松土之地,无不挖深五六尺,旅顺港内的'东海'、'导海'、'遇顺'、'赶海'等挖泥船与拖轮都被拖往日本。两岸炮台,包括其中的大炮,计有黄金山两门、崂峏嘴两门、馒头山两门都予拆毁。鱼雷厂的机器、舰艇及各库房门窗地板全部拆去。工厂的化铁炉、化铜炉被破坏,吊车的线路和绞车被拆除,大小设备100多台均被抢走,运往日本。连日本的商船也被派到中国,来时为日军侵犯中国运兵及武器装备,返回时,都装满了掠夺中国的大量物资。商船每月有来有去两三船不等,皆系装运物件出口。到1895年7月,日军将港内清军留下的轮船修好后装满物资开回日本。将不能开动的船,拆下船上机器及能用物件。港内仅剩下'湄云'、'敏捷'两艘空壳船和老'海靖'木船船身。其余物件都变成了废品。"④

在"三国干涉还辽"之后,奉命前去接收旅顺的道员顾元勋曾致函盛宣怀,比较详细的报告了旅顺被日军破坏和抢劫后的情况。函称:

① 《旅顺口文史资料》,第2辑,第15页。
② 《旅顺口文史资料》,第2辑,第12页。
③ 《旅顺口文史资料》,第2辑,第26页。
④ 《旅顺口文史资料》,第2辑,第54页。

卑职于十月二十四日偕同东海关洋人接收铁山灯塔，二十八日接收海西鱼雷营，各处所有该营机器、鱼雷，一切物料，荡然无存，房屋亦东塌西倒，蹂躏之状，不堪寓目。嵩武军三哨勇于冬月朔到烟，初三起交收西岸船坞公所各处台、坞、厂、库。黄金山炮台于初五午刻升换中国龙旗。船坞幸未毁坏，而材料扫数取去，所剩仅铁船门、大起重架、汲水机器数事完善。而机器各厂约取去机器七成，尚有三成既无皮带，又乏手具。①

英国海员詹姆斯·艾伦则亲眼看到了日军大肆抢劫的情景，他回忆道：

日军挨家挨户进房抢劫，……都是满载而归。②

美国记者克里曼见到了日军抢掠，他报道说：

我见日兵踏过尚能震动之尸身上踏过，冲进屋去，掠夺财产。

日兵既不知羞，又不顾忌而隐藏其可骇之罪恶。没有任何迹象表明日军想要把这场令人震惊的罪行由公开行动转向隐蔽行动。日军的行动是多么没有廉耻。③

柯文也在《泰晤士报》上报道说：

市内所有建筑物都遭到了彻底的洗劫，所有的门都敞开着，连每一个箱柜的角落都不放过。稍有价值的东西都被掠夺，剩下的要么毁坏，要么扔到沟里。④

英国驻日本武官海军上尉欧柏利恩在致谭恩的私人信件中说：

除了抢房屋及店铺而外，这些抢掠一直进行到完全抢光实在没有什么可以再抢的时候才停止。⑤

日本《觉醒报》的特派员米永规一在《新领地的风景》一文中，记述了旅顺"街上所到之处唯有横陈之死尸，臭气直冲鼻孔。"此外，日军火烧血洗的"新风景"是：

石垣崩塌飞散四处，门栅毁坏零落不堪，被放了火的几户人家俱已彻

---

① 盛宣怀档案资料选辑之三《甲午中日战争》下，上海人民出版社 1982 年版，第 480—481 页。
② 载《近代史资料》，总 57 号，中国社会科学出版社 1985 年版，第 396—397 页。
③ ［美］克里曼：《旅顺港大屠杀》，《世界报》，1894 年 12 月 20 日。
④ 《泰晤士报》，1895 年 1 月 8 日。
⑤ 《中日战争》丛刊，第 7 册，第 462 页，新知识出版社，1956。

底烧毁,唯有壁柱冒着微微烟火直立在那里,其状之凄惨无以复加。①

日军对旅顺进行了空前的洗劫和疯狂的破坏,日军究竟从旅顺抢劫多少财物,至今无法统计。但可以肯定地说,日军在大规模抢劫中,从美术品到金属等日用品,从家畜等生物到家庭的细软,五花八门无所不包。随军摄影记者龟井兹明在金州抢劫了手风琴。有的将抢掠的物品作为出国纪念品带回国内。

《黑田清辉日记》记载,画家黑田清辉于 12 月 4 日随军到达大连湾,第二天"在宪兵的带领下去领取分捕品(指抢掠之财物——引者)"。

动物也成了掠夺的对象。早在日军攻入金州城后,将抢掠的白马取名"金州",随之运回国内,奉献给了皇室。②

11 月 22 日,士兵桥爪武在搜索清兵军营时发现并捕获了两头骆驼,赠送给了山地元治。山地又命桥爪武护送骆驼外加丹顶鹤回国敬献给天皇。据龟井兹明记载:骆驼和丹顶鹤等是 11 月 25 日装入"长门丸"运回日本的。11 月 29 日,贡品在宇品港上岸。

1895 年 2 月,天皇以皇太子下赐的名义将这对骆驼送给了东京上野动物园。

据《国民新闻》1895 年 10 月 24 日报道,在位于东京都千代田区九段的靖国神社院内的"游就馆"里,展出了在甲午战争时日军抢劫、掠夺的所谓"分捕品"。日本国内甚至出现了以"胜利"冠名的商品。《时事新报》曾以"掉支那人首级"为题,报道了"胜利品肥皂"的发售。报道中刊载一幅"做成支那人头形的肥皂,在报纸上登载着活灵活现的描绘旅顺街头惨状的广告画"。

大量的调查材料证明,对于日本军队来说,抢劫已成为一种通病。日本兵贪婪成性,每到一村,逐户搜寻可抢之物,遇到店铺更是一扫而光。时人有诗云:

> 民间鸡豕竟吞噬,器皿钱财一掠空!

确实是当时的真实写照。

日本兵在抢劫之后,往往还要拆房焚屋,以烤火取暖。

最令世人震惊的是,日军攻占田庄台后,日军第三师团长桂太郎中将因见

① [日]米永规一:《新领地的风景》,《觉醒报》,1894 年 12 月 8 日。

② 《血证——甲午战争亲历记》,第 204 页。

房屋鳞次栉比,搜捕费时,便下令将田庄台付之一炬。顿时,"田庄台北部黑烟腾起。此日北风异常猛烈,火势逐渐蔓延到全城"。"一直烧了一夜,到10日晨,数千户的城镇变成了一片焦土。"

日军的暴行使许多百姓流离失所,生活无着,民怨沸腾。英国传教士司督阁作为目击者,在所著《沈阳三十年记》(1883—1913)一书中写道:"起初发生许多暴行,人们被粗暴地赶出家园,财产被劫掠,家具被烧毁,妇女的处境也是不安全的。"①日本军事占领当局一则想尽量缓和国际舆论的压力,二则也是出于保证日军生活供应的需要,于是发布告示,恬不知耻地晓谕,对中国"无辜农商民,不但秋毫无犯,反抚恤之应如慈母视儿",并要求"在家者,各安旧居,各守恒业;避乱流离者,宜速回家"②。另外,又以行政厅的名义发布谕告,将日军的抢劫行为归咎于中国商民抬高物价,要求此后"从公论值,酌量定价",进行所谓"买卖公平"。如金州日本行政厅的谕告称:

> 照得我军自抵金以来,在在以爱护人民为心,毫无侵扰,斯以切谕商民,设局供给我军需用各物,价值只应以公决,不宜渔利熏心,高抬时价。兹查得所卖货物,价值太昂,当此货物短少之顷,自不能不价值稍高,然我军如此保护,尔等岂无天良? 为此,出示严切晓谕尔商民人等,自示之后,如尚照前误抬高价,定照我国法律究办,决不姑容!③

同时,还对中日货币的比价做了规定。像这样的谕告,自然不可能解决"买卖公平"的问题,只能是在"公平买卖"的掩饰下照旧抢劫或变相抢掠罢了。如在金州,有孙姓者开一间烧饼铺,一日本兵来铺内买糖,因言语不通,抽刀向孙某头上砍去,当即鲜血直流,12天后死去。在威海、荣成等地,有些日本兵队依然抢劫成习,我行我素。

关于旅顺遭到屠杀和破坏、焚烧、抢劫后的满目疮痍的惨景,日军士兵和记者在目睹后都有记载。

日本联合舰队"浪速"舰上的《中央新闻》特派员水田荣雄,在该报上连载《海战从军记》。从12月7日起分三次连续报道了三天。他在12月8日的文中宣称靠自己的"拙笔"和"几个小时的走马观花",很难一笔写尽"战后之旅顺"。这是因为水田在上岸之前对旅顺市内的情况一无所知,当眼前突然展

---

① 《中日战争》(续编),第6册,第373页。
② 有贺长雄:《日清战役国际法论》,第237页。
③ [日]有贺长雄:《日清战役国际法论》,第225—226页。

现出一派凄惨的情景时,急迫之下无法将所见所闻如实地记下来。水田看到应该写的东西堆积如山。

> 欲将战后之旅顺再现于纸上,恐怕即使是文才横溢之士观察数日、写作数周、每日写数篇稿子,如此历经一月仍显不足。[1]

在这位迟到的记者眼中,25 日这一天市内是怎样一个情形呢?

> 旅顺市内约有四五百户人家,房屋依山势并排建在两侧山坡上。虽说道路狭窄房屋低矮,但从房屋构造看,显示着这里曾是一条富有繁华的街道。而如今也已是家家户户门窗破损,屋内到处是残破的衣衫、支那靴和陶瓷碎片。市内只有我士兵和军夫往来如织,不见一个支那人。另外,房屋内的隔扇全被毁坏,从门口向里看去,到处都是破烂衣服和碎纸屑,没有一户适合人住的房子,只有我军的军夫三个一群五个一伙地在屋内搜寻着每个角落。而几天前失去主人的几十只大大小小的狗则拖着干瘪的肚子,踉踉跄跄地、成群地走在田野上。情状极其凄惨。

请读读日本记者自供的旅顺市内的惨状:本来"有四五百户人家"。"曾是一条富有繁华的街道",如今是"家家户户门窗破损,屋内到处是残破的衣衫、支那靴和陶瓷碎片",只有日本士兵和军夫,"不见一个支那人"。房屋都是日军破坏的,百姓都被日军残杀尽了,连大大小小的狗也都快饿死了! 接着请看这个记者写的:

> 啊! 大地震尽管悲惨,但数百年后仍可找到繁华的庞陪(贝)古城;大洪水尽管可怕,但诺亚的子孙、仍生生不息。然而,战败后的旅顺却是家无一物,市内没有一个支那人,满目荒凉,整个城市一片萧瑟。名古屋之地震、冈山之洪水皆不可比。莎士比亚的诗句"目不忍睹、口不忍云、心不忍思",大概就是描写这种情景吧。[2]

这些仅仅是 12 月 7 日该报连载文章的一部分,作者甚至引用莎士比亚的话来描写"屠城"、"空城"的惨状。与火山喷发淹没庞贝古城、名古屋之地震、冈山之洪水这些人类最大的天灾"皆不可比",这种空前的灭绝人性的"人祸"、"极其凄惨"的情状,都是口口声声高喊"文明之师"的日军一手制造出来

---

① [日]水田荣雄:《战后的旅顺》,《中央新闻》,1894 年 12 月 8 日。
② [日]《中央新闻》,1894 年 12 月 7 日。

的,且是他们中尚未泯灭良心的"同胞"所承认的!

三十三、"蒙文明皮肤,具野蛮筋骨之怪兽"

日军在旅顺的疯狂大屠杀,激起了全世界的公愤,遭到各国舆论的谴责,谓"日本是蒙文明皮肤,具野蛮筋骨之怪兽"。

当时原本亲日的英国著名国际公法学者胡兰德博士,在其所著之《中日战争之国际公法》一书中,也不得不就此惨案说几句客观公允话。兹据日本陆奥宗光所著的《蹇蹇录)中译本所转载的胡氏评论辑录如下:

> ……当时日本官员的行动(指在旅顺大肆屠杀),确已超出常规。……他们除了战胜的当天以外,从第二天起一连四天,野蛮地屠杀非战斗人员和妇女儿童。据说当时从军的欧洲军人及特约通信员,目睹这一残暴情况,无法加以制止,唯有旁观,令人惨不忍睹。在这次屠杀中,能够幸免于难的中国人,全市中只剩三十六人。这三十六人,完全是为驱使他们掩埋其同胞的尸体而被留下的。他们的帽子上粘有"勿杀此人"的标记,才得免死。

关于世界舆论对日本占领旅顺后进行屠杀的批判谴责主要在三个方面:

一是日军进入旅顺市区即 11 月 21 日对平民和士兵不加区别残杀;二是日军在 21 日的战斗结束之后,对丧失了战斗能力的敌兵进行了杀戮;三是日军对旅顺市区平民屋内的财产进行了掠夺。

《国际法》明确规定,交战双方对已经放下武器的敌方人员,即俘虏,必须以人道主义加以宽大处理,决不能随意杀戮。

日军第二军对于停止抵抗的清军采取了大规模屠杀的暴行铁证如山。日本人有贺长雄在旅顺屠杀现场,有一天晚间与克里曼、柯文、维里阿斯等外国记者的谈话中,早已提出了杀害俘虏的所谓理由:

> 我们曾在平壤捉了几百个俘虏,我们发现,我们要供养他们吃饭,又要看管他们,这给我们增加了高额的费用和麻烦。事实上,在这里我们几乎不留俘虏。①

旅顺港作为北洋海军的基地之一,以其军事地位之重要,特别受到西方国

---

① 詹姆斯·克里曼:《旅顺大屠杀》,见(美)1894 年 12 月 20 日《世界报》。

家的重视。因此,当日本第二军进攻旅顺之际,在这里集中了一批西方的新闻记者、驻外武官和医务人员。如美国《世界报》记者克里曼、《纽约先驱论坛报》记者加维尔、英国《泰晤士报》记者柯文、《标准报》兼《黑白报》记者维利尔斯、路透社记者哈特,以及美国驻日公使馆武官海军上尉欧伯连、担任日本运输舰指挥官的美籍军官康纳、俄国驻中国及日本的武官海军上校窝嘉克、英国武官海军上尉杜兰和英军医疗代表上校医官泰勒等。他们的立场不尽相同,其中有些人倾向日本、甚至为日军的罪行辩解,但有一点是共同的,就是对日本军队在旅顺的残杀暴行却是一致承认的。他们作为事件的现场目击者,一般在内部报告或私人信件和谈话中是不会讳言事实的。他们的信函与文章多有记载,这不仅为后人留下了铁的证据,而且在记载中多有谴责之词。

目击者之一美国驻华公使馆武官欧伯连在报告中说:

> 我亲眼看见许多杀人的事情,这些被杀者……是根本没有武器的。
> 我还看见许多尸体,他们的手是缚在背后的。我曾经看到许多伤痕累累,显然是被刺刀杀死的尸体,而且我敢断定,他们是在无抵抗的情况下被害的。我之所以看见这些事情,并非因为存以到各处去寻找恐怖的景象,而是在对这次战役作一般观察时看到的。

英国驻日本武官海军上尉欧柏利恩在旅顺,把亲眼所见到的日军杀人情形报告给该国驻日公使谭恩。欧柏1894年12月28日从辽东半岛的金州给谭恩的私函中写道:

> 关于旅顺不幸的情况。自然,我仅能说我所看到的。但是我遗憾地说,就是这一点点,就足以使(日本)军队受到最严厉的指责,尤其是因为这与大山元帅的宣言所向人们说的完全不同(指大山不杀俘虏百姓等的宣言)。我曾亲眼看到一些人被屠杀的情形。这些人本来是可以作俘虏的,他们不但没有抵抗,而且显然是没有武装又是最恭顺地投降了的。我又曾看见一些尸体,双手是绑在背后的。我也看见一些被大加屠割的尸体上有伤,从创伤可以知道他们是被刺刀杀死的;从尸体的所在地去看,可以确定地知道这些死的人未曾抵抗。[1]

伦敦《泰晤士报》发表的一些通讯,指责日军的残杀暴行说:

---

[1] 《欧柏致谭恩私函》,辽东金州1894年12月28日发,见《中日战争》丛刊,第7册,第462页,新知识出版社,1956年。

日本攻取旅顺时,戕戮百姓四日,非理杀伐,甚为惨伤。又有中兵数群,先用洋枪击死,然后用刀肢解,……日本士卒行径残暴若此,督兵之员不能临时禁止,恐为终身之玷。①

　　英国海员詹姆斯·艾伦作为甲午战争和旅顺大屠杀的目击者,在撰写的《在龙旗下——甲午战争亲历记》,除了详尽地揭露了日军在旅顺进行屠城的暴行,字里行间也不乏对日军犯下的骇人听闻的罪行的谴责。

　　首先,艾伦认为,日军之所以能够使大屠杀成为事实,是得到日军军官的"默许",才造成"肆无忌惮的大屠杀一直延续到再也找不到杀戮的对象时才算了结";"他们应受到严厉的谴责"②

　　其次,艾伦指出,日军大屠杀的借口是"复仇"。"我从未料到会有大屠杀,只想回旅大呆到一切恢复平静为止。""没过多久,我就恍然大悟了。致命的复仇和杀戮,使充满惊慌失色的人们拥向街道。我向前走时,传来了越来越大的步枪声、盛怒日军的喊叫声以及受害者临死前的尖叫声。我清楚,武装抵抗早已停止。而当这些恐怖之声有增无减时,我突然想到即将发生的事。我记得一个城市被武装占领,往往会遭到何种命运"。

　　艾伦在文中提到了参与大屠杀的人数。"日军总数超过两万,我想不到半数的日军,或许不到三分之一的日军,参与了第一夜晚的屠杀和抢劫,而这晚仅仅是大屠杀之序幕。大批的日军被调遣来占据城堡或是增援才攻陷的地盘。""我估计大约在十点钟,我们才从房顶下来溜到街上。约摸已有两小时不开火了。灯笼重又点燃,由最熟悉路径的小钟提着,在前面引路。我还是穿着日军军服,要是碰到日军或是受到挑战,我将尽力装成是我命令这两个中国人引路带我回兵营;要是此计不成,我将用步枪与日军相拼,也不白送自己的性命。"

　　艾伦文章中继续写道:

　　几乎所有街上都堆着层层尸体,不同年龄、性别和身份的中国人,不加区别地被成批地杀害了。这些残尸的样子难以形容的可怕。……这就是日军发狂似的屠杀和鞭尸、强奸和疯狂地抢劫中国人时所犯下不堪言状的罪行。这就是战争! 远在战败者别致的亭子里,获胜的日本元帅在

---

① 《清光绪朝中日交涉史料》,第27卷,第39页。
② [英]詹姆斯·艾伦著,《在龙旗下一甲午战争亲历记》。

将军和军官的簇拥下,趾高气扬地就座了,并备受国家的颂扬和天皇的恩宠。而在这里,这些荒无人烟的家园和堆积如山的残尸,是日军光辉战绩的阴暗面和阴影。而这仅是四天暴行的头一天。

字里行间不乏对日本的将帅和天皇辛辣的讽刺。那么,日军士兵为何有此种暴行?艾伦认为:"是日军高级指挥官对眼前无辜百姓横遭杀害的罪行不加制止"造成的,"这种耻辱将世世代代洗刷不清"。

美国纽约《世界报》詹姆斯·克里曼撰写的通讯对日军暴行的记述有细节有深度,是返观那段历史的珍贵资料。他写道:

同这次屠杀所暴露出来的令人震惊的罪恶和重大影响相比较,不论是向孤立无援的北京进军抑或是中国向他的敌人投降无疑都是一件小事,特别是在19世纪当日本向世界要求被承认同文明国家大家庭享有同等地位时更是这样。

恰恰不是别的,而仅仅是重大的责任感促使我有责任把我在这里看到的写出来——一场没有必要、毫无意义的大屠杀。

不管战场之广、海陆炮台之绵亘,武器装备之精良,大量训练有素的日军为了夺取旅顺港以进攻的方式战胜一群真正意义上的乌合之众这本身就是对自己尊严的一种蹂躏。就在大量炮弹爆炸之际,经过严格训练的士兵穿越在配备有加农炮的丘陵上;事实上步兵的战斗仅仅是辅助的,把作战的丘陵变成"屠夫的丘陵"是毫无意义的,而一个艰难的战役也许应另当别论了。

野性失控。在进攻需要英、美花费一万人作为代价才能占领的炮台时,日军被打死约50人,250人受伤,然而随着权力的失控,在日本人中曾一度仅仅是临时被绝对是文明外衣遮掩着的野性放纵地发泄出来,这就证明这个民族是没有能力经受一次真正考验的。

看到原来发着平静光芒的亚洲灯在东方的黑暗中熄灭是痛苦的;同样看到旅顺浸泡在冰冷血水中难以叙说的灾难是由日本军队造成的也是痛苦的。日本军队在满洲人的墙上张贴布告,要中国人放下武器,相信入侵者。

日本已在世界面前丢尽了脸。她违反了日内瓦公约,玷污、亵渎了红十字会,丧失人性和民族怜悯心。胜利和新的支配欲使他们疯狂了。

日本文明是在一个神志清醒政权下形成的神话被突然打破的证据是

显而易见和无法抵赖的。

这里没有中国军队。到目前为止,战争所表现出来的令人震惊的事实是:特别需要强调的是这里没有中国军队。

但日本在内心深处却是一个野蛮民族,同时还是一个让人无法相信的君主政权,尽管它控制着全国的生灵和已经文明化了的那部分人的财富。

到目前为止,旅顺港已经完全沦陷了,我可以看到战场上的日军对敌人的勇武和宽容。在这方面日本军旗没有污点,但这些都是感情上的伪装物。日本人玩弄红十字会就像玩弄一个新玩具,他们的领导人从不知疲倦地用一些奇观引起其他民族的注意力。

不管在场的英、美军事观察家和外国新闻记者目睹这一狂暴的杀人场面感到多么震惊,但日本人的本性在旅顺港陷落后彻底暴露出来。我曾经不止一次地企图用保护和恳求的方式把那些孤立无援的人们从大屠杀下解救出来,但都落空了。

红十字会的标志受到嘲弄,在大规模血洗中,日军的铁蹄在那些手无寸铁、失去家园人们的身上尽情地踩躏。胖胖的陆军元帅(大山)和他的将军们露出笑容。听着来复枪的射击声、民族赞歌的乐曲声和酒杯的碰撞声,他们脸上露出满意的神色。

让我们来看一段,这群杀人的魔鬼,把中国人的死难当作乐趣,把中国人的鲜血当作琼浆的一幕:

11月23日中午12时(东京时间下午1时),即旅顺口陷落第三天,攻占旅顺口的日军在旅顺船坞"举行将校宴会",庆贺日军"胜利"。席间"乐队高奏乐曲,旭旗高挂",日本人快活得"欢腾雀跃"。

龟井兹明在日记中记载了这次"将校宴会"的状况。他说:

此日我军在旅顺口港湾边的船厂辖区的空地上举行祝捷宴会。我日本旗交叉在大门口,宪兵出来殷勤接待宾客。这块空地沿船坞濒临海湾,我军舰十数只在湾口抛锚,残烟尚在天空升腾。黄金山炮台靠近此地屹立,台上国旗飘扬,与波光激滟的海水相映。午后1点,大山军司令官,山地第一师团长,西、长谷川两旅长,参谋长、各将校,贵众两院议员、内外记者等,陆续到来,乐队奏乐、和着音乐大家首先一同高呼天皇陛下万岁,接着高呼陆军万岁,海军万岁,完后三三五五集在一起,有的握手,有的把臂谈笑。而第一师团与混成旅在中途分开，尽管在同一师团有时因部署的方面不同，在进军中互相隔绝不得相见，现在在这个祝贺战捷的宴会上，相聚在一起，兴高采烈地互道一别以来的平安，谈艰苦、话愉快、满场雍雍如春。刚一到3点，把中国式的桌子摆在各处，在缴获的碗碟里放满了牛鸡猪鱼，酒是绍兴酒、老酒、汾酒、高粱酒等中国酒，用站着吃喝的招待会款待大家，来宾们在壮谈快语之间互相敬酒，结束时，大家欢呼着把大山军司令官抛起来，接着又把西旅长和长谷川旅长抛起来，并且欢呼，只有乃木旅长为了守备金州而进军，没有参加这个盛宴实为遗憾。余兴有右松有寿氏的萨摩琵琶等，都满面喜色。没有不说高兴愉快的。议员有：柏田、长谷场、肥冢等诸人，在外国记者中有泰晤士的考文氏，斯坦达的威廉，纽约波罗的克鲁曼（即克里曼——引者），露坦的乌吉利，纽约先驱的葛希尔等人。①

三十四、日军践踏国际公法

战争，这个残酷搏杀、大量吞噬生灵的怪物，它只是人类社会一定发展阶段上的产物，它的实质是什么？在相当长的时间内是个茫然无知的问题。在几千年的战争实践中，它的理论也在发展，逐渐揭开了"谜底"。

"战争是政治的继续"这一命题是由德国军事家克劳塞维茨提出来的。但克氏对这一命题的理解仅仅在于战争与国家政治有联系，而未能揭示战争是某个阶级或某些国家统治阶级的政治的继续，即未能揭示政治的阶级内容。

首先揭示战争与政治内在联系的是马克思和恩格斯。在《德意志意识形态》一文中，他们提出：

> 一切历史冲突都根源于生产力和交往形式之间的矛盾。②

著名的普鲁士军事家卡尔·冯·克劳塞维茨于1830年写成的《战争论》，是资产阶级军事理论的经典著作，《战争论》中说：

> 战争是迫使敌人服从我们意志的一种暴力行为。

> 在战斗中，一切活动都是为了消灭敌人，或者更确切地说，是为了使

---

① ［日］龟井兹明著：《血证——甲午战争亲历记》，第209页。
② 《马克思恩格斯全集》第3卷，人民出版社1980年版，第83页。

敌人失去战斗能力,这一点是战斗这个概念所固有的。

敌人的军队必须消灭,也就是说,必须使敌人军队陷入不能继续作战的境地。顺便说明一下,以后我们所说的"消灭敌人军队",都是指的这个意思。

毛泽东在《论持久战》中谈到"战争的目的"时说:

战争的目的不是别的,就是"保存自己,消灭敌人"。"消灭敌人,就是解除敌人的武装,也就是所谓'剥夺敌人的抵抗力',不是要完全消灭其肉体。"

法国的思想家、哲人巴斯卡说:

正义没有武力是无能,武力没有正义是暴政。

而战争既然也是一种"竞赛",即"不但是军事和政治的竞赛,还是经济的竞赛"(毛泽东语),因而也必须有规则,且须双方遵守。于是,随着战争的出现,也产生了战争法的萌芽。古代中国和其他文明古国均有过关于作战规则的记载。

中国春秋战国时便有不追逃敌、不用诈术,不伐丧、不鼓不成列、不重伤等习惯法规则。古埃及、巴比伦、古希腊和古罗马均有关于作战规则的记载;如禁止使用暗藏的有倒勾的武器,不攻击逃跑的、投降的及放下武器的敌人,不在饮用水中投毒等。如古印度《摩奴法典》对作战武器作出限制:"战士在战斗中决不应该对敌使用奸诈兵器,如内藏尖锥的棍棒,或有钩刺的、涂毒的箭,或燃火的标枪"提出对放下武器或没有战斗力的敌人的保护:"自己乘车时,不要打击徒步敌人,也不要打击弱如女性的或合掌求饶,或头发苍苍,或坐地,或说'我是你的俘虏'的敌人"或在睡眠、或无甲胄,或解除武装、或武器已坏、或苦于忧伤、或负重伤的敌人。

说到战争的习惯法规则,常有"过于仁慈"与"残酷杀戮"这两个极端。《左传·僖公二十三年》:"宋襄公曰:'君子不重伤,不擒二毛'。"二毛,即黑发中有白发,黑白相间,或者说头发斑白,黑发很少了,引申为上年纪的人。不擒二毛,即不捕获年长的人。

应该说,宋襄公是古代中国遵守战争习惯法规则的模范,"宋襄之仁",也便作为成语。但这个成语不是对宋襄公进行赞扬,而是讽刺其根本不懂"兵者,诡道也"的兵法、对敌人讲仁慈是可笑而愚蠢的行为。毛泽东在文章中还点名说他是"蠢猪式的人物"。

战争既然是对敌人不讲仁慈的,那么是否愈残忍愈好呢?公元前260年的秦赵长平之战,赵军的统帅是好纸上谈兵的赵括,他战死后,四十万赵军向秦军投降。秦军接受赵军投降后,秦军统帅白起与王翦等将领将赵兵全部坑杀,秦兵把死者的头颅聚集于秦垒之间,称为"白起台"、"头颅山"。今山西高平境内还有"冤谷"、"省冤谷"和"杀谷"等地名。另一个在古代战争中残杀俘虏的典型例子,发生在公元前206年,西楚霸王项羽在新安坑杀秦军降卒二十万事件。白起和项羽都因残酷杀降而在历史上留下了恶名。正因为在战争中不讲规则和人道的极端例子中外都有,所以实践呼唤战争必须遵守一定的法规,不能乱来。

在中世纪,随着国际法的发展,作为国际法分支的战争法也得到发展。

荷兰法学家格劳秀斯在欧洲三十年战争(1618—1648)期间,根据自己目睹的战争灾难,试图改善战争的残酷性,撰写了《战争与和平法》,全面而系统地论述了传统的和中世纪的战争思想和战争法规。

进入18世纪,逐渐产生了战争法的习惯规则,这些习惯规则不仅见于国际法学者的著作,而且也见于交战各方的实践中。资产阶级革命对战争法的发展起了很大影响,法国在战争中曾实行人道主义,如对战斗员和非战斗员的保护,对战俘的人道待遇等。随着工业技术的进步和作战兵器的改善,战争日趋残酷,雇佣兵的普遍废止、采用征兵制后使士兵的阶级成分扩大,各国遂普遍要求增加对士兵的保护。

19世纪中叶以后,习惯法以条约形式编纂为战争法规则,但大量的战争法律仍以不成文的习惯原则的形式存在,"这些原则来源于文明国家间制定的惯例、人道主义法则和公民良知的要求。"这就是著名的"马尔顿条款",该条款在以后的若干重要条约中得到重申。

1868年在圣彼得堡订立的《圣彼得堡宣言》规定:"战争的需要应服从人道的要求。"

稍后,于1899年7月29日在海牙订立的《陆战法规惯例公约》(《海牙第二公约》),其附件《陆战法规惯例章程》对前此提出的法规加以概括,作出更明确的表述。如第一条规定军队要"在作战中遵守战争法规和惯例",第四条规定"战俘是处在敌国政府的权力之下,而不是在俘获他们的个人或军队的权力之下,他们必须得到人道的待遇",等等。违反战争法规的犯罪行为,便构成了战争罪。

《奥本海国际法》指出:"战争罪包括违反犯罪者本国法而做的破坏国际法的行为,例如为满足个人的贪欲而杀人或抢劫,也包括奉命并代表敌国所作的违反战争法则的犯罪行为。"违反战争法规的犯罪事例有多种,如"虐待战俘或伤病者"、"杀害因病或因伤而失去作战能力的士兵或已经放下武器投降的士兵"、"杀害或攻击无害的敌国平民"、"无正当理由而占取和破坏他们私有财产,特别是抢劫"等皆常见之例。①

这就是说,发生在 19 世纪末期(1894)的中日甲午战争,是在战争法、国际公法比较完备的年代,而日军所犯下的罪行,比之在原始社会后期、中世纪的战争中的野蛮行为有过之而无不及,这是号称"文明"的日本民族的莫大耻辱,因此受到了世界舆论的一致谴责。

三十五、日本的诡辩

日军发动侵华战争是打着所谓"文明战争"的旗号,并将其侵略军队自诩为"王者之师",还自称是"按照战时国际法进行战争的",但是,就是在这些所谓"文明战争"、"王者之师","遵守国际公法"等华丽辞藻下,日军进行的却是一场野蛮、残忍、践踏国际公法和违反人道主义原则的侵略战争。

旅顺大屠杀事件发生后,立即引起欧美国家的关注。俄驻日公使希特罗渥拜会外相陆奥宗光,谈到旅顺事件时,"冷淡的令人可怕",陆奥宗光深感无地自容,急电首相伊藤博文:此等事实如最终不能否定,应有一定善后的考虑。②

美国国务卿格莱星姆特告日本驻美公使栗野慎一郎:若日军在旅顺口屠杀中国人传闻属实,参议院通过已达成缔结改正条约协议将引起极大困难。③

陆奥宗光获此信息甚为紧张,立即电训栗野:"采取敏捷之手段,尽力使参议院早日通过新条约。"但这一切,并没有促使日本向中国谢罪、赔礼道歉、赔偿损失、查处制造血案之凶手,反之认为:承认错误危险甚多,亦非上策,莫如置之不理或致力于辩护。④

---

① 《奥本海国际法》,商务印书馆 1989 年版,下卷,第 2 分册,第 83—84 页。

② 《日本外交文书》第 941 号文件。

③ 《新订蹇蹇录——日请战争外交秘录》,日本岩波书店 1994 年第 5 次印刷,第 126 页。

④ 《就旅顺口事件美俄公使来访报告及善后对策之请训》,《日本外交文书》,第 27 卷,第 942 号。

这一自供状,和盘托出了日本政府决心以拒不承认的无赖行径和挖空心思的狡辩之术来对付世界舆论的压力,以避免"承认错误"后带来的一系列麻烦。

1.政府的紧急措施

日本政府为应对国际舆论和从切身利益出发,采取了以下紧急措施。

第一,大肆宣传"事出有因"论。1894年12月1日,陆奥宗光致电外务次官林董:"日本军队遵守纪律,若有如所云事实,亦必有起因。"

第二,对屠杀事件之指责"置之不理"。12月2日,日本驻德国公使青木周藏致电陆奥宗光:建议对外国报纸报道日军杀害"投降的中国人所犯的暴行",其"明智之举就是不理睬此事"。十三天后即12月15日,日本外务书记官锅岛将伊藤博文与大本营磋商之善后对策电告陆奥宗光:采取的主要对策就是"置之不理"。

第三,以金钱贿赂收买外国记者。为了使伊藤博文与陆奥宗光关于极力辩解的决定迅速传到各国,扣压各国记者的稿件,陆奥宗光表示将不惜血本,负担驻日外国记者发往本国的电报费和在《纽约时报》、《瓦尔多》等报刊上刊载辩解的费用。

第四,千方百计地攻击各国记者的真实报道。日本认为各国报刊对旅顺事件的报道多来自克里曼在《世界报》上的长篇文章,因此矛头直指《世界报》。12月14日本驻美国公使栗野致电陆奥,一口咬定"《世界报》以极强烈的措辞攻击我们。"

这是日本政府采取的颠倒是非、混淆黑白、以攻为守、倒打一靶的卑劣伎俩。

第五,不遗余力地进行辩解。日军在旅顺明明屠杀了大量居民,陆奥宗光却带头于12月16日发出《关于旅顺口事件善后工作之训令》,宣称:

> 在向部内及他处有关人员提供资料方面,请记住、运用这些及下述各点:1.逃跑的中国士兵把制服丢弃。2.那些在旅顺口被杀的穿着平纹服装的人,大部分都是伪装的士兵。3.居民在打仗前就离开了。4.一些留下来的人受命射击和反抗,并照此办理。……①

2.编造谬论,进行诡辩

---

① 《关于旅顺口事件善后工作训令》,《日本外交文书》,第27卷,第943号文件,第610页。

日本政府为了维护名声与形象,除绞尽脑汁地设法采取一些措施,抹杀日军在旅顺犯下的屠杀罪行外,还编制许多谬论,欺骗世人。

第一,"自发论"。当旅顺屠杀发生后,世界舆论抨击日本政府之时,日本的一些头面人物和前线的指挥官立即散布:杀人是下级军官和士兵的自发行为。事实果真如此吗?发布侵华诏书的是日本天皇,指挥日本侵入中国的是战时大本营,进犯旅大地区的前线指挥官是日第二军司令长官陆军大将大山岩及所属第一师团师团长陆军中将山地元治。11月21日午后12时20分,大山岩在水师营下达日军迅速攻入旅顺市区的命令,山地元治则命令各将校"进攻旅顺并进行屠杀","如果见到敌兵一个不留",日军"对敌人(指清军和居民)没有丝毫宽容,稍有抵抗的人,秋山(好古少佐)便立即将其杀死。"山地亲眼见到所辖第二旅团步兵第三联队任意杀人时,并未予以制止,却叮咛部下:对此"不许轻易对外泄漏"①。

日军的屠杀,在旅顺的外国记者有目共睹,有的说日军"督兵之员不能临时禁止",有的说"日本统帅与其分统,并不禁止连日屠杀"。直到1924年9月23日,向野坚一在金州民政署纪念日谍三崎被处死的会上再次透露:在旅顺,山地元治将军说:"抓住非战斗员也要杀掉。"以上表明,旅顺屠杀是按指挥官的命令行事的,退一步说,也是得到指挥官默许的。如果不是得到山地元治的命令或大山岩之默许,怎么会发生连续数天的残杀行为?

第二,"报复论"。日军占领旅顺后进行了大屠杀,当遭到世界舆论谴责时,日本一些人就放风说:在旅顺屠杀居民是为了报复。三田村龙之介在《日清战争记·金州旅顺之大战》中认为日军屠杀,是对日军在土城子败北和死伤者受到清军的"凌辱"后的报复行为:"敌兵的残忍激怒了我军,师团长命各将校进行报复,各部队在视察了战斗状况后进攻旅顺并进行屠杀,我军对敌人没有丝毫宽容,稍有抵抗的人,秋山便立即将其杀死,21日一战,街道上横尸千余具,在此后,每天都屠杀数百人,真是伏尸成山,血流漂杵。"(《日清战争记·金州旅顺之大战》,日本大阪松云堂1894年版,第66,页)。"报复论"是彻头彻尾的强盗逻辑。照这么说,一个侵略别人的国家,派出间谍进行罪恶活动,被害国不能对其进行拘捕和惩罚。反过来再问一句:如果东京抓到了清廷派出去收集军事情报的间谍,日本将会如何"善待"?

第三,"刺激论"。这是日本为日军在旅顺制造大屠杀编造的又一遁词。

① [日]向野坚一:《从军日记》,1932年油印本,大连图书馆藏。

所谓受到的"刺激"系指进攻旅顺的先头日军在土城子被击退,被打死打伤之日军遭到了"凌辱",所以才发生大屠杀。自古以来,作战双方,互有伤亡是常事。此次日军比前几次作战损失较大,当时日本无话可说。

可是当日军在旅顺犯下残暴屠城事件被世人指责时,即土城子之战后33天的12月16日,陆奥宗光在训令中说清军肢解日军尸体,"有的被活活烧死,有的被钉死在架子上",日军见后"受到很大刺激"。① 这种说法很难说不是编造谎言,以解脱屠杀之罪行。事实上,"有的兵士被敌弹击倒……勇敢的自刎","有的士兵,子弹贯穿腹部……在敌人尚未靠近之瞬间,突然割断自己的喉咙死去。"②他们有几人能被清兵俘虏,或战死后能落入清军之手?所谓"钉死在架子上"、"肢解尸体",更是破绽百出,难以令人信服。

第四,"自卫论"。所谓为保护自身不得不杀人的自卫说,是12月28日陆奥宗光发送给驻英、美、俄、法、德、意各公使函《关于寄送旅顺口事件之辩解书》中提到的。《辩解书》中说什么屠杀清军士兵,是因为"中国士兵看到公开的抵抗已经无用,于是就丢掉军服,穿上老百姓的衣服把自己伪装成当地和平居民,并钻到旅顺口镇上的空房子里。……这些藏起来的中国士兵随身秘密的携带武器。由于他们从未宽恕他们的敌人,……奋起抵抗,战斗到死。"还说什么"一些在战斗之前未离开的和平居民据说受命开火和抵抗,他们的确那样做了。"(《日本外交文书》,第28卷,第945号,第611—613页)言外之意,日军侵占旅顺后,是为了防止未离开的居民对日军"开火和抵抗"而残杀居民的。这完全是胡言乱语。

旅顺大屠杀事件发生后,随着日军暴行之不断被揭露,日本政府面前摆着两条可供选择的道路:要么是尽快采取善后措施和处分有关人员;要么不承认日军在旅顺杀戮俘虏和平民的罪行。日军最高当局看得很清楚:"如果是调查这次屠杀事件,那么从第一师团长山地(元治)到第二军司令官大山(岩)都有涉及责任问题的危险。如果是这样的话,那就要更换包括山县(有朋)大将在内的两个出征军的司令官。召回在外地指挥作战的最高司令官,不仅会使出征军的士气沮丧,而且政府也有受军部反击的危险。③ 这就是为什么伊藤博文最终决定选择后一条路、即"置之不理,完全采取辩护手段"的根本原因。

---

① 《关于旅顺口事件善后工作训令》,《日本外交文书》,第28卷,第943号,第610页。

② [日]河村直等:《日清战争实记》,第12编,日本东京明治28年(1894年版,第4页)。

③ 藤村道生:《日清战争》,第119页。

对于日本军队杀害俘虏的问题，尽管日本政府在公开场合矢口否认，但日本的参战者在私人记述或谈话中并不讳言日军的杀俘行为。例如，据随军记者龟井兹明在日记中所记述：

> 11月21日，日军乃木部在旅顺后路三十里堡附近与北撤的清军相遇。"此战俘获白马数头，清兵多达300人。此日俘虏大半被枪杀，剩下的把辫子吊在柿子树上，其中4人咬断了辫发，藏在高粱地里。第二天早晨发现都刎颈而死。其余的俘虏也准备自刎。军夫争着每人要了一名俘虏，借来军刀全都杀死了他们，这时军夫的勇敢不亚于军人。"11月23日，日军"搜索藏匿者，终于捉到30多名清军逃兵，全都砍下他们的头，曝尸路旁。"①

日本第二军法律顾问有贺长雄在一些西方新闻记者的追问下，无意之中说出了内情：日军"在平壤捉了数百名俘虏，不但费钱养活，而且防守费事，故此间不再去捉俘虏。"

日本当局还无耻地编造谎言，蒙混视听，说什么日军"遵守纪律"，"优待俘虏"，说什么"旅顺口陷落时抓到大约355名中国俘虏，受到友好的对待，并在几天内送往东京。"日本政府屡次发表声明，声称日军所俘虏的"中国人皆受到良好待遇"。有贺长雄在所著《日清战役国际法论》一书中，也煞有介事地写道：凡俘虏的中国人，都按照日本士兵一样供给饮食衣服，而军官则另居别室，较士兵待遇优异。②

事实的真相与日本政府宣称的恰恰相反，日军对清军俘虏竭尽侮辱、虐待和随意杀戮之能事，试看以下二例：

日本海军在丰岛附近海域迫使中国兵轮操江号投降后，由日舰八重山号于7月28日押送到佐世保港。据同时被俘的丹麦人弥伦斯记述当时情况说：午后2点钟，上岸之时极备凌辱，……船近码头即放气钟摇铃，吹号筒，使该处居民尽来观看。其监即在码头相近地方，将所拘之人分作二排并行，使之游行各街，游毕方收入监，以示凌辱。③

例之二：平壤之战，清军官兵被俘者甚众。据盛军被俘人员栾述善记述被俘后的情形说：

---

① 龟井兹明：《甲午战争亲历记》，第199、203页。
② 有贺长雄：《日清战役国际法论》，第142页。
③ 《甲午中日战争》盛宣怀档案资料选辑之一，下册，第147页。

被拘者甚众,均系道署中,饮食俱无,并有火焚刀裂之说。……死既不能,生更犹死,两手背缚,发用绳连。十八日申刻,始发给饭团一握,舌为匕箸,膝作杯盘,俯首就餐。忽尘埃上坠,泥沙兼半,口难下咽。渴极频呼,仅给臭水一滴。如是者二十余日,忽称送往伊国。足无整履,身少完衣,由中和至黄州,奔波百余里之遥,不容喘息。九月初八日在江口上船,如入陷阱。坐卧不出寸步,便溺均在一舱,秽气熏蒸,时欲呕吐。十六日至日本广岛下船,狂奔十余里,立毙数人,始登火车。十七日到大阪府,往南御堂厂舍。……一日三餐,入口者无非霉烂萝。数月间,遍身尽是腌脏衣服。①

这就是日方所自夸的对中国被俘人员的"良好待遇"!另外,在平壤被俘人员当中,因伤被俘者119人,其中因缺乏治疗而死者28人,还有47人被加以"企图逃亡"的罪名被"斩杀"。②

如果说同时被俘者众多时或许有可能保住性命的话,那么,个别或少数清兵若被日本军队遇到,即使放弃抵抗也必杀无疑。日军攻占金州后,日本谍报人员向野坚一随军出发,他亲自听到一军官向士兵下令:

"见到敌兵,一个不留。"

"我到九里庄,看到我军砍杀一个支那人。据说此人向敌人发暗号。还枪杀一个清国兵。当时一士兵呼喊:'这个清人要求投降。'军官回答说:'讨厌,杀掉!'随后在两枪声中,此清兵毙命。"③

第五,"难免论"。日本编造的几个理由,都是为"遵守纪律"的日军大肆屠杀作托词的。日本陆军大学国际法讲师有贺长雄在其所著《日清战役国际法论》第七章旅顺口战役第二十八节中引证了日第二军司令官大山岩答辩书,该书首先说:11月21日傍晚开始到日落后,一直持续战斗,日军在"(旅顺)市街上将混在一起的士兵和居民杀死,实属难免。"有贺还专程赶往法国进行游说,并出版法文版《日清战争国际法论》,书中公开引证大山岩的答辩书,以说明日军的旅顺屠杀"是战术上的问题,而不是法律上的问题"。

日本的根本目的是否认日军在旅顺进行大屠杀。还诡辩说,日军杀人分

---

① 《中日战争》续编,第6册,第183页。
② 《日清战争实记》,第8编,第19页。
③ 《中日战争》续编,第6册,第214,209页。

不清士兵和居民,这纯属欺骗弱智者。中外资料和1994年旅顺人民重新安葬死难同胞时,在遗骨中发现大量儿童的头盖骨,在遗物中有妇女佩戴的玉石手镯等饰物,这些都证明,在日本侵略者制造的这场大屠杀中,就连妇女、儿童也未能幸免。难道日本军人识别不清士兵和妇女、儿童吗?

上述事实表明,日本编造的"自发论"、"报复论"、"刺激论"、"自卫论"和"难免论"都是站不住脚的。旅顺大屠杀是山地元治亲自下令,大山岩默许的日军士兵的残暴行为,战争中残杀俘虏和平民百姓特别是妇女儿童,这些都是违背人道和国际公法的。在旅顺制造大屠杀的日军官兵将永远被钉在历史的耻辱柱上。

三十六、万忠墓

在旅顺白玉山东麓,由九三路北行不远的高岗上,有一处由砖墙围绕松柏荫蔽的墓地,这就是甲午战争时,惨遭日军屠杀的我死难同胞的墓地——万忠墓。

日军在旅顺制造大屠杀惨案后,为了掩盖其野蛮暴行,1895年2月成立了日本军事善后委员会,从街里和水师营抓来36个中国人和若干车辆,组成抬尸队。这些人每人帽子上竖钉一条白布条,臂上也戴一白袖布,上面都书写:"此人杀于"("勿杀此人"),旁边加盖日本军事善后委员会的印章。

这些人分三组,把同胞的尸体分抬三处:第一处就是今日万忠墓的沟下;第二处在现在的顺山街沟里,原为修大坞时张廷有的窑圹子;第三处是对面沟,黄金山东麓。

抬尸队把尸体集中一起,然后浇上煤油焚化。第一处尸体最多,第二处尸体较少。但这里有日本侵略军的50多具尸体,都是被刀捅死的,首身两分,无发辫,穿皮靴,外衣全被剥去。这是1894年11月21日晚6时左右,清军摸珠礁炮台的哨官綦忠德、哨长时吉兴率领其部下百余名士兵击毙的日军。

1906年,日军在枣山(原明代烽火台,今叫粮台山)东边低山丘建一"忠魂碑"(十年动乱时被砸毁),背书:"明治二十七八年战役第十二师团画役使工兵第一中队"字样。这批日军的尸体和中国人的尸体混在一起被烧掉了。

杀人不眨眼的日军杀了人,还要抢夺妇女儿童戴的镯子、长命锁等金银首饰。为了抢耳环,日军用军刀把妇女的耳朵割开。所以,妇女和儿童的尸首都血肉模糊,有的被剁做数段。

日军命抬尸队将三处骨灰装在三口棺材里，埋做三盆坟，坟前立一木桩，上写：清兵战亡之所。这是用瞒天过海的手段，企图掩盖其杀戮无辜平民的罪行。更为狡黠的是，日本人从金州找来和尚道士，还有日本和尚，在街里焚香念佛、超度三天，借以掩人耳目。

1895 年 11 月 8 日，由于俄、德、法三国"干涉还辽"的压力，日本同清政府在北京签订《中日辽南条约)，中国以三千万两白银"赎回"辽东半岛。日本侵略军陆续从旅顺、大连湾撤出。清廷委派候补直隶知州顾元勋前来接收。接收完毕，顾元勋就着手修建万忠墓。先将原日本人立的木桩除去，就地新掘一墓圹，骨灰装入三口大棺材，四周砌之以青砖，然后落葬，上面覆之以石条，墓上立一新石碑，亲书"万忠墓"三个大字，并撰写碑文：

> 光绪甲午十月日本败盟旅顺不守官兵商民男妇被难者计一万八百余名口忠骸火化骨灰丛葬于此。
>
> 光绪二十二年十月谷旦

1896 年 11 月，万忠墓正式落成，

之后，万忠墓前新建享堂三间，堂殿内无墙，以立木代壁，中间两扇木门，中设一铁锁。前后敞门（只有立柱，无门）。前面的木制匾额包以铁板皮，中书"万忠墓"三字，左下书"光绪二十二年十月太仓顾元勋题"两行。字体同墓碑。自此以后，年年祭祀不衰。

万忠墓的第一块墓碑

1905 年日俄战争结束后，日本统治旅大四十年间，万忠墓历经磨难。开始，日本关东都督府旅顺军政署发现"万忠墓"碑文中有"日本败盟"几个字于其

1896 年修建的万忠墓享殿

不利,就将这通碑弃之于万忠墓东边不远的医院里。

当时旅顺是日本人的天下,中国人只得忍着,但仍按节祭祀。1917年前后,日本当局的民政署将万忠墓租给经营木材的日本商人村下,将墓地周围及道路东西全部土地改建果树园。此举意在将墓地移出,但碍于享堂还在,便未敢轻举妄动。

1922年,旅顺华商公议会会长陶旭亭与董事孟奎三、天后宫主持僧心一等发起重修万忠墓。清除杂草,重复新土,并在墓周围砌石墙围护之。享堂屋宇新刷以红漆,门前斜坡砌石阶以便行走。因原碑被日本人弃匿,又重新立一碑,由该会文书金纯良执笔书碑"万忠墓"。右上"中华民国十一年三月十二日",左下"旅顺华商公议会重建"。上额书"四明公所"四字其实"四明公所"。

旅顺华商公议会为万忠墓竖立的第二块碑

立碑后,日本的旅顺警察署保安系派人到公议会诘问:"四明公所"是什么意思?金答有两层意思,一、这盏坟茔是农工商各界公众死者埋葬的地方;二、东西南北四方人都了解这个地方,可以说是天地间人人皆知的地方。日本人说:这两层意思,哪一个都不好,要改一改,公议会长无奈,只好用水泥将这四字涂抹,日本人还不满意,但以后也就不了了之。

日本果树园主村上把为墓地而建的围墙当作其乱扔杂草垢物的垃圾箱,岂不知杂草腐烂为其果树招致病虫害,使其果树大半死掉。当时的旅顺民政署长坂东是这个果树园主的亲属。坂东依势以修路为由,通知华商公议会限期将墓地平毁或迁移。

这时,公议会会长是潘修海,此人颇有名望,略通日语。他与几名董事同往民政署与坂东据理力争:纳骨祠是日本人的,万忠墓是中国人的,各为其国。纳骨祠不能搬,万忠墓也不能搬。现在,万忠墓成了村上的垃圾箱。请问,我们中国人可有到纳骨祠去乱扔字纸的?!民政署长被驳得无言以对,又推说是日本军部的命令。潘修海等又前往日军司令部,日军深怕触犯众怒,便否认有此事。这样村上和坂东的阴谋就未能得逞。由此可见日本侵略者对中国人民祭祀万忠墓是又怕又恨。

后来修旅大北路时，三涧堡柳树房普通学堂教师刘业儒带领学生到旅顺野游，经万忠墓，到墓前拜谒，被修路工头报告给日本警察署，当即准备逮捕刘业儒，刘只好离乡远走。

日本入侵后直至旅顺解放，万忠墓因无专人看管，成了一片荒草地。享殿瓦上长草，室内漏雨。1945年8月旅顺"光复"，民主政府成立不久，百废待举，有关部门无暇顾及万忠墓。直至1948年，一位苏联军官不谙中国习俗，见万忠墓有幢闲房，想改为住宅。后来仔细察看，发现墓冢土已被掘平，露出石条，前立一石碑，大为诧异，立即报告政府。政府立即开会研究，决定组成旅顺市重修万忠墓委员会，由旅顺市长孔祥林任主任委员，（文教局长）金纯泰、（建设局副局长）陈守堂为副主任委员，并发出重修万忠墓启事。各界人士踊跃捐助。关东公署拨出专款。驻旅顺的苏军司令官也表示支持，并将军事用地划出四百多平方米。四周筑起砖墙，铸成铁制山门，门前新建石阶，并由日本籍工程师矢口浩设计石墓石碑图纸，扩展成今天的陵园规模。

1896年由顾元勋手书的那块"万忠墓"石碑，当年被日本人弃置于医院院内，1939年该院附设旅顺医科专门学校，建校舍平基时，此碑被人发现，送到该院最东边一个偏僻的地方，倚围墙而立。正好承包这次重修万忠墓工程的王山亭，当年曾参加日本"医专"校舍的修建，知道曾发现一石碑，但不知放于何处。当年医专的学生，时任旅顺民主政府卫生科长的张福元提供了具体线索。时任建设局副局长、重修万忠墓委员会副主任委员的陈守堂，得知这一消息后，就带着翻译来到苏联驻军某部司令部，遂将这块历尽沧桑的碑石移回墓地，立于现在的位置。

墓地周围的松柏是由旅顺苗圃移栽的。新立碑石上的"万忠墓"三个大字，是请营城子擅长欧体的书法家刘洪龄书写的。碑文由金纯泰撰文并书写。门额"永矢不忘"为关东公署高等法院院长周旭东所书，重修的享殿，前后都改成门。

1948年12月10日举行落成典礼，由孔祥林市长主持并宣读祭文。关东公署派专人参加致祭，苏联驻军司令官也在会上讲话。市内各界人士与市内各区都派代表参加这一隆重典礼。这是建万忠墓以来第一次盛大的祭典。正如碑文所言："是墓之重修"，"民族之耻得雪，烈士之忠可表"。

1948年旅顺市政府竖立的第三块墓碑

279

第四次重修的万忠墓

1994年,中共旅顺口区委、旅顺口区人民政府为祭奠一百年前甲午中日战争中殉难同胞,经省、市政府的批准,决定将该墓迁移,重新安葬。

万忠墓的清理工作由大连市文物考古研究所具体负责。清理工作自1994年3月26日始,至31日结束,历时六天。现将大连市文物考古研究所写的清理情况报告摘录如下:

墓 园 概 况

墓园依山势而建,坐落在山坡上,前低后高,平面呈长方形,南北51.2米、东西70.4米,占地面积3604.48平方米,环以灰色砂砖矮墙。墙高105厘米、厚30厘米。

园门为四柱式,中一大门,旁二角门。中门宽2.85米,上端横铁制云卷券额,中悬铜铸"万忠墓"三字,下装内向对开铁栅门,上饰矛头,下部铁门板上以荷花、卷云装饰。角门内向单开,宽93厘米。门前有花岗岩台阶。

进入园内,即见砖筑硬山式享殿三间,面宽11.5米、进深5.7米,明间开门,前檐悬"永矢不忘"四字匾额。

墓位于享殿后6米。清理前为1948年重修时面貌。上有花岗岩条石砌成的边长5.25米正方形台座,中间立有1948年重修万忠墓所立的石碑,通座高2.9米,正面阴刻楷书"万忠墓"三个大字;背面阴刻1948年《重修万忠墓碑文》十三行。

墓两侧各立石碑一。西为清光绪二十二年碑,高139厘米、宽45厘米、厚16厘米,正面阴刻"万忠墓"三个大字,右侧阴刻"光绪二十二年十月谷旦",左侧阴刻"太仓顾元勋题石";背面阴刻"光绪甲午十月日本败盟旅顺不守官兵商民男妇被难者计一万八百余名口忠骸火化骨灰丛葬于此。"东为民国十一年碑,高143厘米、宽64厘米、厚15厘米,正面阴刻

"万忠墓碑"四个大字,额阴刻"四明公所"四字,右侧阴刻"中华民国十一年三月十二日",左侧阴刻"旅顺华商公议会重建"。

现已查明,1948年重修万忠墓碑是由日本籍工程师矢口浩设计的,具有日本风格。当我们清除碑座的石条后,便露出一层排列成长方形的石条,为一高约20厘米的石台,南北1.76米,东西1.9米,其用途不详。其下是厚约5厘米的白灰和两排南北向的紫色石条,这便是墓盖。

墓呈正方形。墓圹挖在原生黄色板岩中,上部四周以二至五层青砖砌就,以白灰勾缝,主要是起与地面找平作用。墓室边长3.4米,砖圹边长4.2米,中央横立两两排列的四块条石,将墓室隔成前后两部分,四块条石上均遗有破石时留下的凹窝,表面满布牡蛎贝壳,当取自海边。

考古工作者首先清理墓室的后半部。石条下即是白骨和骨灰,大多火化程度较高,夹杂有铁尖钉、铜铆钉和铜扣等。在距地表40厘米深处,开始露出铁管,约80余根,大多长1.6米多,直径6厘米,上面有经火烧粘连在一起的人骨。铁管排列甚不规则,或顺放,或斜置,直到墓底,其间还杂有一些方形铁器、圆形方孔铁器、圆形圆孔铁器、链环状铁器等。

墓室前半部与后半部略同,但未见后半部那么多铁管,只是在距地表60厘米深处,发现两根铁条,上面有经火烧粘连上的人骨和铜烟袋锅等。遗物与后半部略同。

隔梁石条上,有铜钥匙1把。要提出的是,后半部和前半部出土的数片青花瓷片,经过拼合成了一件小杯。由此可知,墓室中央横置的隔梁,仅是为了铺石条所设而已。隔梁底部未见人骨和骨灰痕迹,为纯净的原生黄色板岩。

人骨和燃料遗物

墓内装满人骨和骨灰,有股骨、头骨、肋骨等,大多火化程度较高,个别的火化程度很低。有的头骨片很薄,厚仅1毫米。在清理过程中,发现有一定数量的木炭、煤炭、铜器、铁器等。

许多煤炭已烧成熔琉状,与人骨粘在一起。前面提到的沾满人骨的铁管、铁条,当是焚尸所用的支架。现已证实,焚尸所用的木头,大部分是木船船板。墓中出土的一块长约70厘米的木头,上面有若干铜铆钉、铜尖钉,经中国人民解放军海军第4810工厂几位高级工程师共同鉴定,为木船之肋骨。另据专家鉴定,墓中所出的铜器、铁器和铜铆钉、铜尖钉、铁尖钉等,绝大部分是木船上的器物。

……

另外,还有一定数量的铜器、铁器。

通过旅顺万忠墓的清理,证明了日本侵略者为了毁灭屠杀中国人民的罪证,将大量的焚尸所用的铁管、铁条,以及作为燃料的木船板上的铜器、铁器等扔入墓内。这些铁管、铁条上都粘满了人骨和遗物,有的与铜烟袋锅、铜扣等烧结在一起。这些遗物的出土,本身就是历史的见证。

从万忠墓清理现场分析,该墓即为1895年春日本侵略者占领旅顺口时所建,墓室中间石条下(即墓底),未见人骨和骨灰痕迹,证明石条就是当时建墓时放置的。顾元勋等并未重新建墓安葬,只是立碑纪念和修整墓上部分。以后的历次重修,都是在原墓的基础上修建墓上部分。换言之,此墓至清理前,从未打开过。这就是说,万忠墓中的一切,都是当时埋葬的,种种出土的实物便是无言的控诉,历史的罪证,是倾黄渤海之水也清洗不了的,日军的残暴行径、卑鄙的辩解,只能表明其凶顽、恶劣之至,将永远钉在历史的耻辱柱上。

三十七、日军如此凶残的文化根源

尤其可悲的是,几十年以后,发生在南京的大屠杀与旅顺大屠杀有过之而无不及。而日本军队在每一次征战中,又总是犯下屠杀、奸淫、抢夺等等极其残忍的罪行。

据有的专家学者研究和统计,近代以来,日军在中国制造的惨案,有据可查的达150多起,日军杀戮中国人达三千多万!

追溯日本军队征战的历史,几乎就是一部罪恶史。世人在向他们报以鄙夷憎恶和疑惑的同时,也在解释日本人何以如此残忍、如此人伦尽丧?难道日本这个民族就是嗜血如命的民族吗?关于这一点,多年来有各种研究人士试图解开这个谜团,研究日本民族特征和文化心理的著作也层出不穷。笔者无意于做文化学或人类学的研究,只就事论事,从研究旅顺口大屠杀的史料和史识中,结合一些文化学著作粗浅地加以分析。

1、"披着文明的外衣,实是长着野兽筋骨的怪物"

类似这样的话还很多,如认为日军"绝对是文明外衣遮掩着的野性放纵地发泄出来";随着"权力的失控",便造成了"野性失控";"日本是一个野蛮民族,同时还是一个让人无法相信的君主政权,尽管它控制着全国的生灵和已经文明化了的那部分人的财富";"日本是蒙文明皮肤,具野蛮筋骨之怪兽"等等,尽管用词和句法稍有不同,但表达出的意思是一致的。这不是被害的中国人的愤恨与诅咒,而是文化底蕴很深同时又曾身临其境、亲眼目睹旅顺大屠杀的欧美记者、外交官员从内心发出的惊叹与激愤。

……

研究一下日本的历史,便能发现,日本维护和延续皇权至上的年代久远。当西欧的资本主义国家将国王一个个押上断头台,一顶顶王冠落地之后多少年,日本仍然狂热地崇尚皇权,并将其推至至高无上、主宰一切、绝对神化的顶峰。从19世纪中叶明治维新推翻幕府制急遽进入资本主义之后,仍残存诸多的中世纪黑暗落后的封建意识。这是"脱亚入欧"的日本与欧美资本主义国家的显著区别。资本主义发育不成熟,封建性、野蛮性却保留颇多,天赋人权、平等、自由、博爱等在日本国内十分陌生,正因为"文明"仅仅是"皮肤"和披上的"外衣",所以,野兽的筋骨和实质,一而再、再而三地在对外侵略中表现出来,且暴露得淋漓尽致,毫无遗漏。

一些中国人习惯上把日本称之为"小日本"。这里的"小"不仅指狭小的国土和矮小的人种,而且还包含了非"君子"意义上的"小人"。

但是,日本有一位相当著名的学者却对此分析道:日本被邻国视为"小人"使他深感遗憾。不过他认为,"这遗憾的理由恰恰在于中国人的这一看法很难说是个误解。"这也就是说,日本也确实存在着具有"小人国"的一面。这主要表现在日本缺乏理性精神,而自有一套视天皇为至高无上的国民伦理观。这种伦理观的强化,使得这么一种说法在国民意识中得以正当化:为天皇而战,究竟何罪之有?

于是,二次大战中的战犯岸信介,在战后竟然就任了首相;于是,日本天皇也在战争犯罪问题上一直逍遥法外……这位学者认为,这就是"小人秉性"的表现。他说:作为一个日本知识分子,我为大部分日本人对自己的小人秉性无所觉察的现状痛心疾首。而要克服这些弱点的最好途径是"废除天皇制"。

这位学者就是东京大学名誉教授沟口雄三先生。他是在《"小日本"与21世纪》的文章里,提出了上述的观点。还有比这更坦诚、更直率的吗?还有比这更深刻的揭示和批判的吗?这是摆脱了政治附庸,沉浸于学术理念之中的独立人格的表现。学者要做到这点,并非易事。因为即便是在民主自由的国度,学者拜倒在权势阴影下,成为他人理念的"捉刀"者,并不少见。

2、武士道崇尚以"杀伐为荣"

明治维新之后，日本于明治五年以天皇名义颁布了《征兵令》，仿照欧洲的近代军队组织体制建立了近代常备军队。但是，军队的领导基本上由萨、长等藩阀武士出生的人担任。军队名曰"皇军"，强调对天皇的绝对效忠，在军队内部进行武士道的精神教育。明治十一年，陆军卿山县有朋发布《军人训诫》，说军人精神的根本在于"忠诚"、"勇敢"和"服从"等等。

所谓"武士道"，是指封建武士的道德规范。前面已略微提及，10世纪时，武士领主不断兴起以来，在武士集团内部逐渐开始形成一套武士的道德规范。自12世纪末日本历史上的第一个幕府——镰仓幕府创立以后，为了巩固内部的等级制度和秩序，武士领主又不断制定一些"家规"、"家法"来约束武士的行为。1232年制定的《贞永式目》第一条就强调武士必须敬神、保护神社和重视祭祀活动，把武士精神与神道结合在一起，为武士制定了从精神修养到行为规范的准则。

作为武士道的具体内容，首先强调绝对"忠诚"。武士必须无条件地效忠于自己的主君，要以为主君献出自己的生命为荣。下级对上级要绝对服从，上级可以任意打骂和处罚下级，不准稍有反抗。他们没有是非曲直的评判标准。其次，要养成"武勇"精神。武士必须经常磨炼武功、武艺，以杀伐为荣。特别是在江户幕府时期，明确规定武士拥有"砍头权"，即有权杀戮认为对他们不忠的人。为了挽回战败等他们认为的耻辱，武士要勇于切腹自杀，这被看成是武士"忠节"、"义烈"的表现而加以提倡。再次，作为武士道精神的物质表现，强调崇拜"日本刀"，规定武士拥有"佩刀权"。宣扬日本刀如不见血就算不上一个武士。

日本军人在侵略中国时的"百人斩"，是战争史上从来没有过的残酷典型。两个日本军人，高高举起战刀，面无表情地向面前跪着的中国人砍去。他们在比赛，一个砍了106个中国人的头颅，另一个是105个。

日军的残忍和暴行，是与他们少年时残酷的武士训练是分不开的。再联想到二战时的"神风"特攻飞机，"回天"潜艇以及"死亡铁路"，都是由"亡命徒""敢死队"驾驶，与目标同归于尽。加上武士道的日本军国主义比任何其他的军国主义都要残酷，毫无人性。从这点上来说，武士道的极致也就是杀人之道，中国人民深受其害。

武士道狂人、战后自杀的作家三岛由纪夫在《我与叶隐的密码》一文中，替武士道叫魂：出鞘的日本刀在不曾砍过什么东西和什么人之前，不应该入鞘。真是充满了杀气,也赤裸裸地暴露了武士道的残忍。

新渡户稻造为向西方人介绍武士道,竟如此不顾事实美化说:对一名真正的武士而言,最高的胜利无须用血来祭祀。

实际上,对武士而言,检阅其胜利之果的就是看其杀人多少。那个时候,为了试一把新刀的利钝,就可以随便找个人来杀。

江户前期成书的《叶隐》,对武士道作了系统总结,"所谓武士道,就是对死的觉悟。每朝每夕,念念悟死,则成常住死身,于武道乃得自由。"明治维新后,武士道发展成为近代军人的信条,同时成为对外侵略扩张的精神武器。

另外,武士道由于其尚武的本性,也就决定了它是要向外超越和扩张的,一旦给予外部条件时,势必要挑战人类的道德底线。日本历史上多次的对外侵略,特别是明治维新以后,对亚洲,特别是对中国的侵略,就是武士道精神对外扩张的典型。当时自称下级武士出生的福泽谕吉就公开唱起了新形势下的武士道宣言:

> 一百部国际法抵不上几门大炮;几项友好条约值不到一桶火药。大炮和火药并非用来实施已有的道德准则。它们是在没有道德的地方创造道德的工具。

伊藤博文这位日本近代史上的政治强人,17岁时就师从吉田松荫,而此人乃是武士道思想源头的师祖之一,在29岁被处死前写下了《留魂录》,声称:吾躯纵暴藏野,大和魂永不泯灭。

3、日本佛教与禅宗的"逢佛杀佛"、"逢祖杀祖"

佛教宣传、提倡"慈悲",将人从苦难中拔救出来。《智度论·释初品中·大慈大悲义》:"大慈与一切众生乐,大悲拔一切众生苦。"南朝沈约《究竟慈悲论》:"慈悲之要,全生为重。"佛教教义中的讲慈悲,更不待说"大慈大悲",一个"重"且"要"的方面,便是"惜生"、"全生",小到一只蚁蝼,大至芸芸众生,毁灭生命,都是极大的罪过。

"因果报应"也是一句重要的佛教语,《法华经·方便品》:"如是因,如是缘,如是果,如是报。"

日本是个佛教大国,但佛教中的轮回涅槃的思想却不是国民信奉佛教的内容。更不相信什么因果报应。它宣扬什么人死后都要成佛,当然就没什么善恶之分。事实上,日本的佛教已经成为军国主义的帮凶。

禅宗是佛教的宗派之一,以静坐默念为修行方法。相传南朝宋末由印度和尚菩提达摩传入中国,唐宋时极盛。后由鉴真等高僧传入日本。禅宗后分成北方神秀的渐悟说和南方慧能的顿悟说两宗。但后世唯南方顿悟说盛行,主张不立文字,直指人心,顿悟成佛。

"顿悟说"固然有劝人改恶从善的作用,但教义不如"渐悟说"严谨,尚留有给坏人作恶的"慰藉"作用。即"挥舞"屠刀、作恶再多、罪孽深重也无妨,只要"放下",便可"立地成佛"。换句话说,这样一来,为使信徒觉得不必要去做长期的、苦苦的修炼,甚至可以这么想和做:今日持刀放纵"挥",明日"放下"便成佛!

日本十分流行坐禅,但却不是为了进入禅的悟证境界,而是武士道训练自己的控制能力,以适应肉搏的需要。禅宗对生死的超然,成了武士的精神支柱。

于是,武士道精神就与禅宗联系在一起了,禅宗成了武士锻炼武技的必修课。要求武士念念悟死,达到禅宗对死的觉悟的精神境界。禅宗对意义的扬弃,正好被用来奴化武士,成了武士效忠主人的思想武器,成了无条件尽忠的行为模式。

把杀害人、结束别人生命当作儿戏,死是光荣的归宿。

所以日本兵把中国人脖子和胸腹视作是最好的"磨刀石"和"试刀器",不仅军官士兵都嗜杀成性,甚至连军夫之流也要借来战刀,抓个中国人试试身手。

江户前期成书的《叶隐》,对武士道作了系统总结,"所谓武士道,就是对死的觉悟。每朝每夕,念念悟死,则成常住死身,于武道乃得自由。"明治维新后,武士道发展成为近代军人的信条,同时成为对外侵略扩张的精神武器。

在甲午战争前后,曾任日清贸易研究所代理所长、为攻占金州、大连湾和旅顺口多次献策、引路的根津一都到京都林丘参禅,在他意志消沉时得到过寺里一个叫滴水和尚的参禅激励。

随后,潦倒的川岛浪速也前去京都林丘寺时,也是这个滴水对川岛不懈鼓励,使川岛浪速再次打起精神,来中国寻求发迹。

滴水和尚虽身披袈裟,却满脑子军国主义思想,志灭中华。这在日本和尚中不在少数。

还有一个名叫一休的禅宗传人,认为"入佛界易,进魔界难"。他对"进魔界难"的心情是:既想进入而又害怕,只好求助于神灵的保佑,这种心境有时表露出来,有时深藏在内心底里。按这个理论作推断,既没有"魔界",便没有

"佛界",凡意志薄弱的人是进入不了魔界的。于是,就有了禅宗另一句众所周知而又令人毛骨悚然的口号:"逢佛杀佛,逢祖杀祖。"若将佛教按"他力本愿"和"自力本愿"不定期划分宗派,那么主张自力的禅宗,当然会有这种激烈而又严厉的语言了。主张"他力本愿"的真宗亲鸾也有一句话:"善人尚向往生,况恶人乎",这同一休的"佛界"、"魔界",在心灵上有相通之处,也有差异之点。那位亲鸾也说,他"没有一个弟子",一心想进入"魔界","逢祖杀祖"、"没有一个弟子",信奉这样禅语之人,什么样骇人听闻的事做不出来?

4、既不信奉因果报应,又极端看重死后名誉

佛教和某些宗教,都主张"修来世",谓今世多做好事、善事,定会得到报应,能使"来世"摆脱困境和苦难,更加美好地生活。这种说法虽然是不科学的,但尚有一定劝人为善的功能。

早在公元 11 世纪,日本王朝衰落,政权也由公卿转到武士手里,从而进入镰仓时代(1192—1333),武家政治——由武士阶级掌握政权、实行统治,一直延续到明治元年(1868)约达七百年之久。西行法师(1118—1190)是跨平安和镰仓这两个朝代的具有代表性的诗人。且来看他的一首诗:

> 梦里相逢人不见
> 若知是梦何须醒
>
> 纵然梦里堂幽会
> 怎比真如见一回

这虽是梦之歌,但却直率且具有它的现实性。此后的诗人,就变得更微妙的写实了:

> 竹子枝头群雀语
> 满园秋色映夕阳
>
> 萧瑟秋风荻叶凋
> 夕阳投影壁间消

有代表性的诗歌是民族的心声。我们从中可以窥见日本民族重实见轻幻觉,重当今轻未来,重现世轻死后,重既得轻憧憬的思维方式与处世之道。

存在主义哲学在日本深入人心,他们信奉:人不免有一死,但你思死时表明你还活着,你就必须为你的当下的存在负责,必须为你的选择负责。日本人对死的不同理解和感悟,凸显出了不同的人生目的和不同活法。正是由于这种独特的生死观,使得日本世风是普遍鄙视"好死不如赖活"的人生观。

日本战后最杰出的文学评论家江藤淳在家中割腕自杀前留下的遗书中自嘲:自己不过是只形骸,而自杀是自己处决此一形骸。日本另一位作家吉田兼好在《徒然草》里就有这样的说法:在四十岁以内死了最为得体。

武士道要求武士为名誉不惜一死,在武士看来,利和名这两种东西,谁都喜欢。不过,利只是一时的过眼烟云,而名却是万世流芳的。日本"风土"学者第一人哲郎说:武士之所以肯舍去一切,不过是为了名誉罢了。在他们看来,名誉不仅关系到个人的得失,还关系到祖先和儿孙的荣誉,所以在必要的时候,武士会不惜牺牲生命而保全名誉。这就是日本军人有那么多人选择切腹自杀的原因。

5、道德相对主义与双重性格

在日本,善与恶、是与非都是相对的。对日本人来说,忠才是最重要的道德,为天皇尽忠是日本人最高道德,不论行为本身是对与错或善与恶。他们既可以是狼又可以是羊,对下级是狼,对上级是羊,对外是狼,对内是羊。道德取向摒弃了"仁",崇尚"忠",实际上是"愚忠"。

美国人类学家本尼迪克特在她的名著《菊花与刀》中写道:

> 日本人生性极其好斗而又非常温和;黩武而又爱美;倨傲自尊而又彬彬有礼;顽固不化而又柔弱善变;驯服而又不愿受人摆布;忠贞而又易于叛变;勇敢而又怯懦;保守而又十分欢迎新的生活方式。他们十分介意别人对自己的行为观感,但当别人对其行为劣迹毫无所知时,又会被罪恶所征服。她的军队受到彻底的训练,却又具有反抗性。[①]

菊花是日本皇帝的家徽,刀则是武士文化的象征,本尼迪克特的书名形象地道出了日本人性格的双重性,也指出其劣质性。

这里,关于武士道与日本军国主义的关系,确实有一种一脉相承的逻辑连带。日本独特的武士道精神和独特的道德土壤,确实有利于军国主义的滋生;而军国主义也巧妙地利用了武士道,利用其巨大的精神力量煽动国民对天皇的绝对效忠,煽动国民对外侵略。中国学者李冬君这么一种说法,颇为深刻:

> 武士文化及其思维模式具有复杂多变、极端矛盾的特点,服膺强者藐视弱者,对主子、对强权,恭顺忠诚,可以切腹、集体自杀;对弱者则刀劈、

---

① 本尼迪克特著,长谷川松治译《菊花与刀》,第6—7页,教养文库,1999年。

枪刺,拿来做活体实验。若技不如人则会虚心求助,一旦自觉强大则侵略扩张。明治政府建立后,又将这种本来是封建领主为约束武士的行为而制订的道德规范沿用下来,在军队内部大力宣扬,训练出一支毫无人性的、嗜杀成性的军队。

6、对弱者抱"宁可我负人、不可人负我"的极端报复心理

按照日军将帅、官兵的逻辑与心理,应该是任凭日军在中国的土地上长驱直入,为所欲为,中国军人和百姓都应当是忠于"皇军"和"太君"的汉奸,不能有一丝一毫的抵触和反抗,更不能损害日本人的一根毫毛;都应当笑脸相迎,低眉顺眼,主动献物慰问,热情为皇军效劳。即使这样,中国人也不能免遭屠杀的命运。何则?因为这么多英勇的武士要磨刀、试刀,需要中国人的脖子、脑袋、胸腔、腹部作工具,需要中国人的鲜血润锋、染旗;日本兵要进行杀人比赛需要很多真道具,不将中国人当活靶还能去找谁?还有,这么多日本兵要发泄强烈的性欲,需要千千万万中国的"花姑娘"供他们轮奸,任他们蹂躏……如果中国人不遂日本人的心愿,有"负"日本人的反抗行为,有惩罚日本间谍的做法,那便要以"十倍的努力、疯狂的热情、百倍增长的仇恨来拼命斗争",用无休止的残酷来报复,来发泄他们心头之积怨。这已被一百多年来日本发动的历次侵华战争实践所证明。

但再深入研究一下便可以发现:

日本的"宁可我负人、不可人负我"中的"人",特指弱者中国人,再扩大一点范围也包括朝鲜人、东南亚人,即亚洲的黄种人,绝非欧美人甚至俄国人。这是与日本"欺软怕硬","在凶兽面前是羊,在羊面前是凶兽"的特性是一脉相承的。在本书下卷中要谈到,在日俄战争中,日军死伤成千上万,尸体覆盖战场,而当俄军投降后,他们并未虐待俘虏,更未杀戮报复,相反,将他们遣送回国时可以携带财物,关照备至。而在二战期间发动太平洋战争之后遭美国报复,当秘密研制的"小男孩"和"胖子"在日本广岛、长崎初显身手,让日本人第一次尝到了"原子弹"的味道,在盟军的致命打击下,最后不得不无条件投降。日本人并没有由此对美国人结下什么深仇大恨,而是拜倒在美国脚下,甘当仆从。

战后,日本人给盟国占领军总司令麦克阿瑟的大量信中,大部分是问安,激励,感谢乃至臣服。同时,赠送宝物、土地、物产的也相当多。其中最让人吃惊的是,日本居然有数百女性在信中对这个"至高无上"的男性写道:请让我生您的孩子吧。

这就是日本人的只信服胜利者的逻辑。

7、自诩大和民族最优秀、完美,对中华民族及东亚民族怀有根深蒂固的偏见

日本基本上是一个单民族的国家。语言文学、历史文化及文明程度,都有着高度的同一性,在血缘、地域和世代的演变中,有着极为密切的相关性和延续性。在日本,天皇"万世一系",世代承袭直至今天,而不像中国的皇帝可以由其他姓氏通过战争等手段取而代之。日本文化也没有中国秦始皇"焚书坑儒"的文化毁灭现象,没有欧洲中世纪长达千年的文化断层,没有过大陆国家那种异民族间的文化冲突和相互交融的现象。这样很容易形成强烈的民族文化认同感和归属感,很容易衍生出优越、自豪、自我欣赏、自命不凡的民族心理。另外,由于日本长期处于锁国状态,四周被大海包围,缺乏在大的国际环境中的磨炼,国民养成了一种独善主义性格,日本学者称之为"岛国根性"。他们习惯于用自己的眼光去打量和衡量外部世界。因此,面对外部世界,要么妄自尊大,要么自惭形秽。倭五王时代也好,圣德太子也好,丰臣秀吉也好,当他们在国内拥有强大的政治势力,羽翼略显丰满时,就表现得不可一世,急欲征服其他民族,而这种尝试一旦遭到失败又会马上掉转头来虚心学习,甚至俯首称臣。

特殊的地理环境和地质特点,使得一些日本人对自己生活的列岛有一种危机意识。日本列岛多山,平原极少,地下资源十分有限。同时,由于日本列岛处在环太平洋火山地震地质构造带上,因此火山、地震频发。再加上台风、暴雪等自然灾害也经常袭击日本列岛。一些日本人就借这种危机意识,强调其国土狭小、物产贫乏、人口众多,必须向外发展。并且,把向外发动以扩张领土为目的的侵略战争看成是全民利益,是解决民族生存的根本途径。这种观点在日本可以说是源远流长、根深蒂固,成为主张对外侵略者蛊惑人心的重要思想依据。

李兆忠先生在《暧昧的日本人》中写道:这个岛国民族的血液里,流淌着一种天狗吞月的疯狂。其思想精神具有无边的威力,可以创造人间奇迹。这种民族特性、思想精神有优长也有缺陷,是柄双刃剑。据笔者之愚见,这如同中华民族一贯崇尚和奉行"和为贵"一样,既能以德感人,以诚待友,又易柔弱有余,强悍不足;既能谦光自抑,厥辉愈扬,又易过于忍让,遭人欺凌;既能和衷共济,安分守己,又易守拙过甚,忠厚成迁。中国的固有领土和领海不断被周边国家蚕食,从历史上来看,列强瓜分中国,而当今是"列弱"蚕食中国,南沙海域外国的石油井架林立,钓鱼岛仍被日本占领着,中国渔船和渔民常受日军巡逻队驱赶、拘捕、殴打,中国从"和为贵"的古训出发,不轻易动干戈,这固然有从战略全局考虑的因素,不能因此便认为政策软弱了。

日本民族血液里流淌的"天狗吞月的疯狂",能使千千万万的青年为天皇慷慨赴死,更令人惊愕的是,"儿子因健康原因被拒绝参军而母亲自杀的事不乏其例"。发出一个征求志愿敢死队的号召,就会有数百人面临必死的境地而争相报名。许多军官和士兵在开赴前线之前都为自己举行了葬礼,表示要为国捐躯,被俘虏就自杀。日本青年一心要在军队中服役,所有的名门望族都试图为国效力,或送子弟从军,或捐献钱财……能产生小小岛国以武力征服世界、实现"八紘一宇"的狂想,最后落得自己付出巨大的牺牲,饱尝失败的苦果;但当他们将这种思想精神用在另一方面后,也能在战败的阴影中迅速崛起,确实创造了诸多人间奇迹,成为令世界惊愕的"经济动物"。

就以作为大和民族重要精神支柱的武士道来说,美国学者鲁思·本尼迪克特说得非常中肯,它具有明显的两重性:

> 信佛而又嗜杀,注重礼节而又野蛮残暴。它是一个日本体系,这既是日本的力量所在,也是日本的弱点。

日本曾是中国古代文明的虚心学习者和大量吸收者。进入近代以来,中国的封建统治者不思进取和改革,特别是几乎同一时期起步的中国洋务运动和日本明治维新,前者以失败告终,后者获得了巨大的成功,从而使两国的差距迅速拉大。日本"脱亚入欧"后,对落后于他的中国及朝鲜等国竭尽蔑视、鄙夷、丑化之能事,似乎认为他们只配匍匐于日本人的脚下,永远当驯顺的奴隶。这是日本之所以对他们"杀戮不异犬与鸡"的重要原因。

日本人不论过去和现在,都极端歧视中国人和朝鲜人。在抗日战争期间,一些日本官兵当了战俘之后,仍以"优秀民族"自居,他们鄙视朝鲜籍战俘。他们甚至认为,把他们与朝鲜人关在一起,"简直是把人和猪狗等同起来"。而朝鲜籍俘虏公开控诉日本人继续压迫、欺凌他们的种种劣迹。

日本的有识之士长期以来也为日中友好做了大量的工作和好事,中日友好相处成为时代主流,且在不断发展,这些事实必须看到。但在日本的国民中,对中国根深蒂固的民族偏见消除是不容易的。

8、虐待狂与受虐狂

残酷无情是日本人的天性。灌输这种思想的首先是家庭,其次是日本的教育制度。日本人是最重名誉、重面子的民族,但是,虐待、嘲弄和侮辱又是日本社会最常见、最重要的教育手段。在学校里,不仅教师随时随意惩罚学生,高年级学生也都有戏弄和虐待低年级学生的习惯。在军队中,这一切自然就更为极端。

虐待狂与受虐狂的性格结构,使法西斯主义和极权主义的意识形态具有了最强大的号召力。而一旦成为一种集团心理和社会行为,它的毁灭力和破坏力还要增强千百倍。

日军虐待俘虏在世界上的军队中是最严重的。据资料记载,在二战中,被德国法西斯军队关押的盟军俘虏的死亡率是1.4%,而被日军俘虏的盟军战俘死亡率高达10%—12%,比德军高出七八倍。

9、企图以杀戮来"换心"

"对中国这种劣等民族就是要杀。不杀,他们的'汉心'就换不成'大和心。'"这是当时侵华日军的主旨。

在这个问题上,早年便提倡"脱亚论"、日本大资产阶级的代表福泽及其弟子尾崎行雄,他们曾竭力宣传过:"并吞中国符合日本帝国之利益,亦为中华民族之幸福也",他们说:

> 世界各国中如有反对我并吞中国者,是为反对人类之幸福,亦为反对世界之利益也。如此狂暴无道之国,宜等闲视之,断行我之天职可也。今虽等闲视之,他日中国果能踏上开明革新之途,列国皆能分享其福利,则会豁然感悟,唯感谢我之恩泽而不遑也。

侵略者的逻辑总是自以为是,在人类的历史上,有哪个民族可以被杀戮,侵略而毁灭的? 更何况是中国这样具有千年文化传统的伟大民族呢?

10、日本民族的历史观——不忏悔

日军的暴行,使清军被杀害两千人左右,旅顺的一万八千万市民惨遭杀戮,日本政府对日军的暴行采取了掩饰和回避责任的态度。如参谋本部编的《明治二十七八年日清战史》一书,完全掩盖日军的旅顺屠杀事件。

正如日本历史学家藤村道生在《日清战争》一书中所指出的:

> 这样一来,旅顺屠杀事件的责任问题就被搁在一边。但结果从日军的军纪来说,却产生了一个不能掩盖的污点,对残暴行为毫无罪恶感,以致后来又连续发生了这种行为。

日本《朝日新闻》1988年9月26日一篇题为《从南京大屠杀想到旅顺大

屠杀》的署名文章写到：

> 日本政府始终没有追究侵略者的责任，也没有采取善后对策，并对日本国民隐瞒了事实真相。因此，世界上特别是日本国内的人就逐渐将此事淡忘了。于是，43年后就爆发了南京大屠杀的惨案。参与南京大屠杀的侵略者不记得旅顺大屠杀。但是南京大屠杀的受害者没有忘记旅顺大屠杀，直到今日也铭刻在心。

事实正是如此，日军在继旅顺大屠杀之后，又在山东半岛和辽东半岛上继续烧杀抢掠，制造了许多"无人村"。

甲午战争后，对违背国际法，纵容日军肆意烧杀抢掠的军事指挥官，日本政府没有任何惩罚，反而视为英雄，予以表彰。如大山岩战后叙侯爵，后又晋升陆军元帅。野津道贯以功晋大将，授伯爵。奥保巩授男爵。桂太郎任台湾总督等等。

甲午战争后，日本政府狂热地奖励侵华、屠杀中国人民的战争罪犯，致使日本战犯，不但没有罪恶感，反而产生了自豪感。这就为日本后来继续侵占旅大40年，奴役东北14年，霸占台湾五十年，犯下种种罪行埋下了祸根。

1905—1945年的四十年间，日本对旅大地区进行殖民统治，仅在旅顺"关东都督府监狱署"，就关押过数万名中国人，其中多为中国抗日志士与和平居民。1930年日本累计对27.6万人次实行酷刑。1940年累计被折磨者达44万人次，被迫害致死者也激增。1936年受重刑而亡者150人。1942—1945年8月，被累死、饿死、冻死、打死和绞死者有700多人。

1931—1945年，东北沦陷的十四年间，日本残杀群众无数。仅在抚顺平顶山，一次便屠杀了三千多无辜平民，这便是又一次震惊各国的平顶山惨案。日本人至今仍对这一惨案竭力掩盖真相，缩小被杀的人数。而美国记者爱德华·汉特于1932年11月下旬，化装成神父模样，进入了"禁止各国侨民前往"的屠杀现场。他站在平顶山上，看到的"触目均是"被血染红的衣服碎片和隆起的新土。他还到栗子沟、千金堡做了调查，得出的结论为："抚顺三千人之大屠杀，男女老少，无所幸免，乃系确凿事实。"

1935年5月中旬，日本侵略者在吉林省吉林市老黑沟（今榆树沟乡）杀人放火达五天，日军把抓到的人用铁丝穿进锁骨，三、五个人一串，然后用刺刀将其挑死，再扔进火海，或用铁丝捆绑居民双手，用木杆将二十多人串起来，推入河泡子溺死。全村三百六十五天户一千多人全部被杀。

1936 年 5 月日军放火烧毁白家堡子,枪杀无辜百姓 368 人。

1937 年 4 月至 11 月,日本在哈尔滨一带杀害民众 198 人。

1937 年 9 月,日军杀害修建孙吴县飞机场劳工 250 余人。

此外,日军还在抚顺、营口、虎石沟、辽源方家柜等地各杀害万余人。

1895—1945 年,日本对台湾进行殖民统治的五十年,制造许多杀人惨案。

日军在掠夺中国的数十年中,制造许许多多杀人惨案。1928 年日军在济南肆意奸淫掳掠,造成 6123 人死亡,1700 余人受伤。

1937 年 12 月日军在南京进行长达六周的大规模烧杀淫掠,制造杀害三十万人的特大惨案更是在世界历史上闻所未闻,臭名昭著。此外日军在中国各地制造了多起屠杀万人以上的惨案,留下了很多万人坑。

第二次世界大战期间,日侵略军不仅在中国实行"三光"政策,制造许多无人区,而且侵占东南亚各国后,所到之处亦进行多次大屠杀。这些暴行都是甲午战争中旅顺大屠杀的继续和重演,完全是由于日本政府的支持、包庇、纵容所造成的。

那么,日本军队为何能一而再再而三地显现自己的残暴呢？他们又是怎样对待这些非人性的事件的呢？

一是采取"抵赖"、"不予理睬"、"置之不理"、"不承认主义",这是伊藤博文、陆奥宗光等人定下的国策,被历届日本政府坚定地奉行。

二,正因为不承认种种暴行和罪行,所以便不忏悔,不更弦改辙,继续我行我素,这是日军在几十年的时间内一而再、再而三地在中国大规模地杀戮平民的根本原因。

三是实在抵赖不过去,就采取篡改历史,避重就轻,多找借口,轻描淡写的手段,继续欺骗公众和后代。典型的例子便是在日本学校的"教科书"上斟酌字句,一再修改,大做文章,比如创造性地用"进入"一词代替"侵略"。

四是吹捧、纪念、崇拜、神化战争罪魁,将他们的亡灵供奉在靖国神社,让世世代代的日本人都将他们视为民族英雄。首相等政界要人,顶住世界舆论的压力,坚持年年参拜;假如迫不得已需要稍作收敛,那么便用改换日期参拜的方式来掩人耳目。

甲午战争已过去一百多年,第二次世界大战也过去了半个多世纪,纳粹德国虽对人类犯下了滔天罪行,但战后德国政府深刻反省,忠诚忏悔,赢得了世界各国的信任,极大地改变了整个国家和民族的形象。而日本呢？永远背着"不忏悔"的因袭的重担前行,悲乎?!

鲁迅先生在一篇杂感中说过:

> 多有不自满的人的种族,永远前进,永远有希望。
>
> 多有只知责人不知反省的人的种族,祸哉祸哉![1]

先生对于只知责人不知反省的人与种族,连用了两个"祸哉"! 说到这里,不妨再录一则唐代柳宗元的《蝜蝂传》中的一段:

> 蝜蝂者,善负小虫也。行遇物,辄持取,仰其首负之。背愈重,虽困剧不止也。其背甚涩,物积因不散,卒踬仆不能起。人或怜之,为去其负;苟能行,又持取如故。又好上高,极其力不已,至堕地死。

三十八、英雄蹭蹬与逃将逍遥

古人用兵,先明功罪赏罚。古代兵书《六韬》记载了周文王问太公姜尚:我欲"赏一以劝百,罚一以惩众,"应该怎么办? 太公说:凡"用赏者贵(守)信,用罚者贵(必)行。"如能对于你所见、所闻的事都做到"赏信罚必",那么,那些你所未见未闻的事,也都自然会潜移默化了。"赏信罚必"就是诚信,诚信可以畅行于天地,上达于神灵,何况对人呢!

春秋时著名军事家司马穰苴说:"赏不逾时",以便让群众迅速得到为善的好处。"罚不列迁",目的是让群众迅速看到不为善的害处。

明朝抗倭名将戚继光对这一重要原则有更深刻的阐述:"故诛一人而千万人顺,诛其心也;赏一人而千万人奋,赏其心也。"当赏不赏,是阻止善行;当罚不罚,是姑息养奸。清朝吉洪亮进一步阐明了赏罚不明、不公的严重后果:"有功而使无功者受其赏,则有功者解体;有罪而使无罪者代其罚,则有罪者益恣。"

甲午中日战争,中方一败涂地、割地赔款、签订屈辱条约之后,清廷自然要对海陆战的将领论功罪赏罚。可惜在做这件极为重要之事时,又失之公道,使功臣埋没其功,反作其过,或者对英雄人物未廓清谣言,毁其名声;而罪孽深重的逃将、败将,则未追究责任,予以严惩,让其逍遥法外。清廷的政治腐败与黑暗由此也可见一斑。

在甲午战争的整个陆战中,逃将、败将层出不穷,比比皆是,而慷慨赴敌、

---

① 《鲁迅全集》第一卷,第359页。

英勇善战、屡挫强敌的徐邦道可谓是出类拔萃的英雄人物。主要表现在主动领兵保卫金州重镇、在石门子布阵阻击日军进兵;特别是在土城子阻击战中,是甲午战争爆发以来清军的一次重大胜利。

此役,日军被击毙将卒 11 人,负伤 35 人;打击了日军骄横不可一世的气焰,粉碎了日军不可战胜的神话。日军被迫承认土城子战斗的失败,是对"日本军队最有效刺激的良药",表示今后对清军"决不能妄加蔑视,战阵必须慎重戒备。"①

在 11 月 21 日的旅顺口保卫战中,徐邦道率拱卫军负责守卫鸡冠山堡垒。当日军向阵地进犯时,徐邦道指挥部下"顽强抗战"。激战一小时,击毙第十四联队第一大队长陆军少佐花冈正贞及日兵多人。但这时日军已攻破了鸡冠山西侧的椅子山,松树山、二龙山诸堡垒。徐邦道孤军难守,被迫率军退入市区。午后,日军在占领旅顺后路各堡垒后,突入市区。双方进行了激烈的巷战,清军死伤惨重。当晚,徐邦道、张光前、程允和等率残部乘黑夜沿南关岭退往金州。翌晨,旅顺口陷落。

旅顺口失陷后,徐邦道率溃卒走金州依宋庆。不久清廷下旨,将其褫职,即剥夺职务,革职,大功臣竟然落得这样的下场!

1895 年 1 月 10 日,日军攻盖平,宋庆令徐邦道率军往援,军未至而盖平已失。徐邦道与章高元合力反攻,未克。2 月 21 日,清军第四次反攻海城,宋庆调徐邦道拱卫军进攻大平山。之后,又与湘军吴大澂等五攻海城,均不克。3 月 5 日,日军发动辽河下游战役,徐邦道率军在牛庄、田庄台继续抵抗。

1895 年 4 月,辽阳告警,依克唐阿奉调援辽,徐邦道率军同行。到防不久,中日议和,签订丧权辱国的《马关条约》。徐邦道强扼内心的痛楚与悲愤,犹修垒练兵,不辞劳瘁,以致积劳成疾,病殁于阵前。

在生命的最后时刻,徐邦道仍以国家安危和民族存亡为念,遂口述遗言,上呈朝廷。在遗言中,徐邦道直陈利弊,呼吁振奋。他根据自己力守金旅,转战奉省与日军作战的实践,指出:清军失败,是"震慑于洋队,不肯死斗","往往前敌交绥而后军先退,彼军接仗而此军旁观","甚至距敌数十百里,未见贼影,未闻炮声,一听谣传遂即逃溃"。深感参战清军"主帅无严明划一之合,将领无忠勇刚果之心,士卒无团结亲上之义"。

他恳请朝廷"急筹水师,慎选将帅,力图自强"。他认为,"将帅必有爱国

① （日）川崎三郎:《日清陆战史》,卷六,第 266 页。

之心而后乃有忠勇之气。不贪利则士卒归心,能自勇则众人奋志"。遴选这样的将帅统率军队,才能攻无不克,战无不胜。他希望"皇上严饬内外臣工力致富强。持之以恒……共致中兴"。并希望"与外国交涉勿事迁就","国家怀柔不宜太宽"。字里行间流露出对国家前途命运的担忧和对清政府实行的主和避战政策的不满之情。他念念不忘"身受国恩,涓埃未报","生不能破敌以报朝廷","死亦当毅魄以酬恩遇"。其爱国之心,灭寇之志,跃然纸上。徐邦道是一个真诚的爱国者,真正的民族英雄。当帝国主义侵略者把战争强加于中华民族时,他挺身而出,身先士卒,奋勇冲杀于阵前,即使被褫职,处逆境,仍不消沉,奋战如常,为保卫祖国,驱逐日寇,顽强奋斗,直至生命的最后一息。因此,他将永远受到中国人民的尊敬,他的英雄事迹将永载史册。

徐邦道生前坎坷,以功当罪,郁郁而死,令后人唏嘘不已。金旅之役的失败,是全局的形势决定的,他岂能有"回天之力"?然而,清廷不审视自己的责任,不仅赏罚不公,而且功过颠倒,竟拿有功的将领当替罪羊,真可谓是"千古奇冤"!虽然在他死后诏复原官,并赐优恤,但在他有生之年时,并未给他正名,致使留下"常使英雄泪满襟"的遗憾与悲壮。

另一位英雄蒙冤受屈、未彻底正名者,便是金州副都统连顺幕派遣的送机要信件不幸落入敌手而宁死不屈的王书翰使。

王书翰使的故事,甲午战争后即在大连地区,特别是金州一带广为流传。解放以后,介绍此事的文章也较多,然最具影响者,当推周之风与孙宝田的文章。

周之风曾写道:

> 徐军击败日寇的初期,日寇的第一师团本部又派出骑兵绕道袭我十三里台、乾家子等处,割我金复路上的电线。忽然,从南来一个骑着马背着公文袋的中国兵勇被日寇截住。日酋斋藤逼问兵勇说出旅顺军情,他拒而不答。又备酒食,无耻地诱我兵勇。说什么"你有父母妻子,道出来军情就不杀"。兵勇气愤地骂起日本鬼子,并说:"杀头就杀头,饭是不能吃的!"说罢就乘隙触石英勇地殉国。[1]

孙宝田在《金州副都统幕王君死难记》一文中,更为详细地记叙了王书翰使殉国的过程。

---

① 周之风《旅大小史》,1962 年,大连图书馆未刊本。

他写道,"光绪甲午九月二十六日,倭军万余人在貔子窝花园口登陆袭击旅大后路。金州副都统连顺有马步两营及旗兵洋枪队二百人、抬枪队百人,由营官荣安带领,遥受盛京将军裕禄节制。正定镇总兵徐邦道率楚军马步三营赴援平壤过金州。闻平壤已失,留金堵御。见倭军来势汹汹,恐力不敌,急赴大连湾,见淮军统领赵怀业。言都护兵单,不足拒敌。一旦金州失守旅顺难保,吾等宜合力助之,以保金州。怀业谓,我等奉李中堂之命,守大连湾炮台,战非我责。连顺亦亲见赵,坚拒如前。赵有炮步马队六营,多新式武器,惑于汉奸郑永昌冀保生命资产约,以不打媚敌,土人遂以'赵不打'呼之。倭军逼近刘家店,我军所埋地雷,药不犯火。徐总兵屡次进攻,寡不敌众。再赴大连湾,乞赵借兵两营。赵不得已,允以驻苏家屯之一营两哨与之。及接营仅两哨步兵而已!徐失望。连顺知淮军不可恃,乃以书乞援于裕禄。大意谓,倭军逼近,局势日紧,徐总兵虽歼志日坚而孤军无援。赵统领观望,程军门未到,各将意见不一,金州恐难固守。"孙保田之文接着写道:

> 本拟电禀,因电台在淮军手中,不能托之。故驰函历陈,请速选主将指挥抗敌云云。书交幕下王君驰送,令荣安护送出境。王君佚其名及乡里、官职。十月初四日黎明,向城东土城子出发,奔至李家屯北山坡上,遇日军侦察队。护送马队立即东转,意图吸引敌军,使王君得脱去。不幸马身中弹被虏。敌军押至其十五联队。第一大队长斋藤德明始用柔语诱之,继以酷刑拷问,王君坚不吐实情。后搜出文件,知事败,义不苟生,大骂敌人,头触石而死。①

王书翰使的名字已被湮没了百年。人们只知其姓王,故以"书翰使"称之,或以"王君"称之。或因其为金州副都统衙门内的"笔帖式"一类的文书官,故亦称为"王记室"。当时的形势是,敌人大军压境,阻断金州北去的道路,电信不通。此时北上使者的任务,不仅在送信,更主要的是面陈军情,催促援军。所以,作为信使,必须具备三个基本条件:一是,要了解金旅军幕内情,以便能代表连顺汇报军情和催促援军南下;二是,要有忠于职守、敢于冒死突围的精神;三是,要能随机应变。据此,连顺从其幕内选择送信之人也顺理成章。

关于王书翰使被俘的时间,孙宝田的文中作"十月初四"即 11 月 1 日,周

---

① 孙保田《旅大文献征存》卷三。

之风的文中作"徐军击败日寇的初期"即11月4日。究竟如何？学者张本义先生为此曾认真查阅了《李鸿章全集》中甲午战争的有关电稿①。现将张本义先生有关内容移录并略加按语转载如下：

1894年10月29日赵怀业、徐邦道给李鸿章的电报称："闻程军门②尚未到复州，该处无电局，已专马函催。"

1894年10月31日李鸿章给译署的电报称："程提督之伟，闻于二十一日由营起身，顺已数次专马函催，皆未回来，不知该军现抵何处……"

1894年11月4日，连顺、赵怀业、徐邦道给李鸿章的电报称："程军闻已抵北瓦房店，昨又转回复州。顺等数次专信，均未回来，该提督亦不知现在何处。"同日，李鸿章复电："昨又奉严旨，饬程之伟速往金州，会商防剿。已令善道专马送交，望再专人催导，令其绕道带队赴金，否则，定干重咎。"

1894年11月4日李鸿章复赵怀业的电报称："我与宋均电催刘镇回金，乃毫无消息，巧滑可恨。汝再专人往迓。"

1894年11月6日李鸿章寄译署的电报称："金电不通，倭逼日近……初七后，金州电为日所断。"

从以上五件电文可知，从10月29日开始，直到金州城陷落，连顺、赵怀业、徐邦道确曾连续派人专函催程、刘二军南援，并数次派遣官兵前往金州城东或城北方迎迓。而孙宝田文中所说的派员向盛京将军驰函，实应为专马往复州方向催程、刘二军南援。至于"电台在淮军手中，不能托之"云云，应属误传。

据上述电文，可以说王书翰使死时当在11月1日或11月4日。然而，到底发生在哪天？

张本义先生通过查阅日人所著《明治二十七八年日清战史》一书得知，由步兵少佐斋藤德明率领的日军大股侦察部队——金州支队，从11月3日开始，在城北和城东连续遭遇到数量为20、30、40乃至上百的清军骑兵。11月4日，为了切断清军的通信联系，斋藤德明派遣骑兵少尉山口毅夫率骑兵一个中队"于午前7时30分由亮甲店出发，午后零点50分在三十里堡北方破坏电柱三根。奔向金州途中，捉住敌人通信员一名。于五十里堡再次破坏两根电柱

---

① 参见顾廷龙、叶亚廉《李鸿章全集电稿》，上海人民出版社。
② 按，指受李鸿章之命自营口带二千晋兵南下援金的大同镇总兵程之伟。

之后……拉着俘虏,7 时 30 分回到刘家店。①

日人《日清战争实纪》中的一段文字值得注意,现移录如下:

> 为了切断敌军的通信联系,当天斋藤德明少佐向通往复州道路上派去了骑兵一队,途中俘虏了敌军一骑兵。带回后经审讯和搜查,发现是从旅顺口携带数十份手写书简前往复州的。其中有敌将书信一份内容谈及有倭寇约 1000 人前来袭击。由此可以得知是从旅顺返回复州的通信兵。当把他绑起来押到支队以后,他乘卫兵不备,以头向带尖角的石头上撞去,企图借此自杀……

研究者认为,上述两处日文资料所记载的被俘的中国兵即是王书翰使。其被俘并触石的时间,应在 1894 年 11 月 4 日下午。

日本柏书房出版的《日清战争从军写真帖——伯爵龟井兹明の日记》(以下简称《龟井日记》)中,关于此事,有一段更为详细的记载:

> 山口少尉受命后,4 日向复州大道五十里堡与三十里堡之前,切断了两处电信线,并探知了至复州大道中间的道路。此时,见一中国人骑着马跑去。少尉骑马追赶,高声呼唤停下。那人不回答,反而跑得更快,尤其因那人骑马技术很好,随意奔跑,很难追上。即以手枪向他侧面发射,他仍不听。遂派神速的骑手追赶。因在马背上搭了沉重行李的原因,此人终被捕获。该中国人在便服下着军装,并携带从旅顺口到复州的数封书信。其中有一将校书信,信中言一千余倭兵来袭云云,因此认为是敌骑兵。带到斋藤少佐营中,少佐命翻译官审讯,欲得到敌情。
>
> 然而,他只说名叫王清福,年龄二十四岁,其他什么也不说。只说我是兵,快杀。自己向路旁的岩石碰去企图自杀,又绝食。斋藤少佐怜他,劝他,指出其想法错误,他仍顽强拒绝不听,只是一个劲地请求快杀。又说,我前日领命到旅顺口,现在领命回到复州,不幸在此被捕受辱。同时,还将知友给某妇人赠答的书简也被夺去,因此无颜面再见别人。我弃生愿死,所以请速砍头,态度镇定不动摇。少佐深感其义,且怜其情,恳切地劝说……于是,王清福感泣少佐之义,跪拜各队长,终于断自杀之念,入我野战医院治疗额头之伤。

由此,我们可知,王书翰使的真实名字可能叫王清福,24 岁,复州人。因

---

① 日本参谋本部编《明治二十七八年日清战史》东京印刷株式会社,第 3 卷。

其后来是被"拉着"入日军刘家店野战医院的,故知额头之伤势较重,并可见他拒敌之诱骗,自杀之坚决。按照当时的医疗条件分析,王书翰使死于刘家店野战医院的可能性极大。

那么,王书翰使果如《日清战争实纪》中所说的,由于斋藤德明的劝说而"尽吐实情"成为可耻的叛徒了吗?从上述全部中方和日方的历史文献资料分析,否定的结论不言自明。其理由主要是,日酋斋藤德明软硬兼施的目的,是为了"拟以此让他吐露敌情"。而从上述日方文献来看,王书翰使只说了自己是复州人,从旅顺口领命回乡,家有老母,日夜盼归。另因知友给某妇的赠答书信被夺去,无颜见人,故欲自杀云云。

从当时中方的电文中我们知道,焦急万分盼望援军的是金湾诸将连顺、徐邦道等人,而未见到旅顺诸将遣人北上催援之记载。故可以断定王书翰使应是从金州出发,而绝非像其所供称是自旅顺而来。又据如前中文资料可知,王书翰使应该是非常了解金湾军情之人。当时,李鸿章曾电谕"专人催导"。此"催导"任务,绝非一般"通信员"所能完成。至于王书翰使所携书信,或可向复州方面做身份证明之用亦未可知。为不暴露自己的真实身份,王书翰使编造了一些谎言诓敌,也是情理之内的事。

如果说《龟井日记》是当时现场的记录,而成书于战后的《明治二十七八年日清战史》和《日清战争实记》也没有记载王书翰使的实际身份和所负使命。可见,王书翰使是成功地掩盖了自己的实际身份,而日方终也未能得知其北上的实际使命。

上述日文资料在记述此事时,竭力宣传日军的"仁勇"。所以,着意渲染由于斋藤的"仁爱勇武",致使王书翰使"跪拜"并"断自杀之念"云云,显然是编的谎言。

如何看待王书翰使的"跪拜"?笔者认为,"跪拜"之述,仅见《龟井日记》,且是为宣扬其"仁勇"而着意描述者,未可证实。如前所述,如果王书翰使真的降敌叛变,则后来的日方资料不会不着意渲染得到的军情,并必定要充分利用王清福的叛变大肆宣传,以达到其政治目的。而且,金州当时的父老也不会将王书翰使视为英雄而传诵至今。还有一条重要的证明是:最终结果,从王清福的嘴里,金湾军情一无所获,且王清福头触石之后便死了。

关于王书翰使北上路线和被俘地,研究者经调查了解并参考文献认为:11月4日,王书翰使沿着复州大道北上求援,行至三十里堡至五十里堡之间时,遇到了敌军,转而东奔。因敌穷追而在亮甲店东北土城子附近李家屯被虏。

《光绪甲午中日之战，金州副都统幕府王书翰使死甚烈，作长歌以记之》是陈云诰为王书翰使壮烈殉国之事所作的一首长篇叙事诗。与陈云诰的诗作同时，山东郯城人，时年82岁的清宣统贡生孙似楼写下了题为《吊忠魂》的七绝，以歌颂王书翰使的壮烈事迹。其诗颇得空灵之气，文学价值较高，兹一并移录如下：

> 海疆要塞是金门，捍卫辽东固本根。单骑乞援非得已，奋身不惜走山村。
> 合肥宰相妄称强，海上非同旧战场。城下寻盟甘割地，九原毅魄亦心伤。
> 突来倭寇势纵横，众寡悬殊炫劲兵。淮上将军皆怕死，此君虽殉气犹生。
> 李家屯外土城村，忠骨长埋有旧痕。野老自能谈往事，不劳史笔表忠魂！

李鸿章麾下的庞大军队，国家无事时在百姓面前作威作福，腐化享乐，一旦有警，则撇下百姓，望风而逃，所以庸将、败将、逃将车载斗量，不可胜数。

南洋大臣刘坤一曾经指责过李鸿章，说他的淮军"分屯南北，每年糜饷千万两，……以此养精蓄锐，倘遇敌而不能一决，求为贾平章亦不可得矣"，现在应验了。

文中提及的贾平章，乃是南宋末年贾似道，一贯主张对忽必烈屈膝求和，称臣纳币，在朝中权势甚重，封太师，平章军国大事。后来元军大举南下，他隐匿军情不报，结果仓促应战，大败后革职放逐，途中被押送人在漳州的木棉庵诛杀。

陆战中，从平壤到鸭绿江，也有左宝贵等能战的军队；而最腐败的正是从大同镇调来的，李鸿章的淮军大将卫汝贵。这也不能说只是"直隶一省"了吧！卫汝贵抱着无可奈何的心情奉令上前线，其妻给他写信说：君起家戎行，致位统帅，家既饶于财，宜自颐养。且春秋高，望善自为计，勿当前敌。

"贤内助"、"好妻子"不仅想得周到，规劝及时，而且是位才女，用语委婉体贴，精炼达意。丈夫还未上前线，提醒他：先要想到现在的统帅之位，家"饶于财"是来之不易的，既然已捞足了理应享福，安度晚年，所以要多为自己和家庭考虑，让别人去冲锋陷阵，躲在后面保全性命为要。卫汝贵的畏葸善逃跑，当然不能全怪他妻子的一信，附带一提，这封丢尽中国军队将领颜面的信被日军截获后，把它编入教科书，作为反面材料教育他们的军人和国人。

在甲午战争中，清军中像徐邦道那样身先士卒、英勇抗敌的将领，如王清福那样大义凛然、宁死不屈的英雄可谓凤毛麟角，"出淤泥而不染，濯青涟而不妖"，更显得难能可贵。

旅顺失守,朝野震惊。李鸿章于11月23日晚得知旅顺失守消息后,连夜报知总理衙门。光绪于次日得知旅顺失守消息后,随即颁发上谕,对李鸿章进行"薄惩",上谕说:

> 李鸿章电,旅顺失守,览奏曷胜愤懑!该大臣调度乖方,救援不力,深堪痛恨。著革职留任,并摘去顶戴,以示薄惩,而观后效,刻下逆氛益炽,各海口处处吃紧。著李鸿章迅即亲赴大沽、北塘等处周历巡阅,严密布置,不准再事迁延,致干严谴。……至旅顺失守详细情形,仍著李鸿章迅即查明复奏。①

11月27日,清廷又颁发上谕,要李鸿章查明龚照玙有无"潜逃惑众等情"。上谕说:

> 有人奏,旅顺未失以前,总办船局道员龚照玙潜逃回津。声称旅顺失守,擅离职守,蛊惑人心等语。龚照玙在旅顺是否专办船局,抑有别项差使?如果有潜逃惑众等情,著李鸿章据实参奏,勿稍徇隐。②

12月10日,李鸿章回奏清廷有关查明龚照玙有无"潜逃惑众等情"谕旨,李在奏文中,说他"本是文职,既与带兵不同,既办局差亦非守土可比",因船坞失陷而将其"即行革职",接着吹嘘其"在北洋办理机器制造逾二十年,深得西法奥妙,一时无出其右",竟提出"留营效力"。

但光绪帝批道:"龚照玙著即革职,不准留营。"

旅顺失守,群臣愤恨,一些官员也先后上折,要求惩办旅顺败将。11月28日,山东巡抚李秉衡上折,12月12日再次上折。御史张仲也于12月15日上奏清廷,请求将旅顺败将赵怀业、龚照玙、卫汝成、黄仕林等"立于军前正法"。

12月17日,清廷颁发上谕,将龚照玙"拿交刑部治罪"。

北洋前敌营务处兼船坞工程局总办龚照玙

---

① 《中日甲午战争档案》758,《中日战争》丛刊续编,第1册,第603页。
② 《中日战争》丛刊续编,第1册,第632页。

旅顺之失,也使李鸿章陷入极其尴尬的境地。为摆脱困境,李鸿章以退为进,于12月21日上报清廷,主动请求对旅顺败将进行严惩,实是为部下开脱。

清廷接获旅顺失守消息虽十分恼火,但也无计可施,只好接受李鸿章建议,将旅顺败将"革职留营立功自赎"。

姜桂题、程允和、张光前等人主动投入宋庆军营,"截罪图功",这使清政府很高兴,但卫汝成、黄仕林没有下落,又让清政府极为不满。为此清廷于12月27日颁发上谕,让李鸿章查拿卫汝成,查明黄仕林下落。上谕说:

> 前因旅顺失守,饬李鸿章查明卫汝成、黄仕林等下落。兹据李秉衡奏称,卫汝成临敌逃窜等语。记名提督卫汝成,于赴援旅顺时,沿途纵勇殃民,旅顺失守,闻风先遁,著即拿交刑部治罪,李鸿章迅即派员起解,不准稍涉延缓。记名提督黄仕林,仍著查明下落,迅速复奏。①

12月31日,李鸿章上奏清廷,主张将黄仕林革职,永不叙用。清廷认为黄仕林失守炮台,仅予革职,处罚太轻,决定将黄仕林"拿交刑部治罪"。1895年1月9日,清廷又颁发上谕查拿赵怀业、卫汝成。

1月22日,龚照玙被李鸿章所派候补知县吴调鼎押解到刑部,次日,刑部上奏清廷说,"查该革员龚照玙案情较重,可否简派大员会同臣部审讯,抑或遵照钦奉谕旨按例治罪之处,请旨定夺。"同一天,清廷颁发上谕,要刑部"按律定拟具奏"。

尽管龚照玙已被拿交刑部治罪,但言官们仍不愿放过他。1895年1月31日,湖广道监察御史蒋式芬上奏要求对龚"从重定罪"。清廷对蒋式芬的上奏极为重视,当天就特发谕旨说:"即著刑部按照该御史所指各节,归入前案,一并严讯具奏。"2月14日,广西监察道御史高燮曾上奏清廷,请求"严讯"龚照玙。

对于高燮曾的奏折,清廷也十分重视,于2月14日下谕:"著钞交刑部阅看"。

接着,洪良品上奏请求严办龚照玙:

> ……龚照玙总办旅顺全军营务,十月初九日闻大连湾警信,是夜即潜往烟台,因之部兵逃散,到处扰掠,所弃船厂料物水旱雷六百余具,暨军械炮台,计赀均值千万数,而贼犹未到;是旅顺因龚照玙逃走而后失陷,其罪较之被贼攻失陷者尤重。至卫汝成、赵怀业等,不知下落,恐其逃入敌中,

---

① 《清光绪朝中日交涉史料》2193,《中日战争》丛刊,第3册,第290页。

请旨密拿务获。……此数人平日克扣军饷,侵吞公项,家赀各拥巨万,合无请旨饬下各督抚,严密查钞,以助军饷之处。伏乞圣裁。①

赵怀业、卫汝成、黄仕林 3 人潜逃不现,清政府也极为生气。2 月 16 日,清廷颁发上谕,"查抄"3 人家产。

3 人逃匿不现,各地督抚也十分气愤。12 月 9 日,山东巡抚李秉衡得到卫汝成潜逃济南的消息,马上致电济南藩台汤聘珍说:

> 顷闻旅顺逃跑之统领卫汝成坐轿车赴济南等处,望即密拿,如有人拿获者,赏银三百两。并请排单知会泰安府查拿。②

尽管如此,但清廷始终未能捉拿到赵、卫、黄三人。笔者对这几个罪恶深重的逃将"始终未能捉拿到",就不了了之,感慨不已。

古代刑部的办案卷宗与当今公安部门的案件存档,虽未作考证、研究和调查,但可以推想而知:未侦破的案件和未归案的逃犯肯定是有的,破案率和惩办罪犯不可能是百分之百。那么,对于朝廷下旨严惩的要案,案犯是甲午战争中逃将、败将这样有影响的大人物,且逃跑时赴济南等处是"坐轿车"的,竟"潜逃不现",终未治罪,这就令人匪夷所思了。

2 月 18 日,刑部将对龚照玙审讯结果上奏清廷。

同一天,清廷批准刑部对龚照玙的处理意见,并颁发上谕说:

> 刑部奏遵旨严讯革员……龚照玙按照律例分别定拟罪名,请旨遵行各一折,……已革道员龚照玙,均著照该部所拟斩监候,秋后处决。③

但龚照玙秋后未能被处决,后因"运动得法",于 1900 年八国联军入侵北京时出狱,次年南归安徽故里。

有研究者认为:"龚照玙一案,不论从哪个角度看,似都应是一件冤案。"

第一,龚照玙不是"防守要隘"的"文武员弁",更不是"统带重兵"的大员,而仅仅是一国营军工企业的厂长④,无防守旅顺之责。因此,例载"防守要隘文武员弁统带重兵畏葸巧避失守要隘者照守边将帅失陷城寨律拟斩监候"一项与他无关。第二,船坞之失,责在军队,而非龚照玙;军队不但有保护旅顺

---

① 《清光绪朝中日交涉史料》2606,附件二,《中日战争》丛刊,第 3 册,第 430 页。
② 《中日战争》丛刊续编,第 1 册,第 681 页。
③ 《清光绪朝中日交涉史料》2647,《中日战争》丛刊,第 3 册,第 455 页。
④ "总办旅顺船坞"应是厂长,"会办北洋沿海水陆营务处"应是虚衔。

之责,也有保护船坞之责①。第三,即使退一步讲,龚是统兵大员,又是守土官长,考虑到敌我双方力量相差悬殊,似也不应入狱。但龚照玙却不但入狱六年,却还一度被定为斩监候,在死亡边缘徘徊。清末司法之霸道,君主之专横,言官之昏聩,于此可见一斑。

旅顺之失,龚照玙成为替罪羊,而真应负其直接责任的一个是直隶总督、七个统兵大员,除三个在逃外,其余五个或予以"薄惩",或均在军营效力,立功自赎,逍遥法外。清最高决策者的主次不分,是非不分,赏罚不明,本末颠倒,蛮不讲理,专横霸道,令人难以置信。龚照玙虽为文官,但不逃不避,敢赴刑部受审,而其他三位逃将却不足为训。②

笔者对上述言论,有赞同之点,也有不敢苟同之处。谓"龚照玙一案,不论从哪个角度看,似都应是一件冤案"的断言似觉欠妥。

龚照玙以道员任旅顺前敌营务处兼船坞工程总办,代北洋大臣节度,"尽护诸将,实际隐帅旅顺"。不管是虚位还是实职,龚理应尽责尽力,与诸将同心协力,尤其应做好协调和联络工作,不应最早便逃之夭夭。他既然是"代北洋大臣节度","任旅顺前敌营务处",那么谓"旅顺之失,责在清廷与防守旅顺之众将领身上,于龚又何责之有?"有过分庇护之嫌。

败将究竟为何而败,要作具体分析。胜败兵家常事,尚有虽败犹荣,不能"惟败问罪",统兵打仗可以"败",不可"逃",故若是逃将定要问罪。逃将之中,最可恶的又是率先逃者、始作俑者。龚照玙便是个典型。需知,在保卫旅顺口的最危急、最关键的时刻,他最先借口逃离,影响是极其恶劣的,直接动摇了军心,瓦解了斗志,为后来的逃将开了先行。后来,他受李鸿章训斥回旅,又"不能联络诸军,同心固守",在保卫旅顺正激战之时,与"赵不打"、"黄鼠狼"之流,窜向海边,登船逃跑,这种恶劣的行径岂可免罪、不予惩办?刑部和御史们对他愤恨,很大程度上是在于他两次逃跑,逃得比谁都快,这样的将领,惩治他何成"冤案"?但在受惩治时,他没有像其他几位哥们一样设法逃匿,这点是值得赞许的。

甲午战争无论陆战、海战,打了那么多败仗,出了那么多败将、逃将,但真正问罪、惩办的屈指可数。海战中被处斩的是方伯谦,陆战中受审定刑的是龚照玙。这就失之公道了。法律的基本特点和要求是公正与公平,"法律面前

---

① 龚照玙也是保护对象。
② 参见孙宝田:《旅大文献征存》,第3卷,1961年手抄本,大连图书馆藏。

人人平等"，"王子犯法与民同罪"，不能有的惩办，有的放纵；有的严惩，有的宽恕。因为如此，必然会使受惩治者不服，大叫其屈。笔者对方伯谦此案的基本观点也是如此。

以史为鉴，可以知兴替；以人为镜，可以知得失。审视历史人物的功过是非，对他们的奖惩赏罚，都能给我们提供一面镜子，使我们在现实中处理人和事时，能遵循原则，让时人与后人都心悦诚服，这是"史鉴使人明智"的重要体现。

三十九、旅顺口陷落的历史沉思

在写这一节的时候，笔者心头自然而然冒出这么一个问题：花重金、用血汗、费苦心、下气力建设军港、要塞、炮台、船坞、弹药库、码头、军舰、航标等一切军事设施和武器装备，究竟为了什么？特别是在"天造地设"的优良港口、"国门锁钥"的关键之地？

这个问题似乎问得幼稚，甚至可笑。为了什么？为了抵御外敌入侵、保卫祖国呀！一句话：为了"抗"、"御"、"制"、"克"敌人，所以要不惜血本。那么，如果建设好之后，轻而易举地"资"敌了呢？如果将这一切全部为敌人"做嫁衣"来打自己呢？这样，损失的代价、造成的危害是不可估量的。此乃在对旅顺口陷落的历史沉思时，应该首先深刻反省的教训。

这个痛心疾首的严酷事实，在甲午战争进行期间和结束后，我们先辈中的有识之士已留下不朽诗篇。房毓琛在叹辽东重镇海城清军无战守志，弃城资敌，抒发悲愤道：

……县官逃，胥吏走。兵如惊禽骇兽，疾行不敢回首。何处觅元帅？东卯而西酉。吁嗟乎！邑有城，城有官。城下有池，城内外有山。民有米粟，商有金钱。兵非不利，甲非不坚。以此奉敌，敌人喜欢。呜呼！敌人欢，民人叹，万姓流亡何可言！

郑观应《闻大东沟战事感作》，更有两句石破天惊的呐喊：

那戡平旅如金汤，拱手让人千万亿。

李鸿章苦心经营十数年的旅顺军港和大连湾炮台，不论在兵力和炮火都有御敌和制敌的条件，"乃不能一日守"，轻陷敌手之后，几万人惨遭屠杀，六万亿的军事设施和装备资敌。甲午战争金州、旅顺之役，中国所付出的代价是极其沉重且沉痛的。输要输得明白，惨败之后要换来猛醒，所以有必要对旅顺口陷落原因作一番分析研究。笔者着重从政治、军事的角度进行宏观思考和梳理归纳，觉得除了战略错误这条致败总根之外，至少还有以下八条教训值得永远记取。

1、从战争全局的组织指挥看，日本进行的是举全国之力的"国民战争"，而清廷进行的是连统帅部都不健全的"皇帝战争"，且皇帝是个傀儡。

列宁说："战争是对每个民族全面经济力量和组织力量的考验。"

毛泽东说："战争不但是军事的和政治的竞赛，还是经济的竞赛。"国家机构的无能，根源又在于政治体制的落后与腐朽。

清政府腐败与落后，面对侵略，却要打脱离人民的"皇帝战争"；日本励精图治，依赖先进的政治制度进行国民总动员，要打的是"国民战争"。一个落后，一个先进。"落后就要挨打"是历史的必然。

北齐魏收说："金汤之固，非粟不守；韩（信）白（起）之勇，非粮不战。"

普鲁士的腓特列二世说："最卓越的军事计划，将会因供应匮乏而毁于一旦。"

徐邦道率领的清军在土城子痛击日军，苦战一天之后，官兵都饥肠辘辘，"其步卒非回旅顺不能一饱"，这仗怎么打？打的是什么仗？这能守住旅顺，进而"保卫祖国"吗？

过了四十三年之后，即1937年7月，日本帝国主义又策划"七·七"事变，又一次悍然发动了全面的侵华战争。那时候，中国的情况已起了很大的变化，日军的"对手"不同了，所实行的战略方针也大不一样了。自然，其结果也迥异了。毛泽东在《上海太原失陷以后抗日战争的形势和任务》中说："我们主张全国人民总动员的完全的民族革命战争，或者叫做全面抗战。因为只有这种抗战，才是群众战争，才能达到保卫祖国的目的。"

2、从两军对垒的数量、质量看，日本举全国兵力之精粹，清廷的抵抗只是临时拼凑的部分偏师。

根据甲午战争后日本参谋本部出版的《明治廿七八年日清战史》一书的估计，甲午战争前中国各省军队的步兵（包括炮兵、工兵）为862营，骑兵为192营。步兵每营平均按350人计算，总数为301700人，骑兵每营按250人计算，总数为48000人。步兵与骑兵总兵力为349700人。这个数字与清政府兵部、户部在甲午战争后的1898年统计的各省防军和练勇总数的36万余人，基本相符。① 这36万人包括八旗、绿营和乡勇。当时八旗军和绿营兵的训练废

---

① 《清史稿·志一百七·兵三》，卷132，第3931页。

弛,不堪一击,可以说根本不能参加战斗,有作战能力的只占军队总数的 1/3。这也就是在日本发动甲午战争时清政府因兵力不足而仓促招募新兵的原因。

在甲午战争前,日本陆军虽只有 7 个师团,近 7 万人,而在中日甲午战争中,日本却动员了预备役,总共动员的兵力达 24 万人,另有夫役 15 万多人。派到国外作战的兵力是 17 万多人。[1] 并且在甲午战争时,日本军事制度、组织均已近代化。

通过以上比较可知,中国陆军的总数量似乎还超过日本,但这只是停留在毫无实际意义的"数字"上。

在整个战争期间,日军投入战场总兵力达 17 万余人,而清廷因腐朽的制度决定了没有组织、动员和调动能力,实际投入战场的陆军只是部分"偏师",且在数量上比日陆军要少得多。除了李鸿章直隶淮军 49 个营的 2.5 万人外,其他不过万余人。

战争双方陆战对阵的形势是:清兵训练废弛,畏敌如虎,实际投入作战的人数明显处于劣势;日军训练有素,士气高昂,且数量上大大占优。

3、从双方的战略态势看,日军统帅部经过长期准备,通盘运筹,精心策划,而清廷是仓促抵御,各自为战,杂乱无章。

毛泽东在《论持久战》中指出:"优势而无准备,不是真正的优势,也没有主动。"他在解放战争时期总结并提出的著名的"十大军事原则",其五便是:"不打无准备之仗,不打无把握之仗,每战都应力求有准备,力求在敌我条件对比下有胜利的把握。"

日军是优势而有充分准备,清军是劣势而仓促应战。就此一条,胜负已见端倪。

4、从统帅的才干看,清廷的统帅无能,丧失了打击日军的最佳时机。

"战争的胜负,主要地决定于双方的军事、政治、经济、自然诸条件,这是没有问题的。然而不仅仅如此,还决定于作战双方主观指导的能力。"(毛泽东:《中国革命战争的战略问题》)

且不论日军统帅部是再三遴选将帅,从大山岩到山地元治,到乃木希典等人,都是武士道精神武装的、以征服中国为职志、不凯旋"誓不还"的狂热的军国主义分子,而中国指挥这场战争的是谁?李鸿章、盛宣怀等人,在信息不通达的时代远在几千里之外遥控,对战场情况毫无头绪;自己没有能力,对如此

---

[1]　[日]藤村道生:《日清战争》,东京岩波书店 1985 年版,第 184 页。

关系重大的战略要地的决定性战役,竟不派遣得力的干将统一指挥;为临时统领诸军,竟然是在"群龙无首"时"民主选举",这在世界战争史上也是一个天大的笑话。正因为如此,清军与宋襄公一模一样,不在日军十几天艰难的滩头登陆时出击,不在金州石门子等地有险可扼处派重兵顶住,不集中兵力而是分兵把口,让敌人——个别击破。

有学者认为:"宋庆驻守旅顺12年,为巩固渤海防务竭心尽力,当时被称为'诸军之冠',深得人心。得知他将离开驻地,旅顺、金州、大连湾'民心惶惶'。""设使李鸿章仍让他守御旅顺,统帅各军,以他的威望,加上地利人和,旅顺之防御战绝不会打得那样糟糕,或许有另一种情况出现,亦未可知。"①这是很有见地的观点。就以徐邦道来说,只是统领为数甚少的仓促集中的几千官兵,在缺乏支援和后勤保障的极为不利的条件下,尚打了一次又一次的胜仗,让日军吃尽苦头。如果让他统筹兵力,有职有权,加强后勤保障,日军是决不能轻易得手的。

清军驻守旅顺的总兵力为14700人,加之旅顺背山面水,形势险要,设有炮台十余座,安有大炮七八十尊,诸将如能齐心合力,守住旅顺口还是有希望的。

还有,甲午金旅之战清廷的作战指导思想是前后矛盾的。开始时还是正确的:"湾防不守,则旅防可危",必须集中兵力,合剿倭贼,失湾必失旅。但随着战争的进展,在军情紧急的情况下,清廷却变得慌乱无章,以致造成作战指挥的重大失误,其"各守营盘"、"无守城之责"、"勿轻与战"、"多设地雷"云云,均是采取被动消极的防御战略,使诸将各不协调,节节败退,以致铸成最终的败局。

5、从战阵布局看,日军稳扎稳打,步步为营,而清军战线太长,布阵太散,出现"备多力分"、"地广人单"现象,致使本来优势的兵力变成劣势。

据记载,旅顺口保卫战打响前,清军一万余人大都被分布在东自崂岬嘴后炮台起西到羊头洼这一条长达五十余华里的半月形防线上。在这条防线上,除蟠桃山、大坡山、小坡山、东鸡冠山、望后北、二龙山、松树山、椅子山、案子山等近二十个炮台外,还有大量的行营炮台、临时土垒等。其中除重要一些的炮台驻防清军稍多一些外,其他地方驻防清军大都是平均使用,结果出现"备多力分"、"地广人单"现象。姚锡光在《东方兵事纪略》一书里谈到清军布防时

---

① 刘功成:《李鸿章与甲午战争》,大连出版社1994年版,第66页。

曾这样说:

> 方旅顺兵事之棘也,诸将不布远势而蹐于自守,当十月上旬,即经营扼后山之计,循老蛎嘴后炮台之北,沿山北趋,顺山势折而西,又稍北属至元宝房药库之东,水师营之南,逾椅子山炮台,再西而南抵羊沱凹,直走黑沙沟之北,逦迤包三面若半环形,依陆路炮台,严军自守;其无炮台之处,弥以行营炮;行营炮之隙,护以枪队;循山高下,补以土垒,当倭兵踞南关岭后,旅顺诸营自留守海岸炮台勇丁以外,尽数分布后山,即支行帐以宿。而备多力分,牵掣既多,敌人转得蹈我瑕隙。[①]

这样一来,使本来优势的兵力化为劣势的兵力,而进攻旅顺口的日军正是利用了清军这一布局上的失误,集中优势兵力将驻防清军各个击破的。

清军布局上的失误反映了清军将领整体素质的低下。对近代化战争一无所知,颟顸、糊涂,是当时清军将领的基本特征,旅顺将领也不例外,布局上的失误大大加速了清军失败的过程。

6、从官兵精神素质看,日军将士视死如归,勇往直前,而清军多数官兵贪生怕死,临阵脱逃,也大大加速了旅顺口清军失败的过程。

据记载,当旅顺口保卫战打响后不久,卫汝成、赵怀业、黄仕林等人就率先逃跑,使防守在白玉山、黄金山一带清军因无人指挥,不战自溃。结果不但动摇了军心,而且也大大加速了清军失败的过程。张光前虽没有逃跑,但他拒绝分兵后路,同样也大大加速了旅顺之战清军失败的过程。用徐邦道临终前的话说,便是"主帅无严明划一之合,将领无忠勇刚果之心,士卒无团结亲上之义"。

一位目睹旅顺之战的外国军官在谈到旅顺之战清军失败原因时说:

> 关于攻击旅顺口的各种情况,相信大家已经全都听说了。当地的一名军官说,清国人如此怯懦,实在达到令人难以置信的程度。他们在旅顺实际上并没有打到战争结束,这一点可以从他们据守的地点很少看到尸体上最可证明。清兵虽然向冲进东西两炮台的日兵进行了激烈的射击,但其射击无效,好像为此士气大为崩溃,到底是出于什么原因不得而知。大体上清兵不等日兵冲过来,都在日兵到达之前早就离开守备地点逃去。
>
> 防御到最后以至于以垒为枕战死的,只有守备最西的一个垒的仅为

---

① 《中日战争》丛刊,第1册,第40页。

少数的兵勇。

……

日本步兵的勇气也不能不说一句。虽说是清兵软弱,是以清兵之弱对日兵之勇而言,现其冒敌之火力冲锋陷阵,实为天下壮观,使清兵丧失士气主要是这个原因。因此,虽然清兵本不是其对手,但在冲锋时仍如此整齐猛烈。

美国记者克里曼说:

人夫也很勇敢:日本人的勇敢是不容置疑的。我与非武装的人夫一块儿行进在枪林弹雨之中;使我吃惊的是他们都意气高昂,常常是边发出笑声边前进。我想若是敌人逼近,他们不但不会逃跑,反而会向敌人投击石块。

日本随军记者龟井兹明写道:

今日午后,从大本营参谋长,接到敕语的通报,大家都武装列队拜听,只有感泣而已。一死报国,以身许君,尽管早已有此决心,今天又拜听了优渥的敕语,驻清兵士胸中充满了忠勇的热血。

7、从炮弹质量上看,日军发射的炮弹威力强大,似电闪雷鸣,而清军的弹药中竟多有哑弹,大半填装大豆和泥沙。

据《日清陆战史》记载:

旅顺口保卫战打响后,馒头山、黄金山海岸炮台所发射的炮弹,"虽其响轰轰,但我兵因之死伤极少,之所以如此,无他,海岸诸炮台所发射之大口径炮弹,其弹中大半填装以大豆或泥沙故也"。①

龟井兹明在日记里记载说:日军进攻椅子山时,清军"亦拼命还击。从松树山炮台也频频开炮援助,黄金山炮台也掉转炮口狙击我军。然而敌军炮弹虽为12、15、24厘米的巨型弹,但一个也不是霰弹,落在地上也不会爆炸,多是空弹掠空而过。反之,我军精良的山炮,特别是野炮发射的炮弹,都在敌阵上开花,全都命中,恰如雷电之闪,流星之陨。"②这就使人想

---

① [日]川崎紫山:《日清陆战史》,卷6,第291页。转引自孙克复等:《甲午中日陆战史》,第232页。
② [日]龟井兹明著《血证——甲午战争亲历记》,第145页。

起黄海大战时的情况：日本联合舰队主力舰"吉野"中巨弹多发，竟多是哑弹。

美国人约翰·罗林森，也引用资料说明黄海海战击中日本旗舰"松岛"和"西京丸"的炮弹未爆炸的问题。他指出："外国对李鸿章的'后勤'或供应机构的批评并没有错。"

李鸿章安插他的外甥张士珩为天津军械局总办，负责军火调拨。结果，有的炮"有药无弹"，有的炮"有弹无药"。更令人气愤的是，供应舰队的炮弹，或被偷工减料，或被以假充真，"药线铁管仅实煤灰，故弹中敌船而不能裂"。腐败的军械局官员帮了日本侵略者的大忙。这些直接关系到战争成败的问题，难道不要追究吗？这些罪恶的制造者理应严惩，杀之以谢国人尚不能抵罪，可是在李鸿章的包庇下，清廷则不了了之。

8、从军队成员的战斗能力上看，日军经过严格的挑选和训练，清兵多是临时拉夫充数，且多是社会渣滓，力量相差悬殊，根本不成"对手"。

克劳塞维茨在什么是战争的定义中说：战争的要素——搏斗。战争无非是扩大了的搏斗。如果我们想要把构成战争的无数个搏斗作为一个统一体来考虑，那么最好想像一下两个人搏斗的情况。

如单从人数上看，清军兵力稍优于日军，但从战斗能力上看，相差悬殊，犹如一个虎背熊腰的重量级拳击选手对垒面黄肌瘦的小个子病夫。

日军一万余人不但都受过严格的军事训练，而且个人整体素质也远比清军要高得多的多。清军一万四千万人中老兵仅有三千余人，新兵多达一万多人。

不要说新兵没有受过严格的军事训练，许多人甚至没有见过枪炮，"未得空操过一日"，老兵也没受过，故旅顺清军实系乌合之众。这样的军队没有战斗力，用这样的军队防守旅顺，欲其不溃是不可能的，欲其不速溃也是不可能的。

有关清军新募之兵整体素质的史料，我们见到的很少，只是一些笼统的记载，因此甲午战争时期新募之兵整体素质的具体情况我们很难描绘出来。日本人将其称为是"土匪和乞丐"，这一说法虽不无污蔑之处，但在某种程度上似也可以说明新募之兵成分复杂现象的确存在。清朝继承了中国历史上重文轻武习惯，并将这一习惯演绎到无以复加的程度。

在大清帝国里，"以战争为贱业，非大人君子所应为，至于军官，以粗野残暴之徒担当即可"。"士兵是由社会渣滓组成的，对士兵的轻视程度很深"，人民以当兵为可耻之事,有"好铁不打钉,好男不当兵"之俗语①。这样当战争爆发后,清廷匆忙募兵,所能募到的应只能是以没有生活来源的游民为主的新兵,其中应不乏乞丐和其他成分不纯之人,新兵质量无法保证。

甲午战争时期,清军新募之兵战不能战,守不能守,一触即溃,不触也溃;同时由于这些新兵纪律败坏,致使本来军纪就不好的清军军纪更加败坏。由于清军素质太低,没有战斗力,故驻守旅顺口清军虽在人数上超过日军,但事实上根本不是日军对手,往往不战自溃,"闻警"自溃,难以抵御日军的进攻。

"中国军队的目的不是作战。而只是威吓老百姓。"②由于军队质量太差,所以对清军来说,不论旅顺口炮台多么坚固,武器多么优良,事实上都是没有用处的。

此外,其他一些原因,如清军将领不善于指挥、清军机动部队没有发挥作用及各炮台之间缺乏应有的配合等,无疑也都是旅顺口保卫战清军迅速失败的重要原因。

美国沃尔特特派员克里曼,早先到朝鲜随行战地,现在又亲见旅顺口的陷落。回来后向其日本同行记者讲的话刊登在东京日日新闻。

克利曼的讲话,着重反映了日军官兵的素质、纪律等状况,这对于了解旅顺之战清军失败原因也有一些帮助,转载于下:

> 沉默的兵:他说日本军从某一点看颇为奇异,他们在行进时,没有音乐,没有旗帜,只注重实用一方。其组织极为精悍。从最高将官到最下士卒,都具极强的爱国之心。
>
> 卫生的完善:卫生以及辎重的齐备可谓世上无有比拟。但日本的辎重都因缺乏马匹,多用人力从事劳作。其野战病院除了可称赞之外,再无别的可说,在第一战,第二战,兵士皆携亚麻包装的消毒针,缝制坚固的防腐绷带包,如果负伤可自行包扎,如伤员不能自己包扎,则可步行到野战病院,若是不能就有卫生队来帮助。
>
> ……
>
> 胜利不骄:当日本军冲向敌人的时候,都灌注了最大的注意力,他们冲向清兵,都用(同)冲向敌国之近卫兵同样的慎重,故能战无不胜,胜而不骄。夜间运输船行进在皮(貔)子窝时,不拘黑暗,不点一盏灯火,以避开敌人的侦察,其用意之周到可以推而知之。

---

① 《西方人士对中日战争的评论》,《中日战争》丛刊续编,第7册,第293页。
② 《田贝论中日战争》,《中日战争》丛刊,第7册,第489页。

第八章　旅大沦为日本关东州

四十、李鸿章出使议和

1895 年 3 月 14 日清晨,阴霾低垂,天津港码头戒备森严,车马往来,一片忙乱。码头旁停靠着两艘悬挂黄龙国旗的商船"公义"号和"礼裕"号,这是中国出高价雇用的德国船只。因为自甲午战争惨败后,中国已无一艘舰船可派。清朝重臣、与日本求和订约的全权代表、年已花甲的李鸿章率领三十三名随员,此外还有管厨、厨师、茶房、打杂、轿班、剃头匠等共计 135 人在天津登船。李鸿章及主要随员登上了"公义"号,美国外交部律师科士达、前美国驻华副领事毕得格和一般工作人员登上"礼裕"号。

李鸿章心绪苦闷沮丧,神情凄楚悲凉地站在甲板上,向送行的属僚们挥手告别,然后在儿子李经方的搀扶下,艰难地钻进船舱。"公义"号和"礼裕"号相继离开码头,向东驶去。

此刻,李鸿章仿佛处于一场凶险的梦魇中。近几个月来的战事使他心力交瘁,迅速苍老。

1894 年 10 月底、11 月初,由于日寇铁蹄蹂躏辽东半岛,威逼奉天"根本重地",迫使帝党同后党、李鸿章等在"遣使议和"问题上,渐趋一致,因而相继有德璀琳和张荫桓、邵友濂出使日本之举。但当时日本政府并无议和之意,指责德璀琳不合交战国使者资格,拒绝接待;指责张、邵全权不足,拒绝谈判。在这种情况下,光绪皇帝召见军机大臣翁同龢等入宫,问诸臣:"时事到了这个地步,战与和皆不可恃,众卿有何妙策?"

诸大臣沉默不语,议事厅鸦雀无声。光绪皇帝发火了:

"祖宗留下的江山社稷,难道能毁在朕的手里吗? 平时问策,你们高谈阔论不休,今遇到关系祖宗社稷大计,你们都一言不发,岂有此理!"说完便痛哭不已。

无奈,第二天又召集军机大臣复议,最后认为中堂大人李鸿章作为全权代表是日本政府能接受的。就这样,把议事结果禀奏慈禧。

慈禧说:"美国驻京大使田贝转来东京的信上所指的李某,不是指别人,就是指的李鸿章,就叫他去,一切开复,即来京请训。"

于是,军机处立即发了一封密电:

天津北洋大臣李鸿章:

今奉上谕:"命李鸿章作为头等全权大臣与日本商定和约,着星速来京请训,切勿刻迟。钦此。"

李鸿章接到书吏送来的军机处密电后,心情十分复杂。

清廷逼迫他去,日本当政者也希望他去,愿意与他打交道。

此前,威海卫海战前夕,清廷即派遣张荫桓、邵友濂为全权大臣赴日议和,日本始终挑剔刁难,硬说清廷并无议和诚意,态度傲慢而冷淡。

据说,伊藤首相私下与随员伍廷芳交谈,先故意发问"恭王何以不可来敝国"?

伍答:"亲王位重,向不出都门。"

伊藤再问:"中堂大可主持和议,贵国何不遣之?"

伍反问:"中堂如果衔命而来,贵大臣乐与订议否?"

伊藤首肯。

威海卫海军全灭后,清廷决定听从日本的指派。把革去的翎顶和黄马褂全都"赏还"李鸿章,任为头等全权大臣,前往马关。

李鸿章呆在北京贤良寺里,仍在盘算着如何能躲开这个难以官任的差事。北洋舰队覆灭的阴影,仍然萦绕在他的心头。失去了这支舰队的支撑,他就如同失去了精神的依靠,实在没有信心在未来的途中挺起胸膛前行,于是他离京进津。而事情却是不容商量地已定了下来。1895 年 2 月 12 日,在光绪皇帝和满朝文武都无计可施时,慈禧太后在养心殿东暖阁召见军机大臣,专门研究与日本议和之事。

慈禧太后道:"既然日本人已指明让李鸿章赴日和谈,那就派李鸿章去吧!要免于对李鸿章的革职留任处分,赏还他的黄马褂和三眼花翎,一切开复,令他立即来京请训,做好赴日准备。"

奕訢一惊,道:"太后圣明。只是这恐怕与皇上的意见不符。就在不久前,已有人提出让李鸿章主办这次和谈,但皇上否决了。"

慈禧太后把脸一扬:"我既然召见你们,做出安排了,就能当得了这个家。

皇上那边由我来说,不用你们管!"

奕訢听出了太后的不乐意,不敢吭声了。

次日,一道圣旨急送天津。再次日,又是两道谕旨送来,李鸿章还是不愿进京。他电告恭亲王奕訢:"此时议和,简直就是乞降。想单单以口舌相争,老朽无法办到。"

在奕訢面前,李鸿章是不客气的,心中有话也敢讲。对此,奕訢已经估计到李鸿章不会轻易接受的。

消息在直隶总督衙门里传开,众幕僚们也反对李鸿章出面与日本人议和。连他的总税务司赫德也鼓动李鸿章拒绝承担这个使命。他说:"中堂大人,您此去将会招天下人之怨。东渡签约,是一件既危险又屈辱的差事又是沉重而不得人心的任务。和约一旦签订,不仅国人会大骂您是卖国奸臣,满朝文武也会把罪责强加在您头上的。尽管他们知道这件事让谁去都一样!"

李鸿章道:"此中厉害,老朽我比你们看得还清楚。"平壤战败,那个新科状元张謇还不明底细,就跳出来要弹劾他主和误国;旅顺失守后,御史安维峻等也上奏皇帝,说李鸿章的儿子李经方竟娶了一个日本女人,并在日本购置了房产,寄存了一笔钱财,早就想投靠日本,背叛朝廷了。皇上对此大为恼火,李鸿章极力申辩,说那是经方在日本任上期间,自由谈的女人。而日本女人跟日本的侵略军们并不是一码事。至于买了一处房子,并不豪华,是他夫妻俩生活居住的场所。存了点钱也是事实,既要生活,就必须花费,这是正常的。但光绪皇帝哪里肯听他的辩解?依然又一次摘去了他的三眼花翎,革职留用。当时他并不在乎,因为他手中仍掌握着大量军队,北洋舰队还在,洋务要靠他,外交也要靠他。他知道革去他的职务只是一种形式,丝毫不影响他大权在握,呼风唤雨。可是现在不同了,他的军队完了,根基也垮了,对洋务与外交的控制大权不少也已经旁落,朝廷不在乎他了。给他留一个位子,也仅仅是面子。这次如果再去日本乞降签约,成与不成都难以保住乌纱帽了,弄不好老命也要丢掉。丁汝昌当年率舰队访问日本,街头遭击,一贯仇视中国人的日本人见到中国人就要攻击,他李鸿章是记忆犹新的。他为此担心不已。

况且,自道光皇帝开始,五十年来,有哪个与洋人打交道的大臣们有好下场的?又有哪一个不在死后仍然身败名裂?林则徐发配伊犁,耆英赐死当场,崇厚被定斩监候,曾纪泽郁郁而终,郭嵩焘投闲归里,死后慈禧还不准给他立传……自己岂不是在步这些人的后尘么?

七十三岁了,李鸿章深知自己已经不能经受折腾了。他只觉得心里发凉,沟壑纵横的前额上冷汗直冒。

没有退路了，退路已经被慈禧太后堵死了："星速来京请训，切勿刻迟！"李鸿章觉得，如果自己再拒绝下去，慈禧太后便会把他撕成两半了。自己岁数大了，倒也不太紧要。而自己的儿孙们、亲戚们及那些仰仗自己谋了一官半职的朋友们就或许会受到连累。忍着一点吧！个人受些委屈，哪怕真的丢了老命，只要能保全家族、不要让别人受连累，也就得了。

这是一个多么艰巨的和倒霉的使命。他认为"敌欲甚奢，注意尤在割地"。对清廷来说，这毕竟不是能够轻易应允的大事。作为全权大臣，免不了遭国人唾骂并可能背上万世的卖国臭名。但是君命不可违呀，再说，朝廷已赏还翎顶、黄马褂，开复革留处分，孟子有言，"君之视臣如手足，则臣视君如腹心"，自己身兼将相，三十余年经常参与对外交涉的朝廷重臣，在国难关头，能不为皇上分忧、尽忠吗？想到这里，他欠了欠身，对儿子李经方说："做好准备，择日进京请训。"他又拖长声音哀叹一句："掉脑袋也只有去日本了。"李经方把父亲送到了北京，在贤良寺里陪伴着老父。

写到这里，也想为李鸿章说几句话。

李鸿章被骂为卖国贼，常与订立《马关条约》相联系，这有点失之偏颇。他是卖国贼还是爱国者，有其他历史事实作定论，不是主要以签订《马关条约》为据。因为这个差使确实是非他所愿，去这样的地方，办这种事，谁也不想去，谁去都得签字画押。但当朝"少陵无人谪仙死"，非他莫属，日本人"点名"既说明他能"全权代表"，也说明他骨头不硬，较好对付。对李鸿章来说，此时可谓"长恨此身非我有"，带着满腹苦衷，途中又遇到大风浪的晕船，到了日本之后忍辱负重……

但话又要说回来，种瓜得瓜，种豆得豆，善有善报，恶有恶报，慈禧等人固然昏庸腐败，是促使清朝衰亡的罪魁，但手握重权、掌管军队、身为宰相之人难道没有责任吗？

武帝元鼎五年石庆曾任丞相，他《上书乞骸骨》曰："臣幸得待罪丞相，疲驽无以辅治，城郭仓廪空虚，民多流亡，罪当伏斧质。上不忍致法，愿归丞相侯印，乞骸骨归，避贤者路。"历史上有几个丞相肯归罪于自己辅君治国无方？李鸿章就没有这样的自知之明，他的倒霉差使、可悲结局，只不过是"自酿苦酒自己饮，自掘坟墓自己埋"罢了。好处都让你得到，风光都让你占尽，现在国家和民族弄到这个地步，你不亲自去，找谁去？

李鸿章风尘仆仆地赶到北京后,光绪皇帝在乾清宫召见他,军机大臣全班人马同时陪见。光绪皇帝显得成熟多了,在打量了一会儿李鸿章后,问:"李鸿章,你久办外交,又曾出访过好几个国家,对当前中日议和有何打算?"

李鸿章行了礼后,答道:"皇上圣明,臣以为日本来我国逞威撒野,为的主要是两条:一是要我割地,二是向我索银。如果不满足他们这两条,和谈么?那是谈不下去的。"

李鸿章向光绪皇帝讲出日本和谈的两个前提,是有根据的。美国驻华公使已向李鸿章透露:"日本希望赴日和谈的全权大臣,必须有割地大权,否则就不必去日本了!"

光绪皇帝又问:"李鸿章,你既然已经估计到日本政府议和是为了割地,为了索银,那么,你认为他们想要什么地方?要我们赔多少银子?"

李鸿章答道:"眼下国外都在猜测,日本一是要台湾,二是要辽东半岛,这两个地方都能抢到手最好,如果两者只得其一,日本最想要的可能是台湾。而臣以为,日本人的胃口总不能大到这样的程度吧?狮子大张口是可能的,但依他们区区一个小国,能一口吃下我台湾么?强大的英国才占了一个香港,我想日本人总不会比英国人胃口更大吧?关于赔款的数目,请皇上恕罪,臣无法猜得准。但有一条可以肯定:他们要的不可能是一个小数目,可能很大,大到户部乃至各省地方都无法承受。日本眼下还很穷,有些老百姓生活过得还不如我国平民。他们此次是准备大捞一把,想通过掠夺我大清国的财富而富裕起来。臣是猜想,皇上明察。"

光绪皇帝始终没有打断李鸿章的分析。相反,正是李鸿章这段分析才使得皇上感觉到:李鸿章虽然老了,但脑子不乱,思路仍然清晰,分析问题有理有据,不禁点头道:"李鸿章,朕的想法与你一样,朕也以为小小的日本,总不能侵吞我大片疆土吧?因此,对此尚不可定论,要走一步看两步。朕还要问你:如果在割地和赔款两个方面,朕只准他日本人一条,依你看准他们哪一条好呢?"

"回皇上,那当然是宁肯多赔几个钱,也不能割地的。损失一点钱,我们苦一点也能过。而丢了疆土,我们就成了千古罪人了。"李鸿章说。

光绪皇帝又点点头,以从前对李鸿章少有的和善目光看着他,又道:"那么,宁肯多赔钱,日本人的索银总数会是多少呢?"

李鸿章思索着:当年《南京条约》的赔款额是二千一百万两;第二次鸦片战争的赔款总额是一千六百万两;光绪元年日本进攻台湾,军费总赔偿是五十万两。想到这里,他战战兢兢地回答道:"启奏皇上,我以为此次日本人索银,数字尽管很大,但也不会大于当年英、法两国提出的数字吧？如果再多,户部也掏不起了。"

军机大臣孙毓汶、徐用仪一直心思沉重,听到这里,才表示了他们的看法。他俩认为:这次求和,如果清廷不准割地,恐怕是谈不下去的。

李鸿章也有这个估计。皇上却出其不意地提出一个新想法:"依朕的希望,此时若能集中水陆兵力,与日本人狠狠打一仗,使日军重挫一场,或许事情就好谈多了。"

李鸿章沮丧极了,答道:"启奏皇上,北洋舰队覆灭之后,臣不敢再对现在的水陆兵勇有所粉饰了。目前受重创的不是日军,而是我们的各路兵勇。如果再打,臣不敢妄言取胜。"

光绪皇帝默然了,摆摆手,让大家跪安而出。李鸿章扭头看一眼年轻的皇上,怪可怜的,一个人端坐在宝座上紧锁着眉头。

李鸿章与各位军机大臣们一同来到军机处议事厅。军机大臣们见李鸿章紧锁眉头,一个个小心翼翼地开始讨论起来。

翁同龢谈:"赔款总是胜于割地。李中堂此行,要设法破了日本人要求割地愿望。"

孙毓汶、徐用仪还是那个分析:不割地,恐怕日本人是不答应开议的。

大家在割地与不割地的问题上争论不休。对于不割地而势必将导致谈判破裂后的战争问题,却没有一个人敢站出来提及。他们都怕沾上了这个话题,甩都甩不掉了。

争论了好一会,奕訢仍想请李鸿章谈谈对策。李鸿章道:

"我在想,日本人如果坚持割地条款,势必就要引起俄、英、法等国不安了。这些列强们也一定不希望把中国的地盘变成日本人的。因此,我认为可以先探一探这些国家的意见,并争取他们来牵制日本,利用他们的力量,迫使日本收回割地之议。"

奕訢和翁同龢当即表示同意。李鸿章不是等闲之辈。他深知,以屈辱的条件签署条约,肯定要招来劈头盖脸的辱骂。尤其是"帝党"成员,更须提防。翁同龢是其中的核心人物,李鸿章争取事事让他表态,把他的话记录在案,日后作为证据。上则证明自己并非软弱、卑怯,二则以此证实自己的主张都是经过研究并获得过"帝党"成员们支持的。

奕訢和翁同龢都主张先探探列强们的意思,李鸿章道:"事不宜迟,说去就去！"他第一站直奔英国驻华公使馆。

但是，李鸿章对英国人彻底失望了。

英国驻华公使欧格纳表示：英国政府业已宣布中立，自然不便对中日议和之事有所干预，也不能说三道四。

李鸿章仍不死心，建议："我们把台湾抵押给英国，由英国代为管理如何？"在李鸿章看来，把台湾暂存英国名下，日本就不敢动它了，总比彻底地、永久性地割让日本要好。

但是，欧格纳还是笑嘻嘻地拒绝了。英国为何对这桩送上门的好事都丝毫不动心呢？原来，英国政府在这之前对台湾做了一次考察，认为台湾没有什么战略价值，最多只值两千万英镑。台湾若被日本所占，对英国并无损失，他们犯不着为了台湾而得罪日本人。他们更怕把日本推进俄国的怀抱。

李鸿章又到了德国驻中国公使馆，他们的态度更令李鸿章大吃一惊："在我国政府看来，中日之战如果再打下去，或是清廷迁都，或是干脆把台湾割让给日本，别无办法！"

迁都，就是放弃北京，迁至西安。这是下决心抗战，但能否保全领土，仍没有百分之百的把握。德国人的意思实际上只有一条：你们把台湾割让给日本吧！用领土换取平安。

李鸿章去征求俄国人的意见，请求牵制日本。俄国人对台湾更没有兴趣，既不愿意代管，也不愿过问中日和谈之事。俄国人希望中国永远衰落下去，并将祸水南引，让中国南方乱起来，把列强们的注意力都吸引过去，他们好乘机吞并满洲。不过，只是俄国人此时还没有料到：日本人早已在单方制定的和约中，把辽东半岛列入了日本的版图之内。就如同英国人此时还没有看出台湾的重大战略价值一样，他们都将在稍后一段时间内，对自己现在采取的袖手旁观态度而后悔不已，真正是吃日本人亏了。

大清朝廷在冷静思考以后，觉得只有割让领土才能真正解决问题，于是，明确给李鸿章授予了割让领土的全权。

李鸿章在朝廷允准割让领土之后，仍不甘心，他想争取以不割让领土为前提展开和谈。在北京贤良寺里，他给驻国外的中国公使分别发去急电，命令他们去做所在国的工作，争取第三国站出来干预日本对中国的侵吞，看看有没有哪个国家能出面来代管台湾。

几天后，中国驻外的公使都分别给李鸿章回电了。总的情况是：各国都反应冷淡，仍然不愿意插手此事。他四处访问哀求，都遭冷遇，毫无结果。

西方及周边各国袖手旁观的态度伤透了一个中国老臣的心。

坐在贤良寺的暖炕上，李鸿章真想大哭一场。多年来经办外交，李鸿章对这些国家的公使们是敬如上宾的，诚心待人，换取的是什么呢？在中国危难之时，一个个都坐视不管了，甚至还想乘机大捞一把。

光绪帝深知割地事关重大，把李鸿章、奕䜣的意见禀告慈禧，并请其"定使臣的权限。"

一向独断专行的慈禧此时彻底"放权"，颇为"开明"，她令太监传话："一切遵上旨可也。"再次表现了她善于玩弄权术、推卸责任的能耐。

3月3日，光绪帝发布上谕，批准了李鸿章呈报的方案和基本方针，令其"权衡厉害之轻重，情势之缓急，统筹全局，即与定议条约，以纾宵旰之忧，而慰中外之望。"并发给他全权敕书。

天空中乌云四合，连云隙之间都不露一点晴空，只有成团的灰色云雾。这两艘油漆剥落、锈迹斑斑的德国船，像两头精疲力竭的老牛，在天将黑时还不能归棚得食，继续耕犁着这块起伏不平的、浩渺无涯的琼田。

中国赴日议和使团的船只出港不久，就遇上风浪。过老铁山水道、出渤海湾后，气象更加恶劣。黄海连绵的浪峰激起泡沫，大海就像穿上海魂衫似的，布满了条纹。海浪翻滚着，一浪接着一浪，仿佛一个横队接着一个横队，气势汹汹地使"公义"号的头和尾都淹没在奔流的雪白泡沫里。船身大摇大晃，连精壮的汉子都蹒跚不稳，东倒西歪，更不要说年过花甲的高贵老臣李鸿章了。他脸色蜡黄，目光无神，一天下来，滴水未进，却呕吐不止，加上船行极其艰难危险，于是就请儿子经方发电与日本军方交涉，请求返港靠岸，待天好再行。

"公义"号和"礼裕"号只得驶入胶东半岛荣成湾锚泊，等风浪稍小，继续东行，至19日晚才到日本马关。

陆奥从驻日的美国公使那里接到李鸿章已经启程的通知后，立即从东京前往广岛。在大本营，陆奥和伊藤首相又一次从天皇手里接过了全权办理大臣的诏命。

陆奥乘3月17日的夜车去马关，伊藤则从宇品港乘船于19日午后到达马关。他们在马关等候中国使团的到来。

载着清政府和谈使团的挂着黄龙旗的德国商船，几乎与伊藤首相同时抵达马关。日本的"太湖号"领航进港，但仍在船上呆了一天，到第二天下午才获准上岸。

"这是什么鬼天气!"李鸿章骂了一声,推开舷窗。直到中午,雾气还从海面上缓缓飘来,使整个港口乃至这座小城时隐时现。浓浓的雾气里,精巧的佛塔和古式的铁灰色飞檐也隐隐绰绰,刺耳的钟声从不远处阵阵传来。

李鸿章的心情烦躁透顶,在船舱里踱来踱去,整个情绪就如同这鬼天气一样。

马关,亦称下关、赤间关,土人名为小长崎,是日本本州西南港口,隔关门海峡与北九州相望,为对马海峡与濑户内海间交通要冲。1884年辟为特别输出港。此地四山环拱,海平似湖,澄波倒影,泊舟尤佳。光绪二年(1876年),何如璋出使日本,在《使东杂咏》中有《泊下关》诗一首:

> 天生海峡势回环,一鉴平开入下关。
> 寄碗晚沽村酒市,坐看渔火带潮还。

李鸿章当然看过并熟记《使东杂咏》中诸篇,然而,今天,他首次出洋扮演的是一个大国向小国乞降的可怜角色,因此根本没有兴致登上甲板去观一眼下关的岚光水色,此刻最使他苦心焦虑的是明日中日双方全权大使的首次谈判将如何进行。

3月20日下午两点半钟,李鸿章带着参议李经方、参赞罗丰禄、伍廷芳、马建忠以及日文翻译卢水铭和罗庚龄,乘轮登岸,而后换乘轿子来到春帆楼前。

春帆楼位于马关红石山下安德天皇寺之侧,依山傍水,环境清幽。时值初春,"弱柳千条杏一枝,半含春雨半垂丝",确是一处风景秀丽的地方。不过不是来做客游览的李鸿章一行,此时哪有情绪赏景,个个心情紧张,忐忑不安,只不过外表上保持镇定自若罢了。

在会谈之前,日本方面对春帆楼进行了全面的修整。李鸿章步入正门,看到从正厅到二楼的楼梯都铺着嫣红色的地毯,装饰得豪华,

中国议和代表到达日本马关

日本马关春帆楼

中日代表马关谈判

几盆鲜花摆放在楼梯两旁。日方全权代表伊藤博文和陆奥宗光故意姗姗来迟，让李鸿章一行在侧厅休息等候。

三点整，日方全权代表总理大臣伊藤博文、陆奥宗光外相及随员内阁书记长官伊东已代治、外务书记官井上胜之助、外务大臣秘书宫中田敬义及外务省翻译官陆奥广吉、樽原陈政等气宇轩昂地步入会场。接着，中方代表及随员也上了楼。

伊藤对李鸿章仅寒暄几句之后即提出："本日要办的第一要事，便是互换全权文凭。"

李鸿章早有准备，立即将所带的黄绸包袱打开，从绘有黄龙图案的圆筒中取出敕书，连同英文译本交给伊藤。

中方首先提出停战建议，伊藤对此早有预料，他与陆奥交换了一下目光，便答道："此事明日作答复。"

在此后的谈话中，伊藤故意要奚落一下李鸿章："前次张、邵二使未完成使命，持节空白归去，余等甚感遗憾。"说完，逼视着李鸿章问道："此次贵国修好之心诚否？"

李鸿章立即恭谦地说："我国若非诚心修好，必不派我；我无诚心修好，亦不来此。"

接着，李鸿章为了使和谈早日达成协议，就中日两国今后的关系发表了长篇议论：

"贵我两国乃东洋之两大国，同文同种，利害攸关。贵国近年进步极速，跻身泰西各邦之列，实令人钦慕不止。然如贵大臣所深知，我国虽待革除之弊甚多，然实行之中不如意事常十居八九。我国与贵国提携，共图进步，借以泰西争衡，防止白种人之东侵，此乃两国之共同愿望。今虽一时交战，终不可不恢复和平，且冀更进而为亲睦之友邦。切望贵我两国将为东亚两大强国，以与欧美持久对抗。庶几变今日之不幸而为两国深交厚谊之基础也。"

他接着又说："此次战争，实获两个良好的结果：其一，证明欧洲式之陆海军组织及作战方法，并非白种之民所独擅，黄种之民亦可应用并取得成功；其二,贵国之长足进步,使我国从长夜之迷梦中觉醒,得益匪浅,此实为贵国促成其发奋图强,帮助其将来之进步。……今我国人虽有多数怨恨贵国,而我对贵国反多感荷。缘我国有识之士,鉴于今日之大败,必有所觉悟。倘能恢复两国之和平,以其唇齿相依之关系,促进国家之兴盛,永葆尔亚之和平,则足以实现两国之夙愿。贵我两国之外,东亚尚有何国耶?我国虽属老大,诚能完备其海陆军,开发其无尽之宝藏,并与贵国相互合作,则与欧洲列强分庭抗礼亦非至难之事。"

李鸿章的这些议论,是想从世界大势、中日友好的长远利益出发,为此次谈判奠定基调,暗示日本政府迅速达成和约。另外,也想借此表现出泱泱大国全权代表的恢弘气度,以掩盖他以战败者的身份向对手乞和的难堪处境。

李鸿章侃侃而谈,伊藤不想听也得听下去。伊藤是谈判桌上的老手,对李鸿章一番宏论的含义焉能不知?他想把李鸿章的思路尽可能拉到自己设置的框架中来,在李鸿章收住话题之后,只淡淡地回答道:

"当年我去天津拜会中堂阁下时,已经就这些问题交换过意见。但那已经是十年前的事了。如今时过境迁,这些事岂能一成不变?"

伊藤是要叫李鸿章碰一个软钉子,以此告诉他:当时是当时,当时日本还很弱小,所以希望与中国和平合作。现在不同了,明显弱小下去的是你们中国,而日本已成了战胜国,不想再坚持当年的主张了。因此,今天你李鸿章重提十年间的旧话,早已过时了。

其实李鸿章对此又何尝不懂呢?当年伊藤赴天津,与李鸿章大谈和平,乞求合作,他就压根儿没有相信。他不相信日本这个民族,能与中国真心谋求睦邻友好。十年前不信,现在就更不相信了。但既然是奉了太后和皇上之命来日本求和息战,他明知是一段毫无指望的空谈,但也不得不这样谈开来。

对此,伊藤、陆奥都看得很清楚:"他所以不断表示羡慕我国的改革进步,……又论东西洋的形势,以戒兄弟阋墙而招外侮,主张中日同盟,不外讽示迅速完成媾和的必要。"

陆奥始终一言不发,伊藤是第一代表,他也不便插话。只是在第一次会谈结束后,他才在私下场合对李鸿章的讲话发表了评论。他道:

> 他所议论的虽然只是今日东方政界人士的老生常谈,但是他如此高谈阔论,其目的是想借此引起我国的同情,间用冷嘲热讽以掩盖战败者的屈辱地位。尽管他是狡猾的,却也令人可贵,可以说到底不愧为中国当代的一个人物。

李经方对父亲的这番宏议觉得很得体,只是对"今我国人虽有多数怨恨贵国"之语颇为担心,一旦被对方作为把柄就更加不利。

李鸿章接着提出向国内发密电的问题,伊藤答称:"中堂之要求可格外通融,前张、邵二代表来此,本大使未曾允电。"

"若当时贵大臣不提出此带专门性之异议,我亦未必不顾年迈之躯而前来贵国也。"此时,李鸿章只好忍气吞声承认日本刁难的合理性。

伊藤轻蔑地一笑,像给小学生上课似的教育道:

"忽视外交上专门性事务者,不仅贵国而已,他国亦间或有之。中堂应该承认,不遵守外交惯例,不能受到应有礼遇。"

李鸿章答道:"贵国上有圣明之君,下有辅弼之贤相,故国运昌隆。而我国尾大不掉,徇私舞弊,积重难返,兴利除弊至难也。"这番低三下四、贬己颂彼的话,使伊藤和陆奥更加趾高气扬。

接着,双方商定李鸿章一行将于明日上午十点钟住进引接寺,下午两点半继续谈判。

明天,明天,日本会提出什么样的停战条件呢?李鸿章怎能知道,此事日本军政要人可谓酝酿已久矣。

自开战以来,日军屡战屡胜,将昔日被视为庞然大物的中国踩在脚下,铺天盖地、纷纷扬扬的捷报,使被军国主义煽动起来的日本国民欢天喜地,如醉如痴。日本统治集团中的各种人物的欲望"与日俱增",都在考虑如何最大限度地勒索被击倒的对手。负责财政的大藏希望"巨额之偿金",打算提出让清政府赔偿白银十亿两。日本军令部长桦山主张:除要向清政府勒索巨额赔款外,还"要占有金州半岛(即辽东半岛)、山东半岛、澎湖列岛、台湾和舟山群岛一部分"。

有的政党主张:"迄中国自行请求降服和议止,海陆军之进攻不可停止。为永久压制中国之反抗及担保东亚之和平,使割让中国东北部枢要疆土及台湾于帝国,军资赔偿至少须二万万元以上。"

有的驻外使节提出:"割取盛京省及与俄国不交界之吉林省大部分并直隶省之一部,于中朝两国间设五千平房里之中间地,为将来我国掌握亚细亚霸权之军事根据地"。

自由党的胃口更大:"须使割让吉林、盛京、黑龙江三省及台湾。中日两国之通商条约须订凌驾欧洲之条件。"……

日本方面深知清政府急于停战,所以在此日举行的第二次谈判中,提出了极为苛刻的条件进行要挟：

> 日本军队应占守大沽、天津、山海关，并所有该处之城池堡垒，驻上述各处之清国军队，须将一切军器、军需交与日本国军队暂管；天津、山海关之间铁路当由日本国军务管理；停战限期内日本国军队之军需军费，应由清国支补。既允上开各款，则停战日期、停战期限及日清两国军队驻守划界并其余各细目，应即行商议。

上述条文是以英译本为正本，故当李鸿章听完罗丰禄的口译后，对日本方面如此蛮横苛刻的条件大惊失色，连呼："过苛，过苛！"接着，他近乎哀求地对伊藤说："贵方所指之天津、大沽、山海关三地，实北京之咽喉、直隶之锁钥也。若停战不成，则日本先已据此，我方则反主为客，此条件未免凌遏太甚？"

伊藤、陆奥等人摆出战胜者居高临下的架势，气焰嚣张，蛮横已极，不管李鸿章怎样乞求辩解，在停战条件上毫不让步。

最后，伊藤博文以严厉而冷酷的语调说："本全权代表所提出的条件，必须在三日内作出明确的答复！"

第二次谈判结束后，李鸿章忙向清政府电奏日方的停战条件。光绪帝见日本"要挟过甚"，极为愤慨。但在求助于各国公使时，都认为清政府代表应先向日本方面索取其议和条款。清政府唯恐和谈中断，只好委曲求全，指示李鸿章："停战条件万难应允，总以先得议和条款为要！"

3月24日，中日双方开始了第三次会谈。李鸿章正式提出撤回停战之议，希望日方尽快出示和约条款，以便中方及早研究答复。

伊藤得意地笑了，他在谈判桌上更加明显地摆出了一副战胜者的姿势，气焰也比前两次会谈更加嚣张，开口就道："不知李中堂是否知晓，就在昨天，我强大的日军猛烈进攻了你们的澎湖岛，守军或死或降，澎湖岛已被日军攻陷了。而且，目前正在向纵深推进！"

李鸿章尴尬极了。坐在这里的谈判桌上，他是多么希望大清国的军队能打一两场胜仗呀？！"无能的清军！"他在心里真想痛骂一场。战场上连连失利，让李鸿章在谈判桌上直不起腰来，只能屈从。

满脸得意之情的伊藤见李鸿章收回了停战要求，答应第二天向中方提供议和条款的全部内容。

然而，一波未平，一波又起。

伊藤以极其傲慢而又强硬的口气把话锋一转，突然把台湾问题搬了出来，道："我大日本最新决定：向台湾进发。但现在尚未接到来自台湾方面的消息，不知现在的台湾是否已经在我日军猛烈的炮火轰击之下了！"

伊藤说得轻松，李鸿章却听得心惊肉跳。他想：这日本人的胃口果然不小，看来国外早有的一些传闻并非是空穴来风。

但李鸿章仍然表现得异常镇定，反问伊藤："几日前议及停战，贵大臣不肯轻许。看来你们是早有准备，就是为了进占我台湾岛吧？"

"绝非如此。我大日本军队是刚刚才做出决定的！"伊藤狡黠地一笑，慌忙回答道。

李鸿章看出伊藤不讲真话了，眼珠一转，道："贵国军队要进攻我台湾岛，恐怕英国不会袖手旁观的。假如英国军队也要在台湾问题插上一手，试问贵国政府将做如何打算？"

伊藤一惊，但很快恢复镇静，答道："英国政府早已恢复中立，我们以为他们不会插手台湾问题的。"

李鸿章笑了，道："不！依我看伊藤大人是过于乐观了。英国的利益中心在中国南疆，你们攻打旅顺、威海，英国人是可以袖手旁观的。而目前贵国要的是台湾，那正是英国人厉害攸关的所在。你们打到他们的眼皮子底下了，他们能坐视不管么？"

伊藤摆手道："厉害攸关者并不是英国，而仅仅是中国。"

李鸿章摇了摇头，道："非也！须知，英国人就在香港，台湾与香港很近哩！"

伊藤冷笑在心：李鸿章分明是想以英国干预来吓唬日本，也未免天真了一些。台湾固然离已被英国占领的香港很近，同样不是也离日本很近么？于是伊藤回道："台湾地近香港又有何妨？日本进攻的是敌对之国的领土，我们会处理好与英国的关系的！"

李鸿章明知这样的提醒对疯狂的日本来说，是不会产生明显效果的，但他仍然不甘心，于是索性把话挑明了说："据我所知，英国是反对别的任何国家进占台湾的！"

伊藤大笑起来，笑了一阵后，他说："他们要反对别国进占的岂止台湾？不论贵国版图内的什么地方，他们都是只希望自己割取，而反对别国进占的。但，现在是我国要去进占，有哪一个国家来出面干预呢？"

伊藤话一出口，就知道大话吹过头了。其实日本最担心的就是别的国家实行武力和舆论干涉。李鸿章是极力想把第三国的干涉拉进谈判中来，以此牵制日本。他这样做,对日本人来说,是哪壶不开提哪壶。伊藤此时则想尽力向李鸿章表达一个意思:日本是不害怕任何国家干涉的。但他们也只是嘴上说说而已,真正让列强们出面用武力干涉,恐怕也不好办了。仅就台湾来说,英国人的确是反对别国进占的。但日本去进占,情况就不同了。如果真的要英国与日本开战,英国马上会处于劣势。因为英国离台湾太远,而日本近在咫尺,日本估计:英国是不会轻易插手这场战争的。

伊藤为自己的强硬态度而兴奋不已,他看到谈判桌上的李鸿章已被逼到了绝处,心想:李鸿章呀李鸿章,你自己国家的实力不行,军队不行,凭借第三国可能会有干涉能吓唬住谁呢?你就别指望有谁会帮中国的忙了,死了这条心,赶快无条件投降吧!

李鸿章的确近似绝望了,他为此作出的努力几乎无效。他该怎么办?无奈之下,他援引美国前总统格兰德"不可轻言战事"的话,指出日本对中国发动的侵略战争非仁人所为,是惨无人道的。他点了旅顺惨案,说日本人在中国滥杀无辜,奸淫烧杀,使千千万万个中国家庭家破人亡,有目共睹,举世震惊。

伊藤却把发动战争的罪责推与中国,完全是颠倒黑白,践踏公理。

第三次会谈就这样不欢而散了。

日本在不停战而和谈的同时,于3月23日出兵攻占澎湖,为占领台湾作准备,不料,一起"几乎酿成国际异变"的突发事件,迫使日本政府不得不马上停战。

四十一、马关签约

3月24日下午4时15分,第三次谈判结束后,李鸿章乘轿返回驻地接引寺途中,忽然一个名叫小山丰太郎的暴徒,从拥挤的人群中蹿出,冲到轿前,向李鸿章开枪射击,击中左颊骨,顿时血流不止,李昏晕过去,所幸子弹没有击中要害。一时间,现场大乱,行人四处逃窜,行刺者趁乱躲入人群溜之大吉。李鸿章的随员们赶快把他抬回驿馆,经医生检查,子弹嵌入颊骨,取之难保无虞,决定留弹合口。不久李鸿章就苏醒过来。面对着血迹斑斑的朝服,清廷这位73岁的老臣,在异乡他国,长叹说:"这血应该能够报效朝廷了!"

行刺事件发生后,马关警方很快抓到了凶手。经审讯,此人名叫小山丰太郎,21岁,是日本的好战分子。他不希望中日停战议和,所以决定刺杀李鸿章,挑起事端、激化矛盾,使战争继续下去。

中日代表马关议和时李鸿章被刺地点示意图
（1895年3月24日）

李鸿章被刺地点示意图

李鸿章被小山丰太郎疯狂的子弹击中时，儿子李经方正在春帆楼用日语同陆奥交谈。李经方的日语讲得十分流利。在这一点上，唯有曾国藩的长子曾纪泽可以与之一比高低。春帆楼的走廊上突然骚动起来，有许多人在奔跑，大声喊叫。虽然下午的会谈结束了，但在如此重要的外交场所，大声走动都是不允许

的。安排在春帆楼的人，都是经过专门挑选并且训练有素的卫兵、警察和外务省官员，他们是不会随意大声喧哗的。

"出了什么事？"李经方或许得到了一种感应，他抬头问陆奥。

陆奥也感到奇怪，一脸不理解的表情。

一阵急促的脚步声过来了，门是被人猛地推开的。这里居然会有人来不及敲门就闯了进来的事情发生？陆奥刚要厉声斥责，但一抬头看见来人，他愣住了。从来人的脸部表情上，陆奥已经意识到一定有极不寻常的事情发生了。

破门而入的是陆奥的部下，外务省的官员。只见他脸色苍白，好像是跑了很远的路才赶到这里的。他进屋以后，上气不接下气，僵立在那儿，许久不说话，只是呆呆地看着陆奥，又瞅瞅李经方。

陆奥问："发生了什么事？"

"李鸿章中堂大人在十五分钟前，被暴徒用手枪击伤！"

"什么？！"陆奥和李经方几乎同时惊叫起来。

陆奥愣了好长时间，才反应过来，连忙询问李鸿章的伤势如何。

"是左颊中弹，现在正在抢救，我方医生已经赶赴引接寺了。"

"凶手呢？"陆奥问。

"当场被捕，是群马县的小山丰太郎。"

陆奥把脸转向李经方，道："请阁下速回行馆，看护令尊大人。我这就去见总理大臣伊藤。发生这样不幸的事件，我表示万分歉憾。不过，请中方代表放心，我们一定会严惩凶手的！而且，将以最快的速度让你们满意。"

李经方的嘴角在抖动,泪水已经滚落下来。他顾不上再听陆奥安慰什么,不打招呼就独自奔出春帆楼。

一个外国使节被所在国人暗杀,实在是一件极端野蛮和丑恶的事。消息传开,日本"举国震悚",世界舆论也为之哗然。陆奥在日后这样写道:

> 我观察内外人心所向,认为如不乘此时机采取善后措施,即有发生不测之危机,亦难预料。内外形势,已至不许继续交战的时机。若李鸿章以负伤为借口,中途归国,对日本国民的行为痛加非难,巧诱欧美各国,要求它们再度居中周旋,至少不难博得欧洲二、三强国的同情。而在此时,如一度引出欧洲列强的干涉,我国对中国的要求亦将陷于不得不大为让步的地步。……而况位高望重之李鸿章,以古稀高龄初次出使异国而遭此凶变,显然容易引起世界的同情,故若某一强国想借机进行干涉,固可以李氏之负伤为最好的借口。①

正是基于这种认识,天皇降旨表示要严惩凶手,并特派御医前往诊治。伊藤、陆奥亲临榻前慰问,并自动宣布除台湾、澎湖地区外立即停战,企图借此稳住清廷,避免列强干涉。

一个国家的全权大使在他国遭枪击,这在国际关系史上是极为罕见的。发生这种事的原因,是日本国内的主战派气焰高涨,力主非占领北京不可言和。小山丰太郎在法庭上公开宣称:"日军放弃占领北京是意味着日本的耻辱,目前同中国签订和约为时尚早。"

李鸿章遇刺事件发生后,世界舆论哗然,使日本政府非常被动,非常担心。日方负责此次谈判的伊藤博文闻讯后气急败坏地说:这一事件的发生比战场上一两个师团的溃败还要严重!

一个高明的政治家、外交家和军事家,其重要的素质是有胆有识,有勇有谋。欧洲的谚语说:"智慧是勇敢的亲兄弟","胜利是勇敢的儿子"。汉族的谚语也有:"事到万难须放胆",

"没有胆识也就没有成功"。外交斗争本应知

行刺李鸿章的小山丰太郎

---

① 陆奥宗光《蹇蹇录》,第137—138页。

暴漢、李鴻章を狙撃
犯人小山六之助其の場で捕縛さる

〔三・二五、東京日日〕（三月廿四日馬關特電）本日（廿四日）午後四時半頃、李鴻章會見の歸途、引接寺の曲り角にて短銃にて面部を撃たる、犯人は群馬縣人小山（綠）？之助（二十一）にて、直ぐ捕縛せり、委細は跡より。

×

〔三・二五、東京日日〕（廿四日馬關發）犯人小山が行兇の場所は外濱町即ち會見所の藤野（春帆樓）を出で、阿彌陀寺町を西へ行き、引接寺に曲らんとする角にして、憲兵屯署の前（橋向ふには巡査派出所もあり）なり。其の犯時の模樣は、彼れ、李鴻章の轎夫を捉へ發銃せるなり、其の一到邪、阿部憲兵上等卒、新條審部は直ちに進みて取押へたり。

明治二十八年

日本报刊登载李鸿章被刺消息

己知彼,乘敌之隙,有胆有识,变弊为利。

可悲的是,李鸿章虽然看出自己受伤后日本"上下礼谊周至,不过敷衍外面",但他本人和清廷却都没有利用这次事件压制日本争取外援的想法和行动,仍然把索取媾和条款放在首位。清廷天真地以为日本"似尚有抱歉之意"。

日本为顾及其他列强干涉,以退为进。陆奥宗光外相亲临病榻慰问半晕状态中的李鸿章。

李经方低声地耳语:"父亲! 陆奥外相前来探望,怎样回答?"

李鸿章仿佛不大相信自己的耳朵,表示惊奇又兴奋的样子问:"什么? 陆奥外相来了?"

"是! 父亲!"

"请他进来吧。"李鸿章百感交集。

陆奥刚离开,总理大臣伊藤又来探望,并表示"慰问"。

明治天皇降旨严惩凶手,并派两名军医总监赴马关前来医治。"皇后也深表惋惜,派两名护士前来侍奉并带来御制的绷带。"

李鸿章说:"对明治天皇和皇后的关怀,表示谢意。"

写到这里,笔者不由得想对李鸿章此时的心理作一番揣摩,发一点感慨:李鸿章作为一个国家派出的全权代表,在该国受到暴徒的枪击,这是个多么严重的政治问题! 不论从外交惯例、世界公理、各国舆论来说都是罕见的、引起公众哗然的严重事件,怎么就缺少应有的判断力和激愤,更缺少做人的骨气与尊严呢? 他如果决心豁上了"死在日本",就凭这一

伊藤博文致函慰问李鸿章

点,必将赢得国人与世人的尊敬,不仅死得其所,也为谈判、签约提供了极为有利的条件。而今被日本暴徒打得半死,庆幸自己捡回了一条老命,作为东道主国的日本外相来探望一下有什么可以"惊奇和兴奋"的?至于派两名军医和护士,是再也正常不过了,这叫什么"关怀"?有什么可以感恩戴德的?唉!李鸿章啊,李鸿章,让你这样的人去主宰中国的命运,能不丢尽国格,丢尽颜面,能不被列强任意愚弄和宰割吗!?有人吹嘘你是"东方的俾斯麦",德国的俾斯麦被称为"铁血宰相",你亦是宰相,"血"也流了,就是缺少一个"铁"字,而这个"铁",又是关键性的"主词",代表"硬度"。将"铁"换成了拭血、护伤口的"棉",不是贻笑大方,变成极大的讽刺了吗?

正因为李鸿章压根儿没打算中途退出谈判,以示抗议的勇气,所以,在3月28日,当陆奥再次亲至李鸿章寓所,通知日方已允诺停战时,"绷带外面仅露一只眼"的李鸿章,竟"露出了十分高兴的神情"。

李鸿章可以看到围坐在他病床上的日本官员和御医们。他淡淡地重复着已经表达过的意思:"我这次奉大清皇上之命到日本来。临行时,我的中外朋友们都警告我:不要到日本去,这个民族与世界上的其他民族是不一样的!来日本可能会遇到谋杀。但是,美国、英国、法国的公使则对我说:你肩负重任,只管放心去吧!我们保证你去日本以后,不会遇到任何危险。你们看,我的中外朋友们的担心应验了,而那些公使们却把牛皮吹破了!"

李鸿章说了就痛快,日本各方面人士却羞红了脸。日本人现在的目标只有一个,那就是想方设法把李鸿章稳住,不让和谈中断,以最大努力平息国际舆论的谴责。

军医总监石黑和佐藤、陆军二等军医正古宇田、内务技师中宾博士等,共同组成了一个医疗班子,一天二十四小时守卫在李鸿章的病床前。

日本警方怕再出纰漏,几乎到了神经过敏的程度,警戒声势旧当浩大,里三层外三层地把接引寺布上了岗哨。

山口县知事原保太郎与县警部长后藤松吉郎立即递上请罪书,但仍不能抵消罪过,很快被撤职了。

伊藤首相和陆奥外相当面向李鸿章承诺:日本决定在和谈之前无条件休战。但由于日军正在进攻台湾,仅台湾不在休战之列。

同一日,日本山口地方法院以预谋杀人未遂罪判处凶手小山丰太郎无期徒刑。

李鸿章感到了一丝欣慰。他转过脸来,对伊藤、天皇特使、陆奥等前来探伤表示感谢。接下来他说的几句话把日本方面的官员们吓得够呛："我的随员们在劝告我,让我搬回到船上去住。他们说日本的土地是不安全的,难免还会有新的暴力事件发生。另外,原定的谈判我无法出席了……"

伊藤和陆奥急得心跳加剧。伊藤拍胸脯表示已加强警力,确保中方全体人员的安全,请老中堂无论如何也要在接引寺休养。陆奥则请求和谈继续,建议由李经方全权代理出席。

李鸿章沉思了好一会儿,应允了。伊藤、陆奥等这才一块石头落了地。但来自欧美等国的谴责舆论通过日本驻外使馆不断地传到日本国内来了。国际舆论普遍视日本为"恶人"。他们说日本"胜于武器之战,败于道德之战"。就这样,日本"非常担心"的这场风波,迅速平息,化险为夷了。

3月30日,被日本人"稳住"了的李鸿章,带伤继续与日方会谈。日本人"大大方方"地"让步"了,中日双方达成了以二十一天为期的停战条款。

4月1日,中日双方进行第四次会谈。李鸿章因伤没有出席,陆奥宗光外相把媾和条约方案交给了李经方,要求四日内给予答复。媾和条约方案主要包括:清政府承认朝鲜之独立自主;向日本割让奉天南部、台湾、澎湖列岛;赔偿日本三亿两白银;向日本增开顺天府、沙市、湘潭、重庆、梧州、苏州、杭州7处通商口岸;日本商民运进中国各口岸的货物要减税并免除厘金;日本可以在中国开设工厂,进行开采,从事各种制造业,并输入机器。

看着日本的媾和条约方案,李经方目瞪口呆。他战战兢兢,呆呆地望着伊藤。但他在心里却想:你们日本出兵中国,又不是我大清朝廷请你们去的。而是你们擅自闯入,杀我同胞,占我城乡,凭什么要我们承担你们的军费?!然而这话他咽到肚子中去了,说出来的话是:"首相大人,三亿两白银对我大清朝廷是一个天文数字哩!朝廷的户部,十年也没有这个收入哩!你让我们拿什么赔你呀?"

"这些我们不管!"伊藤又一次凶相毕露了,几乎是吼叫起来:"哪怕你们中国卖人、卖地,也要把钱赔给我们。我希望中国的全权大臣能够认真考虑现在两国之间的形势,这就是:日本是战胜国,中国是战败国!中国有句俗话,叫做'胜者为王,败者为寇',这个含义你们应该比我们懂得!"

李经方无奈,他不敢耽搁,立即将条约草案送回引接寺,让父亲李鸿章过目。

李鸿章靠着那只未受伤的右眼,十分吃力地看着这个并不太长但字字揪心的条约草案。他的手在发抖,浑身在痉挛,嘴里在喃喃低语:我办理大清国外交二十余年,还从来没有见过如此苛刻的条约呀!

李鸿章恼归恼、怒归怒,他是所谓全权代表,眼下的棘手事总得处理。

他随即电告总署,"请先核明代奏",并主张:日本所索兵费太奢,我国万万不能从,且奉天为朝廷腹地,亦万万不能让……;同时与科士达密商,拟定答复"说帖","以赔费太多,让地太广,通商新章与西国订约不符,委婉开导驳斥,累数千言",要求日本方面重新考虑……

于4月5日由李经方直接送给伊藤博文首相和陆奥宗光外相的。但日方根本不理睬"说帖"中提出的要求。伊藤和陆奥商定,不同中国讲道理,只要中国谈事实,这正是"胜于力而屈于理"的办法。日方当日就给李鸿章发来照会,必须对媾和条约作出全面明确的答复。否则,立即进攻北京。

4月6日,伊藤发出照会,胁迫李鸿章对日方媾和条款作出明确答复,"勿再延缓"。

李鸿章又电告北京:"鸿断不敢擅允,惟求集思广议,指示遵行。"

其时,清廷决策层人士对日方条约仍态度不一,光绪也一时作不出抉择。4月7日,只好让总理衙门电告李鸿章:

奉天和台湾,"朝廷视为并重,非至不得已,极尽驳论而不能得,何忍轻言割弃?"

这封语意含糊的电旨,暗寓"极尽驳论而不能"时,可以弃地。日方截获了这份密电,完全摸清了中国的底牌。

日本人见李鸿章尚未就范,决定进一步向清廷代表团施加压力,并首先拿清廷派遣的"二号人物"李经方"开刀"。

4月8日,伊藤博文派人把李经方请到他下塌的梅坊行馆,进行赤裸裸的武力威胁和战争恐吓。

伊藤满脸堆笑,对李经方说:"我们的媾和条件早在一个星期前就已提出,中国使臣至今还在同我们绕圈子,对实质性问题为什么一概加以婉拒呢?"

伊藤很快收起了笑脸,气势汹汹地威胁起来:"此次停战,是我极力坚持的,完全是看在李中堂遭遇到不幸的面子上。军部大臣们也是由我出面,一个个做工作,他们才勉强同意的。现在离休战期限还有11天,如果因为贵方浪费时日,以致再动干戈,恐怕这不是彼此双方所愿意看到的吧?"

李经方哭丧着脸,答道:"请首相大人体谅一下。现在我父子二人的处境都极为艰难,朝廷从来没有见过这么一份苛刻的条约,我父亲也认为赔款和割地两项关系过于重大。他希望,在双方作出正式书面答复之前,再坐到一起磋商一下。"

"李中堂大人的心思我们是清楚的。他是想逼我们一步步退让,最后只允许割让辽东、台湾两处中的一个地方。但我方是万万不会同意的!"伊藤不容李经方插话解释,突然伸出一只手,猛地向下一劈,道:"南北两地缺一不可,都必须割让给我们!"

看着伊藤这个蛮不讲理的样子,李经方像只木鸡一般,呆呆地站着。

伊藤知道自己有些失态,稍稍缓和了一下口气,接着说:"此次战争,我国所用兵费甚多,为出兵中国花了那么多钱,叫你们赔偿三万万两白银,那算是客气的了。即使有可能减少一点,那也绝不会太多。这是我国文武大臣经过反复商量所确定的数目。看在李中堂德高望重、亲赴日本谈判的分上,我才把实情告诉你们。所以,请你们不要抱太大的希望。"

伊藤博文完全摘掉了一个首相的斯文面具,打开窗户指着所谓准备进攻中国的舰队对李经方说:"若不幸此次谈判破裂,则我命令一下,七十艘运送船,搭载大军,舳舻相接,直往战地。如此,则北京之安危,有不忍言者。再深切言之,谈判破裂,中国全权大臣一去此地,能否再安然出入北京城门,亦属不能保证。"这种威胁对李经方是有效的。李经方回到引接寺,把伊藤博文的恐吓报告了李鸿章。

4月9日,清政府代表团提出了修正方案:只认可割让与朝鲜接壤的四县和澎湖列岛(不包括台湾岛),赔偿战费一亿两。

4月10日,午后4时15分,中日双方举行第五次会谈。由于李鸿章的伤势渐愈,亲自参加了会议,头上缠着绷带走进了春帆楼。

双方握手后,入座,寒暄数语。

伊藤博文:"李伯爵阁下出乎意料迅速康复,今日光临此会,实感欣幸。"

李鸿章:"敝人所以出乎意料地迅速康复,完全由于贵国两陛下圣恩,特派名医治疗所致。在深表谢意同时,敬谢两阁下之特殊关照。"

接着,伊藤首先进入谈判实质问题。

伊藤博文:"我方现已拟就改定条款备忘录,请阁下详阅。……正是由于十分体谅贵国之困难,方于此备忘录中,将我方当初之要求,减轻到最低限度。此种减轻是,为贵国减少几多困难,即为我方增加几多困难。但敝人决不避重此责。阁下对此备忘录,但有允或不允两句话而已。"

李鸿章:"尊意已知。如此,是否即对此备忘录不许再进行讨论分辨?"

伊藤博文:"尽管辩论,但不能减少。"

李鸿章:"贵方既知我国困难情形,则所提要求,必当量我力之所可为。"

伊藤博文:"期限已促,故将敝人所能做到者直言无讳,以免多方辩论。"

李鸿章:"备忘录有无中文?"

伊藤博文:"英文、日文已齐,但中文未全。将其全部译成中文,实无此充分时间。"

此时伊藤将备忘录交给李鸿章。李默然沉思数分钟。李经方亦对照英日两文。李鸿章就译成中文之备忘录中的重大三款,与李经方进行密谈。然后打开包袱欲翻阅所带来之地图。伊藤令人将特别绘制的与备忘录有关部分之地图,借李参阅。李鸿章要求将地图带回旅邸,随后奉还。伊藤允诺。①

在这次及以后的谈判中,清朝和日本讨价还价的焦点,是割让土地和赔偿战费的问题。

伊藤拿出对中国修正案的复文,要求中国割让辽东半岛、台湾、澎湖,赔款两万万两,并蛮横地对李鸿章说:日本"已到尽头",中国"只有同意不同意这两句话!"

关于割让土地,日本事先准备了 A、B、C 三套方案。首先提供给李鸿章的是 B 套方案。按照 B 套方案,是把包括辽阳、鞍山在内的地区,割让给日本。当然,A 套方案更比 B 套方案向西扩展了许多。

清政府最怕的是割让辽东半岛。清王朝兴起于中国的东北。进入北京之前,清王朝曾以沈阳为都城。努尔哈赤迁都沈阳之前都城在辽阳。迁都北京以后,沈阳仍是盛京或叫留都。在盛京,昔日的宫殿仍旧保存着,称为奉天故宫。盛京郊外,有太祖努尔哈赤的福陵,和太宗皇太极的照陵。因此,当日军跨过鸭绿江进入辽东时,北京清廷大惊失色,曾经飞檄命令死守这块"皇祖寝陵之地"。此时,日本提出把包括辽阳、鞍山在内的地区割让给日本,也就等于掘了清王朝的"祖坟"。因此,清王朝及李鸿章拼命抵制。日方既怕西方干预,亦怕谈判破裂,终于在这次会谈中作出了所谓"让步",拿出了 C 套方案。

其实,日方的让步,只不过是"预定的让步"而已。因为 C 套方案是早就准备好了的。根据 C 套方案,辽阳、鞍山不在割让之列,仍归清王朝所有。即使如此,割让给日本的土地,也比日本后来从俄国手里接过来的租借地——"关东州",大出 7 倍之多。

---

① 《中日议和纪略》原刻本,第 18—20 页。

至于赔偿战费,这场战争既不是中方主动进攻日本,又不曾踏进日本尺寸之地,实在是毫无道理。况且,赔款高达三亿两,真是苛刻至极。李鸿章讨价还价。日本方面也明白,如果要求过苛,清政府实在无法接受,日本就只有谈崩,然后挑起直隶之战。那时,欧美列强势必干涉,不要说割让土地,连分文战费赔偿也可能得不到。因而,日本方面在这次会谈中作出了所谓让步:赔款由三亿两减为二亿两,七年时间付清。

李鸿章忍辱负重,哀声乞怜。

伊藤、陆奥却"乘胜贪婪,悍然不顾",还威胁说:中国若不同意,日本决意再战,眼下广岛已有六十只舰船做好了出征的准备。并当着李鸿章的面再次威胁道:"中国全权大臣一旦离去此地,是否能安然出入北京城门,亦不能保证。"

4月11日,伊藤博文首相写信给住在接引寺的李鸿章,限期"四日内答复"。

4月13日,日军的增援部队从宇品港出发。日方明知发动直隶之战要冒很大的风险,但到了此时也只好让征清大总督府的增援部队出发了。日本有意识地让李鸿章目睹了增援部队乘船出发的情景,对清政府代表团施加压力,从而增加谈判的筹码。

当时,这种威胁对清廷是很有效的。特别是已经亲眼看到日本增援部队出发的李鸿章,更是忐忑不安。

当然,日本政府也有所顾忌。日本政府是怕帝国主义列强的干涉,那样会使日本本来可以得到的东西而拿不到手。伊藤博文4月12日曾接到日本驻俄公使的电报:"俄国陆海军联合委员会讨论了阻止日军进攻北京的问题,结论是以俄法联合舰队达成其目的。"而清廷是怕失掉更多的东西,特别是怕失掉政权。日军如果进逼北京,虽然当时太平军和捻军已被李鸿章等人联手消灭,但势必会出现新的太平军和捻军,清王朝就很可能崩溃,政权就很可能易人。对于大清帝国的江山,西太后早就说过:宁予洋人,不予奴才。

就在李鸿章4月11日收到伊藤最后通牒式信件的同时,他还收到了来自天津的电报,是德璀琳打来的。德璀琳告诉李鸿章:"前任德国驻中国公使来电称,列强对中国割让领土问题颇为关注,皆认为日本要求不当,中国不必急于议和。"

次日,伊藤也接到日本驻俄国公使的密电:"俄国陆海军联合委员会讨论了阻止日军进攻北京的问题,结论是以俄法联合舰队共同准备达成其目的。"

这份电报令日方人员心急如焚,伊藤感到,如果不能尽快签约,事情可能会发生不利于日本的变化了。

4月13日,李鸿章向总理衙门请示,可否在伊藤博文提出的修正案上签字。北京无回音。日方继续向中方代表施加压力:如果和谈趋于破裂,停战协议自动失效,战局即将重开。李鸿章无奈,又连续向北京发了两次电报。据说,清政府代表团在日本谈判期间,光电报费就花了一万五千余元。可见当时联络之频繁。

4月14日,虽然是星期天,但清政府代表团并没有休息。因为日本人给的"四天期限"马上要到了。这天的晚上和第二天的午后,北京以皇帝的名义,先后两次给李鸿章发去准予签约的电报:

> 李鸿章3月19日三电均悉。18日所谕各节,原冀争得一分有一分之益,如竟无可商改,即遵前旨与之定给。钦此。

电报里用的时间均是农历,19日即公历4月13日。北京之所以连发两遍电报,大概是感到事关重大,担心疏漏误事。这足以看出清廷之惶恐和焦急。这份电报又被日方截获。可能说,清廷的每一步都在日方的掌控之中。

4月15日,双方举行第六次会谈。这次会谈整整进行了五个小时,73岁的李鸿章显得有气无力、疲劳不堪。尽管接到了最后谕旨,李鸿章在这轮谈判中,又不惜费尽唇舌,试图与伊藤作最后的讨价还价。

李鸿章:"敝人既身负重任,远道来贵国议此大事,即期竭尽毕生之力,妥结和局,完成使命。但望阁下能使敝人之肩头稍微减轻,得以完成使命而归。若有幸对割地及赔款稍获让步,将立即结束商谈。"

伊藤博文:"如昨日已向李经方氏所详述,我方既已尽量减轻,现已确无再减轻分毫之余地。如阁下仍反复谈论,只能徒费时日,而不能使我方之要求有任何改变。为事先避免此等情况,我方于提出最后之重要条件前,已在充分了解贵国之困难,洞悉阁下复文中所述详情之后,在我方力所能及范围内,尽力予以宽容,以便使阁下易于应允。当此两国全权大臣会商大事之际,自不可采取商人在算盘上玩弄讨价还价之手段。因此,我方毅然将条件减轻到最低点,以表明我方在此次会谈中,不使用策略之微衷。关于此事,阁下当有所了解。"

李鸿章:"上次拜别之际,曾边握手边恳求阁下再减少五千万两赔款,被阁下加以拒绝。今再请求阁下加以考虑,如幸蒙应允,全约迅速可定。"

伊藤博文："如能做到,在前几日详悉贵国之困难情形时,即早已迅速减轻。今所提者乃我方之最后要求,再无减轻分毫之余地,尚请谅解。"

李鸿章一边取出《日本先驱报》一张递给伊藤,一边说:"依照此报所载,贵国实际所耗军费,不过八千万日元而已。报纸所载,虽未可深信,但要求赔偿两亿两岂非过多?"

伊藤博文："此报误报事实特多。平素以反对我国政府为其宗旨,凡有不利我国之事,不核对事实便行登载,此毫不为怪。我国之实际耗费,其数额实属巨大。"

李鸿章:"总之,恳请阁下多少给以让步。如不能应允五千万两,只少希望减少二千万两。如容许如此些许之让步,敝人立即电达北京政府,今日即可获得妥善结局。倘能得到允诺,敝人将向阁下深致谢意。"

伊藤博文:"如敝人所再三陈述因我方已充分降低条件,今日些许之减少亦不可能。"

李鸿章:"阁下所言极是,但以上所请,即使对敝人薄面似亦应予允诺。深信阁下宽宏大量,待人宽厚,……此次割让给贵国之土地最为富饶,如充分开发,实为无尽宝藏。如将如此富饶土地连同赔款一并支付,贵国即使采取何等宽大措施,对贵国亦毫无不利之理。"

伊藤博文:"将来能否成为财源,自属另外问题,目前尚不可如此谈论。"

李鸿章:"如贵国进行开发,毫无疑问必将成为岁入之一大财源。"

伊藤博文:"但进行开发,必须投入相当之资本,亦不能不耗费劳力。"

李鸿章:"如以贵国人之才智、科学工艺进行开发,必将成为不同凡响之财源。"

伊藤博文:"对此敝人亦少有经验,深知进行开发所需资本与劳力之大实出乎意料。"

李鸿章:"台湾土地富饶,物产丰盈,有金矿,有煤井,又有石油,将来前途无量。我国政府以前虽设有巡抚,期待将来兴盛,奈彼等见识浅薄,才能不足,不懂开发之道,无可观之成效。但一旦委诸贵国手中,其发达情形可以想见。"

伊藤博文边笑边说:"如果物产丰富,可以将货物贱价卖与贵国。"

李鸿章亦微笑:"如此则对两国通商有利。"

伊藤博文:"但开发所需之资本及劳力极大,台湾前途不能遽然断定。"

李鸿章:"谈判业已进行至今日,务望贵国能多少有所让步,就贵国言之虽确系微小让步,但对于我方则关系至大。敝人所以如此反复陈述,实因和谈成功,我方必将向外国借债之故。过去某国资本家,曾言以台湾为抵押,可贷与我国两千万镑。但台湾如让与贵国,今后便不能充当抵押,故不能指望再当债主。所押即已如此之多,若将台湾卖给某国,其价格当然不止两千万镑。"

伊藤博文:"贵国财源广阔,前途大有希望。"

李鸿章:"希望迅速决定今日之事,现在能否应允作少许之让步?"

伊藤博文:"无论阁下如何陈述,我方既已提出最后要求,亦不能再有所让步。"

李鸿章:"既令割让广大土地,又令支付巨额赔款,双管齐下,一箭双雕,只可解释为阁下之策略。"

伊藤博文:"商议如此重大问题,使用政治策略或应变之谋略,断非敝人所为。如此大事绝不可以个人随机应变之外交策略而决定。此终究为战争之结果,希阁下明了。"

李鸿章:"但我等今日并非处于战争地位,而是处于外交地位之人。"

伊藤博文:"固然如此。但此等大事绝不可以应变之谋略或一人之力所能决定。如果说系由一人之力所决定,阁下年龄高,经验丰富,敝人不能与阁下匹敌。"

李鸿章:"赔款既不肯减,但希对土地割让能多少有所让步。"

伊藤博文:"两件皆不能稍减,屡次言明,此为我方最后条件,丝毫不能让步。"

李鸿章:"我并非不定约,不过请略减。如能少减,即可定约。此亦贵大臣留别之情,将来归国,我可时常记及。"

伊藤博文:"所减之数,即为留别之情。昨已告伯行(李经方)星使,初约本不愿改,因念中堂多年交情,故减万万。"

李鸿章:"阁下作为留别之情所赠与者,只能认为是刚愎自用而已。"

伊藤博文:"否,绝非如此。反之,毋宁说已过分让步。敝人将遭受全国攻击,我可肩担,但不能再作丝毫让步。敝人敢于断定,纵令如何恳求,只能空耗时间而无任何效果。如因无益之冗谈而错过停战期限,再次兵戎相见,结果将不能不提出较今日更为巨大之要求。此点希阁下预先有所了解。"

李鸿章还具体提出赔款能否从2万万两减至1.5万两或1.75万两,并希望以"少许减额,赠作回国的旅费。"作为一个外交官,这样的言行不仅失态丢丑,而且可怜之至。

李鸿章:"哀求至如此地步,仍不允让步,可否将此事理解为阁下已再无丝毫宽容之意?"

伊藤博文:"当然可以。"

哀求了老半天,伊藤毫无所动。李鸿章又曰:"赔款既不能减,地可稍减乎?到底不能一毛不拔","赔款既不肯稍减,所出之息可免矣"。

日本方面已掌握清政府已授权李鸿章"权宜签字"的权限,按"无可更动、无可赢改"的方针办,所以不管李鸿章如何再三哀求,伊藤等胸有成竹,不作丝毫让步,一个劲儿的摇头,表示这个问题再没有讨价还价的余地了。

日本外相陆奥宗光在记述当时的情景时这样写道:

> 会见的时间虽长,散会时已到上灯时间,而其结果,他唯有完全接受我方的要求。李鸿章自到马关以来,从来没有像今天会晤这样不惜费尽唇舌进行辩论的。他也许已经知道我方决意的主要部分不能变动,所以在本日的会谈中,只是在枝节的问题上斤斤计较而已。例如最初要求从赔款两万万两中削减五千万两,看见达不到目的,又要求减少两千万两。甚至最后竟向伊藤全权哀求,以此少许之减额,赠作回国的旅费。此种举行,大抵是出于"争得一分有一分之益"的意思。也实在难为这位老中堂了……

那么,日本苛刻地要求清政府赔偿两亿两白银是怎样一个概念呢?据《清史稿·食货志》记载:1891年,大清王朝的全部收入是8968万两,即使自己不吃不喝,用两年的全部收入,也还不清对日本的赔款。由此可见,日本对清政府的要求,是何等的苛刻!

在关于利息的争辩以日本方面"毫不松动"的结局之后,接着磋商台湾交割的具体事宜。

李鸿章:"希在条约批准交换后决定此事。"

伊藤博文:"不可在批准交换之后,必须于今日决定。"

李鸿章:"此皆换约后应商之件,与通商水陆章程诸事,皆可同时商酌。"

伊藤博文:"此乃最要最急之事。"

李鸿章:"换约后方可定,我无权管台湾巡抚,总理衙门方有此权。希望于条约批准交换之时,由贵国选派前来北京之全权委员与我国总理衙门协商。故望将此事与有关通商行船条约,陆路贸易之各项条款,一同进行协商。"

伊藤博文:"决不能同意如此拖延,必须于今日确定。"

李鸿章:"在条约批准交换前,当然不能进行土地之交接。故只能在批准交换后,命全权委员实行。希望今日只止于约定其事而已。"

伊藤博文:"不可只止于约定其事。我方为进行接收,无论何时均可派全权委员。故必须于今日有所确定。"

李鸿章:"因敝人无指挥台湾巡抚之任何权力,故无论如何今日亦不能作明确答复。"

伊藤博文:"条约批准交换之后,台湾即属于我国主权范围内之地方,不需要再进行任何商议。"

李鸿章:"交接台湾至少延缓六个月。如不给我国官吏士绅以处理公私事务之充分时间,难以保证因此不发生不虞之变。"

伊藤博文:"阁下今日何以不能同意此议定书?"

李鸿章:"此事为余之权力所不及,故今日不能决定。只可俟条约批准交换之后,由两国全权委员商定。"

伊藤博文:"阁下拟何日聚会,何日方可决定?"

李鸿章:"现在不能作明确答复。"

伊藤博文:"无论如何亦难以同意。"

李鸿章:"可俟条约批准互换后,两国派员妥协交接章程。"

伊藤博文:"果如此,宜确定期限。一俟换约后一个月内,两国各派大员办理台湾交接。"

七时,伊东书记官长将起草之英文稿交出,内容如下:

讲和条约批准交换后一个月内,双方政府向台湾派遣委员。须于该条约批准交换后两个月内,完成最后交接任务。

李鸿章:"一月之限过促,总署与我远隔,台湾不能深知情形,最好中国派台湾巡抚与日本大员即在台湾议明交接章程。其时换约后两国和好,何事不可互商?"

伊藤博文:"一月足矣。"

李鸿章:"头绪纷繁,两月方宽,办事较妥,贵国何必急?台湾已是口中之物。"

伊藤博文:(哄笑一番)"尚未下咽,自感腹饥特甚。"

李鸿章:"两万万足可疗饥。换约后尚需请旨派员,一月之期甚促。"

伊藤博文:"可写一月内奉旨派员云云。"

李鸿章:"不必写明奉旨等语。"

伊藤博文："一月内可派员否？"

李鸿章："月内即可派员，至交接一节，应听台抚随时酌定。"

伊藤博文："当写明两月内交割清楚。"

李鸿章："一月内各派大员妥议交割，不必限定何时。"

伊藤博文："当写明两月交割，免生枝节。"

李鸿章："但写一月内两国各派人员议定交割。"

伊藤博文："月内派员妥议，两月内交割清楚。"

李鸿章："两月内派员交割。"

伊藤博文："不如一月内派员，再一月交割。"

李鸿章："各派大员，限两月内交接清楚。"

伊藤博文："何不允一月内派员，再一月交割。"

李鸿章："不如写两国速派大员，限两月内妥议交割。"

伊藤博文："可改互换后立即派员云云。"

李鸿章："可写又台湾一省，应于本约批准互换后，两国立即各派大员至台湾，限于本约批准互换后两个月交接清楚。"

伊藤博文："可按阁下所言写明。"

4月17日上午10时整，清政府代表李鸿章、李经方等来到春帆楼，与日方进行第七次，亦即最后一次会谈。实际上，这次会议，不过是举行一种签字仪式而已。

1895年4月17日，正好是甲午日。就在这一天，屈辱的中日《马关条约》正式签字。

11时40分，当李鸿章和伊藤博文分别代表本国在和约上签完字时，伊藤脸上露出了满意的笑容。

中日代表在《马关条约》上签字

在甲午日签订甲午战败的条约，是历史的巧合，还是日本人的有意选择？没有史料透露，也就不得而知了。

这就是中国近代史上空前屈辱的不平等条约——《中日马关条约》，包括《讲和条约》十一款，《议订专条》三款及《另约》三款。

《马关条约》的主要内容：

一、清政府承认朝鲜为"完全无缺之独立自主"；

二、清政府割让辽东半岛、台湾全岛及所有附属岛屿、澎湖列岛给日本；

三、清政府赔偿日本军费银2亿两，该款分八次在七年内还清，"第一次赔款交清后，未经交完之款，应按年加每百抽五之息"；

四、中国开放沙市、重庆、苏州、杭州为通商口岸，日本政府可派领事馆驻扎，日本轮船可沿内河驶入各口；

五、"日本臣民得在中国通商口岸城邑，任便从事各项工艺制造，各项机器任便装运进口"，日本在中国制造的货物，与进口货物一样，免交一切杂税，并享受在内地设栈寄存的优待；

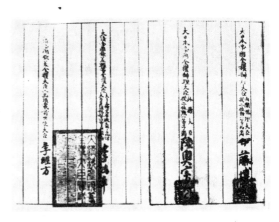

《马关条约》签字原本

《马关条约》的部分内容

六、片面的最惠国待遇；

七、中国不得逮捕为日本军队服务的汉奸分子，等等。

条约还规定为监督中国政府履行各条款，日本军队暂时占领威海卫。

4月18日，即《马关条约》签订的第二天，李鸿章一行登轮回国。

在日本马关港口，李鸿章伫立良久，神情发呆。一团浓雾是从广岛方向的海面上缓缓飘来的，在朦胧的雾气中，他回首望一眼马关小城，实在看不清、猜不透这座小城，这个岛国。

这次赴日谈判、签约，对李鸿章的打击实在是太大了。他以古稀之年，负显赫盛名，屈尊就驾到日本，却不料日本人步步紧逼，使他受尽屈辱。不仅如

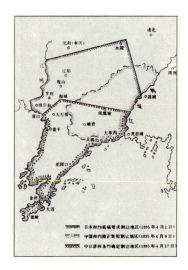

《马关条约》中割让辽东半岛示意图

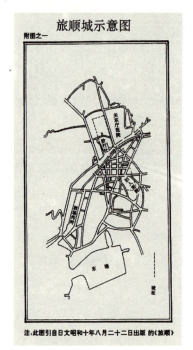

日文昭和十年八月二十二日出版的旅顺城示意图

此，还居然挨了一枪，心中实在不是个滋味。他算把日本人看透了，一个半开化的海盗的聚集地而已！与这种野蛮的人打交道，他觉亏了自己，甚至亏了整个大清国了。

眼睁睁看着日本的潮雾，离开日本之前，又有一股怒火涌上心头。旁边有几个走来走去的日本警察在说话。他听不懂，但仍然觉得十分气闷。在日本这些天，他不想看日本的景色，不想听日本人说话。尽管是第一次来到日本，他没有做过一次参观游览活动，只想快快地离开这个国家。

今天早晨，他起得很早。天刚亮，他就要上船。因为潮雾很大，轮船不能航行，他还是早早地来到码头，不想在接引寺多呆一分钟。

没有人来码头送行，伊藤没来，陆奥没来，外务省的其他官员也没有来码头。他要悄悄地走，不想以自己的屈辱面对他们的狂喜。

日本的所有人的确都沉浸在和约签署的狂喜之中了。他们或许是忘记了李鸿章今天要率他的随员们回国了。

坐在自己的船舱里，李鸿章心潮起伏。就在昨天，他在伊藤、陆奥冷酷而得意的目光的俯视中，用颤抖的手在《马关条约》上签下了自己曾经辉煌过的名字。而今天，这个名字与一场彻底的民族灾难联在了一起，与屈辱联在了一起。

条约签订了，一场侵略战争结束了，而大清国更为深重的苦难、辛酸和屈辱开始了。

这场灾难首先表现为经济上的大崩溃。两亿两白银，加上不久后"赎还"本来就是中国国土的辽东半岛而赔付的三千万两，再加上日本以"中国库存银两成色分量有问题"，要

346

求大清朝廷"贴实足色"而敲诈增赔的五千万两,中国实际上被日本抢去两亿八千万两白银!

为支付这笔赔款是要大举借债的,借债就须支付高额利息。为了这次赔款,大清政府不得不向俄、英、法、德借债了。

自1895年7月起,仅三年时间的借债总额就高达三亿两,扣除回扣,又被债主们敲诈去四千万两。借债加国库收入,几乎全部交给了日本。与此同时,大清政府为借外债被迫承担了最苛刻的条件:借款本息必须在36年或45年内还清,不得提前,也不得推后,以海关、税收、铁路、矿山等权益作为抵押。中国为此要支付的借款本息超过了六亿两白银!

而小小的日本国呢?这个人口不足五千万、国土面积也不足中国十分之一的岛国,在这场八个多月的战争中一下子就掠得了相当于四亿多日元的暴利。这笔暴利,相当于日本全国六年的全部财政收入!而且,还不包括从中国战场上掠走的一亿多日元的战利品。

李鸿章已经感到:经济上始料不及的成功令日本人为之陶醉和癫狂。日本,成了这个

大连寺儿沟贫民窟

贫民窟中劳工们

栖身在破草棚中的母亲和孩子们

劳工肩扛45—50斤重的
8块豆饼

劳工们在装卸大豆

日本在金州建立的殖民统治机构

世界上空前绝后的"战争暴发户"了！从此，日本国民的民族优越感也将空前膨胀起来。在血与火之中，狭隘、自恋、充满血腥敌意与扩张欲的"大和魂"，徘徊游荡于世界的东方。

躺在船舱的软床上，他一整天不吃不喝。到日本一趟，又老了许多，李鸿章闭上双眼，用枕头塞垫在耳朵旁。他仿佛听见了孔夫子在颜回死后的哀号："天丧予，天丧予，天丧予。"他喃喃道："这就是命数么？"睁开眼睛后，望望船舱外，从西天隐隐透出几丝阳光来。"那儿就是我可怜的国家么？"他仍然自言自语道。

是的，那是中国，此时却成了上帝的弃儿，任由列强们宰割、玩弄、蚕食与鲸吞！李鸿章滚下床沿，吃力地步出船舱，走上船头。他没有丝毫归国的欢喜，心情却由此变得更加沉重。沉沦的灭顶之灾困扰着这位可怜的老人。宿命的失败，卑屈，失落，浮躁的心灵，立刻扩散到他的全身；往日的自尊、自信、自豪之情被一个《马关条约》打击摧残干净了。

《马关条约》签订的消息传出后，引起全国的抗议，拒和废约、迁都再战的呼声震动了整个北京城。作为一国之君的光绪帝对签约还是废约，举棋不定，茶饭不思，"天颜憔悴"，痛苦至极。

双方议定5月8日在烟台互换批准书。

4月18日，李鸿章自马关启程返国。船抵大沽，派人星夜进京，给总署呈送约本。李鸿章至津，称病不出。

4月20日，他奏报谈判经过，一面为自己开脱罪责，说什么"适当事机棘手之际，力争于骄悍不屈"，"既不免毁伤残年之遗体,复不能稍戢强敌之贪心";一面劝导清廷发愤图强,认为"敌焰方张,得我巨款及沿海富庶之区,如虎添翼,后患将不可知","深盼皇上振励于上,内外臣工齐心协力,及早变法求才,自强克敌,天下甚幸。"

《马关条约》的签订,在全国上下引起强烈反响。各阶层人民悲愤交集,声讨日本侵略罪行,抨击清廷和李鸿章的卖国行径。康有为在北京发动公车上书,要求在拒和、迁都、练兵、与日本决一死战的基础上,进行资产阶级性质的改革,使中国走上独立富强的道路。在清朝统治层中,内而宗室王公、部院、谏垣,外而直省督抚、前敌将领,"莫不交章谏阻",追究致败之由、误国之责,把一腔怨愤几乎都倾洒在李鸿章身上,形成了"国人皆曰可杀,万口一词"的局势。

他们既不敢正视腐朽的封建制度是万恶之源,又不敢抨击真正的罪魁祸首乃慈禧一伙。他们对李鸿章的口诛笔伐,虽然有时意气多于冷静的分析,难于对其作出全面的切合实际的估价,但却反映了朝野上下的思想动向,表现了人们对战败乞和的愤慨和国运垂危的关注。

鉴于《马关条约》的流弊无穷和全国的抗议浪潮,清廷对和战问题,举棋不定。光绪以"和约事徘徊不能决,天颜憔悴"。翁同龢不赞成"毁约再战",但"力陈批准宜缓",企图借助俄、德、法迫使日本放弃台湾和辽东半岛。许多军机大臣对此表示怀疑,认为"不足恃"。翁同龢、李鸿藻"力斥之",并在光绪面前"亦均陈之"。光绪欣赏此议,特派总署大臣往见俄、德、法驻华公使,并电饬驻俄、法等国公使与所在国外交部密商。

4月25日,光绪"命枢臣偕庆邸请见皇太后面陈和战事",内监传懿旨:"今日偶感冒,不能见,一切请皇帝旨办理。"[1]第二天,军机见时,传懿旨说:"和战重大,两者皆有弊,不能断,令枢臣妥商一策以闻。"[2]27日,光绪亲自向慈禧"敷陈西迁之议",慈禧"微笑摇首",断然拒绝:"可不必"。"和战之局汝主之,此则我主之。"[3]

30日,光绪命翁、李、孙等到患病的奕䜣家里会商,"令定和战之议"。孙毓汶"以所拟宣示稿就正"。奕䜣"以为是宣示者,俟批准后告群臣之词也,大意已偏在和字。"李鸿章主张按期批准互换《马关条约》,反对"毁约再战"。清

---

① 《翁文恭公日记》,光绪二十一年四月初一日。
② 《翁文恭公日记》,光绪二十一年四月初二日。
③ 易顺鼎:《盾墨拾余》,《中日战争》四,第126—127页。

廷指示李鸿章就割台、赔款问题电商伊藤"通融更改",李鸿章断然拒绝,说自己作为《马关条约》的签订者,不能"改议电商","以一口说两样话,徒为外人訾笑。"①

这里既有恫吓,又有推诿,而意在迫使清廷按时批准换约。

由于李鸿章不知光绪"是否批准条约,至觉惶恐。"于是委派科士达赴京,"为这个条约申辩并催促批准。"科士达离津之前,在一个秘密会议上,李鸿章向他详细解释军机处每一位的个性及其政治的环境。4月30日科士达会见军机大臣。他后来回忆说:

"会议的目的是要使军机大臣深知皇帝批准和约之必要。我强调之点是:条约已不是李鸿章的条约而是皇帝的条约了,因为在签字前每个字都电达北京,皇帝根据军机处的意见,才授权签字。假若他拒绝批准的话,那在文明世界之前,他将失掉了体面,对于皇帝的不体面,军机大臣是应负责的。"②

面对着主和派和科士达胁迫的光绪,本想争取俄、德、法的援助和刘坤一、王文韶的支持,但结果却成了泡影。俄、德、法劝告清廷批准和约;刘坤一、王文韶复奏说事关大局安危,应请军机大臣等通盘筹议,请旨定夺,连口头主战的腔调都改变了;而高高在上的慈禧又一再推脱卖国罪责。在这种情况下,光绪便于5月2日"幡然有批准之谕"③。当然,光绪是和着泪水吞下这个苦果的。

眼看规定的换约日期已近,5月2日,奕䜣、孙毓汶、徐用仪等共请光绪马上签字用宝,批准《马关条约》。光绪"绕殿急步约时许,乃顿足流涕,奋笔书之",含泪吞下了这颗难咽的苦果。次日,清廷在和约上盖上国玺,《马关条约》正式批准。

5月8日清政府代表伍廷芳与日本代表伊东美久治在烟台互换批准书。

5月17日,光绪帝明发朱谕,向全国臣民痛陈万不得已批准《马关条约》的苦衷:

> 近自和约定议,廷臣交章论奏,谓地不可弃,费不可偿,仍应废约决战,以期维系人心,支撑危局。其言固皆发于忠愤,而于朕办理此事,兼权审处,万不得已之苦衷,有未能深悉者。自去岁仓促开衅,征兵调饷,不遗

① 李鸿章:《复译署》,《李鸿章全集》三,电稿三,第509页。
② 《科士达外交回忆录》,《中日战争》七,第479页。
③ 《翁文恭公日记》,光绪二十一年四月初八日。

余力；而将少宿选，兵非素练，纷纭召集，不殊乌合，以致水陆交绥，战无一胜。至今日，而关内外情势更迫，北则近逼辽沈，南则直犯畿疆，皆意中事。沈阳为陵寝重地，京师则守社攸关。况二十年来，慈闱颐养，备极尊崇，设使徒御有惊，藐躬何堪自问？加以天心示警，海啸成灾，沿海防营多被冲没，战守更难措手。用是宵旰彷徨，临朝痛哭，将一战一和两害热权，而后幡然定计。此中成分为难情事，乃言者章奏所未详，而天下臣民皆应共谅者也。兹当批准和约，特将前后办理缘由，明白宣示。嗣后我君臣上下，惟当艰苦一心，痛除积弊，于练兵、筹饷两大端，尽力研求，详筹兴革，勿存懈志，勿骛虚名，勿忽远图，勿沿故习，务期事事核实，以收自强之效。朕于中外臣工有厚望焉！

7月29日，李鸿章抵京。第二天"与枢臣同起召见。"光绪"先慰问受伤愈否"，话锋一转，就诘责说："身为重臣，两万万之款从何筹措；台湾一省送予外人，失民心，伤国体。""词甚凌厉"，李鸿章"亦引咎唯唯"①。

经过甲午战争，使李鸿章赖以支撑其权威的北洋海陆军溃灭殆尽，加之主和辱国，群议指摘，帝党官僚乘机要求将他密召入都，勿复假以事权，后党要员荣禄也指责他"误国"，"甘为小人"。

据时人说，甲午前，慈禧对李鸿章敬信。甲午后，慈禧信任奕劻和荣禄。正因为这样，李鸿章入觐之后，便被留在北京。奉旨入阁办事，从而失去了直隶总督、北洋大臣的宝座。李鸿章哀叹：正当自己在仕途上"一路扶摇"之际，"乃无端发生中日交涉，至一生事业，扫地无余，如欧阳公所言'半生名节，被后生辈描画都尽'，环境所迫，天可如何。"②

当时人用伊藤李鸿章互嘲的口气拟了一副对联，上联描摹战胜者的骄横，挖苦清廷，说是："内无相，外无将，不得已玉帛相将。"下联活像厚颜无耻的卖国口腔："天难度，地难量，这才是帝皇度量。"后来又有人为之续加一句，上联加"将来怎样"？下联加"量亦无妨"。果然，不到一年，这个屈膝惯了的钦差大臣，又仆仆风尘，到圣彼得堡做出卖土地的新交易去了，仗有慈禧太后的天大"度量"，"量亦无妨"嘛！

---

① 《翁文公日记》，光绪二十一年六月初九日。
② 吴永：《庚子西狩丛谈》，卷4，第107页。

第九章　旅大地区的抗日斗争

四十二、自发的抗日斗争

在一百多年前的中日甲午战争时期,日军极端凶恶残忍,清廷极其腐败无能,当时的中国老百姓被称作"一盘散沙",这都是毋庸讳言的历史事实。但是,中国军民难道都是匍匐于日本人脚下的奴隶？都是逆来顺受,引颈就戮,任人宰割？

早在1894年9月清军撤离朝鲜,日军占领朝鲜全境后,大连人民不忘匹夫之责,自愿赴前敌,报效国家。当时清军数额不足,为了抵抗日军,设法扩大编制,仅9、10两个月,大连人民就有3000多人加入清军。其中大连湾约500人加入徐邦道拱卫军,编为一个营;旅顺1000余人加入宋庆毅军,编为两个营;旅顺附近1500余人加入张光前、姜桂题等部,编为三个营。军民同仇敌忾,抗击侵略者。

自侵略者踏上大连土地之日起,大连人民就进行了不屈不挠的抗争,用自己的鲜血和生命谱写了一曲曲壮歌。这些反抗斗争在一定程度上打击了侵略者的嚣张气焰,充分显示了中国人民不畏强暴,誓与侵略者血战到底的英雄气概。

首先举起大连人民反抗日军入侵斗争旗帜的是庄河和普兰店人民。

10月24日,日军在花园口登陆的当天夜里,就有两艘日舰着火沉没、搁浅。

当地父老曾传闻:

我爱国同胞激于
民族仇恨,携带炸药,

徐邦道率拱卫军在土城子痛击日军

趁漆黑夜乘小舢板舍身摸进敌舰进行爆破,使其船体着火。另一艘日舰于惊慌失措中起航搁浅。①

据花园口老一辈传说:"日舰着火的那天晚上,西北风刮的很大。着火的日舰被滚滚的浓烟笼罩着,舰上熊熊的火焰随着西北风刮起十几丈的火光,照得海水一片火红。躲在山上的乡亲们,借着火光隐约可以看到日舰上的兵马被烧得乱成一团,有的烧死在舰上,有的挣扎跳海溺水而死;时而听到舰上弹药发出一连串轰隆隆的爆炸声。事后,人们发现许多被烧死的兵马尸体随着海水漂到海岸。"②

日军在花园口登陆,未遇清军阻击,但当地民众却自发地起来进行抗击。

有三名煅工"见到强敌压境,怒不可遏,决定前往花园口之丛家堡子,刺杀驻的日军第二军司令官大山岩",10 月 27 日夜里行刺时,"被敌人哨兵发现,立即展开生死搏斗,打得头破血流,终被敌兵逮捕,押入日寇司令部。三名烈士受审时只字不吐,只承认是抵抗外族侵略的中国人。铮铮硬骨,敌人莫可如何。日寇远藤在场,亦不得不称三名烈士为非常振奇之士。"③

三名抗日烈士为家人免遭日军毒手,坚不吐露姓名,故此佚名。

普兰店人民也同侵略者进行了英勇的斗争。10 月 24 日夜,即日军在花园口登陆的第一日夜,日军第一师团长山地元治暂住在普兰店李家屯一李姓家中。

此时恰有两位从金州来李家做工的铁匠。两人见敌首住在此处,决心杀死他,以此打击侵略者的嚣张气焰。"入夜,二人各操利刀闯入山地元治外室,杀死了卫兵,不幸惊醒山地元治,未及下手,惨遭杀害"。④

另有一位铁匠和两位农民用木棒袭击日军哨兵,将其打成重伤。在搏斗中,一人被日军刺死,另二人被捕。铁匠受审时,"坦然不动声色,不停地咒骂,请求就死。"⑤

---

① 于志龙:《甲午战争在庄河》,《大连文史资料》,第 4 辑,政协大连市文史委员会 1988 年版,第 13—14 页。
② 同上。
③ 孙宝田:《轶事七则》,《大连文史资料》,第 1 辑,政协大连市文史资料委员会 1984 年,第 122 页。
④ 《金县志》,大连出版社 1989 年版,第 584 页。
⑤ [日]河村直等编:《日清战争实记选译·金旅之役》,第 9 编,《中日战争》丛刊续编,第 8 册,第 96 页。

普兰店貔子窝乡民徐三，时年 51 岁，亲眼目睹日军暴行后，义愤填膺，于 11 月 26 日夜，毅然用长矛将日军翻译官藤城龟彦刺死，自己不幸被捕，虽遭严刑拷打，但徐三宁死不屈。一个月后，即 12 月 26 日，日军在大连湾柳树屯装腔作势地召开审判会，强令村长胡盛壮和刘宗周、许朝显等列席。刑场在柳树屯副营后之海滨（今大连湾水产公司一带），由御幡雅文宣读判决书，宪兵三木靖献用被金州人民处决的日本间谍钟崎三郎遗留的战刀将徐三砍死。

日本第二军司令官大山岩以占领者的身份发布《文告》，恫吓大连人民。兹录如下：

> 清国盛京省金州厅曲家沟人徐三，五十一岁。右凶犯于明治二十七年十一月二十六日晚间，在貔子窝戕害我翻译官藤城龟彦。本官一视同仁，严正为心，认真讯鞫，细录口供之后，罪迹显著，故意害人，实属可恶，兹处以军法。尔后再有弄法者，罪不止凶身，该犯所住里间，一概严办不贷，以此传唱，互相训诫，务无出凶犯最为至要。
>
> 明治二十七年十二月二十六日
> 大日本帝国陆军大将大山岩①

尽管大山岩以抗日者株连亲属、里间相威胁，但大连人民仍前赴后继，不屈不挠地抗击着日本侵略军。

普兰店碧流河西农民高武，组织当地八百多名农民，以大刀、长矛和农具铁锹、镢头等做武器，多次袭击日军，杀死日本兵多人，使侵略者为之丧胆。在一次战斗中，高武与农民兄弟奋勇杀敌，不幸壮烈牺牲。

当地流传着许多赞颂他们杀敌报国英雄事迹的歌谣，兹录三首如下：

（一）

大刀片，

铮铮亮，

不砍槐树不砍杨，

专砍东洋狼。

（二）

听说鬼子海上来，

刮风下雨天变坏。

---

① 此《文告》转引自向野坚一《从军日记》，落款时间有误，似应为 12 月 27 日。

沿边树下预备好，

一刀捅碎鬼脑袋。

（三）

貔子窝旁有座城，

铁匠高武有名声。

敢和鬼子硬碰硬，

舍生忘死保百姓。

一腔热血墙染红，

西城得名叫红城。①

旅顺水师营农民出身的庄大，原名王忠福，他身体魁梧，英勇过人。旅顺口战事危急时，同十二名青年壮士参加了清军。他们是当地人，熟悉地理，又善骑射，1894 年 11 月 18 日日军进犯旅顺北牧城驿时，一小股马队在村外河畔饮马休息。庄大等人乘敌不备，突然袭击，当场打死日军数人，打伤日军十余人，余者仓皇逃遁。庄大率领壮士奋勇追杀，左臂中弹，便以右手持枪射击。最后因流血过多跌落马下，壮烈牺牲。

日军在花园口登陆后，普兰店貔子窝老猎手姜二与几个伙伴商量，用什么办法打击侵略者。大伙七嘴八舌，认为以武力正面对抗，少人势单，又无武器装备，此非上策。姜二灵机一动说："能否用打狼的办法，让他们跌入陷阱？"大家齐声说"好！"觉得这样隐蔽，又有效，于是他们立即在村东不远处大道上设陷阱，挖了 3 个深 1 米、宽 1 米、长四五米的大坑，底部插上削尖的木桩，其上铺以高粱秸，盖上泥土。

过了几天，当进犯貔子窝的日本马队经过时，许多人马跌入坑中，死伤数人。

此外，辽南民团纷纷建立，复州东山顾家岭（今属普兰店市星台镇）等处会首孟传文，商

《大连日报新闻》关于日警被击毙的报道

────────────

① 孙槭蔚:《歌谣三首》,《大连文史资料》,第 4 辑,第 146 页。

请复州守尉盛恒、知州高乃听办理乡团抵御日军。"正在督饬举办间，倭贼猝至，复州失陷"。

盛、高立即函谕孟传文等"操办团练，筹备器械"，以便，"随同官军进剿，力图克服。"

盛京将军裕禄曾令盛、高"前往复州顾家岭一带，督饬该乡民等举办团练"。顾家岭一带很快发展乡勇约三、四千人，均怀有民族大义，不时袭击日军，"使敌人白毋宁日，夜不安寝。"①

日军在花园口登陆后，即向金州进犯。面对侵略者，金州人民英勇抗敌，其事迹极其悲壮，至为惨烈。青年陈宝财和他组织的"红枪帮"是其代表之一。

陈宝财，河南人。太平天国运动失败后，陈宝财因其父曾参加捻军起义牺牲，被迫随母亲、叔父逃至山东，后辗转至金州在城东曲家村以种地为生。甲午战争爆发后，陈宝财出于民族义愤，组织起了四五十人的"红枪帮"，日夜操练，"俟机杀敌"保土。②

11月3日，日本第二军第十五联队、骑兵第一中队、工兵第一大队，在斋藤德明少佐的率领下向金州亮甲店、陈家庄、刘家店一带进犯之时。陈宝财得到这一消息后，当即率"红枪帮"弟兄埋伏在城东凤凰山下落凤沟。当日军先头部队到达后，陈宝财等发起突然袭击，打得日本兵措手不及，留下十余具尸体，仓皇逃窜。日军随后调集大队人马，将"红枪帮"围困在落凤沟内，因缺水少粮，只好喝泉水，食草根，在极端困难下仍坚持战斗，终因众寡悬殊，陈宝财等人全部战死。③

战后，当地群众为其树碑，以示纪念。

总的来说，由于清政府的腐败，指挥中枢无能，战略失策，消极被动，仓促应战，在战前未进行普遍、深入的政治动员，没有号召民众行动起来，也没有成立任何自我保护或救助的相关机构，造成民众陷入毫无组织的混乱状态之中，故当时作为弱势群体的百姓，未能有更多的对入侵者进行有规模的抵抗。这也与中外历史上发生的多次战争暴行中，被害方民众的表现相类似。

① 见《中日关系论文集》，《中日关系史论文集》，第109页。
② 同上，第113页。
③ 王芸生：《六十年来中国与日本》，第2卷，三联书店1980年版，第174页。

四十三、屠刀下的反抗

11月6日,金州城失陷,侵入金州的日军沿街逐户搜索,兽性大发,奸淫烧杀,无恶不作。金州城西南有一曲姓人家,家中七位妇女为免遭日军凌辱,怀抱三个幼子,相继跳入院内水井,共赴国难。这十位英灵是:

中年妇女曲王氏、曲迟氏;未婚妇女曲自当、曲如意、曲伢子;已婚妇女孙曲氏、杨曲氏及三个幼子。

日军退出辽东半岛后,金州厅海防同知王志修于1896年初闻知此事,为曲氏一门慷慨赴义的事迹深深感动,亲往凭吊,作《曲氏井题咏并序》以记,兹录如下:

曲氏井

曲氏井题咏并序

光绪丙申人日,受印金州。又明日,周视城垣,询及倭人入城有无死节事,佥指曲氏井而言曰:"是曲氏一门死节处也!"求其详不得,乃谕其家人报闻。知曲氏为金州冷族,世安耕凿。城陷之日,其家妇女恐被辱,相继赴井死,井为之塞。有救而苏者无几。其死者,若曲王氏、曲迟氏,皆中寿妇。其及笄未聘女三,嫁而生子女二,并其幼甥三,携抱以殉之。妇女者,非能读烈女之传、女史之箴也。而见危授命,洁水完贞,可不谓难乎!今诅其死节之期,岁星一转,即金州城退复亦将两月。贞魂之不扬,守土者之咎也!既已上请奏旌于朝,复作此歌乞和于世。庶几风里旐檀,藉吹嘘而更远,匣中宝镜,经磨砺而更光矣!

曲氏井,清且深;波光湛湛寒潭心。一家十人死一井,千秋身殒名不沉!

金州曲氏世耕凿,家世雍雍闺范肃。堂上曾无姑恶声,入门娣姒皆贤淑。家园有井供任烹,日日提汲泉源清。有时人影照井底,皎然古镜涵虚

1994年金州政府为曲氏井立纪念碑。图为碑文

明。

金州十月倭奴来，炮声厉厉鸣晴雷。守者登埤力督战，援兵不至城垣摧。非我族类心必异，入人闺闼无趋避。多少朱门易服逃，谁知仓促遵名义。曲氏门内皆伯姬，守身赴井甘如始。节妇殉名女殉母，伤心各抱怀中儿！

我来金州理案牍，夜夜夜深闻鬼哭。晓起登城询土人，共指井边曲氏屋。抔土已葬荒井存，门闾未表哀贞魂。一时死义已足尊，争如节烈成一门。吁嗟乎！巾帼大义愧官府，欲荐黄泉应不吐。城南崔井唐题名，合于此井同千古！①

铁匠刘世宦，其子与日军格斗被杀，其小妹与其女儿翠子"不甘受辱，毅然赴井列，以全贞节"②。

金州城中几乎所有水井，都有殉难妇女的遗体。

甲午战争期间以及后来自"七·七"事变为起始的日本全面侵华战争中，日本兵每到一地就寻找中国的"花姑娘"，把她们作为发泄兽性的工具，或是可以利用一下的"废物"，有多少中国的女性被日军强奸、轮奸后残酷地杀掉，已经不可计数了。但是，金州的妇女，特别是以曲氏为代表的妇女们，却"不甘受辱，毅然赴井，以全贞节"，尤为可贵。

这种壮烈举动，与古代烈女不可同日而语，因为她们不是单为"保贞"，而是在外敌入侵时表现出来的以死相拼的反抗精神和民族气节。

这种壮烈举动，也与日本母亲因儿子参军不合格而自杀性质截然不同。笔者曾读到一则资料，说是日本狂热地鼓吹军国主义，为天皇效忠，驱使千千万万的青年充当炮灰，竟有母亲为儿子身体不合格而自杀。这使我非常惊愕，觉得日本这个民族不可思议，十分可怕。但仔细一想，这种事例并不值得宣传，更不值得自豪。因为这只能说明，日本的军国主义流毒有多深，民众的愚

① 孙宝田：《旅大文献征存》，第7卷，手抄本，藏于大连市图书馆。
② 孙宝田：《旅大文献征存补遗》手抄本，藏于大连市图书馆。

忠到了何等的地步！当母亲们知道儿子打的是不义战争,是去屠杀他国人民,是去白白送死当殉葬品,她们就不会再上当了。

战争有正义和非正义之分。毛泽东说:"中国古时候有个文学家叫做司马迁的说过:'人固有一死,或重于泰山,或轻于鸿毛。'为人民利益而死,就比泰山还重;替法西斯卖力,替剥削人民和压迫人民的人去死,就比鸿毛还轻。"中国有"母亲叫儿打东洋,妻子送郎上战场",这才是值得讴歌和赞美的伟大的女性,她们识大体,顾大局,充满大爱、大憎之情,反映了我们中华民族的传统美德。

铁匠刘世宦,住在城内圣庙街(今民政街)西,与3个儿子玉玺、玉珍、玉珠以锻冶为生,铁匠炉设在东街路南。"光绪二十年初九日(1894年11月6日)州城陷,日寇入城,疑清军于城外埋地雷",将刘世宦与儿子玉珍、玉珠等3人"以绳牵之,迫令出城踏蹋",刘世宦父子坚决不为日军效力,"玉珍与之格斗",被日军所杀。

日军惯用强迫中国的平民百姓"踩地雷"、探前路的做法是十分卑劣和恶毒的,与冲锋时驱使老百姓走在最前面、自己跟在后面如出一辙。这些都是严重违反战争法的。用兵称为"诡道",主要是指用奇谋巧计,两军交战必须堂堂正正地进行力与智、铁与血的较量、搏杀,不能违背公理、公法、公德,不择手段地胡来,不然,为何要"宣战"呢?为何将"不宣而战"视为违反战争法呢?为何禁止使用毒气弹、细菌战等灭绝人性的战争方式呢?

铁匠刘世宦与他的儿子们知道,清军埋下的地雷,使日军惶惶不安,不敢出城随便行走。这便达到了埋地雷的杀伤敌人与威慑敌胆的双重目的。假如服从日军所逼,以自己的血肉之躯当"探雷器"、"扫雷具",若踩上了地雷,那不仅白白送死,而且避免了日军的死伤,挽救了他们的生命,还使清军的杀敌武器用来残杀自己人,使己方沮丧,却让敌人幸灾乐祸,暗中窃喜,这是多么窝囊的蠢事啊!

刘世宦父子深刻地明白这一点,所以坚决不服从,挺身与其英勇格斗,虽献出了生命,却有力打击了敌人,使他们的阴谋破产,伎俩失灵。因此,刘世宦父子死得其所,虽死犹荣,值得后人怀念与尊敬。

金州厅城西双台沟乔维屏,为人"慷慨好施,勇略过人"。金州失陷后,"村人避难南山,有归家携取食物者被日军捉获二十余人,将置于死地,维屏力为营救,始得更生。"[①]

---

① 孙宝田:《旅大文献征存》,第8卷,手抄本,藏于大连市图书馆。

在日军凶残之至、灭绝人性的屠杀面前,中国亦不乏勇敢无畏、大义凛然、威慑敌胆之人,闫世开便是出色的代表。

闫世开(1857—1894),字梅一,号绥廷,辽宁金州城南三道沟(今大连南关岭)私塾教师,以教书为业,为人耿介,夙怀忠义。当日军分左右两路进犯旅顺,右路由第一师团长山地元治和第十二旅团长长谷川好道指挥,经南关岭、贾家屯、三十里堡、牧城驿、营城子、双合沟、许家窑、泥河子等地,向旅顺西北的椅子山、案子山一线进犯。由金州至旅顺,山路崎岖。当地群众为躲避日军的烧杀淫掠,早已迁徙一空。阎世开目睹日军入侵,国破家亡,人民流离失所的惨状,满怀悲愤,不忍离去,进攻旅顺的日军先头部队到达南关岭后,因道路不熟,日军头目先以重金收买,要阎世开为其引路。阎世开愤极,发怒眦裂。因语言不通,便挥笔作答,怒斥敌人说:"尔等无缘犯我辽东,炮轰我乡里,枪杀我同胞,似此残暴为古今人道所无,尔不以为耻,反以为荣,今又以金钱诱我,令我丧尽天良,实令人百思不解! 尔当知吾乃堂堂大清臣民,岂甘为倭奴走卒!"日军头目见利诱不成,反遭一顿痛骂,便恼羞成怒,以死来威胁恫吓。阎世开毫不畏惧,继续奋笔疾书,痛斥敌人"倭奴! 先诱之以金镑,继出之以恫吓,真乃卑鄙已极,吾愈怒上加怒。可惜吾手无寸铁,不能与尔贼们血肉相驱,终天遗恨! 仆心志已坚,宁作中华断头鬼,勿为倭奴屈膝人!"日军头目见利诱、威吓均不奏效,便露出野蛮本性,下令将阎世开剖腹摘心肝处死。面对日军的屠刀,阎世开面不改色,掷笔于地,在痛骂敌人声中,慷慨就义,壮烈牺牲,体现了炎黄子孙"富贵不能淫,威武不能屈"的民族气节。阎世开牺牲后,时人感叹其死事惨烈,作歌以吊之。歌曰:"……头可断,舌可缺,刃可蹈,笔可折,凛凛生气终不

1994 年 10 月重修之阎世开先生墓

闫世开家谱

灭。吁嗟,阎生古义烈。……阎生发冲敌目笑,不能华语舌空掉,抽笔奋书忠义词,飞雪刀光迸进鞘,刀边骂敌怒裂眦,掷笔甘就刀头死。心肝攫出泣鬼神,淋漓血染山凹紫。"

11月21日傍晚,日军攻陷清政府"经营凡十有六年,糜巨金数千万,船坞、炮台、军储冠北洋"山的旅顺口,随即开始了血腥大屠杀。

面对侵略军的屠刀,旅顺人民奋起反抗,其英雄事迹广为流传。旅顺口陷落后,许多居民以铁锤、斧子、砍刀、扁担等为武器,同穷凶极恶的日军拼死搏斗。

黄金山下火神庙西有一位50余岁的苑铁匠,为人正直、豪爽,当甲午战争爆发后,把两个儿子都送到徐邦道的拱卫军当兵。大儿子叫大勇,在保卫金州时战死;二儿子二勇,在旅顺失陷时阵亡。日军占领旅顺后,挨门挨户屠杀,杀到苑家时,苑铁匠手持铁锤躲在门后,进来一个日兵,就砸死一个,连续击毙数人。后来日军踢开窗户,在窗台上开枪,击中苑铁匠。负伤的苑铁匠手握铁锤,回头怒视日兵,日兵胆怯,想再开枪时已来不及,又被铁锤砸死。最后,苑铁匠终因流血过多而壮烈牺牲。①

二十多岁的谢沛桐在南山冈开了一处顺兴利水果店。大屠杀期间,日军跨门进来,抓住他的发辫就用刀砍,哪知谢沛桐会武术,一脚踢掉日本兵的刀,顺手抓起来向日本兵头上砍去,日本兵惨叫着倒下,谢沛桐提刀从后门逃回原籍山东黄县(今龙口市)。

> 旅顺农民老王在井边打水,日本兵举刀便砍,老王手疾眼快,抡起扁担砸碎了日本兵的头。②

几个日本兵被打死在农民王宗岐的窝棚里,被另一个日本兵发现,欲杀王抵命。王宗岐的侄子一拥而上,举刀相向,日本兵慑于人多势众,乖乖地溜走了,王宗岐幸免于难。

侯景灏是寺沟村的私塾先生。一天,一个日本军曹强占他的书房绘制地图,侯景灏见后写字怒骂:"海贼!为何画我中华地图,快滚回岛国!"日本军曹识中文,读后大怒,抽刀将侯刺倒。其胞弟侯玉宝悲愤异常,手握斧头从后面砍死日军军曹。

---

① 金纯泰:《中日甲午战争约编》,1963年。
② 金纯泰:《中日甲午战争约编》,1963年。

大屠杀期间,沈家店工友沈六"拿起一根扁担抗敌",结果被日本兵捉住,"绑在一棵大槐树上,他夜半脱绳而逃,纠合群众,夜袭沈家店,尽杀日兵而去。"①

陈永发家住黄金山下(今旅顺黄营一带),从小读书,十四五岁到水师营学织布,是位机匠,甲午战争时,18岁的陈永发满徒回到家里,身上总带着一把织布刀。闲暇时就去摸珠礁炮台哨官那里习武、放枪。日军攻陷旅顺之后,他和全家人向东逃难。当走到韩家沟时,遇到日军放炮,比他还小几岁的姑姑受惊哭泣,日本兵循声找来,残忍地用刺刀将她刺死。这一惨状被陈永发看到,他气愤地赶上前用织布刀杀死日兵,而后逃遁。

1895年清明节前,陈永发拾粪走到荷花湾,遇见日军货车在此通过,每辆车上都有日本兵押车。其中有一辆货车爬不上坡,日本兵叫陈永发过去推。陈永发趁着车势故意把车弄翻,把日本兵压在车下,用织布刀杀死日本兵。敌人发现后向他开枪,击中腿部,后用乱刀将陈永发杀害。②

南山冈有一个"和顺大戏院"。日军在旅顺进行大屠杀时,戏院老板王滨率演员八九人出迎,希望日军停止大肆屠杀。而日军"见其衣冠楚楚,疑为清廷官吏,举刀砍之",将其砍死。其他演员逃回戏院,日军追至戏院,方知他们为演剧者。于是下令演员演戏,并以两名日军监视。演到半夜,看戏日兵渐渐

散去,两名监视他们的日兵也瞌睡不已。演员见此情景,乘机上演武剧,突然灯灭,武生演员张某(绰号张铁腿)"手持钢刀,将两守兵砍死",演出了一场真刀真枪的"铁公鸡"(旧京剧名)活剧,然后与伙伴一起逃走。③

旅顺大屠杀期间,妇女、少年也奋起反抗。

日军在旅顺大屠杀时,剧院正在演出。龟兹井明摄

① 王芸生:《六十年来中国与日本》,第2卷,三联书店1980年版,第175页。
② 周祥令整理:《甲午战争日军暴行见闻实录》,《永矢不忘——旅顺大屠杀惨案》,吉林人民出版社2002年版,第89—90页。
③ 孙宝田:《旅大文献征存补遗》(手抄本),藏于大连市图书馆。

碾盘沟一孙姓人家正在举行婚礼,日本兵杀进村来,新人躲到天棚,一个日本兵闯进来,举刀乱扎,新郎顿时鲜血淋漓。新娘上前救护,被日本兵发现,欲行强暴,愤怒的新娘用剪刀将其扎死。

一少年化装成乞丐,潜入日军军营,将泻药投入日军饮水缸中,伤及许多日军。少年被捕后慷慨陈词:

日本随军记者龟井兹明

> 予非丐儿……所以丐者,诓汝等耳,幸天从吾愿,竟得入汝营中,予预蓄泻药甚多,汝等所饮所食,俱经予手。予为国杀敌,早拼一死,所恨者,药屑有余,未杀尽汝等耳!预言尽于此。询其姓名、籍贯及有无唆使?儿大笑曰:"汝等真庸夫,何问为,予无名,旅顺一丐儿也。"固诘之,勃然怒曰:"杀则杀耳,咻咻不休,殊惹人厌。"日将命部下锢禁之,徐探其实。儿乘人不意,以首撞柱而死。①

僧人也加入了反对日军入侵的斗争中。小平岛海神娘娘庙住持僧圆明和尚,平日不闻俗事,一心向佛。面对日军强占庙宇,拆毁门窗,勒令迁出的暴行,怒斥日军:

> 尔等海盗,出无名之师,占有土地,毁我桑梓,戮我苍生,自古迄今,未有尔等残暴也。今挟兵刃,威我身躯,毁庙堂,污神灵,罪不容诛。吾乃佛家之徒,以慈悲为宗旨,岂能让我神灵之地,作海盗之巢?勿为妄想!

丐儿英勇不屈(绘画)

为明心志,挥毫做诗:

---

① 徐珂辑:《晚清祸乱稗史旅顺丐儿忠于为国》,见阿英编校《近代外祸史》,潮锋出版社1950年版,第344页。

一夕半北未分开，只落魂魄上九台；

今生不能雪此恨，转世投胎再回来。

诗中的"一夕半北"，是将"死"字拆开，隐一死字。圆明和尚不怕日军威逼，誓不迁出此庙。凶残的日军兽性大发，将圆明和尚架火焚烧。熊熊烈火中，圆明和尚痛骂不止。夜里，圆明和尚弟子在乡亲们的帮助下，炸毁庙宇，与强占庙宇的日军同归于尽。

通过上述的情况人们可以看到，大连人民在甲午战争，日军侵踞大连的近一年的时间里所从事的抗日斗争具有以下特点：

一、抗日斗争的广泛性、群众性。在日军侵踞大连其间，大连人民以民族利益为己任，不分职业、不分老少，更无男女之别，对侵略者进行英勇顽强的斗争。这里有教书的先生，有织布的机匠，有煅铁的铁匠；有工人，有农民，有和尚，更有新婚之日的新娘和还未谙世事的儿童。

二、抗日斗争的自发性、分散性。在日军的残暴面前，大连人民以满腔的义愤投身于抗日斗争之中。他们利用手中的铁锤、斧头、砍刀、扁担、织布机刀等当作武器，同凶残的日军进行着拼死的搏斗。这些反抗斗争几乎遍及到大连地区的每一个角落。

三、大连人民的反抗斗争表现出多样性和灵活性。这种多样性主要来自于斗争的群众性。在日军侵略者面前，人民没有退却，他们以各种方式与侵略者进行坚决的斗争。职业的特征构成了斗争的主要表现形式，因而显现出抗日斗争的丰富和人民群众的机智、灵活、果敢。

在这里，我们更应看到大连人民的反侵略斗争虽然尚处于一种无组织的自发状态之中，但也有力地打击日军，表现出一种伟大的民族力量。正如毛泽东同志所说：

中国人民，百年以来，不屈不挠，再接再厉的英勇斗争，使得帝国主义至今不能灭亡中国，也永远不能灭亡中国。①

在甲午战争期间，大连人民用自己的鲜血和生命，同广大的爱国官兵一道谱写了一曲爱国主义的壮歌。他们的反抗斗争同赵怀业、龚照玙之流的临阵脱逃的可耻行径形成了鲜明的对比。他们是中华民族的脊梁，其凛然正气和英雄壮举与江河同在，永彪史册。

---

① 毛泽东：《中国革命和中国共产党》。

陈明福　著

沧桑旅顺口 下

尊且五题

旅顺口

人民文学出版社

旅顺口火车站

旅顺口电岩炮台的大炮

日俄战争三次重大事件位置

作者在旅顺口电岩炮台

日军竖立的东鸡冠山北堡垒塔

东鸡冠山北堡垒遗迹之一部分——侧旁暗堡入口

东鸡冠山北堡垒遗迹之一部分——日军爆破口

康特拉琴珂阵亡处

二龙山

二〇三高地"尔灵山"塔

望台炮台(俗称二杆炮台)

关东军司令部旧址博物馆

沙俄"关东州总督府"旧址

苏军烈士纪念塔

关东厅博物馆旧址

苏军烈士陵园

旅顺黄泥川软件园

中科院大连旅顺科技创新园

今日花园口海面

旅顺新港

烟大铁路轮渡

新崛起的城市——美丽的花园口

俄军以"日探"名义捕杀中国人

日军在旅顺口以"抓捕间谍"
为名搜捕中国百姓

旅顺港口外的日军闭塞船

乃木希典出征
时天皇赐予的旗帜

广濑武夫带领"俄国丸"等船只对旅顺港口进行沉船封锁

日军第二次闭塞旅顺港时广濑武夫被炸死

旅顺港口西岸建日本海军闭塞纪念原告以炫其战绩

俄国军官视察旅顺炮台

乃木希典儿子
乃木保典死亡之所

日军第三军使用 280 毫米榴弹炮轰
击俄军阵地

日本占领 203 高地后用 280 毫米榴弹炮轰击旅顺港口

日军第三军使用 280 毫米榴弹炮轰击俄军阵地

东鸡冠山北堡垒俄军士兵宿舍

俄军使用的水雷

日军使用的水雷

在日俄监狱中的绞刑架

俄军投降后，日、俄两国将领在水师营合影留念
（中排左 1 为雷斯，左 2 为乃木，左 3 为斯达塞尔，左为伊地千幸介）

1905 年 1 月 8 日，取胜的日军举行了入城(旅顺)仪式

1955 年 2 月,中苏部队开始交接防务

欢送苏军回国

第三部　狼熊恶斗

第十章 "忍气饮恨"三国干涉

四十四、"隐现于舞台之一隅,为一演员而动作"的角色

19世纪90年代中叶,在地球东部的亚洲上演了一出排练已久的活剧:凶残无比的东洋大盗闯入相邻的一家贫困的破落大户,血腥屠杀了该家的壮弱妇孺,洗劫了家里破瓮瓦罐中盛的一切,然后放一把火将其烧为灰烬。但这块祖传的宅基地乃是风水宝地,东洋大盗垂涎已久,为了强占它,永归己有,便对这个受害大家庭的幸存者竭尽威逼恫吓之能事,令其带着满脸血迹、吊着绷带,用痛苦的神情、颤抖的右手写下地契,签字画押,并声言哪怕是"卖人、卖地"、"高利借贷"等筹钱方式,也要对杀人放火者予以补偿和犒劳。

此出悲剧的观众甚多,遍及欧美诸国甚至全世界,他们不是一般的"围观"或作"壁上观",也不是"隔岸观"、"冷眼旁观",有的充当捧场角色、起哄观众,有的是击鼓高手、吹奏能人,有的跑龙套摇旗呐喊,有的伺机会火中取栗,更有人"进入角色",随剧情的喜怒哀乐"为一演员而动作",可谓台上台下感应互动;场内场外,热闹非凡。扮演东洋大盗、任剧务主任并兼职副导演者,便是活跃于世界政治舞台的日本外相陆奥宗光。

日本外相陆奥宗光

藩士出身的陆奥宗光是日本和歌山县人,幼名牛丸、小次郎。青少年时赴江户求学,参加推翻幕府运动。1862年离开江户前往京都从事勤王活动。次年入海军操练所学习。不久海军操练所解散,他改名陆奥阳之助,赴长崎参加"海援会",与伊藤博文结识,从此开始了他在政治舞台上大显身手、叱咤风云的时期。

陆奥中等个头,身材瘦削,面容清癯,鼻孔与棱角

分明的嘴角间有两撇上翘的小胡子,浓黑的眉毛下深陷的眼眶里嵌着一双炯炯有神、能洞穿事物的眼睛,表明他是个精明能干、善于决断之人。

陆奥根据他的经历写过一部回忆录,书名是《蹇蹇录》。"蹇",本意是"驴",亦称"驽马",书名意谓"蠢驴和驽马走过的道路"。其实,他是一匹风入四蹄、骁腾横行的骐骥。

陆奥宗光能言善文,他与伊藤博文朋比为奸,沆瀣一气,把当时大清最杰出的外交家李鸿章父子羞辱于广众之中,玩弄于股掌之间,当然这里有挟着战胜国之威与"势"。他不仅惟妙惟肖地描绘了李鸿章谈判时的心态和意图,竭尽挖苦奚落之能事,而且还用带点文采的幽默语言,形象而生动地描述了俄国在甲午战争中扮演的角色和所抱态度。他说:

> 中日两国演此悲剧(陆奥居然承认中日甲午战争是一场"悲剧"!)时,俄国始终隐现于舞台之一隅,为一演员而动作;……对于东洋之局面,飞耳张目,注视变乱之进行;然细言其内情,俄国苟为伸张自国之利益或为防止利益之受侵害计,不辞取积极之手段。①

"隐现于舞台之一隅",目光紧盯舞台,表情"飞耳张目",其中有一位便是端坐在圣彼得堡皇宫里的沙皇尼古拉二世。别看他做皇帝是昏君,当演员却是明星。

俄国皇帝尼古拉二世

圣彼得堡是俄罗斯第二大城市,坐落在波罗的海芬兰湾东岸,涅瓦河口。冬宫是沙皇的宫殿和住所,建于1754年—1762年,占地九万平方米。冬宫建筑规模相当宏大,宫殿富丽堂皇,装饰豪华精美。1837年遭火灾,后重建。冬宫的四周圆柱林立,房顶上矗立着一百多尊雕像和大花瓶。宫殿长200米,宽160米,高22米,其中孔雀石大厅的每根圆柱都是孔雀石做成。大小金銮殿里的油画、壁画、银制吊灯和御座,更是豪华耀眼。

被称为"暴君"的尼古拉二世,是沙皇专制制度和东正教的忠实信徒,也是沙俄的末代皇帝。

看上去,他并不缺乏典型的斯拉夫人种族特

---

① [日]陆奥宗光:《蹇蹇录》,《中日战争》丛刊,第7册,第154页。

征:额宽颧高,栗色卷发,碧眼隼目,高鼻厚唇,只是个头显得矮小细瘦,且文秀与柔顺有余,威武与刚烈不足……

尼古拉二世远不如其父亚历山大魁梧,也远不如其父自信和坦率。他是在皇亲国戚组成的大家庭中,在一大群忠心耿耿的仆人和教师的环伺下长大的。部分原因是由于恐怖主义带给他的祖父亚历山大二世可怕的死亡的结果,当时他只有十二岁。之后,父亲突然猝死,他身不由己地登上政治舞台,这些原因决定了对于担当俄罗斯帝国独裁专制君主这一可怕的任务来说,他还远远没有被训练好。

然而,他特别喜欢把自己当作老式沙皇传统的继承者——他喜欢的沙皇是莫斯科公国的统治者阿列克塞,彼得大帝的父亲。他把自己想像成为农民大众的"父皇"。尽管他幻想能与他的前任们一样,制造种种神话,让臣民深信沙皇具有上帝赋予其统治人民的权力,但这神话本身却失去了对大众的魅惑力。

当亚历山大三世于1894年10月猝死于肾炎时,他的大儿子尼古拉年仅26岁。根据亚历山大·米哈伊洛维奇大公的描述尼古拉对其父之死的反应为:

> 在我、在你、在赫尼娅、在阿列克斯、在妈妈、在整个俄罗斯头上将会发生什么?对做一个沙皇,我并没有准备好,我从未想过要做一个沙皇。我对统治这件事一无所知,我甚至都不知道该怎么和大臣们谈话。桑德罗,你能帮助我吗?

加冕典礼时,按照传统习惯,沙皇要赏赐礼物。于是广大民众纷纷拥到霍顿卡广场。广场坑洼不平,政府没有采取任何维持秩序的措施,结果挤伤踩死一万多人。灾难发生几小时后,皇帝和皇后便若无其事地去出席音乐会和晚会,轻松地翩翩起舞,没有一点点"慈爱的沙皇"的气味与影子。

在才能和作为方面,尼古拉二世是个志大才疏,好高骛远,不自量力,轻诺寡信的庸碌之辈。但他即位后野心勃勃,积极推行军事封建帝国主义政策,疯狂地对外侵略扩张,尤其把侵略锋芒指向衰弱的中国。甲午战争爆发后,俄国为遏制日本,曾经一度考虑过对日本进行武力干涉。尤其在平壤、黄海两次战役后,俄国除了继续进行外交干涉外,还积极进行军事调动:一方面不断增加东方舰队的实力,另一方面向符拉迪沃斯托克运送部分陆军。

但是,俄国只是做了武力干涉的准备,而未真正付诸行动。其原因有二:

一是西伯利亚铁路尚未修成,俄国没有充分的把握实行武力干涉;二是担心一旦实行武力干涉,将与日本决裂,这样就会把日本推向英国一边,而使自己孤立,这是俄国所不愿看到的。基于这两点顾忌,于是俄国只好在表面上对中日双方的战争采取所谓的"不干涉"态度。然而仅此而已,并未正式发表任何"中立"声明。

俄国密切关注中日战争局势的发展,并始终保持着"行动自由"。为此,俄国召开了两次特别会议。第一次会议是1894年8月21日召开的,第二次会议是1895年2月1日。这两次会议表明俄国对中日战争的中立态度起了变化。

在第一次特别会议上,俄国虽然提出了"争取以外交方式解决朝鲜问题",但也做出决定,不排除在必要时以武力干涉。而在第二次特别会议上,俄国的强硬态度更加充分地反映出来。在会议一开始,会议主席亚历山大维支大公就宣称:

> 由于目下中日战争的进程,并且由于中日正要进行和谈,为保卫我们在远东的利益起见,此次会议要讨论我们应采取的措施。①

并且会议得出结论、作出对策:

> 如果日本要求侵犯俄国的重要利益时,则一方面联合英、法等其他列强,通过外交途径,对日本施加共同压力;另一方面要增强俄国在太平洋的舰队,使俄国在太平洋的海军力量超过日本,以便在必要时进行武力干涉。

此次特别会议后,俄国便与日本进行了主动的外交接触。同年2月14日,俄国驻日本公使希特罗渥亲自造访了日本外务大臣陆奥宗光,期间俄国公使提议俄日两国互相交换意见。陆奥宗光表示:"时至今日,我国以战争之结果已不能不由中国要求土地之割让,而日本政府对于第三国欲预知其关系利害之有无,故其关于俄国之利害,不论何事,希倾怀相告。" ②

俄公使希特罗渥当即表示:"今也日本当要求中国割地,固不待言,而俄国欲在太平洋沿岸获取自由通路已非一日,故如贵政府所尝宣言不妨害朝鲜国之独立一事,若能确实,则他无可言者。"

---

① 《俄帝国主义在远东的开端》,《中日战争》丛刊,第7册,中华书局1996年版,第301页。
② 〔日〕陆奥宗光:《蹇蹇录》,《中日战争》丛刊,第7册,第189页。

随后,希特罗渥以私人谈话的方式对陆奥宗光说:

> 日本割取台湾,俄国固无异议,日本若弃岛国之位置扩张版图于大陆,为日本计,绝非得策。①

从希特罗渥的谈话中可以明显看出,实际上是在警告日本,表明俄国的态度——即坚决反对日本割占中国内地土地,尤其是割占东北的土地。

俄国所做的一切充分表明:在整个中日甲午战争过程中,俄国虽然表面上实施了"不干涉"政策,但这是在不得已的情况下所采取的权宜之计。所以俄国政府在表面装出如此模样,实际上为了保护自己在远东的利益而时时关注着战争进程和战局的变化。由于列强间在甲午中日战争的态度上没能达成一致,利益上存在着矛盾,因而互相牵制。由此,俄国便不能一意孤行,必须谨慎从事。尽管如此,俄国始终没有放弃在必要时实行干涉的念头。

日本贪婪地攫取了中国的台湾和辽东半岛,《马关条约》已经签字,变成既成事实。这一严峻局势,直接危及沙俄宏伟的扩张计划。正因为如此,这些天来,尼古拉二世常冥思苦想,茶饭无心。

4月初,俄国政府得知了日本的提议和条件中包括割占辽东半岛一项时,非常恼怒。俄国政府官员也纷纷上奏沙皇尼古拉二世,表示了他们的强烈不满和担心。

在俄国如何处理与日本关系的许多奏文中,给沙皇印象最为深刻的是外交大臣罗拔诺夫和财政大臣维特的看法。

4月6日,俄国外交大臣罗拔诺夫上奏指出:

> 日本所提和约条件中,最引人注意的,无疑是他们完全占领旅顺口所在地的半岛;此种占领,会经常威胁北京,甚至威胁要宣布独立的朝鲜;同时由我国利益来看,此种占领是最不惬意的事实。②

与此同时,俄国的财政大臣维特则更加气愤地向沙皇表示:

> "绝不能容忍对中国任何部分领土的攫取","要是我们让日本这样做,我们将毁掉一切的成就,以及您所尊敬的父亲(指亚历山大三世)曾做过崇高巨大的努力但尚未实现的极其宏伟的事业。"③

---

① 同上。
② 《外交大臣上沙皇奏1895年3月25日》,《中日战争》丛刊,第7册,第308页。
③ [美]狄龙:《俄国声威的晦暗》,1918年纽约版,第246页。

"噢，是的，尊敬的父亲，伟大的父亲，您曾做过崇高的努力，只可惜宏伟的事业尚未实现，我继承了您的皇位，难道我是个愚蠢和无能之人，将这一切在我的手里毁掉吗?"尼古拉二世默默地自言自语。

看来，维特不仅是个政治家、经济学家，而且是个懂得心理学知识的聪明人，他所讲的激愤、怂恿之语，特别是提到尼古拉二世之父沙皇亚历山大三世的成就与遗愿，都直入尼古拉二世的心灵深处。

沙皇之所以左右为难，是因为外交大臣罗拔诺夫的奏文充分表现了沙俄政府不宜轻易表态。他说：

> 假使我们决定要求日本放弃此种条件时，将发生一个问题：假使他们拒绝我们的要求，我们是否采取强迫措施，抑或在此种情况下，能指望和其他强国共同行动？
>
> 在此种情况下，目下并无其他办法，只能非常友谊地对日本政府指出，旅顺口之占领，将永远阻碍日本恢复对中国的良好关系及成为破坏东方的借口。可是在预先对日本政府类似的通知中，要确实证明其他列强对它亦有同样的顾虑。①

俄国政府本着这种态度，于4月8日，将反对日本割占中国辽东半岛的意向通报给英、德、法等国，并提议共同干涉日本对辽东半岛的割占。虽然将自己的态度通知了其他强国，但俄国政府对事态的发展并未有太大的希望，也就是俄国政府并没有把握，几国共同干涉日本最终会达到目的，俄国政府只是想从各国的反应中，了解他们的态度和真实主张，以利于自己日后采取进一步的行动，取得对日干涉的实现。

为了进一步研究当时的远东局势，并确定对日本要求割占中国辽东半岛问题的对策，4月11日，俄国政府又召开了一次特别会议。出席会议的有海军元帅亚历山大维支大公、外交大臣罗拔诺夫、陆军大臣伊万诺夫斯基、海军代理大臣契哈乞夫、财政大臣维特等高级官员。

在这次特别会议上，首先由外交大臣罗拔诺夫向与会人员报告了其所收集到的其他列强对中日和谈问题的态度等情况。各国列强根据各自的利益要求，对中日和谈的态度不尽相同。英国人明确表示"它没有理由去干涉和谈"；而德国人则一反和谈前对中日纠纷非常冷淡的立场，宣称准备参加俄国

---

① 《中日战争》丛刊，第7册，第308～309页。

政府对日本"必须做的任何步骤";法国则明确表示愿意与俄国政府"共同行动"。

针对其他列强的态度,特别会议讨论了俄国所要采取的对策。

海军元帅亚历山大维支大公认为:

"在今日情况下,对我们最有利的是秘密站在日本方面,在不阻碍日本前进的同时,与它定立尊重我国利益的协议。利用此种途径,一方面我们毫无所失,同时在将来可能与英国发生的纠葛中得到一个强有力的同盟者。"

他进一步分析:"如果我们对日本行动,则我们和日本结仇,它将永远成为我国远东的劲敌,我们使日本为情况所迫而与英人一致。"

他强调指出:"我们无论如何不应对日本开始敌对行动。假使我们卷入战争,无疑英国会站在日本方面,德国可能亦会如此。我们的海军足以对付日本,但不足以对付英国。"

会上,亚历山大维支大公的意见遭到与会者的反对。陆军大臣伊万诺夫斯基主张:日本之占领南满,直接威胁俄国,因为此一地区会成为日本进攻我国阿穆尔边区的基地。占领南满以后,日人将逼近我国边界,在我们有必要重划阿穆尔疆界时,将使我们非常困难。不如把朝鲜南部让给日本,我们占领朝鲜沿海任何一个口岸,比容许日人进入满洲更有利。因此,必须使用外交方式,使日本政府放弃满洲;假使此种企图不能成功,则可应用武力。

外交大臣罗拔诺夫甚至认为:在任何情况下,不能指望日本的友谊,它不仅对中国战争,还要对俄国战争,以后会是对全欧洲。日人在占领南满以后,决不会止于此,无疑将向北推进殖民。

而财政大臣维特则主张:日本之进行战争是我们开始建筑西伯利亚铁路的后果。欧洲列强及日本大概都意识到不久的将来就要瓜分中国。他们认为在瓜分时,由于西伯利亚铁道,我们的机会便大大增加。日本的敌对行动主要是针对我们的。假使日本占领南满,对我们将是威胁,以后大概会引起朝鲜的全部归并日本。日人得到中国六亿卢布赔款以后,他们在占领区的势力会巩固,把善战的蒙古人及满洲人吸引到他们那一方面,以后再开始新的战争。在这样的情况下,就不难预料,数年之后,天皇便成为中国的皇帝。假使我们现在让日人进入满洲,要保护我们的领土及西伯利亚铁道,就需要数十万军队及大大增加我们的海军,因为迟早我们一定会与日人发生冲突。因此,发生一个问题:任令日本占领南满,待西伯利亚铁道筑成后再为自己取得报偿;或者现在即决定积极阻止此种占领,对于我们不知何者较为妥善?

最后维特认为：我们最好现在就积极行动，暂时不修正我们阿穆尔的疆界及不占领任何土地，因为不使自己同时与中国及日本为敌，而要与欧洲方面有正确的关系，我们应坚决声明，我们不能容许日本占领南满，假使不履行我们的要求，我们将来采取适当的措施。如果有战争的必要，我们就坚决行动。

如果出乎意料之外，日本对我国外交上的坚持置之不理，则令我国舰队不必占领任何据点即开始对日本海军的敌对行动，并轰击日本港口。这样，我们就成为中国的救星，中国会尊重我们的效劳，因而会同意用和平方式修改我们的国界。

与会大臣就远东局势和日本割占辽东半岛的问题进行了几番讨论之后，做出两点结论：

（一）在中华帝国北方保持"战前状态"，先以友谊方式劝告日本放弃占领满洲南部，因为此种占领破坏我们的利益，并将经常威胁远东的和平；假使日本拒绝我们的劝告，就对日本政府宣布，我们将保留行动的自由，而我们将依照我们的利益来行动。

（二）正式通知欧洲列强及中国，我们方面并无任何侵占意图，为保卫我们利益起见，我们认为必须坚决主张日本放弃占领满洲南部。①

4月16日，沙皇尼古拉二世在皇宫又召集特别会议，财政大臣维特、外交大臣罗拔诺夫、海军元帅亚历山大维支大公和侍从武官长万诺夫斯基四人参加。维特说服了沙皇同意4月11日会议的决定，确定了俄国的干涉政策。

1895年4月17日，中日签订的《马关条约》中确定了日本割占中国辽东半岛后，俄国政府立即做出了反应，其外交大臣罗拔诺夫邀请德、法两国驻俄公使会晤，正式声明："俄国政府决定立即以友谊方式，直接向日本政府提出不要永久占领中国本土的请求。"并通告德、法两国，如果日本拒绝劝告，"俄国正考虑三国对日本在海上采取共同军事行动……为切断日军在中国内地上与其本国的一切的交通，使它孤立"。②

对于俄国的联合干涉提议，德、法两国立即表示响应。德国外交大臣马沙尔迅速电训德驻日公使，表明：

---

① 《中日战争》丛刊，第7册，第313~318页。
② 《德国干涉还辽文件》，第2243号，《中日战争》丛刊，第7册，第351页。

"现在日本的和平条件是过渡的,它们损害欧洲和德国的利益",因此,"我们现在不得不抗争,必要时,我们知道怎样予以必要的强调"。①

同时,德国皇帝威廉二世下令:"将装甲舰一艘、巡洋舰一艘派往东洋",显示了德国对日本干涉的强硬态度。对此,日本政府早有思想准备,在中日战争期间,日本驻德公使青木周藏曾在日本割占辽东半岛前向德国献策,劝诱德国在中国东南部占领一块土地,并吹嘘这样一块土地,远比德国在非洲的全部殖民地更有价值。②

但并没有引起德国的重视和对日本的好感。而是基于怕日本在中国的势力过于强大,妨碍它在远东侵略扩张的目的,德国早在3月6日就通过外交途径对日本发出过警告:"中国请求欧洲列强干涉;其中几国已经决定并将联合行动。""日本在中国内地割地的要求尤其足以惹起干涉。"③

德国态度十分强硬。

法国驻俄公使蒙德培罗通知罗拔诺夫,表示法国参加联合行动计划。于是,俄、德、法三国组成联合干涉阵线。

俄、德、法三国联合组成还辽阵线后,原商定三国驻日公使20日在东京共同行动。4月20日德国驻日公使哥屈米德首先向日本发难,要求直接会见外务大臣陆奥宗光。由于陆奥宗光外出养病,一直推迟到22日,哥屈米德才会见外务次官林董,提出"因有要事,希急速直接会见得以代表日本政府做确实答复之国务大臣,即总理大臣或外务大臣。"④

4月23日下午,俄国驻日公使希特罗渥、德国驻日公使哥特斯米德、法国驻日公使哈尔曼一起来到日本外务省会客厅。

外务次官林董热情地迎接他们三个人,寒暄之后,俄国驻日公使希特罗渥表情严肃地说:"外务次官阁下! 本公使受吾皇陛下的敕命,特向日本国政府递交本备忘录。"

希特罗渥展开备忘录宣读起来:

俄国皇帝陛下之政府,兹查阅日本国向中国所要求之媾和条件,对辽东半岛归日本所有一节,不但认为有危及中国首都之虞,同时亦使朝鲜之

① 《德国干涉还辽文件》,第2245号,《中日战争》丛刊,第7册,第351页。
② 丁名楠等:《帝国主义侵华史》,第1卷,第310页。
③ 《德国干涉还辽文件》,第2226号,《中日战争》丛刊,第7册,第332页。
④ 见《中日战争》丛刊续编,第10册,中华书局1995年版,第118页。

独立成为有名无实。以上实对将来远东永久之和平发生障碍。因此，俄国政府为了向日本国皇帝陛下之政府再度表示其诚实之友谊，兹特劝告日本国政府，放弃确实占领辽东半岛一事……

外务次官林董认真地听着，面部表情逐渐严肃起来，刚才接见时的那种微笑完全消失了。

希特罗渥宣读完之后，便把备忘录递给了林董次官，并向德国驻日公使哥特斯米德递了一个眼神。

哥特斯米德心领神会，说："林董先生阁下！本公使也受德皇陛下政府之委托，向先生阁下递一份备忘录。"哥特斯米德也宣读了德国政府的备忘录。

在哥特斯米德之后，法国驻日公使哈尔曼代表法国政府向林董次官宣读了备忘录。

林董次官听过德、法两国的备忘录之后，突出的感觉是俄、德、法三国政府的备忘录如出一辙，用词稍有不同，内容却大同小异，肯定三国事前沟通过，这是他们采取的联合行动。

俄国公使希特罗渥在法国公使哈尔曼递交备忘录之后致词，说：请林董次官先生阁下转致日本内阁和明治天皇陛下，俄国政府认为日本永远占领辽东半岛恐有招致冲突之虞，因此，俄国政府希望日本政府善体此意，迅速采取保全名誉之策。

德国公使哥特斯米德也发表简短声明：林董次官阁下！本公使代表德皇陛下之政府不能不遗憾地指出，因为日本政府未能接受德国政府的劝告，因此不能不对日本政府现在的行为共同提出抗议。

哥特斯米德说到这里，瞥了林董次官一眼，接着说：本公使提请次官阁下转致日本政府，日本必须让步，因为对三国开仗是没有希望的。

林董次官听了哥特斯米德的抗议后，显得有些惊慌，问："日本如仅暂时占据辽东半岛，至中国交完赔款时为止，俄、德、法三国政府是否也要提出抗议？"

三国公使互相看了看，希特罗渥说："次官先生阁下以为三国政府能否满意呢？"

林董听希特罗渥以反问为回答，只得说："本官一定将三位公使阁下递交的备忘录如实呈给本国政府和天皇陛下。"

三国公使离开外务省之后，林董立即将三国的备忘录和声明，电告伊藤博文和陆奥宗光。

四十五、怀"吐肉"之恨，报"吞气"之仇

陆奥宗光因肺结核病情恶化，请假在风景秀丽的播州舞子休养，接到林董的电报后，知道三国干涉已经出台了。他的严重病情、烦恼心绪与舞子的满眼春色、良辰美景极不和谐。

对俄、德、法三国的干涉还辽活动，日本政府事先早有预料，但是没有想到态度如此强硬。陆奥把林董的来电仔细阅读了两遍之后，仍然感到不够清楚，连夜给在东京的林董次官拍了电报，要求对与三国公使会见时的具体情形，详细迅速地作出答复，这充分反映陆奥的细心与心机。

陆奥需要了解的详细情况包括：其一，三国公使所提出之备忘录是否同文？其二，三国公使之热心程度是否相同？对其语言及面部表情，贵官有何感受？其三，德国公使再三请求会面而又拖延日期，是否与法、俄两公使之间有何磋商不妥之事？其四，日本政府如不接受三国政府之劝告，是否有立即开始进行武力干涉的迹象？

应该说陆奥宗光对三国干涉早已有所觉察，两天前他曾收到日本驻德公使青本周藏的报告："德国声明反对日本，将与其他国家一起采取共同行动。"同时还收到日本驻俄公使曾弥荒助的报告："确知俄国政府已决定反对《马关条约》，并正准备与几个欧洲国家共同进行干涉。法国好像与俄国一起行动。"由此，陆奥宗光把希望放在英国能出面挫败三国的阴谋。为此，他曾发电报给日本驻英公使加藤高明，令其不择手段地拉拢英国出来与三国抗衡。

他昨天曾给在广岛的伊藤博文发一电报，表明他对可能出现的俄、德、法三国干涉的基本态度，在电报里，他写道：

> 我政府已成骑虎之势，虽冒任何危险，除表示维持目前地位一步不让之决心外，别无他策。

陆奥宗光给林董的信发出后不久，便接到伊藤博文从广岛发来的电报，内称：

> 关于三国公使所劝告之讲和条款事，拟于明早召开御前会议讨论。其结果，或需急向出征大总督派遣使者。如断然拒绝彼等之要求，则需急速召回军队及舰队，采取自卫措施；如可以采纳之，则只能保有金州半岛作为赔款之抵押。这种情况，一旦批准之后亦可改变，不论如何，必须拖

延答复。然而相信彼等亦不能允许长久拖延。贵大臣有何意见,请即电示。

陆奥宗光接读伊藤博文4月23日的电报后,已过午夜,肺结核使他的身体疲惫得很,额头上不断地冒出虚汗,他仍然强忍着,经过一番认真思考后,给伊藤博文发出一电报,坦率地陈述了自己的观点:

> 本大臣之意见,大体如昨日所呈,此时暂且维持我方地位,寸步不让,以观彼等将来之行动,再定计较。然事关重大,是否分别拟出照会答复俄、德、法三国政府,仰祈尊裁,在此以前,请勿确定政府方针。

话分两头。先谈谈日本御前会议是如何研究"三国干涉还辽"之对策的。

24日上午,广岛召开了御前会议。参加会议的除伊藤博文外,只有陆军大臣山县有朋、海军大臣西乡从道两人。会上,伊藤提出了三种方案:第一,即便不幸增加新的敌国,仍断然拒绝俄、德、法之劝告;第二,召开国际会议,将辽东半岛问题交给该会议处理;第三,完全接受三国劝告,以恩惠方式将辽东半岛交还中国。①

出席会议者经过反复讨论,认为按第一方案办,必然引起三国的武力干涉。日本陆军的主力部队已全部开往辽东半岛,海军舰队也大多派往澎湖,国内防备十分薄弱。而且从去年以来近十个月的战争,日本的陆海军已疲惫不堪,财政和军需物资也濒临枯竭。日本已得到俄国向远东边境调动军队,在海参崴实行"临战地区戒严令",在黑龙江北岸积极备战等情报。从海军力量看,日本更是没有取胜的把握。

单从俄国方面看,俄海军大臣契哈乞夫就声称:"我国太平洋舰队相当强大,在精神上对日本海军就占了优势,并且它还毫毛未损。在不冒险作大规模海战时,它目下即能截断日本的交通。"②

伊藤博文自己也说:"他们的舰队有12万吨,而我方的军舰把缴获的都算上才8万吨。可是不光是吨数,我舰经过一年间连续奔波于海上,大部分受了伤。加之,他们还有铁甲舰四艘,如果出动这些来切断军粮,无论如何也不能打仗。"③德、法两国的军舰已开到黄海活动,德皇已下令停泊在中国海的舰

---

① 陆奥宗光:《蹇蹇录》,中译本,第158页。
② 《中日战争》丛刊,第7册,上海人民出版社1957年版,第316页。
③ 《中日战争》丛刊续编,第7册,第167页。

队向华北港湾集中，和俄国舰队取得联系。所以与会者一致认为：对于三国联合之海军固不待言，即单与俄国舰队抗战亦甚无把握。① 于是，否决了第一方案。而第二套方案虽然足以表示气度宽容，但未免过于示弱。最后，在无计可施的情况下，只好暂时确定第三方案。

4月24日凌晨，陆奥宗光致伊藤博文的电报发出之后，护士进来为他量了体温。护士看了看体温计，感到很吃惊，准备向医生报告，想请医生劝说外务相注意休息。

她刚要离开，陆奥宗光问："体温是多少？"

"报告阁下！比午后又升高了一度多，已是39点5度了。"

"噢！"陆奥有点不相信自己的体温会这样高，又说："拿来我看看。"

护士双手把体温计递给了陆奥宗光。他对着灯光仔细看了看，说："我确实该注意休息了。"

陆奥直睡到第二天上午10点钟才醒来。他睁开眼睛一看，阳光透过窗帘洒进来，有些刺眼，问："怎么没叫醒我？"

秘书说："见阁下睡得很沉，便没敢打搅。"

"有电报来吗？"

"没有。"

"有电报来一定要立即送给我阅。"

"是。"

饭过后，陆奥有些昏昏欲睡。

医生劝他多休息少费神以便争取早日痊愈。然而，他的刚烈性格和紧张的外交关系，使他怎么也安定不下来。说实在的，他患肺结核，与他五年的监狱生活和出狱后的过度操劳关系极大。

他已经51周岁了，在他刚满25岁时，便当上了外国事务局的御用挂，为后来担任外务大臣积累了经验。这个官职就是替皇帝办事的人。其间，曾任兵库县知事、神奈川县知事等职。1877年因参加反政府活动曾被捕入狱，直到1882年底才获释，出狱后赴欧美考察宪政。1888年任驻美公使，次年任农商务大臣。两年前出任伊藤内阁外交大臣，主张侵略中国和朝鲜，成为与伊藤博文等发动中日甲午战争的主要决策人之一。刚刚签订《马关条约》，他便病倒了。

① 陆奥宗光：《蹇蹇录》，《中日战争》丛刊，第7册，第178页。

直到晚上,连一封电报也没有接到,使他焦急万分。特别是他知道今天上午在广岛召开的御前会议,无论怎么说,到晚上会议早该结束了,为什么伊藤总理大臣没有把御前会议的结果告诉他呢?

他等得不耐烦了,便发了一封电报给在广岛的伊藤博文总理大臣,问御前会议部做出了什么决定?

直到午夜12点,也没有接到回电。他实在难以支持,便不得不入睡了。

翌日,刚刚用过早饭,秘书便进来,报告说:"总理大臣来看望您了。"

"快请总理大臣阁下进来。"陆奥说着,想下病榻迎接伊藤博文。

伊藤博文已进来了,说:"躺着!不要动。"

陆奥有些不好意思:"这成何体统?"

"就这样。"伊藤笑着说,看了看陆奥的脸色,发现他的脸色苍白,倦容满面,又问,"感觉如何?"

"正在好转。只是俄、德、法的联合行动使我着急。御前会议上都作了哪些决定?"陆奥问。

护士搬来一把靠背椅子放到陆奥病榻前,伊藤博文坐在椅子上,详细地介绍了御前会议的经过,最后说:"决定召开国际会议,将辽东半岛问题交给该会议处理。"

"为什么要这样决定?"陆奥不解地问。

"陆军大臣山县有朋和海军大臣西乡从道均参加了御前会议。我国陆军的精锐部队全部开往辽东半岛,而海军联合舰队亦都派往澎湖列岛去了。国内几成空虚,而且,从去年以来经过近一年战斗,海陆军人员疲劳,军费缺乏。这是我国的实际情况。"

伊藤博文说到这里,停顿了一下,看了看陆奥,又说道:

"据参谋总部的情报获悉,俄国向远东边境派遣了一支近三万人的陆军部队。海参崴已被宣布为'临战区'。同时,俄国已下令在日本各港停泊的俄国所有舰艇,在24小时内作好随时起锚的准备。在神户和烟台各聚泊俄国数艘军舰,正在进行示威。还有,俄国代理海军大臣契哈乞夫声称;'我国太平洋舰队相当强大,在精神上对日本海军就占了优势,并且它还毫毛未损,在不冒险作大规模海战时,它目前就能截断日本的交通线。'这还不包括德、法两国的军事力量。实际上德、法两国的军舰也开始到黄海活动了。把俄、德、法三国的舰队总吨位加在一起共有12万吨,而日本把缴获中国的军舰加到一起,总共才有8万吨,而且经过近一年的战斗,大部分均受了伤。鉴于我与俄、德、法三国海军力量的对比，不要说无力与三国海军抗衡，即使单独与俄国海军对抗也没有把握。在这种形势下，不应与三国失和，增加新的敌国绝非上策。"

秘书进来报告："大藏大臣松方正义阁下、内务大臣野村靖阁下亦由京都来此，看望阁下。"

陆奥瞅了瞅伊藤博文，说："是否请他们也进来？"

"来得正是时候，都请进来吧。"伊藤回答。

"请二位进来！"陆奥说。

松方和野村进来，与伊藤博文、陆奥寒暄过后，伊藤说："二位阁下来得正是时候，坐下来一起商量如何对待俄、德、法三国干涉问题。"

三人都围着陆奥的病榻坐下了。

陆奥对松方和野村说："刚才总理大臣阁下向我介绍了昨天御前会议的情况和决定。准备把辽东半岛问题交给国际会议处理，我主张首先拒绝三国的劝告，以观三国将采取何种行动，探明其真意后，再在外交上采取相应的对策不是更好吗？"

"此时如不预先推测后果，就毅然拒绝三大强国的劝告，难道这是远见者的理智行动吗？"伊藤带着质问的口气直截了当地继续说，"自去年以来，俄国的表现不用探其深浅已经十分清楚了。此时再由我方挑出，恰好给他们以借口，其危险性就更大了。现在是危机一触即发的时刻，待触发后，采取什么样的外交对策，恐怕也无法挽回了。"

伊藤驳斥了陆奥的意见。看来，在这个问题上，伊藤的见解比陆奥高明。

野村附和说："总理大臣阁下的意见很有道理。"

陆奥无法，表示说："我刚才的说法可以不算数。但是，这个问题一旦交付国际会议处理，各国都要为自己的利益争论，说不定辽东半岛得不到解决，甚至连《马关条约》的条款也将全部成为泡影。这和我国招引欧洲大国新的干涉同样是失策。"

伊藤听陆奥这样说，认为他的担心不是没有根据的，说："这种担心是有根据的。那么，如何妥善处理这个棘手问题呢？"

松方说："看来，对三大国的劝告，或者确切些说，对三大国干涉，鉴于我国的现实状况，只能做出让步。"

野村则说；"对中国则必须紧紧盯住，不能让《马关条约》规定的东西再失掉。"

伊藤说:"有了对三大国的让步,才有可能保住我们从中国已签约的利益。"

最后陆奥宗光提出:

> 盖广岛御前会议已决定。方今之形势,新增加敌国,诚非得计。若俄、德、法三国极度进行其干涉,则我不能不承诺彼等劝告之全部或一部,则为自然之结果。而我国今日除有此俄、德、法三国干涉之难问题外,尚贻与中国和战未定之问题。若此后与俄、德、法三国交涉过久时,中国或乘此机抛弃媾和条约之批准,竟使《马关条约》为废纸空文,亦所难料。故我应确然分割两个问题,务使彼此无所牵连。约言之,即决定对于三国即令最后不能不完全让步,然对于中国一步不让。本此方针以一直进行为目下之急务。①

伊藤博文、松方正义、野村靖一致同意陆奥宗光的观点。这样就成了舞子会议的决议了。

"待把这个决议呈天皇陛下批准后便可实施。"伊藤强调说。

"那么,本大臣还想通过驻各国,特别是驻英、美、意三国公使做出努力以求得支持是否可以?"陆奥并不甘心对俄、德、法三国作出让步。

"只要符合今天议定的基本方针,作外交上的任何努力都是可以的。"伊藤强调说。

舞子会议后,陆奥、林董及日驻各国公使均作了外交上的努力,包括利诱、劝说等各种手段都利用了,尤其是企图拉拢英、美、意三国组成三国反干涉阵线以对抗俄、德、法三国干涉。

为了先稳住俄国,舞子会议当日,陆奥宗光就给日本驻俄公使联邦德国二郎发出训令:

> 中日媾和条约现已经我皇上批准,放弃辽东半岛实难办到,希贵公使请俄国政府对此项劝告重加考虑,如俄国政府不欲损害日俄两国间一向存在的亲密友好关系的话。且望告以日本将来虽然永久占领辽东半岛,亦不致危及俄国利益。关于朝鲜独立,日本政府一定满足俄国的要求。②

同时,林董根据陆奥宗光的指示对德、法两国干涉的真实态度作了试探。

---

① 陆奥宗光:《蹇蹇录》,《中日战争》丛刊,第7册,第178—179页。
② 陆奥宗光:《蹇蹇录》,中译本,第160页。

林董认为,俄国是三国的核心,法国追随其后,德国是策略需要,将俄国这股祸水转嫁给日本。27 日,联邦德国二郎回电说:"俄国皇帝以日本之请求并无撤销俄国劝告之充分理由,故不能予以同意。并风闻俄国政府目前已将运输船派往敖德萨,正在准备运送军队。因此,预料俄国之干涉,性质重大,应预做准备,以资安全为要。"①

日本政府拉拢俄国,分化三国联合的企图失败后,加紧拉拢英、美、意三国,以对抗俄、德、法的干涉。

早在 4 月 23 日御前会议之前,陆奥宗光在致日驻英公使加藤高明电训说:"驻日本的英国公使好像对此非常冷淡。您由此奉命尽可能以最秘密的方法,探听并弄清英国政府的真正态度。如果您觉得有些把握,为东亚之和平,您要尽最大的努力,劝说他们挫败上述提及的三方阴谋。因为策划这个条约,中国可能自己感到有些希望,可能不批准议和条约。"

同一天,驻美公使栗野慎一郎和驻意公使高平小五郎也收到了内容大致相同的电训,但日本政府没有得到三国的明确态度。

4 月 27 日,日驻英、美、意三国公使,再一次按政府的指示,分别进行了外交活动。

驻美公使栗野慎一郎回电说:"美国国务卿格莱星姆已应允只要与美国之局外中立无抵触,将援助日本国。而且该大臣将指令驻清美国公使劝告清政府批准条约。但其细节需要与总统协商。"

驻意公使高平小五郎回电说,与意大利外交大臣布朗克会谈的情况是:布朗克表示"在此种情况下,如能使英、意、美三国联合起来,站在日本方面,则干涉问题将不至成为严重大事而得到解决。但日本必须首先请求此三国与之合作,然后意大利将高兴地劝诱英、美两国。"同时还表示诚意说:"必要时,意大利可将其军舰派往东亚。"

对于意大利政府的态度,日本政府十分高兴。28 日,陆奥宗光致电外务书记官锅岛说:"本大臣认为我们可坚持到底,待至最后万不得已时,改变我之外交政策方为上策。"重申了他自己的观点。

然而,意大利当时在欧洲列强中还是个很弱的国家,并无此号召能力,高平小五郎第三次访问布朗克时,布朗克的谈话就有了变化,说:"现在一切事均依靠英国意向如何而定。"显然日本反干涉外交活动的成败,将取决于英国

① 陆奥宗光:《蹇蹇录》,第 161 页。

的态度。

4月27日，日本驻英公使加藤高明根据陆奥宗光的电令，会见英国外交大臣，提出日本政府将采取让步的方法，解决此次事件。英外交大臣说："英国因希望和平，当然不愿意日本与欧洲各国互动干戈，亦不欲使日清战争继续下去。因此，英国将努力不放过解决目前困难之机会。英国对日本虽怀有同情之心，但同时与俄、德、法三国亦有友邦之关系，因此，英国值此之际，需要与多方酌量之后，在保持尊严的基础上，以果断与责任心从事活动。"日本政府仍不死心，希望进一步做英国的工作，促使英国转变态度帮助日本。

4月29日英国政府明确向日表态：英国政府往昔既已决定保守局外中立，此次亦欲维持同一意愿。英国对日本国怀有最诚笃之感情，但同时亦不能不考虑自己之利益。因而关于提议之让步，不能援助日本国，而且此处让步不足以使各国满意。

英国这一答复，使日本幻想的英、美、意反干涉阵线成为泡影。

俄、德、法三国公使不断敦促日本政府对"劝告"做出答复。4月29日，俄、德、法三国公使再次向日本外务省声明："答复务必于和约批准交换以前，即于尚未成为'既成事实'以前答复。"面对三国的强硬态度，日本政府不得不考虑退还辽东半岛问题。

日本拉拢俄国企图瓦解三国联合行动和拉拢英、美、意等国组成反干涉阵线都失败后，又受到俄、德、法三国驻日公使的警告。俄国公使希特罗渥说："希望日本政府不要采取先发制人的手段，制造新的困难与他们对抗。"

日本政府迫于无奈，同意做出让步，但是开始只采取部分让步的策略。

4月30日，日本政府分别电令驻俄、德、法三国公使，向三国政府送了内容相同的备忘录。给俄国政府的是：日本帝国政府业已再三考虑俄国皇帝政府之友谊的劝告，兹为再度表示重视两国间之亲密关系，故在交换《马关条约》批准书使日本国之荣誉与尊严得以保全后，同意以另外的附加条约方式，作如下的修改：

> 第一，日本政府对于辽东半岛之永久占领权，除金州外，完全放弃。但日本与中国商议后，当以相当款项作为放弃领土之报酬。第二，日本政府在中国完全履行其媾和条约上之义务以前，有占领上述土地以作担保之权利。①

---

① 陆奥宗光：《蹇蹇录》，中译本，第160—165页。

日本想永久占领金州地区;并要从中国获得补偿,作为对三国让步的条件。

5月3日,俄国政府马上致电德、法两国,表明了俄国的态度。辽东半岛之重要,主要的是它拥有旅顺。因此,俄国政府认为日政府的答复不能满意。俄国政府的意见是:原来的要求必须坚持,即必须要求半岛全部的放弃;如可能,再给日本一个时期作进一步的答复。①

德、法两国立即表示同意。

同一天,罗拔诺夫通知日本公使,俄国政府对日本政府之备忘录"不能满意"。还说:

> 昨日曾召开内阁会议,于该会议上,国务大臣一致议决,因日本国占有旅顺一事,于事有碍,须坚持最初之劝告,不可动摇。并且告诉本官,该决议业经俄国皇帝陛下批准。②

实际上俄国主要是怕日本占有金州后,其势力涉及朝鲜全国和整个中国东北地区。从海陆两方面危及俄国领土,所以必然拒绝日本政府部分让步的要求。

5月4日,德国外交大臣马沙尔约见日公使青木称:"三国对日本政府之答复感到不满意。正在商议,将再一次提出要求。"随之劝告日本政府:日本必须向三国政府宣告,占领金州确实只属暂时之占领。如果日本政府采取此种手段,余等将以金州之占领须与赔款付清同时告终之约,尽全力使清国付出更大之巨额赔款。

德国这种行为,是向日本暗示为防止将来俄国势力在大陆的扩张而拉拢日本。

俄、德、法三国在拒绝日本部分让步以后,又在军事上向日本施加压力。停泊在日本港口所有俄国舰艇,在24小时内做好了随时准备起锚的准备,三国军舰频繁地在日本海、东海、黄海游弋。

在外交上失策、军事上无力抗衡的形势下,5月4日,日本政府召开会议,会上陆奥宗光主张:现在完全接受三国劝告,先割断外交上一方面的纠葛;另一方面,毫不犹豫地执行交换批准书的手续。③

---

① 《中日战争》丛刊,第7册,第366页。
② 《中日战争》丛刊续编,第10册,中华书局1995年版,第170页。
③ 陆奥宗光《蹇蹇录》,中译本,第166页。

他还绝望地说："战争一触即发之际，我背后无可依赖之强援，……如无以武力一决胜负的决心，单凭外交上的折冲是不起什么作用的。"

诸大臣认为，对于三国的劝告，不能再拖延答复，否则有可能形成辽东半岛不能保，《马关条约》也得不到批准的局面。会议决定日本接受三国的劝告，放弃对辽东半岛的永久占领。

5月5日，陆奥宗光即电训日驻俄、德、法三国公使，向三国政府声明：

> 日本帝国政府，基于俄、德、法三国政府之友好忠告，约定不永久占领奉天半岛之土地。并提出附加条件：第一，日本政府对其放弃之土地，保有向清国要求报酬之权利；第二，作为清国履行条约所载对日本义务之担保，日本政府保有暂时占领该半岛之权利。①

同一天，俄、德、法三国政府得知日本接受劝告后，分别电令驻日公使向日本政府表示祝贺。俄国公使希特罗渥说："俄国皇帝陛下得日本国抛弃辽东半岛永久占领之通告，日本天皇陛下，因此措置重表示其高见，兹为宇内和平，特述祝词。"

法国对日本的决定表示满意，德国政府还特意表示应允日本向中国勒索报酬，并"立即向中国提出劝告"；俄国政府提出日本政府"享有要求赋予报酬之权利时，该大臣（外交大臣）希望此种报酬不宜过多"。

5月10日，在俄、德、法表示满意的情况下，日本睦仁天皇正式宣诏曰：

> 朕为和平计，因不吝容纳之。今顾大局，以宽宏处事，亦于帝国之光荣及威严无所毁损。朕乃容纳友邦之忠言，命朕之政府以此意照复三国政府。若夫关于交还半岛壤地之一切措置，朕特命政府与清政府商订。今媾和条约既经批准交换，两国和亲复旧，局外之国亦斯加友谊之厚。②

天皇把日本的侵略行为，说成是热爱和平，所交还辽东半岛说成是"顾大局"，借以蒙蔽视听。

日本虽无力对付俄、德、法三国的联合干涉，但为确保《马关条约》中的其他利益，对中国却是真正寸步不让。

三国干涉还辽发生后，清廷统治集团主战派幻想各国干涉日本再交还台湾，或不批准条约。美国政府为了协助日本实现《马关条约》规定给予日本的

---

① 《中日战争》丛刊续编，第7册，第172—173页。
② 陆奥宗光《蹇蹇录》，《中日战争》丛刊，第7册，第185页。

好处,向清政府施加压力,催促其"从速"批准条约。

5月2日,光绪皇帝批准《马关条约》后,俄国政府曾告诫清政府勿过急批准换约。清政府寄希望于俄国对日本使用武力,怕正式换约后,日本还辽一事将化为乌有,想推迟换约时间,但德国为了消除三国联合干涉日本还辽而出现的德、日裂痕,进行了一系列帮助日本的活动。

5月5日,法国通知清政府:"换约一事,决不许有迁延。"①

清政府迫于无奈,便于5月8日和日本换约,日本如愿以偿。

俄国所关心的是如何尽早让日本归还辽东半岛的问题。5月30日,俄、德、法三国驻日公使再次联袂到日本外务省,会见陆奥宗光,要求日本政府给予回答三个问题。一是日本放弃辽东半岛,要求中国补偿赔款的数目;二是日本撤出辽东半岛的时间;三是日本要做出允许三国在台湾海峡自由航行的保证。"②

6月4日,日本内阁会议做出如下声明:

一、作为永久放弃辽东半岛之补偿,对清国要求之赔款,其数量不得超过库平银一亿两;

二、日本国对辽东半岛之暂时占领,于约定赔款缴纳完毕时,或为支付上述赔款,由清国另外给予令人满意之财源担保时,可以停止。

三、日本国承认台湾与清国间之海峡纯为国际航行之公路。从而该海峡不在日本国单独专用或管辖之限。因此,如果三国有此愿望,日本国将向清国提议,于通商航海条约中,可加入向各国船舰保证该海峡之自由航行一款。并且日本国为立于无论何时都履行此声明之地位,明确肯定与该海峡相接,由清国割让给日本国之土地,永不让与他国,因而使本声明坚定不移。③

俄、德、法三国收到日本的声明,7月4日三国公使向日本政府答复:三国"同意为所有口头或书面谈判保守秘密。"但对日方提出的赔款数额不满,拒绝所提的任何援助。

7月16日,日本内阁再次召开会议决定,将退还辽东半岛赎金减为五千万两,并将这一决定分别通报给三国公使。

---

① [德]弗朗克著,王光祈译:《三国干涉还辽秘闻》,中华修局1929年版,第503页。
② 《中日战争》丛刊续编,第10册,第113页。
③ 《中日战争》丛刊续编,第10册,中华书局1995版,第216页。

俄国外交大臣罗拔诺夫指出：五千万两"实属过当"①而德、法两国却在赔款金额问题上与俄国的看法有所不同。德国外交大臣马沙尔认为五千万两的要求不高，因为日本放弃辽东半岛这样重要的军事基地，等于剥夺了日本的一个重要的胜利果实。法国驻德公使海贝特则认为：五千万两之要求"并非难以容纳"，"日本之放弃辽东半岛，非对中国让步，而为对三大国让步，故日本不能因此而对中国有所要求"②

8月9日，俄国仍坚持原来的主张。

8月19日，德国驻俄公使接到马沙尔的电报："为尽量迎合俄国意旨，皇帝陛下昨日宣布同意日本退还辽东之赔款要求应减为三千万两。"③

对此数目，俄、法两国均认为适宜。这样俄、德、法终于取得一致意见。

9月10日，俄、德、法三国公使向日本外交大臣陆奥宗光递交一份备忘录，表示：

> （一）日本所要归还辽东半岛之赔款应不超过三千万两白银；（二）应确定一个准确的尽早撤兵的日期，并能在上述三千万两白银交付后立即撤兵；（三）辽东半岛撤兵之条件与缔结中日通商条约无关。

尽管日本贪得无厌，又进行讨价还价将近一个月，但无任何效果，在三国保证中国必交出三千万两的赎金后，日本接受三国的要求。10月7日，日本正式向三国表明：日本为迅速解决辽东半岛问题，已决定：

> 第一，将补偿金额减至三千万两；第二，不以缔结通商航海条约作为自上述半岛撤兵之条件。并且自清国将上述赔款三千万两全部支付完毕之日起，三个月以内实施撤兵。④

俄、德、法三国收到日本声明后，10月18日，分别令驻日公使向日本政府递交了本国的备忘录，对日本的声明表示满意，并要求日本"回信示知"，实际是让日本做出书面承诺。19日，日本又向三国再次声明，重申了7月19日和10月7日日本政府的决定。25日，日本向驻俄、德、法、英、美、意、奥、葡、韩等国公使发出通知，宣称日本与俄、德、法三国就归还辽东半岛问题已交涉完毕。

---

① 王芸生：《六十年来中国与日本》，第3册，三联书店1980年版，第70页。
② 王芸生：《六十年来中国与日本》，第3册，三联书店1980年版，第71页。
③ 《中日战争》丛刊，第7册，第402页。
④ 《中日战争》丛刊续编，第10册，第261页。

但是把辽东半岛归还中国,使中国的赔款再增三千万两,还需要日本和中国直接谈判才能生效。日本指定新调任的驻华公使林董为全权代表,清政府仍派李鸿章为全权大臣。10 月 20 日,在北京举行谈判。清政府想将赎辽费减低,由于日本已得到俄、德、法三国的保证,坚持对清政府寸步不让,不允再改,李鸿章亦不坚持。

11 月 8 日,中日双方在北京签订了《交还奉天省南边地方条约》,亦称中日《交还辽南条约》或《辽南条约》。此约共六款,其主要内容是:

> 日本归还辽东半岛;日本国军队撤回之时,该地方内所有堡垒、军器工厂及一切属公物件,永远交还中国;……中国酬报交换辽东半岛的库平银三千万两,于1895 年 11 月 16 日交与日本国政府,中国付完三千万两后三个月以内,日本国军队从该交还地一律撤回。①

12 月 30 日,根据《辽南条约》,日军将辽东半岛交还给清政府,标志着三国干涉还辽的结束。

三国干涉还辽实际上是俄国的"黄俄罗斯计划"和日本"大陆政策"的矛盾斗争,是帝国主义瓜分中国狂潮的开端。

在《马关条约》巨额赔款的基础上,又增加了三千万两白银,为此,清朝政府不得不于1895、1896、1898 年分三次向俄、法、德等国借钱。

日清战争之前的 20 年间,中国每年所付的外债本利只不过是白银 300—400 万两,而在日清战争之后每年所付的外债,本利则达到了 2300—2400 万两以上。当时中国每年的总

三国干涉日本还辽图,左图三个动物代表俄德法

收入大约是 8800 万两左右,因此这等于将每年收入的 1/3 以上用来支付外债。仅此一点即可看出,甲午战争失败后日本从中国强掳的对日赔款,是如何给中国带来不堪负担的经济困难,并成为加速中国的半殖民地化的原因。

1895 年 11 月 6 日,中国政府将三千万两库平银交给日本。这样,日本在甲午战争中从中国获得了战争赔款库平银两亿两和赎地费三千万两。这 2.3

---

① 王铁崖编:《中外旧约章汇编》,第 1 册,三联书店 1957 年版,第 637 页。

亿两库平银,合 3.45 亿日元,而日本的年财政收入只有 8000 万日元,几乎等于日本四年半的收入!这笔数额巨大的赔款以及此后引起的瓜分狂潮,使中国加速滑向了贫弱和苦难的深渊。

根据李鸿章的建议,辽东所有各厅、州、县应由盛京将军派员按期收回;旅顺口、大连湾两处,应由北洋大臣收回。于是,盛京将军裕禄、新授将军依克唐阿、北洋大臣王文韶,分别派员前往办理接受事宜。又调驻守锦州的帮办军务宋庆,迨辽南收回,便移驻金州,以资镇抚。

11 月 22 日,经宋庆和王文韶商定:委派直隶州顾元勋等为接收委员,立即由天津乘轮赴旅顺、金州,与日本委员办理交接。12 月 25 日,日军从大连湾撤走,接收事宜宣告结束。

日本军队在撤走前,将所有能带走的物资掳掠一空,把军事设施破坏殆尽。如旅顺船坞里的厂房、仓库里的机器、原料均被日军运走,仅存笨重无用的器件一、二成;港内的船只,凡能抢走的均被抢走,仅剩未经修理、无法行驶的两只小轮;复州旗民各衙署均已拆毁,仅存地基,唯有城南十五里处有一条河,尚称完固,日人声称是他们修建的,索取高额的修建费。大连湾六座炮台,除黄山一座没有被大毁外,其余五台全部被炸掉。旅顺炮台,东起崂岬嘴,西至城头山,共十一座海岸炮台全部被破坏,材料悉被掠走。

经甲午战争和日军占领之后,旅顺、大连以至整个辽东,百姓流离失所,城镇毁于兵燹,可谓千疮百孔,满目凄凉。清廷花重金将其赎回,百姓群归故里,进行战争洗劫后的重建。这就是"三国干涉还辽"的经过。贫弱、屈辱的中国人勒紧裤腰带赎回辽东半岛之后,下一步又将是什么样的命运呢?

"蕞尔小国"的日本倾全国之力才打败了"泱泱大国"的中国清政府,夺占了辽东半岛,却被俄国带头的三国逼迫吐了出来,日本军国主义集团决不会忍受这种唾面自干的屈辱。然而,以当时的国力硬拼是不行的,为了在远东与俄国一争高低,日本决心重整军备,培养国力,实行"以屈求伸"的策略,等待时机,以求一逞。

明治天皇不愧是位具有远谋宏略的枭雄,他曾安慰他的首相伊藤博文说:

"不要急于夺取辽东半岛。在这次战争中,了解了地理和人情,不用很久,或者从朝鲜,或者从其他什么地方,再度进行战争的机会还会光临的。到那时候再夺取它也很好嘛!"

1895 年,陆军大臣山县有朋上奏天皇:"任何一个国家要整顿本国军备,必须了解本国的地理位置,再根据对外政策和邻国的军事情况,来确定自己的整军标准。"他在奏折中回顾了明治以来的军备扩充情况说:"同清朝作战的结局……远未达到我们宏大的预定目标","我国胜利之后,清政府为复仇必然要重整军备。乘清朝新败,俄、英、法以及其他强国也正在改变以往的政策,增强他们在远东的军事力量之际",为"振兴日本国威,使日本永不受外国屈辱",他建议立即扩充陆军军备。山县有朋友建议不仅被天皇采纳,而且成为日本政府要员的共识,因为他们在"三国干涉还辽"事件中也痛感战争能力的不足。强军、仇恨心理在军队和国民中空前强化。当日本军队被迫撤出旅顺口时,在墙上多处写着这样的标语:十年后再见,我们一定要回来的!

以天皇为首的推行侵略扩张政策的日本统治阶级,侵占亚洲的野心更加嚣张起来了。他们在疯狂扩军备战的同时,向人民提出"卧薪尝胆"的口号,强迫人民忍受一切痛苦,再行增税。陆军部的经费,从明治二十九年(1896)的7300万元增至明治三十六年(1903)的1.5亿元,每年预算中的40%左右是直接军事费。

日本政府大肆宣传扩军备战高于一切,为了战争的需要不必计较军费的多少和租税的轻重,鼓吹"三顿饭并作两顿,也要扩充海军"。日本在1903年底发行了总值一亿元的公债,颁布"紧急支出敕令",并把国民经济纳入大战时的轨道。1893年至1903年的十年间,日本军事工厂从业人员增加了4.2倍,动力增加了8倍,而在同一时期,民用工业从业人员仅增加了0.7倍。日本的军火工业发展尤为迅速。1876年开始制造无烟火药,1887年海军技师下濑稚允发明了高效混合炸药,1897年开始制造黄色火药和大口径速射炮,1899年下濑火药制造所成立,此火药进一步完善和改进,成为日本陆海军武库中威力最大的品种之一。

日本政府还大力发展炼铁业,着力扭转铸造兵器的主要原料依靠进口的状况。此外,造船业按政府颁布的"造船奖励法",鼓励制造和使用本国船,刺激造船工业的发展。为适应战时的需要,日本政府还发布了《军事参议院条例》、《汉城到釜山铁路速成令》等法令,修订《战时大本营条例》。

1895年12月,日本国会召开第九次会议,提出并通过了以俄国为假想敌的《战后国民经济发展规划》和《陆海军扩充方案》。《战后国民经济发展规划》中规定,日本要在十年内建立以军事工业为主的重工业体系,扩建一支战时编制陆军为60万和海军舰艇总吨位达27.89万吨的陆海军。这两个纲领性文件使后来十年间日本政治的飞轮全速转动,加快了日本来日与俄国一决雌雄的战争准备进程,它标志着日俄战争的道路由此开始。这条道路虽然蜿蜒曲折,但已难以中断。从此,日俄矛盾上升为帝国主义在东亚角逐中的主要矛盾。

日本防卫厅防卫研究室事后公布的《陆军军备录》表明,当时日本陆军的扩充计划是以"预测西伯利亚铁路工程以及俄国接壤的欧洲各国关系、战时俄国可向远东派遣三十万人的兵力"为前提的。

参谋次长川上操六在甲午战争之后就做了精确的计算,并制定对策。他认为,这是一件关系日本"国家存亡的头等大事,若不实施,国家的前途将不可预测"。川上操六宣称:"将俄国赶出千里之外,是我早就确定的决心",现在,所以"不能开战,就是因为我国的军备不足","一旦完成增设六个师的任务,便将毫不迟疑地立即发起讨伐俄国的战争"。

精通军事的恩格斯曾说过:"暴力仅仅是手段,相反的,经济利益是目的。"不论战争的动机如何,它的根源在于经济。

日俄战争前夕,日本的统治者们已毫不掩饰它独占市场和权利的帝国主义目的。资产阶级当时也热望垄断中国东北的市场。它们的经济学代言人田口卯吉在1903年的新闻记者大会上,发表了"满洲问题不解决,工商业就没有发展"的演说。参谋总长儿玉源太郎大将,在决定开战之前,曾邀请"财界领袖"探询资产阶级对战争的态度,并请求协助。首相桂太郎以下各大臣和银行家就战时财政进行协商之后,才召开御前会议,决定开战。

这充分说明,日俄战争就是这样由持有冒险主义野心的天皇军部、官僚和企图独占亚洲市场的资产阶级相结合而发动起来的帝国主义之间争权夺利的战争。

著名军事理论家克劳塞维茨对战争与政治关系的论述,见解深刻。他认为战争是一种真正的政治工具,是政治交往的继续,军事艺术在它最高的领域内就成了政治,当然不是写外交文书的政治,而是打仗的政治。

日本为了对抗俄国,决定同英国结盟。英国因在中国有巨大的切身利益,也不容俄国的侵犯,举目四顾,在东方能同俄国相抗衡的,只有战胜过清朝的日本。这样,在明治三十五年,签订了《日英同盟条约》。其主要内容有:

> 日英两国在清朝、朝鲜所享受的一切权益如遭到第三国侵犯,日英两国如有一方同他国发生战争,缔约国的一方则应严守中立,并竭力使第三国以外的国家不站在敌对一方一边。如有第三国以外的国家站在敌对一方一边,缔约国则应共同战斗;媾和时,亦须在意见一致的情况下进行。

仔细研究一下这个条约,就会发现图谋东进的俄国,首先碰到的交战对手不是英国,而是日本。日本在作战时,英国仅仅是隔岸观火。这样纵然日本战败了,英国也不会陷入困境。说穿了,英国只不过把日本当作"东方鹰犬"加以利用罢了。俄国之所以不那么把日英同盟放在眼里,是因为看穿了英国不会亲自出马。

对英国来说,愿意与日本结盟,还有一个重要原因,就是有迹象表明,俄国企图联合德国打倒英国。

沙皇和德皇曾在靠近俄德边境的一个小山村的森林中进行过秘密会见。这次会晤是在极端秘密的情况下进行的,英国间谍也未觉察,那么,后来为什么泄露出去了呢?加藤清司在《日俄大战秘史》中透露了一个罗曼蒂克故事:

在俄皇尼古拉的侍从中,有一位 G 伯爵。两位独裁皇帝秘密会谈时,俄方只有这位 G 伯爵,德皇威廉的身边只有 H 男爵随行,并同席就坐。

据说这位 G 伯爵是美男子,但却是个好色之徒。他非常宠爱身边美貌侍婀娜佳。娜佳一心想成为伯爵夫人,而 G 伯爵只不过是图一时之欢。

G 伯爵有说梦话的毛病,和娜佳同床共寝时,梦中不断把秘密会见的情况说了出来。娜佳几乎每天晚上都能听到 G 伯爵的梦呓。

G 伯爵回到首都后不久,另寻新欢,抛弃了娜佳。妒火中烧的娜佳为了复仇,遂把 G 伯爵梦呓的内容,告诉了在英国外交官邸当女佣的一个朋友。英国大使馆得此密告后,立即大肆活动,并将两帝会晤的情况禀告了英国政府。

大惊失色的英国,立刻利用日俄关系恶化这一局势,竭力煽动日本,并通过印度总督,以亲善的姿态把俄国的情报传给了日本。

日俄战争是英国外交政策胜利的结果。它巧妙地将俄国的锋芒引向了日本,并被英国所控制和利用。

关于缔结日英同盟问题,曾参加过日俄战争的日本谷寿夫陆军中将在他写的《日俄战争秘史》中也有叙述。

日清战争之前,不用说在政治上,即使通商关系方面,俄国在远东也是屈居第二位以下的。但自日本归还辽东以来,俄国积极推行远东政策,不久便缔结俄清密约,设立俄清银行,修筑东清铁路,租借旅顺和大连。义和团运动发生后,俄国变本加厉,对满洲实行军事占领,其锋芒直指朝鲜,与日本的利害冲突终呈一触即发之势。

当时,日本的战争准备尚未完成,与俄国匹敌是困难的。要么与俄国缔结条约,使其侵略政策有所收敛,要么与欧洲别的什么国家联合,借助其力量对付俄国,二者必居其一,否则日本就摆脱不了濒临危机的境地。于是出现了亲俄论和亲英论。

亲俄论者认为:如俄国决意实现其欲望,我与之为敌,必将陷入困境;而要抵挡俄国的势力,又非我之力量所能及。这种论调是以求一时之和平为基础的。

但是,首相桂太郎则持异议。他认为:俄国的政策并非以独霸满洲而告了结。一旦满洲到手,必然染指朝鲜,结果使我无插手之余地,无法制止其侵略。如此时以亲俄为权宜之计,最后势必唯俄国之命是从,这绝非帝国之国是。然而,如若愿俄国和我亲善,即使是权宜之计,也无须由我舍弃。固唯此权宜之计可免发起冲突之决心。

应该说,作为日本对外政策重要决策人物之一的桂太郎首相,判断是准确的。

征服清朝,日本曾进行了多年的准备,一切都按他们的如意算盘拨动,一切都如愿以偿,因为腐朽的清政府确实不是日本的对手。晚清思想家、著名的爱国主义者谭嗣同在听到《马关条约》签订后,曾发出这样的感叹:

拿奄奄一息的清政府与经变法后盛况空前的日本对战,"如泰山压鸡子,如腐肉齿利剑,岂有一幸乎?"

另一位启蒙思想家、翻译家严复在一部译著的按语中,也哀叹了当时的中国的悲惨状:

吾每行都会街巷中,见数十百小儿,蹒跚踯躅于车轮马足间,辄为芒背,非虑其倾跌也,念三十年后,国民为如何耳。呜呼,支那真不易为之国也!

所以说,日本在甲午战争中把腐败透顶的清朝打得一败涂地是不足为怪的。接着,日本全国上下怀着强烈的"吐肉"的怨恨情绪,发誓要与一个庞然大物——俄国进行一场报仇雪耻之恶战了。

第十一章 "口中夺肉"恶熊贪婪

四十六、为实现"黄俄罗斯"熊爪东伸

沙俄帝国主义半个多世纪来曾掠夺了中国150多万平方公里的领土,杀人、放火、抢掠、施暴无恶不作,是头贪婪成性、凶猛有加、蛮性十足、张牙舞爪的北极熊,中国人民已深受其害,吃够苦头,它并不比东洋的恶狼日本好多少。特别是甲午战争开战后,李鸿章等中国的外交家曾多次向沙俄等列强乞哀告怜,请求他们出面干预,但是他们不仅置若罔闻,冷眼旁观,而且还煽风点火,助纣为虐。而在即将签订《马关条约》,中国要割地赔款之时,他们突然从幕后走到幕前,紧张忙碌起来了呢? 俄国为什么充当了"三国干涉"的核心? 为什么如此关注列强对中国的瓜分与争夺?

要深刻揭示内在的奥秘,就必须研究这个国家和民族的形成和发展历史。

没有人确切知道最初东斯拉夫人是什么时候移居到他们今天所住的欧洲土地上的。各种斯拉夫语言极为接近这一点使得一些历史学家推断所有斯拉夫人都出自一个共同的故乡(喀尔巴阡山脉的北部),后来在公元7世纪发生了分裂,分为南部、西部和东部斯拉夫部族。最后从东斯拉夫人中产生了俄罗斯人、乌克兰人和白俄罗斯人。

仅仅在一千年前,俄罗斯人的祖先——东斯拉夫人,才开始在第聂伯河畔的基辅,建立起俄罗斯历史上的第一个国家——基辅罗斯。

俄国扩张性的战争行为始自公元13世纪末期的莫斯科公国。虽然当时的俄国从整体上还处于蒙古鞑靼的殖民统治之下,但是莫斯科大公利用当时人们摆脱异族统治的普遍渴望和结束分裂的社会力量,利用罗斯各公国之间的矛盾,甚至不惜借蒙古人之手逐渐对周围的罗斯公国进行蚕食和兼并。

第一代莫斯科大公伊凡一世外号"卡利塔",意为"钱袋",即是靠替蒙古统治者征税而逐渐强大,成为东北罗斯的霸主。

立国伊始,莫斯科公国只是东欧平原上的弹丸小国,虽地处罗斯之东北一

隅,少受外来侵扰,但莫斯科周围方圆数百里都是坦荡的平原,除森林掩蔽之外无险可守。如此地理条件使得莫斯科统治者很早就树立起一种夺取纵深、建立纵深防御和以积极的进攻代替防御的安全意识。到伊凡三世统治期间(1462—1505年),罗斯各地合并为统一国家和罗斯中央集权形成的全部因素已经成熟。

1505年伊凡三世死后,其子瓦西里三世继位,他继续执行其父的征服和扩张政策,使俄罗斯国家的领土从43万平方公里扩大到280万平方公里,北达白海,南至奥卡河,西抵第聂伯河上游,东到乌拉尔山脉,成为欧洲幅员最大的国家。

1547年1月19日,庄严肃穆的克里姆林宫乌斯宾大教堂正在举行隆重的加冕仪式,当满头银发的大主教马卡里把镶满珠宝的莫诺马赫皇冠郑重地戴在年仅17岁的大公伊凡四世头上的时候,俄罗斯历史上新的一页开始了。

伊凡四世加冕成为俄国历史上第一个沙皇,这绝不仅仅意味着"称号"的改变,而是代表一个民族帝国意识形态的形成。

"沙皇"一词来源于古罗马皇帝的称号"恺撒",意思是"皇帝"。俄罗斯的统治者开始就把自己说成是罗马皇帝的后裔和拜占庭帝国的继承人。

从公元13世纪末到19世纪末的仅仅四百年时间,沙皇俄国从一个地处欧亚平原一隅的、面积280万平方公里的小国,发展成为一个横跨欧亚大陆、面积达2200万平方公里的大帝国,这是何等惊人的扩张速度!

从伊凡四世起,象征着沙皇统治的双头鹰旗帜,就开始在北半球上空猎猎飘扬。

"沙皇的俄罗斯的最后疆界在哪里?在俄国武装士兵的皮靴上!"这句话成为一批野蛮的哥萨克匪徒和残忍的征服者最得意洋洋的口头语。

俄罗斯发祥于欧亚大平原。它的四周是一望无际的平川大地,既没有高山大川可凭,也没有雄关要隘可守,故被称为"一辆没有栏杆的婴儿车"。

俄国的疯狂扩张有多方面深层次原因。仅就地理对殖民及民族身份的影响,俄国大历史学家瓦西里·克柳切夫斯基(1841—1911)深信,一部俄国史就是一部殖民史,他甚至认为俄国的地理条件刺激了俄国的殖民和扩张。除其他原因外,俄罗斯人扩张是为了获得较好的农业区域、西伯利亚的皮毛和不冻港。

这一殖民运动由于很少受到自然阻碍而大受刺激:良好的河运水道,时常变动的、界定不清的边界线。如此千疮百孔的边界线虽有危险,但却既是挑起边界争端的口实,也是难得的机遇。俄国历史上多数时期都极端注重军事实力的原因即在于此。今日的俄罗斯和以前的苏联一样,是世界上与周边民族毗邻边界最长的国家。

殖民运动导致许多非俄罗斯民族的被同化和多民族帝国的形成。对如此众多的非俄罗斯人实行统治这一点,直接影响着俄国的对内对外政策,也增添了极大的难度。

近代地理大发现认为,有没有出海口和领海,几乎成了判断一个国家是否进入近代社会的重要标志。在这一方面,俄国也有着先天的缺陷。因为濒临俄国北部和东部的海洋,尽管海岸线很长,实际上却不能用于经济上的需要。唯一起着海上大门作用的是阿尔汉格尔斯克——白海上的一个港口,但它一年有九个月的封冻期。因此,寻找出海口的愿望,也是助长俄国向外扩张的一个重要因素。

从伊凡四世起,出海口成为沙皇俄国对外扩张的主要目标。但是,直到彼得一世之前,海域和出海口都还只是陆地领土的延伸,不具有跨地域扩张即争夺领土以外霸权的意义。

彼得一世(1672—1725)是俄国扩张历史的里程碑。从彼得一世开始,海域和出海口在俄国的扩张战略中变得格外明确。俄国从一扇扇打开的窗口看到了以俄国为中心的世界政治版图的轮廓。俄国在彼得一世之后发动的对外战争中,绝大多数是直接为了夺取水域。先是为了打通进入波罗的海、黑海和里海之路,随后则是为了巩固和扩大沿海阵地。

德国著名学者马克思在论及彼得一世的扩张政策时说:

> 对于一种地域性蚕食政策来说,陆地是足够的;对于一种世界性扩张体制来说,水域就成为不可缺少的了。

彼得一世及其后代沙皇为争夺水域而频繁进行的所有对外战争,都证明了俄国武力扩张战略在彼得一世时期发生的根本性转变,即俄国从此完成了从地域性蚕食战略到世界性扩张的转变。尤其是北方战争,持续时间竟达二十一年之久,使俄国终于打败了瑞典,控制了波罗的海,为沙皇俄国进一步对外扩张造成了有利态势。

洞若观火的马克思,他早就发表评论说:

> "俄国需要有水域"这句话,成了彼得一生的座右铭。

当俄国从瑞典手中夺得了波罗的海东南岸地区和出海口,改组和创建了一支庞大的陆军和波罗的海舰队,使沙俄由一个内陆国家变成一个濒海国家。

彼得一世的侵略活动,还为他的后继者夺取波兰、瓜分土耳其领土和侵略亚洲等地作了先导与准备。

俄国人笃信"没有永恒的朋友,也没有永恒的敌人,只有永恒的利益"。为了达到既定的战略利益,在以侵略扩张为首要的国家目标建设一支庞大军队的同时,沙皇俄国总是积极地进行侵略战争的准备,总是在寻找"猎物"的同时也寻找"朋友",把外交准备作为战争准备的一个重要方面和军事战略实践的重要内容。无限的目标、遥远的战场和漫长的战线,使沙皇认识到有时结交战略盟友甚至比集聚兵力和物资、采取措施保障后方和交通线安全更重要。

沙皇俄国多方向扩张,到处树敌,而它的实力又很有限。为了最大限度地加强自己、孤立对手,增加战胜对手的把握,沙皇俄国一向重视军事斗争和外交斗争相配合,总是采取"拉一个,打一个"的策略,力避两线或三线分兵作战的不利态势。有时为了分化敌对营垒,争取喘息的时间,甚至不惜作出重大让步。这是沙皇俄国——熊的狡黠之处。

伊凡四世在争夺波罗的海出海口的立沃尼亚战争中,在东、南、西三面树敌的情况下,采取了先东后西的战略方针:即首先解决次要方向的敌人,尔后对付主要方向的敌人。即使是在战争中出现腹背受敌的威胁时,他仍然坚持把主要力量用在主要方向。在次要方向的局势没有缓和之前,俄军在主要方向不展开重大的战略行动,以免陷入两线作战。

到了叶卡特林娜二世统治的时期(1762—1796),沙皇的侵略野心随着它的军事、经济实力的增长而急剧膨胀。但在每次发动战争之前,也总要进行充分的外交活动。

俄国嗜好战争,还有一只"无形的手"在操作,这便是经济利益。俄国农奴主力图把落后、野蛮的农奴制度推行到国外。商人阶级也要求进行新的冒险,发战争财。一个军火贩子兼银行家就露骨地叫嚷:"战争使我们吃饱,和平使我们消瘦。"

叶卡特林娜二世,这是一个比中国的吕雉、武则天、那拉氏更为奇特的女独裁者。她的上台、权谋和作为,颇有传奇色彩。

1761年底,伊丽莎白女皇逝世。叶卡特林娜的丈夫彼得三世登上皇位。彼得三世是个才能平庸、头脑简单的人。叶卡特林娜则深谋远虑,她利用彼得三世的种种失策以及俄国贵族和军队对他的怨恨,在英国大使威廉斯的支持下,依靠她的情人格里哥利·奥尔洛夫五兄弟为首的一批近卫军青年军官,于

1762 年 6 月 28 日发动宫廷政变,推翻了彼得三世。

此后不久,叶卡特林娜又借故把伊丽莎白上台时废黜的伊凡六世杀死在施里谢利堡监狱。这样,叶卡特林娜上台后只用了几个月的时间,就彻底消灭了她的所有政治对手,坐稳了俄国皇帝的宝座。叶卡特林娜就这样"在踏过几个尸体——而且其中一个是她丈夫的尸体——登上宝座之后,创始了一个'光辉'的朝代"。

此后,在国内一帮穷兵黩武分子的推动下,叶卡特林娜二世加紧推行侵略扩张计划。她通过两次对土耳其战争,把俄国的西南边界从第聂伯河推进到德涅斯特河,把黑海北岸大片土地并入俄国版图,改称新俄罗斯;俄国商船还获得了通过博斯普鲁斯海峡和鞑靼尼尔海峡出地中海的权利。被胜利冲昏头脑的叶卡特林娜二世,情不自禁地狂叫:

> 假如我能活到二百岁,欧洲全部就会落到俄国脚下。
>
> 要是不把土耳其人逐出欧洲,不把中国的傲慢加以制服,不同印度建立贸易关系,我是死不瞑目的。

叶卡特林娜二世在向欧洲疯狂扩张的同时,还加紧推行侵略亚洲的计划。她通过修筑军事碉堡线,逐步蚕食高加索;同时又侵入中亚北部的哈萨克草原。18 世纪 80 年代,沙俄最后占领了西伯利亚北部。沙俄还从亚洲的东北部越过太平洋,侵入美洲大陆,占领了阿拉斯加,在加利福尼亚建立了一块俄国殖民地,甚至企图在夏威夷取得一个立足点。

从世界历史来看,俄国在很长的时期内,都是一个大而落后的封建军事帝国,这与其资本主义发育不成熟,社会组织松散,小生产始终成为主体,以及农奴制、封建军事制度影响太深、延续时间太久等有密切关系。

1853 年,克里米亚战争开始后,俄国被公认为欧洲主要强国之一。但正如克里米亚战争所表明的那样,俄国工业在后来的半个世纪中,其速度远没有它的某些主要竞争对手(尤其是大不列颠)快。尽管俄国的面积差不多相当于英伦的 60 倍,但 1855 年的俄罗斯帝国人口却只相当于英伦的 2.5 倍。而俄国与英国的婴幼儿死亡之比却是 5∶3。英国人已有一半人居住在城市,城市人中有一半以上可以读书和写字;而俄国人则 9/10 仍住在乡村,20 个人里有 19 个是文盲。俄国农业落后,再加上气候及作物生长条件差,致使三个农民所生产的粮食,一个英国人就可以做到。俄国面积尽管远比英国大,其铁路线总长度才仅仅相当于英国铁路里程的 1/10。俄国在如生铁这样具有活力的现代工业原料的生产方面,和英国比也差得很多。例如,俄国甚至缺乏联结列车车厢必不可少的挂钩。

而且俄国缺乏一个市民社会——也就是说,它没有一个处于政府、家庭及个人之间的,人民可以自由地相互影响,并建立他们自己独立的组织的社会环境。部分是由于国家的优势地位,俄国商业法和民法很不发达,这些都是这个国家缺乏生机和活力的原因之一。

遥远的地理空间在对外扩张时往往会造成后勤补给和指挥协调困难、战场环境不适,从而会大大迟滞和削弱俄军进攻之矛的锋利。战争史表明,俄军出国对强敌作战多次打败仗,或打成平局。只有在十分有利的条件下才能取得胜利,而且往往旷日持久。

但是,同样的条件也造成较强的本土防御性作战能力的强大。在纵深防御中,地理空间成了对抗强敌进攻的坚强盾牌。

实践证明,尽管沙皇俄国传统的军事思想一贯强调进攻,其最大的优势却不在于进攻,而在于本土防御和通过本土防御作战削弱敌人,为反攻和进攻创造有利条件。这是因为敌人愈是深入俄国腹地,交通线愈长,困难也就愈多,而且外敌入侵必然激起俄国人民的强烈反抗,士气将因此大振。17世纪初波兰几千军队在俄国的覆灭,18世纪初瑞典几万军队在俄国的覆灭,19世纪初法国几十万军队在俄国的覆灭,都是俄军本土防御作战能力强的证明。

沙皇原是远在乌拉尔山以西的欧洲国家,与中国相隔甚远,本不会产生纠葛和利害冲突。从1581年起,沙皇俄国越过乌拉尔山向东扩张,经过半个世纪左右的时间,侵占了西伯利亚境内的鄂毕河、叶尼塞河、勒拿河三大流域的广阔地区。到17世纪40年代,沙俄从它在勒拿河中游建立的主要据点雅库茨克出发,一直侵入到中国黑龙江流域,开始了侵略中国的罪恶活动。在帝国主义国家掀起瓜分殖民地狂潮、把中国当成一块肥肉时,"俄国政府恐怕是最先伸出魔掌的"。

历史文献证明,最晚在公元8世纪上半期,中国唐朝就在黑龙江和乌苏里江流域设立了行政机构,以后辽、金、元历朝政府加强了这个地区的管辖。1409年(明永乐七年),在黑龙江口特林地方设立的奴儿干都指挥使司统辖着包括黑龙江流域在内的广阔地区,它下设四百多个卫、所,形成一个巨大的行政管辖网。

在1644年清政权入关取代明政权统治之前,努尔哈赤作为地方的统治者已经把西起贝加尔湖、北到外兴安岭，南至日本海、东达鄂霍次克海包括库页岛在内的广大地区都纳入了清朝的版图。而清军在主力入关之后，对远离京城的边塞有点无暇顾及了。

沙俄，本是一个远离中国的欧洲民族，一直住在地球的北边。那里虽然土地辽阔，然而，这块亚洲最北的地方实在太寒冷了，一年之中有多半年是冰天雪地。黑龙江流域富庶的大地就像一块肥肉，吊起了沙俄的胃口。

1643年沙俄雅库茨克当局派一个叫瓦西里·波亚科夫的文书官率领一批冒险家和各色亡命徒拼凑起来的队伍沿着勒那河出发，迈出了侵略中国的第一步。

一路上，他们越过阿尔丹河、乌丘尔河、戈诺河。在江河封冻的时候到了达努亚姆卡河上。波亚科夫，留下一部分人建立冬营，自己带90人继续前行，终于越过了外兴安岭，闯入精奇里江右岸，见到了多次听说的当地居民——达斡尔人。

开始，达斡尔人热情地接待他们，还给他们粮食。但是波亚科夫匪帮竟采取绑架人质的手段，威逼达斡尔人臣服沙皇阿列克塞·米哈伊诺维奇，无休止地敲诈貂皮和粮食。

当恶熊的本性被达斡尔人认清后，匪徒就再也得不到粮食了。于是他们就杀人攻城。

《爱辉县志》有这样一段描述：

> 波亚科夫打听到在西林姆迪河口附近有一个达斡尔人的城堡——莫尔迪奇村，在那里收藏着粮食。波亚科夫派遣五十人长尤什卡·彼得罗夫率领70名哥萨克到莫尔迪奇村索取粮食。在离村一俄里的地方，达斡尔人酋长亲切地接见了尤什卡·彼得罗夫，但是没有让他们进城去，拨给哥萨克3个帐篷、10头牲口和40筐燕麦，把他们安排在城外。第二天，彼得罗夫率领哥萨克侦察了莫尔迪奇村的情况并要求进村，但达斡尔人不准他们进村。他们就捉住了头人多西伊和克尔勃。聚集在村内外的达斡尔人奋起反抗，从屯内地道（秘密的门）里突围出去，骑兵则从野外突击。沙俄侵略者支持不住退回村外住所，哥萨克杀死了头人克尔勃。多西伊杀死一名看守他的哥萨克逃回村里，达斡尔人围困了哥萨克三天三夜，最后这伙匪徒趁达斡尔人不备于黑夜逃走。

> 彼得罗夫一伙空手逃回波亚克夫那里。这时波亚科夫匪帮已处于粮食断绝的境地，丧心病狂的波亚科夫竟唆使哥萨克吃人肉，"吃了异族人

的尸体,达 50 人之多"。①

1644 年,沙皇又谕令雅库次克统领戈洛文派遣军役人员到中国精奇里江(按:今名结雅河)一带进行侦察,侵占这些土地,并指示说:如新土地上有人难以制服……则可用战争和破坏他们的一些地方的手段来平定那些不顺从的人。

1649～1653 年间,沙俄政府两次派出以哈巴罗夫为头子的武装匪徒侵入黑龙江地区。哈巴罗夫是与波雅科夫一样凶残的家伙。1650 年冬,哈巴罗夫第一次侵占了中国达斡尔头人阿尔巴西的住地雅克萨,然后以此为据点,四出侵掠,蹂躏中国居民。

他们每攻占中国境内一个居民点,就焚毁住房,杀尽男子,霸占他们的妻子儿女。1651 年 6 月,他们攻占达斡尔族人居住的古伊达尔城时,一次就屠杀男俘虏 661 名,掠夺妇女 243 名,儿童 118 名,把老弱居民投入火中活活烧死。

沙俄推行野蛮的侵略扩张政策,践踏中国主权,屠杀中国人民,激起了中国各族人民的无比愤慨,也迫使当时的中国政府关心这个问题。早在清顺治九年 4 月,政府即派驻防宁古塔的章京(清代武官职名)海色率军在乌扎拉村反击沙俄入侵者。当地达斡尔、赫哲等族人民参加了战斗,迫使哈巴罗夫匪帮退往黑龙江上游。其后,中国军民又在 1654 年的松花江之战、1655 年的呼玛尔河口之战、1657 年的尚坚乌黑之战、1658 年歼灭作恶多端、血债累累的斯捷潘诺夫本人及手下匪徒二百余人的松花江和库尔翰江两江之战、1660 年的古法坛村之战、1665 年的巴海歼灭劫掠索伦部的俄国强盗之战中,给予这伙吃人魔鬼多次沉重的打击,基本上肃清了黑龙江沿岸及其支流的沙俄入侵者。

然而,黑色翅膀的双头鹰一直盘桓在东西伯利亚,用锐利的眼睛窥伺时机,企图一口吞掉中国东北地区,甚而至于整个中国。1682 年(康熙二十一年),沙皇政府悍然在雅克萨设立阿尔巴津府治,明目张胆地霸占中国的领土。经过多年的外交交涉,清政府加深了对沙俄本质的认识:"若非创以兵威,则罔知惩畏,将至蔓延",于是,"决意征剿"。

沙俄对黑龙江流域的骚扰,再次引起清政府的重视,中国政府一面通过外交途径抗议沙俄的侵略活动,要求他们立即撤出中国领土;一面进行军事准备,部署用武力驱逐侵略者。

---

① 《瑷珲县志》1986 年本第 459 页。

为了保证攻必克,战必胜,清政府对未来的这场战争,做了认真的大量的准备工作。读过《平罗刹方略》的人都能感到:如果清政府后来也能这样对待每一次外国侵略者的入侵,大清的江山焉能那么轻易的一块块被掰走。

先是建城永戍。瑷珲城的设置就是为保证雅克萨大战胜利而提上日程的。这一年康熙皇帝提出建城永戍方针,派宁古塔副都统萨布素率乌喇、宁古塔官兵一千人,到黑龙江畔,在江东旧瑷珲城的废墟上筑起一座新城,取名黑龙江城。

1684年秋,又派乌喇、宁古塔官兵一千人并携带家眷赴瑷珲屯田永驻,使瑷珲的兵力达到两千人。根据作战需要,清政府再从北京派兵六百人。为对付俄国火枪,清廷调动了安插在山东、山西、河南等省的善用藤牌的福建官兵四百多人开赴前线,还派一百多名官兵,分别帮助建城,传递军事情报。

兵马未动,粮草先行,清政府按可供三年之用,从科尔沁旗锡伯、乌喇征粮一万二千石,在科尔沁贮粮一万石备用。清兵进驻瑷珲后,还就地屯田。1685年,盛京官兵就在黑龙江垦地一千五百余晌。战船是黑龙江作战必不可少的装备。清政府派户部尚书伊桑阿带工匠大规模造船,使黑龙江上大战船达到十艘,二号战船达到三十艘,江船达到十艘,松花江上破损的战船也都拆毁重修。

清政府还辟建了从盛京向瑷珲运送粮食的运输线,从西辽河上的渡口到瑷珲,全长四、五千里,水陆交替运输。

为了战时传送情报,在吉林与瑷珲之间设置了25个驿站。雅克萨战斗前夕,调索伦、蒙古兵五百人,并设立雅克萨至墨尔根之间的临时驿站,传送军事情报。

战前,瑷珲各族人民主动请战,前往雅克萨侦察敌情。鄂伦春朱尔铿格、达斡尔头目倍勒尔多次前往雅克萨侦察敌情,生擒了"罗刹"多人。

至此,大战的准备全部就绪。1685年2月,康熙帝下令由都统公彭春、副都统郎谈、班达尔沙、黑龙江将军萨布素等统兵,水陆两路向雅克萨进发。

一路上,车辚辚、马萧萧、枪如林、兵如潮。

清军5月30日从瑷珲出发,6月23日兵抵雅克萨城下。大清是仁义之师,为了尽量避免刀兵,清军向城内发出用满、蒙、俄三种文字书写的通牒:

> 前履经遣人移文、命尔等撤回人众,以逭逃归我。数年不服,反深入内地,纵掠民间女子,搅乱不休,乃发兵截尔等路,招抚恒滚诸地罗刹,赦而不诛,固尔等仍不去雅克萨,特遣劲旅徂征。……尔等欲相安无事,可

速回雅库,于彼为界,捕貂归赋,毋复入内地捣乱,归我逋逃,我亦归尔逃来之罗刹。果尔,则界上得以贸易,彼此晏居,兵戈不兴。倘执迷不悟,仍然拒命,大兵必攻克雅克萨城,歼除尔众矣。①

可是,沙俄对此警告置若罔闻,24日清军水陆列阵包围雅克萨。

25日,一队哥萨克从黑龙江上游乘木排而下,企图冲进雅克萨城。清军奋勇拦截,据《广阳杂记》记载:

林兴珠率藤牌兵"众裸而入水,冒藤牌于顶……不丧一人。"

这场战斗,击毙俄军三十多人,俘获十人。

当晚清军攻城,一面于城南进兵,施放弓弩;一面潜进红衣炮于城北攻之,并于两翼设神威将军炮夹攻,城东江面也密布战船,经彻夜激战,沙俄侵略军死伤累累,力竭势穷。

第二天,郎谈又下令在城下三面积薪"将焚城"。沙俄头子托布尔津走投无路,出城到清营投降。清军晓以大义,准许600余人携带随身武器回尼布楚,并供给马匹和食物。托布尔津感激涕零,"稽颡而去",答应不再到雅克萨捣乱。被沙俄窃据二十年之久的雅克萨宣告收复。

雅克萨收复之后,清军又一次焚毁城堡,没在雅克萨留下一兵一卒,悉数撤回瑷珲,甚至连成熟的庄稼都没收割,为沙俄卷土重来留下隐患。

正当清军从雅克萨撤退时,沙俄尼布楚统领马拉索夫却集结兵力准备反扑,1685年8月,大批沙俄侵略军在托布尔津率领下再占雅克萨,在废墟上重建城堡。

沙俄背信弃义,引起清政府极大愤慨,清政府不得不再次出兵,驱逐入侵者。

1686年3月6日康熙下令:

今罗刹复回雅克萨筑城盘踞,若不速行扑剿,势必积粮坚守,图之不易,令将军萨布素等……建修船舰,统领乌喇、宁古塔官兵,驰赴黑龙江城。至日酌留盛京兵镇守,止率所部两千人,攻取雅克萨城,并量选候补官员,及现在八旗军内福建藤牌兵四百人,令建义侯林兴珠率往。②

这时,雅克萨俄军首先采取战争行动,由杯敦率领三百人窜到呼玛河地

① 《清圣祖实录》第119卷,第19页。
② 《朔方备乘》卷首5《平定罗刹方略》卷1。

区,对驻守该地的中国军队发动袭击,打死清军三十名。

7月18日,两千名清军兵临雅克萨城下,开始攻城。应该指出的是,雅克萨是座易守难攻的城堡,据实地考察过该城的专家介绍,雅克萨建在临江的岸上,乘船在江面上航行只能仰视该城。战斗中俄军多次冲出城外,企图突围,都被清军逐回,清军于城外"掘长堑、立土垒以困之",断绝城中水源,并用大炮猛轰敌堡。5天后,一颗炮弹击中了俄军塔楼,将观察战况的托尔布津右腿齐膝炸断。托尔布津4天后毙命。

严冬来临,俄军驻守空城,饥寒交迫,加之坏血病流行,死者枕藉,到第二年初,826名侵略军只剩下150人,到春天又减至60人。雅克萨侵略军绝望了,危城旦夕可下。这时沙俄政府派急使魏牛高和法沃罗瓦到北京向清政府投递国书,要求举行边界谈判,并"乞撤雅克萨之围"。康熙帝同意了沙俄政府的要求,派亲军卫士马武到雅克萨前线,宣布停止攻城。8月,军队全部撤离雅克萨,返回瑷珲。①

1689年(康熙二十八年)8月22日,中俄双方代表在尼布楚举行谈判;9月7日,两国签订了第一个条约——《中俄尼布楚条约》。条约明确规定了中俄两国边界的东段以额尔古纳河、格尔必齐河、沿外兴安岭到海为界,从法律上肯定了黑龙江和乌苏里江流域的广大地区都是中国的领土。俄方同意把侵入黑龙江地区的军队撤回,清朝方面允许将尼布楚一带原属中国的土地让给俄国。《中俄尼布楚条约》是中国政府作了让步的结果。

条约缔结后,彼得一世等沙皇虽然把争霸欧洲作为沙俄的战略重点,但历届沙皇从未放弃对中国黑龙江流域的觊觎。

彼得一世叫嚷,俄国必须占领黑龙江口,并在这里建立俄国的城堡。叶卡特林娜二世说:"假如黑龙江真是一条向我国勘察加和鄂霍次克海领地供应粮食的通道,那么,占有这条河流对我们极为重要。"她下令派兵在"尽可能离黑龙江较近的地方建立据点"。

1836年(道光十六年)5月11日,沙俄国务委员会决定:"用武力为俄国商业开辟新的通向东方的道路"。

1840年(道光二十年),西方列强首先以坚船利炮轰开了尘封已久的中国大门,隐伏已久的双头鹰再也按捺不住嗜血的欲望,它瞄准那美丽富饶的黑龙江,张开钢铁利爪,迅猛地扑了下来……

----

① 史料转引自夏重伟著《瑷珲血火》。

1858年(咸丰八年)5月20日,乘英法联军进攻天津、威胁北京之际,沙皇任命东西伯利亚总督穆拉维约夫以"外贝加尔军"为后盾,亲率二百多名俄军,在两艘炮舰护送下,于5月22日赶到瑷珲,强迫清朝黑龙江将军奕山在沙俄单方面拟定的条约草案上签字,宣称:"以河(黑龙江)为界字样,断不能删改",并扬言如果中国不答应,俄将联合英法对华作战。清朝官员在沙俄的炮口下,于5月28日被迫订立了《中俄瑷珲条约》。沙皇俄国强行割走了黑龙江以北、外兴安岭以南六十多万平方公里的中国领土;并把乌苏里江以东的中国领土划为中俄"共管"区。

1860年(咸丰十年)11月14日,沙俄利用英法侵华联军攻占北京的机会,又一次借口"调停有功"并以"兵端不难屡兴"相威胁,逼迫清政府签订了《中俄北京条约》,即《中俄续增条约》,又割走了乌苏里江以东包括库页岛在内的约四十万平方公里的中国领土。

《中俄北京条约》签订不久,沙俄政府在1864年10月援引《北京条约》中有关中俄西段边界的条款,采取武力相威胁,迫使清政府又签订了一个不平等条约——《中俄勘分西北界约记》,割去了中国西部四十四万多平方公里的领土,连《中俄北京条约》规定为界湖的伊克塞湖也划为沙俄的内湖了。

就这样,贪婪而狡黠的"北极熊",吞噬了我国一块又一块的"肉"。在短短的半个世纪之内,沙皇俄国割去了150多万平方公里的中国领土,相当于3个法国或12个捷克斯洛伐克的国土面积。沙皇俄国由此成为自鸦片战争以来掠夺中国领土最多的帝国主义国家。

在沙俄的侵略计划中,早有把中国的东北三省永久变为俄罗斯领土的一部分的险恶用心。中国的东三省不仅是它的"关东州",而且要使其成为向中国扩张的桥头堡。这从它由"租借"进而永久占领"旅顺口"后,迫不及待地将旅顺的名字改为"波尔特·阿尔茨尔",把大连改名为"达里尼",就可以一目了然。这个最富有侵略性的国家几百年来实行疯狂的对外扩张政策,中国只是这个政策中的一环。

四十七、渔翁伺机收渔利,大鱼贪饵自吞钩

位于北京东安门外冰盏胡同的贤良寺,是由雍正时怡贤亲王宅舍改建而成,建筑宏伟,庭院深深,绿园飞花,是个紧邻紫禁城的环境幽雅之地。这里闲居着一位年过七旬的长者。他身板硬朗,面容清癯,虽然额头和眼角的深深皱

纹,刻下他饱经风霜的痕迹,但精悍之色,仍显于眉宇。这位气度不凡的人,在此"终岁傫居",既不能预闻朝政,又时受政敌攻击,他的门生故友,也纷纷叛离或远之,门庭冷落。身处逆境,他采取了"韬光养晦"的策略,常常翻阅《资治通鉴》和《庄子》,读前者意在从历代治乱兴亡中取得借鉴;阅后者企图从道家经典中追求"天地与我并生,万物与我为一"的主观精神境界,以期从失势的苦闷中解脱出来逍遥自得。他每天临摹王羲之和怀素的碑帖,临过之后,细看默思,力求神似。他讲究"养生之术",午间饭量颇大,山珍海味换样尝鲜。饭后,还要喝一碗稠粥,饮一杯清鸡汁,过一会儿再饮一盅以人参、黄芩等药物配制的铁水,然后就脱去长衫,短衣负手,在廊下散步。散步时从走廊的这一端走到那一端,往返数十次,并令一个仆人在一旁记数,当仆人大声禀报"够矣!"时,就掀帘而入,坐在皮椅上,再饮一盅铁酒,闭目养神,让仆人给他按摩两腿。许久之后,这位大人会缓缓睁开眼睛,吩咐一边的幕僚和仆人道:"请诸君自便,予将就息矣,然且勿去。"

他,便是晚清政治舞台上显赫一时的重臣李鸿章。

甲午战败马关签约之后,从顶峰跌到谷底的李鸿章自认"生归困谗,威脱权劫","一生事业扫地无余",如今投闲京师,既有"蛟龙失水似枯鱼"之感,更有"门前冷落车马稀"之叹。

1896 年(清光绪二十二年)2 月 16 日(农历正月初四)上午,一顶蓝呢大轿在仪卫的簇拥下,至贤良寺大门停落。轿内走出一位衣冠楚楚、风度儒雅的老者,守门的仆人赶紧前去通报。此人就是当朝户部尚书、军机大臣兼总理各国事务大臣、帝师翁同龢。

李鸿章立即穿戴一新前去迎接,对翁同龢的突然到来颇为吃惊,满腹狐疑。

翁同龢缓步走近正厅,在离李鸿章约五尺远处停步,双手抱拳作揖道:"叔平亲来府上向少荃恭贺新春!"

李鸿章也几乎同时抱拳当胸,答礼道:"叔平以帝师之尊,屈驾前来,少荃实在不敢当,也向叔平恭贺新春之禧!"

李鸿章请翁同龢入客厅,进茶。寒暄几句之后,翁同龢笑着说:

"叔平今来贤良寺,一是向少荃兄恭贺新春,二是同少荃兄商量一件要事。"

李鸿章试探着说:"老朽无能之人,岂能还有作为? 请问叔平有何赐教,愿洗耳恭听。"

"欲请少荃兄访俄。"翁同龢说。

李鸿章怔了一下,似信非信地问:"令老朽访俄?"

"是的。俄皇尼古拉二世陛下加冕礼定于今年春季进行,皇上现令我前来征询少荃兄的意见,能否出访俄国,参加俄皇的加冕礼?"

"既然圣上有谕,少荃敢不遵命?"

"少荃兄既已允肯,就须从速准备了。"

喜出望外的李鸿章竭力抑制内心的激动,以平静的语调说:

"请叔平代我向皇上和皇太后谢恩,改日老朽定入宫亲去叩谢!"因为他知道这类大事,非经皇上和皇太后恩准,谁也无权决定。

李鸿章此次复出的一个重要原因,是俄国驻华公使喀西尼点名,请他代表中国皇帝前往俄国参加尼古拉二世的加冕礼。清廷除了屈从于俄国之请,还出于"联俄制日"的战略考虑,而俄国特请李鸿章前往更有其极阴险的计划和重大的政治目的。这个目的与铁路有关。

1894 年,俄国的西伯利亚大铁路修到外贝加尔地区,关于铁路的走向问题,沙皇批准了财政大臣维特提出的横穿中国东北到达海参崴的方案,因为这不仅可以缩短路程,节省经费,加快进度,而且便于对中国和远东地区进行军事、政治、经济扩张。方案既定,便开始实施。李鸿章是这个方案中的一环。

原本,参加尼古拉二世加冕礼,清政府拟派王之春前往,但俄国驻华公使喀西尼闻讯立即提出抗议:

"皇帝加冕,俄国最重之礼也。故从事斯役者,必国中最著名之人,有声誉于列国方可。王之春人微言轻,不足当此责。可胜任者,独李中堂(鸿章)耳。"

李鸿章临行前,慈禧和光绪都与他进行了密谈,交代了联俄防日的种种细节。列强们都知道,要割中国的这块肥肉,在李鸿章身上下手,是最好的办法。于是,他成了一个"香饽饽"。英、德诸国均纷纷邀请李鸿章在访俄途中首先前往他们国家访问,以便从中渔利。俄国当然不愿意,生怕中途有变,被那些国家先捞到好处,于是俄驻华公使喀西尼亲自与李鸿章商定路程:乘法船从上海出发,穿越红海和苏伊士运河,在埃及塞得港换乘俄船,由地中海进入黑海,直接到达俄国港口敖得萨,然后乘车前往莫斯科。

李鸿章离开京师到达天津之后,曾受他提携和教诲过的盛宣怀前来拜访并为他饯行。"大人,据说,俄国远东大铁路欲通过我黑龙江境内,此事关系我国权利,似不可允其独办。"盛宣怀提出了自己的意见。

"此事尚未议定,越境铁路事,可能势在必行,尤其是目前,巨额贷款尚需依赖俄国,若坚拒其请必将坏事,只能进行协商,协商不成,也只能让小利而顾全局了。"

盛宣怀虽对此论不以为然,但作为晚辈,不便过于激烈争议,于是就不再坚持己见了。

李鸿章从天津到上海,盛宣怀也陪同前往。经盛联系之后,黄遵宪特来拜访中堂大人。

黄遵宪(1848—1905),字公度,别号人境庐主人,广东嘉应州(今梅县)人。光绪二年中举,翌年随何如璋赴日,任清政府驻日使馆参赞。后又调任美国旧金山总领事、英使馆二等参赞、新加坡总领事等职,是个见多识广、老成持重、文才出众的晚清奇才。

李鸿章经过一番寒暄之后,说道:

"公度曾出使过日本、美国、英国多年,对诸国了解甚多,对老夫此次出访有何高见?"

"回禀中堂大人,高见谈不上,建议也还可说一点,如有不妥之处,还望大人指教。"

"有何建议和高见都讲出来。"

"据闻,中堂大人虽出访,但主要是应俄国政府之邀,参加其皇帝尼古拉二世的加冕典礼。表面上看来,是外交礼仪性的访问,深入考虑,这礼仪性的背后有实质性利权企图。"黄遵宪点出了问题的要害。

"何以见得?"李鸿章暗自佩服黄的见地深刻。

"据外地传闻,俄国欲穿行我国黑龙江境内延修其远东铁路,如允其铁路过境,沿途主权必将尽失。一旦有警,其军队乘火车而至,迅速侵占其地,中国有何办法阻止?"

"到俄国后,若确实提及此事,先是婉拒,如婉拒不成,则可拟定章程细则,限制其侵我主权和疆土。"

"国与国之间的条约能否遵守,不在条约本身,而在于国家的强弱。中日早有条约,彼想发动战争时即成一纸空文,前车可鉴呀!"黄遵宪尖锐地指出。

"日本背信弃义已为国际舆论谴责。而目前的俄国尚不可与日本同日而语。"

"中堂大人,恕公度直言不讳。俄国从彼得大帝以来,就积极对外扩张,新拓疆土,至逾十倍,至于今天,更有囊括四海、并吞八荒之心,其在中亚细亚回鹘诸部落,蚕食殆尽。不仅如此,又得我黑龙江之东的大片领土,屯戍图们江口,踞高屋建瓴之势。近来,公度又聘俄文翻译译了一批关于沙皇俄国对外政策的资料,经仔细分析,它之所以带头进行干涉还辽,目的不在于对中国友好,而在于遏制日本向朝鲜、中国扩张,俄国的领土欲望绝不亚于日本。远的不说,十几年前的新疆伊犁事件便可引为大鉴。甲午战败,上上下下仇日心理极重,因而皆认为结俄为当务之急。公度则不以为然,防日为是,结俄则为非。若有机会,结俄防日的结果是,前门拒狼,后门引虎入室,后果更不可测。"

黄遵宪说到这里自己觉得过于坦率和尖锐了,便将语气稍变委婉地补充一句道:"这恐怕不是公度杞人忧天吧。"

李鸿章并没有发脾气,只是苦笑一下说:"公度这是告诫老夫:防人之心不可无,俄国即便有害我之心,而今羽翼未丰。在中国新败之后,联络西洋,牵制东洋,是此行要策。"

盛宣怀恐怕两人争执不止,形成僵局,便转换话题。

3月28日,李鸿章带领随员李经方(李鸿章之长子)、李经述、于式枚、罗丰禄、柯乐德(俄)、德璀琳(德)、穆意索(法)、赫政(英)、杜维德(美)等45人,乘法国邮船"爱纳斯脱西蒙"号,从上海出发。

在豪华的客舱里,这位清朝重臣坐在沙发上,摸着花白的胡须,不时想起自己从政几十年的桩桩往事:早年追随曾国藩,经曾国藩的推荐,受到朝廷重用;重建湘军;建立北洋海军、大搞洋务运动,直至订立中英《烟台条约》、《中法新约》,中日甲午战争后北洋海军的覆没,淮系军阀势力瓦解,洋务运动在政治上的破产,自己名声大损,遂入阁闲居……

想到这里,本来就晕船的李鸿章觉得客舱太闷了,额头冒出了虚汗,胃里有点翻腾。他赶紧走出了客舱。李鸿章站在船舷的甲板上望着茫茫大海一起一伏的波涛……

已经陷入穷途末路的李鸿章接受,这意料不到的新使命,使他产生了绝路逢生之感,他欣喜地自语道:

"某当辞华赴俄之日,自知前半生行事,于此已作一大结束。……所谓'山重水复疑无路,柳暗花明又一村'者,诚为某今日咏矣。"

李鸿章从个人荣辱、得失出发,幸遇一个执行重大使命的机会,对他来说,确是"柳暗花明又一村"。然而,他把中华民族的权益引向何处、会产生什么样的后果呢?古语说得好:"福祸无门,唯人所召。"

沙皇根据维特的建议,对李鸿章的来访作了精心的安排,给予破格的礼遇,特派乌赫托姆斯基公爵专程到塞得港迎接,并改变计划路线陪同李鸿章一行,乘坐供皇帝陛下使用的专车于4月27日抵达敖得萨。在车上乌赫托姆斯基公爵对李鸿章说:"趁此暇日,先赴圣彼得堡递国书求见。"

"贵国皇帝陛下的加冕典礼不是在莫斯科举行吗?为什么要先去圣彼得堡?"李鸿章有点不解地发问。

"因为加冕礼期间举行谈判就很困难了。到那时,每天都会有各式各样的庆典。再说,趁此机会,特使阁下先参观一下圣彼得堡,也是有益处的。"乌赫托姆斯基解释说。

"贵国皇帝尼古拉二世陛下如此周到的安排,令本大臣受宠若惊,对此深表谢意。"

4月30日,李鸿章乘坐专列快车抵达圣彼得堡,住进巨商巴劳辅的豪华私邸,从饮食到室内陈设,"无一非中国物",巴劳辅"起居言语,又无一不似中国人"。李鸿章"顾而乐之,几忘身在异乡"。

李鸿章抵达圣彼得堡后,首先要拜会财政大臣维特。维特早已了解并摸透了李崇尚奢华厚遇的特点,破例地组织一批部员们在大厦门前夹道欢迎李鸿章一行,并对李鸿章作深度的鞠躬,做得彬彬有礼,而维特本人也站在会客厅门前迎接,这一举动极大地满足了李鸿章讲究礼仪、注重厚待的虚荣心。维特终于把李鸿章推进了预设的陷阱。

一条大鱼已美滋滋地吞下了带香饵的钩,钓鱼人该收线提竿了。

5月3日,维特向李鸿章提出"借地修路"问题:"特使阁下很清楚,俄国修筑的西伯利亚铁路,最东端的一段希望能越过中国的黑龙江省而达到海参崴。俄国之所以这样做,主要是为了援助中国。去年甲午战争期间,俄国曾有3万军队准备开进中国东部边境,只因为交通不便,援助中国未成,否则战争的结果也许是另一个样子。"维特见李鸿章无欣然接受的意思,又劝说道:

"加快修成这条铁路,有利于遏制日本的威胁。当然,贵国政府主张自修铁路,但贵国既缺乏经费,又缺乏技术,恐怕十年也修不成,若让俄国政府推荐一个公司承办此事,一定会很快修成。"

"中国自办铁路也办成了几条。阁下所说推荐公司,实际上是由俄国代办。这对于中国的权利有碍,其后果必然是各国争相效尤,本大臣是无权擅定的。"

5月4日,李鸿章在皇村行宫拜会了俄皇尼古拉二世。这位年仅28岁的新皇帝,显得很健康,嘴角有两撇微微上翘的小胡子,目光锐利,面部庄重而略带微笑。李鸿章"面呈国书、宝星,并读颂词"。5月7日,沙皇再次秘密接见李鸿章并"令带经方传话,不使他人闻知。"沙皇把李鸿章和他的长子引至便殿,赐坐畅谈。在回顾了李鸿章在日本遇刺和自己在1891年以皇太子的身份出访日本时也遭暴徒袭击的经历后,尼古拉二世说:"今天不谈这些不愉快的往事,别让它破坏了我们的心情。"

接着又说:"特使阁下带领贵公子出访敝国,真是精明之举,贵公子将来必定像特使阁下一样,成为中国朝廷的重臣。"

李鸿章说:"托最尊敬的皇帝陛下的吉言,但愿如此。"

在亲密友好的气氛已很浓了之后,尼古拉二世提出正题:

"我国地广人稀,断不侵占人尺寸地。中俄交情,近加亲密。东省接路,实为将来调兵捷速,中国有事亦便帮助,非仅利俄。华自办恐力不足,或令在沪俄华银行承办,妥立章程,由华节制,定无流弊,各国多有此事例,劝请酌办。将来倭、英难保不再生事,俄可出力援助。"

听完这段话之后,李鸿章道:"最尊敬的皇帝陛下的建议,我已完全明白了。但此事关系重大,须奏我国皇帝裁定后方能答复,本特使无权擅定。"

尼古拉二世见李鸿章仍未松口,便道:"既然特使阁下欲奏禀贵国皇上,那就等待有一个圆满的答复。"

李鸿章父子向尼古拉二世告别后回到下榻处,此时驻俄公使许景澄正在等候。

提及借地筑路之事,许景澄道:"怕的是请神容易送神难啊!"接着,他用历史事实作依据,谈了俄国言而无信,屡屡侵占我国领土的教训。

"刚才沙皇单独接见我时,当着我的面说'俄国地广人稀,断不会侵入尺寸地。'国君一言九鼎,能说话不算数吗?"

"回禀中堂大人,俄皇之言当然非同儿戏,但是说俄国不侵占别国一寸土地却是弥天大谎。以卑职两度出使西国的经验看,不少时候,他们好话说尽,坏事做绝了。"

"借地修路之事与互相援助的事一起谈,也许有个制约。但都须请旨而行。"

许景澄见李鸿章仍很执拗,便不再多言,带回李已拟好的电稿告总理衙门。电文认为沙皇主张比维特"前议和厚"。所谓"和厚",无非是指沙皇承诺"不侵占尺寸地"、东省接路"由华节制"、援助中国抗英、日而言。

从5月8日开始,俄外交大臣罗拔诺夫和维特一起,继续与李鸿章谈判。

李鸿章将谈判情况随时电告总理衙门代奏。谈判中,罗拔诺夫和维特步步进逼,李鸿章节节退让。5月18日,李鸿章到达莫斯科,在参加尼古拉二世加冕时,应邀"入宫庆贺","居各国专使首班,颇蒙温语",并被授予宝星"头等第二,大小两枚,皆钻石密嵌"。沙皇对于李鸿章的接待,既优礼有加,极尽笼络之能事,又不加张扬,以免引起各国猜忌。

5月下旬,李鸿章认为事已至此,无法再争,致电总理衙门,说:"时促事烦,求及早请旨,电复遵办。"

清廷大臣们"会商联俄事","将所有密电录稿公阅,遂议照办。即定议,乃拟旨一道。"28日请旨允准,29日拍了电旨,既批准在条约上"画押",又要对"约内字句"作些改动。

6月3日,李鸿章与罗拔诺夫、维特代表两国政府在《御敌互相援助条约》(俗称《中俄密约》)上签字。

维特在回忆录中叙述了当时发生的一个戏剧性的情节:由罗拔诺夫起草的《中俄密约》第一款,本来规定中俄军事同盟要对付"日本国或日本同盟之国"。维特认为这会承担许多风险,建议沙皇删去,沙皇表示赞成。至签字那天,由于罗拔诺夫的疏忽,维特发现在正本上并未删掉,大吃一惊。罗拔诺夫经提醒后施展随机应变的本领,看了看表,说道:"现在已过十二点了,我们先进餐,否则菜不好吃了。"利用吃饭的机会立即换本,串演了一出"调包计"。可悲的是李鸿章竟毫无觉察,立即在"改动的文本"上签上了字。直至回到国内半年多后,在同总理衙门谈起此条约时才发现此处的重大改动,后悔莫及。

《中俄密约》共有六款,主要内容是:

一、如有敌国侵占俄国远东领土或中国及朝鲜领土时,中俄两国应共同出兵并互相接济粮食、军火;

二、战争期间,中国所有口岸均应对俄国军舰开放;

三、缔约国一方未征得另一方同意,不得与敌方签订和约;

四、中国允许俄国在黑龙江、吉林两省修筑铁路直达海参崴,该铁路的建筑和经营,由华俄道胜银行承办;

五、不论战时或平时,俄国都可在该路运送军队及军需品;

六、本条约自铁路合同批准日起,有效期十五年。

这个条约是俄国精心策划的侵略阴谋和清政府"联俄制日"错误政策的产物,它让俄国骗取了在中国东北建筑过境铁路的特权,并为其海陆军侵入中国领土开了方便之门。

李鸿章步步退让并在密约上签字,与维特用重金贿赂有关。

在李鸿章犹豫不决,不敢贸然答应时,维特抛出另一手早已准备好的诱饵,许诺如果过境筑路一事顺利成功,将付给李鸿章三百万卢布。在沙俄的劝诱和重金贿赂下,李鸿章很快与维特和罗拔诺夫达成这笔肮脏的交易。[1]

假如中国的作者写的书还不足信,那就看俄国的当事人是怎么说的吧!罗曼诺夫在1928年出版的《俄国在满洲》一书中写道:

维特答应"如果建筑铁路一事顺利成功,将付给他李鸿章三百万卢布。"此款由道胜银行拨出,作为"抵偿与中东铁路租让权有关的费用特别基金",俗称"李鸿章基金"。

维特奏明沙皇后,在《中俄密约》上写上了"同意"二字。

沙俄外交部前副司长沃尔夫在他未发表的回忆录中说:

"李鸿章带着这个签了字的条约和袋子里的两百万卢布返回北京。在东方,良心是有它的价钱的。"

中俄密约只是沙皇俄国实现其狂妄野心和满足其贪婪之欲的第一步。

通过《中俄密约》,沙俄实现了觊觎多年的夙愿,不仅有权在中国东北修筑铁路,还抢占了铁路沿线大片土地,操纵铁路沿线的政权、财权、警权,一步步把东北三省变成了沙俄的势力范围。正如列宁愤怒地揭露的那样:《中俄密约》的实质是"允许俄国资本家掠夺中国"。可笑的是出卖了国家主权的李鸿章落入沙俄的圈套还洋洋自得,自诩有了这个条约,"二十年无事,总可得也。"事实是,订约不过二三年,各国列强就紧步沙俄后尘,在中国大地上掀起规模空前的瓜分狂潮,沙俄乘势又霸占了中国的旅大,《中俄密约》成了瓜分狂潮的一支序曲。

沙俄支持德国占领胶州湾,是为了他自己占领辽东半岛,特别是旅顺口、大连湾制造机会。俄国在太平洋沿岸本没有港口,夺取了我国的海参崴之后,还不遂心愿。因为此港每年结冰期为4个月,舰船行动困难。在此期

---

[1] 何瑜华立著《国耻备忘录——中国近代史上的不平等条约》第295页,北京教育出版社,1995年2月第1版。

414

间,其太平洋舰队的舰船要借日本的港口过冬。在中国夺取一个不冻港口,作为它推行"炮舰政策"和在太平洋争夺霸权,是老沙皇和新沙皇多少年来梦寐以求的夙愿。1897年11月23日,俄国外交大臣穆拉维约夫向沙皇提出占领旅顺、大连,建立俄国远东分舰队的建议,立即得到了尼古拉二世的批准。为了尽快实现这一计划,尼古拉二世亲自出马召见清国驻俄大使许景澄:

"请专使阁下前来,为的是向阁下解释俄国军舰暂时借泊旅顺口和大连湾的事情。俄舰借泊旅顺口和大连湾,一是为了遏制强占胶州湾的德国舰队,二是为了越冬,三是为了帮助中国预防被其他国家侵占。俄舰暂泊旅大两口一事,已经通过我驻华公使代向贵国总理衙门进行了通报和协商。现在由我亲自对阁下说明,希望专使先生向贵国皇帝转达我的意见。顺便请专使向贵国皇帝转致我的问候。"

"请问陛下,一旦皇上问我,贵国军舰何时撤离旅顺口和大连湾,我该怎样回答?"许景澄说。

"专使先生,你就把我刚才说的意见转达了吧。"尼古拉二世故意回避要害问题,匆匆结束了接见。

俄国趁德国强占山东胶州湾之机,借口为监视德国舰队行动,尼古拉二世亲自命令海军少将乌诺夫指挥军舰五艘,于1897年12月19日闯入旅顺港。20日,俄舰一艘驶入大连湾。清政府因无力、无胆又无法阻止其入侵,只好要求俄国做出不攫取中国领土的保证。

沙皇政府当时一方面对德国政府说:沙皇"深信俄国与德国应该而且也能够在远东一道前进";另一方面对清政府谎称,俄国舰队占领旅顺港,是为了"保护中国,防止德国的侵略,并无夺取领土之意图","一旦德国舰队撤出胶州湾,俄国舰队即将撤出旅顺港"。

俄国的这一阴谋,出使俄国谈判的杨儒看得很清楚。1897年12月2日,他在"致总署俄外交部云德事愿效力但俄貌似友好恐不足恃"电中说:

外部云德事愿效力而难于措辞,或请中国指定海口停泊俄舰,示各国中俄联盟之证。俄较易借口,德或稍敛迹,已电署使仍属转陈。窃以为德果否因此就范亦无把握。胶事俄先知情,貌似友好,恐不足恃。

但是,李鸿章明知其假,却没有表示异议,还给旅顺守将宋庆下令:"俄国在旅所有应用物件,随时接济。"宋庆接到电报后,便尽量给俄舰提供方便。

俄国舰队占领旅顺港,引起日本、英国的强烈反应。1897 年 12 月 29 日,英巡洋舰"桂树女神"号不顾中国港口当局禁止进港的信号,跟随俄舰驶入旅顺港,25 日,巡洋舰"不朽"号和"伊菲根尼"号也开了进来,形成了与俄国争夺旅顺港的架势。

1898 年 1 月 7 日,俄国驻北京临时代办巴布洛夫向清政府总理衙门递交照会,要求在旅顺和大连两地拨出供堆放煤炭的地段,以供俄舰使用。

鉴于英舰停泊旅顺港内,迟迟不驶离,俄国政府向英国政府表示,一旦俄国获得英国特别关心的大连湾商港,就对全世界商船开放。得到俄国这一许诺以后,英国政府才下令英舰驶离旅顺港。

沙俄先造成军事占领旅大的事实,然后便加紧步伐使这一占领以条约的形式固定下来,把旅顺口和大连湾变为沙俄的租借地。

经过沙俄军政头目研究后,1898 年 3 月 3 日,沙俄政府正式向清政府提出租借旅顺口、大连湾和修筑南满铁路的无理要求。

当沙俄的侵略要求提出后,中国朝野愤慨,举国震惊。

光绪帝当面训斥奕訢和李鸿章说:"汝等言俄可恃,与订约,输以大利,今约期未半,不独不能阻人之来分,乃自逾盟索地,密约之谓何?"

李鸿章竟无耻之尤地说:"若以旅大与之,密约如故。"

清政府被逼无奈,派驻德公使许景澄为头等专使赴圣彼得堡谈判,并委驻俄公使杨儒为副使,交涉索还旅顺口。

在谈判中,沙皇的威胁、利诱等手段,无所不用其极,百般要挟,丝毫不肯退让。3 月 16 日,沙俄驻华代办巴甫洛夫向清政府提出最后通牒,限 27 日前在租借条约上签字画押,否则"我国即自行办理,不能顾全联盟友谊"。

沙俄故伎重演,在外交威逼的同时,进行军事恫吓,把由 47 艘军舰组成的海军舰队调到中国海面游弋,如不允许,就强行占领,这是"硬"的一手。还有"软"的一手,他们早就考虑周密了……

就在这时,清政府委派李鸿章、张荫桓为谈判的全权代表。俄得知这一消息后欣喜若狂,立即决定继续采取贿赂手段,重金收买他们二人,许诺如果他们二人能够说服清朝皇帝和太后,使旅顺口和大连湾的事情能够按着俄国意图办理成功,将重奖他们每人"银五十万两"。李鸿章在慈禧太后面前巧舌如簧,充分施展了他的"辩才",说服慈禧太后同意按照要求"画押"。就这样,俄国政府通过外交上的阴谋诡计,军事上的武装恫吓,经济上的重金贿赂,迫使清政府于 1898 年 3 月 27 日在北京签订了《中俄旅大租地条约》,5 月 7 日在彼得堡签订了《中俄续订旅大租地条约》。①

我们再从更权威的史料来证实:3月21日,当时任华俄道胜银行天津分行经理的璞科第由北京致沙俄财政大臣维特的密电称:

> "今天我得到代办的同意,和李鸿章及张荫桓作机密谈话,允许他们,假使旅顺口及大连湾问题在我们指定的时间办妥,并不需要我方的非常措施时,当各酬他们银五十万两。"②

3月26日,璞科第又电称:

> "收买旅顺口地方官吏不用五十万两,只要二十五万两至三十万两就足够了。"

李鸿章和张荫桓代表清政府,按照沙俄提出的条款和期限,于1898年3月27日与俄国代办巴甫洛夫在北京签订了《旅大租地条约》。3月28日,即签约后第二天,璞科第致电维特说:

> "今天我付给了李鸿章五十万两,李鸿章甚为满意,嘱我对您深致谢意。"③

从3月3日沙俄提出租借旅大要求,到3月27日签约,时间仅为24天。尼古拉二世对清政府能如此迅速签约颇为惊疑,不知"其故何在",心中还很不踏实。经维特详告之后,恍然大悟,连声叫道:

> "真是太好,好得出人意外。"④

同年5月7日,又在圣彼得堡签订《续订旅大租地条约》。

《旅大租地条约》共九款,其主要内容有以下几点:

> 一、"为保全俄国水师在中国北方海岸得有足为可恃之地,大清国允许将旅顺口、大连湾及附近水面租借与俄国。"

---

① 董志正、田久川、关捷主编《日俄战争始末》第105页,东北财经大学出版社,2005年3月第1版。

② 《红档杂志有关中国交涉史料选译》,第207页。

③ 笔者按:说李鸿章"卖国"或"卖国贼",不乏有人不同意,一部又一部的著作和电视连续剧美化他忧国忧民,重塑他"正面"甚至"光辉"形象。从签订《中俄密约》,到签订《旅大租地条约》,他一次又一次收下贿赂重金,出卖国家领土主权,出卖国家和民族的根本利益以肥私,都有白字黑字书写的、铁一般的史实在案。

④ 《李鸿章游俄纪实》第94页。

二、"经大连湾以北视旱地合宜保守该段所需，就相离若干里，其确切界限……"双方"商另一专条"。

三、租借期限为25年。

四、"俄国所租之地以及附近海面，所有调度水陆各军并治理地方官吏，全归俄管。中国无论何种陆军，不得驻此界内。"

五、租借地以北设立"隙地"。此地之界，由许大臣在圣彼得堡与外部商定，"隙地"行政由中国官吏主持，但中国军队非经俄官吏同意不得入内。

六、俄国可在旅顺口、大连湾修筑炮台、驻扎军队。

七、清政府准许俄国中东铁路之某一大站起修筑至旅大海口的支路，在此支路沿线，中国不得将铁路利益让给他国。

《条约》规定，条文所议各款从互换之日起才生效，《条约》于1898年5月30日，在俄圣彼得堡互换。可是，条约尚未互换生效之前，俄军就迫不及待地对旅顺港、大连湾强行占领。在《旅大租地条约》签订的当天晚上，俄军的3个步兵连在旅顺港登陆。

驻守旅顺口的中国清军提督宋庆，被迫率部队撤出旅顺，开往营口。至3月28日凌晨1时，在旅顺口已没有一个中国士兵了。自甲午战争后日本侵占旅顺口，又被俄、德、法三国干涉归还中国后，从1896年1月

《旅大租地条约》部分内容

沙俄关东州总督府(1903年改为远东总督府)

418

4日中午,在黄金山上升起中国国旗。

自旅顺回归中国起,至1898年3月27日俄国租借该地止,清政府共治理旅顺两年两个月零二十三天。这件替沙俄做的"嫁衣裳",花费是三千万两银子的"代赎"金,加上二年多在废墟上的恢复与建设所需的费用。

28日早晨六时,沙俄的海军陆战队、东西伯利亚第九步兵团和第二炮兵师,在旅顺登陆,对旅顺实行了军管。

当天上午八时,由俄皇族费拉罗维奇亲自率领侵略军一千多人,在黄金山举行了占领仪式,并且升起了俄国的三色旗,显示沙俄正式侵占中国的领土——旅顺口。为了庆祝他们强占旅顺口,停泊在旅顺港内的"茨米特里顿斯奎"号、"那瓦林"号、"西索里威里基"号等俄国军舰和海岸炮台,鸣放礼炮,以示庆贺。不知中国人得此消息,特别是旅顺口人民,看到升起的俄国旗、听到此炮声,心头是啥滋味?

4月3日,俄国海军陆战队乘三艘军舰在大连湾登陆。凶恶的强盗还善于念"慈悲经"。俄国强占辽东半岛的总司令——俄国太平洋舰队司令杜巴索夫海军上将用中俄两种文字发布公告,散发传单,其主要内容有:

> "我杜巴索夫作为太平洋舰队司令和驻辽东半岛所有军队的总司令,向伟大帝国皇帝电告,中国皇帝希望加强中俄之间的友好关系,并准备互相支持和帮助,同意租借旅顺口和大连湾为期25年,供俄国使用。"

> "我们俄国对中国没有任何敌视的企图,我们只有一个愿望,就是希望俄国的陆海军在半岛上成为中国的保卫者,所以,授权我从3月15日(系俄历,公历为3月28日——笔者注)起,管理旅顺口和大连湾地区。中国军队将撤到别的地区。今后,中国的居民和商人将受到我的保护。俄国希望看到中国不仅成为强大的独立的国家,而且,人民的生活福利也更加提高。"

> "全体中国居民将在俄国的保护下,过平安的生活。"

四十八、俄国为长期占领东北筑路建港

"飞地",中国大百科全书的解释是:位于其他国家国境之内与本国不相毗的领土,或同一国家内位于某一行政区域包围之中而为另一行政区域管理的土地。"飞地"既可存在于国与国之间,也可存在于某一国家范围内的行政区域之间。

世界上有不少"飞地",如美国的阿拉斯加;原在印度境内有巴基斯坦一块"飞地",称东巴基斯坦。1972年脱离巴基斯坦,成立孟加拉人民共和国。

但是,俄国在中国东北取得了一块丰腴富饶的"飞地",特别是有了个梦寐以求的东方"不冻港"之后还不满足。道理很简单,他们既然占据了这块战略要地,就要充分发挥这块殖民地的政治、军事、经济、文化等诸方面的作用,急需建立配套工程,特别是修筑与本国相通的铁路,充分开发铁路两旁的矿产,掠夺那里的资源,控制各处的要隘,进而将这些地区全部变为"黄俄罗斯"的"关东州"。

《中俄密约》关于中东铁路只作原则性的规定,具体问题需要通过双方订立合同逐一落实。为此,俄国在李鸿章离俄之后,当即派华俄道胜银行董事、财政副大臣罗曼诺夫去德国柏林,同中国驻俄公使兼驻德、奥、荷公使许景澄进行谈判。所谓谈判,实际上是把俄国单方面意见强加于中方,按俄方拟定的合同初稿要求,从合同批准之日起,铁路应在12个月之内动工;轨距按俄国标准;铁路公司所占土地免纳地税;铁路公司在线路附近有权免税开矿;凡由该铁路运入或运出之中国货物,按中国税率征三分之一;铁路运费由铁路公司自行规定;自通车之日起,80年后铁路无偿归还中国,等等。

上述条款不仅与《中俄密约》的第四款不符,而且进一步侵犯了中国主权。对此,清政府提出四项修改意见:

一、铁路轨距应按中国标准,而不应按俄国标准,俄国列车行抵中俄交界处即应换车;二、在铁路沿线开采矿苗,应另行谈判,不能免税;

三、俄国货物经由此铁路过境,转入俄境者,应照海关税率一半征收;

四、铁路应于三十六年后归还中国。

在双方谈判中,俄对中国的意见,不但拒绝讨论,而且以"废约"相要挟。俄方代表蛮横地坚持轨距应与俄国一致,并一再威胁说:"若驳此条,不如密约俱废。"

如果轨距采用俄制,则中国车辆不能行驶,铁路就变成俄国专有了。因此,轨距问题成为争论的焦点。

柏林谈判从6月持续到9月,进展缓慢。俄国在上述几个问题上,一再向清政府施加压力,并表示如清政府不同意,俄国"将采取别种办法,而中俄同盟亦将变为废纸。"①

---

① [苏]罗曼诺夫:《帝俄侵略满洲史》,中译本,第104页,注74。

在俄国的压力下,清政府终于置东陲安危于不顾,俯首听命,训令许景澄在铁路合同上签字。1896年9月8日,中国政府代表许景澄与华俄道胜银行董事长乌赫唐斯基以及该行总办罗启泰在德国柏林签订了《中俄合办东省铁路公司合同》①。

《中东铁路合同》,由序言和十二条正文组成。序言说明:清政府允准与华俄道胜银行订定建造、经理东省铁路合同。中国政府现以库平银五百万两入股,与华俄道胜银行合伙开设,生产盈亏均照股摊认。中国政府现定建造铁路,与俄之赤塔及南乌苏里河之铁路两面相接,所有建造,经理一切事宜,派委华俄道胜银行承办。

根据上述合同,俄国实际上霸占了中东铁路的所有修筑权和经营权。《合同章程》中所有规定中国方面的所谓"权力和利益",全属空文,一条也无法兑现。例如,铁路股票共设一千股,百分之七十为俄国政府,其余"招股"准许俄、华商人购买。实际上股票在圣彼得堡开卖,招股办事时间规定在早晨九时,一般人都没有办法去认股。在招股时间内只办了几分钟的公事便结束了。于是,该公司500万卢布的股票尽数转为"俄国国库在远东的支出"的户头。这样,俄国就成为中东铁路公司唯一的股东了,中东铁路成了西伯利亚铁路的延续线。至于所谓"中国政府有权可给价收回",更是欺人之谈。就连维特本人也不得不承认,"赎买的条件是十分苛重的,中国政府极不可能会试图实行赎买",因为这笔赎金"不下七亿卢布"②。

合同签订后不久,俄国又单方面公布了《合办东省铁路公司章程》:"凡公司对于中东铁路修建工程、经理营业一切要务,以及编定公司营业簿报告书等件,均归董事局。"。按董事局即铁路总公司理事会,"理事会"是铁路公司的"全权代表",也就是最高权力机关。

由于俄国财政部是中东铁路公司唯一的股东,所谓的"股东全体大会",实际是"俄国一家大会",由这个大会选出来的理事会,当然也是由俄国一家控制的理事会。该《条例》还规定俄国财政大臣有权任免公司理事会的副理事长、总工程师、铁路建设局局长等重要官员。1897年1月,经维特批准,公司理事会决定任命龙格维奇担任铁路建设局局长兼总工程师、总监工。

---

① 简称《中东铁路合同》。
② [英]菲利普约瑟夫著,胡滨译:《列强对华外交》,商务印书馆1959年版,第155—156页。

1897 年 3 月,东省铁路公司正式成立。总公司设在彼得堡,分公司设在北京。从此,俄国就积极开始筹划修筑中东铁路的浩大工程。

从 1895 年 8 月俄国决定中东铁路穿越中国东北领土之后,未经中国政府允许,就曾派员潜入中国东北地区勘察路线。《中俄密约》签订后,俄国又几次派员潜入东北进行勘察。

1897 年 3 月,中东铁路公司又派员改勘新线,从西向东走向改为沿依奔河、乌奴尔河、越大兴安岭,沿绰尔河上游渡河进入扎赉特旗,渡洮儿河,沿嫩江西岸,经前郭旗,渡松花江到伯都讷,经吉林至宁古塔,再经瑚布图河、二岔口出境。

这条线路经蒙古荒原草地,比中俄柏林谈判中规定的线路南移二、三百里,将黑吉两省大部分划在线路以北。其险恶用心在于尽力扩大北满范围,便于将来控制,以达到"修正阿穆尔边界"的目的。但后来经过实际勘测,发现这条以伯都讷为中东铁路中心点的线路,地质、水文等非常复杂。于是又改变计划,确定铁路走向为,由中国满洲里入境,经海拉尔、齐齐哈尔、哈尔滨、牡丹江,最后由绥芬河出境到达海参崴,长达 1480 余公里。

1898 年 3 月《旅大租地条约》签订后,俄国又得到了修筑中东铁路支线的权利,从而形成一条 2420 余公里的"丁"字形铁路。

1898 年 6 月 9 日,中东铁路开始修筑。以哈尔滨为中心,分为东、西、南三条线,由六处同时相向施工,即由哈尔滨向东、西、南方向;从旅顺、后贝加尔、双城子向哈尔滨方向推进。铁路工程进展迅速。

1901 年 3 月,从哈尔滨到绥芬河的铁路与俄国乌苏里铁路开始接通。

1901 年 9 月和 1902 年 1 月,第一松花江大桥、第二松花江大桥先后竣工。

1902 年 3 月,嫩江大桥竣工。

1902 年 8 月,清河、太子河等大桥,也先后竣工。

与此同时,工程浩大的大连港一期工程,也在这一年建成。

1902 年 3 月,大连至满洲里全线开始通车。1903 年 7 月 14 日,中东铁路全线通车,并开始正式营业。

这条纵横贯穿中国东北大地的铁路,从开始施工到竣工通车,历时五载,仅建筑费就耗资 2.4189 亿卢布,每俄里耗资 10 万余卢布。[1] 它所需用的钢轨、车辆及其他器材,大部分是从美国购买的。也有一部分是俄国参加八国联

---

① [俄]谢·尤·维特著,吉林社科所译:《不得已的说明》,商务印书馆 1978 年版,第 38 页。

军镇压义和团时,从山海关一带的中国铁路抢掠来的。

筑路的20多万工人,大多数都是从山东、河北以及铁路沿线招募来的破产农民和手工业者,他们每天只能得到非常低微的十戈比工资。中国工人,由于劳动繁重,营养不良,居住条件恶劣,不少人染上了各种疾病或流行瘟疫,被夺去生命。中东铁路是用中国工人的血浇灌,用中国工人的白骨堆积而成的,是俄国侵略中国的历史见证。

中东铁路的建成,极大地加强了俄国在远东争霸的力量。1902年8月,维特"视察"了这条铁路。回国后,他向沙皇呈交了一份长篇报告,列举了中东铁路通车后对于俄国的五大好处:一、欧亚两洲联成一气,便于俄国向远东各国推销工业品和从远东各国取得原料;二、便于俄国向东方移民,开发西伯利亚和海滨广大地区的自然资源;三、可打破黄种人的"此疆尔界之心",使俄国能对远东地区"朝发夕至,无所阻滞";四、可使高加索等地"思乱之民",无论为农为工,经商营利,得有安置;五、"万一中华再有乱事",俄国"调兵转饷神速无前"。①

由此可见,中东铁路是俄国侵华、实行殖民统治,推行其远东政策,称霸东亚和太平洋地区的重要工具。

强占旅顺、大连后,为了推进其远东政策,进一步实施侵略扩张,更便捷地进出太平洋,俄国决定在大连湾筑港建市。

1898年3月29日,俄国的《政府公报》上发表了一项特别公报,内称俄国"决定从现在起修建一个西伯利亚最大的码头",向各国船队开放,为各国的工商企业创建一个新的广阔的活动中心。俄国政府组织工程技术专家到大连湾北岸实地勘测。历经一个月,勘察结果却不尽如人意,发现大连湾北岸风浪大,海底泥沙多,易于淤塞,地域狭窄,不符合长远发展需要。专家们决定另选地址。

1898年6月3日,由俄国太平洋分舰队司令杜巴索夫和大连湾军事总督沃尔科夫等俄国各部门代表所组成的特别委员会,经过调查,最终选定了大连湾西南部沿海地带及其背负地为建设商港和城市的地点。

6月10日,俄财政大臣维特将此情况上奏给沙皇尼古拉二世。沙皇看后

---

① 《俄国户部大臣维特春天陈巡阅东省铁路工程折》,藏北京图书馆。转引自《中俄密约与中东铁路》中华书局1979年版,第28、29页。

俄军强迫大连人民为其服役

随即批示："以东省铁路董事会指令形式,指定在大连湾修建港口,切勿放过时机。"并把筑港建市的具体事务和城市规划的重任全权委托给财政部直接控制的东省铁路公司。财政大臣维特指定总工程师萨哈罗夫主持。

经过一年的规划设计,1899年8月11日,沙皇敕令建达里尼(大连)自由港,在港口附近同时建达里尼(大连)市。俄语"达里尼"意思是"远方",即距俄都彼得堡很远地方的城市,又与"大连"谐音。尼古拉二世对"远方的城市"平和而不刺激的名称甚为欣赏。

9月28日,俄政府通过了大连港和大连市的设计方案,计划第一期工程到1902年底基本完成,使港口和城市初具规模,并开港使用。

1903年计划投资3000万卢布进行第二期建港工程。次年2月,因日俄战争爆发,建港工程停止。

前后两期建港工程,建成顺岸码头一座,突堤码头两座,岸壁延长1686米,能容纳11艘5000吨级船舶停泊靠岸,年吞吐量在100万吨以上。陆上建有总面积为14612平方米的码头仓库12座,修筑了东西防波堤2100米,建有港内铁路,与东省铁路支线连接。

从1901年开始,大连港有商船进出,到1902年,入港轮船达719艘次,船舶登记吨位29万吨,其中俄船324艘次;另行帆船1418只次;货物吞吐量约8万吨,大部为进口;旅客流量54134人次,大部分来自俄国和日本。1903年到港商船792艘次,进口货物29.6万吨,出口货物12.7万吨。东清铁路全线通车后,大连港就成为沟通欧亚两洲的海陆交能枢纽,东北亚第一大港的地位日益突出。

大连市的设计方案和城市规划,依据多山的地形特点,采用巴黎式以广场为中心的放射线型的市街布局形态。全城分为三个区:行政管理区、商业区和居民区。商业区又分为欧洲人商业区和中国人商业区。行政管理区即今天的上海路,面积约有0.45平方公里,1902年建成,其中有市政厅大楼、港口和城市管理大楼、东省铁路轮船公司大楼、华俄道胜银行分行、教会学校、法院、医院、公园、餐馆、网球场、跑马厅、音乐厅以及供高级官员专用的游乐场。

1903年，大连市街建设第一期工程完工，原来只是几十个小渔村的青泥洼建成了拥有人口4万多、面积4.25平方公里的初具规模的港口城市。

2009年10月，大连市档案局赴俄罗斯征集档案，寻回的地图、图纸、视频等资料填补了沙俄强租大连时的档案空白。这次征集的资料档案，有100多年前的大连城市规划图，1881年法国人绘制的旅顺口区地形图，1945年苏联红军进入大连市的图像资料等。在一张1899年的俄文"达里尼市规划图"上，有中山广场、友好广场、站前以及大连港地区地图，有市场、货场、煤场、公园、码头等，其中用红色标出已建部分，从中可以看到，当时只建了很小的一部分。另外一张绘于1899年的大连地区地图上则可以看到，那时的旅顺羊头洼已经被规划为港口了。

俄国租借旅大后，又逼迫清政府在1898年7月6日签订了《中俄东省铁路续订合同》，明确规定俄方可修筑东省铁路南满洲支线，直达旅顺、大连湾。

俄国把作为租借地的旅顺、大连湾，视为其领土的一部分来"自行酌定税则"，中国只能在交界地带征收货物运入运出之税。俄国要求在大连湾内设立海关，"专用俄人"，中国拒绝了这一无理要求。俄国遂决定口岸通商之时，设立海关，"委派东省铁路公司作为中国户部代办人代为征收"。这个条约使俄国进一步抢掠了大连海关征税权和出入港的管理权。

在东北沿海口岸中，英、日控制的营口港是最兴旺的港口。俄国想要使新建的港口在远东海运、国际贸易竞争中争得一席之地，就必须想方设法压倒营口港。因此，在建港之初，就宣布即将开建的大连港为自由港，向世界各国开放，免除进出口税。

1899年8月11日，沙皇尼古拉二世发布敕令，全文如下：

由于我国领土是由横跨欧亚大片土地

俄罗斯街（今大连上海路北段）

俄罗斯统治时期的大连市街

组成，所以要对东西半球人类的和平交往做出贡献，这是上帝之旨意。为实现这一历史性任务，我帝国有幸存到清国的友谊，转让大连湾、旅顺及其附近领土之使用权，大西伯利亚铁道通过清国之领土抵达出海口——黄海。由于清国皇帝陛下政府的贤明果断，旧世界两大陆之两个边陲由一条铁路直接联结之日为期不远，这将为各国人民交往赋予无限的利益，对世界贸易活动扩大新的领域。

这样，实现具有一般效果计划的希望愈来愈迫切，当铁路通车之际，必须注意，着眼在其终点大连所具有的重要地位。朕有鉴于已宣告占领大连湾之后，该港应向世界各国商务船舶一律平等开放，并考虑在该港附近着手建立一个命名为"大连"的都市为英明决策。同时，为期望将来该市商业的发展，根据1898年3月15日俄华条约，俄国在保有该港时期，在下列条件下，给予自由港自由贸易的权限：

①财政大臣决定的（或有变更时）都市、港湾以及附近区域内，对所有种类的货物进出口，不征关税；

②上述赋予之自由贸易权限，并不妨碍海港课以过港税、停泊费以及其他费用；

③进港的所有船舶，要严守为预防传染病而发布的有关检疫规则；

④由享有自由贸易权限的地区向俄国国内进口之商品，根据关于外国货之进口一般规定要接受检查，缴纳关税，方可使之通过帝国国内；

对此和平事业，祈祷神明保佑，委任财政大臣监督该都市及港湾之建设。

俄历1899年7月30日（公元1899年8月11日）尼古拉①

---

① 转引自［日］长永正义：《关东州的关税制度》，第12页。

四十九、日本为夺回口中之饴卧薪尝胆

乌鸦被狐狸骗去衔在口中的一块肉之后，后面的故事怎样？迄今为止，未见有人写这则寓言的续篇。窃以为，若乌鸦是能吸取教训的"乖"鸟，而不是重复错误的"呆"鸟，兴许此后对奉承它的甜言蜜语有所警觉。再是，对狐狸也不必太嫉恨，因为它只是说"你是百鸟中的音乐家，唱歌比黄莺还好听"，是你自己听后飘飘然即兴表演的。至于，有一块肉从树上掉下来，谁能不拣？岂是我狐狸？这与狼将要咽下胃中的肉，被恶熊硬逼着，最后不得不带着唾液吐出来，然后落入熊的口中，性质、难堪与愤恨不可同日而语。

如前所述，1894年，日本发动了近代史上第一次大规模的侵华战争——甲午战争，大败中国的军队，强迫清政府签订了《马关条约》，割让辽东半岛、台湾岛及其附属诸岛和澎湖列岛，赔偿军费两亿两库平银。加上中国支付日本库平银3000万两，作为"奉还"辽东半岛的补偿。这样，日本从中国总共获取了23000万两战争赔款。镇压义和团运动，日本充当了急先锋，又在中国掠夺了大量的文物古董和白银，仅在天津一地就掠夺200万两白银。1901年《辛丑条约》签订后，日本分得了白银3470万两以上的赔款。而日本正是将这些赔款中的90%用于扩充军备的。

俄、德、法三国的节外生枝，阻挠了日本扩张领土侵略野心的实现。日本掌握军政大权的军阀政客们对此怀恨在心，公然提出十年扩军计划，以期"卧薪尝胆，充实军备，培养国力"，卷土重来。日本用战争获得的巨额赔款，大肆扩军备战。

陆军大臣山县有朋在扩军备战的建议书中还进一步提出了"扩大利益线"的主张。他认为："为了使这次战争的效果不致落空，进而成为东洋的盟主，就非谋求扩大利益线不可。"

1895年底，日本政府批准了一系列扩充军备和军工生产支出的计划，在俄国

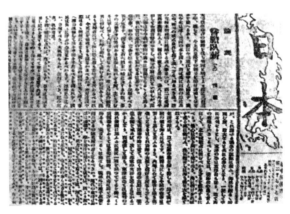

日本杂志上刊载的《尝胆卧薪》一文

西伯利亚铁路筑成前,做好向俄国发动进攻的准备。

1896年4月1日,日本天皇颁布了扩大军队和准备战争的法令:要求7年内陆军兵力在现在的七个师团的基础上增加一倍,使平时的兵力达到15万,战时达到60万;扩充炮兵和骑兵,以适应近代化的战争;海军由6艘战舰和6艘巡洋舰组成具有世界先进水平的舰队——"六六舰队";修筑军需仓库,储存各种军需物资和器材;制定对俄作战计划,并根据情况的不断变化,随时修改;印刷宣传材料,发给各部队,使其了解俄军情况,并派遣大批军官为间谍,搜集俄军情报。

为了顺利完成苦心经营的扩张军备计划,日本政府充分发动舆论工具,利用报刊,大肆向日本民众宣传其侵略扩张的"合理性",甚至要求民众节衣缩食,"节约三餐为两餐",以支持其扩张海军、加紧建立常备陆军计划的实施。

日俄开战前,日本已顺利完成了十年扩军计划。1896~1903年军备拨款多达7.73亿日元;陆军拥有了13个师团的兵力,常备军20万人;海军共有106艘新造舰艇交付使用,加上原有舰艇共152艘,舰只总吨数达到27万多吨,"六六舰队"组成;对俄作战计划,经过不断修改,1904年1月19日获得通过;军需物资方面,从1903年12月下旬开始,先后两次为先头部队运送粮食1.5万石至朝鲜仁川港。

为了应付战争中可能出现的意外,陆军次长儿玉源太郎还召集东京、神户等地轮船公司的经理,要求他们减少外洋航次。

日本的报纸也积极配合日本政府,制造迅速开战的舆论。近卫笃磨、头山满等人组织了"对俄同志会",鼓吹对俄作战。

1903年末,日本政府为支持战争,发行了一亿日元的军事公债,还发布了《紧急支出敕令》、《战时大本营条例》、《军事参议院条例》、《京釜铁路速成令》等条令,对俄发动战争的准备已全部就绪。

甲午战争后,东亚国际关系复杂化,日本、俄国对中国东北和朝鲜的激烈争夺,成为这一时期矛盾的焦点。

1900年7月,俄国以保护中东铁路为借口,出兵侵占了中国东北,并拒不撤兵,与日本的大陆政策发生了严重的冲突,而对朝鲜的争夺又使日、俄关系进一步恶化。

1895年6月,朝鲜宣布独立。但这只是名义上的,实际的控制权却在日本手里。朝鲜人民起而反抗,在上层统治者中形成了以闵妃为首的反日集团,与俄国建立了密切的联系。在俄国支持下,闵妃集团组成了亲俄派政府,取亲日派政府而代之。这引起了日本人的仇恨，遂派人刺杀了闵妃，使亲日派重掌政权，并计划废黜国王。国王被逼无奈于1896年3月携太子逃到俄使馆。这激发了愤怒的朝鲜民众的反日情绪与斗志，国王在俄使馆解散了亲日派政府，重以亲俄派组成政府。俄国趁势提出派驻与日本同样数目的军队、派驻军事顾问等要求，使其在朝鲜势的力迅速扩大。

1897年，俄国强迫朝鲜政府接受俄国人担任财政顾问和海关监督。次年，又成立俄韩银行，掌握了朝鲜全部财政收入。这样，俄日在朝势均力敌的局面便被打破了。

日本在与俄国的较量中，吸取了中日甲午战争中孤军作战的教训，积极地开展外交活动，以期求得更多国家在政治、军事、经济上的支持。俄国在朝鲜扩充势力的同时，也积极地扩充在中国的势力，取得了修筑中东铁路等一系列特权，强行占领旅顺、大连湾。

1900年利用镇压义和团之机，占领东三省，还有意向长城以南发展，这就使英、俄在中国问题上已有的矛盾尖锐起来。共同的对手促使英、日有了互相接触、进行合作的意向。英、日的接近，引起了俄国的恐惧，因为西伯利亚铁路还未修完，俄国在远东的实力还很有限。于是俄国被迫撤走了在朝鲜的政治、军事、财政顾问，关闭了俄韩银行。这一举动，暂时缓和了日俄间的尖锐矛盾。

但是，俄国的这一举措，没有阻挡英日间越来越靠近的步伐。

1901年3月9日，日本外相加藤高明指示驻英公使林董询问英外相兰斯多恩勋爵，如果日本一旦与俄国对抗，日本能指望英国给予多大的帮助。

英国政府认为，俄国拥有辽东半岛，仅此一点足以证明俄、日不能和解，英国应该鼓励日本将英国看成朋友，成为反对俄、法的可能的同盟者。

从英国的态度可以证实：英国希望俄日对抗。但对日本究竟有多大实力可与俄抗衡，持怀疑态度。

1901年7月7日，俄国财政大臣维特企图说服同僚，在朝鲜问题上对日做出让步，以便与日本和解。这一微妙变化反而促使英国下了最后的决心：与日结盟。因为英国认为日俄对抗对其根本利益有利。这便是日英结盟的政治背景。

7月31日，兰斯多恩会晤林董，指出为了维护英日两国在远东的利益，"现在到了应该考虑永久性协商问题的时候"。林董以个人身份表态说，俄国开发满洲资源，进而把手伸向朝鲜，"日本终究要予以遏止"，如果日本与俄国交战，"必须使俄国得不到第三国的接济"。这次会谈，双方都已触到问题的实质。随后,林董又以谈判使臣的身份,再次与兰斯多恩晤谈。几经磋商,终于在11月6日,英日同盟草案浮出水面。

美国积极支持日本与俄国开战。美国始终认为:俄国是它在亚洲推行"门户开放"政策的主要障碍。它希望借日本之手削弱和排挤俄国在远东,尤其是在中国东北的势力。

1902年1月30日《英日同盟条约》签订,2月1日,美国国务卿海约翰就发出照会,正式宣布美国政府完全支持《英日同盟条约》。

美国陆军部长还以总统罗斯福的名义向日本许诺:如果发生战争,美国将支持日本。罗斯福还公开表示,美、日、英三国将共同行动。英、美两国如此积极、主动地支持日本,大大增强了日本对俄国开战的决心和信心。

蓄意发动一场新的不义之战,主要是一小撮掌握军政大权的法西斯分子,许多清醒的日本人,特别是日本早期社会主义者和其他进步人士,早在日俄战争开战前,就开始自觉地、有组织地进行了反战斗争。

日俄战争爆发前,日本《平民新闻》上登了一幅描绘日俄工人阶级兄弟般团结的插图。《平民新闻》辟有反战言论专栏,深刻揭露战争的掠夺目的和帝国主义性质,指出这场战争是为资产阶级和地主利益而进行的,损害人民利益,而人民只是战争的牺牲品。一些革命者还在士兵中散发反战传单,反对军国主义对外侵略。

日本著名思想家、社会活动家和文学家木下尚江连续发表反战文章,在1904年5月11发表的时评《战争人种》中更猛烈地抨击了日本军国主义分子发动了甲午战争、参加八国联军侵华战争,乃至这次与俄国进行的帝国主义争霸和侵略战争,表示要与世界各国人民一起为反对战争、争取和平而斗争到底。

1904年8月7日,《平民新闻》发表了小学教师出身的著名小说家中里介山的反战诗《乱调激韵》,诗中愤怒地喊出了日本人民痛恨军国主义狂热分子和帝国主义不义战争的心声:

> 在万岁名义下,
> 送别奔赴屠场死路的人,
> 我心中岂能不愤恨?!
> 说什么为了"国家",为了"君主"!

这首诗,是谢野晶子那首著名反战诗作《弟弟,你不能这样死去》的先声。

著名女诗人谢野晶子不怕政府的镇压和战争狂人的恐吓,公开在《明星》杂志上发表了《弟弟,你不能这样死去》的反战诗,为被迫应征入伍去参加攻打旅顺要塞的"弟弟们"发出悲愤的呐喊:

啊,弟弟啊,我为你哭泣,
你不能死去!
因为你是咱们最小的弟弟,
父母是倍加疼爱你的啊!
父母何曾教你紧握利刃,
肆意去杀人?
父母养育你成人到了二十四,
就是为了你去杀人和葬送自己吗?
因为你是出界市商人世家,
值得骄傲的主人,
又是父亲的继承人,
你不要死去!
旅顺城即使失陷,
抑或攻不下,又有何相干?
你也许不知道吧,
商人家规中并无这一条。
你不要死去,
天皇不会亲自驾临战场,
皇恩浩荡,
岂能有如此圣旨:
让人们互相残杀流血,
枉死于禽兽之道上,
却称道,
死者光荣。
啊,弟弟呀,在战争中,
你不要死去!
去年秋天父亲逝世,
留下来的母亲,
在悲痛未息之中又痛苦地

送走亲儿应召赴前线，

自己则独守家门。

纵然是升平安泰的盛世，

母亲的白发却日见增多。

你那年轻纤弱的新娘，

匍匐哭泣在竹帘后。

你已忘怀，抑或还在思念？

相伴不足十月就匆匆离别，

想一想这少女之心啊！

在世上她除了你一个人，

啊，还有谁可依？

你不能死去！

一石激起千层浪。由于诗作将反战矛头直指"神圣不可触犯"的"天皇陛下"而犯了大忌，所以诗作发表后，立即引起了一片辱骂喧闹。有人向她家里掷石头，百般恐吓，评论家大町桂月破口大骂道："乱臣，贼子，是应处以国家刑法的罪犯！"但与此同时，文学评论家田冈岭云、角田勤一郎等众多进步人士则公开支持晶子，严厉指斥大町桂川之流。晶子更毫无惧色，又在《明星》杂志发表《公开信》说："……如当今所流行的说法，总叫人死啊死啊的，或动辄引用忠君爱国等文字和神圣的《教育敕语》以论述什么，这岂不更为危险有害？""凡是少女都厌恶战争，……我作为妇女，怎能唱出现在的战争歌曲中那样的东西呢？"

日本文坛由此掀起了一场反战与拥战的大论战，持续 5 个月，最后以大町桂月公开承认自己"说法欠妥"暂告停止。可见，即使在当时狂热地支持战争的日本，正义之声也难以遏制，谢野晶子不愧为反战的女英雄，其勇气令人钦佩！

三国干涉还辽后，俄国也充分意识到日本不会善罢甘休，与日本之间的一场武装冲突是迟早的事，遂以压倒日本为目标，竭力加强自己的军事力量，用战争获得的赔款和掠夺的物资，大力发展军事工业，大规模扩充军队，改进军事装备。

俄法联盟建立后，俄国从法国吸引了大量的资金，八十年代最后两年俄国向法国销售了 26 亿法郎的国家债券，九十年代俄国又向法国借款数十亿法郎，这些钱主要都用在了扩充军队和更新装备上。

1900年,俄国有常备军110万人,经过训练的预备役350万人。俄国政府特别重视加强海军,1890—1896年每年仅建造和购置新舰就要花费2500—3400万卢布。如此扩充军备,势必引起军费猛增,1892—1902年,军费增长48%,其中海军军力增长了一倍。

为了把军队、军需物资快速运至战争的前线,俄国侵略者抓紧修筑中东铁路。中东铁路通车后,立即宣布为军用,向中国东北增兵。俄国太平洋舰队大部分集结到旅顺,驻远东陆军也逐渐向辽南转移。到1903年6月,步兵增派5个旅,炮兵12个营,加上骑兵、辎重部队,地面部队达5万多人。10月,地面部队增至12.7万人,两个月后,增至24万多人。海军方面增派战舰3艘,加上旅顺口原有舰艇共计有各种舰艇60余艘,总计19.3万多吨。

俄国强占旅顺后,加紧赶修旅顺口军事设施,不断增派军队,军事力量日益增强,到1900年初,旅顺俄军兵力已达8个步兵营、2个要塞炮兵营、3个野战炮兵连、1个哥萨克骑兵团、1个工兵连。又在原有的炮台的基础上配置了来自海参崴的各种口径的臼炮、加农炮20多门。驻泊战舰1艘、巡洋舰3艘、驱逐舰7艘、水雷艇4艘。

1899年,俄国政府通过了旅顺口防御工程计划十年预算,计划投资8,927,775卢布,分两期进行。第一期投资4,631,757卢布,计划在原来基础上修筑海防永久性炮台22座,陆防永久性炮台8座,半永久性炮台24座,永久性堡垒8座,半永久性堡垒6座,安装各种口径的大炮共542门。

1903年,中东铁路及其从哈尔滨到旅顺的支线全线竣工后,俄国统治者把建设重点转移到旅顺要塞的修筑上来,以6万名华工建设港口、船坞、炮台、军用道路和其他建筑物。除广筑堡垒、炮台,旅顺港还建有军用发电所,设立了35个电报局,124个电话所,数十座兵营和军用仓库。

这样,旅顺就成了俄国向东亚和太平洋地区扩张的重要军事基地,成了它抗御日本进攻、争霸东北亚的桥头堡。

俄国炮兵部队装备了速射炮

第十二章　日舰奇袭重创俄国

五十、日俄战争爆发这一天的实情

公元 1904 年 2 月 8 日,是个在历史上留下印记的特殊的日子,因为那天发生了一起震惊世界的事件。

当天晚上,有流传甚广、人们津津乐道的故事和情节。让我们先来看看由前苏联作家斯杰潘诺夫的长篇历史小说《旅顺口》的开篇:

> 晴明寒冷的一天,已近傍晚。夕阳照着旅顺口和四周暗淡的岩山。海上吹来一缕缕微风,拂扫着地上的余雪。

> 1904 年 1 月 26 日(十月革命前俄国使用的旧历比新历迟 13 天,公历是 2 月 8 日),关东州全体俄国文武官吏纷纷来到旅顺口。今天是太平洋舰队司令斯达尔克夫人玛丽娅·依万诺夫娜的名辰,海军军人照例要开舞会以示庆祝。大家都想看看装束时新的贺客,即那些衣着漂亮的海军军人和服装整齐的普通人士。远东总督、海军大将阿列克塞耶夫也要亲率他司令部里那些盛服辉煌的官佐来参加跳舞会。

> 晚上九点钟时,就有许多贺客来到海军俱乐部。首先到来的是青年男女——海军少尉和中尉偕同各人的女伴。随后便是各级海军校官,他们穿着镶满金绦的海军制服,带着稠密沉重的肩钮。校官和他们的太太就是环绕总司令夫妇周围的扈从。

> 舞厅里很快聚满了人。乐队奏起了波兰舞曲,只见一个魁梧美丽的深灰发少年、舰队司令斯达尔克的副官屠克里斯基中尉,走向男客们提议邀请女宾跳舞。波兰舞曲之后,接着奏起圆舞曲,跳舞会展开了。

> 舰队司令夫人坐在那里,观赏一对对舞着的男女,随时和她周围的人评论着各人的舞姿。忽然值日官向舰队司令报告说:远东总督驾到。斯

达尔克连忙偕同他的夫人走往门廊去迎接。

阿列克塞耶夫年龄并不老,欢颜悦色,穿着皇室礼服,走近舰队司令夫人跟前,吻了吻她的手后,便庄严地同她一起走入舞厅。

音乐骤然停息,全厅止舞,大家齐向总督鞠躬致敬。阿列克塞耶夫向乐队大声道好,又向全场人士欠身答礼,并请大家继续跳舞。于是一对对的男女又旋舞起来。

……

在雍雍乐声中,时间如箭地过去,不一会就轮到跳"美最佳"舞的时候了,照旅顺口的习惯,"美最佳"舞是每次舞会中最欢乐的节目。

总督站起身来邀请舰队司令夫人并舞,他俩站在舞队的首列。乐声一起,阿列克塞也夫的肥胖身躯,竟那么轻巧灵便地偕着他的舞伴,在镶木地板上舞蹈起来了。全场都凝神注视着这对舞伴。轮到双人舞的时候,总督屈起一足,跪在他的舞伴面前,一手牵着她缓缓地在自己周围旋转着。蓦地传来一阵隆隆的炮声,连窗上的玻璃都震动了。从窗户内可以看见开炮时的无数闪光,炮声融成一片轰鸣。

全场热烈鼓掌,一则赞美这对高贵舞伴的卓绝舞艺,二则赞美舰队上的意外礼炮放得这么凑巧。甚至阿列克塞也夫也忘记了内心里的忧虑,居然热烈地向斯达尔克致谢,感谢这次舰队突然施放的礼炮。舰队司令对这次炮声也很觉惊异,但他断定这是他的副官事先布置好的,就毫不迟疑地向副官表示谢意。这副官却安然接受上峰的感谢,半点也不羞惭。

大家更加兴高采烈,一双双的舞伴竟在炮声合奏之下,愈益轻捷地旋转起来。

舞会在继续着。

《旅顺口》是一部长篇历史小说。开头之所以精彩,就是体现了典型环境的典型事件,反映了典型人物的性格:战争随时爆发,俄国的高级将领和军官们都若无其事,还在尽情跳舞。敌人偷袭施放鱼雷的爆炸声以及己方军舰炮火还击的轰鸣声,都被当作是自己人安排的为庆祝舰队夫人命名日的礼炮,毫不在意,舞会还在继续……

可见,俄国将领的麻痹、松懈、昏庸、腐败到了什么程度。这一开头,就预示了这场战争的进展及其结局,埋下"草蛇灰线"作伏笔。

1977 年,苏联科学院和苏联国防部军史研究所合写的、由历史学博士伊·伊·罗斯图诺夫主编的《俄日战争史》①否定了这种说法。

1904年2月8日这天，斯达尔克中将没有为其夫人举行庆祝舞会，而是一直呆在港外分舰队的旗舰上，各舰舰长和分舰队司令部的军官们也都各在其位，并没有玩忽职守，大部分官兵在岸上也不符合事实。分舰队遭袭击、受损失，是事实，但并不是因司令擅离职守造成的。

但是，斯杰潘诺夫描写的这段情节，并非空穴来风，随意编造。前苏联、日本和中国的学者、作家有的说有，有的予以否定，至今仍莫衷一是。为了给读者提供一些可供思索的史料，使人们能以自己的理性思考后进行正确的判断，笔者不妨照录几段。

日本出版的《日俄海战史》(明治三十七年海战史)第五章"第一次攻击旅顺口"中第二节"驱逐舰之夜袭"中，备考(四)写道：

俄国某将校之记事：称2月8日为玛利亚妇人之命名庆祝会，舰队官兵大半上岸，斯达尔克亦因在陆上官邸开跳舞会，招待海军之主要军官。其陆军军官，亦集于某军医夫人之处，至夜半炮声起于港外，群以为军舰"维多历山"演习夜间射击，不以为意。已而炮声再起，甚为激烈，并闻警戒之号音，始知为日本驱逐舰之袭击，众皆惊愕，各争先趋归。军队急行防守警戒线，然仓促之间，有离队伍者，有忘携弹药者，甚至有二三炮台并未备有炮弹火药，若此时日本竟派陆战队上陆，吾不知何以御之。

从这段行文来看，它取材于"俄国某将校纪事"，所述之具体场景和反映，不像凭空编造或故意虚构。特别是当"炮声再起，甚为激烈，并闻警戒之号音"之后，"众皆惊愕，各争先趋归"比较合乎情理，且所阐述的细节，如"其陆军军官，亦集于某军医夫人之处"，也令人可信。将校坦言"若此时日本竟派陆战队上陆，吾不知何以御之"一语，颇合乎人物的心理。

关于战后普遍传说的，日本舰队进攻前夕，大部分俄国海军官兵在岸上问题，其中包括《红楼》这样的著作中也有类似的记载。西·阿瓦林所著的《帝国主义在满洲》一书中，引《红楼》中"普兰松日记"，有如下一段话：

虽然舰队已进入碇泊场并处于戒备状态，但司令官海军大将(按：应为中将)斯达尔克本人都在岸上过妻子命名日。

---

① 科学出版社，莫斯科 1977年。

研究甲午战争和日俄战争多年的著名历史学家田久川、董志正、关捷,由他们三人主编的《日俄战争史略》①第36页写道:

> 这一天,驻旅顺的俄国军官们正在旅顺港西北的将校俱乐部跳舞狂欢,庆贺太平洋分舰队司令斯达尔克的夫人的命名纪念日。

另一本由中国社会科学院历史研究所编辑部编的"历史爱好者丛书"之一、于沛著的《远东大厮杀》,第42页写道:

> 2月8日是俄国太平洋舰队司令斯达尔克将军夫人的命名日。海军军官上岸出席盛大的晚宴和舞会,舰上只留有少数值更人员,对日趋紧张的日俄关系几乎没有什么戒备。

对以上史料的认识,笔者认为:首先,应看到日本出版的《日俄海战史》中的引证似有根据。"俄国某将校之记事"被日军获取合乎情理,因为俄国战败后,很多将校都作了日军的俘虏;"将校"记载这件事也合乎其身份,因为他不是下层普通士兵,不知内幕,只是不能对舰队司令等人的具体活动很准确的掌握;陆军军官"在某军医夫人之处跳舞"这一细节非当事人不能道出;无独有偶,《红楼》中的"普兰松日记"中也有类似记载。更重要的一点是,日军是胜利者,他们不必要编造俄军麻痹大意的某些情节来衬托和抬高自己,如果俄军严阵以待,但仍被日军偷袭成功,更显得日军有战斗力。

对沙俄军队将帅军官的素质,列宁在战争期间就曾写道:"将军们和统帅们原来都是些庸碌无能之辈。军官们都是些不学无术、不熟练、缺乏训练的人,他们和士兵没有密切联系,而且也不为士兵所信任。"俄军高层的麻木、松懈等,是客观事实。2月8日白天,一艘英国客轮把日驻旅顺领事和日侨全部撤走,这一明显的战争爆发征兆竟然也没有引起俄军统帅的重视。因此,斯杰潘诺夫的小说开头写俄国将领玩忽职权、刚愎自用、麻痹大意等都有一定事实依据。

由此看来,前苏联科学院和苏联国防部军史研究所合写的,由历史学博士伊·伊·罗斯图诺夫主编的《俄日战争史》,全盘否定斯达尔克夫人命名日开舞会之说,有掩盖丑陋、文过饰非之疑。因此,笔者推断:斯达尔克司令与主要幕僚可能都出海了,在岗位上;远东总督阿列克塞耶夫也没有来旅顺,但玛丽亚命名日的庆祝舞会照开不误也无可非议,一是事前没有战争动员,一派和平

① 东北财经大学出版社,2005年3月第1版。

景象;二是打仗是男人们的事,与玛丽亚基本无关。战争风云已骤起,"妾在深闺那得知"?!更何况"吹皱一池春水,干卿底事"?

在日本舰队偷袭前后,日俄双方是怎样进行战争准备的呢,还是依据前苏联官方机构所编纂的《俄日战争史》(罗斯图诺夫主编)的说法:意识到战争可能在最近爆发,俄国远东总督兼远东总司令阿列克赛耶夫海军上将请求沙皇尼古拉二世在远东宣布战争动员。

1904年1月25日,尼古拉二世批准旅顺和符拉迪沃斯托克要塞转入战争状态,同时建议阿历克赛耶夫准备派军队开往鸭绿江,从朝鲜方面掩护俄军在南满集结。

偷袭的准备工作在日本加速进行。对马岛、直接邻近朝鲜的地区原有16000名后备兵,又开始招募新兵。运输船只在日本西部各个港口集中。军需物资源源不断地运往朝鲜仁川和元山,向那里赶送煤和粮食。舰队从福冈出海进行模拟演习和射击训练,拨出了大量资金作为战争费用,发行了公债。

1904年1月30日,旅顺俄军指挥部已经获悉,日本人在佐世保集中了60艘运兵船。据俄军指挥部计算,这些船只可在两昼夜之内把约6个师的兵力运到朝鲜。

俄国驻日本海军武官鲁辛海军中校报告说,日本国内全部轮船已经停航,大部分私人船只被租用来运送军队。如此坚决的措施绝不会是什么政治示威,而是说明日本真正打算在最近发动战争。

这些情报使阿历克赛耶夫大为不安,他再次奏请尼古拉二世批准在远东开始战争动员,以及允许俄国舰队起航出海。

沙皇回电说:

> 最好是日本人,而不是我们首先开战。因此,如果他们没有对我们采取行动,你们就不应阻止他们在朝鲜南部或包括元山在内的朝鲜东海岸登陆。但是如果他们的舰队在朝鲜西面往北越过38度线,不管他们有没有登陆,允许你们进行进攻,不必等他们先开第一炮。①

由于掌握了日本进行战争准备的确凿证据,远东俄军指挥部不得不采取一系列措施提高陆军和海军的战备水平。例如,考虑到敌人可能偷袭俄国分舰队,舰队同岸上的交通在日落之前就停止了。夜间炮弹上膛,鱼雷发射管装

---

① 引自索罗金《1904~1905年的俄日战争》,1956年莫斯科版,第68页。

雷,关闭舰上的部分灯火,大炮和鱼雷发射管旁边派人值班,以便打退敌人可能发动的袭击。为了把日舰接近的情况通知分舰队,指派两艘值班驱逐舰,每当夜幕降临,它们便起航出海,任务是"监视"旅顺海外二十海里以内海域,还为同样目的派出一艘值班炮舰,不过它只负责观察停泊场前面十海里的区域。

一发现敌人,各舰立即回港报告。此外,还有两艘巡洋舰升火待发,负责用探照灯照亮锚地周围海域,使敌人不能偷偷接近。

日俄战争暴发前的旅顺口

1904年2月1日,太平洋分舰队命令将停泊在外停泊场的巡洋舰与舰队驱逐舰的值班守则付诸实施。尽管采取了一些安全措施,然而却很不彻底,甚至是愚蠢地帮了敌人的忙。例如,从旅顺出港的舰艇"没有特别的命令,武器不必作战斗准备,巡航时要打开识别灯"。[①]

2月7日晨,俄远东总督阿历克赛耶夫收到了关于同日本断交的电报。《新边区报》编辑要求准许发表这份电报,但遭到拒绝,说是"以便不让社会上感到恐慌"[②]。

2月8日,在日本驱逐舰进攻俄国分舰队前几个小时,太平洋分舰队参谋长维特盖夫特海军少将签署并下达了"准备好水雷具和水雷"的命令。

但是,就在急需布设浮栅和障碍网的同一天,太平洋分舰队司令斯达尔克却向总督提议:我看以不用障碍为宜,携带障碍网的

俄国远东总督阿列克赛耶夫

① 《1904～1905年的俄日战争。海军的行动。文献》第1册,1911年圣彼得堡版第1分册,第8页。

② 同上,第11页。

俄国太平洋分舰队司令斯达尔克

仅有6艘装甲舰和4艘巡洋舰，它会在紧急起航的时候耽误分舰队的行动，还可能……导致更加危险的事故——推进器被网缠住。

俄国两位高级将领在战争即将爆发的时刻的言行和举措，真是令人大惑不解。

古罗马有个信条——如果希望和平，必须准备战争。用兵以得民为先，安民乃能御侮。作为俄国远东总督和最高的军事指挥官，已经收到了关于同日本断交的电报，应该赶紧下令备战，并透露消息，进行舆论准备，动员民众，只有这样，才能在战争发生时确保社会不恐慌。

采取某项防御措施，常常是有利有弊的。作为指挥员，应善于审时度势，抓住主要矛盾。而太平洋分舰队司令斯达尔克，竟不考虑敌驱逐舰随时可能发出的袭击会造成严重的损失，只是担心军舰起锚时浪费时间，以及障碍网会缠住螺旋桨，完全是本末倒置，重轻换位，毫无谋略，乱提建议，其指挥低能可见一斑。俄国远东陆、海军的最高军权，竟掌握在这么两个蠢货手里，岂不哀哉！

反过来，让我们来看看日军大本营的有关军事活动和具体部署。

2月3日，日本海军部得到情报："旅顺港的俄国舰队已经出港，去向不明。"于是，首相桂太郎奏请天皇，召开御前会议。

第二天，2月4日清晨，枢密院议长伊藤博文接到天皇陛下紧急召见的御旨。

伊藤匆匆忙忙进宫，被领到了常御殿，那是天皇起居的地方，即使元老也不准进出。这次破例让伊藤进入殿内，他感到异常紧张。

明治天皇身穿双层白领上衣，正襟危坐，看样子他早上未来得及梳洗，因事情紧要，天一亮就召见了伊藤。

伊藤诚惶诚恐，仰视龙颜，只见陛下面容憔悴，似乎一夜未睡。

"关于日俄问题，内阁有一个奏折，说要召开元老、阁僚紧急会议。朕想先听听卿的意见……"天皇说。

伊藤答道："我国如像现在这样置若罔闻，必为俄国欺侮，从而危及我国生存。我想，现在已经到了下决断的时候。只要我忠勇的臣民团结一心，英勇善战,就必然能够开辟一条生存之路。"

明治天皇边听边点头,眉宇间显现出深沉的决心。

这一天,东京已获悉俄国分舰队驻泊在外停泊场。日本统帅部决定不放过这一有利时机。

于是,当天上午,召开了重臣阁僚会议;下午从1时40分开始举行御前会议,一直持续到傍晚。

面对天皇的宝座,右侧是伊藤枢密院议长、大山总参谋长、寺内陆军大臣、曾祢大藏大臣、元老井上馨;左侧是山本海军大臣、小村外相、元老山县有朋和松方正义。桂太郎首相因病没有出席。

伊藤首先发言。他问寺内陆军大臣,与俄国作战有无胜利的把握。寺内十分为难地回答:"说不上有取胜的把握,尽力而为吧。"接着,伊藤向山本海军大臣提出了同样的问题,山本的回答大体相同。

伊藤第三次向曾祢大藏大臣询问军费及其他情况,但没有得到确切的答复。

伊藤接着说,与俄国打仗,谁也没有胜利的把握,但是,既然俄国缺少与日本谈判的诚意,那么,这个谈判不论采取什么手段,都解决不了问题。我让一步,他进一步;再让,他再进,永无止境。长此以往,俄国何时才能答应我方要求?不得已,只好以国运为赌,诉诸武力,才能解决问题。

大家一致赞同伊藤的见解。这时,明治天皇说道:"朕直接电告沙皇,作最后努力,以谋求和平解决。"他拿起笔来亲自起草电文。但据说沙皇后来没有给予答复。显然,明治天皇的举动是象征性的,目的是为了取得政治上的主动。

下午6时不到,天皇终于下定决心,与俄国开战。

御前会议结束后,日本联合舰队总司令东乡平八郎海军中将便接到了攻击俄国舰队和派兵在朝鲜登陆的命令。全国已经宣布战争总动员。

2月6日清晨,东乡平八郎在佐世保基地的旗舰上召开了舰长会议。日本"晓"号驱逐舰舰长在日记中对会议作了这样的描写:

> 将军面前摆着黄海海图和旅顺的特制地图。我们大家围着桌子坐下来,一位参谋发给我们每人一张旅顺锚地和港湾平面图,上面详细标明了俄国太平洋分舰队的停泊地点及每艘舰艇的位置。①

---

① 《"晓"号驱逐舰在旅顺口外》一名日本海军军官的日记摘录,1905年圣彼得堡版,第13页。

在这次会议上,东乡平八郎下达了如下命令:

> 我准备现在就率领全舰队开往黄海,攻击停泊在旅顺和仁川的敌人舰船。我命令,第4战队指挥官瓜生海军少将率自己的战队(加上巡洋舰"浅间"号,以及第9和第14驱逐舰支队)去仁川,在那里进攻并掩护我军在该地区登陆。第1、2、3战队以及驱逐舰直接开往旅顺。驱逐舰夜间袭击敌人外停泊场的舰只,其他舰队拟在翌日向敌人发起攻击。①

2月8日下午,在离俄国舰队的基地仅44海里的地方,东乡的主力舰队驶近圆岛。18时,舰上升起了开始行动的信号旗,东乡把所属的驱逐舰分成两队,第1队共10艘,开往旅顺,第2队8艘,前往大连。舰队主力驶向长山列岛。

东乡亲自兼任舰长的旗舰"三笠"号

日本联合舰队向旅顺方向疾进

2月8日夜,天空晴朗,柔和的西北风轻拂着海面,周围一片漆黑,万籁俱寂。对夜袭来说,这是最理想的天气。此时,旅顺港外锚地跟平时一样停泊着俄国太平洋分舰队的16艘军舰。它们是装甲舰"彼得罗巴甫洛夫斯克"号、"波尔塔瓦"号、"塞瓦斯托波尔"号、"列特维占"号、"胜利"号、"曙光"号、"柴沙列维奇"号;一级巡洋舰"巴扬"号、"帕拉塔"号、"狄安娜"号、"阿斯科尔德"号;二级巡洋舰"诺维克"号、"保雅林"号、"骑士"号;炮舰"莽汉"

---

① 《俄国陆海军史》第15册,1913年莫斯科版,第42页。

号和运输船"安加拉河"号。这些舰船排成 4 列,舰距 2 海里。

舰队驱逐舰"无畏"号和"机敏"号在外海巡逻。炮舰"基利亚克"号正抛着锚,等候炮舰"海狸"号换班。值班巡洋舰"阿斯科尔德"号和"狄安娜"号升火待发,装甲舰"列特维占"号和"帕拉塔"号则用探照灯不断照射着停泊场。

在旗舰"彼得罗甫洛夫斯克"号装甲舰上面,悬挂着分舰队司令斯达尔克海军中将旗,23 时左右,舰队指挥官和舰长们刚刚开完会,讨论了击退敌人进攻的措施。同军官们告别的时候,维特盖夫特海军少将还深信,日本人决不敢攻击俄国的军舰,甚至还说战争根本打不起来。

"结果出现了这种情况",布勃诺夫海军上校在回忆录中写道:

> 一方面采取预防措施,而另一方面又毫无戒备。比方说,舰上所有的木器都运走了,但是却不系防雷网。在"波尔塔瓦"号上面,斯达尔克将军下令撤去防雷网,并警告说:"不要引起惊慌。"

下达这样的命令同分舰队司令官本人的基本观点不无关系,他甚至把会议上通过的在舰船旁边设置防雷网的为时已晚的决定,说成是"不适时和不策略的"。

> 由于不相信舰队面临严重危险,斯达尔克准许军舰在作好防水雷攻击之后"点着前锚灯和航迹灯,在海上巡逻的驱逐舰和炮舰打开识别舷灯",却丝毫未考虑到这样做将会成为日本驱逐舰的良好航标。

罗斯图诺夫主编的《俄日战争史》特别强调指出一点:鉴于形势紧张,俄国分舰队的全体人员都留在了舰上。同时,他也承认:

> 总的来说,分舰队司令部本身的行为,首先是斯达尔克中将和维特盖夫特少将的言行,使全体官兵不得不怀疑加强战备的必要性和发生武装冲突的可能性。总督阿历克赛耶夫接到同日本断交的通知后也是一筹莫展,他甚至没有把这一消息通知分舰队。
>
> 巡逻勤务流于形式。分舰队同要塞岸防部队之间没有建立通讯联络。甚至发现了敌人,巡逻舰艇不是从海上用信号报告,而是要等到返航之后才报告,这样就会失去很多宝贵的时间。

22 时许,值班驱逐舰"无畏"号和"机敏"号在旅顺以东 20 海里处,它们用探照灯向远方扫射,因而暴露了自己的位置。这正好帮了日本第一驱逐舰的忙,使它们得以避免同俄舰遭遇。

对此,日本第一驱逐舰舰队司令浅井正次郎大佐曾在回忆录中谈到,为改变敌我力量的对比,他考虑下手时应首先打敌之主力舰。所以他笑着对舰长说:

别让杂鱼弄花了眼睛,目标是大头鱼和金枪鱼,有鲸就瞄准鲸!

两艘俄值班驱逐舰好像没有发现日舰队似的,与日第一驱逐舰队擦肩而过。

又过了数十分钟,月亮还没有升起,海面仍然黑黢黢的。暗夜中只能看到俄军探照灯光掠过海面,还有在深邃的夜空中闪着寒光的群星。

测出俄国这两艘值班驱逐舰的航向航速之后,日舰加快了速度,赶在“无畏”号和“机敏”号之前,抢先到达了外停泊场。

在扫过海面的灯光里,显现出俄舰队像巨大的幻影似的漂浮在海面上。日本驱逐舰根据灯塔和俄国舰船上的灯光修正航向,逐渐向俄国分舰队靠近。

浅井率第一大队发现目标,并缩小与目标之间的距离后,于9日0时20分下达了开始突击的命令……约10分钟后,日舰相继闯入俄舰停泊的外港锚地。

“好,射击!”浅井司令发出了攻击令,各舰立即从近距离向俄国军舰发射了十六枚鱼雷,其中三枚命中目标。

23时35分,“列特维占”号装甲舰上传来一阵巨响,紧接着,该舰左舷的所有大炮也向日本驱逐舰开火。俄军司令部自相矛盾的命令对一些舰艇上的官兵产生了很大的影响,即使已发现攻击他们的日本驱逐舰,俄国炮手和鱼雷手为了不致弄错,也要等看清向他们射来的鱼雷或是听到了爆炸声,才开火还击。

根据斯达尔克事后向总督报告,就是在他的旗舰上,最初“大多数人都相信爆炸声(第一声)是偶然的,甚

伤痕累累的俄国主力舰“列占维特”号

至以为我方在施放鱼雷,因为这一天驱逐舰上的鱼雷已处于待发状态。直到'柴沙列维奇'号装甲舰发来信号才打消了一切疑团。"①

日本驱逐舰进攻得逞之后很快就撤退了,俄军奉命出击的巡洋舰和驱逐舰试图追击敌人,但在暗夜中没有发现目标。

日本驱逐舰袭击过后查明,"列特维占"号左舷水雷舱被炸开一个洞,三个舱进水。"柴沙列维奇"号受的伤更重,水从尾部的破洞涌入,淹没了住舱甲板、医疗室、鱼雷舱和水雷库,舰体倾斜16度。一枚鱼雷击中了巡洋舰"帕拉塔"号左舷第68至75根"肋骨"之间的地方。炸坏了1门75毫米炮,使炮台甲板和军官住舱起火。"柴沙列维奇"号和"帕拉塔"号被拖回港内,"列特维占"号开到外停泊场的岸边。这三艘军舰长期丧失了战斗力。

偷袭虽然大获成功,但日本人也遭受一定的损失。"晓"号驱逐舰舰长证实:他的军舰受了重伤,而另一艘驱逐舰"开始下沉。我清楚地看到它的上甲板。被摧毁的指挥台和烟囱,水蒸气从烟囱里滚滚而出;显然是锅炉破裂了。'白云'号驱逐舰渐渐下沉,谁也帮不了它的忙。"

日本驱逐舰撤回基地途中也很困难,由于被俄国分舰队的炮火击伤,航速很慢,都在8节以下。

日军的偷袭不只是严重损坏了俄军三只军舰,更重要的意义在于战略上和在整个战局上使俄军尽失先机。偷袭使俄太平洋分舰队处于极为不利的地位,使俄国两艘战列舰丧失了战斗力,俄日能出海作战的战列舰的比例由7:6变为5:6,这使得俄太平洋分舰队几乎没有希望夺得制海权,而且俄军官兵的士气大为受挫。在舰队实力不及日本的情况下,原来就很保守的俄舰队制定了更为消极的作战方案:海军的防御仅限于布设防御性雷障,为保存战列舰,只派巡洋舰和驱逐舰出海。这反映了俄方极为害怕分舰队遭受新的损失。大部分俄舰龟缩在港内,拱手把制海权让给日本,使日军能顺利地完成登陆任务,实现第一步战略目标,而俄控制制海权的计划也就相应落空,俄军整个军事行动陷入被动。

日本海军联合舰队在制订偷袭驻旅顺俄舰队时,选择在2月8日深夜进行,主要考虑这天是下弦月(农历腊月二十三),半夜时月亮没升起,用黑夜作掩护对偷袭是有利的。日本的间谍工作做得很细,熟知俄国将领个人与家庭情况,斯达尔克夫人玛丽亚的命名日要庆贺的,情报也在掌握之中,这是他们

---

① 《1904～1905年的俄日战争。海军的行动。文献》第1册第2分册,第12～13页。

选择偷袭时机的一个重要因素。

关于这次偷袭,事后日本人自己是如何评价的呢?

日本户川幸夫著的《"Z"字旗——决战对马》中说:

日本驱逐舰实施奇袭,瞬间击毁俄国3艘主力舰,这对俄国太平洋舰队不啻是沉重的一击。

这天晚上,旅顺"亚利亚妇女会"在街上举办舞会,半数军官应邀赴会。士兵允许提前上床就寝,临近开战,大口径火炮还未装填,可见麻痹懈怠之极。这与太平洋战争初期日军奇袭夏威夷珍珠港的情景有相同之处。

据最近的调查证明,不同之处在于,日本偷袭珍珠港,以美国总统为首的华盛顿统帅部事先已经获悉。但为了统一美国国民的舆论,为了向全世界表明不是美国主动进攻,它设下了圈套。日本竟中了对方的诡计。日俄战争中奇袭旅顺口,在形式上与奇袭珍珠港很相似,但这完全是俄方骄横狂妄造成的,因此与奇袭珍珠港又不尽相同。①

五十一、东乡发出"天助成功"的出击令

日本联合舰队司令东乡平八郎

东乡平八郎(1848—1934),日本海军萨摩派军阀,明治时代海军将领、元帅,日本海军的偶像,与陆军的乃木希典并称日本军国主义的"军神"。实际上他是一个凶恶的打手,日本天皇的得力鹰犬,对中国人民犯下了滔天罪行。

他生于日本鹿儿岛市加治屋町。幼名仲五郎,14岁春天"着元服"时改名为平八郎实良。其父亲东乡吉左卫门,精通文武,谙熟海外各国风情,经常告诫他要"励精忠诚",必须从事海军事业。这对东乡平八郎以后投身海军起了决定性的作用。

东乡于1863年从军萨摩藩,参加萨英战

---

① 顾龙保译,海潮出版社,1990年7月第1版。

争(对英国的战争)。1866年(庆应二年)参加日本海军。1871年(明治四年)开始在英国留学,学习自然科学、西洋史、接受海军教育;后又奉命在英国船厂督造军舰。在英国留学期间,东乡颇为仰慕曾在特拉法尔加海战中大败法西联合舰队的霍雷肖·纳尔逊将军,对决战前纳尔逊打出的海军旗语:"英伦企盼着人人都恪尽其责!"十分赞赏,后来他在对俄海军的决战中打出著名的战斗旗帜(Z字旗),便是学习纳尔逊的做法。

东乡从英国回到日本后,先后担任了多艘军舰的舰长职务。1881年晋升为海军少佐。1884年任"天城"舰舰长时,曾到上海、广州,尤其巡航了台湾基隆等地。次年晋升为海军中佐,担任新造舰"大和"号舰长,紧接着又破例晋升为海军大佐;后一度调任为吴镇守府(按:第二海军区)的参谋长,以培养指挥相当规模海军兵力的综合能力。1891年担任"浪速"号巡洋舰舰长。

在北洋海军访日期间,许多人对清国两艘铁甲舰视若虎豹,而他对"定远"、"镇远"两舰经过认真观察后,得出了"清国舰队不足惧"的结论。

为对中国作战,1894年6月5日,日本组建战时最高统帅部——大本营。7月10日,为统一海军指挥权,日军大本营取消了按驻防区域划分舰队的体制,将全国海军分编成常备和警备两支舰队;接着,又将海军兵力分编成联合舰队和西海舰队。联合舰队又分编为两个分队,即由四艘日本海军最精良的巡洋舰组成第一游击队,其余舰只编为本队。东乡平八郎指挥的"浪速"号巡洋舰,被编入联合舰队的第一游击队。17日,日军大本营召开御前会议,决定发动侵华战争。23日,日本海军联合舰队奉命开赴朝鲜半岛西海岸,要寻机挑起侵略战争。25日晨6时30分,正在朝鲜半岛西岸南部海域搜索航行的日本军舰,与中国海军北洋舰队的"济远"号和"广乙"号两艘巡洋舰遭遇。7时52分,在双方军舰相距约三千米时,日本军舰不宣而战,突然开炮攻击"济远"舰;中国军舰被迫还击。在日强中弱的形势下,"济远"号和"广乙"号两艘军舰的官兵们临危不惧,沉着应战。不久,排水量仅1030吨的"广乙"舰即受重伤,舰体倾斜,被迫撤往岸边搁浅后纵火自焚;"济远"舰更是寡不敌众,向西败退,日舰"吉野"号尾追不舍。9时许,正当"济远"舰向西急退时,中国政府雇用的向朝鲜运送陆军的英国商船"高升"号驶到交战海域。

9时30分,东乡平八郎指挥的"浪速"号巡洋舰逼近载有1100多名清军的"高升"号,用旗语发布勒令该船"下锚停驶"的信号,并施放两响空炮警告,"高升"号商船被迫停驶。紧接着,东乡平八郎舰长派海军大尉人见善五郎登船检查。人见善五郎在检查后向舰长东乡平八郎报告:"该商船系清国所雇,船中载有清兵1100多名和武器,本月23日离开大沽,正要驶往牙山。"东乡平八郎立即下令要将"高升"号及其所载之清兵,全部俘获带回日本。"高升"号上的清军官兵们愤怒不已,表示决不服从日舰的命令。英国船长高惠悌在无奈之下,只得请日舰再派人来谈判,并对日方代表说:"华人拒绝高升船当作俘虏,坚持退回大沽口。考虑到我们出发时尚在和平时期,即使已宣战,这也是一个公平合理的要求。"东乡平八郎获悉"高升"号提出的要求后,不顾国际法和人道主义,决心采取武力行动,他下令发信号通知"高升"号上的欧洲人立即乘小艇离船。但中国士兵已控制住"高升"号上的全部救生艇;英国船长只得回信号表示:"我们无法离船。"东乡平八郎随即下令在"浪速"号的桅杆上升起表示危险的红色信号旗帜,并驾舰驶至距"高升"号约150米处,一面发射鱼雷,一面用"浪速"舰右舷的6门大炮猛烈齐射。鱼雷击中"高升"号的煤舱,炮弹击中"高升"号的锅炉。在极其险恶的情形下,"高升"号上的清军官兵们临危不惧,视死如归,纷纷用手中的步枪向日舰射击。13时30分,"高升"号商船沉没,清军官兵纷纷落入海中。东乡平八郎竟然命令小艇,向落入海中的已丧失抵抗能力的清军官兵进行残忍的射杀。在日本海军血腥的屠杀下,"高升"号上的700多名清军官兵英勇殉难。

1894年9月17日,"浪速"号巡洋舰随日本海军联合舰队主力作战编队,在黄海北部大鹿岛西南海域与北洋舰队遭遇,双方进行了一场世界近代海战史上非常著名的黄海大海战。在这场历时达5个小时共有20余艘军舰卷入的海上大激战中,东乡平八郎指挥"浪速"舰随第一游击队作高速而灵巧的机动,使北洋舰队遭受重创。

1895年初,日本海陆军共同对山东半岛发起强大攻势。东乡平八郎指挥"浪速"舰参加了此次战役的全部作战行动。经过20多天的进攻,北洋舰队被歼灭于威海卫军港。4月,东乡平八郎被晋升为海军少将。5月,东乡平八郎出任日本海军南方舰队司令官,率舰队护运陆军近卫师团入侵台湾。日本侵略澎湖时,指挥第一游击队以火力支援步兵登陆。又曾代理联合舰队司令,镇压中国台湾人民。1898年,东乡平八郎晋升为海军中将。1900年,担任日本海军常备舰队总司令,参与策划并率舰队参加了八国联军的侵华战争。1904年日俄战争爆发后,天皇把他擢升为日本联合舰队司令长官,并晋升为海军大将。他为报答天皇"浩恩",甘愿肝脑涂地为他充当急先锋。

东乡和同乡西乡隆盛一样,都深受中国明代王阳明学说的影响。据姚业鑫著《名邑余姚》所载,东乡随身携带的一颗印章上刻着"一生低首拜阳明"七个字。

东乡还相信天助神佑。天助正义,神感至诚——此乃东乡之信条。这是自相矛盾的。干的都是极端不"义"的恶行,却祈求"天助正义"。不过,他倒不完全是想乞求神灵保佑,而是对"至诚必通天"这一点坚信不疑,在他家的客厅里悬挂着自己作的一首和歌:

> 不怕人愚笨
>
> 唯有耿耿赴国运
>
> 献上赤诚心
>
> 天地神祇为明鉴
>
> 成功之日再定论

这首真实地写照了他自己心境的诗,很快在日本海军将士中流传开来。无论是参加夜袭的还是没有参加夜袭的,都对东乡"天佑自奋者"的训词坚信不疑。

······

自从8日晚东乡命令驱逐舰前去偷袭俄国舰队后,又亲率第一、第二、第三战队从圆岛附近出发,前去旅顺。天明时,已接近旅顺。为了进一步掌握被袭击后的旅顺俄舰情况,东乡又命令出羽重远率领第3战队到旅顺港外去侦察敌情,如逢优势之敌,便把它引诱到本队来。接着又率领第一、第二战队加速前进。9日午前9时45分,第三战队返回,出羽重远发来电报:

"敌舰的大部分在港外,我们接近7000米时,它们也没有开炮,敌人的数只驱逐舰好像遭受水雷袭击,生火的不过5只,处于意志消沉状态,如果现在攻击,效果会很好。"

得到这个极为重要的情报,东乡十分满意和高兴,他立刻把第1战队的"三笠"、"朝日"、"富士"、"八岛"、"敷岛"、"初濑",第二战队的"出云"、"吾妻"、"八云"、"常磐"、"磐手",第三战队的"千岁"、"高砂"、"笠置"、"吉野"组成单纵队,加速向旅顺驶去。

2月9日清晨,俄国舰队司令部判断,日本海军用夜袭削弱俄国舰队之后,东乡肯定会率领主力舰队前来挑战,以扩大战果。于是,命令5艘战列舰和5艘巡洋舰在旅顺港外停泊场升火待发,准备同日舰战斗。

上午8时许,日本第三战队前来侦察,并想把俄国舰队诱出去,离开岸炮掩护区。但是，日军的这种企图被俄国人识破，斯达尔克仅派出"包雅林"号巡洋舰监视日舰，如发现日本联合舰认，便迅速返航。日舰"三笠"向"包雅林"号的舰尾发炮3次，都落在海中。10时35分，"包雅林"号返回停泊场，桅樯上高悬大批敌舰接近的信号。

东乡为了鼓舞士气，在午前11时25分，命令在旗舰"三笠"樯上高悬信号旗的旗语是：

决定胜负在此一战，各员要努力！①

他率领舰队渐渐接近俄国太平洋分舰队。

旅顺港外的海面上，舰队过处，波开浪裂，白练千丈；两国战舰，剑拔弩张，杀气腾腾。东乡站立在舰桥上用望远镜观察俄舰以后，在距离俄舰8500米的时候，命令改变航向，由东向西在俄舰队的前面通过。俄国太平洋舰队也不示弱，出海迎战，舰队的两翼各有两艘巡洋舰担任掩护。

这时，"三笠"舰前部的12英寸大炮（305毫米口径）射出一枚试发弹，俄国舰队及岸上炮台立刻互相呼应，一齐开炮还击。霎时间，无数巨弹一齐射向"三笠"舰，"三笠"舰周围立刻水柱如林。当双方舰距缩短到7500米的时候，东乡下令全面开始炮击，"三笠"舰的右舷炮火全部射向俄舰，第一战队各舰也向目标炮击。第二、第三战队也逐次转向，猛击俄舰。此时，海面上硝烟滚滚，巨炮轰鸣，爆炸之声惊天动地。

战火燃烧着海面，轰击声使空气都为之颤抖；无数冲天水柱，遮天蔽日，硝烟使人们的视线模糊了。

"三笠"号发射的12英时炮弹，击中俄国"帕派达"号腹部，该舰立即起火燃烧，拖着长长的黑烟，逃往港内。

由于俄舰队向东射击，迎着太阳操炮，加之地平线上烟雾弥漫，所处阵位不利，然而俄国炮手还是打得很准。

激烈的炮战持续了约10分钟左右，由于停泊场窄小，俄国舰队左转8度，变成单纵阵继续战斗，有好几艘俄舰很快起火，黑烟漫空，日光为之黯淡。

俄国舰队中也不是全是胆小鬼，埃斯森舰长指挥的巡洋舰"诺维克"号突然离开阵列，冲向日舰，竟敢单枪匹马与日舰队鏖战。它距离日舰较近，射击的命中率很高，在岸上的炮台配合下，使日舰受到相当损失。东乡的旗舰"三

---

① ［日］小笠原长生著：《圣将东乡全传》，第216页。

笠"号连中 3 枚巨弹,其中有一弹在大樯附近爆炸,飞起的弹片使舰上的 7 名幕僚受了伤,墙上的军旗被击落;3 号舰"富士"舰中弹 2 枚,炮长以下伤亡 12 人;5 号舰"敷岛"号中弹 1 枚,航海长以下 17 人负伤;殿舰"初濑"号中弹 2 枚,航海长以下伤亡 16 人。①

第二战队的三号舰"八云"号,迎战"诺维克"号,两舰展开了激烈的炮战。"八云"号一发炮弹击中"诺维克"号机舱,并在舱内爆炸,给"诺维克"号以重创;"诺维克"号也毫不畏缩,拼死还击。面对此情此景,第二舰队司令上村感叹地说:"不要忘记俄国还有这样的指挥官……"

日旗舰"三笠"号被击破的大烟囱

"八云"号的炮火,终于压制住了"诺维克"号。被打得遍体鳞伤的"诺维克"号,意识到这样孤军奋战难免覆没,因此边施放鱼雷边逃走了。

日本海军将领评价:这是在这次海战中,俄国舰队唯一的惊人之举。

日俄两国舰队首次炮战结果,双方损失相当。到中午 12 时 20 分,日本第一战队已在俄舰面前全部通过。东乡看到这样打下去,日舰很难取胜,便命令第一战队向南转向,撤出战斗。

12 时 26 分,上村彦之丞命令第二战队转向,跟随第一战队向南方驶去。俄太平洋分舰队及岸上炮台乘机向日舰猛烈炮击,使第二战队的 2 号舰"吾妻"号中弹 1 枚,军舰破损;3 号舰"八云"号也中弹 1 枚,1 人负伤;5 号舰"磐手"号中弹 2 枚,炮长以下 10 人负伤。

紧跟第二战队之后的第三战队,猛烈轰击俄巡洋舰"阿斯科尔德"号,因急于想击沉俄舰,而靠炮台太近,从炮台上射来的两发炮弹,击中了三号舰"笠置"号。

---

① 参见[日]小笠原长生著:《圣将东乡全传》,第 217 页。

这时候，俄巡洋舰"阿斯科尔德"号又勇敢地向日舰扑来，被日舰"千岁"号、"高砂"号击退。俄舰队和岸上的炮火射击更加猛烈。东乡看到这种情形，回头看了一下岛村参谋长，说："敌舰队龟缩在炮台有效射程内，企图诱使我们靠近炮台。与炮台作战不是上策，应立即命令第三战队撤退。"

接着东乡传令："第三战队驶出弹着距离以外。"于是，第三战队在 12 时 37 分返航。

这时已交战 50 分钟。

日本舰队全部退却后，随着距离增大，俄国分舰队停止射击，于 14 时左右返回旅顺外停泊场。可悲的是经过这次战斗，俄国太平洋分舰队放弃了在海上积极的作战行动，把舰队调进旅顺港内。

东乡率领第一战队向南航行的时候，他又对岛村速雄参谋长说：

"由于敌舰在炮台的掩护下蠢动，不敢出海，势必形成我与敌人炮台交战，这显然对我不利。此次的挑战宁可到此为止，莫如再图良策。"

这一决定，表明东乡的战略眼光。这次战斗原是想进一步扩大战果，可是，经过实际战斗，并没有收到预期效果，如果僵持下去，会白白造成损失和浪费时间，形成旷日持久的对峙局面，难以完成打败俄国海军的任务。同时表明，一个新的念头、新的战术已经在他的脑海里形成。

日俄舰队初次交锋是在 8500 米～4500 米的距离上进行的。有的俄国军舰靠近到离敌人 3000 米～3500 米的地方。例如，如上所述，"诺维克"号巡洋舰舰长埃森试图利用有利时机单独去攻击敌舰，但是没有得到友邻的支援，在遭到敌舰集中炮击后只得返回。

据斯达尔克将军向总督报告，装甲舰"彼得罗巴甫洛夫斯克"号、巡洋舰"巴扬"号和"诺维克"号的全体官兵在这次战斗中表现最为突出。

在这次战斗中，日俄两国舰队都有较大伤亡。俄国舰队虽然有 29 发炮弹落到日本军舰上，但是它们所受到的破坏比俄舰要轻。

日本的官方刊物曾袒露了东乡当时的忧虑："担心遭到俄国驱逐舰的攻击，命令第一、二战队高速向南撤退……，第三战队以最大的速度驶向仁川。"

战争的第一天，暴露了远东俄军指挥部的严重失算。对战争没有做好充分的准备、舰队缺乏明确指挥、分舰队司令部疏忽大意、斯达尔克将军优柔寡断和消极防御等等弱点导致俄太平洋分舰队的战斗力严重削弱。

旅顺近海交战之后，东乡惦念着朝鲜仁川的战况，等到第一、第二、第三战队会合后,决定向仁川港航行。2月10日午前10时20分,接到前往仁川担任歼灭俄舰任务的第二舰队司令官瓜生外吉拍来的电报:"仁川之敌舰两艘全被歼灭,我军获得大胜,无一损害!"午后2时,东乡率队在仁川附近抛锚,会合第四战队和"浅间"、"千代田"、"龙田"等舰,以及第九、第十四艇队和运输船队,牢牢控制了朝鲜的制海权,使日本军队能够毫无阻碍地在朝鲜登陆。

日本主力舰队在第一次袭击旅顺口的战斗中,炮弹命中率很低,约为2.4%,因而受到了国内舆论批评。在仁川海面战斗中,日舰炮击只命中14发。尽管如此,比俄舰还强一点,在某段时间内,俄舰接连发射炮弹共1350发,竟无一命中。

罗斯图诺夫主编的《俄日战争史》认为:"同时,日本统帅部也过高估计了偷袭和紧接着的炮战的意义。尽管条件非常有利,俄国军舰停泊在毫无遮蔽、防护薄弱的外停泊场,日本舰队还是没有取得决定性的胜利,虽然日本报刊吹得天花乱坠。"

"例如,横滨一家报纸对战争第一天作了这样的描述:'日本舰队……使3艘俄国军舰丧失了战斗力。2月9日中午,日本军舰再次向在海岸炮台保护下的俄国舰队发起攻击,又有3艘俄舰遭到重创。就在当天下午,日本巡洋舰在仁川附近又消灭了2艘俄国军舰。15小时之内一连三次告捷'。"

然而,俄国分舰队并没有一败涂地。它的削弱迫使总督和舰队司令部研究出一个总方案,以便在新的条件下完成迎战任务。

2月12日,俄国方面在总督阿历克赛耶夫海军上将召集的会议上,讨论了有关保卫大连港的必要性、旅顺港出入口的防御、分舰队下一步的行动、加速修理受伤的舰只等方面的问题。

会议作出的决定简要归纳为:大连的防御仅限于布设防御性雷障;保存装甲舰,只派巡洋舰和驱逐舰出海。一言以蔽之,会议所作决定反映出了俄海军指挥部害怕分舰队再遭受新的损失而产生的犹豫不决的心理。

日本海军司令部同样在摸索同俄国分舰队作战的最有效的方法。俄国分舰队仍然是为登陆部队运送给养的日本运输船的严重威胁。据斯达尔克中将报告,军港封锁舰艇达17艘之多。此外,很多俄国军舰停在港内,舰队装甲舰和巡洋舰只有在涨潮的时候才能通过港湾的唯一出口,这一点使东乡将军产生了一个新的念头。

由于日本联合舰队在旅顺和仁川都获得胜利,2月12日,日本明治天皇

睦仁表扬了联合舰队,赐给东乡平八郎的敕语说:

> 闻联合舰队完成陆军在朝鲜登陆任务,扫平其西岸敌舰;攻击旅顺,破其军舰数只,气势大振,朕深为赞许,望将士益加奋勉。

日俄战争的序幕揭开。中朝两国人民从此将遭受更加深重的苦难。

五十二、清政府宣布"中立",划出地盘让两国开仗

日本联合舰队在1904年(光绪三十年)2月8日,偷袭旅顺俄国太平洋分舰队,2月9日又歼灭驻朝鲜仁川之俄舰,以先发制人的手段挑起战端后,2月10日,明治天皇睦仁正式下诏对俄宣战。

日本明治天皇睦仁正式下诏对俄宣战

俄国沙皇尼古拉二世也于同一天下诏对日本宣战。

日本天皇睦仁的宣战诏书中,大谈此次战争"不损害各国之权利利益",是为了"维持和平于恒久",这完全是骗人的鬼话。关于这场肮脏战争的目的,从日本高级官员的言论中可略见端倪,如日本农商务大臣清浦奎吾在宣战后的第二天,曾喜形于色地说:

> 此次开战并非单纯出于政事之需要,对清、韩两国大力发展我工商业,亦系此举之主要目的。

6月,他向京滨的实业家发表演说时说得更加露骨,他说:

> 若此次获胜,显而易见,我国之利益圈将越发扩张至清、韩之地。

这些话不加掩饰地道出了这场战争的帝国主义性质,日本的所谓"利益圈",纯属"殖民地"的代名词。

沙俄为了在远东地区争夺霸权,"极端反动的沙皇黩武军人和封建贵族集团也主张与日本尽速一战"。它们趾高气扬地坚信"我们无疑将是胜利者",并毫不隐讳这是一场以武力"攫取满洲"的战争。

日俄战争是在我国东北境内进行的,前怕狼后怕熊的清政府陷于进退维谷的境地。直隶总督袁世凯早在日俄谈判陷入僵局时就主张:

"附俄则日以海军优势扰我东南,附日则俄分陆军扰我西北。不但中国至危,且牵动全球。日俄果决裂,我当守局外。"

日俄战争正式爆发后,袁又催促清政府宣布"中立","以定人心"。此时各国也先后宣布"中立",英、美、德等国也发出通牒,"认为中国中立为必要,并声明战地应划定界限,不得侵入中国疆土。"这样,中国清政府亦于1904年2月12日宣布"中立",上谕内容如下:

现在日俄两国失和用兵,朝廷轸念彼此均系友邦,应按局外中立之例办理。著各直省将军督抚,通饬所属文武,并晓谕军民人等一体钦遵,以固邦交,而重大局,勿得疏误。将此通谕知之,钦此。

清政府的另一份上谕说:

"现在日俄两国失和,非与中国开衅,京外各处地方均应照常安堵。本日业经明降谕旨,按照局外中立之例办理。所有各直省及沿边各地

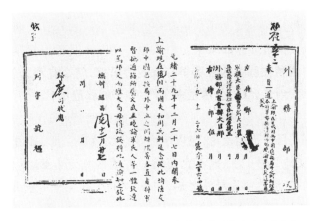

清政府发布"局外中立"上谕

方,著该将军督抚等加意严防,慎固封守。凡通商口岸及各国人民财产教堂一体认真保护,随时防范。倘有匪徒造谣滋事,即著迅速查拿,从严治罪。京师地面重要,着步军统领衙门、工巡总局、顺天府、五城御史严密巡查,切实弹压,俾铺户居民各安生业。所有各国使馆教堂尤应加意保护。倘有不肖匪徒妄造谣言,借端滋扰,即行缉拿审讯。轻者按律惩处,重者立即正法,以示儆戒。京外各该衙门皆有地方之责,务当严申禁令,消患未萌,毋得稍涉疏懈;用副辑和中外绥靖闾阎之意,钦此。"①

中国外务部的通电说:

"日俄失和,业经钦奉谕旨,按照局外中立之例办理。本部业已照会

---

① 王芸生编著:《六十年来中国与日本》第4卷,第178～179页。

各国公使,声明东三省系中国疆土,盛京、兴京为陵寝宫殿所在,责成该将军等敬谨守护。该三省城池衙署、民命财产,两国均不得损伤。原有之中国兵队,彼此各不相犯。辽河以西俄已退兵之地,由北洋大臣派兵驻扎。各省及沿边内外蒙古均按照局外中立之例办理,两国兵队勿稍侵越。倘阑入界内,中国自当拦阻,不得视为失和。惟满洲地方尚有外国驻扎兵队未经退出之地面,中国力有未逮,恐难实行局外中立之例。东三省疆土权利,两国无论胜负,仍归中国自主,两国均不得占据。"①

清朝政府发布中立上谕后遇到的最大难题是战争区域问题。因为除了吉林和黑龙江两省全被沙俄占领外,奉天省的绝大部分也已被俄军占领,东北三省究竟何处是战争区域?何处是中立之地?经奉天交涉局花费很大气力,才议定出一个《两国战地及中立地条章》,划定日俄两国在奉天省的战争区域以后,报请外务部核准。对于这一切,日俄两国根本不屑一顾,他们两家早就"成竹在胸",想在哪里打就在哪里打,怎么有利就怎么打,清朝政府的声明也好,划地也好,全然是多余的,等于一张废纸!

关于中国对东北三省的主权问题,沙俄宣称:"至东省疆土不得占据一节,目下不能谈论,应以事后承前议续商。俄、日用兵,华守局外为一事,东省交地是另一事,故不允商议。"在战区划定方面,沙俄公然反对中国政府宣布的辽河以西为局外之地,叫嚷:"东三省及蒙古东北隅铁路所经,为运兵用兵要地,势难认为局外。"②

中国是一个拥有四亿人口的世界大国,清政府竟屈服于帝国主义的压力,同意日俄为争夺中国领土而引起的战争在中国境内打,置国家与人民生命财产而不顾,这是中国的奇耻大辱。世界的历史表明:弱国无外交。清朝皇帝发布上谕也好,外务部发出通电、议定战地章程也好,究竟能起什么作用呢?日俄帝国主义表面上承认中国的中立,实际上他们都以殖民地统治者的面目出现,根本不尊重中国的"中立声明"中指出的"东三省系中国的领土,⋯⋯该三省城池衙署、民命财产,两国均不得损伤,原有之中国兵队,彼此各不相犯"这些条文。在他们占领的地区,强迫中国的官员为它们服务,稍不如意,就实行拘禁和杀害,并且随意收缴中国军队的武器。一句话,当时的日俄两国皆是背信弃义、无恶不作的魔鬼。

---

① 同上。
② 《清季外交史料》卷182,第3页。

1904 年春,库罗巴特金来远东统率俄军之前,曾对我驻俄公使说:

> 我此去驻军,倘中国官民有犯我军政者,在民即杀无赦,在官则十分钟内必加禁锢。

这个后来对日军作战屡战屡败之庸帅,他的气焰是何等嚣张,当时的中国是多么屈辱和悲惨!

沙俄的军事当局公然要挟盛京将军增祺宣布东北不是中立之地,并要遵守下列各条:

> 一、地方政府应守俄国训令;
> 二、俄国有黜陟中国地方官之权;
> 三、捐税等项须缴于俄国政府;
> 四、所留中国军队应受俄国调度。

日俄战争刚一开始,沙俄远东总督阿历克赛耶夫就贴出告示:

> 勒令华民承办军务差使,如不从命,即派兵剿杀。

紧接着,沙俄的军需局官员就逼迫增祺为其预备运输车 500 辆,作为运送俄军之用。沙俄一方面反对中国派兵进驻辽西,另

俄国满洲军总司令库罗巴特金

一方面,竟要求增祺派兵保护中东铁路,真是蛮横无耻到了极点。

沙俄军事当局对待各州、县的中国官员,简直视同奴隶,随意拘禁和撤换,完全剥夺了他们的职权,严重侵犯中国的主权。5 月 24 日,俄军逼令海城县王县令为其代办军粮,王县令不从,俄军把他拘禁送到辽阳。6 月 8 日,日军进攻岫岩县的时候,俄军诬蔑岫岩殷县令暗助日军,也把他拘禁于辽阳。怀德县的荣县令也因为不答应俄军的无理要求,被俄军押到哈尔滨。类似事件时常发生,不一而足。

更有甚者,贪婪成性的沙俄,占据营口之后,强行剥夺了中国营口海关官员的职权,由俄国华俄银行征收海关税。新民地的电报局也被俄军所监视。3 月 30 日,俄军擅将奉天城外围八关门的守门华兵全部赶走,内城八门和外围八门全归俄军把守,对出入城的大小车辆客商货物,都进行搜查,奉天城完全

置于它的控制之下①。更令人气愤的是,在日军渡鸭绿江的前夕,边城安东(今丹东)的中国巡捕各营的枪械,全被俄军收缴,并勒令中国官兵撤走。

"中立"方,顾名思义,是不偏不倚,不协助、参与交战双方,在《两国战地及中立地条章》中明文规定:"粮作柴草一切日用之物,须该国军队自行筹备携带,以符我守局外之例。"俄国政府拒绝遵守,诡辩说:"中国既守局外,则官家固不应接济战国物资,而商人不在此例。"因此,俄军"趋向民间购买粮食,稍不应允,即行强取。"②随着战争发展,俄军甚至公开抢劫。1904 年 4 月 11 日,俄军在新民府八角台一带"搜寻大麦 20 石,强买白面 3000 斤,勒买回民耕牛 6 头,在桑林一带抢掠耕牛 40 头"③。

在践踏中国主权方面,日本更有过之而无不及。日本侵略军一踏上中国大地,满洲军总司令官大山岩以日本陆军的名义发布告不,迫令中国人民:

> 尔等各宜奋力效劳,倘或暗助俄人,妨害我军;或作奸细等事,一经查出,立即严办,决不稍贷。

日军在其占领地区,公然随意杀害中国官员。日俄两国在我国的土地上开仗,地方官员总得了解情况,这本是天经地义的。1904 年 9 月 24 日,盛京将军增祺派部下一名前往沙河堡,侦察两军举动,这位官员刚到达沙河堡,就被日本哨兵抓获。日军不问青红皂白,对其进行严刑拷打之后,竟"立即处以军律"。在东北地区的中国官员根本不能履行其职责,只能听从两国侵略者的指挥,充当他们的奴仆。奉天委员马文卿县令,"到新民县查账,抚事该处商民",蛮横的日军竟诬其为"俄国间谍",将其杀害。

日军自从 1905 年 3 月占领新民县以后,便设兵防守,"并将府署改为军政署,颇有久占之意。"为此,沙俄政府照会中国政府,指责日本违犯中立,让中国迫令日本撤兵。中国外务部照会日本,日本政府复文时却振振有词地说:"因俄国前据此地以抗我国,今日同为交战国,则其认此地为交战地域,并无不合,绝不见有可容抗议之余地。"拒不撤兵。

至于日俄两军在中立区强购和掠夺食品,招募汉奸土匪充当别动队等,更是为所欲为,毫无约束。

此类事情举不胜举,被冤杀的中国官员达数十人之多。中国官员与老百

① 参见《东方杂志》1904 年第 3 期,第 164 页。
② 《东方杂志》,1904 年第 2 期,第 112 页。
③ 李鸿文、张本政等:《东北大事记》上卷,吉林文史出版社 1987 年版,第 312 页。

姓一样,被视若草芥,如同奴隶,可以妄加罪名,随意杀害,这充分表明了俄日两国政府和领兵者极端蔑视中国。作为中立国的中国,徒有"中立"之名,毫无"主权"可言。清朝政府由于积贫积弱昏庸腐败,在地方官员一份又一份汇报这类情况的奏折面前,竟然噤若寒蝉,不敢吭一声,听任两个凶恶的强盗在我们的国家胡作非为。

在整个日俄战争期间,中国的所谓"中立"完全是有名无实。日俄两个帝国主义国家都不把中国当作独立国家看待,根本不尊重中国主权,都想把我国的东北,变成自己直接统治的殖民地。

"四万万人齐落泪,天涯何处是神州。"四万万人的中国变成了一场于己无关的战争的战场,任由两个交战国肆意蹂躏践踏,掠夺,清政府居然还胆战心惊地求取"中立",这本身就是自欺欺人的天方夜谭!这样的战争,中国这样的处境,在世界的历史上也是绝无仅有的。

五十三、东乡平八郎曾精心研究过俄国对手

战争是两军的铁血较量,更是两军将帅的斗智斗勇,其谋略和其他素质常在战争胜负上起到决定性的作用。我国古代兵书在这方面有许多精辟的论述。《孙子·作战篇》中说:"故知兵之将,生民之司命,国家安危之主也。"《六韬·龙韬》指出:"得贤将者,兵强国昌。不得贤将者,兵弱国亡。"故"存亡之道,命在于将"。

俄国沙皇任命的将帅多是"门第"显赫但却是庸碌无能之辈。相反,日本统帅部是以非凡的睿智眼光"先于择将"。东乡平八郎为何在日俄开战前夕被赋予重任,从而在日俄海战中立下显赫战功、被本国誉为"圣将"、封以"军神"呢?

如前所述,东乡平八郎,这个甲午战争中的海军大佐,任"浪速"号舰长时不顾国际法准则,悍然下令击沉清廷雇的挂着英国国旗的运兵船"高升"号。正因为他有残忍、蛮横和敢于冒险等本性,在明治二十九年(1896年)3月,被破格任命为海军大学校长。海军大学是培养骨干力量——海军军官的最高学府,所以这里的校长也是将官中出类拔萃的人物。这次任职,预示着东乡将官运亨通,果然他于明治三十一年(1898年)5月晋升为中将。

东乡不是那种整天呆在校长室里的人。他对学员的学习进行各种改革,孜孜不倦地探讨和钻研。当教授战术和军政学课程时,他和学员们坐在一起

亲自听课。这样的校长,在日本海军大学里还是第一个。

那时,俄国出版了马卡洛夫中将的《海战论》。马卡洛夫是俄国引以为荣的名将,作为世界屈指可数的海军战略战术家而受到各国重视。

马卡洛夫比俄国其他海军将领"高出一截",公认是"最有才干",是显而易见的。不仅表现在他的军事理论有一套,还在于他确是位航海家、发明家兼颇有谋略和眼光的海战专家。举个例子来说:

在日军偷袭旅顺口的当天,远在喀琅施特港口任司令的马卡洛夫曾紧急致函俄军军部,敦请立即将旅顺外港的舰只开进旅顺内港,否则,一旦日军晚上偷袭,则将遭到覆灭的危险。可惜,他的警告被当作耳旁风,无人理睬,竟使日军得逞。

东乡深谙"知己知彼,百战不殆"的兵家圣经,立即将《海战论》弄到手,让人翻译,并印刷成册,分发给有关人员。他急不可待,译好一点即抄写一点,反复阅读,进行分析研究,直至能够背诵。他通过研读《海战论》掌握了俄国海军的战术特点及缺陷。

那么,马卡洛夫为什么要把自己的"绝招"拿出来公之于世呢?其真实意图无从知晓。据猜测,大概他过于骄傲自负,认为自己的战术堪称世界第一,想在世人面前炫耀一番。笔者以为,这也与他出身卑微有关系,想以有声名的著作来抬高自己的社会地位,作为晋身之阶,爬到更高层。他不想"保密",自以为即使看了他一两本著作,也掌握不了他深奥的战术精髓。这显然是自相矛盾的,既然想写一部惊世骇俗的论著,肯定要将精华的、最得意的东西拿出来公之于众,这样就把手中的"底牌"亮了出来,还有什么制敌之秘诀呢?特别是日本的间谍特务遍布各地,在千方百计搜集情报。

马卡洛夫在替代斯达尔克任俄国太平洋分舰队司令之后,认为"统一海上武装斗争方式方法的观点"有重大意义,无论对于司令部的参谋人员,还是对于舰艇指挥员都将大有裨益。他从赴任的路上请示将他的另一部书《论海军战术》付印,并将全部500本发到远东。① 当这个要求得不到同意的时候,他竟用"摔耙子"相要挟,亲自往彼得堡打电报说:"我认为拒绝印行是不赞成我的作战观点,因此,如果我的书现在不能出版,我请求派另一位受到上级信

---

① 在战争期间,这种战略策略属于重大的军事机密,应得到统帅部认定后,从内部系统秘密发布指令,岂可为"统一海上武装斗争方式方法"印成书册出版?

任的将军来替换我。"①

这是马卡洛夫致命的性格缺陷,也是他自己葬身大海和俄国太平洋舰队、波罗的海舰队导致彻底惨败的根源之一。

马卡洛夫的骄傲和好炫耀,是东乡求之不得的。他以犀利的目光力透纸背,仔细分析研究了马卡洛夫的《海战论》,连没有写进书里的东西也揣摩出来了。东乡好似通过《海战论》这个小小的窗口潜入马卡洛夫的"大房间",把房间的布局、办公用品的配置等所有内部结构都弄得一清二楚了。

这一手确是厉害的克敌制胜之策。日本户川幸夫著的《"Z"字旗——决战对马》一书中说:"后来日俄交战时,东乡能一下子置马卡洛夫于死地,就是因为研究他的这本书起了作用;日本海大海战把波罗的海舰队打得体无完肤,也是由于研究此书奠定了基础。因为马卡洛夫被誉为'战术之神',当时俄国海军深受其影响。波罗的海舰队司令罗日杰斯特温斯基中将也是马卡洛夫的崇拜者之一。"

东乡不仅研究马卡洛夫的战术,而且深入研究他的性格和气质,就连马卡洛夫在何种情况下能发挥特长、在何种情况下容易暴露缺点和弱点也都进行了研究。他不仅仅限于《海战论》,还从所有的新闻和情报中研究马卡洛夫,甚至连看来毫无价值的奇闻、闲谈之类的东西也不放过。

东乡掌握了马卡洛夫的性格和特点:他是一员猛将,总是在舰队前端出击;一受挑逗就暴跳如雷,失去冷静。这些研究,后来派上了用场。东乡对马卡洛夫及俄国舰队的研究绝非是一朝一夕的;从很早以前,即从甲午战争后的三国干涉及俄国乘机压迫日本起,他就预料将来要同俄国作战,并煞费苦心地进行调查和研究。

明治三十二年1月,东乡受命担任佐世保镇守府司令,时年52岁。佐世保镇守府的管辖范围,从九州以西和以南海岸到壹岐、对马、冲绳、台湾和澎湖岛。佐世保军港西临朝鲜海峡,扼日本海与黄海之要冲,南瞰东海,是一个便于庞大舰队集结的极为重要的港口。

东乡很乐意担任这里的司令官。因为他确信,只要一开战,日俄舰队必定在该海域交火,所以他担任镇守府司令后,只要有机会,就乘坐他指挥的舰艇,巡视从朝鲜海峡到台湾之间的海域,详细调查因季节而引起的气候、风向、潮流、海雾等的变化情况,并熟记地形。其中最引他注意的是镇海湾。

---

① 《1904～1905的俄日战争。海军的行动。文献》第1册第2分册,1911年圣彼得堡,第26页。

"这里可以成为谁也不注意的锚地,而且是能够容纳庞大舰队的最好场所。"东乡以深谋远见预估到这一点。

明治三十三年5月,东乡被任命为常备舰队司令。

此时,中国发生义和团运动,"八国联军"出兵镇压,英、美、俄、法、意、德的军舰集结在大沽口,日本也派出"笠置"号、"须磨"号、"阳炎"号3艘军舰。因战火扩大,6月18日,日本决定出动常备舰队。东乡带领参谋长吉松茂太郎大佐等幕僚,率领舰队主力向大沽口全速前进。

这时,集结在大沽海面以及越南河内的各国军舰有:英舰9艘、俄舰6艘、德舰6艘、美舰2艘、法舰5艘、意舰1艘、奥舰1艘、日舰5艘。

东乡到大沽后,乘军舰"常磐"号进行巡视,他锐利的目光紧盯着俄国舰队,连一举一动也不放过。

在事变平息、舰队撤回日本后,亲朋好友为东乡设宴洗尘。

当时有人问道:"你详细地观察了俄国舰队,觉得怎么样?"

东乡以平静的口吻回答道:"不像人们想像的那样可怕。"

"此话怎讲?"提问的人以及在场者都竖起了耳朵,想听听他的高见。

"我眺望俄国舰队,很难说他们军纪严整,训练有素。他们用军舰运送步兵和军需品,这是不容宽恕的。这证明他们轻视军舰的本来职能。用军舰代替运输船使用,必然消耗本职精力,一旦发生海战,就不能充分发挥战斗力;同时,这件事暴露了他们海上运输力之不足。由此可见,俄国出兵的准备并不充分。"

东乡善于透过现象看本质,抓住对手所存在的缺陷而了解其实力。

如在甲午战争开始前夕,清朝派遣号称世界第一流的大型战舰"平远"号访问日本。名义上是为了日清亲善,但真正的目的是想对日本进行恫吓:"怎么样,我国有这样优良性能的战舰,还敢任意欺侮我国吗?"其实中国派遣访日的军舰并非是最先进的,"中等偏上"而已,与日本拥有的存差距。当时许多应邀到"平远"号上参观的日本高级官吏和军人,都为其雄伟、先进而震惊不已。东乡另择日子观察了"平远"号,发现炮管上晾晒着衣物,便看破了其实力,说:

"金玉其外,败絮其中。不必害怕中国海军。"

全体在场的人都对东乡的分析点头赞许。后来一经交战,果然应验了东乡的话。

一个出众的军事将领的成长,也有其自身素质和外部条件以及时代背景等复杂因素。东乡脱颖而出,与山本权兵卫海军大臣慧眼识才,大胆起用新秀有密切关系;同时也与他的母亲从小就灌输和培养其成就大事、建立勋业的勃勃野心分不开。东乡平八郎小时候非常敏捷,擅长用小刀劈杀正在游动的鲫鱼。10岁时,一天,他和同伴们来到小河边,用小刀喀嚓喀嚓地劈杀鲫鱼,转眼间他劈杀了几十条,大人们看了惊叹不已,夸奖道:"手脚多么麻利啊!"东乡平八郎听了得意洋洋,回到家后在母亲面前炫耀一番,想得到母亲的表扬。可是,母亲训斥道:"武士只有破大敌才引以为荣,劈杀几条小鱼,算得了什么! 这种小事自卖自夸,从小养成卑劣的品质,我真替你的未来担心。即使有人夸奖你,你应该感到那不是夸奖,而是在嘲笑你,要感到羞愧才对。"

明治三十四年,东乡因所谓"平定北清事变"有功,荣获一等勋章,被授予旭日大授章。10月1日,他成为新成立的舞鹤镇守府司令。

从东乡担任舞鹤镇守府司令时起,日俄战云密布,与俄国交战的舆论甚嚣尘上。可是,东乡好似没有听到周围慷慨激昂的声音,默默地继续研究俄国。

明治三十六年,东乡接到山本权兵卫海军大臣"火速进京"的电报。东乡连忙赶到东京,山本让人转告他,在海军部不方便,还是到私邸会面。海军大臣会见镇守府司令,竟说在海军部交谈不方便,肯定是重大而秘密的会谈。

在约定的17日,东乡来到海军大臣的私邸,另一位重量级人物伊东祐亨军令部长已先到一步。伊东是日清战争时的联合舰队司令,东乡的老上级,因此东乡知道其为人。

东乡凭直觉感到这是一次重要的谈话。密谈持续了几个小时,谁如何说,谁如何答,无从查考。但数小时后,东乡离开山本的住宅时,喜上眉梢,一改往常那副喜怒不形于色的样子,原因是他已经被再次委任为常备舰队司令官。这不是一般的官复原职,一旦开战,常备舰队就将改编成联合舰队,而海军军人把担任联合舰队司令视为最大的荣誉。

"自己立志当个海军军人,长期潜心钻研,为的就是此日此时。我是多么幸运啊!"东乡心里想,永远不能忘记山本海相的知遇之恩,他没有起用日高壮之丞和柴山矢八等老前辈,而把这一重任交给了自己。

山本是在西乡引退后,登上海军大臣这个宝座的。他以海军头号雄辩家而闻名。干什么事都蛮劲十足、富有魄力。他凡事都保持这个劲头,只要自己认为是对的,就滔滔不绝地说服别人;假如仍不奏效,就置周围的怀疑于不顾,迅速实行。日本海军史上成为共识的结论是:他最大的功绩是发现东乡,放着其他老前辈不用,将东乡破格提拔为联合舰队司令。

不管怎么说,这件事发生在论资排辈极严的海军界,加之海军军人都极为看重此职,谁都想当,把如此要职交给东乡,绝不是轻而易举能作出此抉择的。

到了日俄战争不可避免的紧要关头,哪一位将军能率领日本舰队与俄国太平洋舰队交战?多数人认为是当时的常备舰队司令日高壮之丞或柴山矢八,这两人无论哪一位都行;但是没有一个人注意到东乡。因为东乡不是那种自吹自擂、华而不实的人,他沉默寡言,即使在海军内部也不引人注目。不少的人认为担任舞鹤镇守府司令是他最后的任职。

明治三十六年,东乡在"三笠"号旗舰上与常备舰队司令日高壮之丞举行交接仪式。

从这时起,日俄战云日益浓烈,日本撤销了常备舰队,重新编成第一、第二、第三舰队;以第一舰队和第二舰队组成联合舰队,后来第三舰队也编入联合舰队。东乡任联合舰队司令兼第一舰队司令,上村彦之丞中将和片冈七郎中将分别担任第二和第三舰队司令。

当时,俄国远东总督阿列克赛耶夫向沙皇尼古拉二世呈上一份奏折,内容为:"与日本协商的唯一基础,是让日本承认满洲在其势力范围之外。要想与日本正式谈判取得成功,只需指使担任谈判的我国公使让日本政府明白,俄国为了保护在满洲的利益和权力,决心不惜诉诸武力。"

阿列克赛耶夫还大言不惭地说:"俄国这样的大国对付区区小国日本,不可能进行对等谈判。作出让步意味着屈辱,对付日本人,只需要恫吓和铁拳就够了。"这番话形象地画出了他无知加骄横的嘴脸。

这种傲慢和狂妄的态度,几乎是所有俄国人的共识。因此,早有战争准备的日本人决不会再像10年前那样忍气吞声,谈判肯定不会成功。

明治三十七年,时局愈益紧张,日本舰队司令部和海军部之间,每天密电往来不断。全国与俄国断交开战的呼声很高,连海军部也沸腾起来了。但身居要职的东乡司令官,仍然像往常一样沉默寡言。他对最高当局战还是和的意图,以及自己的推测等等一概不发表意见。东乡的态度引起了杀气腾腾的舰长们的不满。

"长官在想什么呢?"

"紧要关头靠得住吗?"

大家这样交谈着,议论着,焦急地观望着。

用武士道精神武装起来的年轻舰长们终于按捺不住了。一天,一批好战的激进分子一齐来到"三笠"号旗舰上,拜见东乡,说日俄交战不可避免,我方应先发制人。

东乡听后平静地说:"请大家耐心等待,战争是最后的手段,到了最后的最后,没有更好的解决办法时才使用的。哪怕还有一线希望,都不应玩弄战火。"

这个说法使听者很不满意。一位舰长站了起来,使劲地敲着桌子说:

"长官是这么说,但俄国舰队兵力比我多一倍,现在如不迅速采取先制攻击,不是给今后作战增加困难吗?"

东乡两眼圆睁,目光逼人,大声喝道:

"请相信我东乡!"

舰长们遭到训斥后,十分恐惧,不由得屏息凝汽,不敢出声。但不久便放下心来,变得高兴了。

五十四、两次夜袭后,东乡决心再用"奇法"

具有反动军人独特个性的东乡平八郎在战前保持沉默,不动声色,战争一旦开始,他就逐渐消雾散瘴,显山露水。

明治三十七年2月5日夜,睦仁天皇向陆、海军颁布敕命。

原东乡的参谋兼信号长大河原藏之助少佐,描述了诏书颁布时的激动情景:

"我们日思夜盼,终于盼来了同俄国断绝邦交的敕令。但佐世保镇守府将此消息电告'三笠'号时,没有一个人脸上露出笑容。"

由于过分激动,在那一瞬间,连喊"万岁"的声音都没有。

东乡立即召集第二舰队司令上村以及各司令长官、舰长,到旗舰"三笠"号上来。数十艘舰载鱼雷艇或汽艇,从四面八方劈波斩浪,向"三笠"号驶来,登上舷梯的脚步声一阵接着一阵。等集合完毕,6日凌晨1时的钟声敲响了。

东乡司令长官宣读完诏书后,接着说道:"多年来,我坚信并履行着一个练兵宗旨——'一门百发百中的大炮胜过一百门百发一中的大炮。'过去的几年里,我不分昼夜与各位一道狠抓训练,就是为了今天。我殷切希望诸位继续努力奋斗……"

这几句简短的话,立即勾引起到会者对以往为了大和民族称霸世界而历尽艰辛、渗透着鲜血的训练情景的回忆。

日军在严寒条件下进行演练。图为手脚冻掉的士兵

日俄战争前，日本的战列舰多数已使用了新式炮塔，由于许多操作手不习惯，头和手臂经常被夹在火炮固定部位与旋转部位之间，由此而造成的伤亡事故不断发生。给炮弹装药的夯实机，其顶部常突然冲出来，仔细观察炮身的炮手，稍不留神就被击碎下颚而死。还有因装填机突然下降而被压死的。但是，发誓要向俄国报仇雪耻而"卧薪尝胆"的炮手们，刻苦钻研炮塔构造，决心熟练掌握操炮技术。不然，就不可能歼灭强大的俄国舰队。

明治三十六年秋，日俄战争之势日益紧急。东乡命令常备舰队用锻钢榴弹进行实弹射击训练，其目的是让炮手们熟练掌握操炮技术，并进一步使全体官兵亲眼目睹自己所使用的火炮的威力，以树立必胜的信念。

在佐世保外海，有一座与俄舰烟筒高度大致相同的三角形礁石。舰队以这座礁石为靶子，从2000米之外进行射击。锻钢榴弹命中目标时，爆炸之势十分猛烈，舰队全体人员为之欢呼。训练结束时，那座礁石几乎被夷为平地，在海面上再也难找到它的踪影。

……

2月8日的夜袭和9日主力舰的炮击，东乡率领的联合舰队已经初战告捷。但并没有消灭俄国太平洋舰队的主力。关于这个问题，战后有各种各样的评论。

黛治夫在其所著的《海军炮战史话》一书中写道：

"无论是驱逐舰的夜袭，还是舰队主力的炮战，都是不彻底的。其原因是多方面的，但主要原因在于相信以主力炮战能消灭敌舰队。"

黛氏是战列舰"大和"号的第一任炮长，原横须贺海军炮兵技术学校教官，因此他的批评带有权威性。这也有其历史原因，因为在当时还没有航空兵的情况下，以主力舰的炮战即可击毁敌舰队的想法，无疑是正确的。

第一次袭击旅顺后隔了两天,日本海军对旅顺进行了第二次夜袭。

这一天正好是日本纪元节(建国纪念日),半夜里起了暴风雪。

这种天气对奇袭一方来说十分有利,攻击队员们都喜不自禁。俄方也害怕这样的天气会遭到袭击,整个舰队都龟缩在港内停泊场,探照灯不断地照射,港口内外都加强了戒备。在这种情况下,东乡不可能取得什么战果。

很显然,俄国海军戒备森严,一直严密监视和等待波罗的海舰队的到来。

"如果敌人今后一直这样在炮台的掩护下,躲在港内不出来,怎么办呢?"东乡在夜深人静时也毫无睡意,在指挥室的作战海图前来回踱步,反复考虑。

日本一直苦于只有这一支联合舰队,这支舰队既要歼灭俄国的太平洋分舰队,又要迎战俄国前来增援的波罗的海舰队。因此,仅仅战胜太平洋分舰队是不够的,要避免孤注一掷的决战,必须在自己的舰队不受损的情况下,在敌增援部队到来之前,全歼俄太平洋分舰队。这无疑是十分困难的。东乡的苦恼就在于此。两次夜袭之后无疑更增添了他的苦恼。

"和那时完全一样,那时大清海军也躲在港内不出来,使我们伤透脑筋。"东乡回忆了10年前日清威海卫之战的情景,"最后,考虑出封锁港口的计划,但还没有实施日本就取胜了,这次是实施那个计划的好机会了……"东乡向幕僚们道出了自己的主意。

令东乡欣喜的是,岛村参谋长、有马参谋和秋山参谋均持相同意见。东乡笑着说道:"真是英雄所见略同啊!"

"如果将俄舰队完全封闭在港内,届时乃木将军率领的陆军第三军将攻克旅顺,到那时候,敌舰队不是自沉,就是投降。"东乡的想法成了日海军指挥机构成员的共识。

东乡向军令部呈报这一作战方案,军令部认为很好。这样,空前规模的旅顺口堵口作战开始了。

五十五、震惊世界的"沉船堵口"

中国有句"关门打狗"的成语,哪怕是最凶猛的狗,一旦被关进门内,必定胆怯三分,因为它"处境险恶",失去了自由,失去了进行"运动战"的可能,剩下的只有"困兽犹斗",在绝境中挣扎抵抗。"关门打狗"还有一个好处,既可以限制狗出来作恶,又握有充分的主动权。

采取"沉船堵口"封锁作战,完全适应旅顺口航道狭窄,只有一个出口、容易"闭门"这种特殊的地理条件。不过,这种作战方法,虽在海战理论上早有提及,但在实际应用中甚少先例。这是因为,世界上的大多数港口进出航道都较宽敞,有的是有几个出口,难以奏效。

关于打算在旅顺港使用海战中的"沉船堵口"这一奇法,小笠原长生中将在回答东京《日日新闻社》(今《每日新闻社》)主笔高石真五郎的提问时这样说道:

> 东乡长官考虑在敌军港口的入口处沉船,来封锁港内的敌舰队,这并不是东乡因俄国太平洋舰队龟缩在旅顺港内而偶发的奇想。东乡长官在交战前就预见会走这一步。一旦交战,首先要攻打俄驻旅顺的太平洋舰队。在尽量不使我方舰队损失的基础上,再全歼来援的俄波罗的海舰队。要想这样干,最好的办法是:彻底将敌人压缩到旅顺港内,让日本的陆军在其附近登陆,从侧翼攻下旅顺,歼灭港内的太平洋舰队。为此,军令部部长伊东和副部长伊集院等人,事先对这一奇计进行了研究。

交战以后,经过两次袭击旅顺,果然不出所料,俄舰退避港内,坚守不出。其时,"常磐"号副舰长有马良橘中佐,通过野元舰长向东乡司令官建议堵塞旅顺口,其要旨为:

> 日俄必然要在朝鲜海峡以西争夺制海权,在策略上,我应不失战机迅速堵塞旅顺口,将敌舰队封锁在港内,然后夺取旅顺这块根据地,使太平洋舰队束手就擒。

所谓"沉船堵口",就是在几艘商船上满载石块,用水泥浇灌加固,然后把商船自沉在港口最窄处。这件事无疑是极其困难的,但机不可失。即使这一尝试不能成功,也可鼓舞士气,使敌人为之胆寒。

但"沉船堵口"说起来容易,做起来难,成功率很低。当时要实行突然袭击已比较困难,因为俄舰队遭到两次攻击后,已加强了戒备。加之商船毫无防御能力,在到达港口之前,大部分船只将被击沉,船员能够生还,那已经算是奇迹了。

所以当这一作战方案付诸实施时,东乡的心情十分沉重。他思之再三,为了把国家引向胜利,非这么干不可,作出这种牺牲是迫不得已的。

根据联合舰队的要求,共征集了"天津丸"(4325吨)、"报国丸"(2400吨)、"仁川丸"(2800吨)、"武阳丸"(1200吨)、"武州丸"(1690吨)等5艘商船。

2月18日,东乡传令各舰,从下级军官和士兵中挑选敢死队员。消息传开,立即有2000人志愿报名。就说"敷岛"号吧,分队长栗田把下级军官、水兵和轮机兵集合在一起,传达东乡司令的命令。

"志愿参加者,向前一步走!"话音刚落,被武士道精神浸透灵魂溶入血液的全体舰员不约而同地向前跨了一步,很难挑选。其他舰也是一样。为此在2000名志愿者中调查亲属关系,凡是长子和兄弟少的一律除外。这一来,落选者沮丧得号啕大哭,不少人甚至写血书给舰长。

"你们的心情是可以理解的,但战争还长得很,今后还有几次大海战,即使这次参加不上,下次一定让你们舍生取义、报效祖国,请大家自重,耐心等待……"舰长们苦心相劝。整个舰队的士气是如此昂扬。

这次作战不是军舰之间的对攻,而是挨打不能还手,船员在船自沉后乘舢板撤离,由在后方待机的驱逐舰、鱼雷艇队收容。能活着回来是相当困难的。但受多年军国主义教育的船员们只有一个念头:为国献身无上光荣。

最后,从2000人中挑选了67人,加上指挥官和轮机长,分编成5组。其编成如下:

"天津丸"　指挥官　有马良橘中佐(第一主力舰队参谋)

　　　　　轮机长　山贺代三高级技师("初濑"号分队长)

　　　　　下级军官、士兵15名

"报国丸"　指挥官　广濑武夫少佐("朝日"号鱼雷长)

　　　　　轮机长　栗田富太郎高级技师("敷岛"号分队长)

　　　　　下级军官、士兵14名

"仁川丸"　指挥官　齐藤七五郎大尉(第一主力舰队参谋)

　　　　　轮机长　南泽安雄高级机械师("霞"号船员)

　　　　　下级军官、士兵16名

"武阳丸"　指挥官　正木义太大尉("高砂"号炮长)

　　　　　轮机长　大石亲德中机械师("初濑"号分队长)

　　　　　下级军官、士兵12名

"武州丸"　指挥官　岛崎保三中尉(特别运输船监督官)

　　　　　轮机长　杉政人少机械师("常磐"号水手)

　　　　　下级军官、士兵13名

一切准备就绪后,东乡发布了如下命令:

我联合舰队为了不给敌人以喘息之机,决定先堵塞旅顺口,阻断敌人出击,并伺机以间接射击打击敌人。

堵口作战将于出发后的第四天凌晨3时30分开始,必须击毁一切妨碍沉船堵口的俄舰艇;为了收容救护堵口作战后的船员,由五条鱼雷艇分别担任各船的救护。

第五驱逐舰队为前卫,发现俄巡逻艇立即将其击毁,而后向东航行,将敌方注意力吸引到东面,第九鱼雷艇队从老铁山方向向旅顺港接近,救护幸存的敢死队员。

第一驱逐舰队与堵口船队一起,驶至老铁山附近,当堵口船队向港口开进时,担任其后方警戒,并向联合舰队报告堵口情况。

第四驱逐舰队在堵口作战的当日拂晓到达老铁山附近,注意观察是否有幸存的堵口队员。第一、二、三战队与堵口船队同行,在堵口作战的前一天与其分手,第二天早晨,第一战队驶抵遇岩附近,第三战队担任对旅顺港的侦察,第二战队在第四驱逐舰队伴航下,经老铁山附近,与第一战队会合。

第四战队、第二、三驱逐舰以及第二十鱼雷艇队担任仁川港警戒,并间接掩护陆军登陆。

东乡意识到能否封锁旅顺港,关系到能否成功地控制日本海,对全局作战干系甚大,因此再次下达号令,要求全体成员要坚信“天佑神助”,同心协力,勇往直前,务必成功。

2月20日的早晨,堵口船队在第三、五驱逐舰队的护卫下,从朝鲜西南岸起航,于23日黄昏到达圆岛附近。

暮霭笼罩着海面,以旗舰“三笠”号为首的日本主力舰队,隐现在朦胧的暮色中。

“三笠”号的后甲板上,军乐队早已列队等候。以“天津丸”为前导的五艘堵口船刚刚启动,军乐队就奏起了威武雄壮的军舰进行曲。

在敢死队员和欢送的人群中,军官们有的挥手惜别,士兵们有的挥舞着帽子。

东乡伫立在舰桥上,神情肃穆地注视着这一壮烈的场面。

夜色茫茫,载着敢死队员的五艘堵口船悄悄地行驶在海上。第一驱逐队为前卫,“千岛”号等护卫艇在船队的右翼护航,第九鱼雷艇队殿后……

上弦月挂在桅顶,淡淡的银光洒向海面。船上笼罩着悲壮凄凉的气氛,船员们都沉默无言。

因为有月光,容易暴露行动,于是日船队暂时隐蔽在老铁山的山荫里,等待月落。

24日零时30分，月亮终于消失在天际，海面上变得昏暗了。从黄金山、城头山、白银山方向照射过来的探照灯光，来回扫射着海面。

要想躲避探照灯的照射是相当困难的，日船最后决定强行突入。为了尽快接近港口航道又不被探照灯捕捉住，堵口船脱离护卫舰艇，沿着山边陡岸向港口接近。

凌晨4时15分，堵口船队总指挥有马乘坐的"天津丸"，被一束探照灯光罩住，又一束灯光盯住了"天津丸"，接着几束巨大的白色光柱凝聚在一起，连跟在"天津丸"后面的"报国丸"也暴露了。

船员们在强烈的探照灯光照射下，满眼昏花，看不清周围的一切。

俄军对日本船突然接近，惊恐万状，立即开炮。事已如此，有马总指挥当即命令船队突击，五艘堵口船开足马力冲向港口。

强烈的探照灯光，闪闪发光的炮火，使日方有限的火力也无法回击。但是，俄方炮火弹着点很乱，竟没有击中一艘日船。

比炮火更头痛的这强烈的灯光，使日船指挥员看不清航向。

"别管它，就这样照直前进！"有马总指挥命令道。

不一会儿，"天津丸"撞上了老铁山旁的暗礁。

"真糟糕！一定要让后续船只成功……"有马向后看去，只见广濑少佐指挥的"报国丸"正在向他靠近，后而跟着"仁川丸"。

"错啦，错啦！向左转舵！'报国丸'——左满舵！'仁川丸'向'报国丸'看齐！"有马总指挥叉着腿站在弹片横飞的甲板上，一边挥着手，一边声嘶力竭地喊叫着。

"报国丸"、"仁川丸"周围接二连三腾起水柱。

广濑少佐站在甲板上，眼睛紧盯着前方，但在探照灯的强烈照射下，什么也看不清。炮弹和枪弹"嗖嗖"

第一次旅顺口塞港时，"天津丸"沉没的情景

沉没在旅顺口外的日本堵塞船

地从身边擦过,他以为刚才被击中了,或者被打倒了。实际上连皮毛都没碰着。

广濑回过头来向大伙逗趣道:"炮弹这鬼东西没长眼睛,真像搞演习一样啊!"

话音刚落,就听到有马总指挥叫了声"左满舵"。广濑当即命令:"'报国丸',当心触礁!左满舵!"

"报国丸"呼地一下来了个急转弯,险些触礁。港口已近在咫尺。"报国丸"继续前进,不久就发现了搁浅的"列特维尊"号,该舰水兵步枪对准"报国丸"号射击,甲板上不停地吐着火舌。

"真讨厌!"广濑骂了一声。他想在"列特维尊"号旁边沉船,这样一来,港口会更窄了。

广濑命令全体点名,发现大家都平安无事。

"都到齐了?好,就在这附近爆炸沉船。现在大家赶快乘舢板转移!"

广濑看清部下都转移到了舢板上,立即向爆破装置跑去。

第一次堵口作战,因遭俄军探照灯照射和对港口地形不熟,没有取得明显效果,但是封锁港口这一大胆行动,确实使俄军十分害怕,士气日趋低落。

对日本来说,最值得庆幸的,是以小的代价完成了第一次堵口作战行动,原来以为全体成员不能生还,但结果只死了1人,伤3人。

"确实像东乡长官所说的,我们有'天佑神助'啊!"日军在欺骗和迷信的双重麻醉下,士气更加亢奋。

枭雄东乡平八郎当然比谁都要高兴。

五十六、日本海军第二次堵塞旅顺口

旅顺港口狭窄,幅宽仅273米,大型军舰只能在中央91米处通过。尽管如此,由于第一次堵口作战效果不明显,没有能够封锁住港口。东乡决定实行第二次堵口。既然干了一次,就要彻底干下去,这就是他的信念。

这次是"千代丸"（3778 吨）、"福井丸"（4000 吨）、"弥彦丸"（4000 吨）、"米山丸"（3745 吨）4 艘运输船担任堵口任务。

重新征集敢死队员。东乡特别强调："曾参加过第一次堵口的下级军官、士兵，不在选拔之列。我不忍心让同一个人再去干死里逃生的事……"

应征者为第一次的 3 倍，达到 6000 人，从中挑选了 56 名。因需要对港口情况熟悉的人，所以参加第一次攻击的军官允许再次当选。这次挑选的曾参加过首次堵口作战的指挥官是：总指挥有马良橘中佐（"千代丸"）、广濑武夫少佐（"福井丸"）、齐藤七五郎大尉（"弥彦丸"）、正木义太大尉（"米山丸"）。

天公不作美。原定 3 月 24 日进行第二次堵口作战，因海上风浪很大而不得不推迟。

25 日下午，天气开始好转，但海面上仍然波涛汹涌，于是又推迟到 27 日夜开始行动。这时，广濑少佐对"弥彦丸"指挥官齐藤大尉说：

"这次敌人大概加强了警戒，再像第一次那样就行不通了。如果堵口成功，能够活着回来，我就向东乡长官恳求一件事，到时请老兄和弟兄们多多帮忙。"

"什么事？"

"如果得到长官许可，我就去旅顺会见俄阿列克赛耶夫总督。我多年留学俄国，从俄国学了很多东西。就我个人来讲，我认为俄国也有许多好人，可以说是我的第二故乡，可国仇和私情不能混为一谈。但我总想报答俄国的恩情于万一，早就在考虑怎样做才好，因此我突然想到了这件事。"

"你的心情可以理解，可你会见阿列克赛耶夫又是为了什么呢？"

"如果允许，我就暂时离舰，乘中国帆船只身去旅顺；如能见到总督，就真诚地向他晓以利害关系，劝他投降，以息干戈。心诚则灵嘛，如果办成，对我们祖国，对俄国都是有益的。"

"我想不是那么容易办到的，不过……"

"谋事在人，成事在天。我豁出命去试试。为得到长官的同意，请你助一臂之力。"

齐滕大尉后来追述说："当时广濑流露出来的热情，实在令人钦佩。"当时的情况是，双方在浴血奋战，而且战斗刚刚开始，俄方战斗力还很强。阿列克赛耶夫坚信，只要波罗的海舰队一到，俄国就可一举击溃日本。在这种情况下，以个人名义前去劝降，也许有人会说，这简直是痴人说梦。

27 日深夜，第二次堵口船队按"千代丸"、"福井丸"、"弥彦丸"、"米山丸"

的顺序,成单纵队航行在渤海上。

月色朦胧,薄雾笼罩着海面。船队同上次一样,在老铁山南面等待月落,担任护卫和收容任务的驱逐舰分队分散隐蔽在船队附近海面。月亮落下去了,海上黑沉沉的,时候到了。有马中佐发出出击令,以"千代丸"为先导,各船缓缓启动。

俄军从日本首次堵口行动中觉察到了日军企图封闭旅顺港、困太平洋舰队于港内的意图,因而加强了戒备,港口内外,探照灯交相辉映。

只有孤注一掷了。有马中佐在离港口两海里处下达了"全速突击"的命令。

刹那间火星四溅,所有炮台、军舰一齐开火,炮弹雨点般倾泻下来。这天夜里的战斗比第一次更为激烈,2号船"福井丸"指挥官广濑少佐,在这次战斗中丧命。关于广濑少佐的死众说纷纭,较普遍的一种说法是:

有马中佐指挥的"千代丸"在黄金山西侧距海岸约100米处自行炸沉。广濑指挥的"福井丸",从"千代丸"的左侧绕过,继续前进。片刻,广濑命令停船下锚,恰好此时,船被俄国的驱逐舰发射鱼雷命中,眼看着倾斜下去。"好极了,船就这样沉下去,用不着点火自爆了。广濑命令全体舰员换乘舢板。

这时,炸药点火员杉野上等兵不见了。广濑跑回正在下沉的船上寻找,但未找到。他返回来刚要跳上舢板,突然,一颗炮弹落在船上爆炸了。

"霞"号驱逐舰负责收容"福井丸"敢死队员。据户川幸夫所著的书,该舰官兵这样说道:

"他们划着舢板回来了,大家都精神饱满、斗志昂扬。我们以为全体船员都平安无事,就一边说着'好极了,好极了',一边伸手把他们拉到舰上,但没有看到广濑少佐和杉野上等兵的身影。"

"指挥官呢?""霞"号的官兵问。

"向舢板转移时,被炮弹片击中了头部。"说完,"福井丸"活着回来的官兵一起"呜呜"地哭了起来。

当时其他堵口船的突击效果,并不亚于广濑指挥的"福井丸",其中正木大尉指挥的"米山丸"一直突入港内,沉着冷静地选择好自沉地点,在垂直于航道的最佳位置上沉了船,敢死队员也都撤了出来。

正木大尉在第一次堵口作战中,因看不见前面"仁川丸"的船尾灯,分不清突入口,误把西口当成东口,并在那里沉了船。

返回后,正木大尉懊悔不已,他想第二次无论如何也要将功补过。这一次,正木大尉指挥的"米山丸"行驶在最后面。

俄国驱逐舰"西利诺"号向"米山丸"接近,正木大尉想用船撞俄驱逐舰,当日船逼近时,"西利诺"号慌忙躲避。为了把俄舰逼到黄金山下,"米山丸"号继续前进,突入旅顺港航道。

这时,俄军的探照灯从四面八方照射过来,光亮耀眼,使"米山丸"人员无法判明周围的一切。炮弹雨点般飞来,步枪、机关枪响成一片,黑暗中火星四溅。

"这里是咽喉部位!决不能再次失败!"正木低声自言自语地说。

他觉得这里好像是港口的最狭处。往右边看,"千代丸"、"福井丸"、"弥彦丸"已经自沉,左边是第一次堵口身沉的"报国丸"。

"好,在'报国丸'和'弥彦丸'之间,取航道直角沉船!"正木大尉命令抛锚。几乎与此同时,俄驱逐舰"莱西泰利诺伊"号发射的鱼雷,在"米山丸"机舱爆炸。

因主机停转,船不能再前进,也不能后倒,只好拖着锚,从预定地点向"报国丸"方向飘移,在那里将船炸沉。

日军堵塞船"福井丸"沉没的情景

俄国前任旅顺港口警备司令、曾任过综合指挥的"鲍布尔"号舰长布波诺中校,向上司报告说:

"驱逐舰'西利诺'号首先对日本的一艘堵口船施放鱼雷,确认其爆炸后,接着对另一艘堵口船施放第二枚鱼雷,然后继续向前行驶,正要装鱼雷时,突然第三艘船猛撞过来,我舰急忙躲避,险些撞上,但弄丢了鱼雷发射管,损坏了转弯装置。这第三艘堵口船,在港口被驱逐舰'莱西泰利诺伊'号击沉。"

不言而喻,这第三艘船正是正木指挥的"米山丸"。

在参加这一著名的堵口作战的人当中,当时许多人目睹了这一场面。在"福井丸"担任轮机长的栗田富太郎高级机械师这样说道:

"福井丸"开始下沉，我们就转移到舢板上。但杉野上等兵不见了，于是广濑指挥官到船上寻找杉野。在广濑返回之前，我们将舢板靠在"福井丸"船舷边，望着那战斗情景。虽说天色很暗，但敌人不停地用探照灯照射，港内清晰可见。

　　在"福井丸"的左舷首外，有一艘堵口船，后来才知道这是"弥彦丸"，敌人对"弥彦丸"胡乱射击，机舱天窗附近像放焰火一样直冒火花，虽说十分壮烈，但给人一种畏缩的凄惨之感。

　　突然，敌人提高了照射此船的探照灯高度，开始来回搜索，探照灯越过我们"福井丸"的桅杆，照到了水面上。

　　发生了什么事？大家不约而同地注视着那个方向，只见后面的一艘船在探照灯光的集束照射下，劈波斩浪，飞速驶来。在它的附近，炮弹雨点般倾泻下来，火花四溅，水柱冲天，我们目睹这一壮举，情不自禁站起来狂呼："万岁——！万岁——！"

　　这艘堵口船把"福井丸"作为航标，向前突进，在距离"福井丸"三四十米时，对着港口左侧来了个急转弯，船几乎横卧在港口内。那高超的本领，熟练的技巧，至今仍历历在目。

　　那艘堵口船不久便消失在硝烟中，后来才知道，这正是正木大尉指挥的"米山丸"。在那之后不久，广濑指挥官就牺牲了。

栗田富太郎作为一个目击者，他的回忆清晰地描绘了当时的惊险场面。

"米山丸"指挥官正木义太大尉的儿子、原海军大佐正木生虎在《文艺春秋》增刊号上写道：

"那是我成为海军军官之后的事情。父亲对我说：'第二次与第一次的不同之点，在于无私。真是不可思议，当时船就像自己脚下穿的木屐一样，行动很自由。'"

经过两次堵口作战，旅顺港变得相当狭窄了，但还没完全堵死。

在此期间，日本陆军在朝鲜和满洲逐渐需要大兵团增援。为此，必须不让一艘俄舰在海上活动。于是，东乡决定继续实施堵口计划。

五十七、"军神"广濑武夫的行迹

在日俄战争之后相当长的时间里，广濑武夫的名字在日本几乎家喻户晓。广濑武夫连续两次充任堵口作战指挥员。在第二次堵口时，当船行驶到预定沉船位置,广濑即下令点火炸船,并将部下转移到舢板上。但杉野上等兵不见了。他一边呼喊着杉野的名字,一边到船舱内寻找,找了三次均不见身影。他刚要向舢板转移,被俄军一枚炮弹击中头部,血肉横飞,溅入海中,舢板上仅残留粉身碎骨的尸体上铜钱大小的一块肉。

广濑武夫[前排右三]与"报国丸"队员合影

日本军国主义十分需要广濑式的为天皇舍命效忠的榜样,因此当他的牺牲经过上奏天皇后,立即获得"军人楷模"之殊荣,并连跳两级,晋升为中佐,被尊称为"军神"。他的事迹被编成了军歌在国民中广为传唱。他和杉野上等兵的铜像,耸立在东京须田街交叉路口。市营电车通过时,驾驶员、售票员均脱帽致敬。

广濑成为"军神"后,声名显赫,在日本关于他的传说很多。有的说他受到精通说书、鼓词和戏剧的大侠客清水次郎长的厚爱;有的说他是柔道创始人嘉纳五郎的高徒,曾同电影《姿三四郎》的原型西乡四郎一起习武练功;有的说他曾经得到俄国贵族小姐的爱慕,曾考虑与那位小姐结婚。

明治三十年6月26日,广濑奉命去俄国留学,实际上是被海军派往俄国充当间谍。那一年,广濑29岁。当月29日广濑抵达彼得堡,来到日本公使馆,得到了老一辈八代六郎的多方面指点。

八代在海参崴时,就大力搜集俄国情报,来到彼得堡已两年,对俄国的国情了如指掌,他对广濑说:

"俄国海军是为了担负俄罗斯帝国的使命而存在的。你要了解海军,就必须以研究俄国国情为基础。这是绝对必须具备的条件。仅仅了解海军还不行。操纵军舰的是人,是俄国人。而俄国人是何种族,其长处和短处是什么,这些都必须知道。为此,你要亲近俄国人,和俄国人交朋友。"

八代还教导他,有关俄国的知识,必须从书本上学,但光凭读书,不知者甚多,那就要通过实践来掌握。俄国的地理、风土、气候、历史、民族、宗教、教育、习惯……,仅就单项而言,只是不足道的知识而已。将这些情况综合起来进行分析,就可得出俄国的国情和俄国人的思想判断。将外部知识和亲眼所见的内情结合起来研究,就可得到有关俄国的真实情况。因此,你首先必须尽快掌握俄语。

能说出这番话的八代,不愧是间谍老手。广濑遵照八代的教导,立即开始发奋学习俄语。每天都学到深夜,有时甚至通宵达旦。此时的广濑,每天都把时间消磨在学俄语、练口语以及逛彼得堡大街上。

他上街时,常到高处去,或登上伊萨克斯基大寺院,眺望市容街景;或访问位于伏尔加河口的造船厂;他装扮成游客,周游要地;他还坐在公园的长椅上,听市民们闲聊。

等到掌握了俄语,读、写、听、说都行时,广濑经常外出旅行。

广濑到彼得堡上任当年的冬天,俄国太平洋舰队开进旅顺港,并于次年春天占领了辽东半岛。这是俄国武力外交干涉的胜利。本来,辽东半岛在日清战争后是日本的领地。

当然,俄国也有反对那种做法的鸽派,但他们却遭到鹰派的排斥。俄国攫取旅顺港和辽东半岛后,露出了狰狞面目,大力扩充海军,将战列舰和巡洋舰陆续驶往东亚,企图在那里永久占领,并称霸远东。

1899 年 6 月,广濑从彼得堡出发,进行长途旅行。他从莫斯科沿伏尔加河南下,经下诺夫戈罗德,步行到阿斯特拉罕、巴库、捷夫里兹,然后到达克里米亚半岛。7 月,参观了塞瓦斯托波尔军港,而后从敖得萨经尼古拉耶夫斯克,再从基辅到波兰。

在这次穿越俄国中南部的旅行中,他考察了俄国的行政、民情、交通和工商业的现状,同时发现引起俄国内动乱的人集中在南方。唯有这俄国南部地区才是最值得注意的。

他还发现,俄国的文明程度远远赶不上西欧各国。就它的海军来说,俄国海军是经彼得大帝和女皇叶卡特林娜二世的努力才建设起来的一支近代化海军,但因成立时间短,缺乏严密的科学管理,技术力量比较薄弱,水兵训练不严格,战斗力不强。

他在此次旅行中,与不少俄国人结为朋友,并通过与这些朋友的接触,对俄国人有了自己的看法。

1900 年春,广濑用 80 天时间考察了西欧,他把俄国与西欧各国相比较,得出了如下结论:

俄国是君主专制国家,一切服从沙皇的旨意,大臣是沙皇的宠儿,内政、外交、财政、军事等一切事情全由大臣们决定。对这种政策,报纸理应批评,但只要看一看其社论和评论,就会明白,它们全是跟政府公报一样的官样文章,政府想做某件事,报纸就迎合其意。因此,只要看一下报纸的社论和评论,就可推断出俄国政府的主张和方针。但是,实际上也有人反对政府的做法,所以有必要重视没有在报纸上登载的东西。无名小卒的声音和没有见诸报端的小道消息,都具有一定的准确性和重要性。俄国属于欧洲,但它不像一个欧洲国家,它是一个神秘的国家。

广濑在俄国渐渐拥有了许多亲密朋友,他的为人得到了俄国人的信任。在跨越国界交朋友的同时,他似乎也萌发过爱情,把俄国看成是自己的第二故乡。

尽管如此,他并没有丧失自己的立场、忘记自己的身份。广濑回国是在1902年1月,即日俄战争开战前两年。作为军人,他在俄国从事间谍活动,但他的确喜爱俄国,人们并不怀疑他想为两国停战效力这一动机的真实性。

来到彼得堡接替广濑的是伊东主一、村田淳、田中义一,他们的合法身份是驻彼得堡日本公使馆武官,任务是专门调查俄国的武器装备情况。其中田中义一后来晋升为陆军大将,退出军界后曾担任过政友会总裁、日本首相。

广濑回国后,于8月15日登上常务舰队的旗舰"朝日"号。就在同一天,另一名陆军军官来到了彼得堡日本公使馆,他就是大名鼎鼎的明石元二郎中佐。

明石中佐的任务与田中等人全然不同。他是从内部搅乱俄国,使其不能随心所欲地进行战争,以达到从内部牵制俄国的目的。

据以前日本掌握的情报,俄罗斯帝国内部的团结并不牢固。明石此行并不是对这一问题作进一步的查证,而是一旦开战,如何利用俄国的弱点,鼓动并援助不满分子和革命分子发动叛乱,从内部推翻俄罗斯帝国。

这一计划是由明石本人主动提出,并自告奋勇承担此艰巨任务。参谋本部采纳了该计划,并给明石秘密费用大约100万日元,其数额相当于今天的8亿日元。军方下此赌注,可见决心之大。

当时,俄国除了少数宫廷派外,舆论在不断变化和产生分歧。明石发现,这是最大的弱点。明石注意到,俄国迫不及待地引进西欧思想,结果导致社会观发生变化,动荡因素增大。

再者,俄国虽自诩为强大国家,但居住在芬兰、波兰、波罗的海沿岸、亚美尼亚、高加索、白俄罗斯等地的人民,要求独立和自由,对俄罗斯政府持反对态度。因难以从实质上统一,所以它还没有形成强大的力量。明石想,如果使这些人团结起来,发给他们武器,让他们打游击,从内部动摇俄国,将对日本与俄国在满洲的决战十分有利。

俄国的情况与在天皇的蛊惑下,人喊马嘶、举国狂热的日本有着天壤之别。不仅如此,与日本联合舰队将领足智多谋、谙悉敌情、官兵不怕送命的情况相反,俄国太平洋舰队的将官所面临的情况却很糟糕。

两国的国情、民心、将领和士兵的对比,使广濑对日本能最终战胜俄国充满信心,只是他的心中尚有一丝"剪不断,理还乱"的俄罗斯情结。

五十八、"俄国将领虽多,但马卡洛夫只有一个"

沙俄分舰队首战失利后的第 6 天,沙皇即任命马卡洛夫海军中将接替斯达尔克为太平洋分舰队司令。

马卡洛夫海军中将

马卡洛夫出身卑微。在等级森严,贵胄掌握军权的封建农奴制国家里,他凭勇敢、机智和甘愿肝脑涂地地为沙皇效忠而步步高升,特别在 1877 ~ 1878 年的俄土战争中他经住了考验,显示了其军事才能。

马卡洛夫虽然声名显赫,并甘心情愿当沙皇奴仆,但是由于他出身低微,生性耿直,喜欢据理力争,"性格不安分",而不大得到尼古拉二世和宠臣们的器重。

彼得堡为舰队司令的职位提出了两名候选人:罗日斯特温斯基和马卡洛夫。前者受沙皇和宠臣们的信任,是宫廷圈子内的"自己人",在战争中牺牲了太可惜。而且对于扭转局势来说,不安分的、精力充沛的马卡洛夫也许更为合适,于是令他急赴远东。随同他一起到旅顺的还有几名技艺高超的造船工程师,一批专门从各个造船厂挑选来的经验丰富的工人。挑选这些人来的目的,是协同旅顺修船厂的工人抢修俄国舰队受伤的舰只。同时,还运来几车厢的舰用零配件。

马卡洛夫力争早日到达旅顺,但在路过奉天的时候,他停留了一下,目的是拜访总督兼远东总司令阿历克赛耶夫。他向总督呈上了自己的计划,谈了关于必须赶快用新型舰艇加强舰队的想法，并且强调说："没有驱逐舰，我们将没有手和眼睛。"

总督本人也于3月7日给海军部长发了一份电报，电报中说："同舰队司令马卡洛夫海军中将讨论了加强太平洋水域的水雷舰队的问题之后，我完全赞同他在给阁下的报告中提出的意见，并认为，在当前情况下订购驱逐舰是重要的……"

然而，这些意见，在海军统帅机关却没有人愿意听。罗斯图诺夫主编的《俄日战争史》中就此下的结论为："要知道，在很大程度上就是因为旅顺的俄国驱逐舰太少，机械可靠性差，故障频繁，才使日本舰队得以掌握关东半岛地区的主动权，进行夜袭，在俄国海军基地的大门口布雷。"这说明，马卡洛夫必须赶快用新型驱逐舰的意见是正确的、有远见的。

马卡洛夫同一切有作为的军事家一样，有一套善于接近下层士兵群众，用小恩小惠收买人心以驱使部下为他卖命的"驭兵术"。

海军中将马卡洛夫到旅顺下车后，从火车站直接走往船坞里去。工人们带着好奇的神色，望着这位目光柔和的长胡子海军司令。

"弟兄们，你们好！"马卡洛夫用温和低哑的声音向工人问候，他深谙如何取悦、笼络士兵群众之法。

"祝大人健康！"工人们取下帽子，参差不一地回答。

马卡洛夫发现许多人带着病容，就问他们生活怎样，住在哪里，在什么地方吃饭，领多少工资，是否很多人都带有家眷。工人们起初很不乐意回答，随着司令关切的话语，他们才渐渐详细而生动地回答马卡洛夫的问题。

海军司令听了工人们苦难的诉说后，眉头愈皱愈紧了，最后他生气了，鼻子呼呼作响，右肩颤抖着。

"立刻在船坞附近，找一所海军营房来做工人的宿舍，所有佣工统统发给海军人员的口粮！"马卡洛夫命令道。

人群里发出了赞美的声音，有许多人高兴得露出了笑容。纷纷向海军司令道谢。

"不过，请你们记住我的条件，每个工人都要加倍努力，一个人应做四个人的工作，以便在极短期内把所有的军舰都修理好。"马卡洛夫向工人们说。顷刻间他露出了之所以"关心"他们生活的目的和"慈善"的本相。

"请司令大人放心，我们会加倍努力的！"工人们齐声应道。

"司令大人，要找个澡塘给我们洗洗澡才好，我们满身都是虱子、跳蚤，城里没有一个好澡堂。"

"对的,俄国人不洗澡是过不惯的!准许佣工与水兵一样,有权利到海军澡堂里去洗澡,"马卡洛夫答应说,"屠克里斯基中尉,请你监督执行我的命令。"

"是!"中尉应了一声。

马卡洛夫巡视船坞后,就到停在码头边的"泽萨列维奇"号铁甲舰上去。水兵们在舰尾甲板上列队,舰长格里哥洛维奇上校在舷门旁迎接他。主桅上升起了舰队司令旗。所有军舰都鸣炮庆祝新海军司令的升旗典礼。马卡洛夫向舰上水兵们道好后,检阅队伍,仔细观看每个水兵的面容。

水兵们穿着整齐的新军服,都显得很剽悍。可见该舰长在全舰队中以善于管理内务而著称不是偶然的。

马卡洛夫在倾听舰队工程师顾特尼科夫长篇大论地报告修复工程时,打断了他的话,问道:"什么时候可以把军舰修好?"

"'泽萨列维奇'号舰5月初可以修好,'帕拉塔'号舰在4月中旬,'列特维尊'号舰至少还须3个月,因为要在潜水堰里工作。"

"我不能等待这么久!'泽萨列维奇'号舰和'帕拉塔'号舰要在5月1日以前修好,'列特维尊'号舰要在5月10日以前修好。你的任务是要用一切方法保证我的命令执行。"马卡洛夫坚决地说。

马卡洛夫在上面舰桥旁边召集军官们谈话。

"诸位将士,你们自己首先应当充满战斗精神,然后才能鼓舞水兵。请你们记得科尔尼洛夫和拿希莫夫(按:在克里木战争中指挥塞瓦斯托波尔保卫战中英勇牺牲的两位海军上将)的遗训:'敌人一出现,就要去攻击,不管他的人数多少。西诺帕海战应当成为我们的模范。'

"钧座,现在不是帆船时代,日本人也不像土耳其人,单靠勇气是不能打败他们的。"副舰长男爵科尔夫不赞同司令的观点。

"当然不是单靠勇气,也要精通作战技能,可是首先应当记得,日本鬼子并不像人们描绘的那样可怕,要有胜利的信心,要用这样的信心来鼓舞自己和自己的部下。我们的水兵在真正的指挥官的指挥下,是能建立奇功的。"

"现在他们只在旅顺酒馆里建立奇功!"屠克里斯基插言说。

"这一罪过首先要由军官们承担,因为他们不会真正教育自己的水兵。我首先要处罚军官,只有那些善于领导兵士的军官,才会受到我的尊敬。至于那些高傲自大、不干粗活儿的人,我是不要的。"

马卡洛夫和军官们谈完话，便走到水兵吃饭的炮塔甲板上去。他坐在一个饭锅旁，要来一只匙子，尝了尝菜汤和稀饭。菜饭都做得很好，一般说来，"泽萨列维奇"号舰上水兵们的伙食，比其他军舰上都强些。

　　"你们的伙食平素总是那么好吗？"马卡洛夫问。

　　"大人，伙食一桩我们是不抱怨的！可是在军港里真是呆腻了，"一个水兵回答说，"只有头两天打过日本鬼子，从那时起，就停在这里修理。"

　　"大概你们那时受了惊骇吧？"马卡洛夫开玩笑说，"现在你们不想从船坞里爬出去么？"

　　水兵们回答说，"日本鬼子欠了我们很多债，我们都想很快去和他算清。"

　　"现在，要大胆地干，加倍来痛击鬼子。过一个月，你们'泽萨列维奇'号舰就应当开出海去。要做到这点，必需努力工作，加紧地干。弟兄们，我指望的就是你们。"马卡洛夫就这样结束了谈话。

　　"大人，我们努力做到！"水兵们回答着，海军司令走出去了。

　　马卡洛夫在"帕拉塔"号舰上，看见四处非常肮脏，垃圾满地，马上就生了气。

　　坏舷梯，弯扶手，麻绳，铁索，所有这一切东西，都乱七八糟地堆在甲板上。"帕拉塔"号舰长科索维奇上校辩解说，在进行修理工作时，是没有办法保持舰上清洁的，马卡洛夫根本不听。

　　"给你二天时间，把所有一切都整理出个头绪来。屠克里斯基中尉，请你记下，我要亲自来检查这个命令的执行。"海军司令严厉地回答他。

　　"难怪2月8日'帕拉塔'号舰的洞口塞了那么久，怎么也不能开到岸边去。"马卡洛夫厉声说。

　　"那时我不在巡洋舰上！"科索维奇嘟囔了一句。

　　"那你就有了双重的罪过：第一，你夜间擅自离开了停在外碇泊场应由你负责指挥的军舰，第二，连塞洞口这样的作战的基本技能，你都没有事先教好水兵。"

　　马卡洛夫来到"列特维尊"号舰，头部的潜水堰已经筑好，此时正在把隔水舱里的水抽出来。铁甲舰很快就要浮起，离开搁浅的地方。

　　"列特维尊"号舰的军官一看见马卡洛夫来到，马上就叫水兵列好队，工人也排列在甲板上。

　　马卡洛夫在"帕拉塔"号舰上发过脾气，现在已经平息了，他带着明显高兴的神情，听了关于"列特维尊"号舰经过紧张的抢修快要出浅的报告，随后检阅了水兵队伍。

"勤勉可嘉!"马卡洛夫夸奖水兵们。

"乐意效劳!"这是当时俄国陆海士兵回答长官慰勉时喊的军语。

马卡洛夫想亲自看"列特维尊"号舰被打坏的地方,他走下底舱,钻进木壁,到了正在抽水的隔水舱里,用提灯仔细检查了一遍。弄得浑身肮脏,疲乏已极,伴随他的军官们也累得困倦不堪,然后他才转回到甲板上来。

早餐时,海军司令与舰上军官谈话。

"你们运气好,开战第一个月,你们就得到了这样丰富的战斗经验。"

"经验当然是很多的,"一位名叫向斯诺维奇的军官道,"可是恐怕没有人愿意再获得这样的经验。需要开进港里去,哪怕稍微休息一下也好。"

"不过不要迷恋城市。同时离开军舰的军官不能超过十分之一,只有在星期天或节日,才准许水兵们上岸。我听说在旅顺有一种惯例,舰上军官,除了值班的以外,几乎每天都上岸去。甚至舰队出海时,也不是全体官兵都到齐了! 我认为这是绝对不可容许的。"马卡洛夫警告说。

许多军官的脸上,现出了不高兴的神色。

"钧座的司令旗升在哪一只军舰上?"向斯诺维奇问。

"司令部只好留在'彼得巴甫洛夫斯克'号舰上,我自己想住在一只巡洋舰上,'亚斯科里德'号舰,'捷安'号舰,'巴阳'号舰,随便哪只都行。"

"可是在作战时,这恐怕不很方便,不如住在铁甲舰上,比较安全一些。"在司令面前毫无拘束的向斯诺维奇说。

"铁甲舰太笨重了,不灵便,无法开到前面去。说海军司令定要住在最安全的军舰上,这是一种旧时的偏见。巡洋舰有许多优点:坐在它上面,既可侦察,又可视察全体舰队,并且行驶迅速,很方便,易于机动。所以作战时,坐在巡洋舰上,便可很快驶到应到的地方去,看见所要看见的事情。在所有巡洋舰中,我很想选定'诺维克'号舰,不过那里太狭小,除了副官外,什么人也不能跟着。"

军官们仔细听着马卡洛夫讲话。他的关于指挥作战用什么战舰的议论打破了海军里根深蒂固的传统观念。

新任司令发现,舰长们的作战观点很不一致。尽管困难重重,物资缺乏,舰队兵力和装备明显不足,马卡洛夫还是认为,只要全体官兵努力,就可以摆脱被动,获得主动。他的报告最后乐观地表示:"虽然有种种不完善之处和缺点,我认为,我们是不是现在就冒险试试,把制海权夺过来,并逐渐扩大分舰队的活动区域;我现在就在构思总战役的计划,尽管理智告诉我,现在孤注一掷还为时尚早。"①

应该肯定,马卡洛夫这番话和这一打算,是正确的、有勇气的,可惜,"阳春白雪",曲高和寡。

次日早晨6点钟,晨光照到黄金山上,马卡洛夫已经起床,他来到甲板上。上午,他到"彼得巴甫洛夫斯克"号舰上,只向列队的水兵问候了一声,便到司令部去见海军参谋长莫拉斯。

他和莫拉斯单独谈话时,很生气地向莫拉斯讲述了他在舰队和旅顺口看到的一切使他极为愤怒的情景。马卡洛夫说完之后,莫拉斯平心静气地向他解释旅顺口的既成局面是怎样造成的。

下午两点钟,俄关东军防区司令,中将斯达塞尔准备会见马卡洛夫。在他的私邸客厅内,所有被请来和马卡洛夫会晤的陆军将领均已到齐。斯达塞尔一边在房间里踱步,一边听着要塞部队东西伯利亚第4狙击步兵师师长傅克少将的忠告:

"司令我认为要叫新来的海军司令马上懂得,是舰队保卫关东州和要塞,而不是要塞保卫舰队;舰队可以毁灭,要塞却始终要存在,一旦要塞被敌人占领,那舰队也就完蛋了。这个道理,海军里的人应当确实理解。"

"亚历山大·维克托洛维奇(按:指傅克),你的话是对的! 这是个基本问题,谁也不能有不同意见。首先要有陆军,然后才是海军!"斯达塞尔的语气非常坚定。

这时,要塞副官宪兵大尉沃家格走进门来。他奉命到码头上迎接海军司令。马卡洛夫跟在他的后面走了进来,穿着金光闪烁的礼服,佩着勋带,胸前挂着一排排勋章。左手拿着三角帽和白手套。马卡洛夫背后是海军参谋长莫拉斯和屠克里斯基,他们两人也穿着礼服。马卡洛夫向四周一望,首先走到将军夫人蔚兰·阿历克塞也夫娜跟前去。莫拉斯介绍他与将军夫人认识。

"新任海军司令斯契潘·奥斯波维奇·马卡洛夫。"马卡洛夫躬身吻了吻夫人的手。

"拜识司令,真是太荣幸了。"将军夫人柔声说着,吻了吻海军司令的额角。

马卡洛夫向站在房间中央的陆军司令斯达塞尔走去。他看见斯达塞尔一

---

① 《1904～1905年的俄日战争。海军的行动。文献》第1册第2分册,第69页。

动不动,不觉有点奇怪。他怎么也没想到,原来这是斯达塞尔以此作为"陆军高于海军"的一种表示。海陆军两司令互相对视和鞠了躬,彼此相识后,斯达塞尔就把在场的人一一介绍给马卡洛夫认识。

彼此寒暄一番之后,马卡洛夫要求讨论防卫旅顺口的大体计划以及海陆军更加紧密的联络方式。在初次见面和交谈中,陆军将领就对马卡洛夫表现了诸多的傲慢和不友好。

整个晚上,马卡洛夫都在舰上拟定派水雷舰出海进行火力侦察的计划,因为传说日本军舰有行动。最后他写了一封呈给总督的报告书,报告他在旅顺口准备采取的一切办法。

半夜里,旅顺口海防炮垒上,忽然炮声隆隆,信号站向马卡洛夫报告:外碇泊场发现有日本水雷舰出现。马卡洛夫立刻命令所有水雷舰一齐升火,并令水雷舰队司令官马士塞维奇海军上校率领舰队出海,打退日舰。而当时马士塞维奇上校却不在舰上,原来,上校依照驻旅顺口海军的惯例,住宿在岸上了,费了很多时候才找到了他。马卡洛夫非常生气。

"难道要我亲自带领水雷舰去作战不成?"马卡洛夫急躁地问,"中尉,请了解一下各水雷舰准备出海的情形。叫它们在一个官衔最高的舰长指挥下出发好了。"

不一会儿,中尉屠克里斯基报告说:"'警惕'号舰和'坚决'号舰马上可以出发,其余的最早要一个钟头以后才能准备就绪。"

"这不是水雷舰,简直是观望船!要准备两个多钟头才出海!马上派'警惕'号舰和'坚决'号舰到托尔敦岛去侦察,其余的水雷舰赶到海上去和它们汇合。"

乌云低压着天空。"坚决"号舰和"警惕"号舰在海军中校博锡的指挥下,马上就消失在黑暗中。水兵们轮流在大炮和水雷发射管跟前值班。他们在黑暗中低声交谈。主要话题就是这个新海军司令马卡洛夫。马卡洛夫到旅顺还不过一昼夜,可是在水兵中已经传出了他的许多奇谈。"军港工人与水兵同等待遇了,虽说他们是受雇佣的。"舰首炮位上的一个炮手说。

"傻瓜!谁愿意领水兵这样少的工资来做工呢!海军司令让他们和水兵吃同样的伙食,允许他们到水兵澡堂洗澡,并住到水兵营房里来。"

"也可以带女人一块儿住吗?"

"下了命令,每人发给一个女人!只有你这个傻瓜,因为说蠢话,所以不给你。"

舰桥上的军官们也在议论马卡洛夫。

"这个人不会让舰队安静的,他会叫铁甲舰也得赶上水雷舰的,"塞尔格也夫中尉肯定地说,"我和他在波罗的海舰队上共过事。"

"现在旅顺口的花姑娘会叫起苦来。只有星期日才准我们上岸,好像在海军学校里一样。"库得列维奇少尉叹着气说。

"那我们荷包里也可以多积点钱了。姑娘会在陆军里找到客人的。"哥洛维兹宁中尉表示异议。

"他运气真好,刚一到任,'列特维尊'号舰就出浅了!以前多少次都弄得很糟,他一到任,马上一切都顺利地办好了。"库得列维奇感到有点不解地说。

"这不是什么运气,是他聪明能干。"哥洛维兹宁回答说。

几天后,电岩炮台工程师兹芳纳列夫接到要塞炮兵司令柏勒的命令,要装设重炮,就同大尉技术军官哥毕托一起往老铁山去了一趟。第二天他俩到柏勒那里来报告。

刚巧,马卡洛夫中将和屠克里斯基中尉也在柏勒家。他们在客厅里遇着马卡洛夫,海军司令全身礼服,显然是特地来拜访柏勒的。

马卡洛夫很客气地同他们道好之后,仍继续参与客厅里的谈话。柏勒本人正在与总参谋部上校作战科长亚加帕也夫及屠克里斯基交谈。哥毕托和兹芳纳列夫也坐在他们跟前。

"今天我们在海上逛得挺有趣,"亚加帕也夫叙述说,"还在拂晓时我们就到海上去了,午后一点钟才转回旅顺。海上美妙极了,清朗,静寂。甚至在很远的海面上,都没有发现一只日本军舰。海军司令起初在扫雷船上,告诉大家怎样捞出水雷,以后又坐汽艇到捞起的水雷跟前,详细加以察看,并命令立刻把雷管卸下。不管人们如何劝他要小心些,但他一直等到水雷上爆炸装具都拆卸下后才走。从他那动作敏捷毫不疲倦这点来看,好像他不是五十七岁,而是三十开外的人。有了这样一位海军司令,我们可以大胆同日本人决一雌雄了。"上校连连称赞。

……

又过几天,马卡洛夫在"亚斯科里德"号舰上召集各舰队司令和各舰长开会。其中有些人没有这样紧急集会的习惯,迟到了,海军司令当面对他们进行了训斥。

会议研究如何积极主动出海与日本舰队作战的问题。

"诸位将领,我严格责成你们确切迅速地执行我的一切命令。要有更多的自信心,你们会在经验中相信我的命令都是绝对可以办到的。"马卡洛夫在同大家告别时说道。

夜色还笼罩着旅顺,人们尚在睡梦中。"亚斯科里德"号舰的桅上,已发出了信号,闪闪烁烁。接着其他各军舰的桅上也亮起信号灯,军舰间在互相作答。听到各舰上都有水手长们发出的尖声笛哨,还有口令声、步伐声:舰队迅速醒来了。千百盏灯光照耀着各只军舰。码头上开出了几十只拖轮,汽笛声震撼着碇泊场,向黑糊糊的巨大铁甲舰和巡洋舰驶近。

碇泊场活跃起来了,舰队的战斗日开始了。

马卡洛夫出任太平洋分舰队司令后,揭开了俄国太平洋舰队战斗活动崭新的一页。敌方也觉察到俄国舰队和以往不同了。当时有一个日本驱逐舰舰长写道:"随着马卡洛夫将军的到来,俄国分舰队变得空前活跃,特别在港口防御方面。"接着,他得出结论说:"他想必是个能人,可是我希望日本榴弹不久将迫使他停止反对我们的活动。"东乡平八郎当然知道来了一个强劲的对手。但东乡对马卡洛夫的战术和个性了如指掌,他已经精心设计好了一套"诱敌之策"。

东乡担心俄国军舰会从旅顺向符拉迪沃斯托克突围,决定在俄国基地的航道上布雷。为此拨出了部分舰只和辅助船执行任务。

4月12日23时40分左右,日本舰船来到了辽东半岛附近。由于天黑,日舰无法确定自己的位置。岸上的探照灯好几次照亮了渐渐驶近的舰只,但是俄军早些时候派了几艘驱逐舰去长山列岛,不知这几艘舰船是敌是友,所以没有开炮。虽然俄军指挥部也担心日军在基地附近布雷,却没有对危险区域进行扫海。

俄军派出去8艘驱逐舰的任务是前去寻找和攻击正在进行登陆准备的日本人的机动基地。但殿后的"可怕"号和"勇敢"号在夜间1时左右因看不见自己的编队,掉头慢速航行,想在天亮前回到旅顺。途中,它们被由2艘巡洋舰和6艘驱逐舰组成的日本编队发现了。

日舰队立即进行攻击,一发炮弹击中了"可怕"号的鱼雷发射管,杀伤了许多水兵。战斗中,舰长尤拉索夫斯基海军中校阵亡了,所有大炮都被打坏。

由于舰艇多处受伤,"可怕"号开始下沉。走在它前面的"勇敢"号回过头来想援救"可怕"号,但日舰的炮火使它不能靠近。驶抵停泊场后,"勇敢"号舰长巴希列夫海军中尉立刻向马卡洛夫将军报告了"可怕"号的情况。将军派巡洋舰"巴扬"号出海援救。随后,整个分舰队开始驶往外停泊场。

日本巡洋舰的出现,它们和"巴扬"号的战斗,令人认为可能是日本联合舰队主力向旅顺驶来,马卡洛夫不等其余舰只出港,就命令"巴扬"号引导装甲舰"彼得巴甫洛夫斯克"号驶往"可怕"号的罹难地点。俄舰向日舰开火。日舰慌忙向主力所在地逃去。俄舰救起了四个水兵和一个军官之后,继续追击日舰。

大约过了一个小时,俄国舰队渐渐赶上了两只老旧日舰"镇远"号和"松岛"号。各舰集中火力向它轰击。其中一只起火了。这时远处有无数的日舰在云雾中隐现。马卡洛夫看到日本舰队全部都开过来了,猛然猜到东乡大将用的诡计,他是企图用老旧的铁甲舰来引诱俄舰队落入陷阱。日舰想利用比俄舰更快的速度,截断俄舰往旅顺的退路,然后将其包围起来,强迫它们在不利的条件下接战。

马卡洛夫下令舰队,立即回头驶去。舰队一面开炮抵抗日舰,一面掉过头来向旅顺驶进。这时"彼得巴甫洛夫斯克"舰走在铁甲舰纵阵的前面。

"通知黄金山:'叫海岸炮垒准备开炮!'"马卡洛夫吩咐说。

日本军舰利用速度上的优势,企图平行行驶,赶过俄舰。这时,炮火密集,交战变得非常激烈。一颗炮弹落到"彼德巴甫洛夫斯克"舰上,弹片敲得铁甲丁当乱响,有人受了伤,甲板上出现了穿白罩衣的救护兵。舰上起火了,可是马上就被扑熄了。马卡洛夫进了司令塔。莫拉斯、屠克里斯基、旗舰航海长和一个炮兵军官,还有舰长雅科甫列夫和信号手,都跟着马卡洛夫到了那里。

忽然传来一声惊天动地的轰鸣,铁甲舰被震得往上一跳,冒起一根火柱,全舰都被黑烟吞没。马卡洛夫受了重伤,他大叫一声,双手把脸蒙住。

"放下救生艇!舰队停止前进!……"半晌后,他才下命令,可是谁也不听他的话了。甲板上海水四溢,人们从各舱口、梯子上跑来,都吓得惊惶失措。

这时军舰右舷又接连爆炸了两次。铁甲舰陡然倾向一边。甲板上叫声连天,大家混作一团,纷纷向左舷跑去。

马卡洛夫知道他此刻已无法可想,就抛下外套,脱下套鞋,设法走到舰边去。没走几步,他绊在满脸是血、躺在甲板上的画家维勒沙根身上。海军司令急忙弯下腰去,想把画家扶起来。可是维勒沙根只是嘶哑地说了一句:

"斯契潘·奥斯波维奇,救你自己吧,我不行了。"

在这一瞬间,马卡洛夫又被一次爆炸震倒了。他爬起身来,抓住扶手,可是此刻甲板正在倾斜,他双脚一滑,仰着跌下海里。

屠克里斯基被爆炸力抛到旁边很远的地方,马上又爬起,力求在浓烟里看清甲板上纷乱的情形。马卡洛夫从甲板滚落下去的身影,在他的眼前一晃,他本想把海军司令抱住,可是机舱里冲出一阵热气,径直冲到他的头上,使他顿时昏眩过去,不省人事。

"彼得巴甫洛夫斯克"铁甲舰爆炸地离海岸 2 海里,时间是 4 月 13 日上午 9 点 43 分。由于接连大爆炸,全舰被烈火吞没,2 分钟之内就沉入了海底。

除了海军司令之外,同时丧生的还有参谋长莫拉斯海军少将、27 名军官和 620 名水兵,以及著名画家维勒沙根。只有 7 名军官和 73 名水兵获救。

马卡洛夫之死,完全是因为东乡摸透了他的禀性和脾气,引导他跌入了被设计好的陷阱。

东乡掌握了马卡洛夫的活动规律:他到旅顺上任以来,把提高士气当作头等大事,总是带头出击!

那么,东乡是怎样具体制定这一诱马卡洛夫的旗舰触雷的计策的呢?

一天,东乡将隶属于联合舰队的水雷布设队司令小田喜代藏中佐叫到"三笠"号旗舰上,小田中佐是著名的水雷权威,数年来一直埋头于水雷的研究。

"该你露一手了!"东乡命令他在崂峍嘴附近海域布设锚雷,并嘱咐他多布设一点,这样,即使敌扫雷艇引爆掉一些,剩下的也会撞上敌舰。

小田欣然应命,作了精心布置。

4 月 12 日夜,天空灰蒙蒙的,好像要下雨的样子,海面上能见度很低,沉闷的空气令人窒息。到半夜时分开始下起雨来。这样的天气便于布雷。

日军第一战队开到旅顺附近担任掩护。眺望俄军探照灯光,发现有六七部探照灯正不停地转扫。这证明俄军还没有发现日舰。

不久,"蛟龙丸"等舰艇安全返航了,小田中佐汇报说,因雨敌人没有发觉我们,水雷准确地布设在预定地点。他在海图上标明了位置。

既然布设了水雷,就必须在俄军发觉并扫清之前,尽快把马卡洛夫引诱出来。东乡的第二条妙计是用第三战队作诱饵,将俄国太平洋舰队吸引到港外来。

"如果去挑逗一下,马卡洛夫必定出来!"东乡摸透了他是"一触即跳"的将军,对这一点东乡充满了信心。

……

当第三战队赶到交战海域,只见俄国"巴彦"号巡洋舰正在追击日驱逐舰,第三战队立即瞄准俄舰开炮。"巴彦"号见不能如愿以偿,便溜回去了。

第三战队司令出羽想："巴彦"号无足轻重，现在最要紧的是挑逗对方，把马卡洛夫引诱出来，主力第1战队还在后面等着。为此，第三战队逼近港口，对准港内炮击，同时观察港内动静。不一会儿，只见港内升起团团黑烟，俄主力舰队正作出港准备。

"好极了！好极了！敌主力舰队到底出来了！"出羽高兴得手舞足蹈。

俄舰"彼得罗巴甫洛夫斯克"号打头，后面跟着"塞瓦斯托波尔"号和"阿斯科耳德"号、"狄爱娜"号、"诺维克"号、"帕派达"号等主力舰和9艘驱逐舰。"彼得罗巴甫洛夫斯克"号的桅顶，高高飘扬着马卡洛夫司令的帅旗。

马卡洛夫果真被牵出来了。

本来，他每天早上都命令扫雷舰到港外扫雷，得不到扫雷完毕的报告决不出港。即使决定出港，也在命令小舰艇出动侦察之后，主力舰才出港。如此谨小慎微的男子汉，这时却判若两人。他得到报告，担任港口

俄国装甲舰"彼得罗巴甫洛夫斯克"号

警戒的驱逐舰被击沉，另一艘负伤而归，愤恨至极，立即命令"巴彦"号巡洋舰运营救被击沉的"斯特拉西诺"号舰员。结果，"巴彦"号狼狈而归。

马卡洛夫怒发冲冠，命令全舰队紧急出动。当时，不知是一位参谋还是参谋长提醒他："长官，扫雷还未结束呢……"

"等到结束了，敌人早跑了。"马卡洛夫大声训斥（按：性格缺陷与失去冷静与理智紧密相连）。总之，他一心要狠揍一下日本第三战队。今天是极好的机会。

马卡洛夫中了出羽第三战队的妙计，不知不觉追到要塞炮射程之外15海里的地方。参谋们注意到了这个问题，但认为己方处于优势，无论如何要追歼第三战队。

这时，海上大风骤起，吹散了海面的浓雾，日本主力舰队突然出现在水平线上。

马卡洛夫一下子傻了眼，后悔已经来不及了。他心想，在这里交战毫无把握，无论如何要退回到利于发挥要塞炮作用的海域，在那里作战有利。于是，

下令舰队撤退。

日军寺垣中将回忆说：

> 等到海上雾霭全部消散，马卡洛夫率领的舰队终于逃进要塞炮射程之内。
>
> 我以为马卡洛夫大概要进港，但马卡洛夫看起来像受了委屈似的，不但不进港，反而在港外从东到西作示威性航行，我正看着马卡洛夫到底想干什么，这时，航海长釜屋六郎中佐走来说："'彼得罗巴甫洛夫斯克'号快要碰上水雷了。"
>
> 大家聚集在甲板上，釜屋航海长开始大声读秒。
>
> 10时32分，"彼得罗巴甫洛夫斯克"号旗舰，像往常一样在崂崒嘴海面掉头。不，也许掉头的地方正是雷区。突然，一声巨响，连我们都感到了震动。巨大的爆炸声，伴随着浓烈的黑烟、火焰。还有直往外喷的白色蒸气……"彼得罗巴甫洛夫斯克"号整个身影都被吞没了。
>
> 这样猛烈的爆炸，从未见过。我拿起双筒望远镜，除了不断喷出的滚滚黑烟和熊熊火焰，还有向四周弥漫的水雾外，其他什么也看不见。顿时，"万岁"的欢呼声响彻云霄。
>
> 航海长报告："还有一分钟就要沉没。"烟雾好容易散尽，"彼得罗巴甫洛夫斯克"号的身影，就这样永远从海面上消失了。
>
> "看样子，马卡洛夫死了。"
>
> "准没错！"我们相互交谈着。我认为这样巨大的战舰之所以一瞬间即从眼前消失，这不仅是我方锚雷的威力，而且是锚雷爆炸引爆了弹药舱，进而毁坏了主机造成的。
>
> ……

话分两头。在俄国其他军舰组织对"彼得巴甫洛夫斯克"旗舰上的人员救援时，一直没有找到马卡洛夫，只是捞起了他的外套。不幸的消息传到电岩炮台，寿科夫斯基长叹了一声之后说：

"上帝啊！没有马卡洛夫，我们的海军怎么办呀？"

"会派另一个人来的。"兹芳纳列夫咕噜着。

"另一个马卡洛夫是派不来的！我们的俄国海军将领虽多，但马卡洛夫只有一个，这是无法补偿的损失！"博雷科忧郁地回答说。

"一下子就遭了多少不幸！'彼得巴甫洛夫斯克'号舰和海军司令竟然——

同牺牲。"寿科夫斯基忧郁地摇着头。

这时,旅顺口俄国陆军的将领们似乎尚未意识到马卡洛夫阵亡乃至舰队消亡对于陆上防御有多么大的影响。他们甚至为老对手海军的倒霉,感到一丝幸灾乐祸。

五十九、东乡实施更大规模的堵塞战

第三次堵口作战,是在俄国太平洋分舰队新任司令马卡洛夫死后 20 天,即 5 月 2 日进行的。这次堵口的直接目的是为了保证第二军在辽东半岛顺利登陆。

这次动用的船队比前两次的规模都大,东乡向大本营请求要准备 12 只船。大本营对东乡充分信赖,经过研究决定把"新发田丸"、"小仓丸"、"朝颜丸"、"三河丸"、"远江丸"、"釜山丸"、"江户丸"、"长门丸"、"小樽丸"、"佐仓丸"、"相模丸"、"爱国丸"等 12 艘排水量为 2000 吨左右的运输船,送到联合舰队所在地。东乡又挑选了 37 名士官和 207 名士兵,作为决死堵塞队员,确定"新发田丸"为指挥船,并对"釜山丸"、"小仓丸"、"长门丸"3 船增加了特殊的爆破装置,任命"鸟海"舰舰长海军中佐林三子雄为总指挥。

实施堵塞计划前,先派堵塞队员进行侦察。堵塞队员分乘第三、四、五驱逐舰队前往旅顺,由第一战队的"八岛"号、"敷岛"号、"初濑"号 3 舰为护卫,4 月 27 日从海州邑锚地出发,下午 5 时到达圆岛。侦察队与战队告别后,于深夜 11 点半到达旅顺口外。第二天凌晨向港口突进,直至离港口 3500 米处,不见俄舰,海岸上的探照灯明晃晃地照着海面。

这时从黄金山炮台上打来了几发炮弹,又马上停止了。俄军似乎没有发现日本的侦察舰队。

侦察队员完成了侦察任务,早晨 5 时,于港外会合了战队,29 日返回了海州邑。

4 月 30 日,东乡下达命令:5 月 4 日,陆军第二军在辽东半岛盐大澳登陆,由第三舰队进行掩护;由第一舰队直接压迫旅顺口俄国舰队;由第一、第三战队、"赤城"、"鸟海"、第二、第三、第四、第五驱逐舰队和第九、第十、第十四、第十六艇队,以及堵塞船队于 5 月 1 日前往封锁旅顺港。5 月 1 日午后 5 时,12 只堵塞船与第一、二、三、五、六共 5 个战队及第二、三、四、五共 4 个驱逐舰队,第九、十四鱼雷艇队,还有水雷母舰及其他附属舰船,一起编队起航,5 月 2 日下午到达圆岛。

然而,天有不测风云,不能指望每次都受到"天佑"和"神助"。这支舰队出发后,5月2日夜,天气突然变化,风急浪高,东乡司令官征求总指挥的意见是否可行动,林三子雄说:"北风属地风,我认为旅顺口之波涛必能静稳,今夜一定决行!"

下午7时30分,堵塞船队与舰队在圆岛告别出发,驱逐舰与鱼雷艇队全速驶向黄金山方向。堵塞船队于夜12时到达港外。这时,旅顺港外的海情与林三子雄推断的大相径庭,忽然刮起了东南烈风,啸叫怒吼,怪云吞月,暗淡的海面恶浪翻滚,浪冠闪着阴惨的光——泡沫的光,舰船大摇大晃,头和尾不时淹没在奔流的雪白泡沫里,致使不能正常航行,队形变得紊乱,互相离散。

在这种情况下,总指挥林三子雄对远矢勇之助参谋说:"冒此风波若更突进堵塞之后,收容队员会很困难,因而徒损人命,虽然本来是不想生还的队员,然而能救出的将士,使其徒死,这绝非上策! 所以今夜欲终止此封塞事业,你以为如何?"

远矢参谋回答说:"此际之进退,一切服从总指挥之意见!"

于是林三子雄下令:"今夜中止行动,各船都须引退!"命令"赤诚"号传达各船。①

然而,由于风浪太大,气象恶劣,各船之间已经失去了联系,只有"新发田丸"、"小仓丸"和"长门丸"接到了命令。"釜山丸"因为锅炉发生故障,已经离队,其余8艘船没有接到命令,仍然冲破风浪前进。这8艘船上共计有160名官兵。

最先到达港口附近的是"三河丸",然而,它被俄军的探照灯光扫到,于是立刻变成炮火集中的靶子。"三河礼"频频中弹发生了火灾。但是仍然冲破港口的防障,闯入港口的左侧爆沉。接着,"佐仓丸"也跟着闯入,在港口右侧尖岸附近投锚爆沉,敢死队员全部丧生。后面的"远江丸"、"小樽丸"、"相模丸"、"江户丸"、"爱国丸"也陆续来到港口。俄军炮台和军舰上的炮火立即向这些船只集中猛烈射击,加上有的船只触到俄军敷设的水雷,发生了爆炸,使日军的堵塞船员伤亡惨重。

行驶在前面的"远江丸"刚要进入港口,锅炉和舵机就被炮弹击毁,不

---

① 参见日本海军勋功表彰会编:《日露海战记》,第124页。

能行动,只得在港口中央部位爆沉。"小樽丸"破坏了防障,闯到"三河丸"的前面,在港口的左方偏西地方爆沉。"爱国丸"距离港口的 900 米处触上水雷沉没。"江户丸"冒着猛烈炮火闯进港口,指挥官高柳直夫大尉被俄弹击毙在罗盘仪旁边,船最后在港口的中央爆沉。向菊太郎少佐指挥的"朝颜丸"还没有到达港口,就被俄军炮弹打坏了舵机而无法航行,便在黄金山附近爆沉的,此船没有一个生还者。

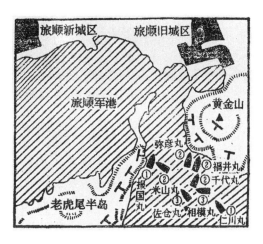

日军第一至第三次堵口沉船位置图

担任掩护封锁作业和收容堵塞队员的"赤城"号、"鸟海"号两艘军舰和各驱逐舰队、艇队与堵塞队员已经失去了联系,第九、第十、第十四、第十六艇队冲破风浪,好不容易到达港口附近,才收容了大约半数堵塞队员。67号艇和"苍鹰"号艇还被俄军炮火击伤。

这次封锁行动由于天气险恶,风急浪高,加上俄军加强了防御,所以日军伤亡惨重,"小樽丸"、"相模丸"、"佐仓丸"和"朝颜丸"的船员,一个也没有收容到。参加这次闭塞战的 159 名人员中,只救回 67 人,32 人被俘(有 2 名军官),60 人死亡。尽管封锁的效果比前两次好,在中心航道沉了多艘船只,但经过俄军清理后,大型军舰仍然能够从港口自由出入。

经过日本海军三次封锁旅顺口后,俄舰全部躲在港内不出,整个制海权全部掌握在日本海军手里。

从 5 月 4 日开始,日本第二军从朝鲜大同江乘船出发,在第三舰队的掩护下,于 5 月 5 日在大连湾附近的盐大澳登陆。由于俄国的陆海军按兵不动,到 15

日军塞港中被俘人员由俄军押往收容所

日止,日本第二军顺利地完成了登陆任务。第二军登陆后,就迅速抢占战略要地,金州、大连很快落入日军的手中。

六十、俄日双方均遭重创的水雷战

水雷是"布设在水中,由于舰船碰撞或进入其非触发引信范围,或由人工控制而起爆的水中武器"。而鱼雷则是"由携载平台发射入水,能自航、自控(自导)或复合制导,以毁伤目标的水中武器"。水雷和鱼雷的区别由此可见。再说得明白一点,水雷是不会游动的,鱼雷像"鱼"一样会游。东乡大将首次派驱逐舰夜袭俄舰队时,发射的是鱼雷;而炸沉俄国太平洋分舰队旗舰"彼得巴甫洛夫斯克"号并使马卡洛夫司令丧生的是水雷。

水雷是一种古老的武器。自从有海上战争以来,人们为了摧毁对方军舰的水下船体,它就以各种不同的形式和不同名称出现了。在历次战争中不断被运用,逐渐成为舰艇必备的武器装备,即便在今天高技术海战中也颇具威力。

明朝嘉靖年间(公元16世纪中叶),我国东南沿海地区,为了打击倭寇侵扰,使用了一种最早的水雷武器。唐荆川撰编的《武编》详细记述了水底雷用于海战的情况:"水底雷,以大将军为之。埋伏于各港口,遇贼船相近,则动其机,铳发于水底,使贼莫测,舟楫破,而贼无所逃矣。用大木箱,油灰粘缝,内宿火,上用绳绊,下用三角锚坠之。"1778年美国的独立战争中,华盛顿的军队曾用啤酒桶装炸药制成漂雷,用来打击英国船队,成为轰动一时的"小桶战争",并将此种水雷称为"小桶水雷"。它的使用引起了各国海军的重视,竞相研制不同类型的水雷,出现了电液触发锚雷和自动定深装置。时至今日,仍为各国采用。

20世纪初发生的日俄战争,双方都使用了电液触发自动定深锚雷,构成了坚强的海上水雷阵地。水雷战主要围绕旅顺港的攻守展开。使用赫尔基式或者其他型的触角式锚雷。现"旅顺大狱"存有日俄双方使用的水雷实物,状如球形或上宽下窄的桶形。

日军对俄军的水雷战,是与阻塞战相配合的重要战术手段。

如前所述,4月12日夜,日本海军临时改装的布雷舰"蛟龙丸",在12艘驱逐舰的掩护下,至旅顺口东南2.5海里的海域布设了"小田"式机械水雷。次日上午,"彼得巴甫洛夫斯克"号触上了雷。照例说,一艘11400吨的铁甲舰有良好的防沉性能,触上这样的一枚水雷至多造成重创,之所以在两分钟内就沉入海底,是因为这枚水雷,恰好在舰的水雷舱底下爆炸,从而引爆了舰上装有硝化棉炸药的水雷和 12 英寸(305 毫米)口径炮弹,火药舱和炮弹舱起爆,炸毁了筒式锅炉。

同"彼得巴甫洛夫斯克"号一同触雷的还有装甲舰"胜利"号。"胜利"号被炸后,舱内进水 500 多吨,但未造成沉没,勉强自航回到旅顺外港。

日本的水雷在顷刻之间造成沙俄太平洋分舰队的两艘装甲舰一沉一伤,大大削弱了其作战能力,这是他们使用水雷的最大战果。特别是马卡洛夫之死,对全舰队有着致命的影响。有的军事家断言,马卡洛夫之死,等于使俄舰队沉没了 5 艘装甲舰,可见其影响之重大。他不仅关系到沙俄太平洋舰队的存亡,而且关系到战争的全局和命运。

马卡洛夫从 2 月 14 日被任命为太平洋第一分舰队司令,到 4 月 13 日触雷身亡,恰好是两个月,而到旅顺任分舰队司令则仅 36 天。沙俄分舰队从此士气低落,一蹶不振,每况愈下。他的死为日本海军夺取制海权扫除了一个重大障碍。

此后,日本海军不仅继续派战舰到旅顺外港封锁、布雷和监视俄舰的行动,而且派舰船到海参崴港外布雷,为彻底歼灭俄国太平洋分舰队创造了有利条件。

在俄国方面,正因为很早就重视水雷战,其太平洋舰队中拥有专门的布雷舰艇,以旅顺港为中心,在辽东半岛沿岸布设了许多防御性水雷,而且放了漂雷。早在日舰偷袭得逞前,在阿列克赛耶夫上将召集的会议上决定,为了不让日舰再接近旅顺,俄舰开始在港外布雷。但是,由于使用这种新式威胁性武器的经验不足,致使进行布雷作业的"叶尼塞"号水雷运输船在 2 月 11 日清除一枚浮起来的水雷时,被海流冲进自己布设的雷场,触雷炸毁,带着大部分船员沉入了海底。

真可谓福无双至,祸不单行。派出去查明"叶尼塞"号命运的巡洋舰"保雅林"号由于不知道雷区的确切位置,同样被炸,2 月 13 日触雷之后,也沉没了。

在"彼得巴甫洛夫斯克"号和"胜利"号两艘装甲舰被炸沉、炸伤和马卡洛夫牺牲后,沙俄舰队在无力与日本舰队列阵对攻的情况下,决定在日本舰队经常活动的海区航线上,布设大量水雷,给日舰以杀伤。这次布雷行动的倡议者是"阿穆尔河"号布雷舰舰长伊凡诺夫海军中校。同时,在旅顺港口日本堵塞

图为日军水雷艇队，左上为俄军机械水雷

船可能进入的方向上，停泊大型运输船 1 艘，周围布上水雷，船上点起灯光，诱使堵塞船触雷沉没。

为了顺利完成布雷任务，需要等待雾天。5 月 14 日，这样的天气出现了。14 时 25 分"阿穆尔河"号离港出海，4 艘驱逐舰伴随行动，其中 2 艘沿"阿穆尔河"号航线扫雷，2 艘担任警戒。

海面上雾气沉沉，这使得布雷可以在白天进行。"阿穆尔河"号把水雷布设在离黄金山 100—200 链①的地方，布雷舰长注意到敌人封锁舰最喜欢到这一带海区活动。布设的雷场同日舰通常进入的航线相垂直。布雷过程顺利。

第二天，即 5 月 15 日，日装甲舰"初濑"号、"屋岛"号、"敷鸣"号及 3 艘巡洋舰在旅顺附近出现。俄国岸上观察哨密切监视日编队的行动。不一会儿，走在最前面的舰队装甲舰"初濑"号触雷爆炸，舰身歪向一边。其他各舰纷纷放下舢板去抢救舰员。冒着危险向"初濑"号靠近的"屋岛"号也碰上了 2 枚水雷。这两艘日本装甲舰一同沉没了。仅"初濑"号上面日军就损失了 36 名军官和军士以及 457 名水兵。

这一天被日本舰队称为"黑暗的一天"。实际上，早在"黑暗的一天"前，就已经进入了"魔鬼的一周"：日军接连损失了 7 艘军舰。

5 月 12 日，48 号扫雷艇，在大连湾附近的大窑口扫雷，结果触雷沉没。

5 月 14 日，通信艇"宫古"号炮击妨碍日方进行扫雷作业的俄陆军时，在大窑口触雷沉没。同日，出羽重远司令长官率领的第三战队在旅顺口附近侦察时，因海面雾大，3 号舰"春日"号与 2 号舰"吉野"号（按：在中日甲午战争中出尽风头的巡洋舰）相撞，"吉野"号沉没，舰上的 314 名舰员全部丧生，"春日"号受重创。

5 月 15 日，执行封锁旅顺口任务的第一战队司令梨羽时起少将率领的 6 艘舰，在"屋岛"号触雷后，梨羽司令转移到"龙田"号舰上，返航途中，又因大雾触礁搁浅。

――――――――――――

① 1 链 = 185.2 米。

5月17日,驱逐舰"晓"号在老铁山以南海面触雷沉没,特别勤务舰"大岛"号在金州湾与"赤城"号相撞沉没。

这六天,对于日本海军来说,是整个战役中最大的灾难日。

据有关资料记载,在日俄战争期间,俄国在旅顺港外水域布设水雷300余枚;日本在旅顺港外布设水雷60~70枚。由于俄国后期消极避战,连布雷也不敢大规模进行,所以还远没有发挥水雷战的威力。旅顺陷落时,日军在库里发现的俄国水雷据说达7500枚,从这一点来看,其库存数量是极其庞大的。

六十一、俄国舰队初次突围失利

在日本第三次堵塞旅顺港口之后,日本陆军在辽东半岛金州杏树屯海滨猴儿石登陆,第二军北上阻击前来援助旅顺的施达克尔堡军团。接着登陆的第三军攻下大连后包围了旅顺,使俄国的旅顺要塞受到来自海上和陆地两方面的夹击。

此时,俄国的太平洋舰队已无力大规模出海作战,只好一面清理港口的堵塞船,一面派出扫雷舰艇从事扫雷任务,并在港内加速修复受伤的战舰。

"瓮中之鳖",是对被困者处境而言的;而"瓮中捉鳖"则比喻捕捉的对象已在掌握之中,探手可得。"瓮中之鳖"比"门内之狗"的命运更为可悲。如今在旅顺口的俄国太平洋舰队,已经从"狗"演变成"鳖"了,从犬嘴还能露露利牙演变为只有鳖脖缩进壳内一招了。

6月23日,俄国驻旅顺口太平洋分舰队做了试图突围的尝试。太平洋分舰队司令维特盖夫特少将(原舰队参谋长)率领的舰队由下列舰只组成:战列舰"柴沙列维奇"号、"列特维占"号、"胜利"号、"佩列斯维特"号、"波尔塔瓦"号、"塞瓦斯托波尔"号和巡洋舰"帕拉塔"号、"狄安娜"号、"阿斯科尔德"号、"诺维克"号及装甲巡洋舰"巴阳"号,驱逐舰14艘,共计25艘。应该说,这仍是一支相当可观的海上力量。

23日早晨5时40分开始出港,预计6小时即可驶出口外。

此前发现海面上有漂浮的日本水雷,扫雷舰扫除15枚水雷。

这时俄舰队的"诺维克"号巡洋舰,几个月前,曾在与日本联合舰队炮战中表现英勇。它作为前导和先锋舰,率10艘驱逐舰航行在最前面,首先发现了日本的侦察驱逐舰队和鱼雷艇队朝俄舰队快速驶来。日本第一驱逐舰队的"白云"号和"朝潮"号与第四驱逐舰队先与俄舰交战,双方进行的炮战异常激烈。"诺维克"号率4艘驱逐舰向日舰猛冲,日舰则边战边退,企图把俄舰引向主力舰队。

在俄舰队出海的同时,日本哨舰"笠置"号立即向总部报告。联合舰队接到报告后,当即命令各舰升火集合。东乡亲率的主力舰队包括舰队装甲舰4艘、装甲巡洋舰4艘、轻巡洋舰4艘;由6艘巡洋舰、18艘驱逐舰组成的第二突击队,尾随东乡的主力战队。由在甲午战争中俘获北洋舰队的装甲舰"镇远"号、巡洋舰4艘、驱逐舰12艘组成的第三突击队航行在俄国分队必经之海域进行拦击。包括此前派出的第一和第四驱逐舰队和哨舰"笠置"号,日本舰队的舰艇超过60艘,因而兵力大大强于俄舰队。

10时,日本联合舰队编队出航,旗舰"三笠"号发出命令向旅顺方向急行。下午3时,日本驱逐舰正与俄国舰队交战,日本第一战队已到旅顺,隐匿于电岩之南,第三战队驶至老铁山,驱逐舰队把俄舰引向南方。这时隐匿于电岩南方的联合舰队看到了西北约8海里的洋面上出现了俄国太平洋分舰队的主力,正向外海航行。18时15分,日本舰队发出了战斗命令,19时30分双方进入到14000米距离内。因日本舰队迎着夕阳余晖不利于瞄准,便斜着猛进,压制俄国舰队,双方揭开了战幕。

俄国太平洋舰队发现日本主力舰队后,开始转向,与日本舰队向相同方向前进,双方展开激烈的炮战。俄国舰队见初次突围不成,于20时后,转向旅顺港返航。

夜幕降临,双方停止战斗。日本旗舰下令:"驱逐舰、鱼雷艇要追击敌人,俟良机加以袭击!"因为在夜间而没有得手。

俄舰因为港口堵塞后没有完全清理好,航道狭窄,白天航行还要十分小心,夜间更不敢直接进港,于是借助海岸炮的掩护,在外停泊场抛锚。尽管在港外夜泊是很危险的,很容易遭到日本鱼雷艇的攻击,但舍此也别无藏身之地。

日本驱逐舰队与鱼雷艇队以1小时10海里的速度努力尾追俄舰,夜9时30分第十四艇队于港外5海里的地方接近了俄国舰队,试作第一次袭击。俄国舰队因怕日本的鱼雷袭击而以狭小的正面布阵。岸上城头山和蛮子营炮台以激烈的炮火支援舰队,并以探照灯不断照射海面,观测日舰非常得力,而对日舰则非常不利。24日1时30分,日本驱逐舰队向老铁山方向转移。24日凌晨2时50分,日舰"白云"号冒着炮火试图袭击,而俄军利用水陆大炮合力射击日舰,从蛮子营、馒头山、黄金山等海岸炮台射出的炮火更加猛烈。到24日天明,日本的驱逐舰队与鱼雷艇队才停止了攻击。

在这次激战中,日本第一驱逐舰队的"白云"号的士官室被击中起火,舵机被炮弹击坏而失去了航行能力。士卒死伤3名,3名军医负伤。第十四艇队的"千岛"号后部气罐被巨弹击中而爆炸。第二十艇队64号艇和第十六艇队的66号艇受了轻伤。第十二艇队的53号艇有1名士官负伤。

俄国的战列舰"塞瓦斯托波尔"号航行中碰上了一枚水雷,舰身被炸开了一个大洞,需要6个星期才能修复。

这次出港失败后,俄国的大型军舰便停留在港内,不再出海作战。海军为了支援陆军保卫要塞的斗争,把许多舰炮拆下来支援陆战,像望台炮台上的大炮(俗称"二杆炮")便是从舰炮拆下来的,这样一来,军舰的火力进一步被削弱,海军战斗力亦随之下降。

在8月10日突围之前,日俄双方海上小规模的战斗时有发生。俄国的鱼雷艇与日本的警戒舰艇有几次战斗,双方布雷舰仍然非常活跃。8月5日,俄国14艘驱逐舰出海,与日本的侦察驱逐舰"曙"号、"胧"号相遇,双方进行炮战。后来日本的驱逐舰"雷"号赶来参战,俄舰急忙驶入港内。

总的来看,俄国海军软弱无能。库罗巴特金将军在他的回忆录中有所披露:

> 由于日本是一个卓越的海军强国,我们的主要作战应在海上进行;如果我们摧毁了敌人的舰队,在中国领土上就不会有战争。正像我们已经指出的那样,我们的舰队几乎没有帮陆军什么忙,因为它在旅顺隐蔽时,并没有试图阻挠敌人登陆。日本的三个军畅行无阻地在辽东半岛登陆了;奥巩保和乃木的部队实际上是在紧靠我们分舰队停泊的地方登陆的。①

库罗巴特金是个徒有虚名、优柔寡断、屡战屡败的庸将,对优势俄军在陆战中节节败退负有不可推卸的责任,后文还要详述。但他批评指责俄国太平洋舰队的怯弱、无为,不是没有道理。纵观古今中外的战史,部队在渡江河湖海时是最被动、最薄弱、最怕攻击的。敌方如果丧失了这一攻击时机,便埋下了失败的根子。可悲的是在甲午中日战争和十年后日俄战争时,日军都故伎重演,在旅顺的侧翼登陆,而清朝和俄国的海军都未予阻击,甘愿放弃制海权,让日军大摇大摆上岸,拣了求之不得的大便宜,最后赢得了这两次战争的全胜。

---

① [俄]库罗巴特金著:《俄国军队与对日战争》,商务印书馆1980年版,第134页。

太平洋分舰队司令维特盖夫特更是一个胆小如鼠的人,试图突围失败后,便龟缩在港 内不再出海作战了,甘愿做一只待人捕捉的瓮中之鳖。

第十三章　背后侧击陆战决胜

六十二、拦腰截断，日军主力突然登陆

尽管日本联合舰队并未歼灭俄国太平洋分舰队，但自开战以来对旅顺港实施的攻击和三次堵塞战，使俄军不敢轻易出港，只能消极避战待援。所以，日本基本上夺取了黄海的制海权。而日本以黑木为桢大将为司令的第一集团军在朝鲜鸭绿江战役中的首战胜利，保障了日军在辽东半岛东海岸登陆的侧翼安全，因此，日军在辽东半岛对俄军"背击"的时机已经成熟。

辽东半岛位于东北地区南端，南濒黄海，西临渤海，东至鸭绿江口，北界辽河平原。东部纵深辽阔，南端地幅狭窄，形如犄角，从东北伸向西南。南有外长山列岛作屏障，西南与内长山列岛相邻，与山东半岛与朝鲜半岛遥遥相望，成三足鼎立之势，控制着黄海北部，环抱渤海，成为东北的右翼屏障，京津的左翼门户。

日军原计划在大孤山登陆，后因大连湾附近俄军设置了许多水雷，故又改在大连湾东北方向的盐大澳。即现在的金县猴儿石附近。登陆点变更后，日军大本营认为与黑木集团所驻地之间的间距过大，有被敌人分割的危险，于是令独立第十师在大孤山登陆，担任两集团军之间的策应。

能否准确"料敌"，是谋略高下的重要检验。俄满洲军队总司令库罗巴特金根据情况分析，日军可能在

日军在猴儿石附近登陆

辽东半岛某地登陆,遂指令旅顺要塞守备部队加强大连湾、普兰店、大房身一线的防御。但是,在猴儿石、张家屯一带未布重兵防守,只派出少数骑兵游动侦察。这便是俄军统帅失算而日军统帅胜算的表现。

日军担任猴儿石登陆任务的是以奥保巩大将为司令官的第二集团军。

4月20日,该集团军乘80艘运输舰分批抵达朝鲜大同江下游集结。日军计划,登陆部队由第三舰队掩护,在猴儿石登陆后,扩大登陆场,占领登沙河口至大沙河口之间的海岸线,占领北起普兰店至大沙河一线,南至金州、大连地区,切断旅顺与内地的联系,陷俄军关东支队于孤军作战的不利态势。

猴儿石位于辽宁省庄河县貔子窝(今皮口)西南,岸滩平缓,多自然湾,泥沙底。高潮时便于登陆器材靠岸。岸上有小丘陵地,登陆后便于巩固登陆场。如登陆后不能向纵深发展,登陆点也可改在猴儿石左翼的孙家嘴子、张家屯等地。该地段登陆地区广阔,便于向纵深发展。同时,俄军在这一带并未设防。奥保巩集团军大部可在此登陆。

5月3日,气候恶劣,海面浪涛汹涌,日军取消了这一天上船的计划。次日上午,天气转好,第一、第三师主力搭乘23艘运输船,编成第一登陆队,在联合舰队第五、第六战队的护卫下,离开椒岛向登陆点航行。

5日5时40分,日军先头部队抵达猴儿石海面。日舰向预定登陆点实施炮火准备。

6时37分,联合舰队海军陆战队1042名官兵,在野元纲明大佐指挥下,携两门小炮,换乘汽艇开始登陆。此时,正逢退潮。汽艇进至离岸1000米处,官兵涉水前进。上岸后,第一营占领了青台山,第二营占领了青台山以南高地。

7时40分,日军野战炮队在上述两个制高点构成了炮兵阵地。正在这时,从貔子窝方向奔来大约40名俄军骑兵,但很快被日军炮火击散。

8时30分,第三师换乘汽艇登陆。

10时30分,登上青台山阵地,接替了海军陆战队的防务,并进一步扩大防御阵地。

5月6日,天气突变,风浪又大。加上猴儿石退潮时登陆器材难于靠岸,野炮必须拆卸才能上运,于是,奥保巩决定将登陆点变更到猴儿石西南的张家屯附近海岸。

次日,俄国远东总督阿列克赛耶夫从旅顺仓皇北上,他从此不得不乘着华丽的专车,延误铁路军运,往来于沈阳与符拉迪沃斯托克之间。

为迎击日军,哥萨克骑兵在行军中

8日,日军第一师在张家屯登陆,迅速在第三师左翼占领阵地。

10日,第四师登陆。日军又将防御阵地扩展到磨盘山、卧龙山、大姚屯、邢家屯、太子山、黄金沟、肖家屯、马家庄一线地区。

14日,日军三个师、一个炮兵旅完全上岸。奥保巩留下少量兵力继续巩固登陆场,率主力向金州湾挺进。在占领要地、步步进逼过程中,日军并未遇到俄军主力抵抗,所以向纵深发展顺利。

日军登陆不久便被俄军发现。但是,担负这一线防御的旅顺要塞部队东西伯利亚第四狙击步兵师师长傅克少将并未采取任何抗登陆措施。库罗巴特金闻报后,感到事态严重,特派西伯利亚哥萨克骑兵师第二旅旅长兹里可夫少将,率七个营前来阻击。

但是,库罗巴特金的命令却说:

"避免决战,最主要的是不能让部队遭受损失。"

这是个典型的消极防御的命令,是极端错误的,与放弃鸭绿江防线如出一辙。

库罗巴特金对于远东战事的计划是,待大批俄军到达后,在哈尔滨一线与日军展开决战。所以,他无意在鸭绿江边阻挡日军,也无意在日军登陆时用重兵进行抗击。他生怕自己的部队受到损失,只想虚晃一枪。

他的部属都心领神会主子的意图,于是,这些俄军还未到登陆地段,没放一枪一弹,便跑回去了,不折不扣地实现了"不能让部队遭受损失"这个"最主要"目的。

俄国大作家列夫·托尔斯泰的名著《安娜·卡列尼娜》,开篇有句富有哲理、意味深长的话:"幸福的家庭都是相似的,不幸的家庭各有各的不幸。奥布浪斯基家里,一切都混乱了。"笔者突发灵感,发挥和模仿这句话,这就是:低能、庸碌、失败的将领都是相似的,聪明、卓越、胜算的将领各有各的高招。

505

在俄国满洲军总司令库罗巴特金所统管的部队里,一切都混乱了。

一般说来,军事上要想取得胜利,必须出奇制胜,变化莫测。从辽东半岛薄弱环节登陆,抄旅顺口的后路,对日军来说,此乃"老马识途",重走故道;而俄军的将领与清朝包括李鸿章在内的一帮庸将是一丘之貉,毫无军事战略头脑,竟不以重兵积极抗击其登陆,巩固战略后方,致使日军背击得逞,俄军重蹈清军覆辙,实在是可悲可叹。

俄驻旅顺要塞部队听说日军已向纵深发展,目标直指金州,十分恐慌。因为金州地区地幅狭窄,尤其是腰部仅 4～5 公里,称为"蜂腰",如果一旦被日军控制,便会使要塞守备部队处于十分不利的境地。因此,斯达塞尔中将令傅克加强金州防御。傅克根据命令,派杜宁上校率 8 个步兵连、1 个骑兵连、1 个边防队,携带火炮 10 门占领金州东北十三里台以西高地的有利地形,派谢弗克中校率 2 个步兵连、2 个独立分队占领茶房台,拦截日军。然而,傅克指示他们:不必硬拼,如果抵御不住,即向金州退却。

5 月 16 日,日军第三师推进至后列半沟、前半拉山屯东北 125 高地、夏家店北方 145 高地、夏家沟东方高地及 127 高地一带。11 时 50 分,日军向防御十三里台、月山、泡子山、条鬼沟东方 138 高地、曲家屯、185 高地地域的俄军发起攻击。俄军的猛烈炮火一度将日军压在沟壑里。13 时 30 分,4 个营的日军迂回至茶房台俄军阵地右翼,会同正面部队夹击俄军。守军抵御不住,遂弃阵而走。茶房台一失,十三里台阵地侧翼立即暴露,杜宁上校唯恐全军覆没,也慌忙撤退。日军紧追不舍,直逼金州城外,切断金州与辽阳方向的联系。至此,奥保巩集团军完成了辽东半岛登陆战役的第一阶段的任务。在登陆作战的第二阶段,第五师、第十一师、骑兵第一旅陆续在张家屯登陆,随第一师、第三师、第四师前进。

战争如弈棋,"一着不慎,满盘皆输";多着出错,必输无疑。对手弈棋之后,常有"复盘",找找双方在哪些地方失了着、占了先。因为日俄间下的这盘棋棋盘太大,过程太长,我们不妨从局部来"复盘"论胜负。

日军在猴儿石到带登陆成功,抄旅顺口要塞后路,把俄军防线拦腰截断,具有重大的战略意义,奠定了全局胜利的基础,而其胜利的原因是:

其一,选择登陆方向和登陆点正确。猴儿石—张家屯既远离俄军主力集结地域,避开俄军正面,又距日本联合舰队外长山列岛前进基地近,航渡距离短;这段海岸地形既便于登陆及登陆后巩固登陆场,又便于补给,这一带居民多,又是产粮区;该地带既有良好的道路,便于迅速地向纵深发展,前出到旅顺要塞背后,威胁要塞安全,又距金州要地较近,便于割裂要塞与后方地域的联系。

其二,重视陆海军协同。登陆前,日军先向岸上要点实施炮击。然后,海军陆战队再登陆,建立滩头阵地。继而,陆军主力登陆,扩大登陆场。

其三,夺取制海权。战争爆发后,日本联合舰队就采取多种手段封锁旅顺港,使俄国太平洋分舰队基本上不敢出海,为登陆作战创造了条件。

其四,战役伪装好。登陆前,日本联合舰队在两个方向上实施佯动,使俄军不能准确判明日军登陆作战的主要突击方向。

其五,日军有在辽东半岛登陆作战的经验,对辽东半岛的地形熟悉。虽是甲午战争中战胜清军、攻克旅顺的故伎重演,但毕竟"轻车熟路",又一次得手了。

俄军抗登陆作战的失败原因是:

一是情况判断模糊。抗登陆作战,不能在漫长的海岸线处处设防,必须实施重点防御。而要使防御有重点,必须判明敌人可能选定的主要登陆方向。但是,俄军正是在这个重大问题上判断失误,未能形成重点防御的战役布局,不仅没有在日军登陆的主要方向上集中主要兵力兵器,而且也没有做到纵深梯次配置。

二是未抓住有利时机实施反突击。抗登陆作战中,有两个打击敌人的好时机,即:在敌人换舟准备上陆时以强大火力给予"半渡击";继而在敌人上陆后立足未稳时赶其下海,进行"背水击"。俄军错过了这两个与胜利密切相关的不可失的"机"和不再来的"时"。

二是陆海军协同不力。俄国分舰队自马卡洛夫死后,士气低落,不积极出海,陆军将领又看不起他们,不发挥他们阻击日军登陆运输部队可以起到的作用。这与日军陆海配合、积极进攻形成了鲜明的对照。

六十三、金州之役,乃木长子战场毙命

日本大本营在制定日俄战争的原计划中,并没有从陆上攻占旅顺的企图,而计划采取由海军歼灭俄国太平洋分舰队或者封锁旅顺口的方式,保障主力决战。由于堵塞战未获全功,日舰触雷沉没多艘,特别是俄国已决定派遣波罗的海舰队前来远东增援,如果让其与旅顺口的分舰队会合,后果不堪设想。于是,日军大本营决心在与俄国陆军主力决战前,在海军的配合下,从陆路攻占

旅顺,歼灭港内的俄舰队。

5 月中旬,针对旅顺要塞的地理条件和俄军的防御情况,日本大本营提出了:"海军从正面封锁,陆军从背后实施攻击"的作战方针。首先攻取金州地区蜂腰部的南山要点,割裂旅顺俄军与后方的联系,使其陷于孤军作战境地;继而占领大连,在大连湾建立前进基地,扫清外围;最后强攻旅顺,夺占要塞,"瓮中捉鳖",歼灭俄国分舰队。

根据该作战方针和作战计划,大本营命令第二集团军攻占南山要点,尔后率第三师、第四师、第五师北上,摆出一副寻敌主力决战的假象,使俄军不能确切判明日军的企图,争取较多的时间,完成进攻旅顺的部署;组建担任攻击旅顺要塞任务的第三集团军;联合舰队担负海上封锁、护送第三集团军登陆的任务,协同陆军进攻旅顺要塞。

南山是日军在旅顺要塞争夺战中最先进攻的目标。它位于金州湾南部,俄军称扇子山,标高 106 米,宽约 4 公里,恰扼金州地峡最狭窄的"蜂腰部"。山的东侧是通往旅顺的要道,距旅顺 62 公里。山的西侧是通大连的必经之路,是旅顺要塞通向后方的唯一陆上通道。日军占领了南山就彻底切断了要塞与后方的联系,等于掐断了俄军的食道;而俄军守住南山就可以得到后方的增援和补给,加强要塞的防御弹性,利于长期作战。

担负南山防御任务的是俄军傅克指挥的东西伯利亚第四师,该师共有17,760 人,配有加强野炮 54 门,要塞炮 77 门,机关枪 10 挺。面对日本优势兵

俄军南山阵地的堡垒

力,俄军非但没有增兵南山,加强防御,反而由于俄军满洲陆军总司令库罗帕特金对金州南山的重要性认识不足,在开战前,下令将傅克将军指挥的东西伯利亚第四师:调归旅顺卫戍部队,并要求及时将阵地上的火炮撤离运走,以防被日军俘获。①

这是何等的低能与失策!

---

① 罗斯图诺夫编:《俄日战争史》,科学出版社,第 165 页。

东西伯利亚第四师撤出南山阵地后,防御南山阵地和金州城的重任就落在了特列季亚科夫上校指挥的第五步兵团的身上。该团共 3800 人,装备有 65 门火炮、10 挺机关枪。其余兵力作为预备队配置在后方。傅克的司令部设在南山方向的南关岭镇。

南山防御阵地由永备和半永备工事构成,共有 13 座炮台、5 座堡垒、3 个眼镜堡。从山脚到山顶挖有 3 道 2 米深的步兵堑壕,成梯次布局,相互间有交通壕相连,每道步兵堑壕前设有铁丝网、地雷场等障碍物。山顶配置了探照灯。

南山两侧距金州湾、大连湾不远,便于俄军分舰队从海上支援。各炮台、堡垒通过有线通信联络。

日军组成了强大兵团攻击南山。奥保巩集团军 3.64 万人,261 门火炮、48 挺机枪。5 月 24 日,大本营下令立即攻击南山要点。日俄两军对垒兵力之比是 9∶1。

25 日深夜,日军右翼第 4 师利用大雨天气的掩护,向南山左翼阵地北部的金州城突然发起攻击。

金州的城墙高 3 丈,下面有一个小村庄,可以说是金州城的外郊。金州平野的另一方,是陡峭的山岭,屏障着整个北面。山坡上都是稠密的高粱、黍子和齐腰高的玉米。整团的队伍可以隐蔽在这些密丛中,还可自由通过。金州城南各山坡上都环绕着战壕。山脚附近挖有第一道战壕,半山上是带铁丝网的第二道战壕,把阵地围住。是夜,日军的进攻因守城俄军的顽强抵抗而受阻。

26 日凌晨,日军中路第一师也投入战斗,用炸药炸开城门,向城内突击。俄军阵地被突破,天明前撤至南山。4 时 20 分,日军开始对南山实施炮火准备,炮弹穿过晨雾,呼啸着扑向俄军南山阵地。5 时半,日军以西山保吉中佐指挥的筑紫支舰队驶入金州湾,参加炮火准备。在陆海军的合击下,

日军在大连港的大批军用物资

509

俄军炮火被压制,右翼阵地只有11门火炮还能使用。其中5门还是从中国军队中抢来的旧炮。特列季亚科夫急向傅克请求支援。

8时许,日军步兵发起冲击。俄军凭借有利地形,用步枪组成密集火力网,打得日军伤亡惨重。10时,俄国炮舰"海狸"号、驱逐舰"机敏"号和"猛烈"号勇敢地驶入金州湾,炮击日军左翼第三师。"海狸"号炮舰距岸2600米,发射2000发炮弹,猛烈的炮火打得日军抬不起头来。大房身高地的傅克炮兵阵地也以火力支援南山阵地左翼。俄军这次炮击使日军第三、第四师损失很大,阵地前遗弃着大批的尸体和伤兵。

据这次战斗亲历者日军官樱井忠温中尉记述:"此处之谷底,彼处之山麓,均死尸累累,然而已黑,紫色之血块染于全身,颜青黑,脸膨肿,头发则与尘结而成块,白齿四五枚,乃轻轻咬着嘴唇,而赤襟又露而触人目……"足见这场战斗之惨烈。

俄军预备队司令官纳杰英少将中午时分看到日军如此狼狈,电告斯达塞尔:

> 乌拉!敌人已从阵前败退,一部分大炮也被丢弃。目前,只是在金州湾尚有几艘日炮舰,炮击我阵地。在此次抗击日军进攻中,"海狸"号炮舰战功卓著。

斯达塞尔闻讯,高兴得简直要跳起来,与参谋们连连举杯祝贺。

14时,稍事休整的日军又开始冲击。这次炮火准备的目标是俄国步兵堑壕。这些堑壕是用木头制成的顶盖,只能挡步枪弹和榴霰弹,经不起炮火的袭击。因此,步兵遭到很大伤亡。许多俄军士兵被坍塌的步兵壕压在里面,侥幸活着的官兵沿着纵横的交通壕,放弃前沿向后退却。日军又企图向两翼扩张,但被俄军击退。

奥保巩将军在金州城外司令部的掩蔽所里,用望远镜观察着战况,心情十分焦急。从拂晓开始,3个师对1个团,261门炮对65门炮,整整打了10个小时都未打开突破口。这时,炮兵报告炮弹缺乏,要求迅速补充。奥保巩命令从驻在普兰店车站的第五师停炮场调拨炮弹。17时,炮弹从后方运到,奥保巩命令各师坚持进攻,直到打完最后一颗子弹。18时,第四师改变战术,没有从正面攻击,而是绕过俄军的左翼阵地,趁退潮从齐腰深的海水涉过,迂回到俄军阵地背后,攻破俄军侧翼阵地。

特列季亚科夫上校见左翼阵地被突破,急电傅克,再次请求增援。傅克掌握着大量部队却按兵不动,不仅拒绝增援,而且蛮横不讲理地训斥上校占据这么好的阵地,又有那么多的大炮,却对付不了日军,命令他枪毙几个胆小鬼,以稳定士气。具有讽刺意义的是傅克的命令还没有到,南山守军就溃退了。18时30分,日本军旗插上南山阵地。

是役,日军共耗步枪子弹219万多发,炮弹三万多发。俄军伤亡官兵1403人。日军伤亡官兵4387人,为总兵力的12%。

南山一役进一步暴露了俄军高级指挥官的腐败无能,特别是傅克真可谓是罪魁祸首。南山地势易守难攻,如果全力防守,日军久攻不克,会使战局逆转。一旦俄军主力自海城方向南下与关东支队会合,日军很可能会被压回到登陆点,陷于背水作战的困难境地。但是,傅克却只凭1个团抗击日军3个师,拒不增援,终于丧失了可以守住的阵地。

俄军撤走后的南山阵地

当时,法国有一位名叫格兰德普尔的军事历史评论家评论道:

> 金州蜂腰部——其地形适于构筑前哨堡垒。如果俄军有时间构筑、完善这一堡垒,并尽量保障供给所需的现代化技术装备的话,那么,该城的卫戍部队也能抵抗日军数月之久。而日军只能封锁围困城堡,或是在关东半岛的其他地段实施比貔子窝规模更大的登陆,但要遭到来自俄国舰队、旅顺卫戍部队方面的威胁。

德国报纸评论日军取得金州战役胜利,说:

> 尽管俄方报告说俄军防御工事坚不可摧,然事实恰恰相反。旅顺港之命运在这场战斗中已被决定。日军威望由于南山激战而提高。这表明,日军这次最高级别之军事行为,当可与历史上普鲁士军队在圣.普拉瓦战役中的表现相媲美。另一方面,俄军声望一落千丈,尽管俄军企图缩小战役规模,但是现在已经是微不足道之事。毫无疑问的是,日军将在其

强大的炮兵配合下,不日将制定进攻旅顺港之计划。报告称俄沙皇已命令库罗巴特金向南进击,以解救旅顺港。消息如果确凿,这将是一次灾难性的行动。因为众所周知,麦克马洪在违背自己意愿而被迫执行命令时,他就走到了悲惨的尽头。①

在查阅资料的过程中,笔者经常会对比日俄双方的人心向背和战斗状态。仅举一个日本的指挥官乃木希典的例子,即可窥见一斑。

1904 年 5 月 1 日,乃木希典担任第三军司令官,27 日离开东京出发。此前,为在日本国内号召国民送儿郎参军,效忠天皇,他带头将自己的两个儿子都送到部队。

乃木所乘火车到达静冈驿时,日军已攻陷金州,接到快报后高唱"万岁",十分高兴,但是及至广岛起,凶报开始传回。乃木 5 月 30 日记载:

> ……拜访毛利公一行,午前 1 点 30 分分手……。本日接到汤池的胜典之事的电报,未对别人说。

次日(31)记载:

> 从夫人那里得知胜典中尉认五级功。接到寺内大臣的公报。午后回电表达"大满足之意"。

从乃木希典大将日记的话语中,虽回避了一个"死"字,但已不难看出他的长子乃木胜典在金州城外已丧生了。

1904 年 3 月 18 日,乃木胜典出征前夜,乃木希典用御酒为他们亲人举行告别宴,参加者除了妻子静子,还有诸多亲友。

乃木希典向两个儿子敬御酒后说了一番并不吉利的话,道破作为他的"遗言"。他说:

> "战场是'生死之地',既然我们父子三人同赴战场,就要有为天皇捐躯的充分思想准备。谁死了都不要先下葬,等战争结束后,遗骨齐全时再一起下葬。"

乃木说完,抬头看了看静子,因为此番话主要是嘱咐夫人的。

静子忍住眼泪,低头轻语:"好,听你的话。"

在场的亲友们暗中流泪,不胜欷歔。

---

① 日本驻德井上公使致小村外务大臣电,1904 年 6 月 1 日晚 12 时 10 分柏林发。

第二天,出征当日,乃木自己又携带着天皇恩赐的葡萄酒到了新桥驿,与儿子互相敬酒,告别。

如今,长子在战场已英勇战死,他为何表示"满足"呢?因为他觉得作为武人后代而受教育的长子,战死沙场是光荣的归宿,故不向其他人表示其悲伤。

6月1日,乃木从宇品搭乘御用船"第一八幡丸"前,带着和胜典、保典合影的照片。他事前特地拍摄了这张照片,也是反映乃木心事的一个侧面。

乃木胜典在军中使用的皮箱送回东京,大约在7月中旬。寄食学生把作为纪念的皮箱运到静子夫人的房间。夫人打开一看,儿子战死时穿着的军服还沾着泥污。

乃木胜典和乃木保典

5月26日凌晨,乃木胜典去往金州北门。午后3点时被金州城东门上射击的俄军机关枪打中左下腹部,且子弹留在体内,刀带的卡扣插进下腹部,切断大肠,出血严重。送到第二野战医院,尽管得到治疗,仍于次日死亡。白色的夏服上沾染了黑色的血,衬衫和衬裤上都是,凝视着这一切,作为母亲的静子夫人禁不住眼泪直淌。在儿子战死的前夜,静子做了一个预感其死的梦。接到战死的通知后,她呆在自己的房间里哭泣,无尽地悲伤,也没有接待前来吊唁的人们。其数月后回复平静,仍回避访客,在接待不得不见面的特别来访者时,将其悲伤而无比憔悴的脸庞化妆了。虽然当时有传闻说她"即使二个儿子都战死了,夫人也未掉一滴眼泪",那全是为宣传她的"坚强"和"大义"而编造的虚言妄说。可事实上,因胜典之死,静子夫人悲痛、哭泣,已流干了眼泪。

乃木静子,1859年11月17日生于鹿儿岛新屋敷240号,是萨摩藩藩士汤地定之的第四女,幼名叫阿七,也叫志知,从小跟随有文化修养的母亲读书、习字。1872年与父母一起移居东京后,在女校上学并修完其课程,此外还学习琴曲、插花、菜道、裁缝、礼仪等,嫁到乃木家后改称乃木静子。

乃木希典任熊本镇台的连队长时,母亲常常催促其成家,他答曰:"非鹿儿岛的女孩不娶。"后经乃木所在军的司令官野津镇雄介绍,向静子家提亲。1878 年 8 月 27 日两人结婚时,希典 30 岁,静子 18 岁。1879 年 8 月 28 日长子胜典出生,1881 年生次子保典,之后又生一子一女,但均在出生后不久死去,所以,胜典、保典是乃木和静子珍爱有加的爱子。

对于长子胜典的死,乃木希典的内心世界是怎样的?且看他 1904 年 6 月的日记:

> 6 月 7 日,晴。到达金州,途中受伤者 290 人,去向不明者 4 名,在柳家屯见到。来到三里屯出迎兵部司令官。夜宿刘家屯的刘家。军政委员齐藤季二郎来访,在其引导下巡视南山战场,为山上战死者墓标敬酒,幕僚随行。作吊唁爱子诗一首:

> 山川草木转荒凉,十里风腥新战场。
> 征马不前人不语,金州城外立斜阳。

> 6 月 8 日,晴,早上从金州出发,到达北泡子崖,召集两师团长,下达训令。……在从南山可以俯瞰的八里庄立下了"乃木少尉战场之地"的石柱,此足于令在金州北门外勇敢作战,重伤而亡的胜典瞑目了。

乃木《金州城外》诗碑

乃木希典对中国古代文化有较深的造诣,特别喜欢中国的古典诗词。他自己也经常即兴写诗,抒发内心的喜怒哀乐。撇开政治,就乃木忠于信仰、以身作则及丰富的内心世界而言,郭沫若明确表达了对他的钦敬之情。

他在《创造十年续篇》(作于 1937 年上半年)中指出:日本人在还懂得"物之哀"的时候,他们的国势是蒸蒸日上的。

然后举乃木的《金州城外》为例,认为此诗"颇足以表示明治维新当时的一些文臣武将的心境",说:

这诗,在日本人所做的汉诗里面,要算是字和音雅的一种。更想到他是指挥作战的武人,而在战胜之余,却做出了这样一首表示着十分深切的哀愁的诗,怎么也要令人肃然生敬。他之所以能够有叱咤三军的力量,不也是出于这儿的吗?然而日本人的这种心境,在目前似乎也要费点考古学的工夫才能寻找到了。

发此议论之后不久郭沫若"别妇抛雏"回国抗战。乃木希典已经成为日本人近代记忆中的"原型",其住所附近的土坡被命名为"乃木坂",东京地铁千代田线有一站就叫"乃木坂"。从此站出来,旁边的乃木神社和乃木故居均为旅游景点。在乃木故居,透过窗户还能看到当年夫妇二人殉死的房间。

那样日俄战场,某些场景、某些人物,使时人与后人曾产生诸多感慨。难怪梁启超撰写了《祈战死》,青年鲁迅写下了《斯巴达之魂》。

六十四、辽阳会战,优势俄军仍然告负

"九月寒砧催木叶,十年征戍忆辽阳。"这是唐人沈佺期的诗句,说明辽阳自古以来都是边防重镇,兵家必争之地。辽阳位于辽东半岛中部,东临本溪,东南与凤凰城交界,南与岫岩、海城、鞍山相连,北靠沈阳。该城历史悠久,战国时期,燕昭王派大将秦开"北却东胡千余里",开发东北,在此设襄平郡,管辖辽东。辽阳名称始于汉代。据《汉书·地理志》载:"(小辽)水(指浑河)出辽山西南流经辽阳县与大梁水(指太子河)会",汉代辽阳地处小辽河之北,按"水北曰阳",故名辽阳。

俄军决定在辽阳与日军决战,所以花费大量人力、物力在城内及外围构筑了坚固工事。首先看一下城防工事。俄军把辽阳城墙凿成隧道10处,在城外修筑很多公路,纵横如织。沿公路义修筑了大量的碉堡群,每个碉堡设炮数门。在碉堡外面挖掘堑壕,宽6米,深4米,壕内遍植木桩,或架设铁丝网,设陷阱人数。在阵地背后,有甬道可通炮车。在太子河右岸土城丘上排列重炮,以掩护堡垒。

在城防工事外围,俄军又构筑了三道防线。每道防线都设有单人掩体的野战防御工事,所有的工事都是环形防御的土木工事群。每个工事都含有4~5个正面,各筑有一米多高用沙袋加固的胸墙。掩体均系筑有胸墙和射击踏跺的宽壕。要道都设有陷阱、深沟、地雷、铁丝网等障碍物。

俄国援军已从俄国腹地源源赶到,战场兵力达到13个师,22万余人。尼古拉二世电令库罗巴特金,要尽早、尽快地在辽阳地区夺取军事上的胜利,以缓和国内社会矛盾。库罗巴特金从战争初期的作战中,已深感日军远非容易

打败的敌人，认为"毕其功于一役"而结束战争的决策，实在太悬，令人"恐惧"。但是，他也知道"如果不以胜利结束（战争），则俄国国内情况必然恶化，以致可能出现严重的内乱。"

"一个将军不可缺少的品质是刚毅。"这是拿破仑在书信中说的。蒙哥马利也说过类似的话："一个指挥官最宝贵的品质之一，也许就在于他在计划与作战行动中传播信心的能力，尽管在他内心对结局并没有太大的把握。"作为俄国在满洲军队的总司令，库罗巴特金将军缺乏的正是这种品质。他是怀着矛盾的心理进行战争准备的。一方面，他提出决战方针，声称"宁死不从辽阳撤退"，在辽阳储备了大量作战物资；另一方面，对如何打法始终举棋不定，反复无常，朝令夕改。直到日军发起进攻的前一天，他才最后决定：在浪子山至鞍山站一线，抗击和拖住疲惫进攻的日军，然后转入反攻。不难看出，这是个消极等待的作战方针，决战开始就失去主动。然而，即使是这个方针，也由于决策过晚来不及传达到部队，造成决战开始后，前线指挥官还不清楚库罗巴特金的作战意图。

8月23日，俄军按计划进入阵地，具体部署是：东满集群，司令比利杰尔林格，辖2个军，共4.8万人，火炮174门，配置在左翼亮甲山、安平岭、太子河一线，防御正面宽32公里。南满集群，司令扎鲁巴耶夫，辖2个军，共4.6万人，火炮152门，配置在艾家山一线，防御正面宽15公里。预备队由西伯利亚第4军和第17军共4.6万人配置在辽阳，决战打响后分别支援南满集团群和东满集团群方向上的作战；总预备队西伯利亚第五军配置在奉天。

辽阳决战前夕，日军是13万人，484门火炮，兵力和火炮只及俄军的三分之二左右。但俄军的预备队兵力太多，致使直接交战时日军兵力占优。更重要的是，日方陆上作战的一系列胜利，使日军士气达到巅峰。

日本满洲方面军总司令大山岩原准备第三集团军攻占旅顺后，回师北上一齐围歼辽阳地域的俄军，但旅顺易守难攻，打乱了大山岩的战略意图。日军一些高级军官鉴于兵力、兵器上弱于俄军，建议推迟决战时间。大山岩反对这个意见。他认为推迟决战不利于战局发展，即使届时增加了兵力，由于俄军也会得到援兵，日军仍不能从根本上改变兵力对比上的劣势。国力上的劣势决定日本必须速战速决，除此之外，不可能取得战争的胜利。因此，大山岩指示全体军官要以"运用之妙"来"弥补众寡悬殊"的不足。

8月30日拂晓，日本第一集团军发动对俄军前沿阵地进攻，首先向西伯利亚第三军的右翼发起冲锋，很快占领了早饭屯以南和西南的高地。10时左右,日本第四军和第二集团军对首山堡、北大山一线的俄军西伯利亚第军的正面阵地发起猛攻。俄军也顽强抵抗,在高桥地区,俄军的一个营在机枪连的支援下,当日军冲锋至俄军阵地750米的时候,突然开火,日军的前排全部倒下,"10分钟后整个纵队被全歼"。

日军反复冲锋都没有成功。后来,日军集中120门火炮猛烈炮击俄国西伯利亚第三军阵地。俄军将西伯利亚第三军和第十军的部分炮火组织起来,统一指挥,压制了所有日军炮兵,使日军步兵遭受重大伤亡。直到30日深夜,俄军的3个军仍然固守自己的阵地。日军伤亡5100名官兵,俄军伤亡3100名官兵。

兵法曰:"机之未至,不可以先;机之已至,不可以后。""夫决胜料势,决战料情,情势既得,在断不在疑。"其实这时战场上已经出现了俄军能够转入反攻的有利形势,库罗巴特金也下令要求各军军长"在可能和有利的地段转入进攻"。

但是,俄军的3名军长"收到这种模棱两可的命令后,没有一位军长转入进攻",竟这样坐失战机。

与俄军的情况相反,日本满洲军总司令大山岩不顾部队的惨重伤亡,决定继续进攻,于31日凌晨,占领了俄军的前沿阵地。日本第二集团军和第四集团军在390门大炮掩护下,企图包抄俄军的右翼,组织多次冲锋,全被俄军击退。这时,"日本第二集团军和第四集团军的司令官,由于部队的巨大伤亡和炮弹不足,已声明不能继续进攻"。

大山岩总结作战情况,认为铁路线附近俄军防守严密,力量较强,不易突破,遂改变主要突击方向,命令黑木集团军偷渡太子河,迂回至俄军左翼发起进攻。为保证该集团军渡河,他令第二集团军实施牵制性进攻。

8月31日,奥保巩率全军冒着猛烈炮火向麦屯阵地实施攻击。日军突击部队在第三十四团第一营营长橘周太中佐率领下,顶着俄军密集的机枪火力狂喊着冲锋,双方在阵前展开殊死搏斗,橘周太身中数弹,仍坚持指挥,终于在5时40分攻占了首山堡第一、第二号堡垒。俄军马上组织反突击。因日军后续部队被俄军炮火拦阻,无法迅速增援,尽管橘周太率部拼死抵抗,仍被俄军夺回了阵地。

但是,第二集团军的攻击却掩护了第1集团军的渡河行动。太子河,古称衍水,发源于新宾县红石砬子山,流经本溪进入辽阳,全长419公里。8月30日22时,日军第二师、第十四师(1.8万人)从镰刀湾悄悄渡过太子河向北前进,前出至皇姑坟一带。接着,又向辽阳背后实施大纵深迂回。由于这里距辽阳较远,俄军没有重兵防守,所以,日军进展顺利。

库罗巴特金是在 31 日 6 时得到日军渡过太子河向俄军侧背迂回的报告的。这时,南满集群多次击退日第二集团军的进攻,守住了阵地。如果俄军将集结在右翼后方的两个军的强大预备队全部调集起来,在左翼实施反击,完全可以围歼孤军深入的第二师、第十二师。然而,库罗巴特金认为,只有收缩战线,才能集中优势兵力歼灭太子河右岸的日军。于是,他从前天晚间下达的伺机反攻的立场上大大倒退一步,下令全线撤至核心阵地。俄军相继撤退,竟放弃了设堡阵地。

9 月 1 日晨,日本第四集团军和第二集团军尾随退却的俄军,一举占领了早饭屯、首山堡一带的俄军阵地。第四集团军又向辽阳南侧的堡垒一带地区开进。

9 月 1 日至 3 日,日俄两军在核心阵地上进行激战。

俄军在城防核心阵地上的兵力部署是:扎鲁巴耶夫将军指挥的西伯利亚第四军和第二军部署在从西到南的环城阵地上,库罗巴特金命令他们必须死守市区,直到最后一个人。西伯利亚第一军、第三军、第十军作为预备队,集结在辽阳城东、城南两面,第十七军防守太子河北岸的施官屯阵地,与日本第一集团军对峙。奥尔洛夫、萨姆松诺夫的骑兵掩护杨太矿区的满洲集团军的左翼。库罗巴特金决定对渡过太子河的日本第一集团军实行反击,为保证这次反击的顺利实施,他命令辽阳支队扼守日本第一集团军和第四集团军当面的阵地。

其实,大山岩也并非事事高明,他令第一集团军渡过太子河,是有很大冒险性的。因为在这一地区,俄军拥有三倍于日军的优势兵力,日本第一集团军在这里击败俄军很不容易。当库罗巴特金集中兵力准备对日本第一军反击时,黑木为桢已经在太子河右岸把军队集中,于 9 月 1 日,以重大伤亡的代价占领了五顶子山附近到馒头山一带地区。这一天,日本第四集团军和第二集团军对辽阳南边的堡垒实行强攻,由于俄军阵地坚固,没有成功,其他几处也毫无进展。当日军部队进攻到俄军阵地面前的时候,因为俄军的火力很猛,屡次"受到挫折而停顿",感到"无术可施"。

正当日军进退维谷、一筹莫展的时候,俄军的士气也空前低落,前线的将军们给库罗巴特金的战况报告中,都充满了悲观的论调。

扎鲁巴耶夫的报告说:"遭受日军夹击的扎苏利奇将军的部队已深感弹药不足,并请求增派一个旅,加强预备队。"

斯达克尔贝格在报告中竟丧失信心地提出："我无法大力支援,我不但不能转入进攻,甚至无力迎战",他甚至决定在"深夜将部队撤至李连沟待命"。

这些报告使库罗巴特金十分沮丧,再也无心恋战,"决定将部队撤向奉天及奉天以远的地方去,在那里集结、补员,以便再战。"

9月3日凌晨,库罗巴特金向全军下达了向奉天撤退的命令。

这个决策完全是高层指挥官的错觉,是库罗巴特金被表象迷惑、既不知己又不知彼的结果。尽管俄军在馒头山、施官屯失利,但是战场形势远非他担心的那样不利,恰恰相反,日军潜伏的危机却暴露出来了。日军兵力本来就劣于俄军,为形成局部优势,几乎把全部兵力都用于直接作战,没有什么预备队。

由于连日苦战,伤亡达2.3万多人,兵力不足的矛盾越来越突出,一旦俄军强大的预备队投入反攻,日军将因兵力不足而一败涂地。另外,弹药消耗过大,辽阳作战日军共耗步枪子弹834万发,占总数的82.2%,耗炮弹12万发,是总基数的249.1%,如果不及时补给,难以继续作战。而日军远途来袭,后勤补给的困难并不容易尽快解决。日军屡次"受到挫折而停顿",感到"无术可施"。鉴于这种形势,大山岩决定放弃从俄军侧背迂回包围辽阳的计划,把第二师、第十二师撤回太子河左岸。

决战的胜负常常是在最困难的时候谁还能坚持,谁先动摇战斗意志。

库罗巴特金过高估计日军持续作战能力,而对俄军过于悲观。

历史的"细节"常常有意无意地"捉弄"当事人,也给后人留下回味和深思。9月3日晨,就在日军撤退行动之前2小时,库罗巴特金下令放弃辽阳,俄军主力全部撤退至奉天地区集结。各自打算退却的时间只差2小时!请读者注意,能否"再坚持一下的努力",不是两个月,也不是2天,而是2小时!

辽阳会战,日军参战的总兵力为134,500人,被打死5,557人,打伤17,976人。俄军参战兵力大约为224,600人,被俘84人,被打死打伤约为20,000人。①

俄军的行动大出日军意料,大山岩接到俄军"秩序井然"撤退的报告,十分惊奇,甚至不敢当日进城,以防有诈。直至次日才令先头部队小心翼翼地进入辽阳。当他确知俄军已退到奉天后,才于9月7日放心入城。他很感慨地对英国随军记者汉密尔顿道:

"俄军撤得太熟练了。"

---

① 参见[日]沼田多稼藏著:《日露陆战新史》日文版,第112页。

辽阳决战再次暴露了俄军高级指挥官的腐败无能。尽管俄军有许多机会挽回颓势，甚至取得胜利。然而，俄军"大多数军官深以战争为苦，殊少斗志，许多人，甚至包括军衔很高的人都竭力托病远走后方"，特别是最高指挥官库罗巴特金见机不敏，决断不快，对失败更负有不可推诿的责任。

军官的消极也影响了士兵的士气。俄军中下级军官和广大士兵普遍"把战争看成与己无关"，振作不起精神来。

辽阳决战对整个战局有决定意义。俄军对解救旅顺要塞彻底绝望了。

许多国家驻俄武官都认为："这次战争俄国已经失败，俄国如要战胜日本，必须开始一场新的战争。"俄国国内原来那些鼓吹对日一战，并对战争抱乐观态度的人，也开始用相反的论调，认为这场战争实属政治上荒谬之举，呼吁"从速停战"，在撤出"满洲和旅顺"的基础上，"随时和日本议和"。

六十五、"沙河间歇"，俄军反攻半途而废

辽阳会战俄军败北以后，沙皇尼古拉二世大为恼火，为了挽救帝国的"声誉"，重振"雄风"，于9月7日电令库罗巴特金"不得再退"，驻守奉天，等待援军，伺机反攻。同时，派格列别伯戈中将协助库罗巴特金指挥作战，明显表露出对库罗巴特金指挥能力的不信任。

对此，库罗巴特金也极为不满，他决定在格列别伯戈中将到达战区之前，向人困马乏的日军发动一次大规模攻势，洗刷自己遭受的"耻辱"，重获沙皇的信任。

当时，俄军在东北仍拥有步兵194，427人，骑兵18,868人，火炮758门，机枪32挺。俄国的满洲集团军分为东满支队和西满支队。

俄军进攻的兵力部署是：什塔克利别尔格中将的东满支队，由西伯利亚第一军、第二军、第三军及连年卡姆普夫的部队组成，共辖86营，50个骑兵连，198门火炮，32挺机枪。它的任务是从正面或右侧对日军进行主攻，在巴家子、黑盛堡、台家庙地区狠狠打击日军，要占领日军在边牛堡子附近的阵地，并继续向本溪湖方向挺进。比利杰尔林格中将的西满支队，由第十军、第十七军及杰姆鲍夫斯基的部队组成，共辖77个营，56个炮兵连，222门火炮。它的任务是前出至沙河一线，沿辽阳至奉天的铁路实行进攻。按照库罗巴特金的命令，这支部队在最初几天只是进行佯动。

总预备队由西伯利亚第四军、第一军和米辛科将军的骑兵部队组成，共辖

56个营,20个骑兵连,228门火炮。库罗巴特金继续在犯兵力部署不合理的错误,他以350门火炮支援步兵作战,其余400多门火炮留作预备队,闲着不用。投入主攻方向和助攻方向的兵力各占总兵力的四分之一。

经过辽阳会战的损失与消耗,日军在沙河地区的总兵力仅12.08万人,488门火炮,大山岩深为兵力和武器弹药不足而苦恼。

日本满洲军总司令部对库罗巴特金的反攻计划和行动最初并不知晓。当进入太子河右岸后,发现抚顺及其以南地区集结很多俄军,还有一个强大的俄军兵团正在向抚顺方向移动;另有一部分实力很强的俄军在日军的右翼上平台子方向,形成对峙状态。从10月6日中午以来,在奉天至奉集堡和上平台子的公路上,逃难的中国难民络绎不绝。从难民口中了解到奉天的俄军于前天已经南下。日第一集团军司令长官黑木为桢通过多种方式,掌握了俄军调动的兵力及武器配备情况,通过综合分析,日本满洲总司令部认为:俄军主力在10月初已经渡过奉天至抚顺间的浑河,说明俄军"采取攻势的意图非常明显"。

10月7日午前,潜伏在奉天的日本间谍、德籍谍报员及时转来一份欧洲电报说:"俄军正在稳步地转入攻势的准备中。"大山岩决定不论是攻是守,日军的兵力要进行集结。

10月8日10时左右,大山岩突然接到黑木为桢的报告:"在本日午前3时左右,有俄步兵、骑兵1000多人,携带5门火炮,正在攻打本溪湖。该地有我军守备队步兵3个中队,梅泽道治少将已派步兵两个大队和两门炮前去增援。"由此揭开了沙河会战的序幕。

本溪湖是日军重要的后勤基地,储存了大量的作战物资,如果失守,会直接影响日军以后的作战行动。黑木获悉俄军已抽调大批兵力围攻本溪湖后,命令井上光的第十二师火速增援,并派田村久井指挥的骑兵第二旅向本溪湖以南15公里处的西河洋机动,阻止俄军沿太子河左岸推进,保证后方的安全。

日本满洲方面军总司令大山岩未料到俄军进攻来得这样早,由于不清楚俄军的主攻方向,只得下令各部以阵地战抗击对方的进攻。接到本溪湖方向告急的消息,他才知道俄军的主突击方向是东部山区,这时的他反而安之若素了。因为他认为,俄军从山地主攻,速度慢,有利于日军利用敌人的弱点,以防御战消耗和疲惫敌方。特别是俄军缺乏山地作战的经验,缺少山炮等山地作战的装备,所以日军完全能阻住俄军的攻势。

同时,大山岩根据双方兵力和作战特点认为,只有从俄军手中夺回主动权,才能彻底粉碎这次攻势。于是,大山岩制定了一个大胆的反攻作战计划。这不能不说是大山岩的高明之处。

显然,大山岩是要从平原向俄军进攻,将敌人压向东部山区聚歼。

日近卫后备混成旅得到增援后,连续两天击退兵力4倍以上的俄军进攻,双方在本溪湖附近鏖战甚急。

10月10日清晨,日第二集团军、第四集团军向正面俄军西满集群发起攻击,俄军调集了预备队组织抵抗,西线陷于苦战。

11日,库罗巴特金又将预备队调上来,击退了日军的强大攻势。12日,日军再次组织进攻,第三师的一个团占领了铁路以西的英德牛录村,直接威胁了重镇十里河的安全。俄军连夜实施反突击,又夺回了这个村子。

13日凌晨1时,日军第十师奉命向俄军两个集群的接合部三块石地域强行夜袭。3个团的俄守军拼死抗击。这次战斗,双方都没有使用炮兵,很快就进入了白刃战,几经争夺,日军又将预备队投入战斗,才以伤亡1310名官兵的代价攻占了阵地。三块石战斗结果,使日军楔入俄军防御中心,威胁俄军整个防线。

日第一集团军在东线连日苦战,伤亡惨重,防御日渐困难。但是,由于库罗巴特金忙于应付西线日军发起的攻势,遂下令东线停止进攻,转入防御。

黑木为桢这才长吐了一口气,抓紧时间休整。

13日战斗结束前,战场形势对日军渐趋有利了。

14日,日军向沙河方向全线推进。

15日深夜,日军占领了烟笼山,将山上俄守军赶过了沙河。

烟笼山又名万宝山,标高92米,正扼沙河南岸。库罗巴特金本来就因发动的"洗耻扬威"的决战未达到预期目的而窝火,见日军夺占了烟笼山,更加恼怒,发誓不惜任何代价要把它夺回。他命令普季洛夫少将率领25个步兵营实施反突击。经过激烈肉搏,于17日拂晓夺回了阵地。守山的日军第四十一团几乎被全歼,团长也被打死。库罗巴特金原准备挟此战胜利之勇,继续进攻,但各军军长表示反对,不得不放弃这个计划。

日军失守烟笼山后,曾于18日组织实施了一次规模不大的突击,受挫后还想继续向北进击。但是,山县有朋认为,"国力有限",应避免扩大战线,下令停止攻势。而库罗巴特金也无一以贯之对日反攻的决心和能力。这样,双方沿沙河设防对峙,进入冬营准备,长达3个月的所谓"沙河间歇"开始了。

沙河决战中,日参战总兵力为 120,800 人,伤亡官兵 20,497 人,消耗步枪子弹 835 万发,炮弹 9.6 万发。俄参战兵力 210,000 人,伤亡 41,473 人。双方均未取得决定性的胜利。

沙河决战是俄军首次发动的攻势,尽管兵力处于优势地位,但还是因为指挥不力和部队战斗力不强而失利。库罗巴特金把进攻的方向选在山区,却缺乏山区作战的精神准备和物质准备,特别是缺少山炮,对步兵支援不力。预备队的比重过大,削弱了前线部队的战斗力。俄军士气低落,如库罗巴特金所承认的"缺乏尚武精神,缺乏干劲,各部队之间缺乏互相合作,以及缺乏不惜任何牺牲完成任务的共同决心",是战场失败的重要原因。数千名官兵利用抬伤员到后方的机会从战场脱逃,有的甚至 9 个人抬 1 个伤兵向后跑。以至于俄军指挥部后来被迫规定,只有担架队员才可把伤兵送往后方。

与俄军相反,日军官兵勇猛善战是夺取这次战役主动权的重要因素。日军深谙战场心理,强调进攻消灭敌人,因此,在兵力处于劣势、本该防守的情况下仍积极进攻,从而迅速扭转了战场态势。日本军事评论家认为,沙河战役证明了"奖励攻击,避免防御"的思想是正确的。

六十六、黑沟台战役,日军"人和"俄军"人祸"

自日俄开战以来,俄军在海陆战中一败再败,几乎没有取得过一次重大胜利。俄国的社会危机因此变得更趋尖锐。各方面的反战浪潮汇聚成一股汹涌的怒涛,公众纷纷谴责沙皇"轻启战端",前线官兵士气愈加沮丧。据《俄国论坛报》发自战地记者的报道:"部队意志消沉,官兵士气低落,对将领们完全失去了信任。灰心丧气,悲观失望的情绪与日俱增,部队消极厌战,各级司令部、后勤机关腐化堕落,酗酒成风……"

为缓和社会矛盾,振奋部队士气,摆脱国内困境,尼古拉二世在旅顺陷落以后,一方面宣布撤销远东总督阿历克赛耶夫的职务,把他所尊敬的宝贝皇叔电召回国;一面严令库罗巴特金发动一次新的攻势,以挽回俄国在远东的败局。

沙河战役后,日军估计翌年解冻期前俄军将在远东集结 30 个师以上的兵力,遂在目前集结地域构筑坚固阵地,调整部署,补充弹药和兵力,准备击退俄军可能的反攻。而在俄军方面,转入进攻的准备工作进展却非常缓慢。主要原因是把大部分时间都用于了解各集团军的作战企图,审议他们的作战计划。

在会上，大家就"转入进攻的兵力、时间、方法等问题争论不休……"①

再说日本。1905 年 1 月 2 日，日本的乃木希典大将率第三集团军终于攻占了号称东方第一要塞的旅顺口。同月下旬，乃木率第三集团军北上，准备参加双方主力大决战。

对于这种形势，列宁在 1905 年 1 月 1 日发表的《旅顺口的陷落》一文中有段评论：

> 日本人完全占领了整个辽东半岛，获得了能影响朝鲜、中国和满洲的无比重要的据点，腾出了拥有 8～10 万人的配备有庞大的重炮队的经过锻炼的军队来对付库罗巴特金。这支重炮队开抵沙河，将使日军对俄军的主力居于压倒的优势。

库罗巴特金原打算待国内援军到达后再发动反攻，得知乃木集团的动向后，决定在其抵达战场前动手。

为了迟滞日军第三集团军北上增援的时间，库罗巴特金急忙派遣米科辛的骑兵部队，于 1 月 9 日由四方台出发，深入到日军后方，破坏辽阳——大石桥——大连段的铁路，并袭击营口，以扰乱日军的后方。

日本满洲军总司令部派津川支队前去，很快把这支俄军骑兵部队打退，迫使其于 1 月 15 日撤回原地。

此次俄军骑兵部队的破袭行动，击溃了不少日军后方小分队，俘虏日军 19 人，炸毁弹药车 600 余辆，烧毁了不少仓库，切断了日军的电话线，毁坏了铁路，使两列火车脱轨。但是，由于铁路路基没有遭到严重破坏，日军很快修复通车，结果没有达到迟滞日本第三集团军北上增援的目的。

1 月 19 日，库罗巴特金下达了向日军进攻的作战命令。因预定作战地域在黑沟台地区，所以称之为黑沟台战役。

1 月 24 日深夜，俄第二集团军向黑沟台、沈旦堡方向开始了猛烈的炮火准备，新的决战打响了。25 日清晨，俄西伯利亚第一军开始进攻，以迅雷不及掩耳之势夺取了浑河西岸的黄腊坨子，日军第二军所属的种田支队部队"几乎全被歼灭"②。6 时许，俄军已控制了浑河西岸全线。

俄第二集团军司令格列别尔戈中将与库罗巴特金不同，指挥作风大胆果

---

① 罗斯图诺夫主编《俄日战争史》，第 277 页。
② 《大日本战史》日文版第 5 卷，第 239 页。

断,颇有将才风度。他瞧不起库罗巴特金,认为开战以来俄军屡次失利,完全是库罗巴特金一人之责。此次来远东作战,他肩负特殊使命,心中踌躇满志。可是库罗巴特金总是故意冷落他,使得格列别伯戈很气恼。他要在决战中打出个样子给库罗巴特金看看,伺机羞辱他的"上司"。

格列别伯戈见初战胜利,决定乘胜扩展战果。8时许,他命令西伯利亚第一军向黑沟台进攻。黑沟台是奉天西南一个大镇,位于浑河以东、沙河以西、太子河以北,俄军要把日军赶过太子河,必须夺取这个要镇。先时,由于缺少应有的炮火支援,西伯利亚第一军进展缓慢。格列别伯戈中将了解到这一情况后,马上从预备队抽调炮兵,加强火力突击力量。傍晚,日军火力被压制,守军支持不住,只得弃城向古城子溃逃。22时,俄军占领了黑沟台镇,西伯利亚第一军完成了赋予它的基本任务。

26日,俄军第二集团军又向沈旦堡进攻。沈旦堡位于黑沟台镇以东5公里处,按照库罗巴特金的作战计划,只有攻占沈旦堡以后,俄第一集团军、第三集团军才开始进攻。因此,第二集团军能否顺利地占领沈旦堡将决定整个决战的成败。

本来,俄军完全可以顺利地占领沈旦堡,但由于格列别伯戈犯了两个错误,致使俄第二集团军功亏一篑。一是25日战斗后,俄军没有连续进攻,使得日军获得喘息之机,连夜把第八师调来增援,增大了俄军进攻的困难。二是俄军主攻沈旦堡的是疲惫不堪的第十四步兵师在此前的恶战中"阵亡、冻死1,222人"[1],决战前夕,当他们接敌时,日军突然退回,格列别伯戈又令他们返回原地。这样调来调去使本来士气就不高的官兵怨气冲天,行动懈怠。

26日傍晚,俄第十四步兵师悄悄向沈旦堡运动。这时,天降大雾,俄军行动迟缓,预备队一度迷失了方向。17时,俄军向目标发起攻击,很快将守军赶走,占领了阵地。师长罗萨诺夫向上报告:"全师已完成了赋予他们的光荣任务,沈旦堡已成为一片废墟,并控制在我们手中。"库罗巴特金得知这一消息,大加赞赏,命令该师就地组织防御,坚守阵地。然而到次日上午,俄军侦察兵报告,昨夜占领的不是沈旦堡,而是沈旦堡以北400米的北台子。罗萨诺夫又羞又恼,急忙指挥攻打沈旦堡。但是,守堡的日军得到了增援,屡挫俄军的冲击。不久,西伯利亚第一军占领的苏麻堡阵地也被日军夺回。

库罗巴特金听到这一消息,气得暴跳如雷。他一面下令撤销斯达克尔贝

---

① 罗斯图诺夫主编《俄日战争史》第282页。

格的西伯利亚第一军军长职务,一面严令格列别伯戈中将不惜一切代价占领沈旦堡。格列别伯戈本来就与库罗巴特金不和,这次被他怒斥,更加恼恨。

日军为扭转不利态势,将第八师、第五师、第二师和第三师主力编成临时军,命第八师师长立见尚文中将任司令,向俄军发起反击。28日晨,日军第五师突然进攻孤家子方向上的俄第十军,逼其向北溃退。格列别伯戈依恃兵力上的优势,于是日15时把日军打得狼狈后逃。19时,俄军楔入了日军防御纵深地带,形成了背后攻打沈旦堡的有利态势。米辛科骑兵支队也开始向日军左翼迂回,插入其背后。日军处于危急之中,大山岩已下令全军准备血战到底。

格列别伯戈见战场态势对俄军极为有利,请求库罗巴特金让另外两处集团军向日军全线突破,配合第二集团军消灭敌人。但是,库罗巴特金并没有采纳他的意见。他不敢进行积极的进攻行动。28日夜,下令第二集团军撤回浑河右岸。29日,他电告陆军部:"我军进攻小台子、哑巴台,部队表现得非常勇敢。由于夜幕降临……完成了所赋予的任务,部队主动后撤,没有受到敌追击。"日军尾随撤退的俄军前出至沙河一线后实施防御。

就这样,在毫无原因的情况下,库罗巴特金丧失了在日军第3军抵达前击败日军的战机,使决战功败垂成。

参加这次会战的日军总兵力为54,000人,伤亡9,300人;俄军总兵力是105,000人,伤亡11,732人。

这次决战主动权一开始就掌握在俄军手中,直到决战结束前,日军仍未从困境中解脱出来。只要库罗巴特金果断指挥,善纳他人意见,三个集团军全线突破,"日军的命运恐怕是不堪设想的"。特别不能容忍的是,当第二集团军已突入敌纵深时,他竟以日军将要反击为由,令格列别伯戈撤兵,主动丢掉了好不容易到手的战场主动权。

俄军的失败还有一个重要的原因,这便是将领之间的不团结,不能和衷共济,协同对敌,这是个致命的缺陷。

古人云:"将不和,战必败。"黑沟台之战完全说明了这一点。作战中,库罗巴特金与部下明争暗斗,互相倾轧。格列别伯戈自恃受命于危难之际,从瞧不起指挥能力差的上司,发展到打"意气仗",企图一仗成名。而库罗巴特金也不买他的账,处处掣肘,事事干涉,不给后者发挥才能的机会。他讽刺格列别伯戈的破敌秘诀是异想天开。格列别伯戈曾认为,两个营成疏散队形迅速开始各自射击,可以摧毁日本一个师。在最关键时刻,库罗巴特金釜底抽薪,把部队撤回,丧失了一次极好的战机。决战结束后,格列别伯戈气得大骂库罗巴特金胆小如鼠,怕死无能。2月1日,他称病卸职,乘火车回国向尼古拉二世告状。可见,黑沟台战役俄军之所以未遂作战意图,完全是"人祸"所致,拥有的兵力、兵器上的优势全被内耗了。

相比之下,日军却能和衷共济,号令统一。虽然被动应战,仓促组织防御,难免朝令夕改,指挥系统也有紊乱的地方,但是,日军高级指挥官临困境不气馁,采取死中求生对策,广大官兵无条件服从命令,临机动作符合上级意图。第八师伤亡达 6300 余人,仍奋勇作战。日军认为,黑沟台决战之所以转危为安,完全是"人和"的作用。

六十七、奉天决胜,日俄两军陆战结束

在远东进行激战的时刻,俄国后院起火,于 1905 年 1 月 9 日爆发了第一次资产阶级民主革命。革命虽被镇压下去了,但俄国民众越来越看清了专制政府的嘴脸。沙皇如坐在火药桶上,随时可能被烈火吞噬。

尼古拉二世不甘心认输,仍怀有胜利的希望。为向远东增兵,他下令从 1887 年退役的第二类人员中征召官兵。这是一群行将入土的老兵。库罗巴特金抱怨说:这些人"根本不懂今天的步枪,他们的训练是以另一种方式进行的,远远低于构成他们部队的常任干部的水平。他们之中很多人的身体非常不适合于艰苦的战斗或任何艰苦的军事工作,因为他们患有诸如风湿症这类慢性病。"

尽管经过接连几次失败,库罗巴特金意志消沉,精神颓丧,但迫于沙皇的压力,在得到大量兵员和物资补充之后,他仍强打精神重新调整作战部署,准备从右翼发起进攻。

日本国内形势也很严峻。自战争爆发至 1904 年底,日军已扩编 17 个陆军师,动员总兵力达到 90 万人,战争能力已近极限。战争加重了财政负担,出现了日益严重的金融危机,许多政界要人忧心忡忡地预测:如果战争旷日持久,日本将陷于极度困境,从而输掉这场战争。

因此,日本大本营企图通过发动一场大决战,歼灭俄军远东主力,尽早结束战争。

奉天会战前双方兵力对比情况是:1905 年 2 月,随着第 16 军从欧洲调来,俄国满洲集团军已达到 25 个师,包括 22 个炮兵旅,共有 320,000 人,有各

种火炮 1,386 门,机枪 56 挺。弹药储备充足,每门火炮平均有 700 发炮弹。日军方面,随着第三军和新编的鸭绿江军开赴战场,使日本在中国东北战场上的兵力已达 10 个师、12 个预备旅和 2 个骑兵旅,共计 270,000 人,有各种火炮 1,062 门,机枪 200 挺。

会战开始前,双方军队的部署没有多大变更。俄军的正规军和守备队在长达 155 公里的地带展开,纵深达 15 公里。这种把部队以线式横队排列,使正面拉得很宽的部署,与库罗巴特金极度害怕日军迂回的心理分不开,其致命的弱点是不利于部队迅速变更部署。

俄军火炮也成线列式部署,配备速射炮的轻炮几乎全部配置在一线。但是,其重炮连却大都部署在纵深内,抽调到一线的很少,这样一来,"即使用最大射程也不能压制敌人的火炮和摧毁敌人的前沿阵地上的永久工事。"①

日本满洲军总司令部制定了进攻奉天的作战计划:

猛攻俄军的侧翼,将俄军围歼于奉天地区。为了达到这个目的,要求川村指挥的鸭绿江军在第一集团军右翼各师团的协同下,进攻俄国第一军,使该集团军向北败走,同时,将俄军的预备队吸引过来。乃木指挥的第三集团军的任务是包围俄军右翼,向奉天以北迂回,切断奉天至铁岭的铁路干线。在炮火的支援下,第二集团军和第四集团军采取中间突破,牵制该地区的俄军,待乃木指挥的第三集团军完成迂回包围的任务以后,即转入进攻,会同第三军和鸭绿江军完成对俄军的最后包围。

此外,决战前,日军还实施了作战欺骗,散布了第三集团军正向海参崴方向运动的假情报。库罗巴特金闻知后很担心。因为海参崴方向只有两个师,无论如何抵御不住一个集团军的进攻。一旦日军占领了乌苏里地区后向吉林、哈尔滨推进,俄军将面临被关门打狗的困境。所以,他宁可信其有,不可信其无,从战场上抽出部分兵力去加强乌苏里方向的防御,这正中日军统帅部的下怀。

与此同时,日军还派遣许多武装间谍、小股部队深入俄军后方,较著名的是永沼挺进队。这是从骑兵第八团抽调的骑兵部队,共 176 人,由骑兵团团长永沼秀文指挥。2 月 10 日,挺进队破坏了公主岭至长春的铁路,3 月 4 日,又炸毁了四平以南的铁路。永沼挺进队还频繁袭击俄军辎重队,使俄军深感不安,迫使库罗巴特金派 1.5 万人的兵力增援铁路警备队,又让日军达到了削弱

---

① 《苏联炮兵史》第 2 卷第 5 册,1970 年版,第 303 页。

其决战力量的目的。

3月1日，日军各军发起总攻以后，到处都遇到优势俄军的顽强抵抗，再加上俄军阵地坚固，易守难攻，鸭绿江军、第一军、第四军和第二军都陷于苦战境地。鸭绿江军虽得到增援，仍在北大岭和大马岭南方高地被俄军挫败。

沙岭堡附近的战斗更是激烈。向俄军背后迂回的日军第三军第三纵队，受到俄军第十六军所属的二十五师和沙季洛夫骑兵的夹击，形势非常危急，第三军急忙调兵来解围。

后来，亲临战场指挥的卡乌利巴斯基得到一个情报，说是在新民屯至奉天的公路上发现一个师的骑兵部队的情报后，他误认为是日本的援兵，结果在俄军初战告捷的情况下，"立即命令停止进攻，向后撤退。"①这样，使日军第三军摆脱了困境，继续前进。

大山岩为了改变不利态势，决定避开浑河附近的俄军坚固阵地，3月4日，把日军第二军的主力调往浑河右岸地区，命令第二军向奉天的西方或西北方进攻，第三军切断马三家子右翼东北方俄军的退路。

3月7日，日军第一军正面的俄军出现异常状态，有退却的迹象，大炮数量大为减少，阵地背后车辆往来频繁，俄兵三三五五退却，阵地内部起火②。在日军第四军正面，黄昏之后，俄军阵地后方也到处发生大火。

次日拂晓，日军第二军所属的第三师第五旅团占领了奉天西北的于洪屯附近地区。库罗巴特金闻讯后慌了手脚，认为坚守于洪屯具有重要意义，称于洪屯是"阵地的关键"，多次向该地区派去增援部队。

在激烈的争夺战中，双方都伤亡惨重，拥有4200人的日本第五旅团，仅剩437人，"几乎全被歼灭"。但俄军的局部胜利，仍未能阻止日本第三军的前进。日军在洪屯战斗。吸引住35个营的俄军，为第三军主力的前进扫清了障碍。

日军第三军在第二军的掩护下，即将完成对俄军的纵深包围。

库罗巴特金发现这一情况后，非常害怕日军包围奉天，急忙建立一支24个营的队伍去弥合空隙。

其实在此时，日军的包围还未达到一定的纵深，第二军在连续几天的战斗中伤亡惨重，弹药几乎耗尽。如果俄军此时大胆出击，定能取得较大战果。但

---

① 罗斯图诺夫主编：《俄日战争史》，第293页。
② 《大日本战史》日文版第5卷，第258页。

是,库罗巴特金是没有这个魄力的,只能不断退却,阵地日益缩小,坐失了战机。

到了3月8日,在日军鸭绿江军、第一军和第四军面前的俄军都开始退却。大山岩认为俄军已经全线动摇,决定乘胜追击,一举打败俄军。

到3月10日,日军第一军的主力在护山堡东南地区掩护第四军的侧翼,所辖的近卫师团及混成旅团急追俄军,已经进入蒲河附近。沿通往铁岭的公路上,俄军大兵团正在向铁岭溃退。第二军和第三军互相呼应,包围了奉天城。

日俄两军在奉天北激战

10日黄昏,俄军两个师的官兵向北冲来突围,被日军第六师团击溃,最后全部投降。在第四军前面的俄军由于突围失败,走投无路,也纷纷举起白旗投降。光是日军第六师团就收容俘虏约一万人。

由于日军包围了奉天,俄满洲军总司令官库罗巴特金眼见大势已去,顿时六神无主,彻底丧失信心。他决定放弃奉天,率全军向铁岭撤退。

这时,日军因兵力不足,缺少充足的炮弹,加上连日作战,伤亡过大,也无力阻止俄军退却,只能尾随。

3月10日晚,日军占领奉天,奉天大会战宣告结束。

奉天决战是日俄战争中双方最大、也是最后一次陆上决战。战线长达200公里,历时19天。参加这次会战的日军总兵力为249,800人,伤亡达70,028人。俄军参战兵力为320,000人,伤亡约59,000人,被俘和失踪者达30,000多人。

战争犹如一盘棋,每一处的攻守,都是与全局的胜负息息相关的。自辽阳决战以来,双方在半年时间内动用几十万大军进行了四次决战。日军之所以都打败了占优势的俄军,这与另一个关键的战役、激烈的战区——旅顺要塞的攻守战有着紧密的联系。

第十四章　要塞血战惨烈异常

六十八、虔诚的祈祷时飞来炮弹

古今中外凡有作为的军事战略家,总是把自己注意的重心,放在那些影响全局的至关重要的关节点上。日军大本营认为:

> 尽快攻克旅顺要塞不仅是在俄国波罗的海舰队到来之前歼灭俄国太平洋分舰队的需要,而且能使乃木希典为司令长官的第三集团军挥师北上,参加与俄国陆军的决战,这是这场战争胜败的关键。

甲午战争时,日本侵略军进犯旅顺的攻城主将是第一师团长山地元治中将,乃木希典任副指挥。日军兵不血刃地攻占了旅顺口后,立即进行了一次有预谋、有计划、有组织的大屠杀,乃木希典以数以万计的中国人的鲜血,当作官兵庆功宴饮的琼浆;以堆积如山的中国人的白骨,垒筑他和同僚们升迁的台阶,战后功列华族,晋升中将,授男爵,任台湾总督。

日俄战争爆发后,大本营为使甲午战争的"奇迹"再现,特命他任第三集团军司令,担负迅速攻占旅顺要塞此项重任。乃木希典踌躇满志地欣然受命,他虽知道俄军的战斗力要比腐败的清政府军队强得多,仍夸下海口道:将在 8 月间完成任务,结束旅顺要塞争夺战。

第 3 集团军的任务是:不惜

旅顺要塞略图

1904年的旅顺口内停泊场

一切代价夺取旅顺要塞,掩护参加辽阳会战的后方安全。

1894年6月1日,乃木希典率第三集团军司令部自宇品登舰,于6月6日抵达张家屯,登陆后便向旅顺的侧后展开进攻,占领了台子山和安子山一带地区。

俄军傅克师失守金州和南山后,大连的俄军惊慌失措,竟未经任何战斗,便自动放弃了大连湾,把大连港口一切设备拱手送给了日军,这与甲午战争中的清军如出一辙。

傅克向凤凰山撤退是遵循关东支队司令斯达塞尔5月28日的命令:"向凤凰山(即狼山)撤退,没有必要在其他阵地耽搁。"同日17时30分,又重申:"别迟疑,赶快撤退。"企图凭借要塞筑垒固守待援。但是东西伯利亚第七狙击步兵师师长康特拉琴珂少将却反对这个方针,他认为部队不应急于调往旅顺,而应先占领远接近地第二道防御围廊组织防御。斯达塞尔同意了这个建议,令傅克师和康特拉琴珂师一部向前调动,在双台沟至龙王塘一线抢筑工事。

俄军旅顺要塞远接近地第二道防御阵地全长24公里,横跨旅顺半岛,两面濒海,地势多山地丘陵,交通不便。日军不能从翼侧包围,只能从正面突破。但也有不利于俄军的方面,即防御正面过宽,成一线配置,缺乏预备队,不利互相支援等。

乃木决定攻下俄军几个制高点,加速第三集团军的集结和展开,完成战役准备。

6月25日,他下达作战命令:第十一师在集团军的左翼担任主攻,在红花沟西方高地至黄泥川左岸高地地段打开突破口,攻占歪头山、老横山、磨盘山、双顶山等制高点;第一师一部在集团军的右翼担任助攻,配合第十一师歼灭老横山等地域的俄军。

6月26日3时,第十一师兵分三路,衔枚勒马,偃旗息鼓,借晨雾掩护,悄悄向俄军阵地逼近。因俄军在山上未修筑坚固工事,在日军驶入小平岛湾的两艘炮舰的轰击下,日军8时占领了歪头山,并立即部署了两个山炮连,炮击老横山。

老横山,俄军称姑庵山,日军称其为剑山,是个巨大的石头山,标高396米,其岩石嵯峨,倾斜急峻,悬崖断壁,耸然屹立,山间只有一条小路,蜿蜒盘旋通向山顶,是个易守难攻的隘口。因老横山比俄军远接近地第二道防御阵地右翼的任何山峰都高,如果被日军占领,无异于打开了通向旅顺的缺口。因此,双方都很重视这个制高点。可惜俄军在山上只部署了一个连的兵力。

是日13时,日军第四十三团在炮火的支援下向山上发起冲击,但很快被俄军的火力击退。半小时后,日军又发起冲击,一度冲上山顶,与守军展开肉搏战,但终因山路过险,冲击又告失败。16时,日军向老横山实施了更为猛烈的炮击,将俄军火力压制。接着步兵发起第三次冲击,双方倾注弹雨、白刃相搏。17时30分,日军在付出惨重的代价后,终于攻克了老横山,残余俄军退到了主阵地。

俄军决心夺回这个制高点,于7月3日中午,由萨维茨基上校率领一个团,从王家屯向老横山冲击。但是,日军凭借有利地势,居高临下,犹如秋风扫落叶般将俄军击退。当夜1时,俄军组织敢死队乘夜黑又向老横山冲击,与日军再次进行白刃战。激战至18时,突然天降大雨,山陡路更滑,俄军被迫退下来。此后俄军再也无力组织争夺此制高点的战斗,撤回防御围廊内。

争夺老横山的惨烈战斗过程,又集中暴露了俄军将领在部署兵力上的失策。既然认识到了老横山是坚守旅顺的关键地域,应利用山势陡峭、居高临下的特点,以重兵死守,让来攻的日军血流成河,不能"越雷池一步"。待失掉阵地之后,再以一个团的兵力去争夺,结果付出极大伤亡后仍然失败,岂不哀哉!

是役,日军伤亡官兵250名,俄军伤亡官兵623名。

但是,令人气愤的是:

王家屯周围几个中国村庄在双方激战中全部被毁,来不及逃走的中国老百姓无论男女老幼都蒙难战火。

俄军在这次制高点争夺战中,连野战工事也没有构筑。失守后,实施反击又过于迟缓,步炮协同不力。所以,尽管付出重大代价,高地仍然丢失。日军夺取了这个高地,大大巩固了大连湾前进基地,为主力集结创造了良好的条件,接着,又取得了攻占青山和狼山等战斗的胜利。

7月17日,东西伯利亚步兵第四师和第七师,经过青山和狼山一带屡次失利的战斗后,都退到旅顺来了,从此要塞被日军紧紧封锁。

过了一星期,日军运来许多重炮。

7月25日,正当俄军和侨民在太阳沟广场进行祈祷游行的时候,日军第一次向旅顺城里和内碇泊场的舰队发起炮击。

这天天气很热。从早晨起,就有少数留在这被围城市内带着家眷的居民、小职员、军港工人、休假的官兵等,开始聚集在军人教堂附近的广场上。

祈祷开始时,斯达塞尔同他的夫人就到了这里。从旅顺各教堂里,召集了约20个海军牧师,来执行这次庄严盛大的祈祷。牧师们虔诚地祈祷上帝,佑免从被围时起临头的灾难。

祈祷者的队伍沿着肮脏的街道向旧城海岸蠕动,遥对内碇泊场的军舰祷告。尔后,祈祷的队伍又经普希金等街,走出旧城,向新城那方马戏广场附近的草地走去。

突然间,远远传来隐约的炮声,一颗炮弹吱吱啸鸣着破空飞来,接着就是一声震耳欲聋的爆炸。人群的上空,卷起了一大股黑烟。人们尖声狂叫,四散奔逃,沿途遗弃许多帽子、洋伞、鞋子和衣服。

斯达塞尔夫妇及其随员也被奔逃的人群挤散。将军的军帽也挤掉了,腰也撞伤了,将军夫人被挤在一边,不但帽子脱落,而且还跌在一个坑洼里。炮击过后,广场上满地都是丢弃的衣服、洋伞、帽子……地下还躺着二十多个受伤或被踩伤的人。其中有些人企图站起来,另一些人依然躺着不动,以为危险还没有过去。

这时,日军的炮火已移向海岸和军港射击。他们轰炸城市和内港,有时厉害,有时缓和,总之是整整炸了一天。虽然这种轰炸并没有引起真正大的破坏,但在人们的脑海中,已造成了一种惊惶不安的印象。显然,从此以后,旅顺每时每刻都有受到炮击的危险。

俄国海军人员特别惊慌。击中"泽萨列维奇"号舰的两颗炮弹,毁坏了无线电室,分舰队代理司令维特甫特也受了轻伤。港口的将军公馆和海军医院,也受到损坏。

当晚,斯达塞尔在司令部里召集海陆军将领会议,讨论今后要塞的防御问题。斯达塞尔要海军军人用各军舰上所有的重炮,齐向那造成了这偌大灾难的日军炮连开火。

"可是完全看不出敌人这个炮连在什么地方,"要塞炮兵司令柏勒插话说。

"照着发出炮火的地方射击,照着发出炮声的方向射击,总而言之,不管你们怎样射击,但务必明天要把敌人的这个炮连完全消灭!"将军下令。

"我尽力办。"

"不,你一定要把日本人消灭掉。因为今天,他们的炮弹伤害了我们约二十个老百姓,并踏伤了十五个人,其中还有三个女人两个孩子,更不待说那些在身上磕青了的和擦破了皮的人。甚至我和我的夫人也遭到了这次灾难。"

"舰队和港口上有三人阵亡,十人受伤,我和我的副官也受了伤。"维特甫特把头向那只手上裹着绷带的副官一点,似乎有点委屈地说。

"阁下,这也是你的过错。要是6月10号那天,你把舰队开出了旅顺口,那什么不幸的事也不会有了。你现在该明白了,为什么要这样坚持,要把舰队尽可能快地从旅顺口开走?自从要塞紧紧被包围后,旅顺就成为我们舰队的陷阱了。"斯达塞尔生气地说。

出席会议的格里哥洛维奇将军愁闷地叹了一口气。因为今天有颗炮弹爆炸时,把他几年来仔细收集的中国和日本上等瓷器都打碎了。

"我们是否要向敌人的炮连所在区域来一次强有力的出击,把它们完全消灭呢?"城防司令谢米诺夫提议说。

"我们的部队从狼山退下来后,至今还没有休整就绪。所以我们现在没有部队来实行出击。"康特拉琴珂反驳道。

"就派水兵去,哪怕是几个陆战连也好。"斯达塞尔提议说。

"我们的水兵没有经过散兵的训练,也没有受到白刃攻击的教育。他们去未必能达到目的。"维特甫特微微一笑,表示不赞成。

"这并不要多少计谋,只要愿意就能办到。"斯达塞尔咕噜了一声。

在会议上,分舰队司令维特甫特始终坚持分舰队无法突围到海参崴,在把这个意见报告了阿列克赛耶夫后就急忙回到自己的"泽萨列维奇"号舰。然而过了不久就收到海军上将阿列克赛耶夫给他发来的电报:

> 舰队司令官和舰长会议上关于不能把舰队开出旅顺口的意见,碍难照准。本人受皇上委托,命令你们开往海参崴,并力求避免战斗。我向全体长官特别提到"法拉格"号舰的功绩,并警告你们,如果舰队开不出海港,要塞一旦陷落,舰队无疑会归于覆灭。全部责任都由诸位海军将领和各舰长完全担负。本电应通知一切有关将领,令其阅后签名。

维特甫特读完电报后,忘记了自己是路德教徒,竟按东正教教规划着十字。

"维尔格·卡义洛维奇,现在不要再商榷和辩论了!"舰队参谋长马士塞维奇带着绝望的情绪平静地说道,"应当实行突围。明天一清早我们就召集全体舰长,并把我们所收到的这一指令通知大家。"

"尼古拉·亚列克塞也维奇,就这样办吧。我们虽然不能胜利,但既然非这样做不可,那就只好光荣地死去。"舰队司令悲惨地说道。他让舰队参谋长离开之后,写了一封很长的家信,同自己的家庭永别,说:"在当前的战斗中,我们是不免要死亡的。"

六十九、黄海鏖战,东乡煞费苦心

"兵无强弱,强弱在将。"俄国海军唯一的精神支柱马卡洛夫死后,接替太平洋分舰队指挥权的是原驻海参崴的斯克雷德罗夫中将。但因通向旅顺的交通中断,他不能前往赴任,就由马卡洛夫手下的维特甫特代理司令。

俄太平洋舰队临时司令维特甫特

维特甫特并非马卡洛夫司令那样的奇才,甚至没有半点豪迈气概。他是一个既胆怯懦弱,又优柔寡断的平庸的将领。他最大的过失是挫伤了全体将士的积极性。

当日本两艘战列舰触雷沉没时,本是出击的好机会,而维特甫特却说:"还没有到冒险的时候,要等待机会。"这对日本来说,真是万幸。他的保守主义给马卡洛夫煞费苦心培养起来的全体将士的激昂斗志泼了冷水:将士们为马卡洛夫报仇雪恨的强烈情绪,以及由于日本"初濑"号和"八岛"号的沉没而初次体会到的胜利激情都渐渐化为乌有了。

这时,维特甫特还命令拆除军舰上的主炮,把它们搬往山上的炮台。旅顺望台炮台上的两门舰炮,就是那时费尽九牛二虎之力运到山顶的。有几座炮台因建在极为陡峭的山坡上,水兵们只能手抓住灌木和杂草,边爬边往上运炮。这本来不是水兵们干的事情。

"我们的军舰怎么啦？难道要让舰队在陆地上作战吗?"不满情绪逐渐在海军内部蔓延,对维特甫特的不信任感日趋严重。

正在这时,日本海军重炮队开始了炮击。

虽说是飞越山头的盲目射击,但日军把旅顺地图划分成好似围棋盘上的格,逐格进行炮击,街道、港湾设施和燃料储藏库遭到了严重的毁坏。

俄国军官在日记中写道:"整个旅顺,没有遭到敌炮弹袭击的地方恐怕不到手帕大。"

显而易见,只要俄国军舰躲在旅顺港内,就会被飞越山头的重炮击毁。

战列舰"列特维尊"号中弹7发,维特甫特也受了轻伤;"彼列斯维特"号中弹数发,还有一艘运输船被击沉。

维特甫特司令意志消沉。军官和士兵们呆坐着,提心吊胆地听着敌炮飞落下来时发出的呼啸声和爆炸声;到夜晚炮击停止后就狂饮伏特加,庆幸又平安地度过了一天。

正在这时,俄远东总督阿列克赛耶夫命令太平洋分舰队"用决战的精神出港"! 无奈,维特甫特只好于6月23日率领分舰队逃往海参崴,但因受到日本联合舰队的层层堵击而失败。此后,维特甫特连续召开几次海军军官会议,对于舰队能否逃出旅顺港的问题反复讨论,经过多次争吵,结果军官们一致同意不再出港。

8月7日,沙皇通过阿列克赛耶夫向维特甫特下达了"率全舰队驶往海参崴"的命令。这可不是远东总督的指示,而是皇帝的敕令。

然而,正当即将出港之际,军队内部又发生了纠葛。

旅顺要塞的库利奥诺维奇少将,看到维特甫特甚至连航速低的军舰都要一起带走,就建议说:"带着速度慢的舰艇一起行动,整个舰队的行动就会受影响,有可能被日本舰队追上。此时,应将高速舰和低速舰分开,高速舰直驶海参崴;让可能成为累赘的低速舰向大连湾出击,以牵制日本舰队,你看如何?"

这显然是个好建议,也得到舰队军官中不少人的支持。但维特甫特固执己见,说:"皇帝命令我率领全舰队驶往海参崴,我不能违抗。"结果,持反对态度的人不得不服从这位代理司令官的意见。

维特甫特下令紧急准备出航,战列舰"塞瓦斯托波尔"号有一门炮被打坏了还来不及修理,只好用木头做了一门假炮代替。来不及从要塞搬回的大炮,只好留在那里,而且还留下了操纵大炮的水兵,以致在后来的海战中,有的舰艇炮手不够。

另外，还有数人首次被任命为舰长，他们缺乏指挥舰艇的信心和能力。

对于此次突围到海参崴，维特甫特从一开始就不抱希望。他曾对留守旅顺的友人说，这次是"踏上死亡之路"。舰队出港前，面对众多前来欢送的人们，他有气无力地说："诸位，来世再见吧！"

这次突围俄舰共有战列舰6艘、巡洋舰4艘、驱逐舰8艘，分别是：战列舰"泽萨列维奇"号、"列特维尊"号、"胜利"号、"佩列维斯特"号、"塞瓦斯托波尔"号和"波尔塔瓦"号；巡洋舰"阿斯科尔德"号、"帕拉塔"号、"女神"号和"诺维克"号；8艘驱逐舰分成两个小队。连"蒙古"号医院船也列入了突围行列。

8月10日18时15分，"泽萨列维奇"号旗舰升起信号：舰队成单纵队从外停泊场起锚，沿着扫过雷的航道出海突围。

东乡平八郎得知乃木希典从陆路用重炮间接炮击旅顺港的消息后，预料到俄舰可能突围，于是制定了"赶狐狸出洞"的战术，提前集结了60艘舰船在圆岛海域待机。

8月10日5时35分，东乡得到了俄舰出港突围的准确报告，立即率主力舰向旅顺的方向驶去。他的"赶狐狸出洞"的战术终于成功了。

俄国分舰队离开旅顺，企图绕过朝鲜，然后向北驶向海参崴。可是，刚驶出旅顺口，战列舰"泽萨列维奇"号的主机就发生了故障，时速减至八节。抢修后，总算恢复了速度，但舵机又出了毛病。在修复前，舰队必须停留在那里。这意外事故使维特甫特心灰意冷，不祥的预兆袭上心头。后来查清，主机和舵机发生故障是长期停泊在港内不发动的缘故。

10时，俄舰远远地发现了朝西南方向而来的东乡舰队。东乡要包围、拦截前导舰艇，集中火力击毁"泽萨列维奇"旗舰，因此并未开火，在俄舰队右侧平行航行。由于维特甫特出海前并没有制定对付日舰海上进攻的作战预案，也未给分舰队下达具体任务，日舰突然拦截，不免使他慌乱。俄舰无法占领有利阵位，依然继续向东南方向前进。

日俄舰队在黄海进行战斗

到午后1时15分，海上薄雾消散，当日舰距离俄舰8000米左右的时候，日本舰队各舰向俄舰开炮，进行远距离射击，俄舰也立即应战。

双方开始射击的主要目标

是对方的旗舰,即"泽萨列维奇"号和"三笠"号。日本联合舰队依仗自己航速快的优点,变为东北航向,想压制俄国舰队前面的舰只。俄国舰队觉察到日本舰队的企图后,又逐渐向右转,变为正南方航向,想从日舰队的后面逃走。东乡发现了这种情况,恢复单纵队,增加速度,向西南方向急驶,对俄国舰队采取他最得意的"T字"战法这一战法是指己方舰队横在敌方纵队行进的舰队前面,以全正面的交叉集中火力袭击对方先头舰,充分发挥炮战的优势。此后的海军战术上,便诞生了以东乡名字命名的"旋转战法"。东乡下令在6000米至8000米的距离,对最前面的俄舰用集中猛烈的炮火射击,给俄舰造成很大损伤。维特甫特一边应战,一边转小圈子航行,偏离了逃往海参崴的航线。

日舰发射第一发炮弹在海中激起水柱

黄海海战中的日本联合舰队

俄战列舰"胜利"号和巡洋舰"帕拉达"号

战斗逐渐激烈,日军旗舰"三笠"号有好几处中弹,"其中有一枚12英寸的巨弹命中舰体后部,把大樯击穿,有8名士兵被打死,分队长海军大尉市川节太郎以下四人负伤。"①

整个战场上,炮弹轰鸣,水柱冲天,海水翻腾,硝烟笼罩着海面,打得天昏地暗,难解难分。

---

① [日]小笠原长生著:《圣将东乡全传》日文版,第295页。

俄太平洋舰队旗舰"泽萨列维奇"号

俄太平洋舰队巡洋舰"狄安娜"号

日联合舰队旗舰"三笠"号多处中弹

日本联合舰队第一战队同俄国舰队炮战以后,第3战队正迫近俄国舰队后边,炮击其殿后的巡洋舰。交战时间不久,日舰"八云"号被一枚炮弹击中,死伤士兵22名。

在此关键时刻,俄国舰队本应变换队形,占据有利射击阵位,但维特甫特没有听从周围军官的劝告,命令整个舰队仍继续按原来的航向行驶,竭尽全力逃走。

限于视线,炮战在日落时就会结束。因此,只要再坚持战斗30分钟,维特甫特司令也许能摆脱日本联合舰队的追击,成功地逃往海参崴。然而,战斗发生了戏剧性的变化。

由于日本舰队的炮火集中向俄国旗舰"泽萨列维奇"号射击,下午5时45分(一说6时37分),日军旗舰"三笠"号的前主炮发射的12英寸炮弹像一个巨大的火球,命中了"泽萨列维奇"号的司令塔,轰地一声爆炸了。接着又一发炮弹,击倒了该舰的前桅。当时维特甫特手下的一个参谋这样写道:

第二轮炮战开始后,战斗越打越激烈。维特甫特司令命令巡洋舰支队"向南突围",专门用战列舰支队对付日本舰队。但是,战斗越打越艰苦,特别是"泽萨列维奇"号多处中弹,舰体被打得蜂窝似的,仅12英寸直径巨弹就命中15发。其中第4弹命中司令塔的右侧,塔内的航海长等4人被打死。另外,舵机失灵,罗经被击毁。设在覆盖物下面的钢缆被炸断,从而中断了与机舱的联系。

接着飞来的第5弹击中前檐,弹片四处横飞,一举击中维特甫特司令以及1名军官和15名士兵。参谋长与包括本人在内的全体参谋和舰长都负了重伤。这对我舰队是一个沉重的打击。

第14弹把水线下面两米处击穿一个大洞,海水哗啦哗啦地灌进去,加之舵机失灵,舰只失去了控制,在海面上打转,看样子要与僚舰相撞。这样,我方队形大乱,我舰最后脱离了编队。

参谋长马士塞维奇少将躺在床上,命令悬挂"维特甫特司令已将指挥权移交他人"的信号。这意味着司令长官已经战死,各舰十分震惊。并通知全舰队,由"佩列斯维特"号舰上的原任司令乌赫托姆斯基少将指挥整个舰队。该司令官认为,绝不可能去海参崴了,于是挂起"跟我前进"的信号,率舰驶向旅顺。但他乘坐的"佩列斯维特"号两根桅杆都被炸飞,信号旗只好挂在舰桥的扶栏上,连靠得最近的僚舰都看不清。正如赛苗诺夫中校在笔记里所记述的,各舰"没有接到任何指示,只能凭各自的判断行动"。

俄舰队由于失去旗舰的指挥,便各自为战,整个舰队的队形开始紊乱,不久,全部陷入了日本舰队的包围圈里。

被日本舰队包围的俄国舰队,按顺序转变航向,又向西南方向逃走,其中巡洋舰"阿斯柯特"号以及几艘驱逐舰采取随意行动,以全速向日本驱逐舰队、鱼雷艇队冲来,日军第6战队立即扼住他们前进的道路,并猛烈射击,这些俄舰又向东南方向逃走。其余的俄舰像一群没头苍蝇,到处乱撞,最后又转变航向,向西南方向逃去。

在这个紧要关头,俄军战列舰"列特维尊"号又全

日舰追击俄舰时的情景

速向日本舰队冲来,准备撞击日舰,这样就把日军第六战队和第三战队的火力吸引到自己身上,从而缓和一下俄舰队的被动处境。但是,由于副司令乌赫托姆斯基没有进行指挥,各舰长也各行其是,没有支援"列特维尊"号的行动,有的逃回旅顺,有的远逃胶州湾、上海和西贡。

"列特维尊"号见孤掌难鸣,无力挽狂澜于既倒,在接近日舰1500米距离的时候,突向左方转弯,向旅顺方向驶去。到午后8时,由于太阳西下,暮霭四起,难以辨认舰体,东乡下令中止炮击,由驱逐舰及鱼雷艇袭击俄舰。

此次日俄黄海激战,东乡司令官意外地发现,因胆怯而逃跑的俄国舰队,在关键时刻表现得十分勇敢,而且炮也打得相当准。

海战初期,俄国舰队的射击十分准确,发射的305毫米炮弹,以及比这威力小的152毫米炮弹,在靠近日本舰队先头舰的两侧落下,炮弹偏下风方向,如果没有风就命中了。巡洋舰"阿斯科尔德"号和"诺维克"号只有152毫米炮,仍全速冲向日本的主力舰队。

两支舰队的距离拉开后,炮击暂时停止。甲板上热得要命,而日本舰队的轮机兵们,在机舱里冒着华氏130度的高温苦战。所有轮机兵都知道,胜败取决于速度。两支舰队的饮用水正在减少,尤其是日本舰队更为严重,第一轮炮战结束后,淡水柜中的水只剩下一半了。

东乡司令官向远在第一战队西边的第三战队发出信号,命令他们搜索并攻击俄国巡洋舰。

日联合舰队一艘军舰发炮情况

第一战队的速度稍快于俄主力舰队,并排航行了约两小时后,第一战队终于超过俄国舰队,17时30分,抵达山东高角以北45海里海区。这时,双方舰队前导舰距离为7000米。

俄国太平洋分舰队的殿后舰"波尔塔瓦"号首先开炮,联合舰队随即还击,又一轮炮战开始了。凄厉的炮声在大海上空轰鸣,硝烟使海面变成了一团黑色。

在炮战重新开始后的前30分钟内，日本舰队的损失极为严重，紧急救护班甚至来不及处理尸体和受伤人员。"三笠"号遭到"波尔瓦塔"号的攻击，12英寸炮弹击中了吃水线以下的部位和烟囱，造成多人伤亡，尸体一个接着一个被抬进权作太平间的水兵室。"春日"号人员伤亡惨重。

日联合舰队的高砂号触雷沉没

一发炮弹命中前舰桥，在场的人员全部炸死，最后只找到4个人的遗体，其他的人尸体不知被炸到什么地方去了。

　　然而，像往常一样，东乡司令官很幸运。"三笠"号一开始就惨遭炮击，几乎陷入瘫痪状态。但它从炮火中挣脱出来，又站到了战斗的最前列。又一发炮弹落在东乡长官所在的司令塔前面，但没有立即爆炸，而是击穿了甲板和机舱顶棚，在主桅旁爆炸，主桅被机舱顶棚的大梁支撑着。东乡长官安然无恙。

　　再次出现了恐慌。因为"三笠"号尾炮不能正常射击，加之"朝日"号和"敷岛"号都已中弹，日本舰队能用于射击的12英寸（305毫米）主炮从16门减少到11门。

　　俄国分舰队此次突围遭到彻底的失败。尽管东乡没有摧毁一艘俄舰，但还是取得了决定性的战果，粉碎了俄舰队逃往海参崴的企图。

　　经这次战斗之后，旗舰"泽萨列维奇"号和一艘驱逐舰逃到上海，巡洋舰"阿斯科尔德"驶抵西贡，上述舰只均被解除武装；"诺维克"号在科尔萨科夫港被日舰"千岁"号、"对马"号两舰击成重伤后自沉；"坚决"号在烟台被俘；"普鲁诺伊"号在山东高角附近搁浅。逃回旅顺基地的俄国5艘战列舰、2艘巡洋舰、12艘驱逐舰，几乎没有参加后来的战斗。

　　但是，必须指出的是，应该承认俄国太平洋分舰队在这次海战中所表现出来的勇敢精神和高超技术，是后来的波罗的海舰队无法比拟的。日方"三笠"号等舰损失严重，伤亡人数达216人，连亲临海战场观战的伏见宫博恭王都负了伤。

撰写《日俄战争全史》的德尼斯乌沃拉也曾说过：

俄国舰队打得比想像的要好，其射击技术和瞄准精确度都超过了日本舰队。

旅顺舰队官兵的士气，自马卡洛夫司令阵亡后，虽说每况愈下，但到关键性的决战时刻又重新高涨起来，指挥官的懦弱对他们并无影响。当然，他们各行其是，其中也暴露了弱点。日本户川幸夫著的《"Z"字旗——对马决战》一书中摘录了几则关于他们斗志的传闻：

巡洋舰"阿斯科尔德"号向海参崴突围不成，该舰长想到：如果返回旅顺，反正要把大炮拆下来运上山去，所以没有服从命令，将舰开到了西贡，被缴了械。

当时舰长赛苗诺夫中校等数名军官，发誓今后再也不参加战斗，并返回故乡。但后来又加入了波罗的海舰队，"为报黄海之仇"，再次来到了日本海。

逃进了萨哈林岛的科尔萨科夫港的"诺维克"号，遭追来的"对马"号和"千岁"号近距离炮击，中弹20余发，被打得百孔千疮。尽管如此，该舰仍拼死奋战，给两艘日舰以重创。舰长斯泰亚身负重伤，舰员多半丧命，最后，水兵们打开海底门自沉。

幸存下来的水兵上了岸，他们发誓要重新参加战斗，于是相互搀扶着，穿越野兽和逃犯出没的森林和荒野，于10月23日到达海参崴，行程达数百公里，没有一个人掉队。遗憾的是面对如此坚忍不拔和壮志昂扬的水兵，俄国国民却冷酷地认为他们是"卑鄙的逃跑者"。

逃入烟台港的俄驱逐舰"莱西泰利诺伊"号（"坚决"号）进入烟台芝罘港，是中立国清朝的港口，日舰不能随便闯入去击沉俄舰。追赶该舰的"朝潮"号和"霞"号向它发出最后通牒，限其在两小时内，要么出港，要么投降，任其选择。该舰舰长诺斯特契库乌沃斯基大尉为了保住舰艇，同意解除武装，放弃战斗。

8月11日，"朝潮"号水手长寺岛宇瑳美中尉奉命率10名士官和水兵（俄方说30名），前去进行临场检查。诺斯特契库乌沃斯基拒绝日军登舰，寺岛中尉下令士兵强行登舰，舰长怒不可遏，打了寺岛中尉一记耳光。当时的情景，诺斯特契库乌沃斯基是这样描述的：

我们扭打起来，一起掉进大海。我在海中向部下喊道，不要让日本兵上舰！把他们撵下海去！但是，日本兵开了枪，上了舰，舰上俄国兵和日本兵展开了格斗。

我和对方(寺岛中尉)都想溺死对手。我将手指头猛插入对方的口中，想撕裂他的嘴巴。对方死死咬住我的指头，伤及骨头。我的手指被咬烂，鲜血直流，腿上还中了一枪，后来我带伤游到附近的一艘英国商船旁，被救了上来。

取得胜利的日军，刚要在"莱西泰利诺伊"号舰上悬挂日本国旗，突然发生了爆炸，一名日本水兵和数名俄国水兵被炸死。日本驱逐舰不顾清政府的抗议，将"莱西泰利诺伊"号拖走了。

"莱西泰利诺伊"号被日军缴获后，加入了日本舰队的战斗行列，顶替了5月17日夜间沉没的日本驱逐舰"晓"号的舰名。该舰参加了后来的海战。这与清朝北洋海军的"镇远"舰的命运相似，不同之处，日军对"镇远"舰名不改。

这场日俄恶战，"制海权"是两国军队的命脉，也是决定胜负的关键。黄海大战后，逃回旅顺港的俄国太平洋分舰队蛰伏不出，完全丧失了战斗力。等待波罗的海舰队的到来协同对付日本联合舰队的计划也彻底破产，化为泡影。因此可以说，这场海战是导致"全局变化"的具有决定意义的战役，俄国彻底失败的命运已经注定了。

东乡平八郎晚年，在旧日本海军高级军官的社交俱乐部水交社庆祝海军纪念日大会上演讲时，曾说过这样一段话：

人们往往把5月27日的日本海大海战看成是决定日本命运的关键性的战斗。对于我来说，再没有比8月10日日俄黄海决战更艰苦、更重要的战斗了。因此，说到纪念日，我想莫如定在8月10日。要问为什么？因为5月27日、28日的海战之所以能消灭波罗的海舰队，那是由于有了8月10日的胜利，如果8月10日的海战没有好结果，那就不可能导致日本海大海战走向彻底胜利。

东乡手下有名的参谋秋山真之中佐也说道："人们只看到日本海大海战的巨大战果，往往轻视黄海海战。殊不知，东乡司令长官以及幕僚们最煞费苦心的是黄海海战。"

七十、窥伺东京湾的海参崴分舰队落败

黄海海战中俄国太平洋分舰队突围到海参崴没有成功,这样驻泊在海参崴的分舰队就更势孤力弱,无足轻重了。

当时,俄国海军从吨位和实力上来说,日本海军不是其对手。然而,它却有处地不利和将帅无能的致命弱点,犯了兵力分散、遭各个击破的兵家之大忌。

俄国分舰队的部分兵力在海参崴组成了独立巡洋舰支队,编有5艘巡洋舰、16条鱼雷艇,由埃森少将担任司令。日俄战争爆发时,该支队受领的主要任务是破坏日本的海上交通线,吸引日本联合舰队的部分兵力,减轻旅顺要塞正面的压力。该支队主力舰的速度快,续航能力强。但是部分舰船的甲板薄弱,火炮护板防护能力低。

埃森认为自己的舰队较弱,不能与日本舰队硬拼,最合适的作战方式就是袭击日本的商船,所以经常在日本海神出鬼没地活动。

4月23日5时,"俄罗斯"号、"格罗莫鲍伊"号、"勇士"号巡洋舰和第205号、第206号鱼雷艇队组成一支编队从海参崴出发,去袭击元山港。

25日,俄舰驶近元山港外,击沉了两艘日本汽船,在新浦冲附近海域击沉了日本"金州丸"运兵船。

6月12日,"俄罗斯"号、"格罗莫鲍伊"号、"留里克"号三艘巡洋舰在别佐勃拉夫少将的率领下,又悄悄离开海参崴,向朝鲜海峡驶去,到对马海峡附近袭击日本商船。

6月15日,刚刚完成运送陆军任务后从盐大澳返回宇品的日本运兵船"和泉丸"被俄舰拦住,"格罗莫鲍伊"号全力追击企图逃跑的日船,用炮将其击沉。日船死7人、重伤25人,船长以下105人被俘。

同日,载有1095名陆军官兵、320匹军马和18门重型榴弹炮的"常陆丸"运兵船刚刚离开宇品港驶入玄海滩海域,听到俄舰炮击"和泉丸"的声音,起初还以为是日本海军在演习,待发现情况不对时已经晚了。

俄巡洋舰从前、左、右三个方向炮击"常陆丸",共发射300余发炮弹,将其击沉。船上除152名官兵被渔船救起外,团长知源次郎中佐以下1063名官兵全部死亡。

日本的"常陆丸"和另一艘运兵船"佐渡丸"被击沉,日军统帅部十分痛

惜,以致只好对国民封锁消息。对俄军来说,这是一次重大的战果。这艘运兵船不仅有进攻旅顺的士兵,还载有攻城重炮等进攻性武器和攻城炮兵司令部。特别是那18门重型榴弹炮,就是为攻占旅顺要塞而用的。这两艘船被击沉,给乃木希典即将开始的攻坚带来巨大困难,因此牺牲的日本士兵数量也大增。

俄鱼雷艇队也在此期间频频出击,击沉日本帆船多只。

俄舰在日本的家门口袭击日本运输船连连得手,使日军极为头疼。在几个月内,俄国独立巡洋舰支队共击沉日本船只14艘、外国货船2艘,击伤日本船只4艘,俘虏日本和外籍货船各2艘,共计损伤各类船只24艘,约有1200多日本人葬身海底。为保证运输安全,日本不敢利用北部各港,只能利用东部各港向朝鲜和中国东北运送物资。

俄国海参崴分舰队对日本交通线的威胁和战绩,使日本海军丢了战果,丢了脸面。日军十分恼火,负责对付俄国海参崴舰队的日本海军第2舰队司令上村彦之丞率领舰队几次出海侦寻,均因大雾未获任何结果。不少人要求海军部处罚上村彦之丞。他在东京的寓所经常遭到石块的袭击,弄得其家属不敢出门。国民的责难甚嚣尘上,甚至骂第二舰队是"俄探舰队",故意不与敌舰交锋。有的人认为,"常陆丸"、"佐渡丸"遭袭击,是潜伏在下关的俄国间谍提供了情报。有的人甚至用剖腹自杀向当局施加压力。日本大本营也很焦急,严令司令上村彦之丞务必保证日本海上交通线的安全,寻敌作战。

事后,佐藤铁太郎中将对《每日新闻》主笔高石真五郎谈了当时的苦衷:

当时,赋予我们第二舰队的任务,是监视海参崴方向的敌人,确保对马海峡航道的安全。3月6日,我们对海参崴实施首次攻击。那一天,天气非常冷,海参崴附近海面都结了冰。我们破冰前进,从海参崴港东面山背后炮击港口。炮击收效较大,炮弹击中了敌海军陆战团团部,敌人十分恐慌,但敌舰没有出港迎战。

过了几日,决定在海参崴港口布设水雷。但如何去海参崴,在这个问题上产生了两种意见:一种意见认为应直接去海参崴,我赞成此意见;另一种认为经朝鲜元山去为好,造成此意见的占多数。

驶近海参崴,浓雾密布,无法布雷,只好下次再来。但返回元山一看,海参崴分舰队乘我舰队不在,袭击了元山港,击沉了用于输送陆军登陆的"金州丸"。

海参崴有雾时,元山却没有雾,我们恨得咬牙切齿,懊悔不迭。于是再次北上,成功地在海参崴港口布设了水雷。这些水雷后来发挥了重要作用,"格罗莫鲍伊"号为了避雷撞上了暗礁。

我们完成任务回到对马海峡,专候海参崴分舰队出来。

"常陆丸"被击沉事件发生的时候,日本第二舰队正在对马海峡,鞭长莫及。

日本国民们除了辱骂上村长官外,还骂第二舰队的参谋们尽是无能之辈,好像蹩脚的捕鸟人。有的人说:"身在新桥车站,却要捕捉栖息上野公园的树林里的小鸟。"

尽管饱受舆论责难甚至辱骂,第二舰队官兵尽量克制自己。因为如果离开驻地"新桥车站",就更难监视海参崴分舰队的动向。

上村彦之丞的心理素质极好,他不担心责难和辱骂,只担心本舰队官兵的士气。幸而舰队全体成员,从参谋长到普通水兵,都很信赖他,没有一个在背后说怪话的。士兵们一致对处于狂热状态的国民非常反感。

舰队锚泊对州时,上村司令经常驾橡皮舟去钓鱼。从他的心境来看,哪里是去钓鱼?在这种时候,他是做出从容不迫的样子给部下看,以此来镇定部下焦躁不安的情绪。他还时常与水兵们一起举行摔跤、登山等活动,来鼓舞士气。

据佐藤铁太郎回忆:

因没有接到发现敌人的报告,一天,上村与佐藤一起到舰队附近的山上去走走。

"长官,累了吧?"

"你是指登山?"

"不,看样子近来你似乎很累!"佐藤重复一句。

"好像是那样……"他眺望着海湾,略微沉思一下说。

那时,佐藤发现上村司令的眼睛里含着眼花。

佐藤装作没看见,但心里明白。

上村默默地点了点头。

可以看出,他的心里是相当痛苦的。

那么,为什么上村舰队捕捉不到海参崴分舰队呢?其原因有三:第一,第二舰队防守海域太大;第二,海参崴分舰队的"俄罗斯"号、"格罗莫鲍伊"号和"鲍卡伊尔"号航速是23节,而第二舰队的"出云"号、"吾妻"号、"浅间"号、"八云"号、"常磐"号"磐手"号,航速只有20节,俄舰航速比日舰快;第三,海参崴分舰队的目的,是攻击日本运输船队,骚扰日本后方,为此它极力避免与日本舰队决战,采取一发现日本舰队接近就逃遁的战术,日海军不易捕捉战机。佐藤中将回忆说:

> 海参崴分舰队只要一看到我舰冒出的黑烟,就全速逃走。由于速度上的差距,我们追赶不上。往往在跟踪追击途中天就黑了。当时,我们也有比俄舰速度快的驱逐舰,有一次决定让驱逐舰追击敌人。这就好比猎人、猎犬与熊之间的关系。猎人赶不上熊,但狗比熊跑得快,可以驱狗追熊,当熊与狗厮打时,猎人赶到,再用枪把熊打死。但那次因天色已晚,攻击没有成功,甚为惋惜。

有一天,日本海军第二舰队收到了大本营发来的电报,说俄海参崴分舰队出现在东京湾。据此分析,海参崴分舰队是通过北海道与青森之间的津轻海峡,出现在东京湾的。日大本营要第二舰队立即从九州南面,迂回到有明湾待命。

上村长官立即率舰队前往,刚到五岛海面,东乡司令官来了命令:

"第二舰队火速开往津轻海峡迎击敌人。"命令还称:"如果得到敌人西进的情报,就停止前进,务必返回原来位置。"

两个命令内容相反,上村以及参谋们犯难了。第二舰队司令部只好"独断专行"了。可是要说两份命令哪一个分量重,当然是大本营的了,而且先收到。

上村司令决心由自己承担一切后果,决定仍按原计划前进。请示大本营时,大本营告称:海参崴分舰队可能正在伊豆附近。

经过研究判断,上村与谋僚们对海参崴分舰队经东京湾窜犯伊豆的情报表示怀疑。上村司令向大本营呈送了一份报告:

> 本舰队按预定计划行动。"千早"号从御藏岛以南迂回侦察,鱼雷艇队侦察了神津岛、武根岛以及新岛,均未发现异常。根据大本营提供的情报,确认敌 25 日位于胜浦海域。敌出现在当面已历时数日,在同一区域游弋,作为战时的行动,是令人难以置信的……本舰队自 26 日以来,接连收到长短相间的奇怪无线电波。卑职担忧,敌或许已北返,或许为了达成某种目的,向西南方向航行,为此,卑对本舰队长时间处于不能与联合舰队相策应的位置,深感不安,故申述此见。关于本舰队的行动,急盼给予指示。

大本营同意上村司令的意见，第二舰队返回对马海峡。舰队到达佐世保时，其煤炭只剩下 59 吨了。

海参崴分舰队果真来窥伺了东京湾。它企图威胁日本的腹部，来到了千叶县胜浦海面，这是事实，但是否打算袭击东京则不得而知。据说，它不打算通过津轻海峡返回。为了避开与日本舰队相遇，确保航行安全，打算绕道宗谷海峡。但因宗谷海峡雾大不能通行，在北海道以东、千岛以南海域徘徊，这样作燃料的煤就不够用了。无奈，只好经津轻海峡返航。此时上村如果遵照东乡司令官的命令，北驶津轻海峡，说不定就可在那里与敌相遇。

8 月 10 日，俄军在旅顺的分舰队实施突围。在定突围计划时，俄军预先考虑了让巡洋舰支队支援突围的可能。但是，由于旅顺同海参崴之间没有直接联系，当时旅顺至奉天的电信线路又不通，所以，有关分舰队的突围详细计划没有及时通报给海参崴方面。8 月 10 日，即俄分舰队出港突围的当天，"莱西泰利诺伊"号驱逐舰突围到烟台，才从那里通过奉天向海参崴发报："分舰队已经出海，正同敌激战，阿列克赛耶夫命令向朝鲜海峡派遣巡洋舰接应。"命令说："如果到达与釜山平行的海面还未遇到维特甫特将军，则不要继续向南航行。应在清晨驶抵釜山海面，在向北航行的船只必须经过的航道上巡航到下午 3—4 时，尔后全速返回符拉迪沃斯托克。"

8 月 11 日命令到了海参崴时，黄海大战已经结束。但是，因通信不畅，埃森却不知道这个情况，仍紧张地进行出航准备。

8 月 14 日凌晨，俄舰在釜山以东 42 海里处发现 4 艘舰艇轮廓，很快辨认出那是日本的军舰。同时发现一艘船正在驶入东京湾，此船载着日本从美国募集来的两三千万美元外债，对这个目标，当然是自顾不暇了。

原来，上村彦之丞已接到东乡的指令，率他的第二舰队在朝鲜海峡待机，阻止俄国分舰队突围以及阻挠俄国独立巡洋舰支队，接应突围。这次，上村终于发现了他们期待已久的猎物——俄国巡洋舰编队。

这次海战，双方是巡洋舰对巡洋舰。俄国 3 艘巡洋舰排水量大，但却旧；日本 4 艘巡洋舰虽小却新。火炮数量和射速都是日舰占优势。埃森被迫应战，激烈的海战持续了 5 个多小时。俄国损失 1 艘装甲巡洋舰、伤两艘主力舰。"俄罗斯"号、"格罗莫鲍伊"号舰上官兵亡 140 名，伤 319 名；"留里克"号舰上官兵亡 150 名，被日舰救起 626 名，其中伤兵 230 名。日本方面伤 4 艘巡洋舰，亡 45 名官兵，伤 55 名。

据统计,俄舰射击命中率为 2.5% ,给日舰的毁伤程度不大,而日舰射击的命中率为 6% 。釜山海战是日本舰队的一次重大胜利,但也有不少军事家认为,虽然日本打败了敌人,但那是一次失败的战斗。如战列舰"大和"号第一任炮长、原横须贺海军炮兵技术学校教官黛治夫,在所著的《海军炮战史话》等书中,极其严厉地批评了釜山沟战,主要问题是:

> 在炮火准备时出现失误,在战斗中停止追击,让遭到重创的敌装甲巡洋舰"俄罗斯"号和"格罗莫鲍伊"号逃进了海参崴军港。

釜山海战后,俄国巡洋舰支队基本上停止了对日本海上交通线的破袭。

总的来说,俄国独立巡洋舰支队的行动,虽然未使日军在物资上遭受重大损失,却对日本的胜利进程有一定的阻碍作用。它一方面使日本为安全计,战争期间很少利用航程较短的日本海运输,另一方面将日本联合舰队三分之一的兵力完全牵制在朝鲜海峡。

七十一、劝降不成用强袭,日军发起第一次总攻

1904 年 7 月 12 日,日本伊东佑亨海军军令部长及次长访问了大本营陆军部,会见了山县有朋参谋总长及次长,转达了日本联合舰队司令官东乡平八郎于 11 日打来的电报,迫切要求日本陆军迅速攻克旅顺要塞。东乡平八郎在电报中陈述了自己的意见:

> 旅顺的敌舰队最近努力修理舰船。还有,由于敌舰脱离我方的监视,有在外海沉置机械水雷的迹象,我们在海上监视的困难增加。然而,我军舰船自从 5 月上旬以来,由于长时间进行封锁工作,驱逐舰艇队的士兵逐渐疲劳,舰船也逐渐损耗,特别是像驱逐舰和水雷艇,今后如果再继续执行一个月以上的任务,就需要不断修理。……加上天气变化和其他原因,今后难保我军舰艇不遭灾祸和不受损失。反之,旅顺口敌舰已修理完毕恢复其势力,我军舰船的力量将逐渐减弱,光是对付旅顺的敌舰队,敌我海上的力量就失去了平衡,对全局的作战实不胜忧虑。现在有情报说波罗的海舰队东航的消息已经确实,我们舰队要大部返回内地,进行修理。……当前我们作战上的紧急任务,就是早一天攻克旅顺,使陆军的后方得到安全,我军舰队也在击溃旅顺的敌舰队之后,准备好对付新来之敌。敢以拙见具报,希望迅速下达用一切手段攻克旅顺的命令。

大本营接到东乡的电报后,立即召开陆海军高级幕僚会议,经过讨论,决定满足海军的要求。会后,山县有朋立即把海军的意见通报给正在航途中的大山岩,命令他迅速攻克旅顺,以解燃眉之急。

大山岩在长山岛接到山县有朋友通报后,立即会见东乡平八郎,达成了互相配合进攻旅顺的协议。7月14日在大连登陆后,命令第三集团军司令官乃木希典及野战铁道提理,催促做好进攻旅顺的准备及有关实施的各种计划。在此期间,俄国的海参崴分舰队通过津轻海峡,开到太平洋上,不断袭击日本运输船,使日本当局深感不安。为此,山县有朋再次对满洲军参谋总长玉源太郎通报迅速攻克旅顺的命令。

包围旅顺的日本陆军第三集团军,共辖3个步兵师、两个预备旅团、野战炮兵第二旅团和攻城特殊部队,共有48000人,火炮386门,其中大、中口径火炮198门,占总数一半以上。按照大本营的要求,到7月底,乃木希典指挥第三集团军占领了凤凰山一带高地,8月8日和9日两天,又相继占领了大孤山和小孤山,使俄军失去了极为重要的前沿阵地,日军则完成了对旅顺要塞的作战部署。

8月10日,日本联合舰队粉碎了俄国分舰队的突围,彻底堵死了俄军海上退路,残余的舰艇逃回旅顺港内,蛰伏不出;蔚山海战后又解除了海参崴分舰队破袭交通线之忧,至此,可谓万事俱备,只等总攻了。

及早进行间谍活动,周密收集军事情报,是日军一贯的做法,且颇有成绩和心得。对俄军旅顺要塞的防御体系,早在1903年7月,日本的间谍机关"芝罘特别任务班"就派遣间谍冈野增次郎扮做承包卫生器材的店员,进入旅顺,精心侦察了一个半月,制成"旅顺要塞海陆两正面炮台堡垒略图"和"旅顺要塞海陆兵营位置图"。到日俄战争爆发后,冈野又收买了专门修筑炮台堡垒的工程师张清等三人,按照原图,补正增建部分进呈给大本营。所以,乃木希典对旅顺要塞的判断是:如果强攻,不难达到目的。

尽管这样,日军要进攻旅顺俄军坚固的防御阵地,仍非轻而易举,而是要付出很大代价的。

乃木和东乡来了个先礼后兵的把戏。8月16日上午10时,他们派遣一名军使,携带日本明治天皇关于将居民撤离市区及要塞进行避难的"圣旨通知书",以及乃木和东乡联合签署的劝降书,前往旅顺要塞交给斯达塞尔。

与此同时还有一个小插曲,即乃木希典通过俄要塞司令部参谋长雷斯之手给斯达塞尔夫人蔚蓝·阿列克塞也夫娜一封短信和一张一万元的支票。

"旅顺被围,我又怎么兑到这笔款子呢?"她一面假装欣赏支票,一面向雷斯发问。

"不会永久被围。何况,日本人只向我们提议不要等待总攻,就交出要塞。"雷斯说。

夫人向斯达塞尔讲述了这件事。

"他们只能得到'这个!'(做了一个大拇指放在食指与中指之间的手势,带有侮辱人和骂人的意思),而不是旅顺口!"斯达塞尔恼火地说。

"真下贱!用一万元钱来叫要塞投降。"将军夫人愤懑地说。

斯达塞尔接到"劝降书"后立即召开高级军官会议,讨论要塞防御问题。傅克、康特拉琴珂、斯米诺夫、柏勒以及两位海军将领——侯爵乌哈顿斯基和格里哥维奇,都相继来到要塞司令部。

会上,大家发言热烈,以要塞陆上防御长官康特拉琴珂为首的一批军官坚决反对投降。甚至在丢失外围防御围廊问题上负有重大责任的傅克也认为,未战就降有损于俄罗斯帝国的"尊严"和"声望"。次日,斯达塞尔复信乃木:"这种同俄军荣誉和尊严毫不相容、同要塞目前状况极不相符的建议,没有讨论的必要。"断然加以拒绝。

为抗击日军进攻,俄军日夜加强阵地工事,并将分舰队21名军官、2246名水兵调上岸,作为预备队参加防御作战。

由于旅顺俄军拒绝投降,乃木希典决定于8月18日开始进攻。因为大雨过后道路泥泞,行军不便,又把总攻推迟到19日开始。

第三集团军制定的进攻旅顺的计划是:

"8月19日开始炮击俄军整个陆上防线,随后,在炮火的掩护下,佯攻西线前沿阵地,稍后开始助攻东线前沿阵地,最后于8月21日拂晓主攻东部防线。"

乃木大将对总攻要塞

俄军在旅顺的第一号要塞

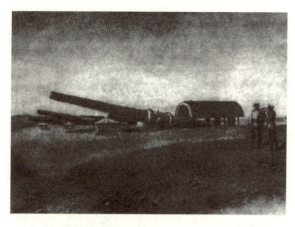

俄军在旅顺的一个重炮阵地

作战十分乐观。当天,他对西方记者们说:

"正当这次战役行将结束之际,你们来了,可谓适逢其时。"

8月19日4时30分,日军的300门大炮开始猛烈轰击俄军的防御阵地,俄军要塞各炮台、工事和舰队的舰艇也立即开炮还击,一场空前激烈的炮战顿时展开。

在炮火的掩护下,第一师在松村务本中将的指挥下分兵三路攻击大顶子山。要塞陆上防御长官俄军防御部队是第五狙击步兵团的6个步兵连,配备16门火炮。日军占领该山左峰部分阵地后,遭对方火力猛烈打击,伤亡很大,直至深夜也未有多大进展。

第十一师在总攻发起后,悄悄向前运动,占领了王家屯、马家屯、吴家屯至海岸一线地域,但未发起冲击。

第九师进攻地段上,俄军的龙眼北方堡垒,松树山堡垒,盘龙山东、西堡垒,二龙山堡垒等遭受日军猛烈炮击,山上几乎所有表面工事都被炮火摧毁。

16时30分,大岛久直师长令第三十六团提前向龙眼北方堡垒发起冲击,遭俄军火力狙击,伤亡很大。入夜,又多次夜袭,均被击退。到次日清晨,日军

俄军在旅顺的一座海崖炮台

大部分突击队,死伤殆尽,遂中止攻击。

8月20日,松村师长令友安治延少将率步兵第一旅继续攻打大顶子山。康特拉琴珂少将亲自上山组织俄军抗击和反突击,试图收复被日军占领的部分阵地。但是,日军强大的火力摧毁了山上的堑壕、掩体,俄军败退下来转移到203

高地。占领大顶子山后,日军架炮向203高地、寺沟方向实施射击。

在要塞的东北方向,日军对俄军阵地实施破坏射击,隆隆的炮声终日未停。日军步兵继续在东北线集结,作好次日发起主攻的准备。

两天来,俄军一直想方设法加强防御,康特拉琴珂马不停蹄地视察,斯达塞尔命令部队抓紧时间抢修工事。

8月21日,日军主攻部队第九师的第六旅借助黎明前的朦胧夜色,偷袭盘龙山东堡垒,摸上斜坡,即遭受守军猛烈的步、机枪射击,突击队被全歼。

日军第七团见偷袭不成,又用强攻。可是战至傍

俄军在旅顺防御体系中最东面的白银山堡垒。图为白银山后方俄军观察哨

俄军在仓库存放大量军用物资

晚,日军未能前进半步,全团千余官兵仅剩12名军官、70余名士兵,其余全部阵亡。

日军惨重损失可见一斑。

日军第十一师第十旅,协同第九师攻击要塞东北地段的东鸡冠山北堡垒。

该堡垒是要塞核心阵地重要支撑点,周长496米,面积9900平方米,成五角形,完全用水泥、卵石灌制而成。堡垒分东、西、南三部分。东面是暗堡、隐蔽部,南面是指挥部,西南是兵舍、仓库,皆以隧道相通,周围是7.5～8.5米宽、4.3米深的护垒壕,壕外山坡架有电网,堡垒左右配有13门垒炮,守军为一个350人的加强连。

日军摸上斜坡,顶着弹雨,冲到堡垒外沿,跳进护垒壕,突然遭受俄军暗堡

机枪火力打击,几乎被全部击毙。当夜,日军第44团第1营在营长吉永狂义少佐的率领下,夜间偷袭库罗巴特金三面堡,想得手后从背后夹攻东鸡冠山北堡垒。等守军发现时,日军已冲入掩体,双方展开激烈肉搏。俄军在阵地指挥官杜达列夫中尉指挥下,利用机枪掩护实施反冲击。吉永抽刀号令任何人不许后退一步。一阵白刃格斗后,日军因后续部队未跟上,终被全歼,吉永本人也被流弹打死。

日军进攻3天也未达到预期目的,乃木很焦急,这时炮兵又报告弹药不足,更增加了乃木的烦恼,他求胜心切,仍令炮兵对重点目标实施猛烈炮击。

盘龙山东堡垒被炮火严重破坏,守军完全失去隐蔽。日第三十五团步兵狂叫着涌上山,俄军用步枪、机枪织成的火力网将其阻在阵地前沿。大岛师长在吴家屯司令部内发现堡垒内俄军并不多,只是机枪火力对进攻的威胁太大,遂令7名工兵强行炸掉了俄军机枪火力点。接着,步兵借爆炸后的浓烟冲上前沿,消灭了俄守军,夺占了盘龙山东堡垒。20时,后备步兵第四旅在竹内政策少将指挥下又占领了盘龙山西堡垒。

盘龙山东、西堡垒是要塞筑垒地域核心阵地的突出部,它是望台炮台的屏障;如果望台一失,要塞将被撕裂一个大口子。因此,斯达塞尔闻讯后立即下令夺回这两座堡垒。但是,他在当天举行的要塞防务会议上,却很消极悲观,强调许多客观原因,掩盖失利责任。斯达塞尔的情绪在俄军官中产生消极影响,有碍俄军的反突击行动。甚至陆军大臣萨哈罗夫接到他的报告后,气愤地批道:"阅。这意味着什么?"陆军总参谋长费罗洛夫当即指出:"这可能是要塞要投降的辩护书。"

8月23日,乃木为加强盘龙山东、西堡垒防御,粉碎俄军反突击,命令土屋师长率第十旅增援第九师。至24日,日军在盘龙山东、西堡垒要冲地带集结了4个步兵旅,准备继续突破。25日1时30分,第十旅向望台炮台(标高185米)实施钳形突击。

望台炮台位于盘龙山东堡垒的南面,原名点将台,俄军占领后,改名大鹰巢山,望台炮台是日军起的名字,今名为两杆炮山。在这座山上,可将俄军20多公里长的筑垒地域弓形防线尽收眼底。俄军为加强望台炮台的火力,曾从舰上卸下两门152毫米舰炮,驱赶中国民工将其搬上山顶。

日军步兵在炮火的掩护下向山上狂扑,守军打开探照灯,机枪、步枪火力一齐射击,战况异常激烈。

据俄军记载,乃木发出进攻命令后,"二个由活人所构成的'山崩'向山上滚滚涌来,从谷地和沟壑中,都有日本兵钻出来。步枪、机关枪和火炮都纷纷发射,探照灯的闪光上上下下,火箭像金蛇一样狂舞,天空中挂着几百个大火球,使天上的星月无光,也使日本步兵睁不开眼睛。他们前进、扑倒、跳起来又向前奔,然后再倒下来,在探照灯的闪亮之下,炮弹的爆炸火光血红。到处都是喊声、兵器的碰撞声和爆炸声"。

俄军惊愕道:"这些兵已经不像人,而像疯狂了的野兽。"日军一度冲上山顶。俄军一面调预备队增援,一面从附近堡垒炮击日军第二梯队,最后终于把日军击退,此时,阵地前"已经没有一个活人,到处尸体枕藉"。

向虎头山等地突击的日军第六旅、后备步兵第四旅也遭到失败。

这天午后,乃木见数天来突破进展不大,部队损失惨重,知道强攻快袭难以取胜,遂下令停止总攻。这样,对旅顺要塞筑垒地域的首次总攻结束了。

首次总攻历时6昼夜,日军参战兵力5.07万人,火炮368门,官兵伤亡1.58万人,伤亡率为32%。俄军伤亡6000余官兵。

首次总攻的失败说明日军过于自信,过高地估计了自己的力量,过低地估计了俄军的战斗力。

战后,一直在乃木集团军中的英国军事观察员诺里加德评论道:

> 现在,研究了要塞实力的有关资料之后,可以得出这样的结论,短期内攻占要塞是一种不切实际的幻想。在这种思想指导下的一切尝试都是不可思议的。令人惊讶的是,消息极为灵通的侦察部门怎么会对要塞无比强大的实力没有作出正确的估量,没有及时防止迈出如此冒险的一步……

七十二、为洗刷耻辱再次总攻

唐朝诗人曾写下这样的句子:"凭君莫话封侯事,一将功成万骨枯。""可怜白骨攒孤冢,尽为将军集战功。"

战后被封为"军神"的乃木希典以伤亡1.58万人的代价,终于悟到了"对于有最新式的筑城、最新式武器的要塞,不宜采用强袭法"的道理,而决定采用"正攻法"。

所谓"正攻法"是对要塞作战的另一种战术,它要求一面实施近迫作业,一面推进,逐渐抵近敌人堡垒,再挖成战壕,作为进攻出发阵地,如遇敌人铁丝网、电网、外壕,均要扫除填平。在重要的突破地段,还要挖地道到堡垒下面,装填炸药实施爆破。

所有这一切,不仅作战时间长,而且作业区域均在敌人的火力范围内,极为危险,一旦被发现,往往前功尽弃。

日军8月冲击的结果,前进到了离东鸡冠山北堡垒以及库洛巴特金三面堡垒只200到250步处,于是俄军北方战线上大庙堡和水管堡这些前线阵地,就突出前面很远,受到来自侧翼以至后方的射击。

防守这两个堡垒的是康特拉琴珂步兵第七师部下,系团长谢米诺夫上校指挥的东西伯利亚第二十六步兵团几连人,团部设在八里庄,距这两个堡垒很近。

与辽阳、沙河会战时速战速决相比,乃木的第三军攻打旅顺却进展缓慢。陆军也好,海军也好,都决心早日攻陷旅顺。乃木为此十分苦恼。他深深感到,为了做好迎战波罗的海舰队的准备,必须让联合舰队返回内地,进行人员休整和船舶的维修。

当8月14日对旅顺的第一次总攻失败后,乃木向司令部派来的上泉德弥参谋建议,应该陆续将联合舰队调回休整。从这一点也可看出乃木当时的焦虑心情。

10月15日,波罗的海舰队从波罗的海的利巴瓦港,今名利耶帕亚港,起航,踏上了东征之路。这一情报送到日军大本营时,乃木的第三军正开始进行第二次总攻的准备,并为大炮弹药不足而犯愁。

日军工兵正在为运送白炮连敷设轻便铁路

日军昼夜施工安装巨炮

据大本营海军部估算,罗日杰斯特温斯基率领的波罗的海舰队主力,将绕过非洲好望角,于12月中旬驶抵马达加斯加岛,在那里与来自地中海的另一分舰队会合,然后通过马来半岛附近海面,并在这一带完成各种准备,最迟于明年1月上旬到达台湾海峡。这是对波罗的海舰队以经济速度航行的判断。假如看到旅顺屡攻不克,他们为了同旅顺舰队会合,从而加快航行速度,也许今年就能到达远东。

大本营海军部鉴于联合舰队所有舰艇返回内地维修保养,至少需要两个月时间,要求大本营陆军部,无论如何在11月中旬,最迟不超过12月10日,控制旅顺,消灭旅顺港内的俄舰队。

11月9日,大本营召开陆、海军参谋部联席会议,结果达成一致意见:

首先消灭躲藏在旅顺港内的敌舰艇,要求乃木第三军迅速攻占203高地。

山县有朋参谋总长将此决议通知了满洲军总司令官大山岩。

然而,满洲军总司令部对此不悦,他们答复说:

"第三军的挖壕工程进展迅速,现在改变进攻计划,重新选择突破口是不妥当的。应锐意实施既定作战计划。即使占领203高地,只不过将它作为一个观察点,而且使用280毫米大炮轰击军舰威力并不像想像的那么大,为此,必须从速采取置旅顺之敌于死地

日军准备了大量的280毫米榴弹炮弹

日军正在运送榴弹炮身

的措施,给第三军增派第七师团,再大量补充炮弹,以增强进攻锐势。"

日本海军与陆军总的来看是密切协同的,但关于作战方面的考虑有所不同。对海军来说,最紧迫的便是:为迎战日益逼近的波罗的海舰队,必须尽早解除对旅顺的封锁,让所有舰艇返回内地检修,使水兵们得到充分的休息。因此,攻克旅顺是次要的,首先应歼灭躲在港内的俄舰艇。但满洲军总司令部认为,这与当前占领旅顺的目的相抵触,203高地不过是旅顺要塞中一个偏僻的堡垒,即使占领该高地,对攻克旅顺也起不了多大作用。

两种看法,都各有道理。比较起来,大本营的看法更合理些。

在俄军方面,当挫败了日军的第一次总攻后,使军队的士气高涨起来。有这样一个例子:

中尉副官、侦察队长殷哲也夫斯基的伤还没有完全好,他挂着手杖,微跛着到谢米诺夫那里。

"你这样为什么出院呢?"上校问道,"看你简直是个真正的残废人咧!"

"经第14团检查委员会检验结果,认为我完全可以归队,也就让我出院了。"

"那你就到14团那里去好了。"

"准我仍旧回侦察队里去。"

"难道把你抬着去侦察不成?"

"唉,我就是爬也赶得上他们。"

"很好!老实说,我此刻很需要你。没有你,侦察队简直塌台了,我甚至不知道敌人在我身边有什么动作。好,祝你成功!"

谢米诺夫和中尉亲切

日军15厘米口径的白炮阵地

日俄战争中俄军使用的重炮

地握了手。

于是,殷哲也夫斯基带伤开始了紧张的工作。

9月2日夜里,突然发现水师营方面,有一连日军向距该村很近的大庙堡前缘战壕进攻。殷哲也夫斯基决定从两翼来侧击敌人,截断他们的后路。为了这个目的,就把侦察队叫来。他不愿惊动已经睡觉了的团长谢米诺夫,只同团部警卫连连长商量后,就让他们出发了。

"不要作声,不要开枪,只用刺刀和枪托。"殷哲也夫斯基教导侦察队员们说。

随着猫头鹰叫信号的发出,俄军就与日军拼起刺刀来了。一场短促的血战,无法保持肃静,战斗的喧嚣声打破了夜间的沉寂。谢米诺夫被吵醒后又从预备队里派两连人增援上去。要塞的大炮也响起来了。直到拂晓,战斗才告停息。

俘虏中有两个日本军官。从他们身上搜出两个命令,一个是关于满洲日军在辽阳附近击败了俄军的命令,另一个是乃木关于再次冲击旅顺的命令:"为了尽快洗去太阳旗上因持久包围所受的耻辱。"

谢米诺夫向副官口述战斗经过的报告时,极力想隐瞒部下军官擅自夜袭并遭到很大损失这一事实,只特别强调了侦察的良好结果。要塞陆上防御长官康特拉琴珂没有过多地对他们进行责备,但是他和谢米诺夫清楚地意识到,斯达塞尔是决不会放过这件事的。

果然,斯达塞尔严厉责备了康特拉琴珂,并颁令对殷哲也夫斯基免职、严重警告团长谢米诺夫上校。

"从今以后,日本人可以高枕无忧,我们也就再也冲不出去了。"康特拉琴珂读完命令后评论道。

8月31日,乃木下令自9月1日起,各师均实施近迫作业,工兵负责工程作业指导。开始由于缺乏这方面的训练准备,旅顺的地形又复杂,再加上一些军官对"正攻法"有怀疑,所以掘进速度很慢,每昼夜向前推进速度不到10米。乃木知道后,亲率参谋人员及工兵军官下到各师督察,速度才稍有加快。

与此同时,日军已修复了大连至长岭子的铁路,后勤补给条件大为改善,大量作战物资运到前线。9月初,有近15000名新兵及数个预备队营抵达前线。这样,第一次总攻时的减员,已基本得到补充。

日第三集团军对旅顺要塞第一次总攻失败后,大本营有些惊慌,这时有人主张利用国内海岸要塞重炮去攻打旅顺。这些重炮都是280毫米口径的榴弹炮,都安装在东京湾等海岸要塞,不能随意移动。当大本营征求第三集团军的意见时,第三集团军以这种炮炮身沉重,从运输到安装需要两个月时间为由拒绝使用。可是大本营没有理睬,硬是从海岸要塞拆下6门280毫米炮,于9月14日运抵大连湾,接着通过铁路运至旅顺。修筑好炮座并安装完毕,于9月28日开始试射,轰击俄军的水泥工事。结果发现不但命中率高,而且破坏力也很大。于是大本营又从国内要塞拆下12门这样的重炮,运到旅顺前线参加战斗。

俄军也利用战役间隙进行防御准备,昼夜不停地抢修、加固阵地工事,加紧部署要塞炮。康特拉琴珂亲自视察了被日军炮火毁坏严重的东线、东北线阵地,督促修补城墙、架设铁丝网、构筑新的堑壕、掩体、散兵壕,在死角区埋设地雷等。

9月中旬,乃木集团基本上完成了作战准备。9月17日,乃木上将下令第一师、第九师主攻203高地、侯石山、水师营南方堡垒、龙眼北方堡垒,第十一师在东线实施佯攻。进攻的重点在要塞筑垒地域的西线和北线。

俄军在西线前沿部署了24个步兵师和2个独立分队。要塞总预备队为1个步兵营、1个水兵连、6个海军陆战连。在主要地段上,日军拥有3倍的优势,个别地段达10倍之多。

9月19日清晨,为迷惑俄军,第十一师炮兵开始射击东线防御阵地,俄军炮火还击。12时,正当俄军向东线增派兵力时,日军在西线、北线地段突然实施猛烈的炮火轰击。日军首次使用了280毫米口径的榴弹炮。这种炮射程7900米,自重24.3吨,炮弹重250公斤,是当时陆战场上最大口径的火炮,不仅威力极大,而且发射后产生一种似火车鸣笛的呼啸声,有精神震撼作用,被称为"火车弹"。持续5个小时的炮火轰击,使俄军阵地遭受很大的破坏。据当事人回忆:

> 巨大的烟柱夹着砂石一同升起,好像是一棵大树突然升入天空,然后再垮倒了下来。像钟表一样有规律,沿着东北的正面不同方向上,每隔几分钟都有这种幻想中的大树升起;接着听到可怕的爆炸声,二龙山……受到了巨大的摧毁。

18时,日军友安旅向旅顺西北最高点老爷山发起冲击。老爷山标高203米,俄军称为高山。此地是要塞中枢,可观察旅顺全港,位置十分重要。该山呈东北——西南走向,山顶长250米,设有半永久性阵地。环绕山坡有两道堑壕,壕前装有铁丝网障碍物。俄军装备了口径 152 毫米炮 3 门、100 毫米炮 2 门、37 毫米炮 3 门、机枪 4 挺。

日军从北坡进攻,先以障碍排除队开道,接着,步兵从挖掘的距俄军前沿仅 50 米的进攻出发阵地发起冲击,但很快便被击退。19 时 30 分,日军又发动了第二次冲击。俄守军先以榴弹打乱其战斗队形,再以步机枪火力杀伤近前敌人,再次击退了日军进攻。这时,天色已暗,松村师长下令友安旅停止进攻。

担负攻打侯石山任务的是第一旅。侯石山位于老爷山东北方向,标高 183 米,山形狭长,俄军称其为得利寺山,日军称为海鼠山。该山为老爷山东北屏障,从山顶可瞰控旅顺口西港。日军在突入第一道堑壕向山顶冲击时,被步机枪火力及巨石、滚木击退。

第二旅在第一师左翼进攻水师营南方堡垒,几次冲击,未有进展,直至深夜,未占俄军半寸阵地。第九师在进攻龙眼北方堡垒中也连遭惨败。

20 日,友安旅再次强攻老爷山,夺占了构筑在山脚的部分堑壕,但在向山腰堑壕冲击时,遇守军密集火力杀伤,伤亡很大。19 时,友安旅再次冲锋,步兵钻过铁丝网,一度冲入山腰部分堑壕,俄守军以密集火力封锁突破口,制止敌向纵深扩张,迟滞其第二梯队接近。接着,俄乘突入之敌孤立,后续梯队受阻,实施反冲击,夺回了山腰堑壕。

与此同时,日军第一旅也恢复对侯石山的进攻。俄守军在日军炮火准备打击下,伤亡很大,后来得到一个步兵连的增援,才将日军赶下山去。15 时,日军部署在大顶子山附近及另一处的重炮群,从两个方向轰击,几乎摧毁了侯石山所有的表面阵地。日军步兵借炮火掩护,冲上山顶,经一阵肉搏,俄军寡不敌众,残部放弃了侯石山。

日军第二旅于 9 时许以 2 个营的兵力同时从下面和两翼向水师营南方堡垒发起冲击,正面进攻的突击队很快突入护沟,10 时,攻占了该堡垒。

第九师从凌晨起就开始向龙眼北方堡垒进攻,俄军增派的 4 个步兵连、1 个边防连的预备队均被日军炮火阻在山下,无法上山参加战斗。5 时,龙眼北方堡垒只剩下 11 名官兵,无法继续坚守阵地,康特拉琴珂只得下命令弃堡后撤。日军占领阵地后,立即遭到俄军炮火的密集射击,日军除少数人留在阵地外,主力撤至山下阵地隐蔽。

乃木见预定攻占目标已夺占了 3 个,决定集中兵力和兵器攻占尚未攻克的主要目标老爷山。21 日日军在老爷山的山脚下,这里是俄军最大的一个射击死角区,集结了3个营的预备队,准备乘夜幕向山上实施决定性冲击。

俄军发现了日军的企图,从老铁山炮台调出1个速射炮排,把火炮伪装成草篷车,悄悄进入北鸦鸹嘴附近的炮兵预备阵地。17时,亚森斯基上尉一声令下,向4公里开外的目标开炮射击,5分30秒发弹51发,全部命中拥挤在一块儿的日军预备队,这3个营几乎全被炸成肉酱。友安旅本来就伤亡很大,这次炮击又把仅有的一点预备队消灭殆尽,松村师长见状,请示乃木停止进攻。乃木也觉得虽然此次总攻有所得,但部队伤亡很大,需要补充,再战恐怕对己不利,遂下令全线停止第二次总攻作战。这次总攻,日军以伤亡7500名官兵的代价夺得了3座堡垒区,俄军也伤亡1500名官兵,放弃了某些阵地。

侯石山的陷落给俄军造成了严重后果。日军在山上设立观察哨,清楚地瞰控旅顺西港。9月28日,日军100毫米口径炮6门、162毫米口径炮2门、280毫米口径重型榴弹炮6门,在侯石山炮兵观察哨的指引下,准确射击停泊在西港的俄国分舰队的"胜利"号战列舰,炸死炸伤5名水兵,"塞瓦斯托波尔"战列舰被3发炮弹击中。次日,又有3艘战列舰中弹,旅顺港内的俄舰成了名副其实的靶船。

龙眼北方堡垒、水师营南方堡垒的失守,也使二龙山、松树山一线失去屏障,直接暴露在日军的炮火打击之下。特别是龙眼北方堡垒控制着要塞的水源地,它被日军占领后,要塞内军民饮水受到严重威胁。

日军在这次战斗中,在摧毁俄军工事,压制俄军火力,消灭俄军有生力量方面,重炮发挥了重要的作用。此外,"正攻法"战术有利于隐蔽接敌,减少伤亡,迅速突击。但日军进攻队形过密,增加了人员的伤亡。

俄军防御上注意中、近火力的衔接,火力与障碍物的结合,形成曲直火力相辅,多层、多道、正射、侧射的绵密火力网,特别在前沿便于步兵大量通过的地段,设有密集的火力控制区,抗击敌人冲击,使日军伤亡很大。但是,俄军火力反准备的效果比较差,忽视以大口径远射程炮兵压制对己威胁最大的敌炮兵,不能有力地歼灭进攻出发阵地上的敌步兵等,这些都是导致堡垒失守的重要原因。

七十三、俄军下层官兵智勇者与愚怯者

日俄战争发生于20世纪初期,是第一次世界大战前发生的最大的一次战争。因此,无论在武器使用还是在战略战术方面都是现代战争的前奏,其经验

教训产生了深远的影响。

处于进攻状态的日军,开始阶段的战术是相当落后的。如他们在机枪封锁的密集火力下集团冲锋,用强袭法冲击有坚固筑垒的俄军工事等,都使他们付出了惨重的代价。特别值得一提的是,虽然沙皇任命的大多数高级将领,都是任人唯亲,昏庸无能,官兵关系也很紧张,但是,下层的大部分官兵还是魁梧强悍、颇有战斗力的。

在日俄战争中,俄军一改传统的旧习和成规,创造性地改进了防御阵地,使用了新的武器和战法。如把暴露的炮阵地移入掩体中隐蔽起来,通过技术革新提高了火炮的射程和射速,把阵地炮和活动炮结合起来,第一次使用了探照灯、电网、水雷臼炮和球形炸雷等等。

俄军使用电网开始让日军吃了大亏。日本兵用手去扯,甚至用牙齿去咬,都惨遭电死。直到第二次总攻时,他们的突击分队才懂得要用特殊的绝缘剪刀去剪断电网,而后再用一种特制挂钩搭在电网上,把电流引入地下。

针对要塞防御战的特点,俄驻旅顺火炮修理所试制了第一代"水雷臼炮",即撑杆水雷发射器,专门毁伤开阔地上和掩蔽地内的敌有生力量与武器装备。

后来,俄军炮兵技术副主任戈比亚托上尉又以固定在轮式炮架上的47毫米的舰炮发射筒作为抛射装置,设计了一种超口径炮弹。这种炮弹外形像一个截头圆锥体,头部装有引信传爆筒,尾部有稳定器,弹重1.5公斤,射程为50～400米,这是世界上第一门迫击炮。由于它的炮弹飞行的弹道弯曲率大(射角为45～65度),因此能歼灭火炮低伸火力所不能杀伤的遮蔽目标,能从深凹的掩蔽地进行射击和超越射击。它重量轻,结构简单,射击准备简便,不易发生故障,可以在任何天气条件下,在起伏地和难以通行的地形下使用。俄军试射成功后,立即大批生产装备部队。

为弥补机枪的不足,锡米基偌大尉及其战友们还发明了步枪齐射装置,把十枝步枪安装在一个木架上,一名士兵便可控制,这便是著名的"锡米基诺"机关枪。

在生死存亡的搏斗中,俄国士兵样子很笨,但是计谋很多,又富于主动精神。他们在日本人面前,随时想出各种新奇的诡计。一天晚上他们将一条系着发响东西的小狗,用绳子牵着放到敌人那边去。起初,敌人用步枪猛烈射击,随后又开炮,又纷纷掷出许多手榴弹。俄国人老早把小狗收回来了,而日本人还在开炮。

有时风向对头，俄国士兵就放出几条带炸弹的纸龙，每条龙尾上系着几枚小炸弹，炸弹上安有不长的导火线。导火线点燃，纸龙乘风向日方飞去。黑暗中隐约可见导火线上燃着的火光。等到纸龙飞到了预定地点时，便拉着绳子不动。纸龙上爆发出几团火花，炸弹向下落去，照直落到日军阵地上，纸龙鼓着风，猛地向上飞去。步兵们迅速把它拉回，又往纸龙上拴炸弹。日本人茫然无措，胡乱向空中开火，拼命想打下这个天上的敌人，但毫无结果。他们甚至用手榴弹向俄军战壕里掷来，以图报复。

有时俄军放小火箭，火箭上面装有白光火药。火箭飞去时，白光火药燃烧照得地下通明。乘这个时候，就用"锡米基诺"式的机关枪，照着敌方暴露出的目标齐射。

战争开始前才调到电岩炮台的工程师兹芳纳列夫，更是一名精通业务的火炮专家和独具匠心的发明家。他在对电岩炮台的大炮作了多项改进后，还在实战中发明了一种"球形炸雷"。

施放球形炸雷的阵地，一般选择在最前面夜间放潜伏哨的战壕内，同时日军的战壕又在陡坡下面很低的地方。大球形炸雷每个重约270公斤，炸雷内，用白铁皮箱子装有115公斤重的棉花火药，空的地方，都塞满了铁片和石块。这是为了在爆炸时加强杀伤作用的。为了放出炸雷，专门安了一道约10米长的木槽，炸雷开始顺木槽放出，然后按惯性向下滚去。使用时，步兵们先将木槽搭在战壕的胸墙上，然后把炸雷放到槽里。炸雷上有个特制铁环，用短绳子系住，免得炸雷过早滚下去。

当270多公斤的铁球滚下去时，日军战壕内的士兵都惊叫起来，杂乱无章地向这铁球发出响声的方向射击，子弹在空中飞鸣。如果有一颗子弹落到炸雷上，那炸雷就会立即爆炸。这种土造的怪武器，利用居高临下的有利地形，使日军魂飞胆丧，伤亡惨重。

俄国士兵虽然厌恶这场战争，士气不高，但是，当他们置身于你死我活的关头，许多人也表现出非凡的勇敢精神。俄军人高马大，上了刺刀后的步枪也比日军长，所以在肉搏战中大多占上风，常把日军杀得尸横遍野。致使日军后来害怕与俄军白刃战。

如前所述，在老横山等阵地争夺战中，俄军不少士兵抱着日军一起滚下陡峭的山坡，同归于尽。电岩炮台的官兵在与日军争夺堡垒时，炮兵们都急忙拿上步枪，准备用白刃战迎击迂回过来的敌军。

日军从后面包抄炮台，大呼"万岁"，冲上来就实行肉搏。一名俄军中尉挥着马刀,吼叫一声,首先向敌人杀去。白刃战开始了。大家都持步枪作战。中尉这魁梧汉子左右开弓,杀来杀去。突然他的马刀被日本人的步枪折成几段,他向后一退,弯身抓到一根长约丈许、钉有铁圈的木棍子,高高举起,又向日本人打去。前列的日本人被他打倒后,其余的敌人,便吓得连连窜退。这时拿着炮帚杆当武器的官兵援助自己的指挥官。他们也用这种吓人的武器,打得敌人头破手瘫,接二连三地倒下。结果,日本人胆寒了,狼狈逃窜,炮兵们跟踪追击。加之步兵前来增援,日军终被击退。

刚刚把这一侧的危险消除,日军又从右翼迂回上来。一名军官带些士兵用步枪向俄士兵射击,但未能奏效。日本人迅速攻到跟前,很快又展开了白刃战。这时,中尉看见第二排和第三排从堡垒上往敌人后方冲去,援救后面的堡垒。大尉挥着一把大刀,跑在队伍最前面。兵士们也很快赶上了大尉,并从后面拦腰插入敌人的进攻队伍中。日本人混乱起来,再次向后退去。

日本人退到中国城墙附近,及时赶到的俄军步兵和水兵已在那里,截断了他们的归路,从两翼夹攻上来,歼灭被围的日军。在这一平方英里的土地上,几千个穿白色军衣的俄军和穿绿色军衣的日军,展开着队与队、人与人之间的白刃战。日、俄双方的人混杂到这种程度,以致无论是日本炮兵还是俄国炮兵,都不敢向这块战场开炮。俄军方面接着开来一批新的援兵,很快绿色身影被白色身影吞食下去了。这时,日本炮兵却猛烈地向这里炮击,把日俄两方伤兵,一并打死了事。剩下的俄军只好急忙隐蔽到中国城墙后面去。

尽管作战顽强,但俄国海军官兵和要塞炮兵军纪松懈,疏于戒备,严重失职的事常有发生,以致造成了无可挽回的损失。

在旅顺要塞保卫战最需要弹药和粮食补给的时候,一艘满载军火粮食的俄军轮船,历尽艰难险阻来到旅顺。当这艘轮船到达港口附近,要塞的炮兵丝毫也不知道这件事情。当轮船上鸣放汽笛时,炮台断定轮船是在向日本人发出什么信号,就向它开炮射击。于是这艘轮船无奈又从岸边开去。这时,一艘日本水雷舰急忙驶来,把这艘轮船带走了!

就这样,俄军最需要的几千颗炮弹和160多万吨的粮食,统统落到敌人手里了。为此,海军的将领又与陆军将领发生了一场于事无补的口角。

七十四、日军夺占二龙山、松树山堡垒

又一个昏暗的黎明。阴沉的雾蒙在山峦上,间或降点寒冷的小雨和小雪。

偶尔一两声喑哑的枪响,抖动一下沉闷的空气,随即又归于寂静。

乃木吸取前两次总攻失败的教训,下令各师大规模地进行近迫作业,开展地道战。其目的是:竭力把坑道挖到俄军的各堡垒底下,然后用炸药将堡垒炸毁,为步兵开辟道路;炮兵则以强大的密集火力摧毁堡垒工事,歼灭俄军卫戍部队的有生力量,掩护步兵进行冲锋。日军官兵在第二次总攻中看到了"正攻法"发挥的作用,从怀疑转为依赖,工程作业认真,进展加快。到10月下旬,松村师完成了对松树山堡垒的紧迫工程,大岛师在二龙山堡垒前75米建立了进攻出发阵地,土屋师将爆破坑道掘至东鸡冠山堡垒前沿障碍区。

俄军也加紧抢修工事,加固阵地,并实施反坑道装药,同日军坑道作业的斗争。10月27日,土屋师极艰难地炸开多岩的土层,向东鸡冠山引出一条布雷坑道。俄军发现后马上挖了两条反布雷坑道,听到日军工兵的作业声后,即刻引爆炸药。这次行动成为双方坑道爆破与反爆破战的开端,并一直持续到要塞的陷落。

然而,由于俄军长期被封锁,要塞内的食品供应开始恶化。从9月份起,要塞已无猪肉,每周供应两次马肉。10月底,东北开始降雪,许多俄军官兵还没有穿上棉衣,饥寒笼罩着旅顺全城。营养不良、卫生条件差使官兵健康水平下降,非战斗减员激增,医院里住满了伤病员,而医疗条件又不能满足需要。在这种情势下,失败主义情绪上升,有人提出尽早议和停战。军官中以傅克等为代表的消极投降派极力诋毁康特拉琴珂等人,说他是"想让士兵血流成河",来换取"官衔和勋章"。这种言论比敌人280毫米直径的炮弹更可怕,起到了直接瓦解俄军士气的作用。

在日军方面,也同样有责难的言论,恐惧的情绪。

第三军对旅顺发动了两次总攻,牺牲了两万官兵,仍然没有攻下俄国构筑的固若金汤的堡垒群,对此,乃木脸上露出了焦虑和忧愁的神色。特别是波罗的海舰队已经起航的消息,使沉醉于海军取得惊人胜利的日本国民产生了不安。最高军事当局也为当初轻视攻克旅顺的艰难,如今成了事关国家存亡的关键而感到愕然和苦恼。

在国内的军人中,批评和指责乃木的作战方法的呼声越来越高。政治家们焦虑不安。

"司令官不称职!乃木无能!应撤换那样的军司令官,任命会打仗的将领。"国民中间,这种呼声也很强烈。

"乃木残杀士兵,居心何在!"

"让他剖腹谢罪!"

愤怒的市民们,向新坂町的乃木住所投石块,砸碎了玻璃窗和屋顶上的瓦。2400多封署名或匿名信件寄给了乃木,要求乃木辞职或剖腹自杀。

有这样一个故事。乃木夫人静子体谅丈夫内心的苦楚,默默忍受着这一切。有一天夜里,她在一名女佣的陪伴下登上了火车,去伊势大庙祈祷神灵保佑乃木攻克旅顺。

车中的话题集中在旅顺和乃木身上,指责声充斥着车厢。但无人知晓坐在三等车厢角落里的那个拘谨的妇人,就是第三军司令官乃木将军的夫人。

静子一夜未睡,前来伊势大庙求神。

日本作家户川幸夫的书中写了这样一个传说性的细节:

当静子夫人跪在神像前祈祷时,不一会儿,她觉得神志恍惚,不像是睡觉,而是在做梦。

梦中她听到一个清晰的声音:"你的心愿神知道了,但你要以丧子作为代价。"

静子感觉自己喃喃地答道:"谢谢,谢谢!"

等睁开眼一看,自己正趴在神像前。

这是谁传播出去的呢?据说是静子亲口向亲友津野田菊枝说的。

日本军界评论:就乃木的用兵方法而言,他不是一位优秀的指挥官。开战前曾举行大规模演习,乃木和儿玉分别扮演红、蓝两军,结果乃木被儿玉打得一败涂地。乃木生性刚直、诚实,这种性格在旅顺战斗中表露得淋漓尽致。

评论还认为,仅仅因为乃木用兵方法拙劣,就要他承担旅顺屡攻不克的罪责,未免过于苛刻。乐观地把旅顺看成与日清战争时的旅顺一样,而不仔细研究近代化的大要塞;大本营和满洲军总司令部没有做好准备就下达进攻命令,同样负有责任。还必须看到,错误在于没有给予足够的兵力和武器弹药,而且在短期内运用正面进攻战法,强行实施正面突破。还应该看到,以当时日本的国力而言,已把最大限度的军备投入了这场战争,即便不是乃木,谁当第三军司令官,恐怕也是一样。

东乡十分同情乃木,曾对参谋人员说:"这是战争,只能这样打。"但东乡大本营告急:"如到11月底,旅顺的战况还不见明显好转,那就不得不放松海上封锁……"他还以个人的名义,给乃木写了一封信。

事情已到了不能再等的地步。大本营决定投入一直未动用的旭川第七师团,作为攻克旅顺的最后手段。第七师是由屯田军改编的精锐部队,是留在国内的唯一现役师团。

是将该部队置于满洲军总司令部的指挥之下,让其参加同敌主力的决战,还是将其编入乃木的第三军参加攻打旅顺?对这个问题,大本营内部意见不一致,当得到波罗的海舰队起航的情报后,才决定将其投入旅顺作战。

第七师开赴前线后,后方只剩下后备役老兵了。

明治天皇有感于当时的情景,作了一首和歌:

> 男儿意志刚,
> 纷纷踊跃上战场,
> 国事应共当。
> 留下庭院寂无声,
> 可怜孤老耕作忙。

根据双方态势,乃木认为再次总攻时机已经成熟,遂于 10 月 25 日下达了第三次总攻令。这次总攻的重点是夺占二龙山、松树山堡垒。

11 月 19 日,山县有朋参谋总长向乃木发了一封电报:

> 顷接总司令官报告,称你军近日将发动进攻,以图占领望台一带高地。当即进宫,奏明天皇。此役需大胆、谨慎,勿使敌有丝毫反复抵抗之余地。若这次再不能成功,尔后弹药、兵员及有关补给将难有再举之机会,也将失去与南满战场之平衡。鉴于波罗的海舰队日益东进,到 12 月上旬我舰队大部返回检修止,敌将再次恢复海上交通,运输弹药粮作,攻城将更为困难,且危及大连湾之防务。因此,现今攻克旅顺,实为只争朝夕之机,成败与否,关系陆海作战全局、国家安危。深知吾兄之苦心,谨祝康泰。特此坦然征询高见。

11 月 22 日,天皇向第三军发布敕命。大山总司令官也致电勉励第三军。

乃木想到了死。他在总攻前给所属各师团的训令中说的一段话就是明证:

"如有必要,我乃木希典决心率领预备队冲锋陷阵。"

二龙山堡垒,位于东鸡冠山北堡垒西北 1700 米的二龙山上,海拔 127 米。二龙山堡垒之名,是日军所称,俄军称为三号堡垒,也就是说这儿是旅顺第三个此种堡垒。1900 年动工修建,到争夺战开始才基本建成。堡垒呈五角形,周长 630 米,面积约 30,000 平方米,是占地面积最大的堡垒。二龙山内堡炮台,安装 4 门 152 毫米加农炮,四处侧防暗堡共设有 11 个朝向护垒壕的火炮发射孔,安装 87 毫米以下口径火炮 47 门,机枪 2 挺。堡内四通八达,设施完备,营房可供 500 余名士兵住宿,全长 106 米,宽 3.05 米,高 2.7 米,厚 0.9 米,由混凝土筑成,可抵御直径 280 毫米炮弹的轰击。

此堡垒还有一个特殊的军事设施,即由军事工程师冯·施瓦尔茨设计的装甲瞭望塔。塔的顶部为半圆型,用 19 毫米厚的钢板制成,高 2.1 米,直径 0.7 米,供观察日军攻击该堡的情况和为 152 毫米加农炮校正弹着点用。

松树山堡垒,坐落在 97 高地上。它与二龙山堡垒同时修筑,位于俄军东部防线的西端,东距二龙山堡垒 624 米。该堡垒的主要任务是担当整个要塞的正面防御。它与二龙山堡垒相配合,可阻止日军正面进攻;西北与北部防线的小案子山堡垒和椅子山堡垒相配合,可封锁龙河河谷,阻止日军沿河谷突进旅顺市区。

松树山和二龙山所处位置都极为重要,而且二者有着最密切的关系,如被夺取其中之一,将对要塞的攻守,起到决定性的影响。对于这一点,日俄双方都是清楚不过的。为攻占这两个堡垒,日军动用的兵力是第一师、第九师、第十一师、后备步兵第一旅、第四旅共 4.41 万人,火炮 427 门,机枪 73 挺。

10 月 26 日 17 时,由日军攻城炮兵司令丰岛阳藏指挥的集团军炮兵群,向预定突击目标实施炮火准备。松村师左翼第二旅的两个工兵连在炮火下强行开辟通路,接着步兵冲向松树山堡垒斜堤前的散兵堑壕,将俄兵击败。

俄军见警戒阵地失守,即呼唤椅子山、案子山、松树山炮兵向这一地域实施阻拦射击,打得日军无处藏身,被迫停止冲击。

大岛师第十八旅向二龙山警戒阵地冲击,俄兵意料不能抵敌,埋设了大量地雷,弃壕撤入堡内。日军跳入散兵壕,被炸死炸伤多人,惊魂未定,又遭二龙山火力打击,只得停止继续进攻。

在以后的几天内,日军猛烈的炮击使俄军刚刚修复的工事遭到严重破坏。松树山堡垒火炮全部被摧毁。二龙山堡垒西部、中部几座炮座被炸塌,东鸡冠山北堡垒一个弹药库在炮击中被引爆,连续的爆炸摧毁

进攻松树山的日军敢死队

了数门火炮。

日军进攻正面的俄军共有 26 个步兵连,很多连队在炮火中伤亡甚众,战斗力受到很大削弱。例如,守卫松树山堡垒前沿的 1 个连仅剩 32 人,一个编制 186 人的海军陆战连仅存 70 人。市区内也连起火灾,人心更加浮动。

28 日 21 时,乃木下令全线发动总攻击。

康特拉琴珂认为,失去几个警戒阵地是很危险的,只有夺回它,才能稳定防御。于是在 29 日 5 时,他调集几支预备队实施反突击,其中以松树山堡垒的战斗最为激烈。350 名俄军官兵在炮火的掩护下,借黎明前夜色的掩护突然向日军的进攻出发阵地冲击,日军猝不及防,弃阵而逃。俄军毁坏了日军所有的坑道工事。松村师长闻讯后十分恼怒,立即组织力量进行反扑,经过激战又夺回阵地。至深夜,俄军各路反突击均被击退。

10 月 30 日,日军各师全线实施总攻击。松村师突击队越过障碍后,被松树山堡垒宽 8 ~ 10 米、深 4.5 米的外壕挡住。爆破队先以炸药爆破外壕壁的方法开辟道路,因土质坚硬,未有效果,改用土石填垫也不成功。因为在俄军步机枪火力的封锁下日军无法迅速作业。无奈,松村师长只得停止攻击,准备夜间突袭。

日军第九师主攻二龙山堡垒。日军想迅速夺占这个堡垒,除了因其“卡口制谷”的重要位置外,还因为西北方向的龙眼泉水源直接在它的火力控制范围之内。

日军夺占龙眼北方高地后,屡次想破坏要塞水源地,但慑于二龙山堡垒的火力,始终没有成功。乃木为尽早困降俄军,才决定选取二龙山为主攻目标。

俄军为捍卫核心阵地和为使水源地不被日军破坏,重兵把守,部署了 1 个 500 多人的加强营,配备了 3 门 152 毫米的加农炮、两门 100 毫米炮、两门轻炮、两门 47 毫米炮、11 门 37 毫米炮。日军第九师师长大岛命令第十八旅担负主攻任务。攻击前,先由工兵在二龙山堡垒东北处壕外架桥。但是,俄军很快发现了日军的企图,用炮火将架桥

俄日在东鸡冠山东南炮台激战

572

工兵消灭,摧毁了所有架桥设备,日军只得停止行动。

与此同时,日第九师左翼第六旅攻击一号多面堡,在冲击前就由工兵开辟了一条30米宽的通路。

13时5分,一户旅长亲自上阵指挥冲击,夺得该堡前沿。俄守军依托堡垒各支撑点,以纵向火力猛烈射击,又将日军赶出前沿阵地。

一户旅长马上调第二梯队参加战斗,又夺占了前沿,并组织防御。

22时,俄军乘日军立足未稳,组织一次较大规模的反冲击。他们小群多路,分割包围突入的日军。日军寡不敌众,一度又被逐出。

一户把预备队投入战斗,从俄军侧后突击,包围其反突击分队,又将俄军赶回堡垒。接着,又乘俄军反击受挫之后,连续追击,扩大战果,夺得大部分堡垒。一号多面堡争夺战是旅顺要塞争夺战役中较典型的突击反突击作战。日军成功地利用反突击的效果,向纵深扩展,夺得了大部分要点。

战后,为表彰旅长一

东鸡冠山上日军尸体和战后日本竖立的石碑

日军堑壕已接近东鸡冠山炮台前

573

户,日军将一号多面堡命名为一户堡垒。

土屋师猛攻东鸡冠山各堡垒。一队日军曾突入东鸡冠山二号堡垒,并升起军旗。但俄军实施反突击,又把日军赶了出去。

10月30日,日军各师仍没有多大进展。军参谋长向总参谋长报告说:"炮击开始以来到30日为止,280毫米榴弹炮向松树山堡垒发射约700发,命中410发;向二龙山堡垒发射约1130发,命中600发;向东鸡冠山堡垒发射约500发,命中340发……终无良策。"乃木司令面容憔悴,心情焦躁。因为11月2日是天皇诞辰日,他想打个大胜仗,为天皇祝寿。于是在31日8时下令全军将士做好新的总攻准备。为发挥炮兵威力,将火炮阵地前移,在每个重要突击目标前一公里地域,均部署数个野战炮兵连。

11月1日拂晓,俄军阵地再次被炮火笼罩。然而,尽管日军步兵冲击勇猛,还是抵不住猛烈火力的打击。除友安旅绕到老爷山西南攻占了杨树房地域外,其余各部均无战果。黄昏,日本攻击部队纷纷退回原地。乃木认识到这次总攻又遭失败,下令结束第三次总攻作战。

是役,日军伤亡官兵3830人,消耗步枪子弹151万发,炮弹4.49万发,夺了碉后堡垒。俄军伤亡官兵近千名。

这次总攻,日军失败的重要原因是在近迫作业尚未全部完成的情况下,提早发起进攻,无法越过俄军各堡垒的外壕,而俄军则通过反坑道装药,稳定了阵地防御。

七十五、不惜一切代价攻克"二〇三"高地

从上面用上千发280毫米炮弹轰击不顶事,唯一的办法是把坑道挖到堡垒的山底下,放巨量炸药把整个堡垒"抬"起来。第三次总攻作战后,日军步兵、工兵用一切手段,在坚硬的岩石中艰难地将坑道一米一米地向二龙山、东鸡冠山北堡垒等目标延伸。

英国随军观察员阿什米德·巴特利特目睹此景写道:

> 整整一个月中,在狭窄的混凝土掩蔽室的混浊空气中,到处都有地雷爆炸的威胁,还有手榴弹、刺刀和枪弹,日本工兵在世人看不到的地下,顽强地奋斗,想把同样顽强的对手,逐出其地下工事。

此时,俄军积极开展反坑道爆破斗争,迟滞了日军搞坑道作业的进程,增

大了日军的伤亡,但未能从根本上改善防御态势。库罗巴特金的主力在辽阳决战中受挫,退至奉天;但日本最担心的俄国波罗的海舰队已从欧洲起锚东来,预计1905年1月到达战区。

旅顺要塞久攻不下,引起了战时大本营对第三集团军的不满。日本国内也出现了要求乃木希典引咎辞职的舆论。11月14日,在专门召开研究旅顺作战的御前会议上,战时大本营训令满洲方面军总司令大山岩督促乃木尽快攻陷旅顺。大山岩根据这一训令,给乃木下达了一份指示,明显表露出对乃木的不信任。大山岩特派总参谋长儿玉源太郎到旅顺城外督战。11月19日,山县有朋致电乃木,命令他迅速行动,夺占旅顺。

早在第一次总攻失败、日军损失一万五千余人之后,就有过撤换乃木的呼声和风波。但儿玉源太郎和大山岩清楚地认识到:这样做,乃木必定会自杀。而乃木自杀对第三军官兵来说,不会提高士气,只会产生沮丧。所以不能这样做。但一而再、再而三的失利,就难以抑制不满的情绪了。

根据大本营的命令,乃木决定对要塞实施第四次总攻击。日军参加此次总攻的兵力为6.4万人,俄军防御兵力约2万人,其中东北线防御兵力为6000人。

俄军炮台遭到日军炮击后的惨状

11月26日11时,日军数百门火炮向各突击目标以及可能支援它们的炮台、工事实施强大火力准备。13时,松村师左翼由3个步兵连组成的敢死队向松树山堡垒冲锋。守军以猛烈的步机枪火力很快击退了敌人。17时,日军又组织两

俄军发射的迫击炮弹飞向日军阵地

旅顺的俄军防御阵地

203高地上被损毁的俄军火炮残骸

个步兵连敢死队发动第二次冲击，未至外壕，就被凶猛的火力阻拦。

大岛师从两个方向攻击二龙山堡垒。右翼敢死队一度越过外壕，突入前沿阵地。但俄军很快封锁了突破口，将突入之日军消灭。日军第二次进攻也无效果。

土屋师先行爆破，然后冲击。但是，俄军中近、曲直相辅的火力，打得日军敢死突击队伤亡累累，未能从爆破口突入。

总攻再次失利，使乃木颇为焦虑。17时，他孤注一掷，命令由中村觉少将带领一支2600名官兵组成的敢死队，沿龙河河谷进行穿插，楔入要塞，先夺占松树山补备堡垒阵地再转攻二龙山。敢死队员每人的肩上斜挂两条白带子，所以也叫做"白襷队"。乃木希典亲自为敢死队送行，鼓励他们为天皇卖命。

中村少将既向乃木保证，又向部下训令：

"我们将一去不回，各级指挥官都要指定代理人。要用刺刀打击敌人，不管敌人的火力多猛，在敌阵地上立足未稳之时，谁也不准开枪。谁要无故躺下，临阵脱逃，格杀勿论。"

18时，他们沿着预定路线向敌后猛插，途中，因俄军炮火拦阻，速度较慢。

22时20分，中村部已到达松树山补备堡垒阵地。该堡垒位于松树山堡垒西南500米处，是要塞东、西防御区的结合部。俄军在此配备了11门火炮，严密封锁龙河河谷。俄军未料到日军攻打此堡垒，猝不及防，丢掉了好几个支撑点。日军冲上堡垒后,双方展开激烈的肉搏战。

康特拉琴珂闻讯,急忙增派 5 个连的兵力反击,终将敌人打下山。接着,俄军 3 个水兵连又从翼侧和背后攻打日军。

中村部因夜黑、加上地形不熟,很快被赶到附近的谷底,共伤亡了 1500 名官兵。乃木见穿插失败,遂令中村率残部从原路撤回水师营。

几个月来,旅顺要塞屡攻不克,使原先充满自信、认为天下无敌的日军官兵,开始怀疑自己的作战能力了。

在作战会议上,很多师旅级军官认为旅顺固若金汤,坚不可摧,部队伤亡过大,不可继续强攻。

乃木也知道这一点,但久攻不克会影响大本营战略意图的实现。攻占要塞的最终目的是歼灭俄国太平洋分舰队。

如果能从陆上用炮火击毁港内俄舰,那么占领要塞的时间紧迫性可以适当延缓。全要塞只有一个制高点可以瞰控旅顺口全港,这就是标高 203 米的老爷山。于是,乃木决定改变主突目标,集中兵力兵器攻打老爷山。

在日俄战争刚爆发的时候,203 高地还没有什么防御设备。从 5 月下旬起,特别是 9 月份的总攻,它的附近地区被日军占领后,俄军才在这里修起坚固的永久性堡垒。这些工事包括环绕两山峰的深壕,左峰上挖有很深的内壕连环工事,右峰上修筑了配备 152 毫米火炮的炮台。这个炮台是一个永备工事,有暗壕与野炮连及左峰上的多面堡相通。后坡上筑有供预备队使用的掩体。在山根环形壕前面,和左多面堡与山根环形壕的鹿砦之间,设有铁丝网。此外,还在斜坡上构筑了宽敞的隐蔽部。为解决山上吃水问题,还专门建立一座抽水站。高地西北、东南两面山坡陡峭,攀登极为困难。高地东北有一平缓的鞍部连接老虎沟山。该山掩护着 203 高地的东北翼侧。

在这次总攻前,203 高地和老虎沟山的守卫部队由东西伯利亚步兵第十五团、第十四团和第五团抽调 5 个连组成,总兵力为 2200 人。

到 11 月 27 日,日军已成功地将平行壕挖到距 203 高地环形壕 150 米至 200 米处。

28 日拂晓,日军开始进攻,用 280 毫米榴弹炮和其他攻城炮开始猛烈轰击 203 高地和老虎沟山。

山顶上弹如雨注,俄军的全部防御工事被摧毁,霎时,两山好像是火山爆发,被浓烟、火光、爆炸声所笼罩和吞没。

炮击过后,日军第一师团的步兵开始冲锋,由于俄军顽强抵抗,日军死伤累累,进攻失败,只有右翼占领西南岭顶。

16时,乃木又将第七师第二十六团投入作战,发动了更为猛烈的冲击。

双方搏斗十分惨烈,守军高叫着,一次又一次把敌人打死在阵地面前,日军横尸满山,血流成河,但还是一批一批地向山上直冲,后面士兵踩着前面士兵的尸体前进。

夜幕降临后,日军终于夺占了203高地东北山顶一角和老虎沟山山根环形堑壕。

俄军也深知203高地对于要塞和俄国太平洋分舰队安全的重大意义,见203高地左右两峰部分阵地失守,极为震惊。

康特拉琴珂令特列季亚科夫团长不惜一切代价夺回阵地。特列季亚科夫团长率领两个水兵连打了一场漂亮的反击战,将日军全部赶下山,恢复了原来的防御态势。

当时英国观战将军依库莱雷,见203高地攻击猛烈程度,感叹到:

"我还没想到彼此间虐杀如此残忍。"[1]

乃木希典刚收到"203攻克"的捷报,紧接着又传来"被夺回去"的坏消息。

根据乃木日记,7日"次长来电,谈及今后作战意见之事",这是时任参谋次长长冈少将传达山县有朋友意见。

13日记载:"派遣白井中佐到总司令部。"白井参谋是第三军的作战主任,去满洲军总司令部说明当前的战况,并商洽新的作战计划。

14日记载:"白井中佐来电",次日夜,"总司令官发来长电,大意是催促发动攻击"。

乃木军中的首脑向总司令部表示:"11月中必攻取旅顺。"

203高地久攻不下,乃木希典焦急万分,而此时俄国波罗的海舰队东航的消息不断传来。参谋总长山县有朋又发给乃木希典一首催战诗电报:

百弹激雷天亦惊,合围半岁万尸横。

精神到处坚如铁,一举终屠旅顺城。[2]

明治天皇也下诏书于日军:

---

① [俄]伊曼努埃利著:《俄日战争的军事与政治》第3卷,1906年,圣彼得堡版,第82页。

② [日]谷寿夫著:《机密日俄战史》,第22页。

> 敌旅顺要塞固若金汤,对旅顺攻击不易,不足为怪,朕深感。察尔等劳苦,日夜悬念。但目前陆海状况,对旅顺不等待。此时此刻第三军提出总攻,朕非常高兴,望成功,尔等将士努力。①

乃木日记亦有"12 月 5 日,自早晨起炮击 203,9 时起齐藤支队前进终达成目的"。

> 次日 8 时 30 分,日军右翼的攻击部队又组织敢死队,再次向山顶进攻。俄军拼死抗击,疯狂地把子弹倾泻在日军身上,并且直接推石下山。日军敢死队员不是饮弹毙命,就是被巨石砸死。乃木希典的次子乃木保典少佐(友安旅的副官)也被打死在北山坡上。

数次进攻,松村师伤亡约 3800 人,损失惨重,已无实力继续作战。

当第三集团军第四次总攻受挫,特别是 203 高地得而复失的战况报告给儿玉源太郎总参谋长以后,平素一贯冷静的儿玉源太郎非常恼火,立刻把第三集团军送报告的参谋痛骂一顿。儿玉源太郎和乃木希典是同乡好友。儿玉对乃木非常担心,甚至害怕乃木面对目前严峻局面,很可能自杀。于是儿玉立即从满洲方面军总司令部乘火车前往旅顺,帮助乃木夺取 203 高地。

29 日 0 时 30 分,儿玉来到旅顺第三集团军司令部,发现体力和精力已完全丧失的乃木面无血色,像死人一样难看。儿玉对他非常同情,在取得乃木谅解后,立即到 203 高地前线亲自指挥战斗。

儿玉源太郎像输红了眼的赌徒一样,决心不惜一切代价拿下 203 高地。他决定使用新调来的第七师团投入进攻,并把第一师团的残余官兵也交给第七师团长大迫尚敏中将指挥。

11 月 30 日,日军的炮兵从清晨开始,就集中炮火轰击 203 高地,午前 10 时左右最为激烈。在炮火的掩护下,第七师团的 9 个半大队的步兵向 203 高地的两个岭顶冲击,用 5 个半大队的步兵向老虎沟山冲击,结果,全被俄军击退。

第七师团长大迫尚敏决定集中力量进攻 203 高地。18 时 30 分,步兵发起更大规模的突击,战况更为惨烈。据当时战地记者报道:

> 这不是人与人之间的战斗,而是人类与钢铁、燃烧着的汽油、炸药与尸臭的斗争。

---

① [日]《明治功臣录》,东京,帝国图书普及会,大正四年,第 1277 页。

日军借夜色掩护，再次攻上了左右两峰。守卫的俄军处境已十分困难，环形壕全部被炸，43个掩蔽部仅剩下两个完整无损。失去隐蔽后的俄军只能靠手榴弹和白刃格斗进行反击，连日来俄军伤亡达2500人，指挥官特列季亚科夫上校也身负重伤。

康特拉琴珂不断向这里派遣增援部队，要塞预备队很快用光，最后只好从其他防线和太平洋分舰队抽调兵力前来增援。

12月1日凌晨，俄军反击部队与守军内外配合，实施猛烈反突击。日军坚决不退，用刺刀、枪托、石块等一切可以使用的武器或工具抵抗。双方足足血战肉搏数小时，俄军终于夺回阵地。

天亮后，203高地到处都是双方官兵的尸体，它们保留着各种各样的姿势和对方死在一起，有抱着对方腰的，有抱着对方头的，许多枪托、木棒、石块沾满了暗红的血和灰白的脑浆。一个日本士兵的胸膛被捅了7个窟窿，可嘴里还衔着对方半个耳朵。

203高地又一次得而复失，乃木气得快要发疯了。他下令其他方向部队一律停止作战，集中所有炮火向203高地轰击、发誓要把这个高地炸烂、轰平。从12月2日至4日，整整三天炮击，整个高地确被削去了一截。

5日清晨，康特拉琴珂冒着炮火赶到203高地，直接指挥作战。

8时5分，日军再次向左峰冲击，战斗很快达到了白热化。

英国《每日邮报》记者写道："最大的障碍是铁丝网。日本人用刀剪、用手扯、用牙咬，拔出铁丝网上的木桩，把它拖走。""双方的弹丸用尽，刺刀折断，最后便用赤手相搏，牙齿相啮，反复争夺已占领的阵地。"

由于连续9天的苦战，幸存的俄军已遍体鳞伤，筋疲力尽，无力再战，最后被迫撤离。

15时，日军又攻占了203高地东北山顶，整个高地只剩下中央腰部还在顽强抗击。

19时，康特拉琴珂组织了一次反突击，试图夺回两峰，但未果。斯达塞尔见夺回阵地无望，遂令残余守军星夜下山。

12月6日7时，203高地制高点被日军占领。

12月7日，占领整个203高地的当日晚，陆军大将儿玉源太郎做诗一首：

得利寺边天籁悲，归鸦去后吊新碑。

十年恨事一朝露，总在雄心落落时。

乃木大将亦做诗一首：

> 有死无生何足悲，千年不朽表忠碑。

> 皇军十万谁英杰，惊世功名是此时。

203 高地争夺战是日俄战争最激烈、最残酷的一次战斗。为夺占它，日军伤亡 1.1 万名官兵，仅第七师就伤亡了 5788 人，占全师战斗力（1.04 万人）的 55.6%。

俄军在该防御阵地投入了 80 多个连队、步兵分队，伤亡了 5000 多名官兵，203 高地成了一座名副其实的尸山。据英国随军观察员记载：自从法军攻击波罗地罗大要塞之后，不曾再见过这样多的死尸，堆在这样一个狭小的空间之内。死尸十分难看，因为他们的皮肤变成了绿色，显出一种极不自然的样子，没有一具死尸是完整的，在炮弹碎片、破碎刀枪的堆积中，到处夹杂着零碎的肢体。

就连杀人魔王乃木在视察了战场后，也不禁发出"愧我何颜看父老，凯歌今日几人还"的悲叹。为"慰藉"阵亡将士，替死难的炮灰招魂，用"203"高地的谐音，将山名改为"尔灵山"，意谓攻占此山全赖"皇军的英灵"。

在尔灵山山顶上，日军立即开设海军观察所，以开始炮击港内俄国舰队。炮打得很准，280 毫米的重炮弹击中了战列舰"波尔塔瓦"号、"列特维尊"号和"彼列斯维特"号。

黄海海战失败后，侥幸逃进港内、一心等待波罗的海舰队到来的旅顺舰队，已是身处绝境，一筹莫展。炮弹飞落下来的呼啸声，接连不断的爆炸声，令人眼花缭乱的闪光。熊熊的火焰包围了整个舰艇，喷出的滚滚黑烟，遮天蔽日。

庞大的战舰群顷刻之间就要覆没了，俄国旅顺舰队的水兵们已经看到了末日的来临。

这时，战列舰"塞瓦斯托波尔"号决心出港与日本舰队决一死战，他们认为这比在港内束手待毙好。

12 月 9 日，该舰勇敢地出了港，跟在后面的只有一艘炮舰"英勇"号。

这位有骨气的"塞瓦斯托波尔"号舰长，在日军发动第一次攻击时，任"诺维克"号舰长。他就是以英勇善战而驰名的冯·埃塞恩大校。

"塞瓦斯托波尔"号出了港，躲在老虎尾半岛城头山下，这里有山遮挡。可避开山背后打来的炮弹。

严阵以待的联合舰队出动了鱼雷艇队。当年的参谋饭田久恒大尉回忆说：对"塞瓦斯托波尔"号的攻击，是在旅顺方向进行的最后一次鱼雷战。这次攻击的总指挥是"镇远"号舰长今井兼昌大佐。数艘鱼雷艇从小平岛出发，自12月9日至16日，对敌舰进行夜间攻击。

据鱼雷艇队报告，"塞瓦斯托波尔"号已被击毁。但因夜间攻击，加之天气恶劣，尽管并非不相信这个报告，但如果万一看错那就糟了。因为只要有一艘敌战舰，我"三笠"号等舰就不能撤离旅顺。

这时，乃木派第三军参谋大庭到"三笠"号舰上，让他转告东乡，旅顺已被日军控制，请舰队返回内地。

话说得极其简单，却是百感交集。

东乡十分感谢且动情地说："我们从海上看到了乃木第三军的殊死搏斗的悲壮情景，深知乃木之所以如此死打硬拼，是考虑到波罗的海舰队的到来，想早日让我们海军回国休整，因而饮泣吞声，不惜一切代价进行强攻。"

16日或17日晚，"三笠"号舰上的幕僚们达成一致意见，白天派舰出去一趟，查证"塞瓦斯托波尔"号是否真的沉没了，还是浮在海面上能够行动。

当年的参谋饭田久恒大尉继续回忆道：

我眼睛好，看远距离的目标不比别人差，才能看见"塞瓦斯托波尔"号，因此决定到那里去。但是，敌舰如沉没了还好，如还浮在海面，只要稍不留神，靠近目标，就会遭到炮击。战列舰大口径炮打起来是无法抵挡的，必须格外小心。那么，怎样接近目标呢？正在冥思苦想时，岛村参谋长喊我去。

"喂，出了什么麻烦事情？"他问。

我摸不着头脑，反问："什么事？"

"司令长官说要亲自去看看才踏实。"

"那一带海域仍处在敌炮击圈内，而且'高砂'号等许多舰船在该海域沉没，敌还布设了锚雷，是极其危险的。"

"长官定的事是不会改变的，真拿他没办法。"岛村参谋长说。

第二天，东乡长官乘坐军舰"龙田"号，由我陪同前往观察。为防万一，出动两艘驱逐舰担任护卫。岛村参谋长要驱逐舰舰长格外小心，万一"龙田"号沉没，应立即将长官转移到驱逐舰上，因此，驱逐舰还不能离开"龙田"号。

于是，像两艘驱逐舰夹着"龙田"号似的在左右两侧随行。

东乡长官看了没有吭声，我想长官是个聪明人，他肯定知道其中的原委。

一到龙王塘，就看见了"塞瓦斯托波尔"号。东乡长官拿起他那特大的双筒望远镜,观察片刻后,只说了一句:"正在下沉。"这时,他才下决心让舰队返回内地。

东乡率秋山参谋等人,到第三军拜访乃木。第三军攻陷东鸡冠山、攻击部队洋溢着像春天来临似的喜悦之情。

饭田中将的回忆录中继续写道:

陆、海军协同密切,但东乡元帅和乃木大将还未亲切会面。因舰队要撤离旅顺,所以东乡元帅要拜会乃木阁下,另外考虑到乃木阁下在攻打金州和旅顺中失去了两个儿子,也要去向他表示慰问。

东乡从大连乘火车去第三军司令部所在地柳树房。陪同前去的有秋山参谋和我。

柳树房没有车站,一片荒野。火车停稳后,用汽油桶搭了个脚踏子。乃木阁下在幕僚们的陪同下前来迎接。

东乡从火车上下来,站在冰天雪地里,凝视着乃木,乃木望着东乡。

他们谁也不愿打破这短暂的沉静。他们面露微笑,手紧紧地握在一起。半年的岁月,两人与强敌斗,与严寒酷暑斗,与悲哀困苦斗;牺牲了众多部下,今日终于看到了光明的前途。他们的心里都很清楚,无须用语言表达。

这半年,东乡两鬓增添了不少白发,乃木脸上也刻上了许多道深深的皱纹。

两位将军向幕僚们还礼后,并肩向司令部走去。什么也不说,什么也不问。

幕僚们没有人用话语来破坏这一严肃的气氛。沉默,继续保持着沉默。

秋山参谋后来说道:"我有生以来,从来没有像那一次那样感动过。两位将军只说了一声'啊',充满热忱地紧紧握手,当时的情景,是写不尽,道不完的。"

乃木陪同东乡,视察围城部队。他考虑到身为海军的东乡骑马不在行,于是就徒步陪同。行进间,乃木总是走在向着敌阵地的一侧,像盾牌一样护着东乡。

昭和二年,出席"三笠"号舰陈列仪式的东乡元帅,对同行的小笠原长生中将说道:

"原想同乃木大将谈谈今后的事情,但因过于激动而未能如愿。不仅如此,握手时一下子也说不出话来。我碰到过各种各样的事情,不胜感慨的事也不少,但如此激动的事情却从未有过。"

话再说回来。

在攻击 203 高地 3 天之后，即 1904 年 12 月 10 日，乃木又作一首《尔灵山》诗：

> 尔灵山险岂难攀，男子功名期克难。
> 铁血覆山山形改，万人齐仰尔灵山。

战后，日军第三集团军参谋长伊知地等人成立了"满洲战绩保存会"，在尔灵山上建碑。

此纪念碑始建于 1905 年 1 月 6 日，直至 1913 年 8 月 31 日竣工，历时 8 年 8 个月又 25 天。用那么长的时间一是说明对建成此碑的高度重视，二是因为碑的基石是用石头筑成，而以上部分分别是用铁和铜铸成。这些铁和铜就是战后从这个山头上拾取的炮弹皮、子弹壳冶炼铸成的。这座碑高 10.3 米，形似日式步枪子弹。碑上"尔灵山"三个字为乃木亲笔所题。这座碑的碑文刻在一块铜板上，长达 500 字，类似战斗总结，现下落不明。

203 高地攻陷了，在这次攻击中乃木希典的次子乃木保典亦战死。他时任步兵第十五联队小队长，在 1904 年 3 月 19 日长兄胜典在金州战死后，转任第一师团卫兵长，又任后备步兵第一旅团副官。随从友安少将攻打 203 高地。

11 月 30 日，从老铁山飞来的炮弹命中位于地下的旅团司令部，造成司令部多人死伤。旅团长、副官无事。因必须快速补充司令部人员，友安少将向其辖下的第二十八联队长村上大佐再三命令派出人员，当时正是攻击的最高潮，电话不通，要打发使者的话，也只有副官，保典乃担任特使。

作为特使的保典没有回去，被俄军的子弹打穿前额而死。保典之死大约当日午后 4 点左右。30 日夜，从军司令部派遣到第一师团后，参谋齐藤季次郎少佐，将当日的战况向在柳树房的白井中佐作了详细报告。这大约是午夜到 1 点左右的事。白井马上去向乃木实告。

借着蜡烛的光亮，白井看见乃木希典正在把系在头上的缠头布取下来。他迅速报告战况，同时又加了一句："接到保典战死的战报。"

可是听到这句话的乃木完全是平常的样子，说了一句：

"啊，是吗？"似乎没有什么伤感之情。

次日，跟随乃木巡视战线的副官河西大尉又说："保典君战死了！"

骑在马上的乃木微笑着，仰视了一下天空，又静静地前行，又说了一句"哦"。

听到别人表示慰问的话,也没有什么伤感的回答。

乃木12月1日的日记:

> 今早,白井中佐来报告保典昨日战死之事。

胜典战死半年后,保典亦死。

保典战死于高地时,24岁。

俄陆军、海军尽死力顽守的203高地,确已为日军所掌握,这是不分昼夜强袭9日,将卒死伤7500余人,铁血攻击而得。

白井中佐曾说:

> 因攻占203,第二天随乃木将军、福岛少将等登临,脚下被炮弹击中的敌人和我军的死尸到处都是,被炮弹打碎的岩石的灰淹没了长靴。站在山顶,隐藏于白玉山山阴的攻击我军的敌舰完全变形,被我炮击中而颠覆。这一切映在太阳的光芒下。这一天的感慨可用壮绝、快绝、凄绝来形容,而这印象恰似烙印般难以忘记。

乃木日记也记:

> 12月6日,晴好,午后登203,与渡边、村上二联队长、观测将校等握手。

战后,人们登上203高地,站在以铁血夺取的"尔灵山"顶,不由得想起日俄两军将卒的恶战、苦斗。俯瞰背面,茂密的松林间隐约可见一座墓标,这就是乃木保典的阵亡处。

走到有些陡峭的小坡来到标前,上刻着:"乃木保典君战死之所。"标前有几株野花。木牌子上写有这样的两句话:

> 即使自己儿子战死也不哭的父母,在保典少尉之前哭泣。

"乃木保典君战死之所"非墓,这里有没有保典的骨骸,或其他什么东西呢?这实际上有深刻的理由。在台石的后面刻着:

> 1904年11月30日,乃木将军的次子少尉保典在此战场,长子中尉胜典先前已在金州南山战死。至此将军已无继承人。战后,时人为少尉在此建墓进行哀吊。1909年11月将军来此视察时说"旅顺之役战死者非独吾儿一人",遂命令撤去。闻者不胜唏嘘。呜呼,一建一撤,其情其义传于世。本会难违将军之意,唯有遗憾。春风秋雨,其事其情将逐渐湮

585

灭。因此题于石上以传于此。

1918 年 9 月,旅顺乃木将军景仰会

看乃木 1904 年 12 月的日记,21 日记"登上 203 海军观测所,看见保典的墓"。

之后,1909 年 11 月,夫人静子和乃木一起凭吊保典的墓。

乃木希典《修养训》中记载:

> 日俄战役之际,长子胜典在南山,次子保典在旅顺丧命,毋庸置疑,战争是最接近死亡的,可一旦身处此情境,关于死亡的问题,似乎已经从脑海中离去,变得毫不介意了。因此,当闻二个儿子战死的消息,并没有什么特别的感觉。但是,听到二人战死的情报,脑子里想的全都是诸如到底是怎样死的,不要被别人笑话吧,不会难看的死法吧。被称为国家之干城的军人,其天职就是在国家有事之时,以死报君恩。

笔者费尽周折借到了一部阐述最为详细的日文版乃木希典传记,还有日文原版的乃木日记和其他史料,特地请懂日文的辽宁师范大学历史系世界史教研室王健女士,着重翻译了反映乃木希典及其夫人静子,对其两个儿子赴战场以及阵亡后的思想情感的有关章节。读后令笔者感慨良多。

乃木希典在中日甲午战争和日俄战争中,是个杀人不眨眼的混世魔王,而在日本则被尊为"军神"。对这位一代枭雄,日本军事评论家也有对他"刚直、诚实",但"用兵拙劣",在"旅顺战役中表现得淋漓尽致"等评价,姑且不议。今天我们不必用诅咒的语言或漫画式描写对其进行贬损,而是应客观、公正、冷静地对其内心世界作理性分析。

应该承认,乃木希典不愧为日本近代史上一位曾叱咤风云,且称得上家喻户晓、有鲜明个性的杰出人物。他有丰富的内心世界,如郭沫若所说的:还懂得"物之哀",能做出"表示着十分深切的哀愁的诗"。除了《金州城外》,另有一首《满洲杂吟》:

> 东西南北几山河,春夏秋冬月又花。
>
> 征战岁余人马老,壮心尚未不思家。

乃木向来以军纪严明著称。他在任皇族和华(贵)族女子学院院长时,得知中等科 16 岁的女学生末弘广子被选为"日本第一美人"很生气,说了句"岂有此理!"便将她开除了。其实这选美照片是末弘广子的亲戚投寄的。此事

遭到了少女家属及报纸的抗议，但乃木仍然坚持这个决定。后来，思忖良久，觉得确实委屈了她，太不近人情，于是便帮广子介绍对象，亲自做媒人……这个事例也从一个侧面说明他的人性和人所特有的情感并未泯灭。

乃木希典以自己特有的道德观、功利观、价值观、人生观在支配他的一切所作所为，而他的这些观念又是极其狭隘、自私、落后、愚昧的。

乃木希典忠诚于信仰，他的最高道德观，便是认为：效忠天皇是最至高无上、天经地义的。臣民为天皇而生，为天皇而死，在这一点上，他是言行一致、身体力行的。他的功利观念极强，这充分表现在他的言论和诗中。多次用了"惊世功名"、"男子功名"等词语。为了惊世功名，他带头让两个儿子从军，跟随他出征，这对号召日本国民狂热地支持这场战争，是很有影响力和说服力的。他让两个儿子参军，还有一个目的，便是作为"将门之子"，要他们继承自己的事业，走"功名祇向马上取"的道路。

但是他想建立流芳百代的"惊世功名"，又是狭隘的、自私的、落后的、愚昧的，也可说是反动的，是军事封建帝国的产物。这是因为早在18世纪初期，西方资产阶级的思想家已提出了自由、平等、博爱的口号。虽然资产阶级当政是实现不了这个目标，但这一口号无疑是进步的，体现了对人的生命的尊重。

乃木希典要建立的功名，不是在反侵略的捍卫民族利益的正义战争中，而是在疯狂侵略和掠夺他国、残杀和征服他国人民、戕害生灵、罪恶滔天的非正义战争中。这从他在1894年甲午战争时，担任步兵第一旅团长，出征前夕，于广岛兵舍赋诗可见一斑：

> 肥马大刀尚未酬，皇恩空浴几春秋。
>
> 斗瓢倾尽醉余梦，踏破支那四百州。
>
> 闻说九州山水奇，铁蹄欲踏上春时。
>
> 征途若过梅花地，折得赠君一两枝。

诗中表达了他急不可待，跃跃欲试，要以"肥马大刀"来酬壮志，在"上春时"，以铁骑"踏破支那四百州"的战功来祝捷、慰友。换句话说，他要以铁骑蹂躏中国疆土来效忠自己的君主，以中国人民的苦难、悲惨、血泪、尸骨来成就自己的功名。

持如此的罪恶功利观，是人类和平的公敌；出于如此的冠以"民族"两字的损人利己主义，是极大地膨化了的自私。

他带着两个儿子去参加这场"为天皇效忠"的战争，显然是违背夫人静子的意愿。需知儿子是夫妻两人共生的,是母亲身上掉下的肉。如果静子对丧子无动于衷,那么她就不会"把眼泪都哭干了"。乃木为了名声和功业,硬是这样做,是夫权主义支配下的自私行为,将虚荣建筑在别人的痛苦之上。

他的功利观的自私性还充分表现在听到儿子死讯时,他首先考虑的还是"名声",如果儿子是个贪生怕死之徒,在战场上"难看"地死、窝囊地死、尴尬地死,他便丢了面子,影响他自己的声望和"功名"。

明治天皇死时,乃木与妻子一起自杀为天皇殉葬。但是比较普遍的说法是:乃木先杀死了静子,然后自杀。笔者相信这一说法,因为这与乃木极端狭隘的、自私的功名观念与追求一脉相承的。这一做法,实在是太残忍和卑劣了。

乃木希典所信奉的传统的道德观、功利观,显而易见,是极端愚昧与落后的,早已不合时宜。这在乃木在世时已经表现出来,所以令他忧心忡忡、极度失望。

可以肯定,在日本,随着时代的进步,以乃木希典为榜样和偶像的人会越来越少。他所推崇和笃信的道德观念在战后便逐渐衰微,随着明治天皇的逝世,已经基本终结了。这也是他为明治天皇殉葬,与他一起赴"天国"的原因之一。

七十六、康特拉琴珂被炸死在东鸡冠山北堡垒

日军以"铁血复山"、伤亡万余人的代价攻占了203高地,这个"死亡投资",为歼灭俄军太平洋分舰队奠定了基础。此后短短几天,日军在203高地指挥炮兵击沉了俄国数艘主力舰,偌大一个分舰队只剩下了1艘战列舰及不到10艘驱逐舰以下的小舰。12月8日夜,分舰队新任司令维林少将召集舰长会议,决定降下军旗,乘员上岸——俄国分舰队正式宣告解体。

日军取得了攻占203高地这一重大胜利之后,还没有最终占领要塞。因为乃木还未征服一个令他头疼和尴尬的强劲对手,这就是俄军的主战派、名将康特拉琴珂少将。

面对严峻的形势,12月15日,俄陆军高级军官在城防司令斯米诺夫的官邸召开会议,讨论如何防守要塞。关东支队司令斯达塞尔派参谋长雷斯上校代表他出席了会议。会上,傅克、雷斯等人认为,弹药将罄,官兵伤亡过大,继续作战困难重重,提出与日军议和。康特拉琴珂坚决反对。他认为,只有沙皇

才可决定议和,在此之前必须尽力作战。他根据各方面的综合情报指出:

现在日本国内的财政情况已非常困难,军用储备品快要枯竭,后备部队已消耗殆尽。乃木集团也疲惫到了极点。日本已经在酝酿与俄国议和。为达此目的,日本急于攻占旅顺作为压迫俄国屈服的条件。只要坚持下去就会破灭日本的战略意图,夺得最后的胜利。

他的意见说服了许多将领。最后会议确定了"以拖待变"的方针,继续坚守要塞。但是,这个方针随着康特拉琴珂的阵亡而被抛弃。

沿着旅顺东北蜿蜒曲折的盘山公路逐渐上行,两旁苍松夹道,青树翠蔓,野花发散清香。前来旅顺旅游的人,哪怕别的地方不去,总是想亲眼看看东鸡冠山北堡垒的遗迹。这是因为那里有较为完整的堡垒群和累累弹痕,令人想像当年鏖战的情景。此外,还有一块日本人立的石碑,上写"露国康特拉琴珂少将战死之所"。

康特拉琴珂是要塞主战派的核心人物,是旅顺防御战的积极组织者,在军内享有很高的威信,被誉为"旅顺防御的灵魂"。

在9月中旬日军发动第一次总攻后的间隙,康特拉琴珂接到关于俄军在辽阳挫败以及库罗巴特金向奉天退却的消息,为此他忧郁不安。他感到希望在陆地上打破敌人对要塞的封锁,日益成为泡影了。波罗的海舰队还继续呆在喀琅施塔得,即令马上出发开到旅顺口来,也要到明年1月份。大口径攻城臼炮的出现,已经预定了旅顺要塞的命运,它在最近两三个月内,必然失陷,因之全体舰队,也注定覆没。在康特拉琴珂看来,战争的悲惨结局已无可幸免了。

他本来是个哥萨克士兵的儿子,父亲在军中服务了约五十年后,才当上准尉。康特拉琴珂是一个贫苦的学生,很早就开始了自己的劳苦生活。童年时,他不得不在市场出卖纸花和其他小玩具,这些东西都是他的姐姐和他那当缝工的母亲做成的。在小学三年级时,他已经在辅导那些比较有钱的同学。他用这点收入,不仅供自己读书,而且还帮助家庭。他终于很幸运地考进了军事工程学院,毕业时成绩优良。这位青年工程师被派到故乡高加索去,主持建筑那时所谓的巴士姆——米海洛夫要塞。他在这里亲眼见到那些工程师和承办人的贿赂贪污行为。很快发生了冲突——当别人来收买他的时候,他便用耳光回答人家。于是引起长期的诉讼,他成了被告人。结果,他决定永远抛弃工程师这一职业。

但是他不愿意丢掉他所爱好的而又符合自己性格的军事,所以他就进了总参谋部下属的军事大学,毕业时的成绩也是优等。随后就开始在军队里服务。在服务期间,他看出俄国军队对战争完全没有准备,当时俄军中尚无战斗教练,只是操习步伐和阅兵的队形。军官们的粗鲁、不文明以及侵吞公款的恶习,使俄国军队不精通近代军事技术。康特拉琴珂对这个问题发表过几次意见,马上就被人责难是个不安分、不合群的军官。很快就把他派到远东去了。

他来到远东,正是俄军侵略中国后开回俄境的时候。他得出结论说,这次战役"只是减低了俄军的战斗力,腐化了俄军官兵,他们所学会的,不过是劫掠行为和对于几乎是手无寸铁的中国人取得的轻易的胜利"。

到旅顺口来时,将军们都很不喜欢他。傅克公开嫉妒他的官位;斯达塞尔则只把他看作一个"过于有学问"的将军。

旅顺口将来的悲惨情景,接连不断地在他脑海中萦绕着。要塞继续防御下去,会招致边防军中,特别是士兵巨大的牺牲,这种情形,他看得很清楚。只有尽快结束战争,才能使他们免于此种毁灭,使俄国免遭耻辱。但是又很难指望彼得堡方面能采纳忠言,急行媾和。

康特拉琴珂意识到,最后只有一个办法——越过总督、各总长及朝廷幸臣,直接奏禀皇上,但也只有这位有权直接呈禀皇上的侍从长官斯达塞尔,才能做到这点,这就需要用媾和的必要性说服斯达塞尔。

康特拉琴珂犹豫了好久之后,为了在史册上留下自己企图挽救祖国免于耻辱,挽救兵士免于无谓牺牲的一笔,终于决定了用书面的形式,向斯达塞尔陈述自己的意见。

按照惯例,斯达塞尔早晨七点起床后,就预备骑马到海边游逛。正在这时,他接到了康特拉琴珂的信。

将军很惊奇地拆开信来,看完后脸上现出愕然无措的神色。他急忙跑去同夫人商议。

将军夫人这个"家庭参谋长"建议他同康特拉琴珂谈谈,向他说明,为什么不能照他的提议去做。对其他的人,绝对不要谈到这封信。

康特拉琴珂没有得到斯达塞尔的共鸣,再也不去坚持自己的提议,只好加倍努力来担负继续巩固旅顺防卫的事宜。

203高地失守后,悲观和投降的情绪在俄国高级军官中蔓延开来,而康特拉琴珂坚决主张坚守到最后。

12月15日凌晨,日军夺取了东鸡冠山北堡垒部分反爆破坑道,在里面燃烧油毡,制造窒息性毒气。这是近代军事史上最早使用毒气的记录。毒气渗入俄军坑道内,迫使他们后退数十米,日军随即占领了俄军放弃的坑道。虽然俄军不久用手榴弹赶跑了敌人,但是由于余毒未消,坑道内仍难以久留。

日军第二辎重队在大连登陆情景

正在斯米诺夫官邸开会的康特拉琴珂,听到这个消息,散会后便带着参谋长纳乌明科中校等人到东鸡冠山北堡垒。他听取汇报后,视察了阵地,慰问了官兵,然后回到军官隐蔽部,指示先从堡垒撤出部分官兵下山,以避免更大的伤亡。

恰在此时,日军开始向东鸡冠山北堡垒炮击,一发280毫米炮弹正落在军官掩

日军炮弹在阵地上冒起的浓烟

蔽部上,康特拉琴珂、纳乌明科等人当场被炸死。

康特拉琴珂死后,俄军将他埋葬在白银山西麓靠近海边的一座山丘上,并将该山定名为罗莫诺夫斯基山。

日军占领旅顺后,俄军在日方的协助下,掘坟取棺将其运回俄国。沙皇当局为表彰他的"战功",给他晋升一级军衔,并把他当作俄罗斯的英雄。

从一个军人的全面素质,特别是从高级将领的勇气、谋略和带兵之道等方面来看,康特拉琴珂不失为一个优秀指挥官。

但是他毕竟是沙皇忠实的奴仆和进行不义之战的工具。对我们中国来说,则是个推行沙皇侵略扩张政策的急先锋。因此,在1954年赫鲁晓夫提出想在东鸡冠山为康特拉琴珂修建一座纪念碑时,理所当然地遭到了我们党和

国家领导人的断然拒绝。

七十七、日军无力再攻击,俄军投降了

203 高地的失守导致俄军放弃北线、西线阵地,给日军开辟了一条直接抵近要塞的通道。乃木将军决定不再实施强攻,改而采取围困、坑道爆破、猛烈炮击的战术。

太平洋分舰队覆灭后,俄军士气更加低落。要塞内食品奇缺,士兵已按日定量配发食品,而且一天不如一天,俄军官兵精神上承受着巨大的压力。由于营养不良,很多人患伤寒症、夜盲症。

俄军拉舍夫斯基中校的日记,有几篇充分表达了俄军官兵当时所体验到和所感受到的一切。他在 12 月 9 日写道:

> 由于局势变化莫测,消息闭塞,类似金州方向传来炮声的诱人传说纷纭四起。不论听到什么消息人人都如获至宝——大家神经极度紧张,疲惫不堪,因没完没了的围困,心急如焚、毫无希望的等待救援而垂头丧气。

14 日又写道:

> 今天,旅顺被围已第 11 个月了,我们仍然毫无指望。我们能坚持到现在,完全是一种奇迹,但是,储存物资即将耗尽,要塞的抵抗将被粉碎。

康特拉琴珂死后,斯达塞尔不顾他人的反对,于 16 日任命傅克接任陆上防卫司令职务,纳杰英少将任第七狙击步兵师师长。

傅克是要塞守军主和派的积极倡导者,自金州战斗、狼山等外围战斗后,在旅顺卫戍部队中早已声名狼藉、威信扫地。很多人认为这是一种不祥之兆,人们更为旅顺防御战的结局担忧。城防司令斯米诺夫曾明白地告诉部下,大家很快要"成为傅克将军使堡垒不久投降的见证人。"此话很快便被证实。

12 月 18 日上午,东鸡冠山北堡垒向要塞司令报告:"堡垒危在旦夕,因为日兵已停止作业,随时可能实施爆破,开始总攻,我们仅有 77 人,难以击退敌人。"

电报刚发出不久,13 时 10 分,日本工兵引爆了东鸡冠山北堡垒下面坑道中的 2300 公斤炸药,一声巨响,堡垒上涌起大量尘雾,把它完全掩蔽起来,堡垒被炸开一个巨大的"V"形缺口。随后,土屋师在炮火的掩护下冲入堡垒,终于夺占了这个重要阵地。

东鸡冠山北堡垒被日军攻占后,二龙山堡垒更加孤立,情势异常危急。守卫二龙山堡垒的是俄军从电岩炮台调来的颇有战斗力的官兵和一部分水兵。他们整天都在紧张地等待敌人爆炸正面堡垒,可是日本人并没有急于爆炸。到晚上时,射击堡垒的炮火完全停止了,只限于间或射几枪,或是扔来几颗手榴弹。

到天黑时,一个日本人站在正面堡墙上,用俄国话大声喊道:

"喂!叫花子们,缴械吧!你们的马肉早该吃够了,我们在战壕里也冻够了。现在该停战了。你们的将军已经把要塞全体士兵一起,都出卖给我们了。"

随后,日本人又把标语绑在石头上,向俄军战壕掷来,劝他们缴械投降。

"我们有一份力量,就要把堡垒死守到底!"士兵们回答说。

12 月 27 日,大岛师已完成了坑道作业,在堡垒下填了 2840 公斤炸药。28 日 9 时许,战线上完全寂静。忽然,伴随猛烈的炮火准备,日军工兵点燃了炸药,巨雷般的爆炸声将二龙山堡垒淹没在泥土、碎石中,山上许多掩体、营房、掩蔽部被震塌,燃起熊熊大火,尘雾散去,堡垒露出两个直径 10 ~ 12 米的大口子。二百余名俄军一部分被砸死,一部分中毒而死,侥幸活着的官兵在堡垒入口的炮台上防守,尔后又撤入堡垒内,被冲上来的日军包围在一个兵房里。指挥员、炮兵排长列别亨了解到己方已陷入困境,他把兵士们布置在兵房的窗户口上,很快用沙包砌起一道胸墙,安上一挺机关枪。兵房和地道内,总共只剩下百余人,其中大部分是受了伤或被震伤震聋了的。还能作战的,不过40 人。

日本人拖来了几尊平射炮,开始照直向兵房射击。但兵房的水泥墙经住了日军的炮弹。

兵士们藏在窗户间的墙后,乘着日军上炮弹的空隙时间,就掷出炸弹。列别亨从兵房内巧妙地向日军射出一排排的机关枪弹。此刻,所有他发出的命令:兵士们都立即执行。

日本人又调来了几连人,高呼狂叫着连续冲锋。为数不多的俄国守军很快减少。日军终于攻进兵房内,在漆黑的兵房里展开了肉搏。列别亨已负了三次伤,他费了很大的力气才爬到地道里去。日本人占领兵房后攻击地道,混战中引爆了地道内堆放的炸弹。顿时腾起一大股火焰,所有的一切都消失在烟雾之中,埋葬在堡垒的废墟之下。

二龙山堡垒的失陷,更加剧了要塞防御的紧张局势。日军第四次总攻时俄军的陆上防御地段,仅剩一个永久性工事——松树山堡垒了。

日军指挥部对它切齿咬牙,志在必摧。一旦将其攻克,日军大口径火炮就可以肆无忌惮地轰击护城墙,俄军只能俯首待降。本来就不想继续抵抗的斯达塞尔连夜给沙皇报告道:日军夺取二龙山堡垒后,"就成了整个东北防线的主人,要塞只能坚持几天了,我将采取一切措施避免巷战……我手下仅有 1~1.1 万人,而且个个虚弱不堪。"

这个报告显然是希望沙皇同意他投降。为了达此目的,斯达塞尔竟谎报了实力,隐瞒了兵力人数,因为旅顺陷落后,仅进入战俘收容所的俄军官兵就有三万余人。可见旅顺未陷落前,兵力还是不少的。

12 月 29 日,斯达塞尔召开要塞防务会议。有 20 个军官、将官和几位海军将领。墙上挂着一幅旅顺战区地图,图上绘有各炮台和堡垒的位置。新任陆上防卫司令的傅克用一枝红铅笔连连在第三号堡垒上打了叉子,缜密地记上这些堡垒的陷落日期。

"诸位注意,"斯达塞尔用铅笔敲着图说,"刚才接到了第三号堡垒失守的消息。这样一来,东线全部永久性工事都转到敌人手中了。我军从此只占领着第二道防线上建筑得很简陋的野外阵地。所以我想听听诸位的意见,究竟旅顺口的防卫,今后能否继续下去。"

到会的人开始发言。炮兵军官、海军军官和第七师各团团长都一致声明,必须继续防卫。但是傅克所指挥的第四师军官们却一致认为,继续抵抗完全没有意义。

"我们一颗炮弹也没有。"第四师的参谋长德米特力也夫斯基中校断定说。

"现在还有 10 万发以上各种口径的炸弹和榴霰弹。"柏勒反驳一句。

"各团里半数以上的士兵,都在患坏血病,又没有冬衣。"第四师的几位上校团长,也用德米特力也夫斯基同样的口气说。

"日本人也并不比我们好些,他们冻得比我们更厉害。兵士们还能支持,不过要多发给他们一点马肉吃。我们还有几千匹马。必须死战到底。"在康特拉琴珂死后接替第七师师长的纳英杰说。

"旅顺口的使命,在保卫舰队这点上说来,已经终结了,因为舰队已不存在。对于满洲军来说,旅顺现在只是他们的累赘。继续防卫下去,只能使日本人用冲击来占领要塞,并且会发生大屠杀。"雷斯上校用沉静的口吻说道。

"你忘记了罗日杰斯特温斯基的波罗的海舰队。他打算开到旅顺来,并不是要到海参崴去。"一位海将反驳道。

意见虽有分歧，但会议上大多数人还是赞成继续防卫。

"这样我们就可以说，本会议是主张防御到底的，"斯达塞尔见主战派居多，觉得不能操之过急，只好附和道，"那么，究竟我们今后又能在哪几条线上进行防卫呢？"

"请让我报告，"谢米诺夫举起手来，"第一步就守在我军所在的中国城墙后面这一线。我有5个作战方案。"

"请你用不着再说这一套了。"斯达塞尔挥手止住他。

刚一散会，傅克就坐在斯达塞尔写字台旁，迅速起草命令，放弃东鸡冠山炮台和后炮堡垒，放弃大小鹰巢及全部第二道防线。

30日，斯达塞尔命令把各团团旗交给海军，与各军舰舰旗一并由快艇送到烟台。

31日，日军松村师已完成了松树山堡垒的坑道作业，工兵在坑道内装了3700公斤炸药。9时，引发了最大的一次爆破。巨大的爆炸气浪又引爆了堡垒上储存的千余颗手榴弹，由普列托夫上尉为首的200名守军全被炸死。30分钟后，日军将军旗插上堡垒。

俄军继续负隅顽抗。乃木为使炮兵抵近旅顺市区，决定拔掉望台炮台。日军首次总攻时，曾攻打过该山。当时，由于它与二龙山、东鸡冠山北堡垒互相依托，日军付出很大代价也未攻克。而今，望台炮台成了一个孤立要点。大岛师、土屋师从两侧发起攻击，俄军借地势打退了日军的冲锋，但自己的伤亡也很大，全阵地仅剩下6名官兵。俄军虽又派了增援连，但在日军第四次进攻时，阵地指挥官加里茨基上尉被炮击成重伤，无法继续指挥战斗。日军很快攻上了该山，双方展开激烈的白刃战，守军抵御不住，侥幸活着的官兵逃到东鸡冠山。

望台一失，注定了旅顺要塞覆没的命运。但此时的日军也无再冲击的能力

日军占领了俄军最后炮台——望台

了。

望台炮台争夺战是日俄争夺旅顺要塞的最后之战。

围攻旅顺日军总指挥男爵乃木司令部,位于距旅顺要塞前线炮台的村庄——水师营内。

乃木本人住在一栋宽大明亮的房子里,四周墙上,都挂着旅顺各炮台和各堡垒的地图和作战图。

12月底的一个晚上,乃木同他的参谋长伊知地将军,弯着身子坐在写字台旁,上面放着刚刚拟就的最近几次冲击期间攻城日军的损失报告表。

"钧座,我们不能冲击了。不然我军会伤亡殆尽。"伊知地报告说。

"但天皇要我们立即占领旅顺,因为罗日杰斯特温斯基的舰队,已经到达马达加斯加附近,敌人每个月都有两个生力军团增援到库罗巴特金所统率的满洲军那里来。如果在正月前不攻下旅顺,那时俄国在海陆两方,都会占优势,这次战争我们会最后失败。"乃木反驳道。

"可是此刻我们简直毫无力量去举行冲击,既没有人力,也没有炮弹、子弹!"伊知地气愤地说。

一阵闷人的沉默。

"伊知地君,那么我们只有一条去路:剖腹自尽。"乃木盯着自己的参谋长,一字一顿,森严地说。

敲门声打断了他们的谈话。

"请进。"乃木不高兴地说。田中将军喜盈盈地走进房来。

"特向钧座报捷:斯达塞尔将军已经允诺在正月一日以前,让要塞缴械投降!"

七十八、"水师营会见",投降书上签字

日本人占领了大鹰巢炮台后,并未敢连夜冒险前进直捣旅顺,他们开始在那里挖战壕。

"大鹰巢上插起了日本旗!"宪兵大尉沃家格不待许可,跑进斯达塞尔私邸办公室说。

侍从长官一跃而起,又跌坐回椅子上。将军私邸一片混乱。

"傅克跑到什么地方去了?"将军夫人发疯似的喊叫,"乘现在日本人还没有冲进旅顺斩尽杀绝的时候,要立即开始媾和谈判。安纳托里,你要马上派人

去找雷斯!"

只过了几分钟,慌张焦急的参谋长雷斯跑来了。

"维克脱·亚历山大洛维奇,要立即写信给乃木,提出旅顺投降的问题。"

"稿子我已准备好了,"上校从衣袋内掏出张纸来,"但我们还没有接到城防司令斯米诺夫将军或陆上防卫司令傅克将军关于各部队情况的报告。"雷斯接着说。

"用不着斯米诺夫来参与这事,可是无论如何要立刻找到傅克。"斯达塞尔吩咐说。

"他刚刚回家。"沃家格说。

又过了几分钟,傅克走进斯达塞尔办公室。他报告道:

"报告钧座,我军防务部队在优势日军压迫下,现已退到最后一道防线上。因为弹药消耗殆尽,加之防军疲惫万分,卑职认为继续抵抗是完全不可能的事。"

斯达塞尔听完他的报告,问道:

"我们不能继续抵抗,这点我完全同意。不过阁下认为今后又怎么办呢?"

"卑职认为必须立刻开始旅顺口投降的谈判。"傅克语气坚定地回答。

斯达塞尔站在那里,脸色苍白,垂头丧气,平常那种赳赳武夫的神色消失殆尽。过了一会儿,他缓缓地说道:"我以俄皇侍从将官兼旅顺最高军事长官的名义,决定投降,"他说,"雷斯上校,关于这一点,请费心去与围攻旅顺的日军总指挥男爵乃木将军进行谈判。"他说完之后就坐到了安乐椅上,叹息道:"主啊,请救救我,我免不了要上绞刑架了。"

"好在俄国还没有绞死侍从将官的惯例,即令要受处罚,也只能提交国家谘议院裁判。"蔚兰·阿列克塞也夫娜安慰丈夫说,"安纳托里,你应该记住,你采取的这一步,救活了我们几万英勇官兵的生命。千千万万的母亲、妻室、姊妹,永远要在上帝面前为你祝福了。"

雷斯上校念了一遍致日军总指挥的信,斯达塞尔签了字。

1905 年 1 月 1 日 16 时许,防区司令部参谋马尔琴科准尉,带着两个哥萨克士兵,骑着马,打着白旗,携带信件前往日军前哨阵地。

军使出发后,斯达塞尔命令维廉少将一夜内炸毁已经沉在港内的装甲舰和巡洋舰。21 时 30 分,驱逐舰"端正"号满载各种档案和重要文件,从旅顺驶往烟台。不久,驱逐舰"勇敢"号、"敏捷"号成功地突破了日军的封锁,驶抵青岛。驱逐舰"暴躁"号、"快速"号、"威风"号突围到烟台。其他舰艇顺利突围到中立国港口。这一事实表明,如果俄军以前善于利用时机,组织单舰突围是可能成功的。

与此同时,俄军水兵们纷纷炸毁已无法行驶的舰艇。炮舰"果敢"号于白岚子被炸沉。拂晓,"塞瓦斯托波尔"号升火,港务船将它拖至50米深水处,随后自沉。但是,由于时间仓促,不是所有的舰艇都被完全破坏。

斯达塞尔没有下达任何炸毁筑垒工事、拆毁火炮、销毁弹药和其他军用器材的命令。要塞即将投降的消息传到卫戍部队,俄军许多官兵自发烧毁建筑,毁坏工事、火炮,销毁弹药。熊熊烈火和隆隆的爆炸声整整持续了一夜。直到1月2日白天谈判投降条件时,日军多次提出要求后,方才停止。

1月1日夜间,个别地段仍在战斗。至1月2日晨,斯达塞尔收到乃木同意就旅顺投降举行谈判的答复,并确定在水师营会见,双方才彻底停火。

水师营位于龙河北岸,旅顺以北,距旅顺旧市街约六公里,清朝顺治元年建为水师驻泊地,由此得名为水师营。那时,战舰是从水师营起航出海的,可见当时龙河的水很深。

日俄战争期间,水师营遭到严重破坏,只有西北街29号农舍李其兰的家条件较好,被日军选定为日俄两军代表会见的场所,简称"水师营会见所"。1905年1月1日至5日,日俄两军代表在水师营先后会见了三次。

1日下午,日军接待了给乃木希典送投降信的俄军参谋马尔琴科准尉。

2日12时30分,以伊知地为首的日军代表和以雷斯为首的俄军代表,在水师营正式开始谈判。伊知地将事先拟定好的投降书,交给了俄方首席代表雷斯,并允许俄方就日方提出的条件商讨50分钟。雷斯看完这个投降书后,按照斯达塞尔的意图,请求日军允许俄军携带武器离开军营,但被断然拒绝。伊知地通知对方,这些条件是大本营决定的,乃木将军及他本人无权让步。无奈,雷斯只得同意接受投降条款。在投降书上签了字。

俄日双方代表在水师营讨论开城投降

该文件共有十款,主要内容为:凡旅顺要塞及旅顺港的俄国陆海军官兵、义勇队员、行政官吏均为日军俘虏;旅顺要塞全部堡垒、炮台、武器装备、马匹及其他军用物资均为日军战利品,不得毁坏、转移;椅子山、小案子山、大案子山及东南其他高地上的堡垒炮台,于1月3日正午交与日军;俄国陆海军军官及行政官员可以佩剑和携带生活必需品离开要塞,经宣誓后,可以回国;俄士兵在日军军官指挥下到指定地点集合。

1月3日,大批日军进入要塞。俄军13821名官兵、19665名伤病员走出营房、病房,向日军投降。同时,日军还缴获了大批军用物资:3000匹马、610门火炮、9挺机枪、207,855发炮弹等等。日军还从内停泊场打捞出沉没的俄舰,把"波尔塔瓦"号改名为"丹后"号,"列特维尊"号战列舰改名为"肥前"号,"胜利"号战列舰改名为"周防"号,"佩列斯维特"号战列舰改名为"相模"号,"巴扬"号装甲巡洋舰改名为"阿苏"号,"帕拉塔"防护巡洋舰改名为"津轻"号,它们经过抢修后,都编入了东乡联合舰队。

1月5日,俄关东军防区司令斯达塞尔中将一行,骑马于10时45分到达水师营。会见原定11时进行,可是乃木希典以胜利者自居,故意冷落斯达塞尔,他和他的随员于11时30分才到达,使斯达塞尔在冷板凳上呆坐了45分钟。各国观战代表及记者都聚集院内。

会见时,乃木希典抢先说:

"我们为了自己的国家互相对峙,如今停战,有机会在此相会,我感到无上光荣。"

日俄谈判代表在李其兰家门前合影 斯达塞尔(中右二)乃木希典(中右三)

斯达塞尔说:"我也有同感。"

斯达塞尔知道乃木希典非常珍爱战马,即使自己住的房子简陋,马厩也搞得很气派。乃木经常说"战争中,马比我有作用"。他将功勋章挂到马身上,还把御赐年金一部分给马夫,嘱马夫用到马身上,便说道:"我有一匹阿拉伯名马愿送给你做纪念。"

斯达塞尔送给乃木希典的名马

乃木希典说："感谢，但在此场合我不能接受。请以战利品交给我方，接收部会再转交给我的，我会精心喂养。"

这是乃木故意侮辱斯达塞尔，并充分表现了战胜者的傲慢。

斯达塞尔低头带着歉疚的心理继续说道："大将的两个儿子都在这次战争中战死，我闻之流泪，并表达悔意。"

乃木希典说："不要，请您不要后悔，我儿子是为国家而死的，作为为国而战死的儿子的父亲，我感到很光荣。"

斯达塞尔低下头叹息道："呜呼，正因为有如此武士精神，日本军队才如此强大，号称'永不陷落'的旅顺，被有此种精神的日军攻陷，是理所当然的。"

会见后，双方在一起拍了一张照片。

此后，日本当局为了宣扬其所谓"赫赫战功"，将李其兰家买下作为永久的纪念物保存，并在该地修建了一座石碑，题名"水师营会见所"，把院子里拴马的枣树称为"神树"。日本人还把枣树的描述编入了小学生的课本中，以此为乃木歌功颂德。

斯达塞尔送给乃木的那匹白马，是日军引以为荣的战利品中的代表，乃木曾乘此马接受天皇的检阅。

1906年初，沙俄军事法庭开始查究旅顺口投降案件。1907年11月，法庭对斯达塞尔等进行审判，最后判定斯达塞尔有罪，认为旅顺要塞还能坚持下去，投降过早。斯达塞尔被判处死刑。沙皇后来将死刑改为十年监禁。一年半后，斯达塞尔因"身体违和"，被无罪释放，1915年病殁。

1905年1月13日，黄金山那高耸着的信号旗杆上，降下了俄国军旗，悬上了日本军旗。日军为耀武扬威，举行了隆重的入城式，并在旅顺太阳沟体育场举行了缴械仪式。

这天，从早晨起，俄军就从各方面开往新城第五号炮台下面的大操场。日军已占领了旅顺旧城，他们的巡逻队沿街巡弋，维持秩序。一连连、一营营、一团团的俄国部队就像潮水似的,不断沿着旅顺这些被破坏了的街道慢慢流去。其中有几千伤兵,他们有的是已经出了院的,有的是从医院里跑出来的。被围的艰苦生活,使他们都非常虚弱。

受降缴械仪式,标志着两个凶恶的帝国主义国家在为争夺中国领土,特别是旅顺这个战略要地而进行的这场狼熊之争罪恶战争的终结。但是日俄战争还没有结束,沙俄还不甘心彻底失败,输红了眼的赌徒还要投入赌本,在日本海进行最后的火与血的赌注。

从1904年5月26日起至1905年1月2日止,旅顺要塞争夺战历时222天,以俄军失败而告终。

七十九、日本海大海战,波罗的海舰队覆没

20世纪初期虽然不是信息时代,但电报、电话已被发明和使用了,不需要像古代那样靠驿站通信、鸿雁传书。由司令罗日杰斯特温斯基中将率领的波罗的海舰队,即俄国太平洋第二分舰队于1905年1月9日到达马达加斯加的贝岛时,已经得到旅顺陷落、分舰队覆灭的消息。原来计划两舰队会合,共同打败日本海军的宏图已不能实现,官兵的士气因此更加低落。

为此,罗日杰斯特温斯基向彼得堡申述:自己的舰队力量单薄,无法再与日本海军争夺制海权,并断言,即使不是全舰队,哪怕有部分舰只能突围到海参崴,就算很好地完成了自己的使命。同时,他还建议从黑海增调舰艇支援太平洋第二分舰队。

但是,决心孤注一掷的沙皇政府对罗日杰斯特温斯基的请求置若罔闻,决定再从波罗的海派遣太平洋第三分舰队,令罗氏在贝岛休整,待第三分舰队到达后再继续东进。

接到延迟起锚的命令后,罗日杰斯特温斯基极度烦恼,心气火燎,陷入精神衰竭的病态,不能正常处理军务。在他病倒的两周内,舰队军纪败坏到了极点,官兵纷纷跑上岸出入酒吧、赌场、妓院,狂嫖滥饮,并随意将猫、狗、猴等小动物带上舰,舰上卫生条件更差。由于气候恶劣和对胜利失去信心,官兵们意志消沉,经常发生自杀事件。"纳希莫夫"号发生了有多名水兵参加的哗变,最后用武力才把兵变镇压下去。

沙皇政府把最后胜利的希望寄托在罗日杰斯特温斯基身上,这本身就是一个莫大的讽刺和笑话。此人从小娇生惯养,性情暴躁,与部下关系紧张。在

俄国第二分舰队的军官中,有一个叫库罗修的大尉,以残酷虐待部属闻名。在军舰上,曾就库罗修与罗日杰斯特温斯基哪一个是最讨厌的家伙悄悄地进行过民意测验,投票结果:一半对一半,"平分秋色"。

不仅水兵,连军官也害怕这位司令。他蔑视军官,连舰长也瞧不起,经常毫不客气地说一些挖苦话。在寄到国内的许多信件中,不少人都谈到这位将军的粗暴。

"苏沃洛夫公爵"号枪炮长弗拉基米尔斯基中尉这样评论说:

"将军好像发疯一样,对自己的部属是那样的凶狠,竟然抓住一位驱逐舰中校舰长的衣领,仿佛要咬他一口似的。"

尽管这样,中校舰长还算是有幸的,至少还没有真的"咬他一口",也不到"钻桌子底下"的程度。据他的勤务兵说,这位司令即使在自己家里也粗暴得没法对付,时常为一些小事大发雷霆,像发了疯一样,不是摔餐具,就是砸家什。

他还在家里打老婆,常常把老婆追打到桌子底下。他仿佛对世界上所有的人都抱有极端的盲目的憎恨。

维罗鲍夫中尉的信中则说:

"我们对这位将军彻底失望了,跟随他没有好结果。这是现行制度的产物。他刚愎自用,又毫无才能。他也许是一个很好的宫廷侍从,但作为海军统帅却名不副实。"

这个司令,压根儿不懂得树立和激发部队的荣誉感。在演习中,对成绩不佳的军舰,把它们的舰名高高地悬挂在自己军舰的桅杆上示众。不仅如此,还在信号旗上附加诸如"丑恶"、"低劣"、"愚蠢"、"怯懦"等侮辱性的话语。最后,官兵们都习以为常了,只好像牛马一样服从。

再来看看日本方面。东乡平八郎在全歼俄国太平洋第一分舰队后凯旋回国,立即进宫晋见天皇。天皇设宴款待,以慰劳苦。

席间,一位将军禀告天皇,说在海军部内有人主张替换东乡。明治天皇脸色一变,厉声吩咐道:"那不行,不能替换!"

天皇斩钉截铁的声音,使那位将军和东乡惶恐不安。天皇还不放心,宴席散后,立即召见山本海军大臣,反复强调:"东乡绝对不能更换!"

如前所述,明治天皇赏识东乡平八郎是在中日甲午战争当中。当时东乡指挥的军舰违背国际法,悍然击沉了满载清兵的中立国英国的商船"高升"号。因顾忌英国抗议,连伊藤博文都被吓着了,但东乡认为,为了取胜,不惜用一切手段,自己的做法正确,寸步不让。当时,对中国极端仇视和蔑视的明治对臣下说:"东乡干得好!"明治认为,现在与俄国这样的强敌作战,非有东乡那样的心狠手辣的强人不可。

东乡决心以死报答皇恩厚爱。当天皇问及与俄国波罗的海舰队决战的前景时,他向天皇立了军令状,十分肯定地回答:

"一定全歼俄国波罗的海舰队,以安圣心。"

日本联合舰队在东乡的率领下,加紧训练,精心备战。舰艇进行了大修,部分武器装备更新换代,补充了弹药,重点进行了集中指挥几艘军舰的火力同时射击同一目标的训练。

他多次向部下指出:"进攻是最好的防御","先发制人是必胜之道",要信奉"天道酬勤"这句格言,命令士兵刻苦训练,以平时多流汗来换取战时少流血。

他最爱读的书是《孙子兵法》,对此书总是爱不释手,即使在战争中,也放在舰内的办公桌上。《孙子兵法》曰:以近待远,以逸待劳,以饱待饥,此治力者也。他谆谆告诫部属们:没有比这段话更适用于当前敌我双方的情况了。

与日本海军的情况相反,俄国太平洋第二分舰队的舰只和人员的情况日趋恶化。除了军无斗志、极度混乱之外,由于船底长满了藤壶和海草,使航速大为减慢,在离开马达加斯加后,这支舰队仅以 8 节航速前进。水兵们忧心忡忡,总是担心会受到日舰的攻击。

1905 年 4 月 5 日,俄国太平洋第二分舰队看见了苏门答腊海岸。4 月 8 日,舰队驶过新加坡洋面的拉夫鲁兹灯塔,接下去将进入南中国海。

舰队拖着浓浓的黑烟,以 7 节航速缓慢向前航行。各舰艇舷边拖着长长的海草,竟没有时间和工夫清除,也懒得清除。甲板上堆满着煤,还有垃圾和杂物,乱糟糟的。好似一个蓬头垢面、衣衫褴褛的大汉,眼睛带着灰暗而绝望的神色,拖着沉重而蹒跚的脚步,逐渐走向即将要进行生死搏斗的拳击场。

午饭时分,波罗的海舰队通过新加坡洋面。新加坡是英国进入太平洋的桥头堡,位于马来半岛最南端,是一个有"太平洋的直布罗陀"之称的大军港。然而,英国是与日本结盟的国家,通过此地不仅刺激英国,而且作为行动隐蔽的舰队,理应避开。

据说,罗日杰斯特温斯基提督敢于这样做的用心是:英国一定会详细向日本通报情况,并夸耀波罗的海舰队的伟容。

军港内停泊着两艘英国军舰和各国商船,因波罗的海舰队不靠近军港标界,所以没有互鸣礼炮。

当舰队穿过河流般狭长的海峡,正要进入外海时,一艘汽艇开来,上面飘扬着俄国领事的旗帜。汽艇上发出了信号:"求见司令长官,有重大事情报告。"

罗日杰斯特温斯基心想充其量不过是个领事,所以没有让舰只停下来。

鲁道诺夫斯基领事再次发出信号,说有情报必须转告。

于是,罗日杰斯特温斯基派遣驱逐舰"厉害"号前去探询,领事告称:

"日本舰队3天前从新加坡出港,涅博加托夫提督的第三舰队于1月18日从法属索马里的吉布提起航。"并转交了俄国政府给罗日杰斯特温斯基的公文。

这件公文把罗日杰斯特温斯基赶进了自暴自弃的深渊。

公文命令他的舰队立即前往印度支那半岛的金兰湾,在那里等待随后赶来的第三太平洋舰队,与其会合后驶往海参崴。

倘若仅此而已,也属常事,但公文里接着写道:

"到达海参崴后,立即将整个舰队交给别莱利夫提督,不得有违。别莱利夫已被任命为波罗的海舰队司令,正由陆路赶往远东。"这就是说,罗日杰斯特温斯基即将解职,现在是"临时主子"。以往他作为司令长官在众多的部下面前那种光荣和名誉,都被打得粉碎,彻底消失了。

"哼,他是能打仗的提督?⋯⋯让从未打过仗的别莱利夫接替我?!"罗日杰斯特温斯基愤愤地说。

罗日杰斯特温斯基之所以具有昂首通过"太平洋的直布罗陀"的勇猛气概和许久没有过的雄壮而畅快的情绪,是由于他的愤怒和失望也达到了顶点。

从那以后,他完全失去了自信和冷静。难道祖国是这样看待自己?沙皇勉励和赞许自己的言词是谎言?⋯⋯他夜里失眠,整天关在自己的房间里,即使偶尔出来一下,也是心情焦急地在舰上来回巡视,发现部下的缺点,就叫过去训斥一顿。这成了他每天的"必修课"。

罗日杰斯特温斯基性格粗暴,虐待部下,缺乏领兵打仗所必备的将领素质与能力,在率领舰队远航期间,犯过几次应当受到谴责的错误,如风声鹤唳,草木皆兵,把英国的渔船队当作日本舰队,将其击沉;不仔细研究和熟悉海图,在指挥舰队抛锚时切断丹吉尔港的海底电缆等等,应该承认,他不是大舰队司令官的料。让他任此职,是勉为其难,很不慎重。这与日本明治天皇用心遴选统帅,坚定地重用东乡任联合舰队司令长官构成了强烈的对比。

但在关键时刻,彼得堡下达如此缺乏头脑、对主将如此不信任的命令,不仅令人费解,也产生对罗日杰斯特温斯基的深切同情:"明令说我不行,又让我带领舰队去拼命,真是岂有此理!"这样,就不可能上下一心,去与严阵以待的日本舰队进行决战。

即使说波罗的海舰队在对马岛海面上遭到惨败,是罗日杰斯特温斯基"心理上的巨大反映"的必然结局,也不能仅从日本海大海战的结果就说他无能,让他承担所有责任,那样是不公道的。昏庸、无能、暴戾、独断专行的末代沙皇尼古拉二世,才是导致日俄海陆战中俄军惨败的罪魁,接下去俄国爆发革命绝非偶然。沙皇政权被推翻是咎由自取。

罗日杰斯特温斯基一边对彼得堡的命令无比愤怒,一边给乘坐在战列舰"奥斯拉比亚"号上的弗尔克尔扎姆提督发出信号,告诉他:

"有确切情报说:3 月 5 日,东乡指挥的有 22 艘舰只组成的日本主力舰队,来到了新加坡,该舰队目前位于婆罗洲的拉布安岛,巡洋舰队和驱逐舰队隐蔽在纳土纳岛,他们好像已探明我方行动。另外,涅博加托夫提督的第三太平洋舰队已从吉布提出发。"

这就是所谓的"水鸟行动",也就是俄国领事被谣传迷惑后发出的虚假情报。散布这一谣言的,是日本间谍。

波罗的海舰队采取临战态势,急匆匆驶入南中国海,战斗人员一夜未睡,处于战斗准备和警戒状态。到达越南海岸,需要四昼夜。据说在此期间,由于舰员们的极度疲劳和不安,投海自杀和精神失常的人接连不断。

波罗的海舰队还因缺少各种补给物资,陷入了绝望的困境。连司令长官的餐桌上唯一的肉类也是咸肉,伏特加和咖啡都没有。士官们互相争夺一块肥皂,每当新补给品一到,管给养的士兵就像饿狼一样拼命争夺食品。舰队一靠岸,就有逃亡者。

罗日杰斯特温斯基对这种状态已经烦透了,他恼怒地向彼得堡发了一份电报,内容如下:

> 我在同日本舰队决战之前,不给你们拍电报了。倘若我失败,请诸位从东乡那里去请教原因。

4 月 25 日黄昏,正当大家忐忑不安的时候,收到了一份无线电报,那是晚了 4 个月才从利巴瓦港出发的涅博加托夫舰队拍发的,大伙儿乐得几乎跳起来,就连动辄破口大骂的罗日杰斯特温斯基也露出了好久不见的笑脸。因为第三分舰队加入己方战斗行列,对大家来说,好歹算多了一份力量。

与俄国舰队通讯不畅,被敌人的假情报愚弄和欺骗相反,日本方面则是耳聪目明。

为了知己知彼,在日俄战争开始不久,潜伏在俄京彼得堡的日本间谍机构就积极收集俄国波罗的海舰队东航的情报。

日本驻彼得堡的大使馆是一个庞大谍报网的情报转送站,这个谍报网不仅在俄国国内活动,而且在欧洲其他国家也有眼线。所以,对于罗日杰斯特温斯基率领的波罗的海舰队的实力,以及这支舰队起航和沿途活动情况,日本联合舰队可以说了如指掌。

南来的俄国舰队前往海参崴的航线有4条,即朝鲜海峡、对马海峡、津轻海峡和宗谷海峡。俄国舰队究竟要走哪条航线,日本大本营及联合舰队经过多次研究,判断其因燃料不足和急于到达等因素,会选择最近和最短的一条航线,即通过日本海岸和对马岛之间的对马海峡。早在2月间,日本海军就把津轻海峡用水雷封住,用辅助巡洋舰和水雷艇守卫着水雷,同时布置了纵深140海里的一套提前报警系统,对一切舰艇容易进入的地方都有辅助巡洋舰和炮艇把守。而东乡率领的联合舰队主力正埋伏在朝鲜海峡和对马海峡一带水域。

5月23日,俄国第二分舰队进行最后一次加煤,这些燃料足够开到海参崴。

交战前一天,俄国第二分舰队的主力(装甲舰)分成3个战队,每个战队辖装甲舰4艘。巡洋舰编成2个战队,驱逐舰则为装甲舰和伴随分舰队的运输船护航警戒。罗日杰斯特温斯基将装甲舰"苏沃洛夫公爵"号作为自己的旗舰。

罗日杰斯特温斯基的一切计划行动都在日军的预料之中。不论从天时、地利还是舰艇实力、将帅才能来看,都注定了俄国第二分舰队在这场世界瞩目的大海战中必败无疑。

5月27日,这一天海面上雾气很浓,能见度很低。东乡率领的联合舰队终于在南西方发现了俄国波罗的海舰队正在冲破浓雾前进。

东乡看到俄国舰队队伍庞大,心中非常明白,这是俄国沙皇政府孤注一掷,要与日本决一雌雄的架势。他暗自捏一把汗,认为这次大海战完全是一场赌博国家命运的战斗,只有拼死一战,才能侥幸取胜。

站在"三笠"号舰桥上的东乡司令官,右手拿着双筒望远镜,左手握着一柄宝刀,目光炯炯有神,眺望远方,紧闭嘴唇,身躯纹丝不动,他的神态,给部下以无限的信赖。

波罗的海舰队逐渐接近。俄舰航速12节,日舰航速15节。"三笠"号的伊地知舰长盯着罗经,加藤友三郎参谋长用双筒望远镜观察敌情。安保炮术长手里拿着秒表。气氛紧张得像要凝固一样,时间在一分一秒地流逝。在舰首撞击下,浪花飞溅到了舰桥上。往笔记本上记载敌舰队情况的秋山参谋,来到东乡身边请示:

"长官,信号旗已经准备好,挂起来吧?"

"嗯!"东乡点了点头。

秋山参谋一挥手,彩旗飞快地升了起来,在"三笠"号桅顶高高飘扬。联合舰队的官兵们抬头望去,这是一面非同寻常的"Z"字旗:

"皇国之兴亡,在此一战,全体兵员要更加努力奋战!"

时间是下午1时55分。庄严肃穆的气氛笼罩着整个舰队。官兵都坚守在各自的岗位上。

少顷,秋山参谋对东乡说:

"长官,这里危险,请进司令塔指挥。"

东乡眼不离俄舰,说:

"不,我已经老了,你们年轻,要自重,要分散,请你们进司令塔,未来的海军是你们的。"

永田副官从旁相劝,加藤参谋长也反复请求,但东乡执意不从。

东乡已下了死的决心。他坚信:只有担任司令官的他暴露在最前线的炮火之下,才能激励士气。此时必须置个人生死于度外。

双方的距离在不断接近。一贯提倡"进攻"和"先发制人"的东乡却异乎寻常的平静、不动声色。因为他继续大胆地采取T字战法,让联队占领有利阵位。

到下午2时08分的时候,倒是罗日杰斯特温斯基先下达了命令,让"苏沃洛夫"号的12英寸主炮率先开了火。

接着,"亚历山大三世"号等舰一齐开炮,但日本舰队一炮未发。

"敌人还没有还击。打!打!狠狠地打!"

军官们嚎叫着。士兵们继续射击,可惜不知自己打出的炮弹究竟落在何处。

罗日杰斯特温斯基发现日本舰队突然改变航向,在左舷依次转向调头。乘坐在"苏沃洛夫"号上的参谋弗拉基米尔赛苗诺夫中校写道:

> 所谓依次转向,即后续舰来到前舰转向点进行同样的转向。因此,这个转向位置成了一个不变动的点,从炮击一方来说,就像打固定目标一样,那是再合适不过了。

> 东乡居然在我们眼前连续进行"敌前依次大转向",这是空前绝后的大冒险。而且,日本舰队此时的航速是 15 节,变换队形约需 15 分钟。其间,完成转向的舰只,因后续舰的妨碍,无法炮击。但是,从其他方面考虑,如必须逆转航向,除采用东乡的这种方法,别无他途。可惜,罗日杰斯特温斯基并未抓住这个瞬息即逝的战机,只是为了壮胆而盲目射击,因为他的基本方针不是与联合舰队决战,而是企图消极地把自己的舰队拉到目的地海参崴去。

> 日本舰队阵容整齐,整个舰队犹如一部巨大的机器,遵照命令在运转,很快便使整个舰队进入了最有利的射击阵位。

曾任战列舰"大和"号副舰长和首任炮术长的黛治夫,在其所著《海军炮战史话》一书中这样写道:

> 东乡司令长官在敌前 8000 米处进行 145 度方向转换,是最易实施、效果最显著的炮击战术。据说看到这一战术而感到高兴的罗提督和幕僚们,以及随声附和的日本海军新老战术家、军事评论家们,全都没有理解东乡司令长官判断上的准确性。就当时的射击技术而言,从发现开始转向,下达开始射击的命令,到第一发炮弹打出去,需要 2 分 30 秒钟。事实上,"苏沃洛夫"号的第一发炮弹,是在"三笠"号拨正新航向后 1 分钟才发射的,8 分钟后才击中目标。按当时直接瞄准舰炮射击,如不瞄准移动目标,就不能发射,要集中射击转向点,等待命中,实际上是不可能的。东乡司令长官在距敌 8000 米处,大胆准确地实施敌前大转向(后称"东乡旋转法"),是出乎一般将领意料之外的名将之作为,绝不是盲目蛮干。

日本海日俄大海战在历史上很有名气,是因为参加的舰只和海战的规模都是空前的,但激烈的程度远不如中日甲午海战和日俄黄海大战。正因为如此,再详细阐述这场海战的过程便索然无味,不如略叙个别细节。

6 月 3 日,东乡司令长官来到佐世保医院,探望罗日杰斯特温斯基司令长官。随行的有秋山参谋和精通法语的山本信次郎大尉。因罗日杰斯特温斯基通晓法语，山本大尉被选中充当翻译。东乡长官了解罗提督的心情，不带众多部下，医院院长户冢军医兼几天来担任向导。

罗提督的病房里，有一名俄国士官陪护。东乡来到罗提督的病床前，伸出了右手，其神态恰似久别重逢的老朋友。罗提督在部下的扶助下，撑起了上半身，以惶

东乡看望受伤被俘的罗日杰斯特温斯基

恐和感激交织的心情，握住了东乡伸出的手。

简单的寒暄之后，东乡彬彬有礼地说：

"阁下远渡重洋，来到远东，因武运不佳，虽英勇作战，仍无效果。阁下身负重伤，今天在此会面，我深表同情。我们军人理应为祖国献身，而毫无私怨。请您安心养伤，早日痊愈。如有什么要求，请不要客气，只管提出来，尽可能给您提供方便。"

罗日杰斯特温斯基眼睛里含着泪花，说的一番话也尚得体：

"听了您满怀同情的话语，真是惭愧。我武运不佳，被阁下置于凄惨的处境，可为了祖国，我已竭尽全力，问心无愧。然而，每当想起对手是阁下这样的绝代名将，遗憾之余，又感到几分慰藉。在此，再次对阁下的深情厚谊表示衷心的感谢！"

而后，又改变话题："刚才您说无论什么要求都可以提，遵照您的吩咐，我有一个请求。"

"噢，什么事？"

"我身为司令长官，有责任向沙皇陛下呈报这次海战的战斗概况。请允许我用电报发出去。"

东乡回答："明白了。但这件事在我权限之外，不能以我个人的意见答复您。我一定向当局转达，尽量争取满足您的要求。"

当时的情景，由英国画家赖特画了出来。据说，在场的人都为之感动。

东乡平八郎的名字,因这次日本海大海战而举世闻名,被日本国民崇为军神。但是,东乡在这次海战后极为谦虚,言语简练地说道:

"敌人于2时零8分开炮,我们忍耐着,于2时11分开始应战。在这数分钟里,敌人发射的炮弹超过300发,我方受损严重,一炮未放,就出现了伤亡。但在这之后的30分钟炮战中,敌战斗队形土崩瓦解。可以说,日本的命运是由这最初的30分钟决定的。"

"我之所以这样说,是因为以'三笠'号为首的12艘主力舰,其设计和建造需要几年时间,经过反复研究,是采用最新知识和技术而建造的。我们还要学习战术,刻苦训练。10年的准备,由这30分钟作出了定论。国防如何靠平时做好准备,可以说这是一个好例子。"

在对马海峡进行的日俄大海战中,俄国损失惨重。波罗的海舰队全军覆没:8艘战列舰有6艘被击沉,2艘被俘;9艘巡洋舰有4艘被击沉,3艘被扣留,1艘逃到海参崴,1艘搁浅自爆;3艘海防铁甲舰有2艘被俘,1艘被击沉;9艘驱逐舰有4艘被击沉,1艘被俘,1艘被扣留,1艘遇难,2艘逃回海参崴;8艘辅助舰有4艘被击沉,2艘被扣留,2艘医院船被俘。俄军阵亡官兵5045名,伤800余人,司令罗日杰斯特温斯基中将以下917名官兵被俘,另有1862名官兵被中立国扣留。同俄国相比,日本仅损失了几艘驱逐舰和鱼雷艇,另有几艘巡洋舰被击伤。阵亡官兵117人,伤587人。

日本海大海战是从拿破仑战争到第一次世界大战之间,世界海战史上最大的一次海上决战。俄国损失20多万吨舰船(包括辅助船),比第一次世界大战日德兰大海战双方损失的总和还要大。俄国海军几乎在一夜之间便从世界海军的第三位跌到第六位,被美国、德国、日本超过。

这次大海战,俄国第二分舰队从一开始就面临一项无法完成的任务。

一支疲惫的孤军同一支养精蓄锐的日军决战,这是导致它遭受灭顶之灾的重要原因,但并非决定性原因。

日本海大海战充分暴露了俄国舰队最高指挥官的无能。尽管对手强大,但如果指挥得当,很可能不分胜负,至少不会败得这样惨。然而,罗日杰斯特温斯基选任不称职的军官担任分舰队指挥官,不制定作战预案,没有实施不间断的指挥,战术呆板,与敌遭遇后一味消极规避,放弃了主动权,这些都是失败的重要原因。

俄国分舰队官兵素质水平低,是其失败的又一原因。分舰队一半以上的士兵是从农民中征召或从预备役中转来的,军官也多为院校学员,既缺乏训练又缺乏实战经验。由于缺少弹药,俄国官兵无法利用远航时机进行作战训练。俄国官兵矛盾很深,在整个航渡中高级军官最关心的不是战斗训练,而是经常在考虑如何维持对水兵的压迫制度。加上长达7个多月的远洋航行,官兵极度疲惫,士气十分低落。

与日本舰队相比,俄国分舰队的武器装备技术性能也略逊一筹。例如,俄舰炮平均每分钟发射134发炮弹,共重9072公斤,而日舰则为360发,共重2.4万公斤;俄新式舰船结构不合理、航速慢,难以操纵;俄弹平均仅含6.8公斤硝棉火药,而日弹平均含47.6公斤下濑火药。这样,爆炸力的实际差别为1：15;俄舰通信联络靠的是德国无线电台,后来雇用的德国技术人员奉命撤走,俄舰通信联络就很不稳定;俄舰长期航行,又极少检修机会,水下部分附着大量贝壳等物,致使航速更低。

列宁曾撰文评价这次海战道:

> 这本是大家意料中的事,但是谁也未料到俄国舰队的失败竟是这样悲惨的覆灭。……俄国海军彻底被消灭。吃败仗是注定了的。……我们面临的不仅是军事失败,而且是专制制度在军事上的彻底崩溃。

这次海战之后,俄国失去了挽回战争败局的信心和在海上的老本,决定接受美国总统的斡旋,与日本进行停战谈判。

日本为了在媾和中能得到库页岛,于7月9日和24日在海军的配合下,分两批登陆该岛,迫使俄守军投降。

第十五章　东北浩劫中国遭殃

八十、纵横千里,几同赤地

这场日俄为争夺中国的土地和控制权所进行的不义之战,双方动员的兵力都在几十万以上,战争规模之大,在世界历史上是空前的,战斗之激烈也是此前少有的。它的主要战场是在我国东北三省,特别是辽东半岛居民最稠密的地区,因此交战双方不仅侵犯了中国的主权,蹂躏了中国的土地,而且给成千上万的中国人民直接带来一场莫大的浩劫。

日俄交战,战区内的中国人民却夹在他们中间,受到两方炮火的摧残;日俄两军,都是在异国的土地上作战,他们对那里的山水草木、田园庐舍毫不顾惜,恣意践踏;对当地人民毫无感情,任意蹂躏,因此中国人民的生命财产损失特别惨重。

日俄强盗所犯下的罪行是罄竹难书的。先说死于非命的无辜平民,据当时的《东方杂志》撰文披露说:

> "吾中立国之民生息于其地者,掷生命数十万,死亡之数,过于(日俄)两军。"

仅以奉天决战期间为例,中国百姓陷于炮烟弹雨之中,死于枪林雷阵之上者不计其数。两个帝国主义强盗甚至把枪炮直接对准从炮火中逃生的中国百姓射击。

清政府在屈辱的《中立条约》中乞求说:

"中国人民寄居战争境内者,其身家财产均由该交战国保护,不得夺其资财或勒充兵役。"又在《两国战地及中立地条章》中宣布:"粮食柴草一切日用之物,须该国军队自行备办携带,以符我守局外之例。""如有侵及限外之地,杀伤人民,烧毁房屋,抢掠财物,以及一切损失,应由越限之国认赔。"

这本是理所当然的最低要求,然而,弱国无外交,这些条款都是一纸空文。

日俄都以殖民统治者自居，两国军队烧杀奸淫、抢掠财物、肆无忌惮、无恶不作，根本不管是在战区还是在中立区。

1904年2月10日，日俄战争一开始，沙俄远东总督阿列克赛耶夫贴出告示：

> "勒令华民承办军务差使，如不从命，则派兵剿杀。"①

在其最高军政当局的指使下，俄军在占领区随便拉夫抓人，为战争服务。俄军为了修筑工事，运输军需品，经常以武力强迫成千上万的中国人民充当劳工。在广大农村中，俄军四出，逞凶肆虐，"殴打农人，逼做苦工"。各地被抓的民夫，背井离乡，受尽奴役，而且常常有去无回，惨遭杀害。

人被抓走，禾苗被毁，广大农民的耕地、房屋也被大量平毁占用。

战争期间，"俄人每于扼要地方，节节挖战壕，砌炮台，添作马路、车路，任意占毁民地"。"俄人以单轨铁路不敷运兵运械之用，随由沈阳起旁近地面另筑大路一条"，整条线路毁掉了成千上万亩良田。由于俄军添修快车道，仅黑龙江双城堡正黄、正红两旗，即"占用了地长延四十里，经过地亩禾稼全行平毁"。

俄军强迫捉来的大量民工从事繁重劳役

旅顺民工在为俄军推动军用列车

俄军强迫中国人力车夫为其运送伤员

---

① 《东方杂志》1904年第1期，第30页。

此外，沙俄军队在战时修筑苏家屯至沈阳、公主岭至八面城和赫尔苏等铁路支线，昌图、宽城子、抚顺等地的矿山专用铁路支线，以及拟建中的海城至鸭绿江和中东路复线的部分土方工程，占用的民间耕地更是惊人。

残暴的俄军还常常把整个村镇的居民全部驱逐，辟为战场，经常"有数村之人被俄人勒令三天内迁避"。沈阳至新宾三百余里，"蹂躏最甚"，仅盖平等县，就有三百多个村庄被平毁。俄军此举绝非怕战火一起，中国人死于非命，而是怕日军间谍混入中国百姓之中。

整个战争期间，从旅顺往北，凡是俄日军队经过之处，大都取粮于民，"菽黍、高粱均被芟割以作马料，纵横千里，几同赤地"。

俄军为了防止日军埋伏，也将大片正在生长的庄稼平毁。如奉天的俄兵四出，"将未熟禾苗割毁殆尽"。榆树台等三个屯子，有居民一千多家，田地一千五百多垧，"禾稼正在成熟"，俄军突然"四周圈围，将所有红高粱全行割倒，至于谷稗各色杂粮亦蹂躏殆尽"，致使"数千人嗷嗷待哺，实无生路"。在五里河子等二十几个村中，俄军"强割草豆，以作马料"，农民"所种谷稗草田、诸色豆秧不下二万余亩，为俄人所割几尽"。在海龙县，竟有五万亩农田庄稼被俄军全部毁掉。这种毁坏青苗的做法，比掠夺粮食更野蛮，破坏性也更大。

日俄帝国主义为弥补巨额军费开支之不足，在它们各自占领区内大肆掠夺中国地方政府和广大人民的财产。俄军要求中国地方政府交出"库中藏金"，而且勒令将属于中国国家主权的各类捐税缴给俄国政府。为了掠夺财物和军用物资，日俄都在中国东北地区发行大量纸币。中国商民称沙俄的钞票为"羌帖"，称日本钞票为"手票"。他们用枪炮逼着中国人民用实银兑换，强制在市场流通。他们用分文不值的印花纸"换取"中国人民白花花的银子，无异于在光天化日之下明火执仗地进行抢劫。日俄战争后，两种钞票都变成废纸。

据辽阳县 1924 年 11 月份调查：全县"城乡三百二十八户商民，总计存有羌帖五十四万二千余元。"这种损失，"商民称之为受'羌伤'"。

俄军把东北作为粮食及农副产品供给基地。原粮、面粉、肉类、食用油、酒、茶、盐和蔬菜等，都在强购或抢劫范围之内。

如俄军从电岩炮台调一部分官兵到金州后，兵士们散到各帐篷里，打听前方阵地上的生活情形："我们的日子，暂时倒还过得安静。架好了大炮，运来了炮弹。说句老实话，就是吃得很坏，只是从中国人那里弄到猪时，才好好地吃一顿。……"

直到要塞陷落、俄军投降前,斯达塞尔将军与其夫人还有一段无耻之尤的对话:

　　将军夫人告诉丈夫说:"我已经吩咐人把藏在第十四团兵房里的中国金首饰都运来了,放在我们身边,比较靠得住。"

　　"这着做得很对,"斯达塞尔赞同说,"首饰大约要值八十万卢布哪。1900年时,我们把中国北京的皇宫,真是洗劫得不错。"

　　"我想可以把这些金银首饰同我们的东西一齐从旅顺口运走。日本人不会来搜查你私人行李的。可是你要小心,绝不要把这个消息走漏给任何人听。"将军夫人警告他说。

　　日俄作战区的牲畜,除山区人民藏起一部分外,几乎被抢光、吃尽。日俄军队任意占据民房,到处抓人,稍不如意,即捏造个罪名将其处死。

被日军强制为其抬伤员的中国农民

　　关于日俄两国军队烧杀抢掠造成中国人民惨重损失的档案史料,尚存的有几百件,已由辽宁省档案馆汇编成一本49万字的书出版,仅"举一漏万",亦可略见两群恶魔的罪行于一斑。

　　据辽阳知县谷永富禀称:

　　"突来俄兵二百,硬将房屋占据。本地三十余家,被占房屋五十四间,男女老少均被驱逐外居,不准入屋。所有财物均被拿毁一空,又将耕地挖、踏三十余日。强买牛,给钱无几,稍有不允,即被殴打,将牛拉

日军强迫大连人民为其运输军用物资

去，竟分文不给。"

"牛蹄崖屯民苏国安同子苏立元耕地，突来俄兵四名，硬牵耕牛，阻拦不允。俄兵开枪打死苏国安父子，打伤多人。周围数十里，耕牛、粮食、柴草，被抢掠殆尽。"

"东路九口峪界内佟德官、王小四，因俄兵到二货郎沟抢走耕牛八头，追讨价钱，反被捆绑入营、诬以贼论。又俄兵从二货郎沟抢走耕牛十二头，羊七十只，不但分文不给，反将张太盛打伤。"

辽阳州属向阳寺屯民叶某，被日军捉去干活，干完后被诬以"妨碍军事行动"的罪名，逼他自己挖坑，然后将其活埋。

辽阳城守尉等禀报：辽阳州属被俄军打死打伤 252 人，损坏财物合银 1，944，900 余两；被日军打死打伤 178 人，肥猪被吃掉、烧死 383 头，大牛被掳走18 头，骡马 96 头，损坏财物合银 490，300 余两。

据盖平县呈报，县境内凡日俄战争涉及的地方，受害 214 村屯，5267 户，被俄军毁苗 43，600 余垧，毁坏房屋 173 间，砍伐树木 28，000 余株，价值银642，000 余两。

俄军退驻伊通州叶站、赫尔苏站等地，当地居民逃避一空，农田荒芜，财产被掠殆尽。

俄军退驻奉化县(今梨树县)，居民被逐一空，俄军盘踞半年，村落几成废墟。

通化县呈报：通化东区大生保等屯居民，被俄军打死打伤 10 人，抢掠和损坏财物合银约 51400 余两。

据长春府统计，府属四乡商民被俄兵抢掠财物、砍伐树木、毁坏田苗、烧毁房屋，价值市钱 174，500 余吊。俄军退驻八面城和大洼镇，给永茂店等商民造成损失达银元 12，100 余元，钱 17，800 余吊。

海龙府呈报：府属三十七牌居民，被俄军打死打伤 69 人，烧毁房屋、损失财产、牲畜等项，约合银 1，442，300 余两。

吉林的伊通一带，日俄在此连战十余次，使"民户全逃"，房屋财产全部被毁，"地亩多未耕种，难民变无居处"。

哈尔滨关道呈报：道属各处被俄军打死华民 8 名，掠夺财产、烧毁房屋，价值达 75000 余吊。退入黑龙江的俄兵，"逢人便打，是物即取，是钱即劫"，"居民男被毒打，女被奸污"，"悲声四起，惨不忍闻"。①

---

① 以上史料参见辽宁省档案馆编《日俄战争档案史料》，辽宁古籍出版社，1995 年 8 月。

本溪筒子峪保长禀称：

"突有俄兵数千人到本会内存住，始则搜山，硬拉耕牛牲畜，继则挨门翻掠财物、粮草，鞭挞男子，奸淫妇女，扒房砸锅，踏地毁苗。本会三百余户，未不受滋扰者。种种凌虐，实难全述。地有种完，被其蹂躏，不留寸草；地有未种，被其祸害，种子未留一粒。东作不兴，西收何望，众民之命，难以聊生！"

据复州守尉等呈报：在日俄战争中，俄军给该州居民造成的损失合计银262,300余两，被日军打死打伤33人。

据承德等县统计，俄军在这些地区打死打伤402人，损失财产折银14,971,400两，日军在这些地区造成的财产损失折银2,084,000两。

本溪边牛录保长报称："日俄前敌占据本村，禾稼均被蹂躏，各家财物、牲畜一扫而空，住房被拆做烧柴。以后又按家收逐，囚男妇数百于一院，饥饿二日后，又赶上山。彼此开炮，枪弹如雨，哭声遍野，惨不忍睹。以致刘忠富等人被枪毙命，受伤者不可胜数。现虽平定，民渐回归，居食无计，况值春耕，既无子种，又无牛犁，男女老幼，势有呆立待毙之虞！"

日俄战争把旅顺附近的村庄和良田变成战场

奉天府榆树台、浑河和营盘等处，被日俄两军践踏庄稼1500余垧，当地群众"实无生路"。沈阳至新宾300余里，"蹂躏殆遍"。辽阳至盖平中间被"蹂躏最甚"，仅盖平、海龙两地，就有300多个村庄被平毁。

奉天会战期间，无辜居

日俄沙河战役时，日军随意糟蹋庄稼

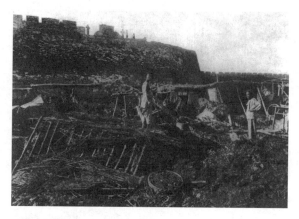

民"陷于枪烟弹雨之中,死于炮林雷阵之上"者不计其数。在新民府一带战火波及到巨流河、白旗堡等541屯,俄军打死打伤中国居民121人,损坏财物合银290多万两。①

整个战区"烽燧所至,村舍为圩,小民转徙流离哭号于路者,以数十万计"。

在日俄侵略军的铁蹄践踏下,"未数月即变成瓦砾场"。

广大农村"贫民如鲫",逃难之人"纷纷如蚁"。大批难民在冰天雪地中"露地栖宿","囚首垢面,状如乞丐","啼饥号寒,死者相藉"②真是惨不忍睹。

腐败、软弱的清政府在日俄两国要挟、威逼之下,步步退让,致使东北三省疆土任由日俄两帝国侵略军蹂躏,东三省人民陷入极其悲惨的战祸之中。这种如同"风箱内的老鼠"——两头受气和挨打的处境,就连清朝爱国官员也无不为之愤慨。有一首《王郎歌》可算作这种愤慨情绪的一种表露:

日俄相争被战火毁坏无数百姓家园之一

日军占领旅顺北郊士兵到处抢掠

王郎王郎鬓已霜,一官潦倒守凤凰。簿书堆尘不得理,外侮披猖心胆惶。结交廿年吾畏友,一城日夜谋攻守。讵料檄下守中立,局外虎狼教袖手。和俄日不容,和日俄所忌。四肘掣两雄,八蹄缚双骥。赤日炎炎鸷张翅,苍龙俯首若趋避。尔我徘徊斗室中,新亭痛苦谁家地。吁嗟奇局亘古无,客军血竭吾脂枯。传闻辽西十万户,尚思迁凤安其居。以凤为乐土,辽西当无余。俄兵不退日兵进,主人中立

---

① 以上史实参见李鸿文、张本政主编《东北大事记》。
② 《日俄纪战》第16期,第77～78页。

618

村为墟。吁嗟奇局亘古无，长此终古将何如。

日俄战区的工商业惨遭破坏，大部分业主倾家荡产。俄军诬指黄泥洼几家通匪，"开枪打伤商人王玉林等四人。然后纵火烧毁东升泉、源兴和、福源长、仁兴源、东升茂、东升德、东升旭、东聚源等八家商号、三家民房共 126 间。烧毁粮豆 1464 石，各种杂货价值 3 万吊钱。烧死骡 18 匹，拉走大牛 56 头。""退出抚顺的俄军，纵火焚烧粮草，延烧民房多处，又趁机将大小商铺抢掠一空。""俄军在新开河截留中国民船一百余只，砍蓬杆作浮桥"，致使民船全部停业。

日俄侵略者在战时究竟杀死多少无辜中国平民，已无法准确统计。日本侵略者杀害中国人的凶残，是举世共知的，砍头、活埋、集体屠杀、用刺刀剖开孕妇的肚子，刀尖挑着胎儿取乐……无所不用其极。俄军的野蛮也不亚于日寇。在奉天会战时，俄国哥萨克骑

在日俄战争中四处逃难的大连人民

东北难民男女老幼准备逃往烟台的情景

大连青泥洼遭到破坏的情景

被炸毁的普兰店铁路桥

兵用绳子捆住18个中国人的双手，绳子的另一端捆在马上，然后驱赶马向奉天城内跑去，不少人被活活拖死。

战争给居住在旅顺要塞的人民带来了无穷的灾难。许多居民不是死于日军的炮火，就是被俄军杀害。俄军强行将中国人的口粮收存为俄军军粮，若发现私藏粮食者，便处以严刑。不少居民因此活活饿死。

沙俄官兵像强盗一样到处抢中国老百姓的耕牛，仅一次到邵家村、北海、袁家沟几个村子，就抢走了二百多头。因为群众怕耕牛被抢光无法耕种，几个村子把牛集中到大陈沟里藏起来。谁知被一个俄兵发现了，唤来一群俄兵把整群牛都赶走了。至于鸡、鸭、鹅、狗、猪、羊之类的家禽家畜，几乎全被抢光。

作为主战场的旅顺成了一片废墟。东自白银山、北至吴家村、三八里村、水师营，西至羊头洼，南至鸦鸹嘴一线，长达五六十里的俄军防线内，所有村庄、房屋，几乎全部被毁掉。一部分毁于日军炮火，大部分被俄军用地雷炸毁或扒掉。战争爆发后，俄军把鸦鸹嘴的居民全部撵走。在他们的房屋里埋上地雷，五间房里埋两到三个，三间房里埋一个，炸后剩下的残垣断壁便扒掉。在旅顺俄军防线外，日军指挥官乃木希典也用几乎同样的办法毁掉了大批村庄。

旅顺东北方向东鸡冠山北麓有一个吴家村，是这次战争中被毁坏最厉害的村庄。俄军占领旅大以后，便驱使中国民工在这里修筑了一座规模宏大的暗堡，叫做东鸡冠山北堡垒，又称作2号堡垒，直到战争爆发才告竣工。

吴家村只剩一户残存的五间房基

站在东鸡冠山北堡垒的遗址上,正面对着五间房村。五间房村原名吴家村。战前这里居住着十七户人家,百余口人。当时,俄军借口备战,将村民全部撵走,将他们的房屋全部炸毁,将村周围的半成熟庄稼全部砍光。战争中,这里又是双方争夺最激烈的战场

日军毁坏的大片庄稼

之一。战后吴家村仅剩下一座五间房的残垣断壁。人们为了牢记这笔血债,将吴家村改称五间房村。

军旅诗人徐国权多次到过东鸡冠山北堡垒和与其相邻的望台炮台,盘桓山顶,抚摸当年鏖战留下的遗迹,触景生情,抒发感慨,谴责"两凶"在中国的土地上留下的罪恶见证:

其一　东鸡冠山堡垒

犹见堑壕高垒墙,虎狼恶斗我边疆。
日军巨弹摧强敌,俄将督师饮弹亡。
壁立堡群雄旧貌,弹痕遍体尽鳞伤。
昭彰劣迹留今世,千古莫忘固国防。

其二　望台炮台遗址

望台炮垒短松岗,俄日死生厮杀场。
山顶摩挲两杆炮,谷边无觅五间房。
巉岩见证匹夫勇,史册长存武士狂。
军国沙文皆祸水,千秋诅咒野心狼。

八十一、肆意迫害无辜的中国人民

20 世纪初期,日本的一个市镇仙台,在仙台医学专门学校教授微生物的

课堂里,老师放映一些时事电影片给学生看。片中绑着一个中国人,据说"是日俄战争中替俄国做了军事上的侦探,正要被日军砍下头颅来示众",围观的中国愚民无动于衷,看电影的日本人则拍掌欢呼"万岁"。这情景深深地刺伤了一位中国留学生的心。他醒悟到救国救民的"第一要着"是改变国民的精神,于是他决意弃医从文,日后终于成为伟大的文学家。此人便是鲁迅。片中杀人的地点就在旅顺。

日俄两国侵略军,为着各自肮脏的战争目的,在中国的土地上进行厮杀。在杀害无辜的中国人时,日俄双方都随意安上个俄、日"间谍"或"侦探"的罪名,这不仅是对中国人极大的诬蔑,而且是在备受战争创伤的中国人心灵上又刺上一刀,并在伤口上大把撒盐。

在这方面,日本侵略者其阴险毒辣甚于沙俄,更加彻底地暴露了其狡诈凶狠的侵略本性。

日军初进辽南对我国人民执行极其残暴的统治政策,压制人民的反抗。规定:

> "苟有敢妨碍我军行动者,严拿究办,决不假货。不止独罚犯者一人,如其乡保吏民分其责,所在会首、乡保一并问罪。"

辽阳州首山堡居民杨升,见日军来,逃跑至山上,站在高坡上躲在树后偷看几眼,被诬以"有妨碍我军行动"的罪名,遭日军拘捕。又以"乡保吏民分其责"的罪名,将该村保长杨启拘捕,以后均被杀害。

日俄开战前,俄军侵占东三省已经三年多,早已恶贯满盈,东三省人民无不深恶痛绝。日本帝国主义利用中国人民的这种心理,进行蛊惑,把它与俄国在我国东北争夺霸权的这场战争,歪曲为亚洲人反抗欧洲人、黄种人报复白种人的战争;还别有用心地宣传中日两国"同文同种"、如同兄弟一样,日本尊重中国主权、毫无侵占中国之意,等等,以麻痹中国人民。这使得一部分中国人在战争初期对日本产生幻想,"以俄败为喜,以日胜为幸",还确有个别人向日军报告敌情。

俄国侵略者以此为口实,把自己的失败迁怒于中国人,更加疯狂地进行迫害、镇压。

73岁褚德顺老人在《控诉日俄战争时日寇罪行》一文,讲述了他三哥当时以万国红十字会中国会分会会员身份派往战地救济难民,曾目睹奉天各县城里的日军暴行:

"日寇一群围住三、四十个老百姓,硬逼他们挖一个大坑,掘好后便把他们推下去,用四周刚挖起的松土堆在他们身上活活的埋死,只听得一片凄惨叫呼声"。"这些人究竟犯了何罪? 说是日寇认为做俄国间谍的,不必要有证据,只须日寇认为是间谍便是间谍"。以间谍之罪,成批杀害,屡见不鲜。"后来到各县去,访得这样被屠杀的良民,在这一年多中,每个县至少也有一、二百人"。抢掠污辱妇女之事,在光天化日之下,更是随时可见。

日本第三军司令长官乃木希典甚至不知羞耻地说:

"你们自己的土地保不住,我们花费了无数金钱,牺牲了无数生命,替你们夺回了土地,这区区的子女、玉帛供给我们军队是应该的。"

在奉天会战中,"一千三百六十九户商店,被迫向日军献纳粮秣费十万两"。

据复州守尉等呈报:在日俄战争中。俄军给该州居民造成的损失约合银1930万两;被日军打死打伤33人,物资损失约合银60,930余两。

一个主权国家行使行政权力,是通过各级地方官员来实现的。日俄开战之后,在东北地区,日俄军都将其占领地作为直接管理的殖民地,中国人生灵涂炭,中国的主权丧失殆尽,两国不仅视中国百姓如蚁蝼,而且把中国官员当奴仆,大施淫威,强迫中国官员听他们的政令,稍有违者,就诬以各种罪名予以拘捕,严刑拷打,甚至任意杀戮。

1904年5月24日,海城县知县不听俄官的指挥,"被俄军拘往辽阳"。

6月27日,"日军拘捕康平县总巡穆克图善,并于7月31日杀害"。

8月15日,"奉省开原五位中国官员被日军拘捕,遭残酷拷打。"日军占据辽阳成立军政署,"中方官宪受其领导"。

当时的知州鲜俊英,被诬以"有俄党嫌疑"而解往海城,代替鲜俊英的新任知州陈良杰于1904年11月到任。陈良杰是个关心民生又有骨气的中国官员,他看到战后的辽阳城乡满目疮痍,心中十分悲愤。

"我们是个主权国家,日俄两国应按承诺维护《中立条约》和《中立地条章》办事。"陈良杰正气凛然地说。他不听日本军政署的指挥,建全四路乡保,整顿社会秩序;救济难民和医治遭枪炮伤害的人民;整顿金融,抑制物价上涨;调查战争造成的各项损失,要求沙俄给予赔偿;数次照会辽阳日本军政署,要求日军勿再扰民。

陈良杰维护中国主权，引起了日军军政署的极大不满，没有想到竟有这样的中国官员，敢不对他们俯首帖耳。于是日军就制造事端，横加迫害。从大光绪三十年十二月二十六日，陈良杰给盛京将军增琪的禀报文件中就可看出日军的蛮横和残暴：

"十二月初三日，日宪兵军政署以奉前敌命令，派宪兵将辽阳州巡捕队长陆全胜传赴前敌。至初八、十二等日，该署复陆续开单勒索巡长张永清和张家藩家丁陈恩、夏秉和，还有有名无姓、有姓无名者六七人。"

陈良杰觉得事多奇异，就亲赴军政署面见日员松浦宽威，斟询底细。松浦宽威傲慢地回答："此是皇军前敌之命，吾不得知，尔等也无权过问！"随即令士兵将其赶出门外。

陈良杰碰了壁回来之后，经过详细查访，"该巡长等实无作奸犯科情事"，但"念时事多艰，未便坚抗"，即令单开姓名相符之巡长张永清等三人同至该署，转送前敌。至二十日闻张永清等被前敌日军严刑拷打、逼勒奸细口供，奄奄待毙。接着，日军又称陈良杰为"俄人坐探"，将其书役、家人、幕友二十余人一并抓去严刑吊打，逼认口供。

在没有证据和口供的情况下，1905年2月2日，日军诬以"有俄密探嫌疑"，将陈良杰拘捕，"并将其部下参与该事的十余名州吏也立即绑缚"，送往青泥洼（大连），"全部处斩"。

如果说陈良杰被害是日本帝国主义者心狠手毒，不许中国官吏有丝毫的民族气节，那么日军非法拘捕并残害康平知县殷鸿寿，完全是杀人灭口，不许中国官员履行任何职责。

光绪三十年十一月二十八日，康平县小龙爪沟地户王玉喜家娶亲办事，有日本宪兵队二人持快枪去索酒喝，醉后非要看新娘和其他妇女，欲行不轨。新娘和众妇女见日兵前来，立即上山躲藏。日兵在王玉喜家和邻居潘国震家寻找无着，恼羞成怒，竟开枪将潘国震及其儿子潘山林打死，并放火烧屋。潘山林妻与幼子孤苦伶仃，无以为生，冻饿待毙。事发之后，康平知县殷鸿寿"目睹吾民受此奇冤，自当与民做主，力与日员争议法办，俾死者不致含冤，而生者心可平允"。殷与日军大队长同场勘察被烧形迹，由日本医士看明各尸伤痕，另录供词，将所遗子弹铜壳一并收去。殷鸿寿与其磋商如何处治。该队长在铁的事实面前，口头上承认士兵非礼行凶触犯军律，实际却纵容罪犯逍遥法外。未过多久，又以"通俄间谍"的莫须有罪名加害殷鸿寿。

日本侵略者对中国人与俄国人两种截然不同的态度,既使我们感到莫大愤慨,又促使我们深思。

中日甲午战争期间,进攻旅顺口的日军几乎未遭到清军的抵抗,只在土城子与徐邦道的部队打了一个小仗,仅死伤283个官兵就占领了旅顺口。而进城之后,日军竟对手无寸铁的旅顺平民疯狂屠杀了四天三夜,致使两万多中国人成了他们的刀下鬼。对稍有抵抗的中国军民更是穷凶极恶地进行报复。反过来,对俄军怎样呢?为攻克旅顺口,日军横尸遍野,遭到了俄军极为沉重的打击。然而在俄军投降后,日军对俄军和俄国侨民既未侮辱,更未屠杀,不仅允许军官携带佩剑和私人物品,而且允许俄军俘虏和侨民携带他们在中国掠夺的财富乘船离开旅顺,这究竟是为什么?……

答案不难找到,他们所争夺的都不是自己的领土,只要你俄国人让出来就行。日本人完全以征服者的姿态凌驾于中国人之上,以傲慢、粗野、狂妄的态度对待中国人,动辄"以战胜余威相凌",把中国人当作"劣等民族"、"被征服者"和"亡国之人"。

时至今日,在侵略战争遭到彻底惨败、无条件投降已达半个多世纪之后,日本军国主义者仍然阴魂不散,阴风怒号,右翼势力气焰嚣张,猖狂至极,竟敢一次又一次掀起浊浪,制造天大的谎言,公然否定铁证如山的"南京大屠杀"等一系列滔天罪行,这不能不激起中国人民的极大的愤慨。

八十二、"一个戈比也不给, 俄国的一寸土地也不割"

美利坚合众国东部的大西洋城,绿阴婆娑,海风习习,气候宜人,是著名的风景胜地。

1905年5月27日,日本前首相伊藤博文的心腹和内阁重臣金子坚太郎,晚上应邀出席住在大西洋城的朋友的晚餐会。这一天,正是东乡平八郎率领的日本联合舰队歼灭波罗的海舰队的日子。

他回到宾馆已过了晚上11时。虽已深夜,却仍聚集着许多人,像在等待他的归来。

"诸位,呆在这里干什么?"金子坚太郎纳闷地问。

"阁下,有一封从日本发来的电报,大伙儿以为肯定是告诉你:来到远东的俄国舰队与日本舰队海战的结果,大家等在这里,想知道这一战局。"宾馆经理来到金子身边,边说边递上电报。

金子看完电报,表情十分激动,脸上泛出了红晕,众人的目光集中在他身上,连他的细微的表情变化也不放过。金子大声对人们说:"诸位,日本胜利了! 彻底消灭了波罗的海舰队!"

顿时,响起了一片狂呼声,这群人喊着"日本万岁",蜂拥地挤到金子身边祝酒,狂欢会一直到了天明。

第二天,金子坚太郎收到美国总统罗斯福的一封来信,约他到官邸去叙谈一次。三十多年前,金子曾留在美国几年,在哈佛大学攻读法律,罗斯福是金子的同窗。

罗斯福担心,日本乘胜穷追,会露出破绽。为此,罗斯福希望日俄早日媾和。而日本政府也想通过金子与罗斯福的特殊关系,由他出面斡旋。罗斯福提出,只有日本作出"维护满洲的门户开放并把满洲归还中国"的保证,才愿意调停。

因为日本虽然取得了重大胜利,但在这场"以国运相赌"的战争中,已耗尽了人力物力。为此,早在包围旅顺和旅顺陷落时,日本驻英公使林董曾先后两次向俄方提出和谈的试探,但都没有成功。奉天会战结束后,担任大本营参谋总长的山县有朋,向日本首相桂太郎提出的意见书道:

> "俄国如非莫斯科、圣彼得堡被侵占,则不会自动求和",原因是:"第一,敌在其本国尚有强大之兵力,与此相反,我已用尽一切兵力。第二,敌之军官现尚未匮乏,与此相反,我自开战以来,已损失大批军官,今后亦难以补充,如果继续交战下去,则以往之赫赫战果将化为泡影。"

因此,山县有朋建议通过政治和外交途径尽快结束这场战争。在远东前线的日本满洲军总司令部也持相似的看法。

山县有朋唯恐国内最高决策机构听不进去,此后,又写了一份更为详尽的意见书:

> 此次战争,乃开始于对我非常有利之时机,俄方无充分战争之准备,毋宁说有赖突然袭击之态势,此乃无法掩盖之事实也。然而,随着战争之进行,彼以惊人之力量,增进其运输能力,不断增加其兵力,岂非使我常为兵力之寡少而担忧乎? 为此,致使用尽我现役及预备役之兵而仍感不足,更急造数师团,并悉将其派往战地。相信余等此际之苦心终非局外者所能推知。

尽管处于上述这样的困境,而日本却能在有利的条件下与俄国媾和,这除了日本海大海战的全胜和俄国国内爆发了革命的原因之外,更重要的是,英、美两个帝国主义从自身利益出发,在财政上和外交上支持日本。英国支持日本是由于一方面在关于统治中国问题上与俄国有矛盾;另一方面英国为了反对亚洲人民的反帝斗争,希望日本充当"远东宪兵"的角色。而美国则一方面为防止俄国独占中国的东北,希望把东北变成日本和其他国家共同的殖民地;同时也为了在它并吞菲律宾问题上得到日本的支持。

英、美、日三国各自心怀鬼胎,在日俄媾和之前,进行了一系列紧张的秘密外交和幕后交易。第二次日英同盟条约目标不仅在于对付俄国,同时也为了加紧侵占中国,正如山县有朋在《关于帝国方针之我见》中所说:

"虽说我制订作战计划之际,首先应作为敌人者,则唯俄国也,其他之欧洲强国无作为敌人对待之必要;然而次于俄国而应作为敌人者,尚有清国,此岂非一刻也不应忘记者乎?"

6月6日,俄国沙皇尼古拉二世召开御前会议,讨论战与和的问题。

阿历克赛耶夫首先站出来说:"由于节节败退,军心已经动摇,如果战争继续打下去,符拉迪沃斯托(海参崴)、阿穆尔河(黑龙江)河口以及勘察加半岛的局势将很危险。"他认为,"在我们尚未遭到致命打击以前,应当试探一下媾和的基础"。

尼古拉二世的叔父、亚历山大罗维奇大公指出:"我们已经处于晕头转向的境地,如果不三思而行,势必一败涂地。"

但是,主战派却反对媾和,海军上将杜巴索夫坚决要求"继续作战",直到"完全歼灭敌军为止"。陆军上将罗奥普认为"试图提出媾和条件无异于承认自己一蹶不振"。

此时,亚历山大罗维奇大公立即驳斥了他们:"诸位勇敢的将领,须知我们是在匆匆忙忙地、不自量力地闯入旅顺口的,我们没有打听水有多深就去涉水了,"亚历山大罗维奇语调坚定而又诙谐地说,"我们必须停战,因为我们的军队再不能经受辽东、沈阳那种灾难;要把日军驱至辽东半岛与朝鲜边境大约需要两年时间,十亿卢布的开支,二十至二十五万兵士的伤亡;俄国没有海军不能有更大的作为"。

会上,更多的人对国内局势惊恐不安,同意停战谈判。6月7日,尼古拉二世接见美国驻俄大使迈耶,说他"十分信任美国总统,希望两国之间恢复旧的友谊",表示同意与日本停战谈判。此后,日俄双方进入了所谓"讲和时期"。

6月8日,罗斯福照会日俄两国,正式发出呼吁,"切望"其"不仅为了两国自身,而且为整个世界文明之利益,开始直接谈判",并且愿意为这个目的而进行"斡旋"。

同时,罗斯福也同意了"日本政府反对中国参加朴次茅斯谈判的意见",把中国排斥在谈判之外,当作一块不会说话的"肉"来任意宰割。

日俄两国政府分别在6月10日和12日表示赞同美国的建议,并派出全权代表前往罗斯福指定的会议地点英国朴次茅斯城。

由于日俄战争并没有最后打到底,所以俄国认为其军事力量仍有继续周旋的余地,在谈判桌上不肯认输,态度依然强硬。

沙皇尼古拉二世对出席和会的俄国全权代表维特说:

> "一个戈比的赔款也不给,俄国领土一寸也不能割让。"

谈判会议上,双方唇枪舌剑,正面交锋。日本代表气势逼人,俄国代表也不示弱。

8月11日,俄国外交部司长收到了日方提出的和约草案全文及俄国代表团对其中4条的否定意见,立即报告了尼古拉二世。

尼古拉二世认为除已经提出异议的4条外,第7条及第8条内容是不能接受的,即俄国不能同意"将哈尔滨及旅顺口之间的铁路及所有支线,包括一切权益、特权和财产,以及属于铁路或铁路经营的煤矿,均不带任何要求和债务转让给日本"。俄国也不能接受日本提出俄国可"继续保有和经营横贯满洲之铁路",但是"使用铁路限于以工商为目的"的先决条件。

尼古拉二世在维特发回的关于库页岛问题的请示电报上批示道:

"割让库页岛一事根本不容谈判。如我将一寸土地割让与敌人,俄国国民是决不会宽恕我的,我的良心亦复如此。"

8月18日,沙皇在彼得堡出席庆祝奥匈帝国皇帝弗兰茨·约瑟夫生日的宴会上,对奥匈大使说,他"面对我的国民和我的良心,不能承担赔偿一个卢布战费或割让一寸俄国土地的责任。对这一问题,日内要作出决定。因此可能还要长期作战下去,还要大量流血。"

显然,这一切是说给别人和后人听的。

八十三、日俄勾结在中国东北划分势力范围

在美国等帝国主义列强的干预下，日俄双方都作出了让步。9 月 5 日，签署了日俄媾和条约，即《朴次茅斯和约》。10 月 14 日，在彼得堡和东京分别签署了批准书，日俄战争正式宣告结束。

在《朴次茅斯和约》中，日本强迫俄国承认了对朝鲜的统治以及对北纬 50 度以南的库页岛南部和中国东北的南部地区俄国"权益"的接管。

关于中国东北的南部地区，日俄和约规定：

朴次茅斯谈判

俄国帝国政府在获得清国政府之允诺之后，愿将大连及其附近领土、领海之租借权转让给日本帝国政府。俄国帝国政府在获得清国政府之允诺之后，愿将长春旅顺口之间的铁路及其所有的支线，以及于同地方所附属之所有权利，特权、财产，于同地方属于该铁路或为其利益所经营之所有煤矿，无偿地转让给日本帝国政府。

根据这一规定，中国东北的南部地区被划为日本帝国主义的势力范围。在上述日俄媾和条约的基础上，自同年 11 月起，在北京开始了迫使清政府承认上述条约的谈判。

对于自己国家的领土及权益由上述帝国主义国家之间任意交易而转让一事，连腐朽透顶的清政府也显示了最大限度的抵抗；被认为谈判进展迟缓的日俄媾和会议，在 27 天里共举行了 12 次会议。但是日清谈判却举行了 22 次，从谈判到签约，花去了 42 天时间。令人扼腕长叹的是，在日本的强硬态度面前，中国不得不于 12 月 22 日承认了日俄媾和条约。

日本进步历史学家依田喜家在《日本帝国主义和中国》一书中说：

"尽管中国方面进行了如此顽强的抵抗，而日本之所以能采取强硬的态度，是因为英美帝国主义支持日本。美国总统曾给本国的驻华公使

发出训令说：'中国对日本接受俄国之转让一事表示异议。对此，应强硬提醒中国。'英国政府也给本国驻华公使发了同样的训令，充当日本的后盾。美英两国希望日本接管俄国的权益，并希望进而共同分享这种权益。"

呜呼！偌大的中国又一次置于任人宰割的地位！

日本帝国主义下了这么大的赌注，与沙俄进行了一场罕见的大战，其目的岂止为了一个旅顺口？它的根本目的是为独占东北和朝鲜，进而霸占整个中国，把中朝作为它殖民统治下的商品市场和原料产地。

对此，日本内阁商务大臣清浦奎吾毫不掩饰地说：日俄战争"绝非仅因政治上的需要而启战端者，大力向中朝两国发展我国工商业，亦为主要着眼点。"

日本经济学家也公开表示："中国东北的问题不解决，就谈不到工商业的发展。"

日俄两国在中国的领土上进行了大规模的肮脏战争，时间长达一年零五个月，使中国人民在物质上和精神上蒙受了无法弥补的巨大损失。但是，当签订和约时，却不允许中国参加。不仅如此，俄国后来又将先前在中国通过不平等条约得到的各种权益，私下转给了日本。俄国打了败仗，但没割一寸土地，没赔一个戈比，而让中国人民去承担战败国应承担的一切后果。天底下竟有这样肆无忌惮的欺凌一个主权国家的事！更有甚者，日俄签订和约后，两国迟迟不撤军，不经中国政府同意便商定，两国留兵保卫各自的铁路。

清政府对上述行径提出严正抗议，然而，一个毫无国际地位的国家，在凶恶的帝国主义面前，这一抗议的声音太微弱了，根本不被它们理睬。

《朴次茅斯和约》签订后，日本帝国主义援引和约中有关条文，把矛头指向中国，继续扩大其战果。日本小村寿太郎与中国的奕劻亲王等人经过长时间的谈判后，腐败无能的清政府在无奈中，同日本签订了《中日会议东三省事宜正约及附约》。正约规定：清政府对俄国在《朴次茅斯和约》中转让给日本的一切特权"概行允诺"，全部接受。附约则使日本攫取了在东三省南部新的特权，主要有以下四点：

一、中国允许将东三省的凤凰城、辽阳、新民屯、铁岭、通江子（昌图县通江口）、法库门、长春、吉林市、哈尔滨、宁古塔、珲春、齐齐哈尔、海拉尔、瑷珲、满洲里等16处"开埠通商"；

二、战争期间,日军在其占领区内擅自修建的由安东到奉天的轻便铁路,于 1908 年以前实行改筑,成为南海铁路支线,仍由日本继续经营到 1923 年,然后估价卖给中国;

三、设立日本木植公司,日本获得在鸭绿江右岸的森林采伐权;

四、中朝交界的陆路通商,"按照相待最优国之例办理",在商埠地区划定日本租界。

这些特权表明,中国同俄国一样,也被强行推上了战败国的位置。长春以南成了日本的势力范围,给中国人民带来了极大的灾难。

日本帝国主义有它一套强盗逻辑:它为了重回东北,付出了 10 万人的生命和 20 亿日元,所以它就必须永远占有这块土地,并成为它的主人,扬言"开发满洲"是日本人的"天职"。1906 年 10 月,关东都督府在旅顺成立,陆军大将大岛义昌被任命为首任都督。都督直属日本天皇,"指挥两个师和旅顺及大连的要塞与其他部队",并管理南满铁路。

这个侵华日军的最高军事机关,坐落在旅顺太阳沟(新市区)万乐街 10 号,是一幢白色的欧式二层半楼房,南与今"旅顺博物馆"相对,从古柏森森的广场上一望可见。该楼是沙俄强迫中国民工建造的。主体的外形,酷似一座长形的堡垒。高大的门窗,厚实的墙壁,沉重的石柱,让人感到压抑,可以联想到当年的森严和恐怖。1900 年至 1904 年,此楼是俄军关东洲陆军炮兵部,以后还是日本侵略军发动罪恶战争的指挥中枢。这座楼是中国殖民地、半殖民地屈辱历史的沉重缩影。

关东都督府握有统治东北南部至高无上的权力,实际上是日本侵略掠夺我东北的大本营,并进而成为侵吞整个中国的前线指挥部。日本帝国主义公然提出:

"第一要经营铁路,第二要开发煤矿,第三要移民,第四要发展畜牧业,尤不能不以移民为其中之要务,……于 10 年之内将 50

日本在旅顺先后设立殖民统治机构

万国民移入满洲。"

同年 11 月,南满铁路公司成立,次年 4 月 1 日正式开始运行。日本陆军元帅、参谋总长山县有朋著文,毫不掩饰地道出了满铁的作用:

> 它不只在对付俄国之远东政策上是必要的,而且为了防卫并开发朝鲜,保护建立于满洲之势力以应付将来的发展……首先必须着眼于军事上之要求,须从帝国长远利益出发。我相信,对于维护建立于大陆上之我帝国之主权,此乃最为紧要之事也。

由此不难看出,南满铁路完全是日本帝国主义的侵略工具。在日本政府的支持下,满铁除经营长春到大连铁路干线、大石桥到营口的各铁路支线和安奉铁路外,同时还将魔爪四伸,插足当地经济、文化、卫生和社会发展诸多领域,当时日本帝国主义对东北地区的侵略和控制,就是以满铁为中心进行的。日本侵略者梦寐以求要建立的"满铁王国",实际上就是要把辽阔富饶的东北三省变成日本帝国主义的殖民地。

沙俄在日俄战争中失败以后,国内的革命运动日益高涨,财政枯竭,面临内外交困的窘境,于是便对日本采取了缓和政策,而对中国则竭力巩固并扩大它的侵略势力。

1907 年 7 月 30 日,日俄双方缔结了第一次《日俄协定》及其附件。这个《日俄协定》由公开协约、秘密协约、追加条款和换文四部分组成,是一个相当复杂的协定,其中最重要的是秘密协约。

公开协约共两条,第二条规定:"两缔约国承认清帝国的独立与领土完整,以及在该国和各国工商业的机会均等"。其实,这一条纯粹是用来欺骗中国政府及世界舆论的,而秘密协约却是日俄两个帝国主义国家赤裸裸地瓜分中国东北的协定。因为密约的第一条就划定了日俄两国在东北的利益范围。密约附有划分南北势力范围的附加条款,划了一条日俄瓜分东北的分界线。

这一条划分南满和北满的分界线是:从俄国国境东北端开始经中国珲春划一条直线到镜泊湖之北端,往西直至长春东北的秀水河子,由此沿松花江至嫩江口止,再沿嫩江上溯至嫩江与洮儿河交汇之点,再由此起沿洮儿河至此河横过东经 122 度止。这一瓜分线的南部(南满)划为日本的势力范围;北部(北满)划为俄国的势力范围。

密约的第二条承认了日朝的"特殊关系",第三条承认了俄国在中国的外蒙古的"特殊利益",它是调节日俄两个帝国主义国家以中国的东北、外蒙古和朝鲜为宰割对象的利害关系"而订的特殊协定"。

日俄互相勾结瓜分东北,使我国东北的主权丧失殆尽,东北人民处于水深火热之中。日俄两国由对立到勾结,反映了远东局势的新变化。

八十四、战败的沙俄继续对中国东北疯狂掠夺

沙俄战败退到中国东北北部之后,仍贼心不死,极力实行殖民统治,肆意践踏中国主权,掠夺中国财富。同日本通过"满铁"一样,沙俄的这些罪恶行径,是通过中东铁路公司进行的。

中东铁路总公司(董事会)设在俄国首都彼得堡;在中国首都北京成立中东铁路分公司,还在哈尔滨成立了中东铁路管理局。这个管理局在成立初期,设有办公厅、法律处、商业部、会计处、医务处、材料处、工务处、机务处、经理处、民事管理处和军事处11个部门。后来,随着沙俄侵略势力的

沙俄中东铁路南满支路技师长官舍

扩展,管理局又陆续设置了矿务、船舶、地亩、学务、对华交涉、新闻发行、进款、寺院、兽医和抚恤等10个处。

从上述组织机构可以看出,中东铁路局绝不是什么单纯的企业管理机构,完全是沙俄对我东北北部进行掠夺和统治的殖民机构,它和其他帝国主义国家在殖民地设立的总督衙门没有多大区别。

中东铁路管理局,纯粹是独立于中国主权之外的"国中之国",沙俄政府正是通过它,大规模地攫取铁路沿线各地方的行政、警察、司法、教育、新闻等项权力,全面加强对东北北部的殖民统治。

1906年,沙俄公布《中东铁路民政组织大纲》,发布了《哈尔滨市制规则》(即自治会章程),在哈尔滨成立了"自治会"。随后沙俄又在满洲里、海拉尔、昂昂溪、横道河子、博克图和绥芬河等沿线各地,相继成立了"自治会",威逼中国商人向"自治会"申请和领取商业执照,并向中国商人勒索苛重的捐税。

这种严重侵犯中国主权的做法在遭到中国商人的拒绝和清朝政府的抗议时,沙俄出动大批警察封闭商铺、捣毁匾额、毁弃货物、驱逐商民……大批商民被逐出自己的家屋,失去了家产,在冰天雪地中啼饥号寒。

1903年中东铁路通车营业之后,沙俄即在附属地建立了正式的警察机构,并设立了庞大的特务机构侦探处。"俄警之顽恶,摘发难数。除包运私货,吓诈行旅、私卖乘客外,别无能事。"他们为非作歹,横行霸道,无恶不作,对沿线我国居民进行残暴的统治和压迫。

在这期间,中东铁路沿线发生了三次鼠疫。

"把有疫情地方的中国人统统集中隔离,用火灭菌!"中东铁路管理局局长对他的全权代表、铁路局土地科长达聂尔说,"叫军需部门多发一些白大褂"。

达聂尔心领神会,知道这是驱逐和消灭中国人、占领更多土地的绝好机会,于是开始了疯狂地迫害和屠杀我国居民的罪恶活动。

沙俄警察和他们的"医生",把无病或其他疾病患者不分青红皂白,一律说成是"鼠疫患者",强行"集中隔离";许多活着的病人都被他们活活烧死。甚至借口发现"疫情",把整个街区烧掉。

清廷黑龙江铁路交涉局总办周冕是个见利忘义的卖国贼,达聂尔买通了他,二人私自订立了《黑龙江省铁路展地合同》十二条,擅自把黑龙江铁路沿线20万垧土地拱手送给了沙俄铁路公司占用。

后来,沙俄中东铁路管理局以此为契机,又大规模扩展地域三次。总计沙俄在哈尔滨及中东铁路沿线共侵占我官、民土地达20894万垧。这些土地除去其中百分之二十九用于建筑、经营和防护铁路所必需的土地外,其余的百分之七十一为空闲和多余的土地,这些土地均被沙俄称之为中东铁路附属地,都由沙俄高价出售或出租,使我国沿线农民丧失土地,流离失所。

黑龙江和吉林两省,山峦起伏,森林茂密,不但面积辽阔,而且木材质地优良,素有"林海"和"绿色金库"的美称。贪婪的沙俄当然决不会放过。

早在中东铁路动工之后,沙俄就非法砍伐沿路的森林,特别是在1900年,沙俄借出兵东北之机,更是肆无忌惮地掠夺当地的森林资源。黑龙江右岸和松花江两岸各地的森林,都遭到沙俄的摧残和洗劫。满载贵重木材的船只,昼夜不停地开往俄国。

这样,黑龙江、吉林两省的森林遭到极大的破坏,大兴安岭山脉"附近森林多为俄人所采伐"。据不完全统计,沙俄每年掠夺我国吉、黑两省的木材价值在一亿银元以上。

沙俄在掠夺我国森林资源的同时,对矿产资源也疯狂开采。1901 年,中东铁路管理局利用沙俄出兵东北的机会,向吉林将军长顺提出开采铁路附近煤矿的要求,强迫吉林地方当局于 7 月 15 日与中东铁路公司代表达聂尔签订了《中俄吉林煤矿条约》,规定铁路公司在铁路两旁各 30 华里内有开采煤矿的"独擅权"。接着,黑龙江和奉天两省的俄员也以吉林省为例,强迫两省地方当局签订了这样的合同。

沙俄强迫三省地方当局订立的煤矿合同,虽经中国外务部驳回另行核议,但是,贪婪成性的沙俄不管批准与否,仍然恃强私采,先后强占了黑龙江省的扎兰诺尔、察汗敖拉、太平山、发别拉屯等煤矿,吉林省的乌吉密、一面坡、杉松岗、官衔、头道江、长春等煤矿,奉天省的抚顺、瓦房店、复州湾、铁岭、昌图等煤矿。沙俄对这些煤矿,"莫不肆意取求,攫为己有"。

日俄战争后,俄国战败,将其侵占南满的煤矿转让给日本。沙俄为了弥补战争中的损失,更加紧了对我国东北北部煤矿资源的掠夺,通过强迫清政府签订吉林、黑龙江东清铁路煤矿合同十二条,攫取了两省铁路沿线 60 华里以内的采煤权。

除了森林、煤矿以外,吉林、黑龙江两省丰富的金矿也未能幸免。1900 年 7 月 27 日和 8 月 9 日,漠河和奇乾河两个金矿被俄军攻占,接着吉拉林、都鲁河、观音山、奇乾河、乌马河等五处金矿,也全被俄军占据。1901 年 5 月 24 日,俄国驻吉林、黑龙江两省交涉署理办事大臣科洛特科夫,强迫吉林将军忙顺签订在夹皮沟、宁古塔、珲春三处境内采勘金矿商同协定。其中规定夹皮沟、宁古塔、珲春三处金矿,只有俄国专办金矿的官员及其代理人才有权采勘开办。

沙俄为了便于向我国倾销商品和掠夺东北资源,蓄意破坏我国税收规定。日俄战后,沙俄强迫清政府先后签订了《北满关税章程》和《满洲里并绥芬河两站中国关税暂行试办章程》。这两个章程使俄国攫取了沿乌苏里江、黑龙江、额尔古纳河中国境内百里地区,俄国商品不必纳税,可以自由倾销。从这一地区运走大量的中国土特产,也不必缴任何税款。这些特权,为加强其在北满的经济掠夺,大开了方便之门。

沙俄帝国主义修筑中东铁路的另一个目的,就是把我国的东北变成它的商品市场、原料产地和投资场所,加强对中国的经济侵略。随着中东铁路的修建,铁路当局和俄国资本家在铁路沿线各大城镇设立不少工厂、洋行,残酷地剥削中国人民,榨取高额利润。其中包括近百家面粉厂、酿酒厂、榨油厂、制糖厂和卷烟厂。由于沙俄垄断这些工业部门的生产,因而严重地阻碍了中国民族工业的发展。

沙俄运往中国的商品价值,1895年为5,047,000卢布,1906年达到57,530000卢布,增加了11倍。同一时期,从中国掠走产品价值,则由41,567,000卢布,增加到97,427,000卢布。从中国掠走的产品有茶叶、大米、黄豆、棉布、牲畜、食品、毛皮、丝织品、棉织品和木材等农林及畜牧产品。

比掠夺资源、经济侵略更为严重的是,日俄战争以后,沙俄大肆加紧侵占我东北疆土。根据不平等的《中俄瑷珲条约》和1902年中俄《交收东三省条约》的规定,江东六十四屯都是中国人民"永远居住",归中国官员管理,"俄人不得侵犯"。而1900年沙俄帝国主义血洗江东六十四屯之后,便强行霸占,并不断向该地区移民。从1907年到1908年,中国外务部和东北地方当局向俄方多次交涉,要求俄国交回江东六十四屯,但是,沙俄政府百般狡辩抵赖,拒绝交还。江东六十四屯问题,从此成为历史悬案。

黑龙江和乌苏里江汇合处,由两江冲击而成的抚远三角洲(俗称黑瞎子岛),本是中国领土。沙俄为了改变这段中俄边界,竟采取卑鄙手段派兵强行挪动界碑,并派兵侵入三角洲,公开干涉中国人民的生产活动,强迫中国人民向沙俄纳税,强行霸占中国领土。

当时清政府为了防止沙俄蚕食中国领土,要求沙俄政府根据《尼布楚条约》和《布连斯奇条约》重新勘界立标。在会谈和查勘过程中,沙俄代表"多方狡诈,唯利是图",甚至信口雌黄,将我满洲里地方"划入俄界"。在界约谈判时甚至"越界开枪,肆意恫吓",真是无耻到了极点。1911年12月20日,中俄两国在齐齐哈尔签订了《中俄满洲里界约》,使沙俄侵占满洲里的阴谋破产。但是,这个界约中规定的各鄂博的位置,与1727年原鄂博位置相比较,往南移动数十里至三十余里不等,仅此南移结果,沙俄又侵占我国领土达一千四百平方公里。

贪得无厌的沙俄帝国主义在我国东北的侵略扩张、掠夺财富的活动罪恶滔天,令中国人民恨之入骨,直到1917年俄国十月革命胜利,这一罪恶行径才宣告结束。

八十五、树碑建塔，培养侵华后备军

日俄战争结束以后，日本以胜利者自居，在旅顺日俄两军交战过的战场上，不惜耗费巨资，到处大兴土木，树碑建塔。他们这样做，主要目的有二：一是给参战的军国主义分子树碑立传，歌功颂德，妄图使这些人的"功绩"流芳百世，名垂千古；二是以旅顺战场为课堂，以侵略分子的"功绩"为榜样，向日本人民，特别是广大青少年宣传侵华"有功"，向其灌输武士道精神，从思想上培养大批侵华后备军。

日本建立在203高地上的纪念碑

日本人在旅顺树立的第一座碑，是在203高地。当年日军攻占203高地以后，就在山顶上树立了"遗骨基标"。1905年1月6日将"遗骨基标"撤去，即开始在立标点上建碑，至1913年8月31日竣工，历时8年8个月又5天。这座碑，比日本人在旅顺建的其他碑，提前8年多修建，提前3年多竣工，这足以说明日本军方对203高地的高度关注。此碑的形状和结构也与众不同，除其基座是用石料砌筑外，其余的部分全是由铁和铜铸成的。这些铁和铜，是战后从这个山顶上拾取的炮弹皮和子弹壳，然后将这些炮弹皮和子弹壳冶炼铸成了碑体。这座碑高10.3米，形似日式步枪子弹。碑名"尔灵山"三个字，是乃木希典亲笔所提。这座碑的碑文也与其他碑的碑文不同，长达500余字，几乎是旅顺战役的总结。此碑文刻在一块铜板上，镶嵌在碑的基座上，此铜板现下落不明。

1905年11月至1907年3月，日本人在白玉山的主峰上修建了一座"白玉神

日本人修建的白玉神社纳骨祠

637

正在修建中的"表忠塔"

"表忠塔"的设计模型及东乡、乃木的题词

社纳骨祠",把日军在旅顺围攻战中,在海陆战场上战死的 22,723 人的骨灰,全部存放在纳骨祠的三间地下室内。该祠 1945 年解放以后被拆除,三间地下室尚在,但骨灰早已下落不明。

日本侵略者"为慰战死者英灵,千秋传载其烈迹",根据日本海军联合舰队司令东乡平八郎海军大将和日本陆军第三军长乃木希典陆军大将的提议,在纳骨祠对面的山顶上,修建了这座"表忠塔"。

为了加强建塔工程的组织领导,专门成立了建塔委员会,由原为乃木希典的参谋长,当时为旅顺要塞司令的伊地知中将任委员长。有关工程技术方面的事情,由黑石工学博士负责监督。建塔工程于 1907 年 6 月 20 日开工。但为了表示隆重起见,7 月 3 日又举行了奠基典礼。1909 年 11 月 12 日完工,11 月 28 日举行了有 1300 多人参加的落成典礼。建塔工程历时 2 年 5 个月。

伏见官贞爱亲王亲笔题写了"表忠塔"的塔名。乃木希典和东乡两人联名起草了塔匾的匾文,然后由日本第一高等学校教授盐谷时敏抄写在匾额上。匾额高 1.2 米,宽 22 米,镶嵌在塔顶端的北边,即朝向纳骨祠的方向。匾文已被苏联军队铲磨,无法辨认。

建筑"表忠塔"共耗费 25 万日元(一说 30 万日元),据说这些款全系"自愿捐献"。捐献者的单位和名单刻写在一块铜牌上,现仍位于该塔北门内的墙壁上,但已看不清字迹。

整个塔的结构,由底座、基柱,塔身及弹形塔顶四部分组成,形似一支白色的蜡烛。底座及台阶是用花岗岩石料砌筑,其中部分石料是从闭塞港口的17艘沉船上打捞上来的。基柱是由大块岩石叠筑而成。塔身的内部是用钢筋混凝土灌注的,塔身的外部是用由乃木希典的家乡——日本本州山口县的德山采运来的石料砌筑的。塔的顶端,远观似一枝蜡烛的火苗,近看形似一个放大了的280毫米榴弹炮的弹头。其意图是在显示"武力征服"。

全塔高66.8米,内有273个螺旋台阶通往塔顶。登上塔顶,可以鸟瞰旅顺市街全景,还可以看到黄海,渤海的部分海区。

日本当局为了修建"表忠塔",曾抓来中国劳工2万余人,从事该塔的修建工程。在建塔过程中,先后有许多中国人被折磨身亡。这座塔,渗透着中国人民的血和泪。

1945年旅顺解放以后"表忠塔"改称白玉塔,1985年改为白玉山塔。

历史是无情的。这座日本当年修建的用于千秋传颂的表功之塔,如今,成了中国人民对日本侵占旅顺的罪恶行径千载不忘的历史见证。

1950年初和1973年7月31日,敬爱的周恩来总理曾先后两次陪同外宾登上白玉山塔视察旅顺港,为旅顺港的历史记下了光荣的一页。

日本战胜俄国之后,为了有组织地大规模地为侵略者进行树碑立传活动,1913年7月,日本设在旅顺的关东都督府都督大岛义倡陆军大将提议成立了旅顺战迹保存会。后来,为了使这一机构的名望和影响更大一些,将旅顺战迹保存会改成满洲战迹保存会,并投资50万日元,在曾战斗过的重要场所修建战地纪念碑。在旅顺陆地战场上共修建了这种类型的纪念碑16座。

建在东北方面战场上的有11座(括弧内为俄军之称):

东鸡冠山炮台(5炮台)

吉永堡垒(库罗巴特金多面堡)

东鸡冠山北堡垒(Ⅱ号堡垒)

望台炮台(大鹰巢炮台)

二龙山堡垒(Ⅲ号堡垒)

一户堡垒(1号多面堡)

盘龙山东堡垒(2号多面堡垒)

盘龙山西堡垒(山岩堡)

龙眼北方堡垒(水管堡)

松树山堡垒(3号工事)

松树山第四炮台(十字山炮台)

建在西北方面战场上的有 5 座

尔灵山(高山)

赤阪山(老虎沟山)

高崎山(歪头山)

大顶子山(夹山)

海鼠山(得里寺山)

这些碑的结构和形状,除尔灵山之外,其余均大体相同。全用大块花岗岩石料砌筑而成。碑名通常以当地地名命名;碑文非常简明,即何年何月,哪个部队开始攻击,何时攻克;碑名和碑文是谁题写的,并注明其官衔和爵位;建碑单位均落"满洲战迹保存会"之名;竣工时间统为大正五年(1916)十月。

经考证,书写碑名和碑文的人,不是以书法的优劣选定的,而是论当年的战功大小而定。一般情况下,都是由当年在此指挥战斗的最高指挥官来题写,而且一人仅题写一碑。但也有特殊者,如松树山堡垒,是在第一师团长松村务本中将指挥下攻占的,松树山第四炮台是在第九师团长大岛久直中将指挥下占领的,可是这二位中将谁也没能分别在这两处碑上题名。而是由第一师团的第二旅团长、敢死队队长中村觉一人题写此两碑之名;还不仅如此,"水师营会见所"之碑也是由中村觉所题写。中村觉一人题写三座纪念碑的碑名,这在旅顺众多纪念碑题写者中,是独一无二的。这大概是对以失败而告终的敢死队队长的一种特殊奖赏吧。

东鸡冠山北堡垒与题该碑碑名者鲛岛重雄

东鸡冠山北堡垒的碑,此碑的碑名和碑文是由鲛岛重雄题写的。他是日军第 11 师团第二任师团长。第一任师团长土屋春光中将,1904 年 11 月 26 日,在攻击东鸡冠山北堡垒的战斗中身负重伤,11 月 27 日,鲛岛接替土屋之职。12 月 18 日,在鲛岛指挥下攻占了东鸡冠山北堡垒。日军攻击东鸡冠山北堡垒历时 119

天,鲛岛虽然仅指挥攻击了 22 天,但毕竟是在他指挥下攻占的。因此,战后第十一年在此建碑时,就由他题写了碑名和碑文。此时,鲛岛已升为陆军大将,晋为男爵。但是土屋春光在此指挥战斗达 97 天,而且他并没有死掉,在题名的问题上如果没有他的份,似乎"不公"。为了使第十一师团两任师团长,在"垂名千古"的问题上平分秋色,土屋春光题写了位于该堡垒东南方 650 米处的"东鸡冠山炮台"之碑的碑名和碑文。

当年,鲛岛重雄和土屋春光等侵略分子,妄图"垂名千古"的愿望和行径,如今,在中国人民的心目中变成了遗臭万年的侵华罪证。

日本人修建的上述 16 座战地纪念碑,除吉永堡垒和龙眼北堡垒的纪念碑被拆除外,其余 14 座都尚存在。它为中国人民进行爱国主义教育,提供了生动的反面教材。

海战场方面的纪念碑,比起陆战场,数量要少得多,在旅顺有两座。

前面已经讲到,日本海军三次闭塞旅顺港口的成绩并不佳。但是,日俄战争结束以后,日本当局竭力宣扬闭塞战的"功绩",为其树碑立传。

"闭塞队纪念碑":此碑建于旅顺出港右侧一大圆形瞧石上。把广濑武夫驾驶的"福井丸"号闭塞船的锚打捞上来,以该锚为背景,修建了此碑。东乡平八郎海军大将亲笔题写了碑名"闭塞队纪念"。把曾参加两次闭塞行动的广濑武夫海军少校,追晋为中校,并封为日军最高荣誉——"军神"。

在日本占领旅顺时期,每当其军舰出港时,都要高奏《军舰进行曲》等军乐,舰上官兵都要向"闭塞队纪念"碑敬礼,借此向官兵们灌输武士道精神。此碑于 1972 年被炸毁。

"第三回闭塞队纪念"碑:日本海军第三次闭塞旅顺港口的行动,出动的船只和参加的人员最多,损失也最惨,159 人中,只救出 67 人,32 人被俘,60 人死亡。当时,俄军从日军死于旅顺港口附近的 60 人中,打捞上来 39 具尸体,并把这些尸体埋在了白玉山西路、火车站后面的山凹中。

闭塞纪念碑与广濑武夫

日本建立的"第三回闭塞纪念"碑

日本修建的战利品陈列馆外景

日俄战争结束以后，1905年11月，日本人把这39具尸体挖出来，进行了火化。随后，在白玉山南路上山的第一个转弯处右面，修建了"第三回闭塞纪念"碑，并把闭塞船"朝颜丸"号的推进器，设置于碑前，以示纪念。日本投降以后，此碑被拆除。

此外，有些地方，日俄两军并未交战过，但日本当局认为颇有纪念意义，也在此树立碑石。如大连长海县，曾是日本联合舰队的重要根据地之一，就在那里树立了"长山列岛海军根据地"之碑。

日本当局，为了集中的综合宣扬它在日俄战争中所取得的"辉煌"胜利，在旅顺老市区的黄营子里面，修建了一处"战利品陈列馆"。馆内陈列着旅顺俄军所使用过的各种武器、弹药、被服等军用品250余件。还把俄军旅顺要塞中的重要炮台、堡垒制成模型，陈列馆内，供人参观。

日本投降以后，此馆被平毁。

到1916年，日本对日俄战争中，在旅顺遗存下来的战场整修工程已经基本就绪。接着，便组织国内广大群众，特别是中小学生到旅顺名为旅游观光，实为进行"爱国主义教育"。这种教育的最大特点是：以旅顺战场为课堂，以侵略战争的史实为内容，以日本帝国主义分子的"功绩"为榜样，以此来进行"爱国主义教育"，向日本广大人民灌输武士道精神，从思想上培养大批侵华后备军，以实现其"灭亡中国"的狂妄野心。

此外，日本的一些军事院校的学生，也分期分批地到旅顺战场进行现场教学。

其中,东鸡冠山北堡垒,是日军用地下爆破的方法,第一个攻克俄军混凝土结构的永久性工事,这就为攻克类似的工事,提供了经验,找到了战法。它对迫使旅顺俄军投降起到了重要作用。所以,东鸡冠山北堡垒,就成了日军讲学攻坚战的主要场所。

第十六章 日本殖民统治旅大四十年

八十六、建立"关东州"殖民统治机构

日本在旅大所建立的侵略机构,先后有过多次的变动,但是万变不离其宗,就是为了达到对我国东北实现政治统治,军事扩张、经济掠夺和文化奴役这个根本目标服务的。这三大侵略机构就是:关东军司令部,关东厅和南满洲铁道株式会社,简称满铁或满铁会社。

从 1904 年 5 月至 1905 年 5 月,可谓军事占领时期。当时日俄战争正在进行,日军的主要精力都集中于战争的胜负上,因此只能抽"中国通"兼管一下军事占领地的民政工作。还在 1904 年 5 月 30 日,日军刚刚占领大连,便在第二军司令部下设了一个军政署,地址在金州城。当日本第二军北上后,军政署便隶属于第三军司令部。这时的军政委员即军政署长,由军衔较低的步兵大尉川崎虎之进担任。

同年 9 月,辽东守备军司令部成立。11 月 6 日,该司令部由金州城移至大连市内。这时隶属于守备司令部的军政委员即军政署长,是由守备军参谋长陆军少将神尾光臣兼任的。

1905 年 5 月 19 日,改辽东守备军司令部为满洲军总兵站监部,从此军政署被撤销,于 6 月 25 日建立了隶属于满洲军总兵站监部的关东州民政署。第一任民政署长是石冢英藏。民政署下设旅顺、青泥洼和金州三个政区。这时的民政工作,只担负军事占领地区的征税、镇压居民的反抗、强迫中国居民为日军运送粮草弹药以及搜刮战争所需要的物资等任务。

1905 年 10 月 18 日至 1906 年 8 月曾设总督府,由大岛义昌任总督。

1906 年 9 月 1 日,关东都督府建立并正式开厅。这标志着由军事占领时期转入军政统治时期。日本国内并没有"州"一级行政区划,把旅大称作"州",并作为一级行政单位,是沿袭沙俄租借旅大的旧制,其用意与沙俄相同,即为占领我国山海关以东而设。因此,关东都督府下设的民政部和陆军

部,不仅管辖旅大地区的民政工作和陆军部队,而且负责旅大地区和满铁沿线的民政事务和统辖整个南满铁路沿线的日本驻地部队。由于关东都督府是军政合一的机构,军事扩张为其根本目的,因此,关东都督多是由陆军大将和中将担任的。

关东都督府、关东厅所在地(旅顺)

与此同时,于 1906 年还建立了南满洲铁道株式会社。

从名义上看,它是一个经营铁路事业的公司,实际上它是一个负有经济掠夺和文化侵略兼统治铁路沿线占据地三重任务的特殊机构。

满铁是根据日皇的第四十二号敕令创立的。本社设于大连,分社设于日本东京。

1906 年 6 月,日本政府任命陆军大将儿玉源太郎子爵为委员长,并任命了 80 名委员,负责研究满铁创立的方案和章程。经过一番精心策划,满铁会社于 1907 年 4 月 1 日开始营业。满铁会社实行总裁制。第一任总裁为子爵后藤新平。他在成立大会上,向日本政界要员们讲过这样一段话:"本公司事业之成败,不独本社之利害,实关系全国实业家之幸与不幸,亦我帝国国民荣辱之所系。"[1]

这就一语道破了满铁会社所担负的特殊使命。

按照满铁的章程,它除了经营铁路事业,还经营铁路两旁各 30 里以内的矿山开采,航运事业、兴建土木工程,开办各类学校和医院,以实现其经济掠夺和文化侵略的目的。总之,它是一个政治奴役、经济掠夺和文化侵略的总机构。

1919 年 4 月 12 日,日本政府决定将关东都督府改为关东厅,陆军部改称关东军司令部,实行军政分治。从此,由军政统治时期进入军政分治时期。关东厅不仅管辖旅大地区的行政事务,而且掌管满铁沿线的行政权,对满铁的业

---

[1] 蒋坚忍:《日本帝国主义侵略中国史》,上海联合书店,1930 年,第 93 页。

务工作实行监督。实际上它是日本政府在旅大和满铁沿线地区最高行政统治机关。满铁的副总裁兼任关东厅的顾问。关东厅对上直接受内阁总理大臣的监督，只有涉外事宜才接受外务大臣的监督。

而关东军司令部则是日本在南满的最高军事指挥机关。司令部最初设于旅顺，1931年"9·18"事变后才移至奉天，接着又迁至长春。下属单位有：旅顺要塞司令部、旅顺重炮兵大队、旅顺卫戍刑务所，大连关东军陆军仓库、卫戍医院，辽阳和满铁沿线的驻扎师团，驻扎于普兰店、长春、奉天、安东一带的独立守备队，旅顺、大连、辽阳、奉天、铁岭、长春、安东、柳树屯、大石桥、营口、海城、抚顺、开原、四平、公主岭、连山关等地的宪兵队。总之，它指挥南满各地军警、宪、特。遇有战事，一声令下，在最短时间内即可占领我国东北三省。1931年"9·18"事变的悲剧，就是这样演出的。

日本在旅大的政治统治机构，不论是军事占领时期，还是军政统治时期，以及后期的关东州厅时期，都设立民政署，较长时间分为旅顺、大连、金州民政署及普兰店、貔子窝民政支署。日本国内的地方行政区划为都、道、府、县，县以下再划分为市、町（镇）、村，大都市下划分为区。全国有一都——东京都，一道——北海道，两府——大阪府和京都府，43个县。日本在关东州内分为5个民政署，相当于日本的县级行政机关。另外，设大连和旅顺特别市制，机关则是市役所，而市长的权限却小于民政署长。市役所名义上是市民"自治机关"，市长按规定由"选举"产生，实际上根本谈不上什么民主，都是由市议员推荐三名"候选人"，最后由关东州厅长官任命其中的一人担任市长。市役所主要承担教育、卫生和其他指定的任务。

在各民政署下设会，由数屯为一会。这种会制是沿袭俄统治时代的旧制，相当于日本国内的町（镇）和中国的乡，但它只是一种行政上的辅助机关。它主要担负造林、修路、架桥、掌管普通学堂，奖励农耕和其他公共事务。会长由民政署长任命并监督其工作。

关东州厅长官邸（1938年）

在会下则是街、屯，街屯长名义上也是由居民选举产生，实际上是由日本官员指定的人选担任。太平洋战争爆发以后，日本殖民者为了强化统治，于村屯下设保甲制度，对居民实行严密的监视和控制。

在行政统治机构体系之外，还有

警察体系。在警察署下设支署，支署下设出派出所。"关东州"境内共有二百多个警察派出所，派日本警察和中国巡捕驻所。派出所负责监视和镇压辖区内的中国人。另外还派出大批宪兵（即军事警察），"宪补"、"巡捕"、"刑事"、"联络员"等特务、密探、汉奸、狗腿子，过街穿巷，到处活动，严密监视中国人的行动。这些家伙专以坑害中国居民为业，看谁不顺眼，就给他扣上"红胡子"、"政治犯"、"思想犯"、"经济犯"等罪名，或拘留审讯，或逮捕下狱，轻则施以刑审拷打，重则惨遭杀害。人们常常是"闭门家中坐，祸从天上来"。这些日本法西斯分子和中国汉奸狗腿子相互勾结起来，动辄对中国人进行敲诈勒索，抢男霸女。在日本殖民者统治"关东州"的极端黑暗的岁月里，旅大人民所受的灾难是笔墨难以尽书的。

日本绘制的关东州地图（深色部分表明皆是"日本国土"）

回顾俄日两国对中国东北的殖民统治，自然要讲到法西斯杀人魔窟——旅顺大狱。

旅顺监狱位于旅顺口区旧市区元宝坊，是沙俄和日本帝国主义统治旅大时期屠杀中国人民的一座法西斯魔窟。中国人都称它为旅顺大狱。

旅顺监狱

沙俄统治旅大时期，为了对中国人实行残酷的迫害和镇压，除派有大批警察、特务、汉奸监视中国人外，在旅大境内设立了许多监狱和"巴力茨"（即拘留所）。如在大连有一个很小的拘留所，仅1902年就先后关押了1011名中国"犯

俄军杀害中国百姓的断头台

1907年日本扩建牢房部分

日本侵略军屠杀了我国人民之后,把首级悬挂起来

旅顺监狱围墙、岗楼

人"。尽管如此,仍不够用,于是沙俄关东州总督府于1902年决定在旅顺修建一座大监狱。1903年,沙俄在这座没竣工的监狱里就关押上千名中国"犯人"。1904年2月,因日俄战争爆发,监狱仅建成85间牢房,按原来的计划,这座监狱是没有完全竣工的。旅顺大狱青砖部分,就是当年沙俄修建的。上层的红砖部分系日本所增建。

日本占领旅大后,日本关东都督府于1907年决定在沙俄所建监狱的基础上再行扩建。

扩建后的旅顺大狱由85间牢房增至253间牢房,同时可关押两千多个犯人。监狱四周筑有4米高725米长的红砖围墙,占地26,000多平方米。在围墙外还占据大片土地,建筑了住宅、砖窑和用作菜地。监狱内外的总面积为226,000多平方米。

日本统治旅大初期,关东都督府监狱署就设在这里。1919年改为关东厅监狱署。因此,关押在这里的不仅有"关东州"内的"犯人",还包括南满铁路沿线的重要"犯人"。1909年10月26日在哈尔滨火车站击毙日本伊藤博文的朝鲜爱国志士、民族英雄安重根被捕后,被关押和处死于这座监狱里。

1924年以后,因为伪满洲国成立了,这里改称旅顺刑务所,仍然是东北地区一座较大的法西斯监狱。监狱里设置,戒护系、教诲系、作业系、用度系,庶务系、会计系,医务系等机构,分别担任监狱事务。这里除有大批日本看守监视、迫害被关押者,还雇用一批汉奸充当帮凶。

监狱的正面是办公楼。从监狱正门走进去，便可看到向左、中，右三方面伸延的三叉形牢房楼。在三叉形的集中点上设一看守台。看守站在这座高台上，不仅可以监视三个方向各个牢房，同时还可以监视楼下各个牢房。因为楼层中间的地板是用铁棍镶嵌的，铁棍与铁棍中间均留有空隙。每间牢房的面积仅十多平方米，却要关押七八个甚至十多个人。夏季牢房里潮湿、阴暗、拥挤不堪，臭气熏天。冬季冷如冰窟。牢房的墙上挂着用中、朝、日三种文字写的狱规。狱规上规定："不准倚墙、不准对面、不准说话、不准向外张望"等。违犯狱规者，必惨遭迫害。政治犯或将被处以死刑的犯人，则单独关押在三楼牢房里，一个犯人一间，昼夜均有看守严加监视。

朝鲜爱国志士安重根

在监狱楼层底下还单独修建四间暗牢，这就是所谓狱中之狱。这种暗牢里一点光线不透。暗牢是专门用来关押那些进行反抗斗争的革命者的。给他们戴上脚镣和皮铐子（一种把两只手腕固定得很紧，使"犯人"坐、站、卧都很困难的刑具），然后关进暗牢，只给七等饭吃，每顿饭量不足一两。犯人在暗牢里被关押久了，放出来不是双目失明，也被折磨得半死，有的犯人不等放出来，就已闷死在暗牢里了。

旅顺监狱暗牢

监狱里的刑讯室——"调室"是法西斯残酷暴行的缩影。这里备有老虎凳、吊人杠、22斤重的脚镣、铁手铐、灌铅的竹条等刑具。给犯人施行"笞刑"时，首先把犯人的衣服剥光，面部朝下地按在老虎凳上，用皮带把人的四肢固定在老虎凳上，然后用竹

旅顺监狱的部分刑具

649

受刑人员拖着 11 公斤重的链球

受害人隋学民身上的疤痕

旅顺监狱绞刑室

条把犯人打得皮开肉绽。待犯人的伤口结疤时,再动一次刑,用竹条将伤疤揭开,使犯人体无完肤,血肉模糊。有的犯人要多次受这种折磨。除此而外,吊杠、灌辣椒水,种类繁多,残酷已极。

对犯人除施行酷刑外,还罚做苦役。监狱围墙内设有 15 座工厂,什么机械、印刷、铁工、木工、纺织、被服等工厂,强迫犯人为其生产军用品和日用品。根据犯人的"罪恶"轻重罚做不同的苦役。N86——25 旅顺监狱在押人木工厂房服役

每天早晨强令犯人过"检身室",犯人们把这叫做过鬼门关。不论春夏秋冬,犯人过鬼门关时都必须把身上的衣服脱个精光,然后走到检身室中间的木杠前,举起两手,口里用日语喊着自己的"囚号",抬腿跨过木杠,然后走到检身室的另一头,换上另一套囚衣再到监狱工厂里做苦役。收工回牢房时,用同样的方式再过一次鬼门关。许多体弱病残的犯人,数九寒冬,经过这样的折磨,就要患一场病。犯人患病了,也还得拖着病身子去做苦役。

有时犯人如被派到监狱围墙外菜地里干活,不仅有看守持枪监视,每个犯人的脚上还得戴上沉重的脚镣。如此种种苦役曾折磨死不少犯人。

监狱的东南角上设有一个绞刑室。这是一座单独的二层小楼房。从外面看,同一般小楼没有任何区别。走进去一看,令人毛骨

悚然。

二楼上设有绞刑架,上面挂着三条绞索。绞索下面设一块自动翻板(又称暗板)。当把绞索套到"犯人"的脖子上时,看守搬动手阀,暗板立即翻下去,"犯人"便被吊在半空,十几分钟便吊死了。"犯人",被绞死后顺着暗板洞放到一楼,将尸体塞进事先准备好的木桶里,钉上桶盖,让"犯人"抬到监狱东侧马茔后面埋掉。几乎每天都有几具甚至十几具尸体被埋在那里,那里埋尸的小土堆一排排一行行,连成一大片。解放后,仅在3亩多的地面上就发掘出5条90多米长的沟。装尸骨的木桶一个挨着一个,一排挨着一排。

旅顺监狱墓地

在日本帝国主义统治旅大的后期,因那里已埋满了"犯人"的尸骨,无法再埋了。他们便把原来的尸骨掘出扔掉,重新埋进新尸体。木桶不

装在木桶里的尸体

足了,直接把尸体埋进沟里,任凭野狗将尸体扒出,撕扯得七零八碎,其惨状令人不忍卒睹。

据不完全统计,仅1942年到1945年8月间,就有大约700余具共产党员、革命志士的尸体被埋在那里。沙俄统治旅大七年和日本帝国主义统治旅大的四十年里,被杀害和埋在那里的尸体,是无法计算的。此外还有许多忠厚、老实的百姓,被残酷迫害而致死,更是不可胜数。且看几例:

1903年3月的一天夜里,风高月黑。旅顺老铁山脚下于家沟一片沉静,辛苦劳作了一天的人们都进入了梦乡。突然,传来狗的猎猎狂吠,把于天凤叫醒了。

他在思忖:是野兽进村,抑是盗贼光顾?才过片刻,他家的鸡窝里的鸡都骚动、叫唤起来。鸡不是羊,且羊在受到侵害或恐惧时也会发出"咩咩"的叫声,鸡更是"咯咯"直叫,把周围熟睡的人们都吵醒了。

是黄鼠狼钻进鸡窝里了吗？鸡窝筑得很严实呀。于天凤一边想一边起来，披上衣服走出门去。

朦胧的月光下，他看到有一只没有尾巴的大家伙扒在鸡窝外面，着实吓了一跳。这是什么怪兽，竟能进窝偷鸡？

他唤醒弟弟，兄弟俩一起操起扁担、铁锹赶到院子里。于天凤兄弟不管三七二十一，往这个怪物一阵乱打，此二脚怪物突然站立了起来，叽里咕噜说话。啊，原来是"老毛子"——一个俄兵来偷鸡！

兄弟俩气上心头，将俄兵痛打一顿，此俄兵扔下抓到的鸡，又叽里咕噜的说了一通，抱头鼠窜而去。

想不到，第二天，这个恼羞成怒的俄兵召来了三五个帮手前来报复，把于天凤抓送到监狱，并对于天凤施行皮鞭抽]镐把打等酷刑，把于天凤折磨得全身瘫痪，最后含恨死去。①

金县大孤山老农刘树富解放前去海边赶海，被日本警察看见毒打一顿推进海里。他上岸时，日本警察又开枪打他但没打中。刘树富忍无可忍，夺下日本警察手中的枪扔进海里，并把日本警察打翻在地。结果被日本警察逮捕，囚进这座监狱。

大连沙河口有个青年买了七斤大米，被日本便衣发现，强加上"经济犯"的罪名，也被关押在这里。有一天，这个青年在窑场抬砖时被日本看守打昏过去，又灌了一肚子脏水，拖出来以后，又用脚往肚子猛踩，就这样把这个青年活活折磨死了。

中国人民并不是任人宰割的羔羊。共产党领导着旅大人民进行了英勇不屈的反日斗争。一些共产党员、革命者、爱国志士被捕了。他们在法庭上、监狱里，坚持同日本法西斯作不屈不挠的斗争。如1927年7月24日，由于叛徒的告密，沙河口警察署逮捕了以中共大连地委书记邓鹤皋为首的一批共产党员，把他们关押在沙河口警察署，并进行了半个多月的严刑拷打，反复审讯，什么灌凉水，夹笔杆，用火烤等重刑都用上了，妄图用残酷的肉体折磨迫使这批共产党人屈服，结果却一无所获。接着把这批共产党人关押在岭前监狱。经过近两个月的准备，便公开进行审判。把这批共产党人押到地方法院二楼审判厅上（位于今中山广场西大楼）。担任审判长的是地方法院院长安住时太郎。此人曾任日本统治朝鲜总督府的判事，后于

---

① 参见《旅顺博物馆调查》，作者根据事实改写。

1929年4月24日带领十余名警察、法官到貔子窝行政区的东碧流河屯一带检验现场，被"匪徒"即抗日群众当场击毙。安住等本来企图以这种形式威吓旅大人民，结果反而弄巧成拙。大连地下党负责人邓鹤皋等变敌人的审判厅为宣传共产主义真理和揭露日本帝国主义罪行的讲坛。

大连地下党负责人邓鹤皋

审判官问邓鹤皋："被告所奉行的是共产主义吗？"

邓鹤皋答："是的，我们中国共产党现阶段要限制资本家的暴利，平均地权，分配均等，……将来要在我国实现共产主义。"

审判官又问："据说你们要没收资本家的铁路、工厂、电气事业，……劳动时间要缩短，……"

邓回答，"是的！如果这样，不但职工可以得到恩惠，一般人也可以过上很好的生活。"

审判官又问："你们让学生、工人，农民等巩固地团结……。"

邓答："这是必要的！我们当然要这样做！"

审判官被搞得非常被动，便气急败坏地吼叫："就算你们的主义好，可是，但是……"审判官把拳头乱挥，凶狠地说，"还是谁拳头大谁说了算！反正你们得遭点罪！"

在审问魏长奎的时候，魏长奎据理争辩，义正辞严，搞得三个审判官非常难堪。审判官问："被告加入共产主义青年团，不断地宣传共产主义是不是事实？"

魏坚定地回答说："本团既然是为了实现共产主义而设的，向团员进行共产主义宣传教育那是理所当然的事！"

被捕人员——被审讯后，便判了刑并关押在旅顺监狱里。在这里，这一批共产党人为反对日本法院的无理判决曾进行了绝食斗争。法院在理由不足的情况下分别给予减刑。判刑以后，就开始罚这些"犯人"服苦役。

在监狱非人生活的艰苦条件下，被捕的共产党人都顽强地坚持下来。有的党员把大布衫的小领子撕下一块塞进地板缝里，作为将来革命胜利后的一份珍贵的纪念品。有的表示："放出去后还要继续干革命。"他们把监狱作为学习革命理论的课堂，没有任何书本，便由懂得革命理论的同志口讲。他们还做争取狱中勤杂人员的工作……。①

像这样的例子，是很多的。在日本帝国主义投降前夕，中、朝、日三国难友联合起来，打死了看守，从北大门冲了出去，越狱获得成功。

八十七、疯狂掠夺经济，残酷压榨劳工

日本殖民者对旅大的经济掠夺是极疯狂的。抢房霸地，巧取豪夺；苛捐杂税，多如牛毛，拉夫抓丁，罚做苦役，民脂民膏，几被榨尽。

占民房，霸土地，野蛮已极。还在日本刚刚占领旅大的初期，便以没收俄人财产的名义，大肆强占中国人的房屋、土地，山林、荒地。旅顺旧市区和大连市内的一部分中国民房和土地悉被霸占，旅大境内的山林、荒地也多为日本殖民者所占有。除此而外，还以妨碍军事行动为理由，没收了中国的大片土地。关东都督府建立后，殖民当局还以所谓"捐赠"的名义霸占了大量土地。

日本统治旅大中期（即1930至1934年间），以收买、欺骗、威胁等手段，又霸占了大量土地。如，用提高地价的办法，每坪②提价一、二分钱，使中国人愿意把土地卖给他们，以利滚利的高利贷手段，欺骗农民向金融组合借债，年利一点五分，以土地、房屋作抵押，到期还不起，便将其房屋、土地没收。巧立名目的卖地手续使中国人之间无法买卖土地，逼迫中国人把土地卖给日本人。甚至赤裸裸地使用威胁、逼迫的手段，强迫中国出卖土地。据1935年的不完全统计，已有36.1%的耕地和78%的荒地、山林为日本殖民者所霸占。这可谓第二个抢房占地时期。

日本统治旅大的末期（从1942年太平洋战争爆发以后），以军事用地的名义，以低廉的"公价"，强占村庄、土地修机场、铁路、公路、仓库、碉堡工事和防空壕等。这期间抢占民地的数量是相当大的。如在旅顺三涧堡修机场，将许多民地和村庄划为机场用地范围，强迫居民迁出。对三涧堡左家屯的原有九十多户居民，勒令在一个月内全部迁出，所占土地只给原订"公价"的一半。许多居民找不着住房不愿迁出，警察、"刑事"便带一帮人将房屋扒掉，搞得许多居民露宿野外，异常凄惨。像这样的例子，在当时的旅大城乡，比比皆是。

日本殖民统治者残酷的经济剥削和种类繁多的苛捐杂税，搞得旅大民不

---

① 根据于全福的回忆：《狱中五年回忆片断》。

② 坪：日本面积单位，等于3.03平方米。

聊生，怨声载道。有卖儿卖女以求活
路的；有变卖家产也无法维持生活
的；也有被迫卖身，沿街乞讨的、寻死
上吊的。当时，国已不国，何以有家！
成千上万的人死于饥饿，死于疾病，
死于逼债。许多人生无立锥之地，死
无葬身之所。每到冬季的早晨，在旅
大街头，尤其贫民窟内，都有数具乃
至数十具冻死在大街上的尸体。许
多勉强活着的人，吃的是橡子面，披
的是麻袋片，干的是牛马活，受到的
是奴隶的待遇。

被骗至"关东洲"的山东移民之一

　　当时，在旅大也有为数不多的民
族工商业户。日本殖民者千方百计
要把中国民族工商业挤掉。他们垄
断原料，控制销路，加重捐税，外加上
特务、汉奸的敲诈勒索，使民族工商
业户纷纷倒闭。

被骗至"关东洲"的山东移民之二

　　在日本资本家开办的工厂里做
工，所受的压迫和剥削是很残酷的。
当时中国工人的工资仅及日本工人
的七分之一，而女工和童工的工资仅
及其十四分之一。一个工人拼命干
一个月的活所得的工资，伙食费和宿
费被扣去一半，再加上工头、狗腿子
层层克扣，所剩无几，根本无法维持
一家人的生活。至于那些码头工人、

被骗至大连港谋生的中国劳工

盐工、人力车夫、清扫工的待遇，则更
是苦不堪言。码头工人的活地狱——"红房子"，就是这类工人命运的一个缩
影。

　　大连寺儿沟南山下，原有四周用高大围墙严密包围着的一百栋毗连的红
砖房子。这就是日本统治时期"福昌华工公司"码头工人的宿舍。日本资本

准备从大连运往日本的豆饼

华工正在将豆饼装船

大连寺儿沟劳力收容所(碧山庄)

家为了掩盖其迫害码头工人的罪行，给它起了一个漂亮的名字，叫"碧山庄"。

日本占领大连后，便开始招骗华工充当码头工人。1909年，为了加紧掠夺我国东北的丰富资源，当时担任满铁总裁的中村，便委托大连码头事务所所长相生由太郎等筹建福昌华工公司。福昌华工公司建成后，从山东、华北等地骗招了一万两三千名贫苦农民到大连港充当码头工人。当时，冬春两季因为要抢运我国东北的特产特别繁忙，需要一万二、三千名搬运工人，而夏秋两季是海运淡季，只需要八千名搬运工人，相生由太郎便把多余的码头工人驱赶到老头山开采石场，搬运石料，或从事土木建筑。有时把他们调到营口码头装运煤炭。

那时的码头工人多居住在窝棚里，条件极为恶劣。

1910年至1911年期间，东北地区流行的肺结核病蔓延到大连市。相生由太郎为了把码头工人隔离起来，便在寺儿沟南山下修建了"红房子"。这样，既可以监视码头工人的行动，又可以加重对码头工人的剥削。发给码头工人微薄的工钱，又通过高昂的伙食费，房租费、医疗费，赊卖日用杂货收回来。日本资本家和中国工头、狗腿子勾结在一起，残酷地剥削和迫害码头工人，把"红房子"变成了压榨中国码头工人的人间活地狱。

"红房子"的门楼上挂着一口大钟，码头工人叫它"催命钟"。每天早晨不到四点钟，工头便把"催命钟"敲得当当地响。接着，一群如狼似虎的工头、狗腿子拎着镐把、皮鞭闯进工人宿舍，催逼工人上工。谁的动作稍微慢了一点，就得挨一顿镐把打，皮鞭抽。对患病的工人，工头，狗腿子们也决不放过。他们或者诬蔑说工人是装病，或者去摸摸工人的额头，瞪眼扒皮地吼叫："只要头皮热乎就得上工。"患病工人如再哀求，工头、狗腿子便拳打脚踢，或用镐把皮鞭把工人痛打一顿。有许多工人，贫病交加，被活活折磨死。

许许多多被骗来大连港的贫苦农民和失业工人，原以为到大连港可以挣到钱养家糊口。进到红房子以后，他们立即感到："家乡有恶霸，关东有豺狼。刚逃出虎口，又掉进苦海！"

那时出入码头有好几个大门，正门是供日本人和穿着华丽的"高等华人"进出的。码头工人只能走"第三东门"，工人们把这个门叫做"鬼门关"。一年四季，不管刮风下雨，还是寒风大雪的日子，工人们都得在"鬼门关"前排成长队，敞开上衣，松开裤带，任凭日本门岗和中国狗腿子挨个搜身检查。就是在工人身上搜不出东西，看哪个不顺眼，也要拳打脚踢一顿才能放过去。如果在哪个工人身上搜出了东西，便要大难临头了。

有一次，一个叫周殿发的工人，听人从山东老家捎来口信说，妻子病得很厉害，叫他买几副中药捎回去。

红房子（即碧山庄）外景

海港工人居住的贫民窟

母亲和孩子们就栖身在这样的草棚中

周殿发手中无钱，怎能给妻子抓药？为这事愁得几夜睡不好觉。工友们看他实在可怜，便凑了几个钱给他买了几丸中药。他高兴地把药丸子带在身上，准备托人捎回山东老家给妻子治病。不料，在"鬼门关"上被日本工头发现了，硬说这药是从码头上偷的。周殿发不承认。日本工头举起镐把便打，还放开狼狗扑到周殿发身上撕咬，把周殿发咬得浑身血肉模糊，这还不算，还扒光了

657

大连日本人住宅区别墅与长屋林立

日本警察随意对中国人进行搜身

他的衣服,把他绑在一棵电线杆子上,用一桶冷水往他身上浇。当时正值数九寒天,风雪交加,滴水成冰。几桶水浇到周殿发身上后,不到十分钟就把他冻成冰人了,脊背冻结在电线杆子上。如此残酷的迫害,周殿发也没有承认是偷的。这种事引起了在场工人的无比愤怒,日本工头才不得不放了周殿发。

码头工人吃的是猪狗食,干的是牛马活。他们一天要干 12—16 小时的活。那是多么繁重的劳动啊!扛着二百来斤的大豆包,或挑着二百多斤的大煤筐,在二丈多高的跳板上跑来跑去。肩膀压肿了,磨出血了,甚至化脓了,也得继续扛啊,挑啊!稍有缓慢,便要遭到毒打。有的因体力不支被砸伤、砸死,跌下跳板摔伤、摔死,掉入海中淹死。

沉重的劳动,野蛮的毒打,饥饿的折磨,环境的肮脏,使许多工人患病、受伤。如果患病了,那就要受到更加残酷的迫害,甚至惨遭毒手,活活把患病工人治死。"碧山庄"里设有一个小医院。这个小医院并不是给工人治病的地方,而是屠杀中国工人的杀人场。谁的病重了,只要被送进医院,很少能活着出来。

1924 年春,一个叫大老刘的工人患了伤寒病。日本工头见他病了,年纪也大了,从他身上再也榨不出多少油水了,就准备把他送进"医院",对他下毒手。大老刘见日本工头进屋,便挣扎着从被窝里坐起来,对日本工头说:"我还不要紧,养几天就能去干活,不用进医院啊!"日本工头气哼哼地说:"我的工房,不放死人!"说着就让狗腿子把大老刘从二层铺上拖下来,拖着送进医院。进医院后,护士在他心口窝上扎了一针,大老刘只觉得头昏眼花,喘不上气,但头脑还清醒。这时日本大夫命令护士把大老刘装进棺材。大老刘挣扎着喊道:"我还没有死啊!我还能活啊!你们不能这样狠心啊!"凄惨的呼喊,愤怒的控诉,也无济于事。大老刘终于被装进棺材,抬出去埋掉了。

像大老刘一样惨遭毒手的工人，何止大老刘一个！在码头工人中间流传着这样一首歌谣：

> 红房子医院是阎王殿，护士是小鬼，大夫是判官。
>
> 他们叫你三更死，不能活到五更天。

工头、狗腿子和日本大夫、护士勾结起来迫害工人，固然是为了执行主子的命令。但同时也是为了图财。按日本资本家的规定，如果死了一个中国工人再补招一个，他们就可以得到五元钱的额外报酬。所以，他们都成了吃人肉、喝人血、红了眼的刽子手，在死人身上还要扒下一层皮。

日本资本家骗招这么多的工人，主要是为了从他们身上榨油。中国工头、狗腿子如此卖命地欺压中国工人，既可对主子献媚，又可多捞一点残汤剩饭。他们又都是为日本帝国主义掠夺效劳的。因此很得日本天皇的赏识。因为大连港在转运掠夺中国物资方面有功，1925 年 2 月宫内省以天皇的名义赏给四百元奖金。为了感谢皇恩，永远牢记这份"圣德"，还专门在碧山庄入口处修建了一座"恩赐纪念钟表塔"。大连港在转运掠夺物资方面确实是有"功劳"的。

1908 年大连港输入总额仅为 6900 万元，到 1925 年就增加了近 10 倍。在"皇恩圣德浩荡"下，码头工人得到的是更加残酷的剥削，更加无情的迫害。成千上万的码头工人，拚死拼活地干一年活，到头来只落得两手攥空拳，许多人还得负债，竟至终身还不清。

如山东日照县的一位贫苦农民，人称梁老五。他和成千上万的贫苦农民一样，闯关东进了"红房子"，一天工不歇，一文钱不花，年终一结账，账房说他穿了柜上的一套衣服，一双鞋，加上伙食费和房租，还倒欠三十元钱的债。梁老五上前说理，被狗腿子毒打了一顿。第二年年终一结账，欠债不仅没还清，又增加了五元的债。就这样，五年、十年、二十年过去了，债不仅没有还清，反而愈来愈多了。这时梁老五已被压弯了腰，驼了背，劳累成疾，贫病交加，不能再从事如此沉重的劳动了，便被狗腿子用镐把打了出去。

梁老五对日本工头、中国狗腿子发出愤怒的质问："你们不能这样不讲理！你们让我们怎样活下去啊！"像梁老五这样的码头工人，活无一天得温饱，死无葬身之所的何止成千上万！码头工人们从切身的体验中得出这样的结论：

> 活着当牛马，病老赶出去。路上死露里埋，狗肚子是棺材！

红房子是杀人场,鬼子把头赛虎狼,有进无出囚牢间,断气葬身乱尸岗!

这是码头工人对日本殖民者残酷压榨的血泪控诉!

比这些码头工人更惨的是失业工人。据1942年的统计,大连市内的失业人数竟达83000人。他们实际上是死亡的后备军。

农民不仅受殖民统治者的压迫和剥削,还受高利贷,地主、汉奸的剥削和特务,狗腿子的敲诈勒索。这时的苛捐杂税竟达数十种之多。他们在自己的家里就难以度日,更加上抓劳工,搞得许多家庭卖儿卖女,妻离子散,家破人亡。

在日本殖民主义统治下,工作在日本企业和机构中的中国劳工究竟过着怎样的生活?有着切身回忆的老工人在回忆录里,异口同声地说:

那是"残酷的劳动,恶劣的环境,暴虐的监工,吃的是填不饱肚子的粗食淡饭",过的是与死亡做伴的悲惨日子。①

当年,在东北当劳工的中国人,很少有人不带残疾而健康地回家。中国劳工被奴隶般的驱使,许多人丧命在无休止的劳动中。

在日本殖民统治下的"关东州",劳工遭受着更严厉的民族压迫和残酷剥削。日本人和中国工人的生活区完全是两个世界。日本大小官员、高级职员大都居住在环境优美、独门独院的别墅式的小洋楼中,室内是现代化的电灯、电话、自来水、煤气等设施,室内水冲卫生间和家庭浴池等应有尽有。即使是广大下层日本职工,4家为一栋的公寓,也有着现代化的生活设备。反观中国工人的居住区,直到20年代还未能普及电灯,等30年代有了电灯,却是来电晚,停电早。一栋房子住着几十户人家都无自来水设施,各家各户须到几十米甚至几百米外的小店铺或者"卖水站"去买水吃用。至于煤气,更是普遍缺乏。厕所更是在大院内设一公共旱厕,既不方便又不卫生。室内居住条件极差,几代人,七八口人挤住在一两间房屋里。至于寺儿沟、石道街、香炉礁所谓的三不管一带的贫民窟,更是条件恶劣。人们为了遮风避雨,只是杂乱的用破铁皮、破木板、旧凉席等搭成窝棚居住。一家几口或者数家几十口相互依存紧挨着,只是为了节省材料和御寒。而从关内来的"关东州"劳工,更是没有固定的住所。夏秋季节歇宿于他人屋檐下,只有冬季耐不住寒冷才寄居在条件

① 解学诗:《满铁与中国劳工》,社会科学文献出版社2003年10月版,第45页。

极差而便宜的夜店。

"关东州"劳工的饮食条件非常恶劣。当时对"关东州"劳工的大米、白面供应是极少的,而副食品中的鸡蛋、猪肉等更难见。"关东州"劳工每日三餐,一般都是总量为一公斤左右的高粱或者苞米,佐之以咸菜和豆腐等。而且,在某些煤矿等处,工人一般是下井前吃高粱米干饭,作业中在井下进食携带着包米面窝窝头,在经过10多个小时以上的劳动后,再吃粥或者干饭。"关东州"劳工吃的差,反而伙食费的支出却远远高出实际。一个在工厂就餐的劳工,其伙食费竟要高出其四个家属的伙食费。究其原因,不外是工厂主从其工资中扣除了远远高于实际支出的伙食费。

日本殖民当局为了欺骗麻痹"关东州"劳工,在劳工群居的碧山庄,即红房子一带修建了"万灵塔"。标榜相生由太郎对万余华工"视为同胞,全泯畛域,浑作一大家族。附设房舍、病院、寺观、剧场,为众请求厚生乐业之道。每逢雇工病故,其悼之如丧骨肉,领葬以礼恤"。以此来掩盖其残酷压迫剥削奴役劳工的罪行。

数十年的闯关东,河北、山东等地的中国劳工怀着对未来幸福生活的憧憬而来,却在日本殖民统治当局的劳动统制高压政策下过着凄惨的生活。来自关外的中国劳工朝不保夕,病死、饿死、累死在日本殖民统治者占领下的关外土地上。一部浩浩荡荡的闯关东史,亦是中国劳工悲惨屈辱生活的血泪史。

八十八、日本在"关东州"实施奴化教育

法国作家都德的著名小说《最后的一课》,是描写阿尔萨斯某小学被强制改教德语的情况,从中既能感受到作者对于亡国的忧愤,同时也反映了法国人民对祖国的挚爱。

可惜啊,中国人学校还来不及也无人讲最后的一课,便成了日俄两国殖民者的"顺民"。再具体一点说,当俄国的俄语课开始在关东州学校普及,中国人又突然换了"主子"。

日本殖民统治者完全把教育机构控制在自己的手里,尽管学校少得可怜,但他们根本不是为了使青少年学到真正的知识,而是强迫中国人接受其归顺日本,效忠天皇的奴化教育。他们向学生灌输"日满亲善""大东亚共荣"等法西斯思想,把日语列为"国语",就是为数不多的历史、地理课,内容也被他们篡改和歪曲得面目全非,为的是使中国学生不知道自己的祖国。

旅顺神社

大连沙河口神社

专为日本人子弟修建和大连商业学校

日俄战争后,伴随日本对中国东北地区政治、经济的入侵,在思想教育领域,极力推行奴化教育。日本早稻田大学负责管理中国留学生的青柳笃恒说:

> 多培养一名支那青年,也就是日本势力向大陆多前进一步。

1905年4月12日,辽东守备军军政长官陆军少将神尾光臣,在发给各地军政委员的通令中指出:

> 在我军管辖地区,战云已经散去,根据需要各军要做的工作虽然很多,但致力于疏导清国官民,开发其民物,以图吾国国利之布殖,也是一项重要任务。其中第一着应是教育事业。[1]

当时"关东州"掌管学务的关屋贞二郎露骨地说:

> 新领土的教育方针,也就是统治方针。

于是,日本侵略者在中国东北推行奴化教育,泯灭东北人民的祖国观念、民族意识和反抗侵略的精神。用愚民政策降低中国人的文化知识水准,从实用主义出发片面地强调职业教育。培养为日本侵略所需要的劳动力。1906年3月31日,关东州民政署颁发了《关东州公学堂规则》。

《规则》第一条规定:"公学堂向中国人子弟讲授日语,进行德育,并传授

---

① 《满铁附属地经营沿革全史》上卷,大连满铁株式会社,1939年。

日常生活需要的知识和技能为办学宗旨。"4月1日,颁布了《关东州小学校与关东州公学堂职员服务须知》,要求教员"遵循关于《教育敕语》之旨趣,诚恳地履行职务","一旦危急,则义勇奉公,以捍卫无穷之皇运"为指针教育学生,以培养学生亲日感情。

中国学生在被迫学习日语

日本特别重视对中国人的日语之普及,因为"日语学习带有潜移默化同化东北民族的特殊意义"。因此,在课程设置上,日语学习的课时超过其他任何学科,如公学堂的日语课时从每周6学时增到每周8学时。同时,还规定:学校的日常用语全部用日语,如发通知、背诵、诏书、操练、口令、上学问好、下学再见、向教师请教等都不许说汉语。①

日本人将中国人办的南金书院改为关东公学

为了强化日语学习,在高等公学校和公学堂高年级,除"满洲国语"这一门课用汉语外,其他课程全用日语,如历史、地理、修身、算术、珠算、唱歌等等课程,不准用汉语。学校聘请的教师,绝大多数为日本人。日本侵略者之所以从小学就开始强制学习日语,并在日常生活中使用日语,目的就是要同化中国人,培养中国人具有"日本的思想感情"和"日本精神"。关于这一点,伪建国大学教授语学测验委员丸山林平说过:

> 语言的统一,就是思想的统一,思想的统一,就是国家的统一,我们的希望是在不远的将来,使我国的国家语及国民语都近乎于单一。②

1910年2月,金州民政署发布《布告》说:"我日本在关东州守其土,治其民,就必须大力兴办学校,教育百姓⋯⋯"。为更好实施上述办学宗旨,大连

---

① 王希亮:《试析日伪统治东北时期的殖民地文化专制》,《社会科学战线》1989年增刊,第314页。
② 顾明义等主编:《日本侵占旅大四十年史》[M],辽宁人民出版社1991年版,第486页。

公学堂第一任堂长浅井政次郎在《关于教育的卑见十则》中提出具体建议：

> 一是作为租借地或新领土的准备，施行民政及诸种经营的舌，对其住民亦应当作新
>
> 归附于我们的人民和我们国民一视同仁地进行教育。二是对新归附人民的施设为重心，应在致其思想于同化。三是语言能促使思想的同化，加深敬爱亲信的心情，尤其日清两国文字相同，以我们的语文作为攻修文明百科学问的导线，较其他外国语是最为易人易学的。所以现在有加紧普及日语的必要。四是不徒然拘泥于旧惯古例，依据我国基本精神，鉴于社会的趋势，极力避免从来的虚文，专以实用为主，适当地取长补短，逐步地改良进步，不会没有同化于我国的希望。

为了达到日本在东北地区进行同化教育的目的，1917 年，日本陆军省对此作了进一步阐述：

> 凡欲满洲各地扶植我帝国之势力，造成巩固的根据地，而永远确保之，则须扶持鼓励地方官绅于各城市兴办学校，聘请日本教师，与普及普通教育的同时教授日语，以开发人才，使之亲近我国的文物制度并感化之。[①]

"9·18"前，日本政府明确宣布：我国（日本）对满（东北）教育的目的，是通过教育促进日满的文化融合，互相亲善和共存共荣。日本内阁首相田中义一在给天皇的《奏折》中也提出：东三省宜多设教育机构……教育华人养成亲日心，造成东三省人民永远亲日。

"9·18"事变后，日本侵占整个东北。随着形势变化的需要，1932 年伪满《建国宣言》中即宣称：新国家建设之旨——以顺天安民为主。

1933 年 8 月颁布了《满洲国指导方针要纲》，规定伪满洲国的教育"必须着眼于启发满洲国民自觉认识该国同帝国密不可分之关系，培养确保东亚和平之特殊的自尊心和五族共和之思想。"

1934 年刊行的《满洲国文教年鉴》指出："今我国家以王道为施行教育之方针"。

1937 年 5 月 2 日公布，1938 年 1 月 1 日实施的《学制要纲》，更加明确指

---

① ［日］陆军省编著：《明治三十七年战役满洲军政史》[M] 1917 年，第 5 页。

出：

> 遵照建国精神及访日宣诏之趣旨,以咸使体会日满一德一心不可分之关系及民族协和之精神,阐明东方道德,尤致意于忠孝之大义,涵养旺盛之国民精神,陶冶德性,并置重于国民生活安定上必需之实学授予知识技能,更图保护增进身体之健康,养成忠良之国民为教育之方针。

太平洋战争爆发后,随着日占区进入战时状态,日本又在日占区推行皇民化教育政策。

1943年制定,1944年实施了《关东州人教育令》。《教育令》提出了12条要求,其中规定日本殖民当局的教育宗旨是:

> "根据我国的建国精神,醇化陶冶关东州人,培养挺身奉公的实践精神,以归顺皇国之道为目的。"要求"明确皇国在东亚及世界上的使命,须知辅佐大东亚建设事业是关东州人的职责"。①

由此可见,日本殖民统治者在东北实施的教育方针,就是要关东州人"心悦诚服地、忠心地感谢皇恩","通过日本的思想感情,培养日本精神",以达到在思想上麻痹,奴化东北人民,瓦解东北人民的民族意识,泯灭东北人民的抗争精神,最终达到同化东北人民,使中国人成为效忠于日本天皇服从日本统治的顺民的目的。

《关东州人教育令》

日本侵占中国东北后,残酷实施奴化教育,强迫中国人从青少年起就接受奴化教育,做日本的"皇国顺民"。为了实现日本长久统治中国东北的目的,日本统治者千方百计地教育和培养日本人做殖民统治者。

在日本占领中国东北时期,日本人受着一种特殊的优惠教育。他们受教育的机会不仅远远超过中国人,而且日本人的学校设备和学习条件都大大超过为中国人开设的学校。

---

① 参见辽宁省教育史志编委会编:《辽宁教育史志资料》[M]第3集下,辽宁大学出版社1990年版,第333页。

日俄战争后,随着日本帝国主义对中国东北侵略的加深,日本大量移民到中国东北,1905年关东州的日本人只有5000人,到1944年迅速增长到23万余人。

根据伪满日本特权教育规程,日本移居到东北的开拓团村落,有10个小学生就可以设立学校,个别的开拓团只有两个学生,也设立一所学校。这样,在东北的日本人学校有三种类型:开拓团的日本人学校;"关东村"的日本人学校;在东北各城镇、乡村的日本人学校。

据日伪统计,1936年上述三类日本小学校共131所,学生5.6万余人。到1944年,仅日本开拓团小学就有432所,加上其他类的日本小学共达804所,学生达16万余人。可是,中国人的学校少得可怜,东北的中国儿童失学率达70%。据记载:1911年在大连的中国学龄儿童就学率6.36%,在大连的日本学龄儿童就学率达72.40%,比中国儿童就学率高出10倍以上。伪满总务厅长官星野直树说过,在中国东北,日本人教育的普及程度甚至高于日本国内,因为在中国东北日本人的教育是"义务制",所以,在中国东北的日本儿童就学情况比日本国内还要好。正如《满洲读本》一书中所介绍的:

> 在东北的日本人"衣食、子女教育都不发生困难,医疗上也没有什么不方便",可以说东北是日本人的"地上天国"。[①]。在东北"所有日本人都要上大学"[②]。

日本侵略者在伪满建立的大专院校属于"日满合校制",可是,中国人与日本人相比接受高等教育的人数,实在是差距太大了。据伪民生部统计:

旅顺工业大学,1939年,日本学生475人,中国学生163人。其中化工专业的日本学生44人,中国学生只有2人。

1943年《满洲帝国学事要览》记载,对当时20所高等学校的统计:日本学生3717人,中国学生2176人。其中:奉天工业大学,日本学生383人,中国学生85人;佳木斯医科大学,日本学生309人,中国学生9人;哈尔滨学院,日本学生660人,中国学生69人;新京工业大学,日本学生420人,中国学生180人;奉天商科学院,日本学生335人,中国学生27人。

以上情况,充分表明"日满合校制"是为日本人设立的,中国学生要进入

---

① 满铁弘报课:《满洲读本》[M]满铁,1940年版,第99页。
② 星野直树著:《教育之再认识》[M],第16页。

高等学校是受很多限制的。

除此之外,伪满各大、中、小学的负责人和教师员工绝大部分也是日本人。多数中、小学校的校长、副校长由日本人担任。在高等院校里,不仅校长、副校长是日本人,连教员也大部分是日本人。据 1939 年日伪统计,高等学校日本教员 784 人,中国教员 379 人。其中:

旅顺工业大学,日本教职员 159 人,中国教职员 1 人;满洲医大,日本教职员 170 人,中国教职员 1 人;新京工业大学,日本教职员 109 人,中国教职员 33人。

1943 年,日伪对 20 所高等学校统计,日本教职员共 777 人,中国教职员仅 263 人。

伪满时期日本人的教育,不是由傀儡政府管辖,而是由驻东北的关东军司令官负责,用日本政府教育法令在中国东北办日本人教育。日本帝国主义在中国东北大办日本人教育,目的是为了培养具有殖民思想和一定文化知识的人,使这些日本人在政治、军事、经济、文化等方面,成为对殖民地进行统治的人才。

日本政府的《在满日本人教育》、《帝国臣民教育令》,都明确规定,在满日本人教育是培养为日本军国主义"尽忠"的人。为此,曾任伪满关东军司令官梅津美治郎说过:

在满日本人教育目的是培养"至诚至忠"的"皇国国民",并"充当满洲国各民族的核心"。①

1909 年 5 月 7 日,关东都督府都督大岛义昌在关东都督府中学校创校典礼上的"训示",道出了他们奉行奴化教育的险恶用心:

本府与国内府县不同,它在帝国将来的大发展上,据有重要地位,负有重大责任。因此,本府的教育方针,不能以与国内各府县相同为满足,还必须充分学习本府所处的地理、历史位置,即北接俄国及其势力范围,南有德国据胶州湾,虎视眈眈,其能处于二强间,启迪诱掖彼支那人,保持东洋手足之谊,作为帝国开发大陆的先驱者,舍我关东都督府其谁?这是须使学生人人知晓之事。旅顺乃世界公认的难攻不落的要塞,当占领此处时,我国几万勇士为皇国奋战献出生命。如何活用这一新历史,培养忠

---

① 见《满洲新闻》1943 年 5 月 25 日第 1 版。

君爱国的精神,正是诸君的责任。

关于这一点,1935年,嶋田道弥在《满洲教育史·总述》中明确指出:教育和培养日本人"把满洲真正地当作日本的生命线",认清"将来担负着开发满蒙的重大使命"。"由于他们(指中国人)受到日本人的教育,了解了日本,学会了日语,熟悉了日本的风俗习惯,这样只会对日本更加亲密,根本不会激起他们的排日情绪。"

1910年7月2日,关东都督府第一号训谕《关于教育工作告谕学校教职员和学生》,强调:"现在满洲正处在世界各国注视之中,集聚于其一角的各校教职员和学生们,实际上是代表着日本帝国的一个分子,各校的教职员、学生们应当深刻领会这个重大意义,认识到各个人的一举一动,一切都是直接与日本帝国的体面息息相关的,还要时刻想着如何去发扬光大关东州的历史业绩,切望每个教职员和学生都能体察上述要求,致力于立身报国。"

由此可见,日本殖民当局经办的日本人教育,是以"开发满蒙"为宗旨,是为培养殖民统治人才为目的的。

日本殖民者千方百计地要把中国人改造成大和民族中之一员,"发扬东方道德之真义","与日本天皇陛下精神如一体"。为此,日本侵略者向中国学生进行"朝会教育",即感谢皇恩和效忠日本天皇的教育。要求中国学生每天早晨集中在学校操场上,宣读日本天皇诏书,升日本国旗,唱日本国歌,面向东方遥拜日本天皇。同时,日本侵略者还向中国学生进行"仪式教育"和"敬神教育",要求中国学生注重日本节日的庆典,培养守法奉公的精神,日本殖民当局把"天照大神"奉为"元神",在东北各地的神社和纪念塔中供奉,要求中国学生按祭日前去参拜、祈祷。如每年每月8日要到旅顺白玉山的"表忠塔"(现已改为白玉山塔)、大连中央公园(今劳动公园)的"忠灵塔"(此塔已拆除)进行参拜。封建礼教成为日本侵略者奴化中国人的精神工具。

为了同化中国人,在关东州,把日本语列为"国语",而把汉语改成"满语"。

1914年7月,大连公学堂堂长浅井政次郎在《关于关东州的中国人教育的意见》中提到,因为日本语可以"作为同化的桥梁",所以强调各学校加强日语教学,要普及日语。

田中义一在《田中奏折》中就写道:

东三省宜多设教育机构,按时扩大男女师范学校和教育学校,教育华人养成亲日心,造成东三省人民永远亲日……。

日本人安藤基平在《满
人教育的使命和价值》一书
中更露骨地说：

> 对中国人的教育，
> 首先要扮成神的使者，
> 以救世主的姿态出现，
> 站在"人道主义"的立
> 场上到中国来拯救不
> 幸的民族。通过教育

被日本人肆意篡改的教科书

取得中国青年的信任和理解，坚信与日本互相提携共建王道乐土。

而且，安藤还直言不讳地表明：

> 日本之所以大肆办学校，是"要从语言上打开缺口，让中国学生学会
> 日语，再让他们作媒介以影响他们的父兄，减少他们对日本的仇恨，使他
> 们从感情上同日本接近，感谢日本人，这样，从大连到满铁附属地，然后普
> 及全东北，这对日本在东北的利益是无法估量的。

综上所述，日本在中国东北实施奴化教育的实质，就是为了日本长期霸占
中国东北，掠夺东北资源，进而扩大对华侵略战争。日本殖民当局采用愚民政
策，实施奴化教育，使东北人民、特别是中国青少年在接受文化知识教育的过程
中逐步潜移默化，崇尚"王道主义"之日本精神，泯灭中华民族的意识和民族反
抗精神，成为效忠天皇，顺从大日本帝国殖民统治和压迫的"忠良之国民"。

89、旅大地区人民的反抗与革命斗争

日本殖民当局对大连人民进行法西斯军事统治，激起大连人民以各种方
式反抗侵略者。早期，中国人民开展反抗俄、日侵略的斗争，因其多骑马行动，
故被日本殖民当局诬称为"马贼"。他们活跃在东起貔子窝，西至老虎山，南
至二十里堡，北到城子坦一带。据统计，大连"马贼"事件，1905年有50多起，
1906年多达83起。① 早在1905年，普兰店人民就首举义旗。是年9月20
日，普兰店碧流河畔农民（"马贼"）郭正人率部在东老滩乡（今普兰店市碧流

---

① 武连峰：《上世纪初大连"马贼"事件》，2006年4月9日《大连晚报》。

令日寇头疼的"马贼"

参加同盟会的革命先行者石磊

河乡)袭击日军,当场打死打伤日军多人。

1905年8月,孙中山先生领导的同盟会在日本东京成立后,曾多次派同盟会会员到东北地区开展革命活动。1907年春,宋教仁等到奉天,建立了同盟会辽东支部。旅顺口人民也受到了同盟会利用合法手段而进行的革命宣传。同盟会演出的《哭祖庙》剧中"国破家亡,死了干净"八个字,一时成为大家的口头禅。

革命先行者石磊(1889—1914)在日俄战争后参加同盟会,曾带领青年在大连、金州地区与日警斗争,被捕后视死如归,临死关发出豪言壮语:

> 国破家亡身何在,誓将热血染神州!

1921年7月,中国共产党成立以后,党中央十分重视在日本殖民统治下的旅大。1923年,党中央派党员李震瀛、陈为人到东北地区开展工作。后来,邓中夏、傅景阳、杨志云等先后来旅大指导工人运动。1926年1月,建立了东北地区最早的一个党组织——中共大连特别支部。5月,中共大连特别支部改为大连地委,由张炽、杨志云、傅景阳等5位同志组成地方委员会。

当时,中共大连地委共有党员22名,还有18名团员。中共大连地委成立后仅一年间,到1927年7

大连地下党领导人张炽

大连地下党领导人杨志云

月为止,党员就猛增了10倍,共有党员220余名,地委下设23个基层支部。中共旅顺二中党支部就是其中的一个。该党支部共有党员7名,以朱寿春为书记,自1927年成立后,开展一系列革命宣传活动。这是旅顺口最早的中共地下党组织。然而,从1927年夏至1937年的10年间,旅大地区的地下党组织先后遭到四次严重的大破坏,被捕的共产党员和革命群众达数百人之多,给党的事业造成了严重的损失。

1928年1月,成立了中共关东州县委会,下设旅顺、金州、铁道、纺织、印刷等10个党支部,共有党员40多名。3月15日,关东州县委会农运部长杜继增到旅顺口联系工作,于日本桥(今解放桥)被日本警察逮捕,并从他身上所带的文件中发现了地下党的线索,共逮捕了以杜继增为首的地下党员19名。由于叛徒曲文秀出卖,相继又逮捕了包括所有县委负责人在内的共产党员47名。

1923年3月26日,旅顺、大连按《旅大租地条约》和《中日日东三省事宜条约》规定租期已满,应归还中国。中华民国政府(北洋军阀政府)迫于全国人民的压力,通过外交途径向日本政府提出废止《二十一条》和收回旅大的要求,遭到日本政府无理拒绝,从而激起全国人民的极大愤慨。北京、天津、上海、武汉和东北三省各界人民纷纷举行集会、游行、讲演,以各种形式掀起声势浩大的废除《二十一条》、收回旅大的运动。早在1922年9月,旅顺师范学堂的学生便奋起开展了废除《二十一条》,收回旅大,排斥日货,争取民主自由的爱国运动。当旅大租期届满之际,《泰东日报》连续登载有关废除《二十一条》和收回旅大的消息和报道60余则。《泰东日报》还以全体旅大人民的名义致电上海,请求全国支持收回旅大(此电1923年1月23日在上海报纸登载),促进了各地收回旅大运动的开展。

旅大人民还走上街头,张贴和散发传单,其中广为流传的是:

"日本小鬼真正顽,夺我旅顺大连湾,十二年(即1923年)三月二十六日,期满了他不归还,快快醒来快快醒……"以唤醒同胞共同斗争。

到了1932年3月,日本仍拒不

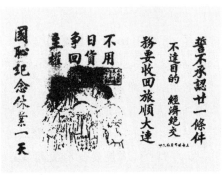

为收回旅大,群众在街头张贴的传单

代表民意的奉天省长王永江

履行退出旅大地区的规定,激起全国各阶层民众和留日学生的强烈抗议。时为奉天省省长、金州人王永江,于同年2月向日本驻奉天总领事提出收回"关东州"领事裁判权的要求,遭到拒绝。但是人民的反抗斗争并未停止。

日本殖民当局实行高压政策,并没有使旅顺口人民屈服。游行、抗议、罢课、罢工时有发生。1925年5月上海"五卅惨案"的消息传到旅顺口后,各界群众异常愤慨!纷纷走上街头,散发传单,揭露帝国主义屠杀中国工人的罪行。当时传单很多,其中《国民伤心歌》流传很广,而且很多工人、学生、市民都会唱。其歌词是:

咱们中国太可怜,打死百姓不值钱。

可恨英国和日本,放枪杀人如疯癫。

上海成了惨世界,大马路上无人烟。

切盼咱们同胞人,三件事情立志坚,

一是不买仇国货,二是收回租界权,

三是不做他们事,无论他给多少钱。

大家出力来救国。同心不怕不回天。

待到兵强国又富,方可同享太平年。

6月,旅顺口双岛湾盐业工人举行罢工。旅顺口的青年学生,也积极投入了这场反帝爱国斗争。大、中学校的中国学生,除积极参加"泸案后援会"组织的活动外,纷纷走出校园,到各处集会演讲。旅顺工科大学和旅顺二中的中国学生,于6月16日早晨就集合在工科大学的体育场开会,会后举行了游行示威。游行者人人手执"快救同胞"的小旗,排着队伍沿街游行并散发传单,呼吁各界人民踊跃捐献,支援上海受难工人。这支游行队伍最后走到当时日本统治旅大及南满铁路沿线的最高行政机关——关东厅的门前,在那里举行了长达5小时的示威。日本军警面对愤怒的中国学生,束手无策。

6月18日,大连商业学堂宣布罢课。这一举动不仅在各中学里引起了广泛的响应,部分高小学生也起来响应。如旅顺公学堂的学生,也都举行了罢课。后来在旅顺口,工科大学中一直有中国爱国学生从事反帝爱国活动。如在三十年代成立的"旅大青年义勇会"就是一个这种性质的组织,后被日本当局侦知,遭到破坏。在旅顺工科大学毕业的中国大学生,不少人解放后成为民主政府中的领导干部和技术骨干力量。像早期在旅顺工科大学学习的张有宣(三里桥人)因不满日本的殖民统治,为挽救民族危亡,投笔从戎,走上抗日斗争第一线,便是其中的典型人物。

旅顺船坞是日本宪兵队严密监视下的修船厂,虽然开展工人运动非常困难,但还是发生过一些反抗斗争。

1926年4月27日,大连福纺厂1200名工人,不堪日本帝国主义的殖民统治,为争人权、争自由、争取起码的生存权利,爆发了持续101天的大罢工,这场大罢工浪潮席卷全旅大。旅顺船坞工人在这场大罢工的影响下,自动组织起向日本厂方闹工资的斗争,这场斗争由工人陈永元等人发起,组织有30多人,开会、写请愿书,向厂方要求给工人涨工资,给车间解决取暖设施等。为避免厂方和宪兵队查找组织者,工人们自动甩草帽做信号,使敌人查找不出谁是组织者。日本厂部感到问题严重,报告给旅顺宪兵队,它们在工人中查找组织者和幕后有无八路军,大坞工人团结一致,使厂方和宪兵队四处碰壁,他们只好答应给工人涨工资。这场斗争的胜利,使船坞工人看清了日本帝国主义的纸老虎本质,他们同日本统治者展开了形形色色的斗争。

经常采取怠工、浪费材料的办法是船坞工人反对日本统治的重要手段。特别是车工,他们团结一致,联合起来磨洋工。采取的方法一是一人放哨,大家休息,鬼子来了就敲铁板,大家装模作样干一气,鬼子走了再坐下。二是打夜班把门拧上,鬼子叫门就是不开,装听不着睡大觉。实在叫开了就说风大。三是车大活过去是8小时进一刀,他们12小时进一刀。当时鬼子有一长、二长、三长。工人磨洋工,为防鬼子察觉,鬼子来了就传信号,敲一下是一长来了,敲两下是二长来了。加夜班干活,就把风袋打开,用绳闩上,风把嘟嘟响,就是没人干活。在质量上,糊弄鬼子,如铆钉漏水,就撒上尿使其锈了就不漏了,鬼子船一出海就漏,降低了舰船的使用寿命。

听说要把大连小坞干过"贪财害命"的两个日本工头调来,负责加工车间,车工李英德、韩树茂,徐恒昌组织10余名车工停工,把刀具摆在车间门口,向厂方提出要求,表示坚决反对。厂方日本头目慌了手脚,只得答应这两个工头不调来,劝大家复工。

后来,尽管这3个罢工带头者被开除了,但这次斗争,鼓舞了全厂工人的抗日情绪。

1941年太平洋战争时,大坞进来了2艘5000吨的日本船,船底漏水,日本工头逼迫工人加班堵,大坞工人不听邪,扔掉工具坚决不干,日本工头干着急,追问大家为什么不干,船坞工人异口同声,吃不饱肚子干不动。接着就要走,厂方没有办法,只得发给工人苞米面。

有一个工人叫张瑙,他看到日本鬼子经常欺负徒工,心里深深埋下了仇恨的种子,他想方设法和鬼子工头斗。有一次,他有意买了一盒很贵的"刀牌"香烟在车间吸,看到鬼子工头来了,他把烟头一扔,鬼子捡起烟头刚要动手打人,张瑙上前就给这个鬼子一个耳光,打得他懵头转向。鬼子工头气得七窍生烟,跑到厂长那儿去告状,说张瑙抽烟还打人。张瑙说,我挣几个钱,能买这样的好烟?弄得鬼子厂长也断不清,怕惹众怒,只得不了了之。

1943年,日本帝国主义面临空前的战争危机,他们垂死挣扎,把许多商船改成军舰,其中有一条船在船坞修理。这条船在运货时被我八路军伏击,打得船上180名日本兵,只剩下30来个,船上到处都是枪眼。大坞工人看到这个情形,都非常高兴,暗地里说,怎么不给它打沉了,打沉了就不用修了。前方抗日斗争的节节胜利,有力地鼓舞了旅顺船坞工人。为配合抗日,在1944年,他们利用美国飞机轰炸旅顺口时,采取了以逃警报的形式消极怠工,不给日本鬼子修船。日本厂长无奈,把宪兵队弄到厂里,四处戒严,工人出厂就开枪。大坞工人没有被日本鬼子的枪声吓倒,他们干脆就不上班。日本宪兵只得挨家搜,最后不得不把一些小商小贩抓进厂充当临时工。

旅顺口人民还冒着生命危险为我胶东抗日根据地秘密运输物资。太平洋战争爆发后,日寇搞"强化治安运动",对我抗日根据地,实行"三光"政策,使抗日根据地处于极端困难的境地。胶东和华北的抗日根据地军民,在中国共产党领导下,一方面开展生产自给运动,一方面与日寇进行反经济封锁斗争,秘密派人到外地采购物资。

旅顺口沿海的渔民和农民,冲破日本帝国主义陆地与海上封锁,向胶东根据地,输送了大批粮食、布匹、钢材、硫磺等物资,有力地支援了胶东抗战。

1943年2月,中共山东地下贸易部长陈云涛来旅大购买抗日所需物资,派地下工作人员周振东到复县购买雷管炸药等物,由旅顺口鲍鱼肚孙长元的汽船装运,夜间从复县风鸣

岛起航,准备运往山东。行至猪岛时,靠岸为船上水,被守岛警察西尾、巡捕董国富发现,进行搜查,将随船地下工作人员周振东,于洪林等人逮捕,押于旅顺警察署。这就是当时轰动一时的"猪岛事件。"

1943 年前后,龙王塘、羊头洼、董砣子、大口井、大潘家村以及铁山的于家疃、柏岚子、陈家村等地从事秘密运输比较活跃。农民们在旅顺口市区的"长发永""东顺玉"等杂货店买到粮油等物之后,便用马车或担挑在半夜偷运出境。当时有一条线路是从寺沟后面的大岭翻越直达海头。为避免运粮的铁瓦车出声响,车轮外用胶皮圈套上。日本的小衙门(派出所)封锁的十分严密,经常派出小汽车在交通要道上巡逻围堵设卡子,海边还有很多拿片子的爪牙到处乱窜,一旦被他们发现逮住,走秘密运输的人就会被当场打得半死,再押到旅顺受审。但这并没有能阻挡住秘密运输活动,这一带的农民照样机警地绕过日本警犬的围堵,将粮食等顺利地送到海边各个隐蔽的装货点,然后源源不断地运到抗日根据地。

1945 年 8 月 15 日,日本帝国主义宣布无条件投降。8 月 22 日,苏联红军进驻旅顺口。从此,结束了日本帝国主义对旅顺口的血腥统治。旅顺口人民终于迎来了解放的曙光。

第四部　劫后新生

第十七章 中苏签约"共用"旅顺口

九十、苏美的秘密交易

1945 年新年钟声敲响之际,在欧洲和亚洲的政治地平线上,已经出现了战胜德、日法西斯的曙光。

反法西斯同盟军继 1944 年 6 月 6 日在诺曼底登陆的成功之后,从东、西、南、北四个方向对法西斯德国及其同盟国实施打击,罗马尼亚、芬兰、保加利亚、匈牙利退出了战争,土耳其向日本宣战,法西斯联盟已陷于崩溃;法国、比利时、挪威等国已从法西斯铁蹄下解放。苏联红军以每天平均 25 英里的速度向西推进。

在太平洋战场,美国太平洋舰队收复了马里亚纳群岛、关岛、菲律宾群岛,防卫日本本土的屏障已全部落入盟国之手,东京成了远程轰炸机 B—29 的直接攻击目标。

在中国战场,东条英机试图"最后一跳",扭转败局,但随着反法西斯总攻的到来,东京大本营也和德国一样,将是在劫难逃……

盟军胜利在望。

随着胜利之春的临近,美英苏三国巨头再度会晤、重新安排战后世界的时机已成熟。地点选在雅尔塔。

在这不平凡的一年开始之际,美国总统罗斯福于 1 月 20 日第四次也是最后一次宣誓就任总统。仪式十分简短,但讲话意味深长:

> 我们不能孤立地生活在世上,我们的安宁取决于他人的安宁……我们认识到正如爱默森所说的这样一个简单道理:只有当朋友,才能交朋友。

他的几个熟知内情的亲信和幕僚都深谙此话的含义,因为再过两天,总统就要秘密离开美国去雅尔塔和斯大林、丘吉尔"交朋友"了。对这一次俄国之行,几乎罗斯福所有的顾问,包括一贯支持他的霍普金斯都是众口一词地反对。因为路程实在太远,从美国到苏联的克里米亚半岛,需要在海上航行4883英里,还要飞行1375英里,总统已63岁,从去年以来健康状况一直不佳,长途旅行无疑不利。

当然,罗斯福并非喜好长途跋涉。起初,他也提议在苏格兰或马尔他、雅典、塞浦路斯等地会晤,但却被斯大林婉言拒绝。这位苏军最高统帅只有一个理由,当苏军在和德寇激战时,要他这个总指挥离开本国,哪怕是暂时离开军事领导岗位也是不可能的。这样,就像去德黑兰一样,罗斯福再一次遵从了斯大林的意愿。

多数人横竖不喜欢俄国人,也不理解美国总统为什么要风尘仆仆,跑遍全球去会晤斯大林,只有罗斯福自己心里最清楚,既然交朋友,首先要自己够朋友。他知道,他与斯大林,才是真正的棋逢对手。他喜欢挑战,喜欢谈判时斗智斗勇的那份刺激,而且充满自信:"斯大林,我斗得过那老狐狸!"他总是这样同霍普金斯说。

当然,促使他远涉重洋还有更重要的原因,就是要想重新建立战后新秩序,没有苏联合作简直不可想象,他精心设计的联合国如果少了苏联,就等于同第一次世界大战后的国联少了美国一样。如果在会晤地点上与斯大林产生龃龉,岂不是因小失大?

还有,丘吉尔给会议取名"亚尔古英雄",他岂会不知其中的含义? 亚尔古是古希腊神话中去黑海取金羊毛的英雄,他和丘吉尔都是亚尔古的直系后裔,在未来的会议中的力量是显而易见的。为了获得"金羊毛",哪怕高山峻岭阻隔。罗斯福一旦决定了的事,就不顾一切去做。他踏上了去雅尔塔的漫长旅途。

1945年2月2日夜,马耳他"卢卡"机场忽然繁忙进来,并警戒森严。约午夜时分,一架"道格拉斯C—45"型"圣牛"号飞机从跑道上呼啸着腾空而起。机上那位特殊的乘客正是美国总统富兰克林·罗斯福。他是经过12天的海上航行后到达马耳他的。几分钟后,联合王国的首相温斯顿·丘吉尔乘坐英国空军的"空中霸王"型飞机也随即升空。

2月3日,克里米亚时间12时10分,"圣牛"号和"霸王"号先后在苏联克里米亚半岛的萨基机场着陆。

红军依次奏起了《星条旗永不落》、《上帝保佑吾王》和《国际歌》。之后,罗斯福、丘吉尔和前来迎接贵宾的苏联外交部长莫洛托夫一起检阅了仪仗队。

然后,从机场驱车往雅尔塔,斯大林在那里迎接他们。

从机场到雅尔塔有五小时的路程。当罗斯福和丘吉尔的座车穿过克里米亚山地,一团温暖的春意迎面而来。然而,到处可见战争留下的创伤:洗劫一空的房舍、横七竖八躺着的坦克和烧焦的各种汽车的残骸。雅尔塔曾是沙皇最喜欢的一个避暑胜地,这昔日的黑海明珠,现在满目苍凉。

雅尔塔的设备条件之简陋,令这两位西方来的贵客大失所望。但主人的好客和热情弥补了这些缺陷。美英代表团人数加起来多达700多人。为了接待这两个庞大的代表团,苏联人尽了最大的努力。在经历了多年恶战的苏联,这已经是很不容易了,因此,客人也应体谅和满意。

2月4日下午,"亚古尔英雄"正式开始工作。会场设在利瓦吉亚宫的大舞厅,苏、美、英三国代表团成员围坐在大厅中央的大圆桌周围。壁炉烧得很旺,给会议营造了热烈的气氛。会场外面,苏联保安人员层层警戒,以防外人闯入。

斯大林提议仍由罗斯福主持全体会议的开幕式。接着,罗斯福那洪亮的声音在大厅响起,他谦虚地说:

> "无论从法律上看,还是从历史上看,都不一定由我来主持开会。在德黑兰是由我主持会议开幕的,但那也完全是偶然的,今天我很荣幸地第一个致词。首先,请允许我代表所有的美国人对斯大林元帅的殷勤接待表示感谢。"

罗斯福总统略加停顿,环视了一下围坐在一张大圆桌旁的人们,圆桌的中央竖着美、英、苏三大国的国旗。他继续说道:

"我们三国首脑彼此已十分了解,而且,我们之间的相互谅解还在增进。我们所有的与会者之间可以开始非正式的交谈,交谈应是开诚布公的,经验证明,谈判中的坦率态度有助于尽快达成圆满协议。……今天的会议是讨论东线的形势,在这条战线上,红军正在十分顺利地向前推进。我希望有人来报告一下苏德战场的形势……"

罗斯福提出的问题,也是丘吉尔最感兴趣的。现在,红军已经逼近奥得河,战胜希特勒只是时间问题。战后的欧洲是什么样的格局?

尤其是战后的德国应如何安排? 则是三人最敏感的。

在这点上,斯大林早有打算。在2月4日举行的晚宴上,他就有意谈大国与小国的不同权利的问题,言下之意,小国无论如何不能与大国平起平坐,享受同等的发言权。

没想到，丘吉尔提出了异议：

"我认为，不存在大国支配小国这样的问题，但是在大国本身有一种道义上的责任，要在行使权力时有所节制并尊重小国的权利。"

说到这里，丘吉尔加重了语气，用了一句贴切的谚语：

"雄鹰，应该允许小鸟唱歌，而不问它为何唱歌。"

斯大林知道丘吉尔说此话的用意，即想为法国人讨一个占领区。

罗斯福对法国无好感，尤其不喜欢戴高乐，他觉得给法国一个大国地位，纯粹是出于厚道，于是他讲了几句不偏不倚的话，为自己充当调停者的角色而自鸣得意。

斯大林以为罗斯福与丘吉尔在唱双簧。他再也没有提出反对意见，而把话题转向了赔款问题。他提出了具体的几条原则：第一，德国应用实物赔偿；第二，赔偿期限为 10 年；第三，苏联所得赔偿应不少于 100 亿美元，这只是苏联所受直接物质损失的总额中微不足道的一部分……

斯大林语音未落，丘吉尔突然叫道："这个数目，简直是异想天开！"

斯大林奚落道："如果英国人觉得俄国人不应该得到赔款，那么就爽爽快快地讲吧！"

丘吉尔毫不退让，他说："一想到这个问题，一个有着 8000 万人口的饥饿的德国的幽灵就浮现在眼前。谁来养活他们呢？谁来付这笔钱呢？到头来是不是至少有一部分赔偿还得由盟国自己来掏腰包？"

斯大林顶了回去："当然，这些问题迟早会出现。"

丘吉尔："要想骑马，就得喂草料。"

"可是，马不应该踢我们。"

"那么，就用汽车来打比方，要使用汽车，总得需要汽油吧。"

"不能这样比较，德国人不是机器，是人。"

会场上火药味越来越浓。罗斯福适时出来当了维持会长，他讲了一番入情入理的话，把斯大林和丘吉尔心中蹿出的火苗都熄灭了。不过，斯大林不愧是个厉害的外交家，他是不会轻易放弃自己的要求的。他马上接过罗斯福的话：

"把赔偿委员会设在莫斯科，这点到会者都同意，这很好。然而这还不够。我认为，分配赔偿的原则是：谁为打败敌人做出了最大贡献，谁有权首先获得赔偿，总统先生和首相先生同意这一点吗？"

罗斯福:"我同意。"

丘吉尔:"我也不反对。"但他接着又说,"我喜欢这样的:各国各取所需,而德国尽其所能。这一原则应成为赔偿计划的原则。"

斯大林回答说:"我更喜欢另外一个原则:按功取偿。"

罗斯福默不作声。其实,他心中的天平却早已偏向了斯大林。

以后几天,讨论了联合国组织问题、波兰问题,会上时有尖锐的对立、激烈的争辩,又有巧妙的调和、爽朗的笑语。总的来说,斯大林以苏联是打败德国法西斯头等功臣这一毋庸争议的战绩和他本身惊人的机敏,在谈判中占得了上风。

哈里曼是美国驻苏大使,他不无感慨地对总统的翻译波伦说:

"同俄国人做交易,你得掏两次腰包才能买到一匹马。"

2月8日上午10时,利瓦吉亚宫。美苏两巨头撇开丘吉尔就太平洋战争问题进行了一次小小的密谈。斯大林只带了莫洛托夫和翻译,而罗斯福身旁只有驻苏大使哈里曼和翻译波伦在场。很明显,会谈内容不便公开。

苏联是否愿意参加对日作战,是罗斯福的一块心病。早在德黑兰会议时他就曾试探过,但斯大林敷衍过去,这倒也情有可原,当时战局不明朗,而且苏联曾与日本订有中立条约。来雅尔塔前,罗斯福曾就美军对日军事行动的前景询问过他的参谋长联席会议,结果他们的预测相当悲观。照参谋长们的看法,德国投降后至少一年半的时间才能打败日本。为了减少美军的伤亡,苏联尽早参战是非常必要的。这对罗斯福总统在此问题上的立场的确不无影响。"无论如何,得让苏联人参战。"罗斯福已打定主意。

罗斯福首先向斯大林抛去了一个试探气球,从军事角度提到了对日作战问题。

没想到,斯大林比他想像的还要直率,"我想讨论一下,"斯大林开门见山地说,"苏联参加对日战争的政治条件。这些条件我在早些时候已经向哈里曼先生解释过了。"

提到"政治条件"时,斯大林加重了语气。他很清楚,一旦苏联在中国东北给关东军背后插上一刀,至少可以给盟军减少100万人的损失,而且可以使战争结束时间大大提前。这是苏联在雅尔塔的最后一个筹码了,斯大林要用它为苏联争取最大可能的利益。

对罗斯福来说,他的最后一块筹码就是牺牲中国的权益。他似乎胸有成竹,便将手中的甜果子马上抛了出去:

"我个人并不认为库页岛南部的归还和千岛群岛的转手有什么困难,至于大连港,正如我在德黑兰会议上已经提到的,苏联无疑应该在南满铁路的终点有一个可出入的不冻港口。但我,罗斯福,不能代表中国政府发言。不过,我可以向中国人提出一个租借大连的问题,让大连成为国际共管的自由港……"

斯大林很不满意罗斯福的模棱两可的回答。他开列了一张索价的清单:

(1)苏联要长期租用旅顺,把大连辟为自由港;

(2)外蒙古的自治将予以维持,萨哈林岛及千岛群岛应全部归还给苏联政府;

(3)允许苏联如战前一样,根据有关租用条约使用中国满洲里铁路;

(4)印度支那的前途问题有待进一步讨论;

(5)暹罗湾最终将成为一个独立的国家;

(6)美国需向苏联提供对日作战物资;

(7)美国应保持供应线的畅通,苏联可能使用在勘察加和东西伯利亚的美国飞机。

罗斯福不由倒吸了一口冷气:"上帝,斯大林的胃口真大呀!"他内心并不反对满足这些条件,但是,不与中国政府商量,这似乎有点……想到这里,罗斯福迟疑道:"总得与蒋介石商量一下吧?"

斯大林把压力加了一码,他说:"如果这些条件得不到满足,我和莫洛托夫难以向苏联人民解释为什么要加入对日战争,因为苏联人民与日本人并无多大的纠纷。"斯大林说这些话的时候,似乎忘记1905年日俄战争中结下的世仇了。具有讽刺意味的是,6个月后,前苏联宣布对日作战的理由,恰是为1905年报仇雪耻。

罗斯福反复强调说,他尚无机会与蒋介石讨论这件事,"和中国人坦率交谈是困难的,因为你告诉他们的任何秘密,不出24小时,包括东京在内的全世界都知道了。"

斯大林说:"可以不急于找中国人谈嘛,不过我希望在会议结束前把我的建议写成文件,由您和首相认可。"

罗斯福立即表示同意。

这笔幕后政治贸易,就这样拍板成交了。罗斯福一定想不到,当他无视中国主权,为了本国私利,而把中国的合理权益当作他交易的筹码抛出去的时候,他的世界伟人形象也大大地打了折扣。

2月11日,在这份有关苏联参加对日作战及其政治条件的协议上,郑重签上了罗斯福和丘吉尔的名字。海军上将约翰·李海把它带回华盛顿,锁在总统专用的保险柜里。这桩不光彩的秘密交易,直到苏联对日宣战前才通知蒋介石。

对罗斯福和斯大林这桩秘密的"地产交易",丘吉尔事前一无所知,直到协议本拿来让他签字时方知子丑寅卯,他怒火满腔又无可奈何,在远东他没有什么能做交易。唯一的一个筹码是香港,这是大英帝国仅存的几个遗产之一,只要他丘吉尔一息尚存,他是决不会拱手让出去的。前一天,美国国务卿在会上宣读的"新管地"计划已使他大发雷霆。在会上,他像狮子一样咆哮起来:"无论如何,我都不会同意让四五十个国家胡闹地染指大英帝国的世袭财产,让大英帝国把世袭的财产交出来,不,一丝一毫也不会交。"记得他说这句话的时候,因为激动,眼镜差点掉了下来。但对美苏两巨头的幕后交易,他只好忍气吞声。远东协议签字时,站在一旁的外交大臣把他拉到一边,劝他不要急于签字,因为这是会议不体面的副产品。丘吉尔迟疑了一下,觉得要是不签,则有失帝国的面子,最后,他显得顾虑重重地在协议上签了字。

关于旅顺港由谁占有的问题,在几次重要的国际性会议上,都谈及了此事。1943年11月22日至26日,中、美、英三国首脑在开罗举行会议,会议商讨了联合对日作战计划,击败日本后如何处置日本等问题,并发表了《开罗宣言》。《开罗宣言》提出:击败日本后,"把日本侵占中国之领土,例如满洲、台湾、澎湖列岛等,归还中国"。

会议期间,当时的中国国民党政府主席蒋介石,曾向美国总统罗斯福表示:中国准备把旅顺港交由中、美共同使用,并同意大连港为国际自由港。①

由于种种原因,此事未能谈成。

1943年11月28日至12月1日,苏、美、英三国首脑在德黑兰举行会议。在11月30日的会议上,三国首脑谈到了俄国在远东不冻港的问题。英国首相丘吉尔问到,苏联政府对远东不冻港有何看法时,斯大林回答说,俄国人当然有自己的看法,但是等到俄国人参加远东战争时,再提这个问题或许更好一些。

---

① 《大连港口纪事》第130页。

美国总统罗斯福说,自由港的主张也可以适用于远东。他说大连港就有这种可能性。①

蒋介石期待苏联出兵对日作战,已朝思暮想了8年,几乎已丧失了信心。他眼见世界反法西斯战争将取得胜利,日本的最终失败也已成定局,只是时间早晚问题。

中国作为世界五大强国之一,作为为抗日战争作出了巨大牺牲的战胜国,理应取得一系列权益,洗刷历史的耻辱,废除各种不平等条约,要回失去的土地……

可是,直到苏联对日宣战前他才得到通知,此时,他还不知道中国的权益早被罗斯福出卖,等待他的是如同失败国一样的命运。充当"寄人篱下"的角色真是可悲啊!

苏、美、英三国首脑斯大林、罗斯福、丘吉尔,经过一番煞费苦心的交易,签订了《雅尔塔协定》,发表了《克里米亚声明》。

《雅尔塔协定》,全称《苏美英三国关于日本的协定》,是苏美英三国首脑于1945年2月11日在雅尔塔会议上秘密签订的。主要内容:

苏联、美国、英国三大国领导人同意,在德国投降及欧洲战争结束2至3个月后,苏联将参加盟国方面对日作战,其条件是:

一、维持外蒙古(蒙古人民共和国)现状。

二、恢复1904年日本背信弃义的进攻所破坏的原属俄国的各项权利。即:

(甲)将库页岛南部及其全部毗连岛屿归还苏联;

(乙)大连商港国际化,并保证苏联在这个港口的优惠权益,恢复租借旅顺港为苏联海军基地;

(丙)设立中苏合营公司,对通往大连的中东铁路和南满铁路进行共管,并保证苏联的优惠权利,而中国保持在南满的全部主权。

三、千岛群岛交给苏联。

经谅解,有关外蒙古及上述港口与铁路协议尚需征得蒋介石委员长的同意。

三大国首脑同意,苏联的这些要求应在战败日本后无条件的予以满足。

---

① 《德黑兰、雅尔塔、波茨坦会议文件集》第98页。

苏联方面表示,准备和中国国民政府签订一项苏中友好同盟协定,以期用武力帮助中国达到从日本枷锁下获得解放的目的。①

这是一个严重损害中国主权和领土完整的秘密协定。在雅尔塔会议期间,斯大林还与美国总统密谈达成的机密的备忘录——《关于中国国民政府和苏联协定的说明》记载着:"一、斯大林全力促进由蒋主席领导的中国统一。二、战争结束后,中国应由蒋主席继续领导。"当蒋介石发动内战、挥起屠刀、毛泽东带领中国共产党人奋起抵抗的时候,他曾向毛泽东和中共中央发过电报,要他们不要抗争,说如果打内战,"中华民族就有毁灭的危险"。

九十一、斯大林与蒋介石的交易

根据《中国雅尔塔文件》记载,1945 年 6 月至 8 月,中苏两国就签订中苏条约问题进行长时间的磋商。

1945 年 6 月 27 日,国民党行政院院长兼外交部长宋子文偕外交部次长胡世铎及沈鸿烈、蒋经国等人乘飞机赴莫斯科,商订中苏条约问题。

6 月 30 日,斯大林与宋子文举行首次会谈。当时双方各怀鬼胎。

在国民党政府方面,最关心的根本问题并不是抗击日本侵略者,取得抗战最后关头的胜利,而是苏联方面支持蒋介石不支持中共。在斯大林方面,只支持一个统一的中国,这个统一的中国可由蒋介石国民政府领导,但苏联对蒋介石的支持必须以取得一部分中国的领土主权为代价。这次会谈,主要谈及了大连、旅顺和中东铁路问题。

关于大连的主权问题,斯大林要求苏联和中国共同占有,要在双方组成的委员会的监督下进行管理。由一名中国人任委员会主席,一名苏联人为行政负责人。

关于旅顺的主权问题,苏联要求由苏联海军和中国人一起使用港口设备。关于中东铁路的主权问题,苏联再次提出中苏共管,苏联管理的年限为 40 或 50 年。

7 月 2 日,举行了第二次会议,这次斯大林与宋子文主要讨论了中国国民党和中国共产党的关系,据《中国雅尔塔文件》作如下记载:

> 宋子文说:去年三月,我们想与中共妥协,那时我们计划组织一个包

---

① 参见(《德黑兰、雅尔塔、波茨坦会议文件集》第 258 页。

括共产党员在内的战时内阁,同时,我还从美国大使赫尔利处了解到,阁下认为,中国共产党不过是一些农业改良主义者。

斯大林回答道:中国共产党只是爱国主义者,至于他们是不是真正的共产党,那还是相当成问题的。

宋子文进一步说:作为行政院长,我曾计划去延安讨论中国统一问题,但中共不欢迎我。我们的希望是中国只有一个军队和一个中央政府。我们不同意另有军队的政党存在而使中国分裂。

斯大林说:中国只能有一个国民党领导下的政府。

宋子文高兴地说:你说得真对,我们也希望国民党保持领导地位。所以我们不希望组成联合政府,因为如果成立这样的政府,只要一个党退出,这个政府就站不住了。

斯大林表示赞同,说这是国民党的正当要求。

上述记载表明,斯大林为了苏联本民族的利益,同意取消中国共产党领导的抗日民主力量。

但这次会谈并不顺利,斯大林直接提出外蒙古必须独立,而国民党代表团则力图在外蒙问题上维护民族利益。

当时蒋经国婉转表达说,外蒙古是一个沙漠地带,物质极贫乏,为什么苏联一定要让其脱离中国?

斯大林说:由于一些国家利用外蒙古作为基地,试图破坏苏联在远东的地位,苏联如果不把外蒙古作为缓冲地带,它将会丧失整个远东部分,因而坚持外蒙古必须"独立"。他还说关于外蒙古的协议可以秘密签订,待日本投降后再公开。

国民党代表认为:当时雅尔塔秘密协定提出的是外蒙古"维持现状",并没有提到要使外蒙古脱离中国。

7月4日,美国新任总统杜鲁门在给美国驻苏联大使哈里曼的通告中也重申:"就美国方面来说,雅尔塔协定中关于外蒙古所用字句的解释,没有任何讨论。既无讨论,那么按照大家对这些写下了的字句公认的意思,就是外蒙古目前事实上和法律上的地位应保持下去。"当时,由于外蒙古在事实上和法律上均属于中国,所以这是没有什么疑问的。可是在谈判中,中国对外蒙古的主权问题却成了一个主要问题。斯大林强调:要苏联出兵参加对日作战,中国就必须放弃一部分领土主权作为报酬。

在同蒋经国的一次私人谈话中,斯大林竟然这样说过:

"今天并不是我要求你来帮忙,而是你要我来帮忙;倘使你本国有力量,自己可以打日本,我自然不会提出要求。今天你们没有这个力量,还要讲这些话,就等于废话。"

7月7日的第三次会议仍围绕外蒙古问题进行。

宋子文据理力争,他指出:雅尔塔协定只规定外蒙古的现状必须得到维护。而现状是指外蒙古作为中国领土的一部分,并没有提出要使之独立。

斯大林强词夺理,说:目前的外蒙实际上就是一个人民共和国,所谓现状,就是独立。维持现状就是维持蒙古人民共和国独立的现状。中国必须承认外蒙独立。

当宋子文再次据理力争时,斯大林竟蛮横无理地说,雅尔塔协定是苏联的方案,也就是由莫洛托夫起草的,他们(指罗斯福和丘吉尔)仅仅是形式签字而已,这句话我可以在丘吉尔面前重行声明(因为这时罗斯福已死)。

由于国民党政府有求于苏联,经过长时间的争论,宋子文作了让步,认为中国政府在拥有对外蒙主权的前提下,给外蒙以相当程度的自治权。包括:

允许其处理自己的军事和外交事务;

允许其与苏联签订条约;

允许苏联军队驻扎其领土上保卫西伯利亚。

但斯大林仍不能接受这种巨大的让步。双方争执不下。

宋子文表示:不经中国政府同意,就不能讨论外蒙独立问题。

斯大林针锋相对:不宣布外蒙独立,就不能讨论中苏同盟条约!

宋子文知道,中国对外蒙古的主权问题,是常常嵌在中国人民心中的一个原则问题。他曾告诉美国驻苏大使哈里曼说,"假若某个政府永远放弃中国在这个区域的权利,那么人民是不会拥护它的。"为了表明自己在外蒙问题上维护民族利益方面的决心,也为了逃避中国人民对自己的谴责,宋子文不久就辞去了他兼任的外交部长职务。

蒋介石在这个问题上也十分谨慎。他清楚自己作为政府首脑,若承认外蒙独立,也就是出卖了中国的领土主权,必定遭到时人和子孙后代的严厉谴责,甚至会危及国民党政权的基础。7月20日,他在同宋子文商讨后,专门写信给美国总统杜鲁门,希望得到国际社会的道义上支持。他说:"中国在雅尔塔会议上虽没有代表参加,但您,总统先生,应当体会到我们已最大限度地履行雅尔塔协定。在外蒙古问题上我们甚至超过了这个限度,我们做了中国舆论所许可的最大让步。我们的让步可能已经超出了中国人民所能支持的范围。"

当时蒋介石政府如果坚持不从,最终也达不成协议。但蒋介石最惧怕的是苏联支持中共。为了维护国民党政权的统治地位,为了达到抗战结束后联合国际力量消灭共产党,独裁中国的野心,在接到宋子文关于中苏第二次会谈的报告后,当晚就电告宋子文,表示要接受苏联的要求。

但要求苏联政府必须应对下列一条作出承诺:

> "中国共产党,有其军事及行政组织,因之军令未能全归统一,深盼苏俄只对中央政府予以所有精神上与物质上援助,苏俄政府对中国之一切援助,应以中央政府为限。"

作为一个战略家,斯大林正是击中了蒋介石的要害。可悲的是,蒋介石政府囿于党派之争,终究以不惜牺牲民族利益为代价。但苏联还不甘休,得寸进尺提出领土主权要求:

(1)关于旅顺和大连,苏联又加了"陆地和临近海区"这样一些字样。

(2)虽然旅顺港将由中国和苏联共同使用,但苏联还想进一步获得行政管辖权。

(3)虽然大连港口名义上由国际共管,但苏联坚持要使它成为只由中国和苏联专用的海军基地。

(4)大连的城市虽然将由中苏共管,但大连的港口必须只归苏联。

(5)旅顺、大连周围的地区,虽由中国的民政部门管理,但管理人员的挑选却要由苏联政府批准。

(6)虽然恢复了中国对东满和南满铁路的所有权,但中国必须同意建立一个为期40年的中苏联合委员会来管理所有企业。委员会的负责人、经理以及董事会的大多数人都必须是苏联人。

在面对苏联帮助国民党政府统一中国的承诺面前,蒋介石集团竟答应了这些无理的苛刻的要求;但蒋介石还要戏弄人民,推卸历史责任,运用"民主"欺世。当时蒋介石给国民党代表团的指示是:允许外蒙独立,但一定要注明,必须要经过公民投票,并且要根据三民主义的原则来投票。

斯大林立即同意了蒋介石的建议。

在外蒙问题进行了交易后,国民党代表又重申:"只要中共保留独立的军事和政府组织,要统一中国是不可能的,因此希望苏联政府在道义上和物质上都只支援中国的中央政府。"

斯大林则再次承诺:从未向中共支援过武器,并保证,所有苏联对中国的支援,无论是道义上的还是物质上的,都只给中央政府。而且,他还表示,希望中国只有一个政府,一支军队,他说把共产党的军队合并到国民党军队中去是必要的。并表示,待一切问题解决后,中国政府可以派一个代表团随苏联军队进入东北,以便接收一切。

这便是第四次会谈的内容。

关键性的问题上达成了协议,第五、六次会谈便进行得十分顺利。

7月下旬后,远东残局急剧变化。

7月26日,美、英、中三国首脑在事先未同斯大林商量的情况下,发表要求日本无条件投降的波茨坦公告;

8月6日上午,美国在广岛投下原子弹;

8月9日,苏联提前宣布了对日宣战书。

九十二、苏联红军出兵东北

在雅尔塔会议上,美、英首脑同意苏联方面提出的三个条件后,苏联承担了德国投降的2—3个月后对日参战的义务。德国于5月8日投降,至8月8日,恰好3个月。8月8日,苏联对日宣战,9日出兵。这次战役自8月9日至9月2日,历时21天,粉碎了日本关东军,加速了日寇的灭亡。

先来看日苏双方的参战兵力:

日本自1931年"九一八"事变后,占领了我国东北全境,并积极加强战场建设,伺机进攻苏联。至1945年,修建了可驻60个师的兵营;20处空军基地,133处机场,200处起降场,机场总容量达6000架;拥有可供应200个师的后勤基地,7万5千张床位的医院;控制了13,700公里的铁路,22,000公里的公路,每昼夜通行能力达90个列车(可运2个师)。

到1945年8月,日本仍拥有一支庞大的侵略军,其中陆军500万人,海军160万人和500余艘舰艇,空军飞机10,700架。其陆军的精锐部队集中在我国东北地区,即关东军。关东军就编制而言,是一个方面军群。

关东军总司令山田乙三大将,总部设在长春,8月12日向南转移至通化。辖3个方面军、1个独立军、2个航空兵军、1个内河舰队,共31个师,13个旅,97万人。加上伪满和伪蒙军约20万人,日、伪军总兵力约120万人,火炮5,360门,坦克1155辆,飞机1800余架。

在旅顺和大连,设有日本正规军,有警备队约 20,000 人。

第二次世界大战期间,苏军在远东(贝加尔湖以东地区)配置了 40 个师的兵力,约 75 万人,武器装备较差。

苏军为按时参加对日作战,德国投降后,仅在 3 个月内,将在欧洲的 4 个集团军调运到远东,使远东苏军兵力增加了一倍,达 80 个师(其中 6 个骑兵师、2 个坦克师),6 个步兵旅、40 个坦克和机械化旅。编成 3 个方面军,即后贝加尔方面军,远东第 1、2 方面军。3 个方面军辖 11 个诸兵种合成集团军和 1 个坦克集团军。共有官兵 157 万 7 千人,火炮 26,137 门,坦克和自行火炮 5,556 辆,作战飞机 3,446 架。兵力稍多于日军。技术装备则优于日军。太平洋舰队作战舰艇 427 艘,飞机 1,549 架。

苏军远东总指挥为华西列夫斯基元帅,驻地伯力。

1945 年 4 月 5 日,苏联政府宣布,废除 1941 年 4 月 13 日签订的苏日中立条约,这是苏联向日本发出的战争警告。

苏联政府于 1945 年 8 月 8 日,也就是在德国投降恰好 3 个月的时候向日本宣战:"从明天即 8 月 9 日起,苏联将认为其本身已与日本进入战争状态。"

8 月 9 日 0 时 10 分,苏联 3 个方面军在 5000 多公里的宽大正面上,向日本关东军发起总攻。

8 月 9 日,毛泽东主席就苏联对日宣战,发表了题为《对日寇的最后一战》的声明:

> 八月八日,苏联政府宣布对日作战,中国人民表示热烈的欢迎。由于苏联这一行动,对日战争的时间将大大缩短。对日战争已处在最后阶段,最后地战胜日本侵略者及其一切走狗的时间已经到来了。在这种情况下,中国人民的一切抗日力量应举行全国规模的反攻,密切而有效力地配合苏联及其他同盟国作战。八路军、新四军及其他人民军队,正在一切可能条件下,对于一切不愿投降的侵略者及其走狗实行广泛的进攻,歼灭这些敌人的力量,夺取其武器和资财,猛烈地扩大解放区,缩小沦陷区。必须放手组织武装工作队,成百成千队地深入敌后之敌后,组织人民,破击敌人的交通线,配合正规军作战。必须放手发动沦陷区的千百万群众,立即组织地下军,准备武装起义,配合从外部进攻的军队,消灭敌人。解放区的巩固工作仍应注意。今冬明春,应在现有一万万人民和一切新解放区的人民中,普遍地实行减租减息,发展生产,组织人民政权和人民武装,加强民兵工作,加强军队的纪律,坚持各界人民的统一战线,防止浪费人

力物力。凡此一切,都是为着加强我军对敌人的进攻。全国人民必须注意制止内战危险,努力促成民主联合政府的建立。中国民族解放战争的新阶段已经到来了,全国人民应该加强团结,为夺取最后胜利而斗争。

8月11日,八路军、新四军及共产党领导的其他人民军队,对日本占领区开展了全面进攻。

8月10日,蒙古人民共和国对日本宣战。

经过6天激战,8月14日苏军突破了日军边境防线,进到东北平原,日军节节败退,溃不成军。

8月15日,日本政府宣布投降。但日本的关东军仍在进行抵抗。

8月17日,苏军远东总指挥华西列夫斯基元帅,向日本关东军总司令官山田大将发去通牒电报:

> 我要求关东军司令官从8月20日12时起,在全线停止一切对苏作战行动,放下武器,投降就俘。

8月18日3时30分,日本关东军司令官山田大将通过电台通知苏军指挥部,宣布他们准备履行一切投降条款。

从8月18日起,除个别地段日军仍在抵抗,大部分日军开始投降。

8月22日,苏军后贝加尔方面军副司令伊凡诺夫中将率领250名空降兵在旅顺土城子机场先遣着陆。日军驻旅顺守备司令小林(海军中将),向苏军旅顺警备司令官伊凡诺夫中将投降,交出指挥刀,遂解除驻旅顺日军武装。

同时,苏军亚玛诺夫少将率250名官兵,在大连周水子机场着陆,着手接受日本国投降事宜。

24日,苏军近卫坦克第六集团军的首批坦克部队抵达旅顺。

8月25日,苏军由海参崴空运部分海军官兵抵达旅顺,接受了日本海军驻旅顺港舰艇部队的投降。

苏军进行的远东战役,使日本在东北、朝鲜北部、库页岛和千岛群岛的军队全部崩溃和投降。日军共损失约70万人,其中击毙83,737人,俘虏594,000人。近20万伪满军被解除武装和遣散。只有日军第17方面军逃到了朝鲜三八线以南地区。苏军缴获了日军的大部分技术兵器和物资。苏军至少伤亡32,000人。

苏军在远东战役中获得全胜,迫使日本政府于1945年9月2日10时30分在美国"密苏里"号军舰上签订了无条件投降书,至此,历时6年的第二次世界大战胜利结束。中国人民的八年抗日战争同时胜利结束。

毛泽东主席在 1945 年 8 月 13 日《抗日战争胜利后的时局和我们的方针》一文中说：

"日本投降的决定因素是苏联参战。"

这是对苏联出兵东北对日作战的功勋及其胜利的历史意义的正确评价。

九十三、中苏签订"共用"旅顺港协定

1945 年 7 月下旬以后，由于对日作战形势的急剧变化，斯大林对《中苏条约》尚未签订而感到焦虑。中国之所以在谈判中作出重大让步的重要原因之一，是中国国民党政府请求苏联出兵抗日，但现在这一条件已不复存在，中国会不会改变主意呢？

斯大林从波茨坦会议结束返回莫斯科的第二天，就立即与国民党代表团谈判。

这次谈判，斯大林威胁宋子文说：中国政府最好同意达成一项协议，否则的话，中国共产党就要进入满洲了。中方代表宋子文只得作出让步。

8 月 14 日，由国民政府外交部长王世杰与苏联外交部长莫洛托夫签署《中苏友好同盟条约》及其《关于中国长春铁路之协定》、《关于大连之协定》、《关于旅顺口之协定》、《关于中苏此次共同对日作战苏联军队进入东三省后苏军总司令与中国行政当局关系之协定》等附件，并互换了关于外蒙古问题的照会等。

中苏双方于 1945 年 8 月 14 日在莫斯科签订了《中苏友谊同盟条约》。与条约同时签订的还有以下协定：

中苏关于中国长春铁路的协定；

关于旅顺口的协定；

关于大连港的协定；

关于因为此次共同对日战争的关系，苏军进入中国东三省领土以后苏军总司令与中国行政官厅间之相互关系的协定。

此外，双方交换了两个文书：

关于蒙古人民共和国之独立的问题；

关于帮助中国中央政府、关于中国对满洲的主权，以及关于新疆事变等问题。

上述《中苏友好同盟条约》及各项协定,于 1945 年 8 月 24 日在重庆交换批准。

《关于旅顺口的协定》共九条。订约国双方根据中苏友好同盟条约,并且作为这个条约的补充,特约定如下:

1. 为了巩固苏联和中国的安全以及防止日本方面重演侵略起见,中华民国政府同意由订约国双方共同使用旅顺口作为海军根据地。

2. 前条所指的海军根据地区的准确界线依所附的说明及地图加以规定。

3. 订约国双方同意将旅顺口作为纯粹的海军根据地。这个根据地只有中国和苏联的军舰和商船才能使用。

组成对共同使用上述海军根据地问题的中苏军事委员会,委员会由中国代表二人和苏联代表三人组成。委员会主席由苏联方面委任,副主席则由中国方面委任。

4. 上述海军根据地之防御,由中国政府委托与苏联政府,苏联政府为了防御海军根据地起见,将于该地构筑必要的工事,并且费用由苏联政府负担。

5. 本区中的普通行政官厅属于中国,而且中国政府在任命各种相当的领导职位时,将估计到苏联在本区中的利益。旅顺城中的行政官厅由中国政府依照苏联军事指挥部的同意加以任命和罢免。

本区苏联军事指挥部为了保障安全和防御起见,可以向中国普通行政官厅提出各种建议,这些建议上述行政官厅要加以满足。如遇发生争执时,可将问题提交中苏军事委员会审查和解决。

6. 苏联政府有权在第二项所指的区域内保有自己的陆海空军兵力,并且规定他们的驻扎地点。

7. 为了本区的航行安全所必需的灯塔、信号及其他设备修建和维修,由苏联政府同时负责。

8. 本协定满期后,苏联在本区中所造成的一切设备和公共财产须无代价的转交中国政府,作为他的所有。

9. 本协定的期限规定为三十年。协定自批准之日起即发生效力。①

---

① 参见《中外旧约章程汇编》。

很显然，这是一个不平等条约，是一个把苏、美、英在雅尔塔的"秘密协定"进行公开合法化的不平等条约，它严重损害了中国人民的根本利益和感情。

1945年8月14日在莫斯科中苏签订了《关于旅顺口协定附件》。《附件》中说：

> 关于旅顺港协定第二条所规定海军根据地区域之境界，自辽东半岛西岸猴山岛湾以南之地点起，向东方面经过石河站及邹家嘴子至该半岛东岸，东西划一线，此线以南为本地区陆路之界线，但大连市除外。

协定所规定的辽东半岛区域西方水面，在下列横线以南各岛归入本地区，此横线系自北纬39度0分，东经120度49分之点起，至北纬39度20分，东经121度31分之点止，将两点连为一线以后，转向东北普兰店方向，至其以南之陆路界线之起点。

辽东半岛地区东方水面，在下列曲线以南各岛归入本地区，此曲线系自陆上界线终点起，向东经过北纬39度20分，东经123度零8分之点后，转向东南至北纬39度0分，东经123度16分之点为止。

1945年8月14日中苏签订的《关于旅顺口的协定》海军根据地区域陆地之界线，与1898年5月7日中俄签订的《旅大续订租地条约》所勘分的陆地租界界线相对照，有5点变化：

界线由原来的曲线改为直线；

界线长度由59.07公里缩短为约42公里，缩短约17公里；

界线的起点和终点，分别向东南和西南方向移了约2公里和12公里；

减少了3个半岛屿，在辽东半岛东部减去了严岛、王家岛，在该半岛西部减去了凤鸣岛和西中岛的一半。

缩小了面积，旅顺口海军根据地区域的面积由沙俄旅大《租借地》的3168平方公里，减少为2399平方公里，而与日本占领时期关东州的面积相比较，则减少了928平方公里。

九十四、苏军军管旅顺口

1945年8月15日，日本广播天皇裕仁诏书，宣布无条件投降。8月20日，旅顺伪商会会长刘德智组织"旅顺地方治安维持会"。

8月22日,苏军开进旅顺市区,日军当即被解除武装。苏军占领"市役所",即日伪市政府,同时占领了警察局等统治机构所在处。苏军命令伪"市役所"和警察局的中、下级职员仍照常上班,但不得行使职权。

8月24日,进驻旅顺的苏联军事当局,约见了以刘德智为首的"旅顺地方治安维持会"成员,表明苏军已经承认其合法存在。与此同时,以张心斋为首的"旅顺民众联合会"成立。张心斋原是中共山东省寿光县县委书记,在抗日战争后期脱党,来到旅顺上沟开了处中药铺。"8.15"光复,张心斋便开始进行联合民众争取翻身解放的活动,并创立组建了"民众联合会",广泛的吸取劳苦群众和进步人士参加。

1945年9月上旬,中共胶东北海地委派长山特委工委书记兼武装大队政委郭壮等14人,从山东渡海来旅顺开辟工作,得到了苏军的默许。

9月中旬,国民党金县党部派刘启华来旅顺发展国民党地下组织,着手改组旅顺维持会。

与此同时,中共胶东区党委北海地委领导下的旅顺工作委员会成立,吴善昌为书记,郭壮、王泽民为委员,以不公开的中共党员身份参与旅顺民众联合会工作。

10月,重建旅顺民众联合会,选举张心斋为会长,王泽民为副会长,新的旅顺民众联合会成立后,积极开展宣传工作,会员很快发展到45,000余人。

中共大连地委成立后,改旅顺工委为旅顺市委,王其人为书记,在旅顺民众联合会掩护下开展工作。

国民党地下党团通过旅顺维持会,在旅顺口城乡渗透,企图控制局势。国共两党在争夺旅顺领导权的激烈斗争中,都是通过旅顺维持会和旅顺民众联合会展开的。

旅顺口苏军军管后,不准所有党派活动和党派领导的武装人员存在。苏军对中国共产党地方组织的存在和活动,已经默许,但不予公开。

1945年10月15日,由苏军负责民政工作的吉古诺夫主持,在苏军警备司令部召集旅顺民众联合会和旅顺维持会双方负责人开会,协商旅顺市政府的机构和人选问题。在会上,双方争论的焦点,是旅顺市长人选问题,双方各不相让,争执不下。最后,由驻旅苏军呈请莫斯科最高领导同意,推举由胶东派来的中共党员王世民为市长,维持会代表、原商会会长陈利民为副市长。

1945年11月25日,旅顺人民政府成立,旅顺各界人士召开庆祝会,王世民市长宣布就职。当天晚上,吉古诺夫举行宴会表示祝贺,并赠送市政府汽车一辆。

日本投降后,旅顺口海军根据地区域内的陆、海、空防务,均由驻地苏军管辖。

截至 1955 年 5 月,驻在该区域内的苏军有:

陆军第 39 集团军,下辖直属工兵团、通信团和加农炮兵旅;近卫步兵第五军;军直属炮兵旅;高炮团;火箭炮团;近卫步兵第 17 师;近卫步兵第 19 师;机械化师;第 25 机械化炮兵师。

炮兵部队,下辖加农炮兵第 33 师;防坦克炮兵旅;高射炮兵第 14 师。

空军第 55 歼击机军,下辖 3 个歼击机师;1 个侦察机大队;1 个对空勤务团。

海军太平洋舰队旅顺海军基地,下辖 1 个鱼水雷飞机师;1 个岸防司令部;1 个快艇总队;1 个水警总队;1 个潜艇基地;1 个高炮团;1 个水上飞机大队;1 个抢险救生大队;1 个海道测量区;1 个通信站;1 个海军修船厂。

共有陆、海、空军兵力约 30 万人

1945 年 8 月 14 日,中国国民党政府与苏联政府签订的《关于旅顺口协定附件》中规定,缔约国共同使用的旅顺口海军根据地的区域内大连市除外。根据这一规定,蒋介石竭力想占领大连市。

1945 年 9 月,国民党政府任命沈怡为大连市长。沈怡即在重庆和上海两地设立了大连市政府办事处,筹划接收大连市的工作。

1945 年 10 月 12 日,国民党政府东北行营主任熊式辉等 40 余人到长春,与先行到达的国民党政府代表团团长、行营副参谋长董彦平会合。次日,在长春与苏军代表马林诺夫斯基元帅进行首次会谈,要求苏军协助国民党军队在大连港登陆。

苏方以"大连是自由港,中国军队不能由大连港登陆",拒绝了国民党方面的要求。①

《雅尔塔协定》规定,打败日本以后,"大连商港国际化"。在"关于大连港的协定"中规定,"大连港为自由港"。据此,美国出于其门户开放政策的需要,于 1947 年 1 月 3 日、8 月 14 日,两次照会苏联政府,要求苏联将大连港交还中国国民党政府开放为国际自由港。苏联政府对美国两次照会均予拒绝。

在国民党政府占领大连市未能得逞的情况下,对旅大地区实施了海陆封

---

① 参见《大连公安历史长编》第 28、67 页。

锁,1946 年 6 月 5 日,大连通往外地的铁路交通全部中断,使一向以东北粮食为生计的旅大人民,发生了严重困难,不得不向南方及更远之地朝鲜购粮。

1947 年 6 月 18 日,"和顺"号汽船由大连港驶往烟台途中,被国民党"永翔"号军舰击沉,全船旅客、船员共 75 人,仅 9 人逃生。据不完全统计,自 1946 年 7 月至 1947 年 7 月的一年间,被国民党军舰或拖去、或烧毁、或击沉的大连港籍及外地经常来大连港的商船、渔船 90 余艘,遇难者 690 多人,惨死者大多是返乡旅客和采购粮商。这是国民党军队对旅大进行海上封锁中所犯下的罪行之一。

1947 年 9 月 10 日,大连港港湾职工会派船去烟台购粮途中,又被国民党炮艇拦截扣留。

1947 年 9 月,在全国沿海港口基本上为国民党所控制的情况下,钱之光等人奉周恩来之命来大连,利用苏军代管大连港这一特殊情形,租用苏联船舶,开辟了大连到香港、朝鲜罗津港的海上通道,从而打开了解放区与香港之间的经济联系。

1947 年 10 月,大连港派出 500 多名人员,去朝鲜东海岸、接近苏联边境的罗津港,往大连运粮。

在苏军军管期间,在旅顺口军港也搞了一些基本建设,如 1950 年,苏军在老虎尾修建了一座供潜艇停靠的突堤式码头。这座码头建成以后,苏联海军太平洋舰队的一个潜艇分队便进驻,停靠在老虎尾新建码头。

为了建设中国的潜水艇部队,1950 年 10 月 8 日,毛泽东主席致电斯大林,提出希望提供作训练用之小型潜艇 2 艘,并望来华之潜艇配备 1 艘艇的全套艇员,以便有效地帮助训练,待完成任务后返回苏联。

1950 年 12 月 8 日,我国正式商请苏联,1951 年向我提供两艘潜艇订货,并由苏联驻旅顺的潜艇部队为我国培训 4 艘潜艇艇员。

1951 年 2 月 7 日,海军苏联总顾问洛尼少将奉旨:苏联同意于 1951 年至 1953 年期间,在旅顺口为我国培训 4 艘潜艇艇员。1951 年在旅顺口先拨出两艘潜艇供培训艇员用,训练完毕后再交给中国。

1951 年 3 月 11 日,海军萧劲光司令员给周总理和代总参谋长聂荣臻写了关于组织旅顺潜艇学习队情况的信。同时,海军司令部向周总理、聂荣臻报告:按总理指示精神,海军正在选配 4 艘潜艇艇员,包括部队、基地后勤及翻译等共 420 人,拟于 1951 年 4 月 20 日全部到达旅顺。

1951 年 4 月 20 日至 5 月,由傅继泽、刘恒、张虎臣、田里等 275 人组成的潜艇学习队,先后到苏联太平洋舰队驻旅顺潜艇分队学习。

党和国家领导人,我军高级将领,非常关心潜艇学习队。周恩来总理于1952年、1953年初春,两次来学习队,先后视察了"秀克"艇、"C——121"艇。周总理在"C——121"艇4舱向傅继泽详细询问了潜艇情况,并题词:

> 遵照毛主席指示,学会潜艇作战。

1953年春,朱德总司令和军事科学院刘伯承院长,视察了2号艇。同年,彭德怀副总司令来到学习队,视察了1号艇,勉励大家"要好好学习"。

学习队全体学员,在苏军的帮助下,经过3年多的刻苦学习和严格训练,掌握了运用潜艇的各种技能,圆满地完成了学习任务。

1954年6月24日,海军司令部参谋长周希汉,在老虎尾潜艇基地宣布了中央军委1954年6月19日的命令:成立中国人民解放军海军独立潜艇大队。中国人民解放军海军的第一支潜水艇部队,在旅顺港诞生了! 这是旅顺港为中国人民解放军海军建设作出的第一大贡献。

第十八章　旅大的艰难回归

九十五、毛泽东访苏谈判的历史背景

1949 年 12 月初,北京下了一场大雪。雪后放晴,阳光灿烂,红装素裹,使刚获得新生的古都格外清新明丽和生机勃发。

12 月 6 日这一天,打扫得格外整洁的西直门火车站,警戒森严,停着一列"9004"号专列。

一位身材魁梧的人从小车上健步走下来,他穿着一件薄呢中山服,头戴一顶呢帽,一件呢子斗篷随意地披在肩上,他便是毛泽东。新中国成立才两个月,他便要出访苏联。

今天他的心情很好,面带微笑,容光焕发,略微弯下腰与前来送行的刘少奇、朱德、周恩来等人握手告别。

毛泽东大步走上"9004"号专列,立即转过身来,站在车门口,频频向前来送行的党和国家领导人挥手致意。然后把目光移到周恩来总理身上,这时,周总理也在注视着主席,他们的目光迅速一碰,心领神会,"一言为定,在莫斯科相会"这句话"尽在不言中"。

新中国成立之初,党和国家领导人的出访没有专机,主要的交通工具是专列。毛泽东这次出访的线路是从北京到天津,经过东北平原奔国门满洲里,然后横跨西伯利亚直抵莫斯科。

此次出访的随行人员很少,只有陈伯达、叶子龙、汪东兴和师哲。苏联驻新中国大使罗申、翻译费德林和负责中长铁路修复工作的柯瓦廖夫也同行。

毛主席要出访,安全问题成了重中之重,就连远在莫斯科的斯大林都发来电报关心地说:"保卫工作要做好,千万不要大意。"为此,周恩来总理叫来了公安部正、副两部长罗瑞卿、杨奇清特别提示:"毛主席出访,公安部队要全力以赴保证毛主席访苏安全,不得发生任何意外。"保卫毛主席的安全事关重大,关系到新中国的安危。罗、杨两位部长回去后立刻找来了公安中央纵队一师师长吴烈和政委邹衍,把京津护路和安全护送毛主席安全出国的重任交给了他们。

领了任务回来的师领导立刻制订保卫计划。考虑到新中国刚成立两个月,毛主席专列经过的地方刚刚解放,还潜伏着大批国民党特务及土匪、恶霸、散兵游勇。为此,公安中央纵队一师专门召开了会议,进行了专题研究,警卫兵力进行了部署,师团领导带领机关有关人员现场勘察,划分路段确定哨位,沿途一些重要的桥梁、涵洞、横贯道口都有干部站岗执勤。此外,还派工兵用雷达探测有无易燃易爆物,探测后实行封闭,卫士24小时进行警卫。

这边公安中央纵队紧密部署,而远在台湾的国民党特务头子毛人凤也在加紧策划详细的暗杀计划,台湾选派最有经验的特务,要在列车运行中将毛主席暗杀。毛人凤命令:东北地下技术纵队采取三套方案:第一,从两翼围追堵截毛泽东的专列,控制制高点,采取突然袭击;第二,大规模破坏东三省铁路重要部位;第三,炸毁长春14号铁路涵洞,在哈尔滨双城铁路集中埋设炸药,将车炸毁。

毛人凤信誓旦旦地说:"炸了毛泽东的专列,就是第二个皇姑屯事件。其意义不亚于一场战争。"毛人凤的暗杀计划得到了蒋介石的批准,"不惜一切代价阻止这次毛泽东访问,绝不能让毛泽东活着访问苏联成为事实。"

为了确保毛泽东在复杂地段的安全,吴烈与杨奇清乘坐轧道车在前面开路。京津路段沿途卫士们荷枪实弹,高度戒备,哨兵密度每公里达到了28人,一些重要铁路地段几乎两步一岗,五步一哨,组成了一道严密的安全防线。

护送毛泽东专列平安到达天津,保证了毛主席访苏首段行程的安全。在天津车站,毛泽东走下车握着吴烈的手说:"你们公安部队的卫士们辛苦了!"

沿途所经各省的公安部队都对铁路沿线进行拉网式大清查和大检查,排除各种隐患。对铁路复杂地段进行了封闭式警戒,除固定岗哨外,还派出便衣队和巡逻队,24小时不间歇地检查巡逻,任何人在重要地段没有特别通行证都无法通过护路部队的钢铁防线。

在一些重要的桥梁、涵洞、横贯道口,都有连排干部站岗执勤。每一个扳道岔,在毛泽东专列未通过前,都有大锁锁着,由政治可靠的两名卫士和铁路人员看守,毛泽东的专列通过后方可解锁,以防敌人破坏,做到万无一失。

据两位曾经参与了护送毛主席访苏任务的原中央纵队一师首任政委邹衍和老红军侯克说:那时护路部队遇到许多险情,在检查和排除爆炸物对自己的安全无关紧要,关键是要坚决完成任务,绝对保证毛主席的安全,有些卫士在严寒下冻坏了手脚和耳朵,充分表现了他们的高度责任感。

从山海关到满洲里的铁路沿线上,每隔100米就安置了一个哨兵。上万名的部队战士,铁路和公安人员守护在遥遥数千里的铁路线上,保障毛泽东专列安全通过。

列车奔驰在东北平原,毛泽东一直注视着窗外大地。作为一个农民的儿子,他是多么热爱土地。土地是生命之源啊!他情不自禁、感慨万端地对陪同的苏联官员费德林说了这样一句话意味深长的话——"中国共产党人曾经竭尽全力,要给大地带来生命!"

9日,毛泽东的专列到了"国门"满洲里市,列车在一望无际的大草原上停了下来,因为中国铁路是窄轨,苏联铁路是宽轨,因此要换车。

在苏联国境线的车站上,早已停好了迎接毛泽东一行的高级专列。这是一辆设备很好的专车。车上设有会议室、卧室、休息室和浴室,显得气派堂皇。苏方赤塔州的党政军领导人和苏联外交部一位副部长来到边境线上,迎接毛泽东的到来。毛泽东亲切地上前和他们一一握手,互致问候后,又登上了苏方的专列。

当苏联派来的列车牵动的时候,毛泽东忍不住又一次凝视满洲里。是啊,这是他第一次要离开这块深深眷恋着的土地。

"呜——"在汽笛长鸣中,这列宽轨专车驶离了边境线,在苏联国土上奔驰起来。

……

新中国建国不久,日理万机的毛泽东为什么首先要出访苏联?

从当时的国际形势来说,以美国为首的一些西方国家,极不甘心它们在中国的失败,竭力对我实施孤立、封锁政策,妄图扼杀新生的中华人民共和国。因此,我国需要得到苏联方面的支持。

从经济建设方面来说,建国之初,百业待兴,急需恢复和发展经济,改善人民生活,但缺乏资金,需要得到苏联的援助。

特别是第二次世界大战末期,在中国东北遗留下来的中长铁路和旅大等重大问题,亟待谈判从速解决。

在解放战争中,东北是全国六大行政区中最早打败国民党反动派获得解放的地区。但是,由于历史的原因,中华人民共和国与苏联在这个地区有一些重大的政治和经济问题,需要尽早的通过谈判得到解决。中苏之间存在的主要问题,集中表现在1945年8月14日中国国民党政府与苏联政府签订的《关于苏联与中华民国之友谊同盟条约》及各项协定中,其中就有《关于中国长春铁路的协定》。

该协定共十八条。规定:

在将日本的武装力量由中国东三省驱逐出去后,由满洲里至绥芬河、由哈尔滨至大连和旅顺的中东铁路和南满铁路这两条主要干线,联合成一条铁路,命名为中国长春铁路。这条铁路将转为苏联和中华民国所共有,并将由两国共同经营。除此以外,满洲里至绥芬河,哈尔滨至大连、旅顺,凡有沙俄修筑的各条铁路支线、工地及各种副业,均在"两国共同经营"范围之内。"订约国双方同意对上指铁路的公有权以同等程度属于双方。""中国政府负责保护铁路、房舍、设备、运输货物及其他财产的安全。""由苏联境内运往大连港及旅顺,或由旅顺、大连港运往苏联的货物,中国政府将不对之征收关税,或者其他任何税捐。""中国政府根据协定完全保证本铁路需要的煤。""经营铁路所得的利润和亏损双方对半分受。""本协定之签订以30年为期,这个期限满了以后,中国长春铁路连同全部财产无代价的转给中华民国为其完全所有。"(参见《中外旧约章程汇编》)

在《关于大连港的协定》的引言里说:

> 因为苏维埃社会主义共和国联盟与中华民国之间缔结了友好同盟条约,以及因为苏联保障了尊重中国对东三省的主权,认为他是中国不可分离的部分,为了保证苏维埃社会主义共和国联盟在大连这个货物的入口和出口之海港的利益起见,中华民国特此同意。

一、"宣布大连为自由港,他对于一切国家和通商与航行都是开放的。"

二、"中国政府根据单独的协定,在所指的自由港内拨出码头和仓库将其转给苏联。"

三、"大连的行政官厅属于中国,港长由中国长春铁路局局长经过大连市长的同意,从苏联公民中委任之,副港长以上述手续从中国公民中委托之。"

四、"大连在和平时期不归入由1945年8月14日的关于旅顺口的协定所规定的关于海军根据地的各种条例的效力范围之内,并且,只有在同日本进行战争的时候,大连才归于在这个地带中所规定的军事管理之下。"

五、"由国外运到本自由港,并经过中国长春铁路直接运往苏联领土的货物,并且由苏联运来,经过所指铁路和自由港用以出口的货物,或由苏联运来作为海港建设的材料和设备均免除关税。上述各种货物必须在密封车中通过"。

六、"本协定的期限规定为 30 年。"

上述协定的签订,是《雅尔塔协定》中有关牺牲中国主权条款的产物,只不过更具体化和法律化而已。

中华人民共和国的成立,宣告了蒋介石国民党反动政府的崩溃。它标志着中国人民从此站立起来了,中国任人宰割的时代已经一去不复返了,中华人民共和国中央人民政府是中国唯一的合法政府。在这种情况下,1945 年 8 月 14 日签订并于同月 24 日批准互换的《关于苏联与中华民国之友谊同盟条约》及各种规定,理所当然的失去效力。

对苏联政府方面来说,上述协定中所规定的,中苏对中国长春铁路的公有权同等所有、共同经营、对半分受和共同使用旅顺口为海军根据地的一方面——中华民国政府已不复存在,也就不存在什么同等所有、共同经营、对半分受、共用使用的问题了。

对中华人民共和国中央人民政府方面来说,虽然东北已经获得了解放,但它的经济大动脉——铁路的所有权还不完全属于自己,还不能对它进行自主经营,在以旅顺口为核心的近 2400 平方公里的领土上,还驻有大量苏军。这种状况,按照上述《条约》和各种《协定》规定的期限,要持续到 1975 年 8 月 24 日才能届满。这显然同中华人民共和国的民族荣誉和人民的尊严极不相称的。

鉴于中苏之间的友好关系,应该通过谈判尽早妥善解决上述问题。为此,毛泽东主席在中华人民共和国成立仅仅两个半月的情况下,于 1949 年 12 月 16 日到达莫斯科,对苏联进行正式访问。

这就是毛泽东主席第一次访问苏联的简要历史背景。

九十六、为收回领土主权而谈判

1949 年 12 月 16 日清晨,莫斯科银装素裹,白雪皑皑。大街小巷银枝拂掠,冰影映漾,四处显得格外地庄重和肃穆。快到中午的时候,空中有了些暖意,莫斯科人开始走上街头,他们都在议论着今天的热门话题——毛泽东即将来到这里。

正午时分,伊万大帝钟楼上的那口古老大钟敲响了,深沉而洪亮,这钟声在莫斯科城内久久地回荡。

"呜——"随着一声长长的汽笛声,毛泽东乘坐的专列在钟声、汽笛声、车轮声中,准时徐徐驶进了莫斯科车站。顿时,鼓乐齐鸣,欢呼声划破了机车头那腾腾的白色烟雾,男女青年们手持鲜花边挥动边欢呼,车站广场一片欢腾。

世界上的外交礼节,普遍奉行"级别对等"原则,即按来访客人的身份,接待方要有相应规格。而这次苏联方面到火车站欢迎毛主席的有:苏联部长会议副主席莫洛托夫、苏联部长会议副主席苏联元帅布尔加宁、苏联对外贸易部长孟希科夫、外交部副部长葛罗米柯等官员。

接着,为毛泽东主席访问苏联而举行的欢迎仪式,简捷而隆重而开始了。

苏联的天气十分寒冷,毛泽东进入苏联后,一时难以适应当地寒冷的气候,途中曾发过一次病,这些苏方领导人都知道了。莫洛托夫担心毛泽东的健康状况,关照把欢迎仪式予以简化,尽量缩短在火车站停留的时间。按照惯例,毛泽东应同各国外交使节和前来欢迎的人握手见面,这些都免了。毛泽东在莫洛托夫的陪同下,检阅了仪仗队。然后,毛泽东站在事先准备好的麦克风前,发表了简短的讲话。他说:

> "亲爱的同志们和朋友们:我这次有机会访问世界上第一个伟大的社会主义国家苏联的首都,是平生很愉快的事。中苏两大国人民是有深厚友谊的。十月社会主义革命之后,苏维埃政府根据列宁斯大林的政策首先废除了帝俄朝代对于中国的不平等条约。在差不多三十年的时间内,苏联人民和苏联政府又曾几次援助了中国人民的解放事业。中国人民在患难中,得到苏联人民和苏联政府这种兄弟般的友谊,是永远不会忘记的。"

接着,毛泽东话锋一转,马上回到目前和今后的事上来,他充满自信地说:

> "目前的重要任务,是巩固以苏联为首的世界和平阵线,反对战争挑拨者,巩固中苏两大国家的邦交,和发展中苏人民的友谊。我相信,由于中国人民革命的胜利,和中华人民共和国的成立,由于新民主国家及世界爱好和平人民的共同努力,由于中苏两大国的共同愿望和亲密,特别是由于斯大林元帅的正确的国际政策,这些任务必将会充分实现并获得良好的结果。"

最后,毛泽东用洪亮、浑厚的声音高呼:

> "中苏友好与合作万岁!"

12月16日下午6时,斯大林约毛泽东在克里姆林宫相会,但苏联报刊未报道接见时的气氛和讨论的问题。据后来的当事人回忆:

不到下午6点,克里姆林宫门前已停了许多小车。

这时,一辆崭新的吉斯牌轿车徐徐穿过红场,在克里姆林宫的门前停住。

车门打开了——

毛泽东身穿灰色制服从车门中走出来,叶子龙、汪东兴、陈伯达和王稼祥跟在毛泽东的后面。警卫人员马上把毛泽东接进克里姆林宫斯大林的会客室。

离约定时间还差三分钟,斯大林的秘书清毛泽东到他的房间里坐一下,然后他马上进去通报斯大林。斯大林极为守时,苏联其他领导人到他那里集中是一分也不能差的。这一点已成为无言的约定。

6时正,门开了,斯大林亲自率领部长会议副主席莫洛托夫、马林科夫、布尔加宁以及外长维辛斯基等人,满面笑容地迎上来,请客人进去,毛泽东迈着矫健的大步走过去。

两双改变当代世界命运的巨手紧紧地握在一起。

斯大林——全球第一个社会主义国家,世界上面积最大的绝对统治者,社会主义阵营的实际领袖,他曾亲自指挥了伟大的反法西斯战争,并取得了胜利,确立了第一个社会主义国家的发展模式。一个集权力、威严、智慧和专断于一身的当代世界的铁腕人物,一个苏联人心目中至高至尊的偶像。

他已步入古稀之年,几十年接连不断的内忧外患,消耗了这位巨人的无数精力,须发都花白了,面部皮肤松弛,但他雄风犹存。此刻,他心情舒畅,显得踌躇满志。

毛泽东——刚刚在天安门城楼上庄严地向全世界宣告一个新生的共和国的诞生。是他在一个有五千年文明史的古老国度里领导了一场最深刻、最激动人心的革命。他已是生活在960万平方公里土地上的人们最爱戴的领袖。他和他的人民所取得的成就已向全球表明:在古老的东方,有一位震撼历史的巨人已经诞生并正在不断完善。他的心里充满了许许多多美好的希冀和设想,他自信,他和他的人民完全有能力把新生的共和国,建设成全球最美好的国家。

他才56岁,正值壮年,身体健壮,精力充沛,过去那辉煌胜利带来的喜悦和对今后生活的憧憬使他神采奕奕。

斯大林紧握着毛泽东的双手,凝视端详了好一阵子,才说道:"你还很年轻,很健康嘛!"回过头来,又把莫洛托夫等人一一介绍给毛泽东。

大家很自然在大厅里站成一圈,把毛泽东、斯大林围在中间。人们热烈地互相问好、祝愿。

斯大林真诚地对毛泽东说:

"伟大,真伟大! 你对中国人民的贡献很大,你是中国人民的好儿子! 我们祝愿你健康!"

毛泽东却并不那么激动,他略带委屈地说:

"我是长期受打击排挤的人,有话无处说……"

"胜利者是不受谴责的。不能谴责胜利者,这是一般公理。"斯大林早已听出了弦外之音,他赶忙把话接了过去,然后又连忙请毛泽东入座。

面对斯大林这种谦和的态度,毛泽东微微有点感动,而一旁的苏联其他领导人却感到奇怪。一直来,斯大林给人的印象总是深沉、威严、铁一般的坚强,从某种程度上表现出无情、专断和冷酷。他很少露出笑容,即使在罗斯福和丘吉尔面前也是如此。而此刻,在毛泽东面前却一反常态,变得如此谦逊,如此和蔼,像一位充满慈爱的老人……

首次接见,应该说是热情而友好的。但是,毛泽东这次来苏联的目的双方都心知肚明,所以接下来遭到冷遇也毫不奇怪。

1950 年 1 月 2 日,毛泽东主席举行了一次答塔斯社记者问。

记者问:您将在苏联逗留多久?

毛泽东回答说:"我打算住几个星期。我逗留苏联时间的长短,部分地决定于解决有关中华人民共和国利益的各项问题所需的时间。"

毛泽东这里所说的"各项问题",主要是指中国长春铁路及旅顺口、大连港的问题。从毛主席在莫斯科停留之久不难看出,谈判是相当艰难的。

1950 年 1 月 11 日,苏联最高苏维埃主席团主席什维尔尼克邀见毛主席,邀见时在座的中国方面有陈伯达和中国驻苏联大使王稼祥,苏联方面参加的仅有苏联最高苏维埃主席团秘书高尔金。没有报道邀见时的气氛和双方会面时谈的问题。

2 月 17 日,毛泽东主席和周恩来总理离开莫斯科回国。2 月 22 日离开苏联国境,3 月 5 日晚 10 时回到北京。

毛主席于 1949 年 12 月 16 日到达莫斯科,至 1950 年 2 月 17 日离开,在莫斯科逗留长达 63 天。离开北京则达 87 天。

毛泽东后来在同苏联驻华大使尤金的谈话中曾说:

"我第一次去莫斯科,斯大林、莫洛托夫、贝利亚就向我进攻。"

"在莫斯科,科瓦廖夫、费德林当翻译。我发了脾气,拍了桌子。我说:我在这儿有三个任务:一、吃饭;二、睡觉;三、拉屎。"

"1950年我在莫斯科与斯大林争论达两个月之久,双方就互助条约、中东铁路、联合股份公司和边界问题采取了两种态度:一种是当我们对建议不同意时要进行争论;另一种是如果对方绝对坚持的话,我们就接受他们的建议,这是出于对社会主义利益的考虑。"这说明中方曾在一些争论激烈的问题上做出过让步。①

九十七、中苏《关于中国长春铁路、旅顺口及大连的协定》

有西方人认为,由于斯大林对毛泽东的怀疑和敌视,因此1949年12月毛泽东率领中国党政代表团访问苏联是不成功的。莱塞克·科拉科夫斯基写道:

斯大林知道,如果共产主义在中国一旦胜利,他就会失去长期统治中国5亿人口的希望,因此他宁愿使中国虚弱、分裂和被几个相互争夺的军事集团所统治。"可是,中国共产党人却在所有的官方声明中继续效忠于苏联,使得斯大林在1949年除了表示对中国共产党的新胜利感到高兴外,别无选择,他现在只能尽最大的努力把自己这一难以对付的邻居变为卫星国。"②

斯图尔特·施拉姆在《毛泽东》一书中也说:"斯大林不愿意出现一个可能不像其他欧洲卫星国那样驯服的共产党大国。""鉴于这种思想上政治上的敌对背景,毛和斯大林之间的谈判不可避免地颇费时间和力气。"

罗斯·特里尔在《毛泽东传》一书中也宣称:毛泽东访苏期间,"斯大林让毛像一名小差一样听着。他好多天不见毛。因为斯大林也不允许其他的人与毛交谈,所以没有一个苏联人敢去看望毛。毛感到自己受了冷落,曾有一次威胁说要打点行装回国。"

师哲回忆说:

"斯大林对世界各国的领袖大多数是看不起的,对毛主席却完全不

---

① 参见《毛泽东外交文选》,第322—333页中央文献出版社,1994年12月。
② 科拉科夫斯基《马克思主义的主要流派以及它们的各种起源、发展和瓦解》第3卷,第500页。

同,很尊敬他。从 1949 年到斯大林逝世,对我们两国、两党,苏方可以说无论大事小事都通过斯大林来处理,任何别人都不能插手:斯大林这样做,一方面是要表示对中国的重视,另一方面是担心下面办事的人办错事而影响同中国的关系。凡是访苏的中国领导人,无论是毛泽东、刘少奇、周恩来或其他人,克里姆林宫的人一律认为是斯大林的客人,谁也不敢怠慢,而对毛主席,他们像对待斯大林一样尊敬。"①

罗伯特·佩恩对毛泽东访苏的评价比较客观,他说:

> 新共和国 10 月份诞生,毛 12 月就出访苏联,这对于一个新国家的元首来说是一次不寻常的冒险,同时也具有非常重要的意义:1. 斯大林 70 寿辰即将到来;2. 两个共产党大国迫切需要制定一个长期的合作计划;3. 斯大林在对待中国共产党人的态度方面发生过波折;4. 斯大林曾经在 1945 年的波茨坦会议上肯定国民党是唯一可能统治中国的政治力量,而毛则通过访苏证明中国共产党的革命已经取得了完全的成功。而更为重要的是,毛泽东通过同斯大林的协商,用《中苏友好同盟互助条约》取代了 1945 年莫洛托夫同宋子文签订的那个显然是不平等条约的《中苏条约》。②

应该说,《中苏友好同盟互助条约》的意义是不能用《关于中国长春铁路、旅顺口及大连的协定》和《苏联给中华人民共和国政府贷款的协定》来抹杀的。因为这个条约在当时严峻的国际形势下,用中苏两国的结盟关系,反击了美国为首的帝国主义阵营的"冷战"政策和"热战"威胁,对于巩固新生的中华人民共和国,反对帝国主义的侵略战争,保卫亚太地区乃至全世界的和平都发挥了重要的作用。

同时,当时中方和苏方在这个条约的两个附属协定上也存在着分歧。如在关于卢布同人民币的比值问题上,苏方不愿按一般的国际惯例,根据主要产品价格进行综合平衡,得出指数,找出差距,来确定双方货币的比值,而是抬高卢布的比值,压低人民币的比值。因此条约和协定签字后,毛泽东、周恩来等人启程回国,李富春继续留下来同苏方谈判。当时苏联给的 3 亿美元贷款对于我国这样一个刚刚结束战乱,百废待兴的大国来说的确不多。但是,毛泽东

---

① 外交部外交史编辑室编:《新中国外交风云》,第 4—7 页。
② 参见罗伯特·佩恩:《毛泽东:红色中国的统治者》,第 258 页。

历来主张以自力更生为主,以争取外援为辅,因此我国并没有要求苏方多给:这笔贷款在1950年至1954年之间全部拨给了我国,作为支付苏联卖给我国的机器和器材的费用,对我国的经济和发展起了一定的作用,其意义是应该予以肯定的。

斯大林为了获得自己国家的根本利益,在与蒋介石政府签订协议时,答应不支持中共。美国方面也对此表示满意。美驻苏大使馆在9月10日致美国务院的报告中表示:"由于俄国保证,中共讨价还价的地位和企图获得军事支持的基础无疑地大受削弱。"

苏联红军进入东北,解放满洲,本来完全可以给中国共产党以极大的帮助,因为这一地区集中了中国最大的工业设施和最先进的机械设备,但苏军在占领东北后,视东北工业为战利品,把许多工厂里所能拆卸的机器设备几乎全部搬往苏联,鞍山钢铁厂、沈阳兵工厂、小丰满发电厂等都只剩下一片空房子,连在东北的日本高级官员家里的钢琴、沙发及家具都被搬运一空。不仅如此,苏联还不允许中共在东北的主要铁路枢纽和工业中心沈阳及其他一些城市夺取政权,而与蒋介石达成协议,由蒋介石的军队去接收。

1946年后,斯大林还向中国共产党施加压力,迫使其参加国民党政府。甚至直到人民解放军取得三大战役的重大胜利,直逼南京时,斯大林仍希望划江而治。直到1949年3月25日,毛泽东在北京人民的热烈欢迎下进入北京城的时候,苏联根据"友谊同盟条约"与蒋介石的谈判仍在进行,这些谈判包括苏联在新疆的投资及建立公司等。这一个月,美国驻华军事人员已大部撤走,斯大林却下令与中国的"合法政府"代表继续谈判。

4月,人民解放军渡过长江,南京的解放已毫无疑问的时候,苏联的报纸才改变了口吻,称国民党政权是反动政权。直到秋天,《真理报》才发布南京解放的消息。

以上说明斯大林及苏共对推翻国民党政权在相当长的时间里持保留态度,这便是此次谈判旷日持久的深层次原因。经过近两个月的谈判,于1950年2月14日,中苏两国政府在莫斯科签订《关于中国长春铁路、旅顺口及大连的协定》。

《协定》首先肯定了由于中华人民共和国的成立,缔约该《协定》的必要性:"中华人民共和国中央人民政府与苏维埃社会主义共和国联盟最高主席团确认,自1945年以来远东形势起了根本的变化:帝国主义的日本遭受了失败,反动的国民党政府已被推翻,中国成为人民民主主义的共和国,成立了新的人民政府;这种新的人民政府统一了全中国,推行与苏联友好合作的政策,并证明了自己能够坚持中国国家的独立自主与领土完整、民族的荣誉及人民的尊严。"

《协定》接着阐明了缔结该《协定》的可能性:"中华人民共和国中央人民政府与苏维埃社会主义共和国联盟最高苏维埃主席团认为,这种新的情况提供了从新处理中国长春铁路、旅顺口及大连诸问题的可能性。"

中苏两国政府根据上述新的情况,决定缔结《关于中国长春铁路、旅顺口及大连的协定》。这个协定共有四条:

第一条:"缔约国双方同意苏联政府将共同管理中国长春铁路的一切权力以及属于该路的全部财产无偿的移交中华人民共和国政府。此次移交一俟对日和约缔结后立即实现,但不迟于1952年末。在移交前,中苏共同管理中国长春铁路的现状不变。唯中苏双方代表所担任的职务(如铁路局长、理事会主席等职),自本协定生效后改为按期轮换制。"

第二条:"缔约国双方同意,一俟对日和约缔结后,但不迟于1952年末,苏联军队即自共同使用的旅顺口海军根据地撤退,并将该地区的设备移交中华人民共和国政府而由中华人民共和国政府偿付自1945年起对上述设备之恢复与建设的费用。"

"在苏军撤退及移交上述设备前的时期,中苏两国政府派去同等数目的军事代表组织中苏联合的军事委员会,双方按期轮流担任主席,管理旅顺口地区的军事事宜;其具体办法由中苏联合军事委员会于本协定生效后三个月内议定,并于双方政府批准后实施之。"

"该地区的民事行政,应直属中华人民共和国政府管辖。在苏军撤退前,旅顺口地区的苏军驻扎范围,照现存的界线不变。"

第三条:"缔约国双方同意,在对日和约缔结后,必须处理大连港的问题。"

"至于大连的行政,则完全直属中华人民共和国政府管辖。"

"现时大连所有财产凡为苏联方面临时代管或苏联方面租用者,应由中华人民共和国政府接收。为进行上述财产接收事宜,中苏两国政府各派代表三人组成联合委员会,于本协定生效后三个月内议定财产移交之具体办法,此项办法俟联合委员会建议经双方政府批准后于1950年内完成之。"[1]

---

① 1950年2月15日《人民日报》。

代表两国政府在本协定上签字的是:中华人民共和国政府全权代表周恩来。

苏维埃社会主义共和国联盟最高苏维埃主席团全权代表安·杨·维辛斯基。

上述条约协定于同年 4 月 11 日起生效。双方在换文中声明,1945 年 8 月 14 日中苏间所缔结的相当的条约与协定均告失效。这是中华人民共和国成立以后,在外交方面取得的一个巨大胜利。

1950 年 6 月 25 日,南朝鲜李承晚傀儡军在美帝国主义指令下悍然越过"三八线",对朝鲜民主主义人民共和国发动进攻。7 月 7 日美国盗用"联合国"的旗号直接参战。朝鲜人民在金日成主席的领导下奋起反击。8 月中旬,美伪军已被反击到朝鲜南部的釜山地区。9 月 15 日,美军在朝鲜仁川登陆,将战火燃烧到鸭绿江畔,并不断轰炸我国东北。10 月 25 日,中国人民志愿军渡过鸭绿江,抗美援朝,保家卫国。

1951 年 9 月 8 日,美、英、法等国在旧金山签订了片面对日和约,即《旧金山对日和约》。因美国政府违反国际法,中华人民共和国被排斥参加对日和约的准备、拟制和签订。由于日本拒绝缔结全面和约而与美国等国缔结了片面和约,危害了和平。

鉴于上述形势,1952 年 9 月 15 日,中苏两国政府经过协商,交换了关于延长共同使用中国旅顺口海军根据地的换文。这样,就延长了苏军在旅顺口地区内驻扎期限,未能于 1952 年末撤退。

大连港、中国长春铁路,均按中苏 1950 年 2 月 14 日签订的协定规定的期限,分别于 1951 年 1 月 1 日和 1952 年末移交中华人民共和国政府。

九十八、旅顺口完全回归

美国以"联合国"名义发动的侵朝战争失败后,由朝鲜人民军最高司令官和中国人民志愿军司令员为一方的代表同"联合国军"总司令为另一方的美国代表于 1953 年 7 月 27 日在朝鲜板门店签订了《朝鲜停战协定》。同日 22 时生效。协定的签订标志着朝中人民反侵略战争的伟大胜利。

1954 年 7 月 20 日至 21 日,中、美、苏、英、法、柬、老和越南签订了《印度支那问题日内瓦协议》,在越南、老挝、柬埔寨等印度支那各国停止敌对行动,恢复和平,法国从印度支那撤军。

这样一来,远东的国际形势趋于缓和,苏军自旅顺口撤退的时机已经成熟。

当时,苏军陆、海、空、炮各兵种部队约30万人,分别驻在旅顺、金州、长海等地。苏军在旅大驻防期间,广大苏联官兵在军事援助、经济建设、文化教育、卫生保健等诸方面,都给予了旅大人民以巨大的帮助,为人民群众做好事不断涌现,结下了深厚的友谊。

除了替新中国人民海军培训4艘潜艇艇员外,苏军专家在中苏合营企业中,帮助中国技术人员和工人掌握绘图、设计、焊接等技术,还为新中国培养了第一批女火车司机,渔家女田桂英便是由苏联专家培养的中国第一位女火车司机。苏军在驻防的广阔农村和海岛上,与当地农民、渔民友好相处,亲如一家。春耕时节,苏军拨出战马,帮助农民耕地和运输;夏天天旱时,苏军用军车运水上山,帮助农民浇灌田地;秋收时,苏军官兵和农民一起收割庄稼;农民买了拖拉机不会开,苏军战士手把手地传授操作技术;农民办畜牧场,苏军赠送良种乳牛,派人传授饲养经验;渔民生病、受伤,苏军军医亲自上门诊治。当地人民将苏军官兵和专家们感兴趣的技能教给他们,渔家女教他们捕鱼、绣花、烙饼,许多苏联人都会说简单的中国话。在山村,在海岛,到处都留下了中苏军民深厚友谊的感人事迹。

1954年10月1日,赫鲁晓夫率苏联党政代表团参加了我国建国五周年庆祝活动,并就苏军自中国旅顺口海军根据地撤退问题进行了会谈,10月12日发表了"中苏关于苏联军队自共同使用的中国旅顺口海军根据地撤退并将该根据地交由中华人民共和国完全支配的联合公报"。公报说:

中华人民共和国政府和苏联政府鉴于朝鲜战争停止和印度支那恢复和平以来远东国际形势所起的变化,并且注意到中华人民共和国国防力量的巩固和根据两国间已经建立的日趋巩固友好合作关系,现议定苏联军队自共同使用的旅顺口海军根据地撤退,并将该地区的设备无偿地移交中华人民共和国政府。

有关苏联军队撤退并将旅顺口海军根据地地区的设备移交中华人民共和国政府的措施的进行,双方议定交由根据1950年2月14日的协定而组成的旅顺口中苏联合委员会负责。

苏联军队撤退并将旅顺口海军根据地地区的设备移交给中华人民共和国政府应于1955年5月31日前完成。

根据上述《中苏两国联合公报》,1955年1月31日中央军委电令:调铁道公安部队直属机关等 34 个团部,上百个单位为组建海军旅顺基地及所属部队的基础。

2 月 5 日,中央军委决定组成"旅大防卫区接收委员会",萧劲光为主任委员。

2 月 11 日,中央军委决定,正式组成"旅大防卫区接收委员会海军分会",周希汉为主任委员。

在海军分会领导下,接收旅顺防区任务的海军部队,从 2 月中旬至 3 月中旬,分三批陆续到达旅顺。

接收旅顺防卫区任务从 2 月 15 日开始至 4 月 14 日结束,历时两个月。

4 月 15 日下午 15 时,在旅顺原苏军"军官之家"礼堂,中苏两国海军代表分别代表本国在《辽东半岛协议地区海军防务交接证书》上签字。

《交接证书》全文如下:

> 我们,下列签字人:苏联海军代表阿·普·库德梁夫切夫为一方与中国人民解放军海军代表罗华生为另一方,依据 1954 年 10 月 12 日中苏两国政府关于苏联军队自共同使用的旅顺口海军根据地撤退的协定制就本证书,证明苏联海军已将辽东半岛协议地区海军防务移交中国人民解放军海军,并自 1955 年 4 月 15 日 24 时零分起由中国人民解放军海军旅顺基地首长负责该区沿岸之防务。本证书共制成 4 份,每份以中俄文书就,移交方和接收方各存 2 份,两种文字之证书具有同等效力。

从 1894 年至 1955 年的 61 年中,旅顺港几经磨难,历经沧桑,在中国共产党和毛泽东主席领导下,终于回到了祖国的怀抱,获得了新生。

这是一个庄严的时刻,难忘的时刻,是中国人民、中国人民海军,特别是大连人民、旅顺基地官兵值得永远纪念的时刻。

5 月 24 日下午 4 时,中苏联合委员会:在旅顺苏军司令部签署了最后议定书;同日晚,苏军什维佐夫将军举行了最后告别宴会。

5 月 25 日,发表了关于苏联军队自共同使用中国旅顺口海军根据地撤退并将该地区移交给中华人民共和国政府的联合公报。公报说,根据 1950 年 2 月 14 日中苏《关于中国长春铁路、旅顺口及大连的协定》和 1954 年 10 月 12 日中苏《关于苏联军队自共同使用的中国旅顺口海军根据地撤退并将该根据地交由中华人民共和国政府完全支配的联合公报》的规定,中华人民共和国政府已完全接管旅顺口海军根据地和该地区的设备。

5月26日上午9时，最后一批苏联军队离开旅顺口回国。下午4时旅大市各界两万多人在大连火车站前广场举行了欢送会。旅大市党政领导宋黎等和驻旅顺口部队代表陪送苏军到旅顺口海军根据地区域边界——石河车站。中国人民解放军总政治部副主任、接收旅大防卫区委员会副主任委员甘泗淇陪送苏军至中苏边境的火车站——绥芬河。至此，驻旅顺口海军根据地范围内的苏联军队全部撤退完毕。

从1945年8月22日苏军进驻旅顺口起至1955年5月26日撤退止，苏军在此驻防9年9个月零4天，从而提前结束了苏军原定在此驻防至1975年8月24日届满的历史。

旅顺口的沧桑史实证明：

旅顺口的兴衰，同我们伟大祖国的兴衰息息相关，紧密相连。中国共产党是中国革命和建设事业的领导核心，没有中国共产党的领导就没有社会主义的新中国；没有中华人民共和国的成立，也就不会有旅顺口1955年的完全回归。我们要珍惜这来之不易的伟大胜利！

我们要建设好旅顺口，保卫好旅顺口，使其真正成为保卫我们伟大的社会主义祖国的国防战略要地。

第十九章　京津门户固若金汤

九十九、党和国家领导人对旅顺口及辽东半岛的关注

鉴于旅顺口战略地位重要,历史教训深刻,党和国家领导人对它的特别关心和重视是少有再例的。在旅大地区,陆军驻守三兵团,空军驻防空四军,海军则成立旅顺基地,这个基地是北海舰队最大、最重要的,任基地司令的人级别很高,常是舰队副司令员兼任。

更令人难以忘怀的是,党和国家领导人,特别是开国元勋们,几乎都来过旅顺口视察,或是检阅过、登临过旅顺基地所属的舰艇。

让我们来回顾一下这些感人至深、历历在目的往事。

毛泽东主席生前虽没有来过旅顺口,但他两次登临过旅顺基地所属的舰艇。

1953 年 2 月 24 日下午,毛主席迎风冒雨,健步登上了"南昌"号军舰,来到水兵中间,亲切地与他们握手,观看他们的操作。他在舰上挥笔写下了光辉题词:

> "为了反对帝国主义的侵略,我们一定要建立强大的海军!"

"南昌"号原名是"长治"号,是国民党海军长江舰队的旗舰,1949 年爱国官兵在吴淞口外英勇起义,弃暗投明。改名"南昌"号后成为东海舰队的旗舰。该舰后来编入旅顺基地的序列。

1958 年 9 月 20 日,毛主席视察芜湖造船厂时,又登上了停泊在长江边上的一艘鱼雷艇,此艇便是旅顺基地所属的快艇支队 227 号艇。毛主席从前甲板走上驾驶台,又从驾驶台走到后甲板,视察了每个战位,问战士们什么时候当的海军,老家在哪里,读什么书,问中队长怎么学会开艇,夸水兵小刘"长得真结实"……毛主席的亲切关怀,温暖了战士们的心。

毛主席站在驾驶台上,下达了起航的命令,战艇破浪前进。毛主席转过头

来问："能不能再快些?"艇长回答："能!"于是艇首高高昂起,艇身轻拍波涛在江面上急驶飞奔。航行中,毛主席兴致勃勃地观看了施放液体烟幕表演。他老人家对第一批国产快艇优良的性能感到满意。

航行半小时后,毛主席从驾驶台上走下来,仔细地观看了鱼雷发射管,向鱼雷班长询问了有关鱼雷的情况后点点头说："好,那好得很!"接着,他勉励大家要好好学习,努力掌握军事技术,苦练杀敌本领,保卫好祖国的海防。

1968年,海军授予227鱼雷快艇为"58—920艇"荣誉艇号。

周恩来总理十分关心旅顺部队的建设,多次来旅顺视察工作或陪外宾参观军港,在基地官兵心中留下了许多美好的回忆。

1951年4月,周总理曾在旅顺口,亲自组建人民海军第一支潜艇部队,从编制、训练到驻地、生活都一一过问,连伙食标准,被装发放都作了精心安排。

1953年2月14日,周总理来到了潜艇码头,从队列前走到通上潜艇的跳板处,要下潜艇视察。有人上前要扶着总理下跳板,总理笑着说:不用,不用。很自如地从跳板踏上了潜艇,径直从升降口下到中央舱。周总理和艇上的同志亲切握手,并问了每一个人过去是干什么的,现在学得怎么样,舱里的每一个装备是什么用处?艇员们都一一做了回答。这时,总理看到潜望镜,问:"潜望镜怎么用法?"艇长张继业调整了一下把手,说:"请总理观察。"周总理双手把着潜望镜,观察了一会海面和陆地,问:"潜望镜能看多远?"张艇长都做了回答。周总理又问:"主要兵器鱼雷怎么打法?"张艇长用手作了敌我机动的姿势,向总理汇报说:"潜艇打敌舰,跟过去陆地打伏击差不多。既要攻击,又要防御。"总理听了,满意地点点头。

周总理与副政委王金昌亲切握手时,问他:年龄多大了? 习不习惯海上生活?是从哪里来的? 周总理仔细地望着每个同志,亲切地鼓励大家说:"海上生活很艰苦,你们要好好学习,加强锻炼!"

周总理走到六舱时,环视了六舱的所有装备和位置,听说主电机就在舱底时,不顾旅途的疲劳,关心地说:我要看看。舱底很矮,最高一米的样子,人在下面必须蹲着,或者坐着。就这样,周总理还是弯着身子来到舱底。听说主电机在水下的声音不太大时,满意的点了点头说:好,好!

周总理从一舱视察到七舱,然后从七舱回到三舱,和艇员们一起在艇上整整交谈了一个半小时,并题词:

遵照毛主席指示,学会潜艇作战。

1962 年春天,正是槐花盛开的季节,敬爱的周总理和邓颖超同志陪同外宾来到了旅顺港。周总理首先送外宾到驻地,亲自看了房间和周围的环境,了解到工作人员因考虑总理工作繁忙,而把条件较好的房间安排给他时很不满意。他谆谆告诫大家:国家不分大小一律平等,中国人民在国际交往方面,应当坚决彻底、干净、全部地消灭大国沙文主义。总理接着说,今天我不去休息了,我就在这里陪着外宾,等外宾休息好后下午再去参观。周总理不顾自己从海上来旅顺的疲劳,就在楼下走廊里来回踱步,足足等了一个多小时。直到外宾休息好下楼来了,总理又陪着外宾进行新的外事活动。后来,外宾从接待人员的介绍中知道了总理这一番言词和举动,感动不已。

这一年,正是我国连遭自然灾害的困难时期,敬爱的周总理处处不忘与全国人民同甘共苦。周总理和邓颖超同志看到服务员给他们端茶水喝,邓颖超同志问:为什么还用茶来招待我们呢?管理处长解释说,这是招待外宾剩的茶叶,所以给首长泡来了。邓颖超同志严肃地说:我们自己出差,愿意喝茶的都自己带茶叶,中央规定了的东西,我们都应该遵守。你们接待外宾剩的茶叶应该继续留着用,这对国家不是节省吗?毛主席、党中央做了规定的,我们要自觉执行啊!一席话说得大家心里热乎乎的。

敬爱的周总理和邓颖超同志就是这样一丝不苟地贯彻执行党中央的规定,极其严格地要求自己,为我们树立了光辉的榜样。

1973 年 7 月 31 日,敬爱的周总理冒着盛夏的炎热,陪同刚果外宾又一次来到了旅顺港。下午 4 时 50 分,周总理和外宾在基地副司令员高诗荣、王发明的引导下,乘车来到了白玉山上。周总理指着白玉塔向贵宾介绍说,这是日俄战争时期,日本帝国主义和沙俄帝国主义在中国领土上进行狗咬狗侵略战争的铁证。周总理对贵宾说:我们两个国家都遭受过帝国主义的侵略和压迫。帝国主义侵略旅顺有半个世纪。1894 年中日甲午战争后,旅大先后遭到沙俄、日本两个帝国主义国家的蹂躏。

白玉山上,周总理亲切地向身边的海军同志询问了港内停靠的船只是什么舰种,人员训练怎么样等问题,大家一一作了圆满的回答。当问到港内水深时,有关同志回答不准确,总理纠正说:"中心航道应该是 9 米至 10 米,作为军人不能凭'大概'、'大约'来办事。"过了一会,又语重心长地说:"干海军就要学海军、懂海军。要加强干部素质训练,提高专业知识水平,把海军建设搞好。"在场的同志听后很受教育和震动。

早在中国人民解放军海军初建时期,朱总司令就来旅顺视察了海军潜艇部队,看望了新中国第一批潜艇指战员。

那是 1952 年 8 月的一天。一大早,各艘潜艇上挂满了欢迎旗帜,充满节日的气氛。旭日东升,海天瑰丽。水兵们有的坚守在战斗岗位上,有的在码头列队欢迎。上午 9 点多钟,敬爱的朱德总司令、刘伯承同志等其他首长来到码头。

当时,支队长傅继泽同志,精神饱满地跑步上前,以极其庄重的礼节,向朱总司令报告。朱总司令和蔼可亲,目光炯炯,微笑着听完报告,检阅了仪仗队。

朱总司令在其他首长陪同下,来到二号潜艇的甲板上,正准备下舱,看到舰桥上屹立着一门火炮,便登上去看。这时有的同志建议,首长照个相吧!朱总司令很风趣地把自己的帽子摘下,要来身旁一个水兵的帽子戴在头上照了相。这是何等感人的场面啊!指挥千军万马的总司令,又是普通的水兵!

朱总司令来到第三号舱,傅继泽同志说:"请首长题词指示。"朱总司令在桌前坐下来挥笔写下了:

　　　　要建设一支强大海军。

夏天,潜艇舱室就更加闷人。关心水兵的朱总司令,不顾炎热,要挨个住舱看望战士。他见刘伯承同志脸上汗水涔涔,关心地建议说:"你身体不大好,是不是先上去?刘伯承同志说:没关系,咱们一起看!就这样,他们两位首长从一舱到七舱,逐个舱室视察了潜艇的每个部位,看望了每个战士,询问了潜艇的装备性能和水兵生活、学习等情况。

朱总司令来到会议室说:我们这次是代表毛主席来看望大家的!大家听了,极为感动,报以热烈的掌声!

此后,敬爱的朱总司令要和大家照相,大家都紧紧地围绕在朱总司令的身旁。朱总司令不时转身招手,要大家到前边来,靠紧一些,关心地问大家都到齐了没有?照相之后,陪同的首长请总司令讲话,朱总司令首先讲了国内外大好形势,分析了国民经济恢复情况,向大家报告了当时我军在东山岛粉碎了一股国民党残匪进犯的胜利消息,指出:我们一定要解放台湾,保卫领海安全。朱总司令勉励大家说:要抓紧时间,好好学习杀敌本领。在毛主席建军思想指导下,我们一定要建设一支强大的海军,建设海防,保卫海防。

1959 年 6 月 13 日,全国人大常委会委员长朱德、国家副主席董必武来基地视察,检阅了部队,与部分干部合影留念,并作了重要指示。随后由基地副司令员刘华清陪同乘"长春"号驱逐舰巡视了海防。

1954 年 7 月 23 日，国防委员会副主席陈毅高兴地视察了刚刚组建起来的潜水艇独立大队，并满怀激情地写下了《潜艇上留题》的诗篇：

> 人口六万万，立国太平洋。面对侵略者，必须有海防。水上多舰艇，空中能飞航。海底深千尺，潜水亦所长。件件皆掌握，样样是内行。严整陆海空，捍卫我边疆。和平可确保，建设日辉煌。战贩如伸手，必定遭灭亡。大哉新中国，指日富且强。

1955 年 11 月 3 日，全国人大常委会委员长刘少奇、国务院总理周恩来、朱德元帅、中共中央秘书长邓小平、刘伯承元帅、贺龙元帅、陈毅元帅、徐向前元帅、聂荣臻元帅、叶剑英元帅、徐特立等中央首长，在海军司令员肖劲光陪同下来到基地，视察了海军参加辽东半岛抗登陆演习的水面舰艇部队、潜艇部队和岸炮 167 连，在旅顺郭家沟演习场检阅了仪仗队，乘"长春"号驱逐舰巡视了海防。

叶剑英元帅更是多次来过基地视察，1959 年和 1964 年先后两次乘 548 号军舰出海巡视并与全体舰员和"训练尖子"合影留念，勉励他们再接再厉攀登训练高峰。1961 年 5 月，叶剑英元帅在基地，专门召开了支队、水警区、航五师领导干部和基层干部座谈会。1964 年 8 月 9 日，叶剑英元帅在大连东山宾馆召开了驻军领导会议，基地司令员马忠全、政委宋景华、副司令员赵友夫汇报了基地建设和兵力部署情况，叶帅着重讲在最困难的条件下有效地守住渤海海峡（老铁山水道）问题；1965 年 8 月 24 日，68 高龄的叶副主席，在接见参加基地战役集训的全体同志之后，便乘坐 1229 鱼雷艇，巡视了海洋岛、大长山列岛的防务，兴致勃勃地观看了海洋岛一户"全家兵"和十名少先队员的射击表演；当快艇大队的领导同志代表大家请叶副主席题词时，叶副主席欣然同意，挥笔写下了光辉的诗章：

> 魏武挥鞭看沧海，岂知东海有长城。
>
> 汪洋灭敌空潜快，岛海坚防民与兵。

1980 年 7 月 2 日，中共中央主席华国锋在沈阳军区司令员李德生、第一政委廖汉生，中共辽宁省委第一书记任仲夷、省长陈璞如等陪同下来基地视察。上午在老铁山西角听取了基地司令员刘佐、副司令员马云伦关于老铁山水道和兵力部署情况的汇报，检阅了岸炮四营部队，观看了火炮操作，并到白玉山俯瞰了旅顺港。下午在基地第一招待所为基地题词：

同心同德,努力工作,建设一支强大的海军。

1984年10月21日,中央中总书记胡耀邦和随行人员,在海军副司令员李景,中共山东省委第一书记苏毅然、基地司令员张连忠、政委连耀廷等陪同下,在塘沽登乘520导弹护卫舰,视察了渤海石油公司钻井B和8号平台。当日21时45分安全抵达烟台港,担任护航的519舰亦同时到达。胡总书记在舰上听取了舰长张法胜有关该舰战术技术性能的介绍,同水兵合影留念,并题词:"热爱海洋,保卫海疆。"

1988年8月4日,全国政协主席李先念在基地司令员赵国臣的陪同下,视察基地。19日,国务院总理李鹏来基地所属的小平岛部队视察,并与官兵合影留念。

1990年10月26日下午,旅顺地区秋高气爽,晴空万里,军委江泽民主席在徐信副总参谋长、沈阳军区宋克达政委及辽宁省大连市主要领导的陪同下,从大连乘坐面包车风尘仆仆地抵达旅顺军港西区码头。江主席微笑着健步下车,和大家一一握手问候。接着,江主席登上543舰视察,与舰上官兵在前主炮下合影留念,后在543舰会议室听取该舰领导的简要汇报,并在该舰的航泊日志上亲笔签署:"江泽民,1990年10月26日于丹东舰。"

下午4时,江主席乘车登上旅顺白玉山,基地领导向江主席介绍了旅顺港的兵要地志和港外海域海情。江主席说:"旅顺是个天然港,这里的地势很险要。"

半个小时后,江主席从白玉山来到基地第一招待所南楼,接见了驻旅大地区的陆、海、空6个军级单位的副参谋长、副主任以上领导干部,并合影留念。然后,走进南楼会客厅,江主席与舰队、基地领导作了短暂交谈后,很高兴地挥笔题词:

扼守京津门户,建设海上长城。

1992年5月2日,国家主席、军委副主席杨尚昆来基地视察,在基地一所南楼与驻连五个军级单位领导讲了话,勉励大家以邓小平同志南巡讲话为指导,抓好部队的稳定,抓好部队的建设。此后不久,全国人大常委会委员长万里来基地视察。

旅顺口就这样在一代代中央领导的关怀中,走上了稳步发展的征程。

一〇〇、侧后登陆、直捣京津的历史不会重演

1955 年 9 月至 11 月上旬,在中央军委的直接领导下,在辽东半岛举行了一次大演习。这次演习其旨意是:在使用原子武器和化学武器条件下,在方面军抗登陆战役中主要方向上行动的诸兵种合成集团军和海军基地首长——司令部单方面携带通讯工具的战役演练。具有极强现实针对性和长远的战略意义。

这次重大军事行动,是党中央根据当时国内外形势和辽东半岛的战略地位,以及我军现代化建设的需要而决定的。

应该说,从范围到规模,这次大演习在我军历史上是空前的。除海军旅顺基地和驻旅大的三兵团外,还有空军第二、三军,陆军第三十八、三十九、四十、六十四军和第一机械化独立师的首长、机关,以及两个加强步兵团、一个坦克团和空军、海军部队共 18 个师以上机关和 32 个团的官兵,共有 68,000 多指战员参加。动用各型飞机 200 多架次,作战舰艇 100 余艘,坦克 200 多辆,各种火炮 1000 多门。

演习中,为推动我军战役训练,还组织了全军 809 名高中级干部跟随演习部队作业、参观、学习,实地吸取积累作战经验。

这次大演习受到了党和国家领导人的高度重视:中央军事委员会副主席叶剑英元帅亲自担任总导演,粟裕、陈赓两员大将和邓华、甘泗淇、萧克等上将,担任副总导演。

演习过程中,党和国家领导人,除了毛主席没到场以外,副主席刘少奇、总理周恩来、总书记邓小平、元帅彭德怀、贺龙、陈毅、聂荣臻,还有国防委员会副主席张治中、龙云,党中央和国务院各部门负责人杨尚昆、习仲勋、王首道、黄敬、赵尔陆、吕正操、章伯钧,以及我军高级将领——大将黄克诚、谭政、王树声、肖劲光、许光达等,都亲临现场观看演习,并亲切地接见了演习机关、部队的全体指战员,给全体官兵以极大的鼓舞。

为扩大演习影响,演习中,还有苏联、朝鲜、越南、蒙古四国军事代表团莅临参观。苏军首席顾问克里克斯等专家予以指导。

演习的对阵态势,同实战完全一模一样:

这是一场蓝军与红军、登陆与抗登陆的生死对决——

战役布局:作为攻方的蓝军,在临近我国的西太平洋附近重要地区、港口、

机场,集中陆、海、空军的重兵集团,同时向我辽东半岛和胶东半岛实施大规模联合登陆。其目的是占领战役登陆场,夺取我国北方重要港口,开辟陆上战线和控制渤海海峡,进而向我国首都北京方向进攻。其登陆主要突击方向,是指向辽东半岛。

作为守方的红军,是第五集团军下属四个军和一个机械化师,编为北方方面军,在海、空军协同下,担任辽东半岛主要方向上的防御。

演习分三个阶段进行:9 月 20 日至 10 月 15 日为准备阶段;10 月 18 日至 11 月 3 日为演习阶段,也就是实战阶段,11 月 14 日起为战役演习总结阶段。

海军分指挥部设在塔河湾东山坡上,用绿色大帆布打起的帐篷。帐篷里放着各种指挥仪器,几张简陋的桌椅,帐篷墙上挂着作战地图。

海军萧劲光司令员亲自指挥。在召集的作战会议上,他以湖南声音铿锵有力地布置说:

"总导演指挥部和海军分部,赋予旅顺基地参加这次演习担负着七大任务:第一集中力量给登陆之敌以主要打击;第二协助与掩护辽东半岛北部陆军沿海的侧翼;第三不使敌人施行突然性袭击;第四不受敌自动操纵武器的袭击;第五,敷设防御雷区;第六担负夜间空中侦察;第七消除原子攻击的后果。"

根据上述的七大任务,红军指挥是旅顺基地罗华生司令员。他首先指出抗登陆红方防御的重要意义:"抗登陆能不能成功,决定着整个辽东半岛大演习的成败。"

接着,罗司令员具体部署了参加演习的兵力:"有快艇大队、各种舰艇 65 艘,飞机 63 架,海岸炮连 14 个,高炮连 8 个,探照灯 1 个连,官兵 6400 余人。"

这时,站在"南昌"舰指挥台上的叶剑英元帅、刘少奇、肖劲光等首长,静听着基地罗华生司令在话筒前,迎着海风,高声下达了演习正式开始的命令:

"辽东半岛抗登陆演习现在开始!"

海军担负的抗登陆任务第一阶段,是扮演"蓝方"海军登陆输送队,用登陆舰输送一个陆战师,在其他水面舰艇——驱逐舰、潜艇、护卫舰、扫雷舰、登陆舰、鱼雷艇等数十艘舰艇,几十架飞机几千名官兵参加,组成的支援队和警戒分队的协同下,以海军航空兵为掩护,在预定的登陆地点强行登陆。

海军担负的第二阶段任务,是扮演"红方"海军。组织护卫舰、潜艇、鱼雷艇、海军航空兵,对"蓝方"登陆输送队进行全方位打击:塔河湾海域东西两侧,有护卫舰、鱼雷艇攻击,前后有岸炮、潜艇封锁堵截,空中有飞机轰炸,对登陆敌人形成合围之势。

依照上述具体作战部署,呈现在人们面前的大演习场面,蔚为壮观、浩浩荡荡、气势恢弘地在塔河湾海域展开了。

塔河湾海域,是一片天然形成的辽阔的蓝海和开阔的滩涂,有松软沙滩和零星的小型礁石。涨潮时,海水几乎漫到防波堤之上;落潮时,则是一片砾石和沙滩,舰艇从这里登陆是最好的选择点。

在抗登陆战役没打响之前,全体将士都侧耳细听,拭目以待——

突然间,"蓝方"登陆输送队的登陆舰,从水天线处出现了。逐渐的,在登陆舰的两翼,驶来了两艘护卫舰、两艘炮艇、两艘快艇、两艘潜艇编队,迎着海浪向着海岸席卷而来。空中有呼啸掠过的机群作掩护,使登陆舰艇锐不可当地在塔河湾中间海域强行登陆。

大约在四五海里的距离,抗登陆的"红方"早已部署好的雷、炮阵地区首先给"蓝军"以致命的打击;接着,水鱼雷飞机、舰艇、炮兵、协助与掩护北部濒海侧翼的陆军,以强大的火力阻击敌登陆编队。

此刻,但见强行登陆的敌舰起火,浓烟滚滚,激浪滔滔,海空一片电闪雷鸣,火光耀眼,浪柱冲天,双方对决的震耳欲聋的轰鸣声,此起彼伏,可谓翻江倒海,地动山摇,整个塔河湾海域空中、海上、地面,演奏着抗登陆战役激烈而雄浑的立体交响曲!

持续大约半个多小时,"红方"以排山倒海之势,把胆敢来犯的"蓝方"之敌,全部消灭在海边滩涂,从而,塔河湾抗登陆大演习,取得了完全彻底的胜利!

这次抗击登陆大演习,不但引起了国际国内的高度关注,还受到了党中央、国务院、中央军委的高度重视。党和国家领导人刘少奇、周恩来、邓小平及彭德怀、贺龙、陈毅、聂荣臻等元帅、黄克诚、谭政等大将和高级将领,在亲临现场观看演习后,非常满意和高兴,亲切接见了演习机关、部队的指战员,给予高度评价。旅顺基地苏军首席顾问克里克斯握着罗华生司令员的手,激动地说:"你的基地部队在演习中,红方攻防战术运用合理,有坚强的战斗力,很成功,好,很好! 你们这样快就学会了海上作战,确实是奇迹,奇迹!"

前来参观的苏联、朝鲜、越南、蒙古等国的军事代表团,对演习给予高度评价。苏联代表团团长伸着大拇指说:"中国了不起! 从陆军到海军进步得简直像神话!"

公元 1955 年 11 月 14 日,历时半个月的辽东半岛抗登陆军事大演习,终于落下帷幕。

第二十章　新区腾飞世界瞩目

一○一、改革开放对旅顺口功能的全新定位

旅顺口以及与其相连、相关的周边地区,由于其特殊的地理条件和战略地位,自建国以来,都是作为军事要地和禁区,配备了海、陆、空强大兵力,由部队官兵严阵以待予以守卫。加之该区的居民本来就少,上万名的海军官兵,特别是披着海蓝色披肩的水兵,成为一道亮丽的风景线,故一度有人称它为"海军城"、"水兵城"。

上世纪80年代以来,旅顺口军港便局部开放,狮子口附近的码头便成了一个观景点,一些原来部队驻守处有古迹,如鸿胪井遗址等地,也让了出来,供游人参观。白玉山顶上,建设了一个海军兵器展览馆,更是各地游客必去之地。从白玉山顶,居高临下,东港、西港及对面的老虎尾军港,还有舰艇的进出港口一览无余。

进入21世纪以来,随着国际形势的缓和、我军战略方针的修订、武器装备的发展以及更大力度改革开放的需要,国务院和中央军委对旅顺口所处地位作用和应发挥的功能,进行了全新的定位。

在上卷"旅顺口之奇"中笔者说过四句话中,除了人所共知的"京津门户"、"渤海咽喉"之外,还有两句是"南北通道"和"出海母港"。

"南北通道"在本章第108节要专门阐述,在此作简要提及。

根据地理位置,假如对旅顺口这个交通枢纽、风水宝地,仍墨守成规,百年不变地将它列为军事禁区,那么便卡断了连接中国南北的重要新通道和大动脉,对全局的损失是不可估量的。旅顺口区的全面开放,不仅不再制约旅顺、大连的经济腾飞,更重要的是,对东北亚的经济圈连成一体、将中国的南北两段黄金水道变成通途,具有至关重要的作用。

所谓出海母港,即"有母必有子",旅顺口周边要兴建一系列新的港口。

曾漂来"三个羊头"的"洼",前有岛屿屏障,港内水域广阔,加之海道出口

多条,是个难得的天然良港。最近有关部门从俄罗斯档案局觅回资料档案表明,早在1889年,羊头洼便有建设成重要海港的计划。

这里有无可比拟的自然优势,极为丰富的物产资源、闻名中外的旅游风光、正在崛起的现代化工业、日臻完善的投资环境,是海内外各界有识之士成就大业的理想之地。

羊头洼港口前景可观,随着旅顺口的全面开放,其利用效能越来越大。这里也是新开辟的旅游和客航码头,去蛇岛、海猫岛、猪岛等地的客轮可以由此港起航。羊头洼至烟台的客货滚装船航线已经开通,还即将开设通往营口、蓬莱、天津和秦皇岛等地的航线。并且还可以从这里乘船观光大连小平岛、付家庄、星海公园、老虎滩、棒棰岛一带沿海风光。

渤海海峡跨海通道更重要、更深远的战略意义还在于,直接推动东北老工业基地的振兴,加速东北地区经济的发展,打造中国经济"第四极",加快实现我国区域经济均衡协调可持续发展;东北老工业基地长期作为一个独立的经济区域,远离其他经济区,经济发展一直落后于东南沿海地区。以跨海通道南北两端的山东和东北进行比较,2007年,山东省GDP为25888亿元,同年东北三省GDP合计为23325亿元(其中辽吉黑三省分别为:11022亿元、5226亿元、7077亿元),即使加上同处东北经济圈的蒙东四盟市(1782亿元),也仍然不及山东一省的经济总量。如果与长三角、珠三角等发达地区相比,东北的差距无疑将更大。

渤海海峡跨海通道,串联起山东半岛和辽东半岛两个发达的城市群,将东北经济区和山东经济区联成一体,进而沟通长三角和珠三角经济圈,扩大了东北与东南沿海发达地区的经济交流与联系,扩大了东北地区的市场开放,将资源优势转化为经济优势和竞争优势。

大连市委对旅顺口区功能的定位作了明确的指示,要在新的一轮改革开放大潮中向世界展现一个开拓进取、海纳百川、充满活力的"新旅顺"形象。

历来的文人都有"书生意气",当"参谋",好"献策",鉴于对旅顺口的深厚感情和深切了解,笔者不妨略述旅顺口区今后发展的战略目标和思路的管见,仅供有关部门参考:

旅顺口功能的全新定位,不是将旅顺口建设成为工业区,也不是变为大商港,而是根据旅顺的历史沉淀的文化含量,将其定格为文化产业区和著名旅游景区。具体地说:

建设新港,做大临港产业,成为南北枢纽、交通要冲吸引投资、旅游观光的热土;

以文化强区,做大文化产业,增添人文景观,保护古代遗址和近代战争遗迹,保护风格迥异的各种古建筑,成为世界少有的遐迩闻名的"露天博物馆"和全国著名的爱国主义教育大基地;

加强绿化,保护环境,建设森林市区,成为一个天空碧蓝、海水清净,沙滩洁白、鸥翔鱼跃、满眼翠绿、杂花生树,青草如茵、百卉似锦的令人目不暇接、流连忘返的天然大花园;

建生态宜居海滨新城示范区,大力发展天然的清洁的可再生能源,最大限度的节能减排,向瑞士等国学习,以他们为样板,做大、做强绿色产业,以环境幽雅、青山绿水、名胜古迹、人文厚重为品牌,成为人们心驰神往的北方天堂。

一○二、中国独一无二的"露天博物馆"

说旅顺口是"露天博物馆",是名副其实的,且早已存在。着重表现在:

远古的地质变迁痕迹:蛇岛、龙王塘海蚀地貌,老铁山及周围地的出土文物等。

悠久的历史、人文景观:郭家村、牧羊城、营城子汉墓和壁画、石棚遗迹,还有著名的唐代的鸿胪井遗址,旅顺博物馆的藏宝。关于青铜器时期的石棚,在旅顺、大连地区分布很多,主要有石棚沟、白店子、大荒地、台子屯、小关屯。石棚是一种墓葬。距今三千多年的大嘴子遗址,发掘房址39座,石墙2道,出土器物1200余件,是旅大地区发现的最大的原始村落遗址。

近代清朝建设旅顺港的遗迹:旅顺东港、旅顺大坞、龙引泉、黄金山炮台、南子弹库、龙河、水师营遗迹等。

值得一提的是完整保存至今的南子弹库。从电岩炮台往下走,沿着山径小路到摸珠礁海岩,那里有一座保存相当完整的半地穴式弹药储存库,建筑规模庞大,这就是清政府经营北洋水师时与17座海岸炮台同时修筑的配套工程——南子弹库。

南子弹库朝向正北,主体库房东西长55米,南北23米,库房面积1200平方米,整个占地面积13 770平方米。正门"南子弹库"、两侧门"虎踞"、"龙盘"这几个大字,传说为李鸿章亲笔所写。南子弹库主体两侧分设对称的"东子弹库"和"西子弹库",主体库存放弹头,两子库存放炸药和发射药。弹药库储量1200吨左右,所存的弹药达14种类型。1904年日俄战争中,南子弹库被沙俄作为弹药库和兵营宿舍。俄军失败后,南子弹库沦为日军侵华的弹药供应地。1945年苏军进驻旅顺,南子弹库又成为苏军的弹药库。苏军撤走后,我人民海军接管,现在向游人开放。

近代日俄战争时留下的完整的战场遗址:土城子徐邦道痛击日军之地,东鸡冠山、二龙山、望台炮台、203高地等。尤其要仔细看看"当年鏖战急,弹洞前村壁"。

牢记苦难、不忘国耻的爱国主义教育现场:日本为表明其赫赫"战功"而所建的塔碑,如白玉山的白玉塔、东鸡冠山塔和203高地子弹状塔等。

近代具有独特风格的建筑物:如旅顺火车站,太阳沟的别墅群,还有许多著名的建筑,如肃亲王府、大和宾馆、原关东都督府博物馆等。

望台炮台山脚下的原"五间房"所在地及现在的建设新貌等。

……

如此规模宏大的博物群,是一般的建筑无法装下的,故只好"露天"陈列,任你信步漫游,驻足沉思;或极目远眺,尽收眼底。

"不到旅顺口,就等于没有来大连。"

旅顺口的旅游资源极为丰富,可谓得天独厚,有的已经开发了,有的还没有开放;有的人们看到了,有的还"养在深闺人未识"。笔者不是旅游方面的专家,也缺乏深邃的眼力,但不避浅陋之见,陈述旅顺口至少拥有下列十二种旅游资源优势:

其一是山海景观资源优势。

有山缺海,或是有海无山,在景致构成上总是会有遗憾。而山海俱全,那是多么难得啊!旅顺口地区拥有老铁山、黄金山以及上百个高低错落的山陵,还有黄海、渤海两海,其不可多得的山海景观将发挥出独特的旅游资源优势。

其二是人文历史资源优势。

旅顺口有悠久的历史,有古代厚重的人文资源,而新时期又成为大连的大学城。大连医科大学、大连外国语学院、大连理工大学等著名大学,都在旅顺口建设了崭新的一流的校园,购置了先进的教学设备,使旅顺口的文化氛围大大提高。人文历史资源的开发,必将是旅顺口旅游的特色之一。

其三是战争遗迹资源优势。

旅顺战争遗迹资源保存的完好,至少在中国是首屈一指的。其主要原因,旅顺口是近代甲午、日俄两次大战的主战场。还因为这些战争遗迹多在附近的山上,且十分坚固,所以能在一百多年后仍呈现出当时的原貌,为人们忆昔思今、凭吊古迹提供了不可替代的场所。

其四是爱国教育资源优势。

旅顺口作为爱国主义教育基地是最有条件的。帝国主义犯下的血腥罪行,中国人民付出的巨大牺牲,炎黄子孙永志不忘的民族屈辱,还有强我中华、守土卫国的神圣使命,都有最为深刻、实际的活教材。特别是日俄监狱遗址和万忠墓纪念馆,是激发人们爱国主义精神的最好课堂。

其五是奇岛探险资源优势。

这是亟待开发的旅游新资源。旅顺口外具有世界罕见的蛇岛和鸟岛,能亲临这两个奇岛去开开眼界,是多么新奇和有刺激性的事啊!肯定会吸引游客趋之若鹜。当然,这要投资一定规模的基础建设,如建造码头,选订船只,制定严密的安全措施,还要有好的海况和气象条件。这一旅游的新项目,肯定在不久的将来能变为现实。

其六是花果珍木资源优势。

旅顺口区本来就有很好的森林覆盖,加之多年的植树造林,精心绿化,将逐渐成为一个名副其实的天然大花园。旅顺口区花果珍木很多,尤其集中在龙王塘、旅顺植物园、太阳沟广场,以及老铁山景区。笔者在"旅顺口之美"已作过介绍。近些年来,旅顺口所属的各镇大种樱桃,已有多个优良品种落户,每当春天采樱桃季节,到农家樱桃园亲手摘樱桃、吃樱桃,已成为吸引游客的一个好去处,给农家带来了不菲的经济收益。随着瓜果品种的增多,前景是挺乐观的。

其七是馆院藏品资源优势。

着重介绍一下在全国享有盛名的旅顺博物馆珍藏的国宝。

旅顺博物馆坐落在旅顺新市区中心。馆前有一大广场,广场中心是一座汉白玉石砌成的中苏友谊塔,四周植有形似火炬的龙柏。翠柏白玉,交相辉映。

博物馆门楣上悬挂着郭沫若的题匾。

2009年9月20日,是旅顺博物馆90华诞。作为国内最早的一所以纯粹博物馆意义而建起的馆,被国家文物局授予"国家一级博物馆"。馆内现有藏品6万余件,以历代艺术品、大连文物、新疆文物、外国文物为其藏品特色,备受海内外关注。

青铜工艺室展出我国青铜时代的各种青铜器皿。其中有鼎、盆、盘等食器,有觥、斝、觚、爵等酒器,有矛、戈、钺等兵器。我国商周时期,青铜工艺已发展到很高水平,不但能铸造出1700多斤重的大鼎,而且能在青铜器物上铸出细如发丝的花纹图案。展品中有一面汉代的透光镜。镜面受光后,能把镜背面的花纹反射出来,可见当时工艺之精良。展品中的"双龙洗"是一件著名的文物。其实,它是一只两边有把手,刻有两条龙形花纹的铜盆,古代人称盆为"洗",故名"双龙洗"。双龙洗盛满水后,用双手摩擦它的把手,盆内立即发出嗡嗡的响声,随之,水面腾起一尺多高的水花。摩擦力愈强,嗡嗡之声愈大,水花腾起愈高。这个盆是一个很好的谐振体。摩擦把手产生震波,震波推动气流运动,于是发出嗡嗡的响声。由于震源在两边的把手上,压力便向盆中央集中,压力与张力受阻于盆壁,向上迸发,于是产生水花腾起的现象。从"双龙洗"可以看出,我国古代工匠已经掌握了相当的物理知识,而且能运用到器物的制造上面,令人感到自豪。

在绘画艺术室里,有一幅刘秉谦的"双勾竹石图",笔势古健精妙。这是国内仅见的一幅元代绘画珍品。清代辽宁铁岭大画家高其佩的指画"牧童",更是别具一格的艺术精品。

这里展出的"木乃伊"是国内罕见的。"木乃伊"是外来语音译,即"干尸"的意思。有人工形成的,如埃及金字塔中葬的法老的干尸。也有自然形成的,这里展出的便是吐鲁番出土的自然木乃伊。吐鲁番盆地一年中有一半时间是炎热干燥的气候,6、7、8三个月,气温平均在摄氏38度以上,素有"火洲"之称,这是形成木乃伊的特殊自然环境。这里的展品最早下葬于陈文帝天嘉五年,距今1300余年。死者多系上层贵族。它给我们提供了古代人体知识,从死者所穿丝绸服装和脸上所覆锦片,又使我们得到南北朝及隋唐时期织物的实物资料,极为可贵。

与木乃伊同时出土的殉葬品有泥塑的男女骑马俑、武士俑、文吏俑、仕女俑,形象逼真。仕女俑使人们见到唐代盛装妇女的形象。出土的绢画、纸画,是唐代绘画的真迹。从印经套色版画中,足见我国古代造纸、印刷技术的先进。

地方历史文物展室里,展出了三足器、带孔的骨针等,都是大连地区出土的文物。展品中还有营城子汉代壁画墓复制品、唐代鸿胪卿崔忻在旅顺的刻石,元代百户张成墓碑,以及明清两代城堡驿站的摹制品等。

旅顺博物馆的馆藏国宝,还有许多掩藏在历史烟云中的风雨往事。正如

《大连晚报》2009 年 9 月 20 日 B11 版所介绍的：奇迹回归："唐代第一美人"、古印度佛教石记得和一个日本探险家的故事；意外收获：来自宫廷的瓷器和红楼梦图册；"天方夜谭"：39 元买来唐寅《松林扬鞭图》等等，有兴趣的读者可以到该馆进行参观、听讲和研究。

其八是军港兵器资源优势。

旅顺口向来以军港闻名于世，登高览军港，俯身看兵器是许多旅游者，特别是青少年兴趣盎然的事。好在有眼光者早有预见，在白玉山顶修建了一座规模宏大的兵器馆，广场上陈列着导弹、火炮、坦克、飞机和快艇等海、陆、空军兵器装备；室内陈列着国内外多种舰船模型、潜望镜以及鱼雷、水雷、深水炸弹等水中兵器。黄金山海水浴场旁边，已建造了一个容纳潜水艇的大水池，这艘潜艇可供游客登临，钻到内部各个舱室参观，神秘的潜艇参观后就会觉得不再神秘，这是多么有吸引力啊！

其九是海滨游玩资源优势。

在海滨浴场游泳，乘快艇冲浪，或是坐船游览近海与岛屿，不仅身在海边的人普遍乐而为之，内地的游客更是心驰神往。旅顺口的海滨游玩地很多，如除早期开辟的人们知道的黄金山浴场、塔河湾浴场外，上世纪 80 年代中期开发的杨家套海水浴场，更有独特的风光。

乘汽车由旅顺客运站出发，向西南越过铁山镇所在地鸦户嘴，再沿着柏油马路往西，直通杨家套海水浴场。

杨家套海水浴场，位于渤海湾畔，整个湾呈弧形。南面翻越一座小土包山，是汉代牧羊城遗址，北面一山之隔的是羊头洼港。这座海水浴场是 1985 年开始正式开发利用的，海滩长 2 公里。湾内水浅，清澈见底，沿海分南北两条柏油马路贯通，地域开阔，海滩平坦，东南方有巍峨的老铁山成天然屏障。盛夏时节，尽管多东南风，但浴场处渤海湾内，波澜不惊，水温适度，一碧万顷，直至深秋，仍有游客专程光顾，游海和品味海鲜。浴场设餐厅部，有海产品佳肴，还有小卖部，供游客购买各种食品、冷饮等。为便游泳者嬉浪，特设游艇和各种游具。每年夏季旅游者竟达数十万人次；车流人潮热闹非凡。每到夏季，大连市有许多厂矿、机关团体和院校学生在这里搞夏令营和纳凉晚会。杨家村正在积极走横向联合之路，利用"完地"，引进开发，为大力发展第三产业而努力工作。

杨家套海水浴场，前景广阔，具有很大的开发价值，是建设避暑疗养院的理想之地。

旅顺口海岸线长,除了上述三个浴场外,还有不少地方可以通过改造,建设成新的浴场与水上活动中心,从而成为具有滨海城市特色的旅游玩乐之地。

其十是研究考证资源优势。

区内极为丰富的研究考证资源,如地质变迁、岩层化石、古代遗迹、珍贵文物、近代战争史、近代不同风格的建筑、植物群落、名贵树种等等,都有重要的研究考证价值,必定会逐渐受到需要者与爱好者的重视。

其十一是休闲养生资源优势。

独具山海景观,树木葱郁,植被广大,空气新鲜,环境幽静,气候宜人等自然条件,使旅顺口成为养生天堂。在老铁山脚下已经发现并已开发的温泉,更是锦上添花。因地制宜,开发旅顺口休闲养生资源前景广阔。

其十二是徒步健身资源优势。

大连举行国际徒步节已有多届,名声远播,吸引了国内外爱好徒步健身者踊跃参加,每次人数多达数十万,沿着春暖花开的滨海路行走,成为一个长久不衰、愈加广泛的旅游和健身项目。旅顺口的山路很有特色,如果你在那里行走,确有"正入万山圈子里,一山放过一山拦","山重水复疑无路,柳暗花明又一村"的感觉,真是"如入山阴道中",步移景换,目不暇接。笔者认为,举行"旅顺国际徒步节"肯定也会吸引越来越多的国内外游客。还可以发展"山地自行车运动",欧洲环法自行车赛连阿尔卑斯山都翻过去了,旅顺的这些低山丘陵怎能吓住勇敢者?

一○三、临港高科技产业与大学园区

旅顺口除了东港与西港之外,还有周围可以开发建设的新港。特别是正在大规模建设的、将来成为沟通渤海海峡要冲的羊头洼至双岛湾港区,更是发展迅速,宏图初现,旅顺开发区便坐落在那里。

旅顺开发区地处辽东半岛最南端,距旅顺市中心区12公里,距大连市中心50公里,距山东66海里,有进行水上客货运输的旅顺新港和发达的陆运交通系统,是南北经济文化交流的"黄金水道"和最佳连接点。开发区面积20平方公里,主要以港口为依托,以商贸旅游为先导,以高新技术工业为主体,逐步形成多功能、现代化、外向型的城市。

大连市委和市政府作出把大连市区的几所著名大学的主校区移向旅顺,在旅顺打造一个崭新的大学城,是个有远见卓识、获得双赢的决策,其显著的效果已从实践中表现出来。

首先,大学的发展趋势是综合性、高科技含量、一流化等。要实现这些目标,必须有客观的环境和条件,挤在城市中心的寸金之地,是难以跟上时代步伐的。

再是,原大学内,房舍和设备逐渐老化,而一张白纸,才好画最新最美的画图。在旅顺建立大学城,不仅增加了旅顺的文化特色和厚重度,而且那里的广阔的、可供选择的海滨和山丘之间地带,是最理想的建综合性大学的选址。这从已经建设起来的新的大连医科大学和大连外国语学院等院校的令人惊叹而迷恋的风采可以证明。

还有,世界上凡是求知识、搞学问之地,都宜远离喧嚣、嘈杂的闹市区,让学子们在幽雅且清静的环境中潜心攻读。

可以预见,经过几十年之后,旅顺口区新的大学城,必将因杰出人才层出不穷而吸引世界的目光。

上世纪 80 年代后,世界各国有不少科技较发达地区,为了更快地促进经济发展,都试图建立自己的硅谷,如美国波士顿的"第二硅谷"、"日本硅谷"、"韩国硅谷"等。中国也不例外,有北京中关村硅谷、上海浦东硅谷(位于浦东张江)和广东深圳硅谷,浙江杭州也有一个"天堂硅谷"。

旅顺南路无论从地理条件,还是从所处环境来看,建设一个新的硅谷地带是再也适合不过了。当然,这要经过长期艰苦的努力,不可能一蹴而就。但是只要是新生的力量,就有强大的生命力,广阔的发展前途。

据 2009 年底大连市委十届八次全会上透露的信息,目前,旅顺南路软件产业带拥有软件从业人员 5 万人,软件与信息服务企业 500 多家。5 年后,旅顺南路软件产业带的软件企业将达到 2000 家,万人企业达到 5 家以上,5000人企业达到 10 家以上,IT 从业人员将达到 20 万人,年销售收入突破 700 亿元。旅顺南路软件产业带将成为全国聚集度最高、规模最大、设施最为完善的世界一流的软件产业基地。

毫无疑义,过去侵略者长驱直入、一路杀人如麻之地,必将"旧貌换新颜",创造出让世界刮目相看的业绩来。

一○四、渤海海峡变成南北快捷通道之后

2008 年 9 月 27 日至 29 日,"渤海海峡跨海通道对环渤海发展战略及振

兴东北老工业基地的影响"高层论坛在山东省烟台市举办。专家学者40多人汇聚烟台,就推进渤海海峡跨海通道的研究与建设进行了深入研究和讨论,与会领导和专家学者一致认为,渤海海峡跨海通道可能成为本世纪最伟大的工程之一。

据"渤海海峡跨海通道"课题研究工作机构、负责具体协调组织课题研究的鲁东大学环渤海发展研究中心负责人介绍,由原国务院研究室、国家发改委、科技部、铁道部、交通部、山东省(烟台市)、辽宁省(大连市)、解放军等单位共同组成的"渤海海峡跨海通道研究"课题组,自1992年开始至今,已经为此进行了长达17年的研究,并取得了一系列成果。17年间,先后出版了《渤海海峡跨海通道研究》、《渤海海峡跨海通道若干重大问题研究》等研究专著,对渤海海峡跨海通道的必要性、可行性、工程方案,以及对渤海海峡跨海通道的一些重点、难点、热点、疑点等方面的问题进行了集中、详细的研究。

十几年的前期研究奠定了良好基础。课题组建议国家和地方政府及早决策,抓住当前的有利机遇,借鉴国内外成功经验,加快推进这一工程的可行性研究,适时启动这一功在当代、利在千秋的特大工程。

这一特大工程主课题是:从山东蓬莱经长岛至旅顺通道的基本设想。

渤海是中国最大的内海,从辽东半岛沿海岸到胶东半岛,三面大陆环绕状如英文字母c,渤海海峡横亘在两大半岛之间,成为山东乃至华东到东北地区的海上天堑。渤海海峡跨海通道研究课题的基本设想是:利用渤海海峡的有利地理条件,从山东蓬莱经长岛至辽宁旅顺,建设公路和铁路结合的跨越渤海的直达快捷通道,将有缺口的c形交通变成四通八达的中形交通,化天堑为通途,进而形成纵贯我国南北从黑龙江到海南十省(区)——市的东部铁路、公路交通大动脉。

这一特大工程的"子课题":烟大铁路轮渡已变为现实。

据有关专家介绍,渤海海峡跨海通道研究始自1992年,主要分为三个阶段:第一阶段,研究任务主要由烟台市政府、原国家计委政策研究室担任,重点研究渤海海峡跨海通道的东通道——"烟(台)大(连)铁路轮渡",该成果先后被列入国家"九五"计划、国家"中长期铁路网规划";并作为国家重点建设项目已建成投入运营。第二阶段,课题组根据国务院领导同志的意见,参与研究的单位扩大到国务院研究室、原国家科委、海军工程技术研究院、总参兵种部设防局、铁道部、原交通部、山东省(烟台市)、辽宁省(大连市)等单位,重点是对渤海海峡蓬(莱)旅(顺)通道进行桥梁、隧道比较论证以及对先期试验工程——蓬（莱）长（岛）通道的研究论证。第三阶段，成员单位继续扩大，目前共有工程、经济、交通、社会、海洋、地质、地震、气象、环保、军事、文物保护等各个领域的专家、学者共 50 余人。重点研究渤海海峡的通道对环渤海经济圈区域发展及对振兴东北老工业基地的战略影响。

目前，课题研究仍在继续。

渤海海峡建成通道之后具有重大的战略意义。

课题组综合了课题前期阶段性研究成果和专家学者的意见认为，兴建渤海海峡跨海通道，将全面沟通环渤海高速公路网、铁路网和纵贯我国南北的东部沿海铁路、公路战略大通道，完善和优化东部沿海区交通路网格局，进而形成北上与横贯俄罗斯的亚欧大陆桥相接，南下与横贯中国的新亚欧大陆桥（陇海线）相交，并形成直达长三角、珠三角和港澳台地区的现代化综合交通运输体系，为促进环渤海经济圈区域协调发展，加快东部沿海地区经济发展，扩大与东北亚国家的交流及合作创造重要条件。

首先，将东北经济区和山东经济区联成一体。而要达到这一目的，必须把渤海海峡变成快速通道。

目前渤海海峡南北之间的潜在汽车日流量至少在 3 万辆至 4 万辆之间，预计到 2015 年会超过 10 万辆。而"烟——大"铁路轮渡设计未来最大能力为日运 50 列火车和 2500 辆汽车，加上其他烟大线上客货轮、汽车轮渡，日运汽车不超过 1 万辆，很难适应南北两岸的货流需求，而且这还是未来设计的最大能力，现在还远远没有达到。

此外，目前渤海海峡的年客运量 1 亿人次，而据测算到 2015 年客运量将增加到 2.5 亿人次。通道的建成也能解决目前春运一票难求的困境。

从通行的时间上看，汽车通过跨海通道的时间需要 1 小时，走陆路则需要 10 多小时。如果按照国际通行的隧道电气化通过方式，每小时速度 160 公里计算，通过海峡的时间则只需要 40 分钟，还不到目前滚装船航行需时的十分之一。

课题组还做过这样一个计算。仅以 3 万辆汽车的日流量，每车节约 500 公里路程计算，一年可节约的燃油就可达 100 万吨左右，相当于一座中型油田一年的原油产量。而因此减少的尾气的排放，也是相当大的。

除了经济效益，还有不可忽视的社会效益；比如航运安全也是很多人迫切希望跨海通道彻底解决的问题。

渤海海峡里的航运事故时有发生，令国人留下深刻而沉痛记忆的是：1999

年的"11·24海难"。山东航运集团有限公司控股企业——烟大汽车轮渡股份有限公司所属客滚船"大舜"轮,从烟台驶往大连途中在烟台附近海域倾覆,282人遇难,直接经济损失约9000万元左右;而跨海通道显然能将这个问题彻底解决。

目前专家们还在研究跨海大桥和海底隧道两种方案。为数不少的专家看好"南桥北隧"的方案。经过课题组的前期研究,从技术上看,修桥梁或者修海底隧道我国在技术上都是不成问题的。

将旅顺口建成为渤海海峡通道的北端连接点,辽宁省和大连市将是直接受益者。

工程建设前、建设中和建设后,对大连市和辽宁省的经济、社会发展均会产生巨大的推动作用:

一、可以突破渤海海峡的制约,将辽宁省和大连市更好的融入坏渤海经济圈,推动实现区域经济均衡发展,加快环渤海区域经济一体化,分享区域经济发展的利益。

二、可以扩大辽宁省和大连市与山东和东部沿海地区的经济联系,加强与山东和长三角地区的交流与合作,将辽宁省和大连市的经济腹地向南北拓展。

三、完善和优化辽宁省和大连市交通格局,构筑辽宁沿海大通道,使辽宁省和大连市成为全国乃至东北亚的交通枢纽,进一步强化和扩展大连和辽中在全国路网南北交通中和东北亚交通中的重要地位,实现交通资源的优化配置,加快大连市"东北亚国际航运中心"的建设和发展。

四、加快"海上辽宁"和"海上大连"建设步伐,为辽宁省和大连市经济与社会发展注入新的活力。同时,大连市作为国家规划的特大城市建设所需的交通枢纽地位的必备要件,都迫切需要渤海海峡跨海通道及早采取切实可行的实施步骤。

据最新报道,渤海海峡跨海通道研究课题组,比较一致的意见是建造"7桥2坝1隧道连通渤海海峡"。课题组还预测,到2020年,海峡间潜在的客流量将达到3亿人次左右。即使按照跨海通道承担60%—80%的比例,客流量也将达到1.8亿—2.4亿人次。以载客30人的客车计算,仅客流量折算就相当于日均车流量达1.7万—2.2万辆。如果按照高速公路客、货车日均流量将达到3.4万辆—4.4万辆。这是一个十分惊人的数字。因此,渤海海峡跨海通道建设十分必要。

一〇五、花园口将崛起一座崭新城市

一个美丽的名字,一段苦难的历史,将永远铭刻在海内外炎黄子孙的心灵深处,这就是花园口。

花园口经济区的起步区原是1938年日伪时期建设的盐场。2003年经庄河市政府收购并于2004年被辟为工业园区。花园口经济区地处我国黄海北岸中部,与朝鲜、韩国和日本隔海相望,兼受东北亚经济圈、日韩经济圈和环渤海经济圈的三重辐射,是大连国际航运中心的重要组成部分,具有独特的、其他地区不可比拟的发展优势。而花园口发展的意义远不在于其自身,更重要的是引领、带动辽宁东南部地区的经济振兴,通过面向日韩的黄海窗口拉动和辐射东北地区的经济繁荣,加速推进辽宁东南沿海区域城市化进程。通过与其他"五点一线"开发区的携手合作,共同构建东北黄海沿岸对外开放的前沿阵地和大连东北亚国际航运中心的战略支撑点。2006年6月20日,时任辽宁省委书记的李克强同志到花园口调研,为花园口指明了发展方向。

2007年9月,大连市委、市政府批准成立花园口工业园区党工委、管委会,作为市委、市政府的派出机构,由市委、市政府直接领导;2008年5月,大连市将"大连花园口工业区"更名为"大连花园口经济区",把庄河市明阳镇划归花园口,使经济区总面积达到268平方公里,海岸线长41公里,下辖一个镇,16个行政村,户籍人口6.3万,一期规划开发面积50平方公里。

花园口的产业结构已经初步形成。花园口起步于一片废弃的盐田,一切需要从零做起,目前已完成8平方公里的"六通一平"工程(供水、供电、道路、供热、通讯、排水、土地平整),动用土石方2400万方。新修道路41公里,桥梁8座,橡胶坝1座,建成5万吨净水厂1座。辟建大丹公路花园口出入口,使全区有两个高速路出入口。新一轮基础设施建设已正式启动。将建设集国际会议中心、商务酒店、大型商场、市民健身中心、医院、幼儿园、大型娱乐休闲设施等于一体的36万平方米城市起步区。

花园口在总体规划的基础上,由新加坡裕廊国际和大连规划设计院初步完成了16.05平方公里控规和4.7平方公里核心区的城市设计。在规划圈内可容纳人口约15.2万人,陆域面积2.48平方公里,拟填海海域13.57平方公里,包括南北两片区,其中南部片区11.68平方公里,是城市商业金融节点和高档住宅区。北部片区4.37平方公里,是城市主中心。

花园口经济区是国家级新材料产业基地,是以新材料、新能源、低碳产业为主导。兼顾电子信息产业、汽车及零部件、装备制造业、精细化工为主的四大产业,引导发展优势产业,形成产业集群。立足大区域,强调区域协调,成为国内绿色产业、低碳经济的示范区。

花园口将坚持错位发展,发挥地域优势,实施产业差异化发展战略,培育特色产业。以新材料为主导产业,全力推进新型高性能金属材料、电池新材料、纳米材料、碳纤维材料、特种纺织材料、复合材料等新材料产业的集群。同时发展机械电子等节能产业,重视配套产业发展,形成完整的上、中、下游相关产业链,建立相互依存的产业体系,倾力打造独具特色的新兴现代化工业城市。

花园口的发展具有区位优势。花园口面向日韩,背靠大东北,近临京津冀,是承接日、韩产业转移的重要选择地。距大窑核心港区90公里、大连周水子国际机场110公里,融入了大连市"一小时经济圈"。201国道、大丹高速公路、国家铁路东边道均穿境而过。正在规划建设的散货通用码头、庄岫铁路和庄盖高速公路将进一步完善花园口的水、陆交通体系。

花园口具有资源优势。花园口的土地资源极为丰富。起步区15平方公里土地均为存量国有工业用地,不涉及耕地占用、居民动迁等问题,投资开发成本较低,可为生产要素流动、重大产业摆布提供新的发展空间。境内有丰富海洋资源和特色农副产品资源,有庄河电厂充足的电力资源,有丰富的淡水资源,对生物食品产业发展有雄厚的资源支撑。

花园口具有环境优势。花园口经济区集青山、绿水、蓝色海洋、美丽海岛于一体,三面龙脉起伏,形成"环山格局";九条河流像玉带般飘过,相依环抱,成为"水抱格局";区内有三个湖泊,南临黄海,众水所汇之处,成为难得的"聚水格局",加之西面一马平川,交通便捷,构成了一个天人和谐、藏风聚气的风水宝地。

今后,花园口还要加大基础设施建设力度,启动金昱湖的一期工程、万吨级码头的建设工程、10平方公里的生态恢复工程建设。通过努力,使花园口成为卓尔不群的大连市新兴卫星城和生态宜居海滨新城。

花园口具有产业优势。作为大连的卫星城和东北亚航运中心临港产业布局的主要承载地,将直接接收辐射,特别是大连国际运输、国际贸易、国际投资中心地位的逐步确立,新材料、汽车零部件、IT产业、电子、数控技术的优势将对花园口经济区发展产生积极影响。花园口已被确定为国家级新材料(新能源)产业基地,将在金属、电池、发光体、医药、建筑等新材料的研发和生产方面取得重要突破和进展。

花园口具有政策优势。它享受国务院振兴东北老工业基地政策、辽宁省开发鼓励沿海重点发展区域扩大对外开放若干政策和大连市政府关于加快推进工业园区和沿海经济带建设的若干策意见。对企业的开发建设贷款予贴息支持,对于高新技术企业征国内最低所得税(15%税率)。对企业研发、推介、宣传给予资金支持。对龙头性、科技好的项目,花园口将予"一事一议"的特殊照顾。对投资业免收一切行政事业性收费,免收基础设施配套费。

花园口在重视产业发展的同时,将着力完善城市功能和人居环境,使产业发展与城市化齐头并进。到2010年,完成起步区15平方公里的开发建设,实现产值200亿元,增加值50亿元,税收16亿元,安排劳动力就业6万人,搭建海滨新城的基本框架。至2020年,完成50平方公里总体规划区建设,实现产值700亿元,增加值180亿元,税收56亿元,带动就业12万人,初步建成创新型生态园林城市。2030年以后,建设成为世界五百强跨国企业的集聚区,国内外产业转移升级的承接地,文明、富庶、和谐的现代化、生态型海滨新城。

花园口是辽宁沿海经济带的重要支撑点,是全国七家国家级新材料产业基地之一,到2015年,全区新材料、新能源的产值要达到1000亿元,成为国内绿色产业、低碳经济示范区。花园口正在建设生态宜居城市,经过20年的努力,要把花园口建设成为一座拥有50万人口的生态宜居黄海新城。花园口拥有足够的国有土地和便捷的交通运输,并提供全程保姆式服务,是客商投资兴业的热土

花园口经济区的未来已经有了很好的规划,并且已经初见成效,花园口人将再接再厉,让一座新型城市在这里诞生。

花园口经济开发区为了实现经济腾飞,他们决心:首先在行政服务上实现突破,要努力打造全国最好的发展软环境。

有句成语叫做"祸从口出",而有位旅顺口诗人用过"祸从口入"一语,这不论对旅顺口,还是花园口的历史来说,都是确切的。但是,无论"口入"还是"口出",都有"祸根"和"祸源",不是作为"通道"的"口"本身的罪过,这是起码的常识。

日本侵略者先由花园口的登陆,后有旅顺口陷落。正因为如此,这两个"口"在中国人民的心灵深处有难以抚平的伤痛,挥之不去的记忆。

请世界的朋友们,包括对中国人民友好的或者仍然敌视的日本人,曾在这

块土地上上长久占领过、生活过的俄罗斯人,都到旅顺口、花园口来看看吧:掌握了自己命运的中国人民,是怎样让这块苦难的土地发生沧桑巨变的。

让我们用毛泽东同志于 1949 年 6 月 15 日,在北平召开的新政治协商会议筹备会上的讲话,为这部大书作结:

> 中国人民将会看见,中国的命运一经操在人民自己的手里,中国就将如太阳升起在东方那样,以自己辉煌的光焰普照大地,迅速荡涤反动政府留下来的污泥浊水,治好战争的创伤,建设起一个崭新的强盛的名副其实的人民共和国。

后　记

　　我为什么决心写一部真实且严谨的历史纪实文学《沧桑旅顺口》？说起来话长了，记得早在上世纪七十年代后期，友人陆其明同我交谈时说："我就主张海军作家应多写海军、海防题材。苏联人写了一部长篇小说《旅顺口》，轰动一时，然而丑化了中国人，伤害了我们的民族自尊心，中国军队作家为什么不能再写一部《旅顺口》？"他的谈话给我以启示，使我关注这个题材。此后，我从报刊中几次看到周恩来总理对小说《旅顺口》的评论与批判，受到深刻的教益与强烈的刺激，暗暗把写一部纪实文学《旅顺口》作为一项义不容辞的历史责任。我决心在时间充裕、酝酿成熟时写一部大书。

　　1997 年夏天，学苑出版社韩继忠先生专程来大连，约我写反映近代海战题材的书。他们酝酿已久了，没有找到合适的作者，我是原旅顺基地副司令陈志丰将军推荐的。我说："他在我的家门口当副司令好几年。没有光临过我寒舍一次，也未过问缺不缺柴米油盐，干活的事倒想到我了，以后找他算账。"韩说："老战友对您了解和信任嘛！"

　　当时，我正准备把"中华名舰系列"中的第二部《"中山"舰沉浮纪实》定稿，没有马上应允。但没过多久，学苑出版社社长孟白先生亲自来了。当我陪他观看旅顺日俄战争遗迹后，他对此书很感兴趣，说：您一定要写。交谈中他又有了新的更宏伟的计划："除了旅顺口，还能写别的地方吗？""有呀，沿海港口几乎都有过帝国主义入侵，发生过多次战争。"孟社长就果断地现场拍板：由您组织海军作者写一套反映近代中国海防烽烟的丛书，建国五十周年时出首批。

　　他们走后，我睡不着觉了。长途电话打了一个多星期，几乎找了能写纪实文学的所有海军作者，终于有了眉目。出版社雷厉风行，于 1998 年 10 月在北京万寿宾馆召开了《中国近代海战场纪实》丛书编委会第一次会议，确定了作者和任务。这部丛书于 2000 年 5 月后陆续出第一版，共计十本，22 万字的旅顺口篇《焦土血港》是最先出的。2003 年，中央电视台军事部要摄取制一部反映旅顺口历史的纪录片,当编导人员见到我写的这部书后,用他们的话来说是"如获至宝"。他们以此书为重要依据,摄制了四集电视纪录片,其中有对我长达8分钟的采访。此片曾多次在中央电视台播出。学苑出版社的这套丛书于2007年7月再版。

2008年,当我写出了145万字初稿的《晚清名将左宗棠全传》后,心力交瘁,如释重负,本想在2009年"弛"一下。但在与大连作协副主席王晓峰先生交谈时他说:"《左宗棠全传》出后务请给我一部,我倒很希望你再写一部旅顺口的书。"原大连日报总编辑、大连市文化研究会会长郭东斌先生,文化研究会常务副会长、大连开放先导区总工会主席苗丰仁先生,慧眼识荆,认为面临新一轮改革开放的大连,以先进的文化强市区,需要一部反映旅顺口悲壮历史的书来激发人民群众的爱国主义精神,进一步扩大旅顺大连在国内外的影响。当苗丰仁先生向旅顺口区委书记熊博力和宣传部长张守财汇报想法后,他们两位十分兴奋,全力支持,热情鼓励和支持我尽快写出此书。在多方面推动和促进下,我以还历史的本来面目、从深层面上总结沉痛的历史教训、长国人志气和告慰敬爱的周恩来总理为主要目的和动力,只争朝夕地苦干了一年,便写出了本书的初稿。本来,以"较着劲"的方式,与小说《旅顺口》一样,也分四部,书名也叫《旅顺口》。文友徐锦庚先生(人民日报山东分社社长)认为:宜加"沧桑"二字,才与书中内容更加贴切。此乃卓见,心悦诚服,便欣然采纳。

这里,必须说明,我能在一年内写出本书,一是有前面这本《焦土血港》为基础,更有十几年研究、积累旅顺口史料的准备。更重要的条件是:在大连地区,有多位对中日甲午战争、日俄战争作精心研究、成就卓著的专家学者,如大连民族学院原副院长关捷教授,辽宁师范大学历史系田久川教授、郭铁桩教授,原大连市委宣传部副部长董志正先生,大连图书馆馆长张本义先生,大连舰艇学院政治系历史教授王维远先生和王真先生等等,我与他们都有"亦师亦友"的关系,他们编纂的洋洋几千万言的《中日甲午战争全史》、《甲午国耻丛书》、《日俄战争始末》、《日俄战争史料集》、《甲午旅大文献》、《日本殖民统治大连四十年》等,都是我现成的最好的教科书。我不懂日文,俄文早已忘得一干二净,哪时能找得到这么多的珍贵的文献资料?现在我只是吃"现成饭"就行了。所以我确实是"站在巨人的肩膀上"写此书的。关捷教授还风趣地说:我们愿意让你踩在肩膀上登高! 不过,我只是跑"接力棒"的第二棒。因为从浩瀚的史料中写一部纪实文学,只是向通俗化、大众化迈进一步,若要以更多的文艺形式来反映旅顺口百余年的沧桑史,有待文学艺术界的同行们齐心协力。

写成了这部有文有图的大书,需要感谢的人确实很多。居功首位的是现海军司令部参谋长苏士亮中将。他是我在驱逐舰部队工作时的老战友,上世纪90年代后期任旅顺基地参谋长,我要研究旅顺口,得走遍旅顺口的每个山头、各处战争遗迹,靠自备"11号"不行,骑自行车也不行,更不待说还要长久住下,有吃有喝。基地的招待所和汽车连等都是他管的,一切给我安排周到。我就舒适地住进白玉山下当年俄军旅顺要塞司令部(现旅基第一招待所),其生活体验真是舒心极了。苏参谋长还同我开玩笑说:你是写作大腕,应支持你多写好书。我想到,"有权不用,过期作废"常作为腐败分子抓紧捞取的信条。如果将这句话看作手中之权,应不失时机的用在为国家和人民做好事,不失时机的支持干正经事业的人,则善莫大矣! 苏士亮将军便是正确使用手中权力、为国家和民族做了好事的人。因为没有他一以贯之的支持,我便很难写成此部大书。辽师大郭铁桩教授除了给我提供大量资料之外,还给我扫描了几百张插图照片,用了大量时间和心血。大连图书馆冷绣锦女士为我提供了未曾翻译过来的重要的日文资料,辽师大王健女士则为我翻译,尤其是关于乃木希典的传记部分。人民文学出版社通读完百万字初稿后,向作者提出了十分中肯的修改意见。经作者大刀阔斧删改后,责任编辑又对全书作了逐字逐句的推敲、修改。在此,对他们付出的辛劳表示诚挚的谢忱! 曾在海军旅顺基地机关、部队工作十余年的原基地宣传处长、我的老战友雷雨云同志,对旅顺口这块饱受苦难的土地怀有特殊且深切的感情,读完本书的初稿后赋诗一首:

> 百年旅顺历沧桑,四野遍遗昔战场。
>
> 恨血碧土留罪证,北熊东狼逞凶狂。
>
> 山河沦丧缘落后,中华崛起赖自强。
>
> 凌云健笔著鸿篇,史鉴千秋誓不忘!

最令我崇敬、激动和感谢的是,在土地革命时期、抗日战争、解放战争、抗美援朝中身经百战,功勋卓著,威名显赫的开国名将,上世纪六、七十年代曾任职沈阳、武汉、济南三大军区,且唯一健在的1955年授中将衔(八大军区司令员)的百岁老红军,堪称"军魂"、"国宝"的曾思玉老将军,欣然挥笔为本书题写了书名。这五个大字,令军民振奋,欢欣鼓舞。同时,中共辽宁省委常委、大连市委夏德仁书记在百忙中为本书作了精彩的序言。夏书记对此书意义的阐述见解深刻,评价令我惭疚,对旅顺口的悲惨历史、回归祖国作了回顾,对新中国成立以来,特别是改革开放 30 多年来,旅顺口取得的巨大成就和光辉灿烂的发展前景作了令人振奋的介绍,更为可贵的是,指出了《沧桑旅顺口》中所写的甲午战争与日俄战争,使中国跌入了苦难的深渊,直接导致了以孙中山为代表的革命团体同盟会的建立和辛亥革命的爆发。这使我想起了鉴湖女侠秋瑾"几番回首望京华,亡国悲歌涕泪多","誓将死里求生路,世界和平赖武装","一洗数千数百年国史之奇耻","拼将十万头颅血,须把乾坤力挽回!"这些诗句所洋溢着的炽烈的爱国主义思想和誓为祖国献身的英雄主义精神,是那样崇高伟大,那样感人至深!我们都应牢记毛泽东同志的教导:"成千成万的先烈,为着人民的利益,在我们的前头英勇地牺牲了,让我们高举起他们的旗帜,踏着他们的血迹前进吧!"在为中华民族伟大复兴的大业中,匹夫有责,各尽所能,以我们坚韧不拔的奋斗精神和令世人感叹的业绩,告慰先人,激励后人。笔者虽已是年过七旬之躯,亦愿尽微薄之力。

陈 明 福

2010 年 8 月于大连寓所

旅顺口防御〔1904年1月27日(2月9日)—12月20日(1905年1月2日)〕

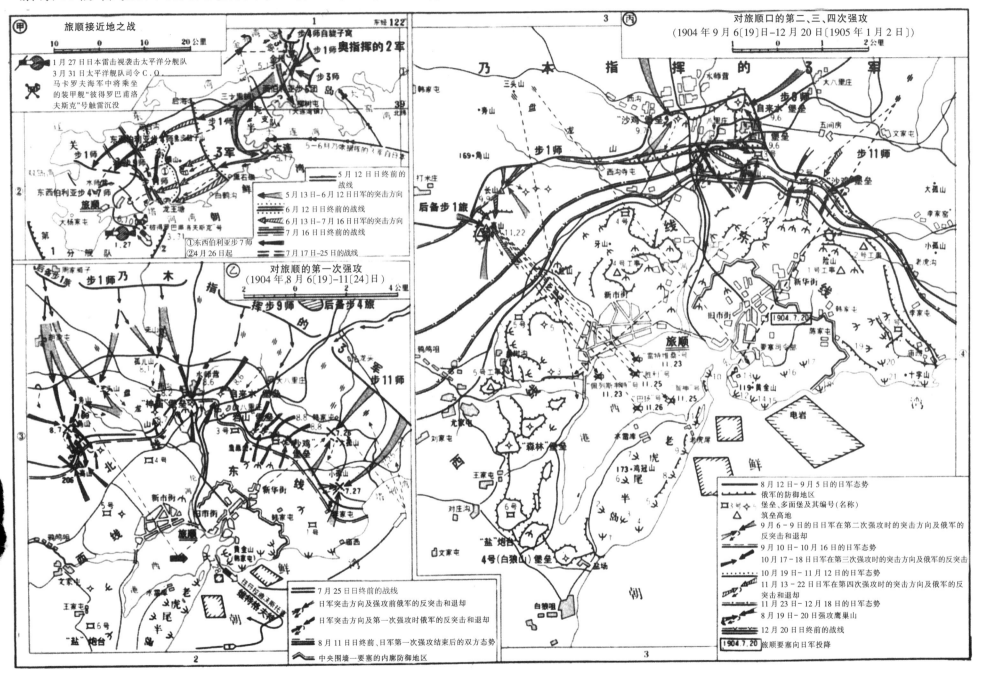

甲 旅顺接近地之战

10 0 10 20公里

1月27日日本雷击视袭击太平洋分舰队
3月31日太平洋舰队司令 C.O.
马卡罗夫海军中将乘坐的装甲舰"彼得罗巴甫洛夫斯克"号触雷沉没

5月12日日终前的战线
5月13日—6月12日日军的突击方向
6月12日日终前的战线
6月13日—7月16日日军的突击方向
7月16日日终前的战线
7月17日—25日的战线
①东西伯利亚步7师
②4月26日起

乙 对旅顺的第一次强攻
(1904年8月6[19]—11[24]日)

0 1 2 4公里

7月25日日终前的战线
日军突击方向及强攻前俄军的反突击和退却
日军突击方向及第一次强攻时俄军的反突击和退却
8月11日日终前、日军第一次强攻结束后的双方态势
中央围墙—要塞的内廓防御地区

丙 对旅顺口的第二、三、四次强攻
(1904年9月6[19]日—12月20日[1905年1月2日])

0 1 2公里

8月12日—9月5日的日军态势
俄军的防御地区
堡垒、多面堡及其编号(名称)
筑垒高地
9月6—9日的日日军在第二次强攻时的突击方向及俄军的反突击和退却
9月10日—10月16日的日军态势
10月17—18日日军在第三次强攻时的突击方向及俄军的反突击
10月19日—11月12日的日军态势
11月13—22日日军在第四次强攻时的突击方向及俄军的反突击和退却
11月23日—12月18日的日军态势
8月19—20日强攻鹰巢山
12月20日日终前的战线
1904.7.20 旅顺要塞向日军投降

日俄战争（1904—1905年）

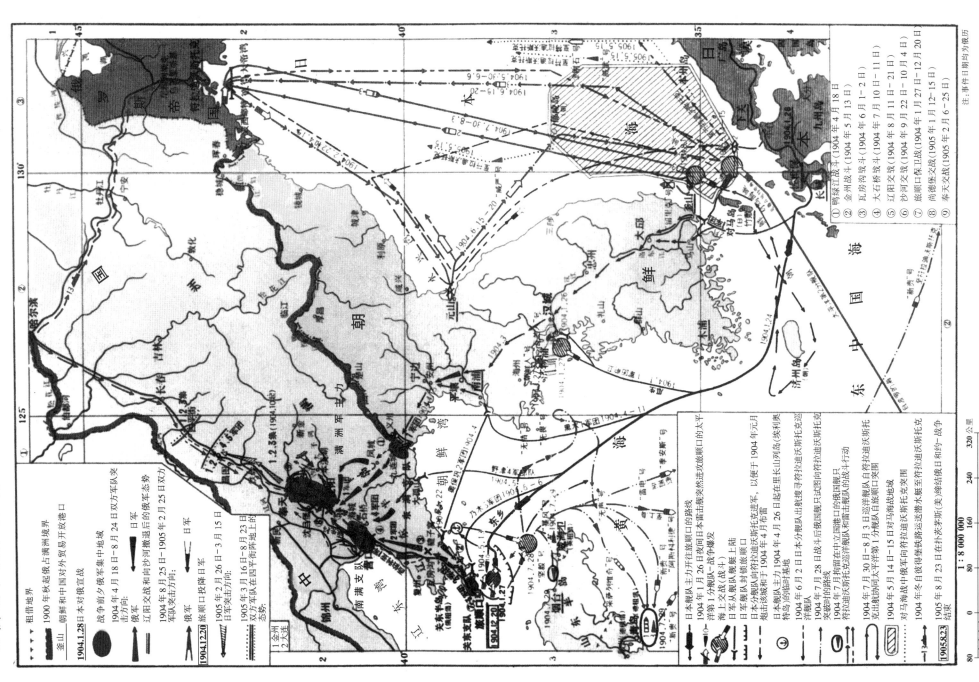

注：事件日期均为俄历

① 鸭绿江战斗（1904 年 4 月 18 日）
② 金州战斗（1904 年 5 月 13 日）
③ 瓦房沟战斗（1904 年 6 月 1—2 日）
④ 大石桥战斗（1904 年 7 月 10—11 日）
⑤ 辽阳交战（1904 年 8 月 11 日—21 日）
⑥ 沙河交战（1904 年 9 月 22 日—10 月 4 日）
⑦ 旅顺口保卫战（1904 年 1 月 27 日—12 月 20 日）
⑧ 尚德堡交战（1905 年 1 月 12—15 日）
⑨ 奉天交战（1905 年 2 月 6—25 日）

1 : 8 000 000

80 0 80 160 240 320 公里